国家出版基金项目
NATIONAL PUBLICATION FOUNDATION

“百部好书”扶持项目
GUANGDONG PUBLISHING

·世界华侨华人研究文库·

百年侨务图文集

徐　云　编著

暨南大学出版社
JINAN UNIVERSITY PRESS

中国·广州

图书在版编目（CIP）数据

百年侨务图文集/徐云编著．—广州：暨南大学出版社，2022.12（2025.5 重印）
（世界华侨华人研究文库）
ISBN 978－7－5668－3100－2

Ⅰ．①百…　Ⅱ．①徐…　Ⅲ．①侨民工作—史料—中国　Ⅳ．①D634－092

中国版本图书馆 CIP 数据核字（2020）第 267942 号

百年侨务图文集
BAINIAN QIAOWU TUWENJI
编著者：徐　云

出 版 人： 阳　翼
策划编辑： 黄圣英
责任编辑： 雷晓琪　黄佳娜　姜琴月
责任校对： 刘舜怡　冯月盈　王燕丽
责任印制： 周一丹　郑玉婷

出版发行： 暨南大学出版社（511434）
电　　话： 总编室（8620）31105261
营销部（8620）37331682　37331689
传　　真：（8620）31105289（办公室）　37331684（营销部）
排　　版： 广州市新晨文化发展有限公司
印　　刷： 深圳市新联美术印刷有限公司
开　　本： 787mm×1092mm　1/16
印　　张： 35.5
字　　数： 701 千
版　　次： 2022 年 12 月第 1 版
印　　次： 2025 年 5 月第 2 次
定　　价： 218.00 元

作者简介

徐云，暨南大学图书馆华侨华人文献信息中心副研究馆员，长期从事文献资料的收集、整理与研究工作，在中国核心期刊发表学术论文30余篇。主持了“华侨华人文献信息数据库建设”“华侨华人信息资源研究”等多项省、部级项目。编著了《丰碑永铸：华侨华人与抗日战争图片集》《伟业长存：海外华侨与孙中山革命运动图片集》等著作。其中《〈申报〉晚清华侨史料汇编（1872—1911）》获“广东华侨史”重点项目资助；《丰碑永铸：华侨华人与抗日战争图片集》《见证侨史：华侨华人民间文献图文集》获得国家出版基金项目资助。曾任中国华侨历史学会理事、广东省华侨历史学会理事、广东省华侨华人研究学会常务理事。

总　序

在20世纪，华侨华人问题曾经四次引起学术界关注。第一次是20世纪初关于南非华工的问题；第二次是“一战”后欧洲华工问题；第三次是五六十年代东南亚国家出现的“排华”问题；第四次则是80年代中国经济崛起与海外华侨华人关系的问题。每次华侨华人研究成为研究热点时，都有大量高水平研究著作问世。

进入21世纪以来，随着全球化进程的加速和中国国际化水平的提升，海外华侨华人与中国的发展日益密切，华侨华人研究掀起了新一轮高潮。华侨华人研究机构由过去只有暨南大学、厦门大学、北京大学、华侨大学等少数几家壮大至目前遍布全国的近百所科研院校，研究领域从往昔以华侨史研究为主，拓展至华人政治、华人经济、华商管理、华文教育、华人文学、华文传媒、华人安全、华人宗教、侨乡研究等涉侨各个方面，研究方法也逐渐呈现出多学科交叉的趋势，融入政治学、历史学、社会学、民族学、教育学、新闻与传播学、经济学、管理学、法学等学科方法与视角。与此同时，政府、社会也愈益关注华侨华人研究。国务院侨办近年来不断加大研究经费投入，并先后在上海、武汉、杭州、广州等地设立侨务理论研究基地，凝聚了一大批海内外专家学者，形成了华侨华人研究与政府决策咨询相结合的科学发展机制。而以社会力量与学者智慧相结合的华商研究机构也先后在复旦大学、清华大学等地成立，闯出了一条理论研究与社会实践相结合的华侨华人研究新路径。

作为一所百年侨校，暨南大学在中国华侨华人研究中具有特殊的地位。暨南大学创立于1906年，是中国第一所华侨高等学府。华侨华人研究是学校重要的学术传统和特色。早在1927年，暨南大学便成立了南洋文化事业部，网罗人才，开展东南亚及华侨华人的研究，出版《南洋研究》等刊物。1981年，经教育部批准，暨南大学在全国率先成立华侨华人研究的专门学术机构——华侨研究所，由著名学者朱杰勤教授担任所长。1984年在国内招收首批华侨史方向博士研究生。1996年后华侨华人研究被纳入国家“211工程”1—3期重点学科建设行列，2000年获批教育部人文社会科学重点研究基地（华侨华人研究）。暨南大学于2006年成立了华侨华人研究院，并聘请全国政协常委、国务院侨务办公室原副主任刘泽彭出任院长和基地主任。2011年，学校再次整合提升华侨华人研究力量，将华侨华人研究院与国际关系学系（东南亚研究所）合并成立国际关系学院/华侨华人研究院，继续聘请刘泽彭同志出任华侨华人研究院院长和基地主任，由华侨华人与国际问题研究知名专家曹云华教授出任国际关系学院院长兼华侨华人研究院执行院长。同时，学校还加大科研经费投入，努力打造“华侨华人研究优势学科创新平台”。研究院在加强自身科研能力的基础上，采取以研究项目、开放性课题为中心，学者带项目、课题进院的工作体制，致力于多学科和国际视野下的前沿研究，立足于为国家的改革开放和现代化建设服务，为社会服务，为政府决策咨询服务，努力将之建设成为世界一流的学术研究机构和人才培养基地。

值华侨华人研究在中华大地百花齐放、百家争鸣之际，为进一步彰显暨南大学科研特色，整合校内外相关研究力量，发掘华侨华人研究新资源，推动华侨华人研究学科的发展，暨南大学华侨华人研究院在2012年推出了“世界华侨华人研究文库”。文库的著作多为本校优势学科的前沿研究成果，作者中既有资深教授、学科带头人，也有学界新秀。他们的研究成果从多学科视野探索了国内外华侨华人研究的一些新问题、新趋势，具有较高的学术价值和现实意义。截至2016年年底，文库已经出版三批23本，在华侨华人研究领域引起了不错的反响。

2015年6月，暨南大学入选广东省高水平大学重点建设高校，“华侨华人与国际问题研究”成为学校高水平建设重点支持的一个学科组团。为了进一步发挥暨南大学的华侨华人研究优势，学院决定继续组织出版这套丛书。丛书的经费来源从之前的“211工程”和暨南大学“华侨华人研究优势学科创新平台”变为广东省高水平大学建设暨南大学“华侨华人与国际问题研究”学科组团，编委会也随人员变动做了一些调整。

本套丛书的出版得到学校领导的大力关心与支持。国际关系学院/华侨华人研究院领导与部分教师特别是高水平大学建设学科组团中的华侨华人与跨国移民研究团队的教师们也付出了艰辛的劳动，他们在策划、选题、组稿、编辑、校对等环节投入大量精力。同时，暨南大学出版社对丛书出版也给予高度重视，组织最优秀的编辑团队全程跟进，并积极申报国家出版基金项目，获得立项资助。在此，我们对所有为本丛书出版付出宝贵心血与汗水的同仁致以最衷心的感谢！

在前面四批的总序中，我们表示“期盼本丛书的出版能在华侨华人研究领域激起一点小浪花”。现在看来，已部分达到了目的，尽管如此，我们仍坚持不忘初心，继往开来，汇聚国内外华侨华人研究的朵朵浪花，把这套文库办成展现全球华侨华人研究优秀成果的一个重要平台。

《世界华侨华人研究文库》编委会

2017 年 6 月

前　言

中国侨务工作的历史应该从何时算起，目前似乎没有明确的定论。如果从1862年晚清政府建立涉侨机构开始到现在，已逾一个半世纪。这期间，中国的侨务工作从无到有，由浅入深，继承发展，开拓创新，在不同的历史时期发挥着重要作用。中华人民共和国成立后，特别是改革开放以来，随着侨情变化和侨务政策的调整，侨务工作的内涵和外延都得到了充实和拓展，已经作为党和国家一项长期性、战略性工作，在政治、经济、文化和社团等方面调整着华侨华人、归侨侨眷与中国的关系，并通过他们广泛开展民间外交，扩大对外文化交流，推动国家关系的发展。中国共产党和国家领导人，对侨务工作都十分重视。习近平总书记曾经强调："实现中华民族伟大复兴，需要海内外中华儿女共同努力。把广大海外侨胞和归侨侨眷紧密团结起来，发挥他们在中华民族伟大复兴中的积极作用，是党和国家的一项重要工作。"

随着侨务工作的不断深入，侨务工作研究也得到侨界、学界的广泛关注，有关的研究成果不断涌现。但是这些成果多集中于侨务政策研究、侨务理论研究、地方侨务志编撰以及侨务工作概述方面，有关侨务工作史的内容也多零落分散在上述著述中，鲜见对其进行系统归纳和总结的研究成果。因此，绝大多数人对侨务工作的了解是碎片化的，对侨务工作的整个历史脉络是模糊不清的。然而，中国的侨务工作，从无到有，是经过不断扬弃和继承发展才走到今天的。其中经历过挫折失败，也创造过奇迹和辉煌。这是一段值得大书特书的历史。数往知来，中国的侨务工作必将在习近平总书记的领导下迎来百花齐放的春天。为了更好地开展侨务工作，对侨务工作的历史进行归纳总结、宣传弘扬，是十分必要的。

《百年侨务图文集》，则致力于对晚清以来的中国侨务历史沿革和主要工作绩效进行梳理；对不同历史时期在侨务史上有较大影响的重要政策法规、人物、事件、举措等进行提炼和点评，填补了以往侨务工作研究的短板。

《百年侨务图文集》有以下三个特点：一是采用图文互见的方式，充分利用相关涉侨档案、报刊、图片、民间文献等史料，其中1 000余幅图片真实记录了历史面貌，以图鉴史，帮助读者加深了解各个历史时期的侨务工作。二是求真务实，少一些理论阐述，多一些工作实绩的列举，让读者在短时间内了解百年侨务中有哪些重要事件、重要人物、重要政策以及重要工作，做到言之有物。三是注重对侨务史上一些重要的史实、数据进行核查和完善，突出了本书的知识性、史料性。

希望《百年侨务图文集》的出版，能够为侨务工作研究领域带来一股清风，既能为侨务工作者普及侨务工作史的基本知识，又能为海内外关心和支持侨务工作的热心人士开启一扇宣传之窗。如能借此推动侨务工作史的研究和侨务工作的开展，那就更好了。当然，由于本人水平有限，编著过程中难免会有疏漏、错误的地方，敬请方家批评指正。

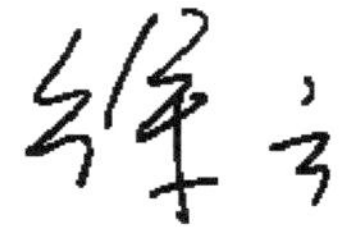

2022 年 12 月

目　录

总　序 …………………………………………………………………………… 1

前　言 …………………………………………………………………………… 1

晚清政府的侨务工作

一、侨务政策由封闭向开放转变 ……………………………………………… 2
（一）华工出国合法化 ……………………………………………………… 2
（二）杜绝并严惩诱拐华工的不法勾当 …………………………………… 9
二、古巴、秘鲁华工问题的调查与交涉 ……………………………………… 12
（一）古巴华工问题 ………………………………………………………… 12
（二）秘鲁华工问题 ………………………………………………………… 16
（三）古巴、秘鲁华工问题调查特使 ……………………………………… 17
三、遣使设领保护侨民 ………………………………………………………… 18
（一）驻外公使馆、领事馆正式建立 ……………………………………… 18
（二）中国首任驻外公使和领事 …………………………………………… 20
（三）驻外使节保侨护侨的积极作用 ……………………………………… 22
（四）为华侨颁发护照借以保护 …………………………………………… 29
四、颁布中国第一部国籍法——《大清国籍条例》 …………………………… 32
五、招徕华侨投资国内 ………………………………………………………… 33
（一）制定华商投资奖赏章程 ……………………………………………… 33
（二）设立保商局 …………………………………………………………… 36
（三）建立海外华侨商会 …………………………………………………… 39
（四）华侨投资国内的先行者 ……………………………………………… 42
（五）创办全国商品博览会——南洋劝业会 ……………………………… 50
六、扶持海外华文教育和归国侨生教育 ……………………………………… 52
（一）扶持海外华文教育 …………………………………………………… 52

（二）为归国侨生创办学校——暨南学堂 …… 57

北洋政府的侨务工作

一、从法律上确立华侨参政权 …… 62
（一）华侨参政权之提出与实现 …… 62
（二）颁布了第一部专门为华侨参政资格制定的法律——《参议院议员选举法华侨选举会施行法》 …… 63
（三）第一届国会参议院选出华侨参议员 …… 65
二、创设侨务管理机构 …… 67
（一）第一个地方性侨务行政机构——福建暨南局 …… 67
（二）国家级华工管理专职机构——侨工事务局 …… 69
（三）中央政府专门侨务机关——国务院侨务局 …… 73
三、保护海外侨民权益 …… 74
（一）制定一批保护华工的法律法规 …… 74
（二）驻英、法公使对华工的保护 …… 79
（三）西伯利亚的武装护侨 …… 81
四、颁布中国第二部国籍法 …… 82
五、招徕华侨投资国内 …… 84
（一）制定保护和鼓励华侨回国投资政策 …… 85
（二）组织华侨回国考察经商 …… 87
（三）华侨积极投资国内实业 …… 90
六、鼓励华侨捐资兴学 …… 96
（一）颁布相关法律法规 …… 96
（二）褒奖热心兴学的海外侨胞 …… 98

孙中山领导下的侨务工作

一、孙中山担任南京临时政府大总统时期的侨务活动 …… 102
（一）坚决禁止贩卖“猪仔” …… 102
（二）嘉奖对中国革命做出巨大贡献的华侨 …… 104
（三）批准成立中国最早的全国性华侨组织——华侨联合会 …… 105

（四）聘任华侨在各级政府任职 …… 106
二、孙中山担任广东革命政府大元帅时期的侨务活动 …… 112
（一）颁发保护华侨法规 …… 112
（二）发挥华侨在中国国民党中的重要作用 …… 114
（三）创立中国国民党海外部 …… 116

国民政府的侨务工作

一、华侨的参政议政权得到进一步发展 …… 118
（一）国民会议与华侨代表 …… 119
（二）国难会议与华侨代表 …… 120
（三）国民参政会与华侨国民参政员 …… 121
（四）国民代表大会与华侨代表 …… 128
（五）海外华侨代表积极建言献策 …… 130
二、改组侨务机构 …… 132
（一）侨务委员会的改组 …… 132
（二）国民党海外部的改组 …… 140
三、维护侨胞权益 …… 143
（一）修订完善一系列保护华侨利益的法律法规 …… 143
（二）交涉华侨苛例的废除 …… 153
四、推广华侨教育 …… 155
（一）成立华侨教育相关机构 …… 155
（二）首次召开全国教育会议 …… 159
（三）出台一批侨教法规 …… 161
（四）专款补助华侨教育 …… 164
（五）推进海外侨校建设 …… 166
五、鼓励华侨回国兴办实业 …… 173
（一）颁布奖励华侨回国兴办实业的相关法规 …… 173
（二）侨胞踊跃回国考察投资 …… 174
（三）吸引华侨对大西南的开发 …… 180
六、组织、发动华侨支援祖国抗战 …… 183
（一）号召侨胞抗日救国 …… 183

（二）组织华侨回国参军参战 …… 189
（三）多途径筹集抗战资金 …… 195
七、救侨护侨和难侨安置 …… 205
（一）二十世纪二三十年代的归难侨安置与救济工作 …… 205
（二）抗战时期的归难侨安置与救济工作 …… 208

延安时期中国共产党的侨务工作

一、统一战线策略与侨务工作方针的制定 …… 228
二、建立华侨及侨务工作的组织机构 …… 230
（一）中共中央海外工作委员会 …… 230
（二）延安华侨救国联合会 …… 233
（三）八路军驻香港办事处 …… 236
三、支持和帮助海外华侨回国参加抗战活动 …… 240
（一）接待回国参加抗战的华侨青年 …… 240
（二）接待回国服务抗战的华侨团体 …… 243
（三）争取爱国侨领团结抗战 …… 245
四、加强归国华侨的教育与培训 …… 246
五、号召归侨参与根据地经济建设 …… 251

中华人民共和国成立初期的侨务工作

一、设置国家级侨务部门 …… 254
（一）中华人民共和国华侨事务委员会成立 …… 254
（二）中华全国归国华侨联合会成立 …… 258
二、尊重和保障华侨的政治权利和地位 …… 260
（一）保障华侨、归侨的参政议政权 …… 260
（二）凝聚华侨对新中国政府的向心力 …… 265
三、实行海外侨务工作的重大转型 …… 269
（一）鼓励海外华侨在侨居国长期生存与发展 …… 269
（二）妥善解决“双重国籍”问题 …… 271

四、归国华侨和难侨的接待与安置 …… 279
（一）自愿归国华侨的接待与安置 …… 279
（二）归国难侨的接待与安置 …… 289
（三）建立华侨农场 …… 305
五、辅导归国侨生入学 …… 310
（一）北京归国华侨学生中等补习学校 …… 312
（二）集美归国华侨学生中等补习学校 …… 314
（三）广州归国华侨学生中等补习学校 …… 315
六、保护和争取侨汇 …… 319
（一）纠正影响侨汇收入的错误做法 …… 319
（二）贯彻执行保护侨汇政策 …… 324
（三）探索恢复和争取侨汇新举措 …… 326
（四）扶持侨批业业务发展 …… 331
七、促进华侨回国投资和办学 …… 333
（一）辅导华侨回国投资兴业 …… 333
（二）华侨投资公司的建立与成效 …… 334
（三）鼓励华侨回国捐资兴学 …… 343

改革开放以来的侨务工作

一、清除侨务工作中“左”的影响 …… 349
（一）全国性的侨务工作会议召开 …… 349
（二）落实各项侨务政策 …… 351
二、建立健全侨务工作系统 …… 366
（一）国务院侨务办公室 …… 366
（二）中华全国归国华侨联合会 …… 367
（三）中国致公党 …… 369
（四）全国人民代表大会华侨委员会 …… 371
（五）全国政协港澳台侨委员会 …… 372
三、探索华侨参政议政新路径 …… 373
（一）华侨参政权向归侨参政权转变 …… 373
（二）搭建华侨参政新平台 …… 375

（三）定期召开归侨侨眷代表大会 …… 378
（四）授予“中国侨界杰出人物”荣誉称号 …… 379
四、加强侨务法治建设 …… 381
（一）出台一批中国特色的侨务法规和政策 …… 381
（二）建立涉侨法律顾问机制 …… 388
（三）加强涉侨法律法规的宣传与涉侨信访工作 …… 392
五、做好归侨侨眷工作 …… 395
（一）落实对归侨侨眷权益的保护工作 …… 395
（二）推进侨务工作社会化 …… 399
六、深化华侨农场的改革与发展 …… 401
（一）新建华侨农场安置越南难侨 …… 401
（二）改革华侨农场旧的管理体制 …… 404
（三）关心和解决华侨农场的民生问题 …… 406
（四）促进华侨农场转型发展 …… 410
七、鼓励海外侨胞、港澳同胞投资 …… 415
（一）侨资成为中国历史变革的重要推动力 …… 415
（二）海外华商与中国经济共赢发展 …… 423
八、鼓励海外侨胞和港澳同胞捐赠 …… 434
（一）保障海外侨胞和港澳同胞的捐赠权利 …… 434
（二）海外侨胞和港澳同胞对公益事业的捐赠 …… 436
（三）海外侨胞和港澳同胞的赈灾义举 …… 451
（四）侨捐的监督与管理工作日趋完善 …… 455
（五）开展授予“荣誉市民”称号活动 …… 457
九、推动海外人才引进、智力引进工作 …… 460
（一）实施“海外高层次人才引进计划” …… 460
（二）重视海外华侨华人的智力资源 …… 468
十、开创侨务工作新局面 …… 476
（一）精心打造侨务品牌 …… 476
（二）推动实施“海外惠侨工程” …… 492
十一、促进中国和平统一大业 …… 508
（一）支持并推动反“独”促统活动 …… 508
（二）支持《反分裂国家法》 …… 511
（三）开展侨务对台工作 …… 512

十二、保护海外公民合法权益 ······ 514
（一）实施领事保护 ······ 514
（二）果断海外撤侨 ······ 516
十三、推进华侨华人研究事业深入开展 ······ 523
（一）学术机构和学术团体纷纷建立 ······ 523
（二）学术影响力不断增强 ······ 530
（三）学理性研究与侨务实践相结合 ······ 533
（四）启动主要侨乡的“侨史编修工程” ······ 536
（五）侨乡文化特色资源的涵养和研究 ······ 539

参考文献 ······ 542

晚清政府的侨务工作

中国政府对海外侨民的政策，在晚清时期出现重大转变。1860 年《北京条约》签订，国人不准出洋的禁例被打破。随着近代以来对海外华侨的逐步了解，清政府慢慢转变自己的立场。1866 年二十二条招工章程（即《续订招工章程条约》）的签订，明确表明清政府对华工出国开始采取积极的保护态度；同治末年的中秘（秘鲁）条约和 1877 年的中日（时译“日斯巴尼亚”，今西班牙）条约可视作清政府为保护华工而努力的结果；而在海外遣使设领，标志着清政府由对海外华工的关心，扩展到对整个海外华侨群体的保护。1893 年，长期以来禁止移民的政策正式废除，标志着清政府与其海外侨民的关系揭开了新的一章。中国人移居境外的权利在历史上第一次得到承认，海外华侨访问及回归故乡受到欢迎。随着对华侨态度的转变，晚清政府制定了一系列保护、吸引华侨的举措，如豁除海禁、惩治拐匪、吸引侨资、扶植海外华人教育、创建海外商会等。晚清华侨政策的转变是国内形势发展的需要，是各方力量呼吁的结果。晚清华侨政策的转变促进了华人社区的发展，培养了华侨的民族主义情感，在一定程度上为清政府赢得了民心。但由于主客观各方面的原因，晚清华侨政策在实施中大打折扣，没有达到预期的效果。①

一、侨务政策由封闭向开放转变

（一）华工出国合法化

1. 允许华工出国的重要条约——中英《北京条约》

明清时期，为了防止内外勾结，影响政权安危，朝廷一度实行“海禁”政策，认为留居国外的侨民是“贱民”“无赖”，对违禁者律以重刑，乃至即行正法。《大清律例》第二百二十五条明文规定：“一切官员及军人等，如有私自出洋经商者，或移往外洋海岛等，应照交通反叛律处斩立决。府县官员通同舞弊，或知情不举者，皆斩立决。”② 随着鸦片战争失败和《南京条约》等一批不平等条约的签订，中国的大门被外国侵略者打开，清朝及地方官吏闭关自守的观念已被外国炮舰攻破，难以为继。1860 年，第二次鸦片战争结束后，清政府与英、法、俄等国签订了《北京条约》。其中的中英《北京条约》第五款对国人出洋有如下规定：“戊午年（咸丰八年，1858 年）定约互换以后，大清大皇帝允于即日降谕各省督抚大吏，以后凡有华民情甘出口，或在英（法）国所属各处，或在

① 黄小用：《晚清华侨政策研究》，湖南师范大学博士学位论文，2003 年。

② 陈翰笙主编：《华工出国史料汇编 · 第 1 辑 · 中国官文书选辑》，北京：中华书局，1985 年，第 1 页。

外洋别地承工，俱准与英（法）民立约为凭，无论单身，或愿携带家属，一并赴通商各口，下英（法）国船只，毫无禁阻。该省大吏亦宜时与大英（法）钦差大臣查照各地方情形，会定章程，为保全前项华工之意。”①

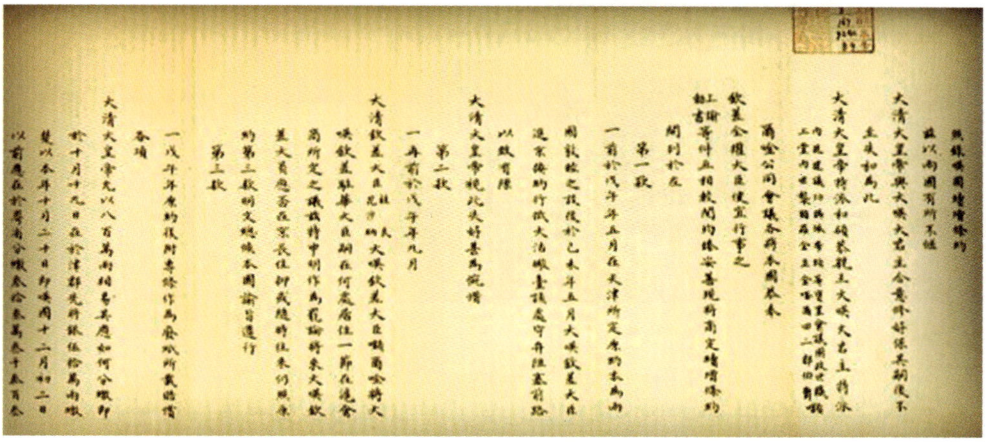

《北京条约》抄件

图片来源：中国第一历史档案馆馆藏。

2. 第一个设有兼管侨务部门的中央行政机关——总理各国事务衙门

晚清时期没有专门的侨务机关。1861 年初，清政府总理各国事务衙门（总署）成立。这是晚清第一个设有兼管侨务部门的中央行政机关。总署初成立时，内设英、法、俄三股；1864 年增设美国股；1883 年又增设海防股（甲午战争后改为日本股）。还设有司务厅、清档房、电报处、银库；在京师附设海关总税务司、同文馆（培养翻译人才，兼办天文、化学、算学、格致、西医等课程）。起初，由法国股承担“侨务”。对法国股的职责表述为负责法国、荷兰、西班牙、巴西四国的交涉事务，主管传教、华工出国及中越边界事项。后来为了增加涉侨工作的力度，又在后设的美国股的职责中增加了保护华工的内容。1901 年，总理各国事务衙门改为外交部，下设“四司、一厅、五处”。其中“考工司”和第五处分别负责“华侨出国”“学生出洋”事宜。这一时期是近代中国侨务行政体制的初创时期，其特点是外交、侨务合一，外交部兼理侨务工作。总署的侨务开始仅有“华工出国”一项，不久又增加了“华工保护”，可见清政府对华工问题的认识在不断提高。由主管“华工出国”事项到增加“华工保护”事项，是晚清侨务一个质的飞跃，亦是清政府华侨观、侨务观的重要变化。②

---

① 黄月波等编：《中外条约汇编》，北京：商务印书馆，1935 年，第 12、88 页。

② 权好胜：《晚清政府第一个侨务部门的设立与〈续定招工章程〉》，《侨务工作研究》2010 年第 1 期。

总理各国事务衙门（摄于1878年）

图片来源：《总理衙门：开启清末政治制度改革先河》，新浪网，http：//history.sina.com.cn/bk/jds/2013－11－14/14017 4032.shtml。

3. 推动大批华工来美的《中美天津条约续增条约》的签订

1868年2月，担任驻华公使六年之久、任职期满的蒲安臣，被清政府授予“办理各国中外交涉事务大臣”头衔，组团出使美国和欧洲各国。1868年7月，蒲安臣代表清政府与美国订立了《中美天津条约续增条约》（即《蒲安臣条约》），内容共分八条：（一）美国如与第三国失和，两国均不得利用中国的海和陆地进行战争。（二）在不与已有条约相违背的情况下，中国可以自定章程，另外开辟与美国贸易的海运航线。（三）中国可以向美国通商各口岸派驻领事官。美国对中国领事官，应与对英国领事官一体优待。（四）中国不得因宗教不同，欺侮在华美国人，美国亦不得因宗教不同，对在美国的华人，有所屈抑苛待。（五）两国对人民前往别国，或愿居住入籍，或随时来往，均听其自便，不得禁阻。但在两国人民自愿来往居住之外，另有招致之法，均非所准。违者按例治罪。（六）中国对来华的美国人，美国对往美国的中国人，都给予最优之国所得待遇。（七）中国人或美国人如果想进入对方国家官办之大小学校学习，对方国家须以最惠国之人民应得之待遇一体优待。（八）美国声明并无干预中国内政之权及催问中国内政之意。《中美天津条约续增条约》第五条则极有利于美国招募华工。条约签

蒲安臣

图片来源：《蒲安臣：给清廷“打工”的美国大使》，新浪网，http：//history.sina.com.cn/bk/jds/2015－06－05/1048120897.shtml。

订后，更多的华工被运往美国加利福尼亚州一带，从事开矿、筑路、垦荒等艰苦劳动，为美国创造了巨大财富，进一步打开了“合法”的大门。蒲安臣使团作为清政府派出的第一个外交使团，揭开了中国向国际社会和近代外交靠拢的序幕，在中国近代外交史上具有重要意义，它标志着传统的封贡体系外交的彻底瓦解和中国走向近代外交的第一步。

清政府第一个外交使团成员合影

图片来源：《晚清社会人文大观》，362 网，https：//www. cc362. com/content/Lp7QzQOy1 q. html。

19 世纪中叶，西方殖民主义者为开发殖民地和本国资源，在广东等沿海地区大肆拐贩华工。图为聚集香港的中国劳工

图片来源：广东省立中山图书馆“地方文献图片数据库”。

停泊香港贩运华工的帆船

图片来源：广东省立中山图书馆“地方文献图片数据库”。

约 1870 年，华工在美国加利福尼亚州的那巴谷晒葡萄

图片来源：《晚清华洋录：美国传教士、满大人和李家的故事》，第 116 页。

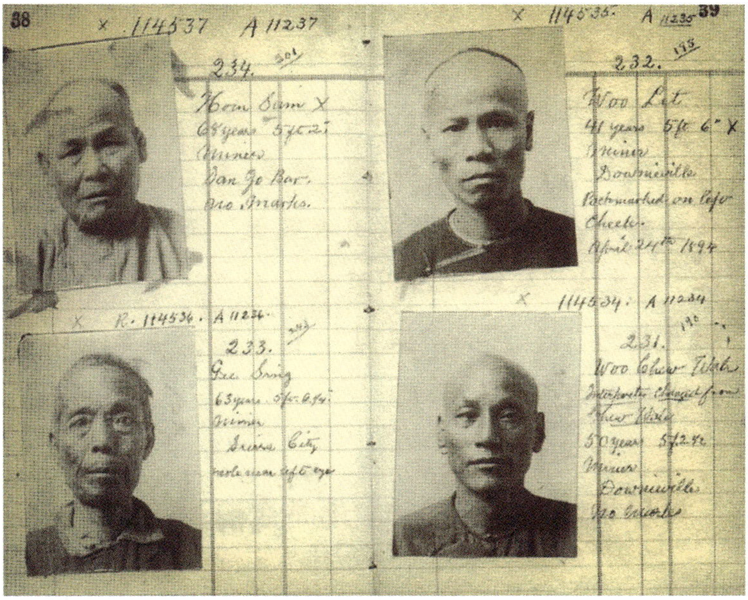

早期美国华工中的矿工

图片来源：《台山历史文化集·第三编·台山银信》，第 13 页。

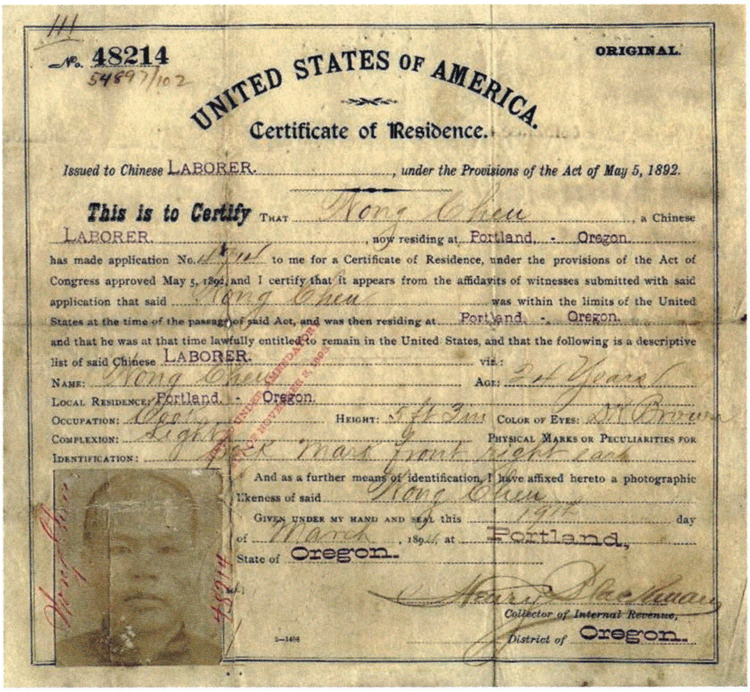

No. 48214

ORIGINAL.

UNITED STATES OF AMERICA

Certificate of Residence.

Issued to Chinese LABORER, *under the Provisions of the Act of May 5, 1892.*

This is to Certify THAT Wong Chew, a Chinese LABORER, now residing at Portland, - Oregon, has made application No. ______ to me for a Certificate of Residence, under the provisions of the Act of Congress approved May 5, 1892, and I certify that it appears from the affidavits of witnesses submitted with said application that said Wong Chew was within the limits of the United States at the time of the passage of said Act, and was then residing at Portland, - Oregon, and that he was at that time lawfully entitled to remain in the United States, and that the following is a descriptive list of said Chinese LABORER, viz.:

NAME: Wong Chew AGE: 24 Years

LOCAL RESIDENCE: Portland, - Oregon.

OCCUPATION: Cook HEIGHT: 5 ft 3 in COLOR OF EYES: Dk Brown

COMPLEXION: Light PHYSICAL MARKS OR PECULIARITIES FOR IDENTIFICATION: Pock mark front right ear

And as a further means of identification, I have affixed hereto a photographic likeness of said Wong Chew.

GIVEN UNDER MY HAND AND SEAL this 19th day of March, 1894, at Portland, State of Oregon.

Collector of Internal Revenue, District of Oregon.

1892 年美国俄勒冈州波特兰华人劳工居住证明

图片来源：暨南大学图书馆馆藏。

4. 奏疏“豁除海禁”第一人——薛福成

薛福成

图片来源：《晚清七百名人图鉴》（插图）。

虽然清政府已与美国签订了准许劳务输出的《中美天津条约续增条约》，但“禁海令”并没有同步的明谕加以废止。国内的官员劣绅，仍然倚仗“禁海令”勒索侨民。1893 年，薛福成以《薛钦宪请豁除旧禁招徕华民疏》，呼吁废除海禁政策，保护归国华侨，促进了“禁海令”的废除。

薛福成（1838—1894），江苏无锡人，秀才出身。1865—1872 年佐两江总督曾国藩幕，办理文案。1875—1884 年佐直隶总督李鸿章幕，办理洋务。在长期从事洋务活动和奉命出使英、法、意、比四国期间，潜心研究世界各国的政治、经济、文化教育以及风俗人情，考察欧洲社会的得失利弊，并结合中国实际，提出了效法西方、革新政治、振兴工商、保护华侨、富强祖国的一系列主张。其中，豁除海禁、保护侨民的思想就是他一系列主张中最具有时代特色和进步意义的一部分。[①] 1893 年 9 月，清政府颁法令：“除华侨海禁，自今商民在外洋，无论久暂，概许回国治生置业，其经商出洋亦听之。”[②] 从此，清政府长达 200 多年的海禁政策正式废除。

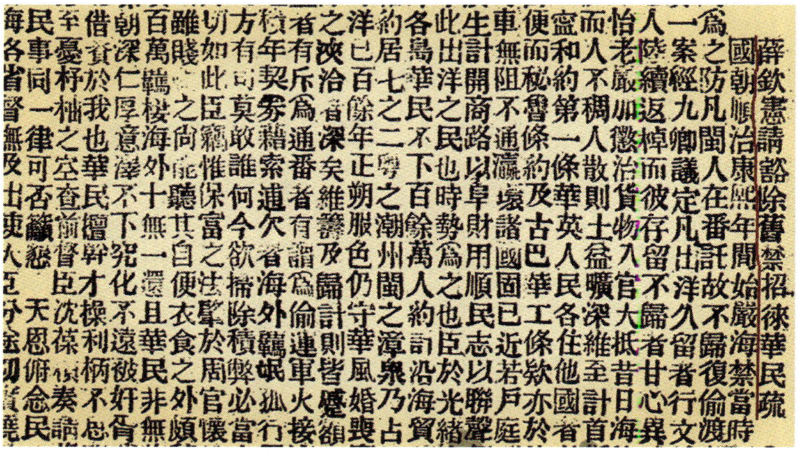

薛欽憲請豁除舊禁招徠華民疏
國朝順治康熙年間始嚴海禁當時
爲之防凡閩人在番託故不歸復偷渡
一案經九卿議定凡出洋久留者行文
人陸續返棹而彼存留不歸者甘心異
怡老嚴加懲治貨物入官大抵昔日海
而人不稠人散則土益曠深維至計首
盛和約第一條華英人民各住他國者
便而秘魯條約及古巴華工條款亦於
車無阻不通瀛寰諸國固已近若戶庭
生計開商路以阜財用順民志以聯聲
此出洋之民也時勢爲之也臣於光緒
各島華民不下百餘萬人約計沿海貿
約居七之二粵之潮州閩之漳泉乃占
洋已百餘年正朔服色仍守華風婚喪
之浹洽者深矣維繫及歸計則皆變絕
者有斥爲通番者有謂爲偷運軍火接
積年契券藉索逋欠者海外羈氓孤行
方有司莫敢誰何今欲掃除積弊必當
切如此臣竊惟保富之法舉於周官懷
雖賤之尚能聽其自便衣食之外頗
百萬鶴樓海外十無一還且華民非無
朝深仁厚意澤不下究化不遠徹奸胥
借貸於我也華民疆斡才操利柄不總
至憂杼柚之空查前督臣沈葆楨奏請
民事同一律可否籲懇　天恩俯念民
海各省督撫及出使大臣分飭刊黃曉

《薛钦宪请豁除旧禁招徕华民疏》

图片来源：《申报》，1893 年 11 月 14 日第 2 版。

① 肖志伟：《薛福成护侨思想对晚清侨务政策的影响》，《求索》2005 年第 6 期。

② 广东省地方史志编纂委员会编：《广东省志·华侨志》，广州：广东人民出版社，1996 年，第 19 页。

（二）杜绝并严惩诱拐华工的不法勾当

1. 首个地方疆臣发布关于外国招工和严惩拐匪的告示

鸦片战争打开了中国的大门，清政府承认中国人向外移民的权利。但在华工出洋合法化的同时，拐卖华工的勾当也日益猖獗。对诱骗拐卖华工的不法之徒的惩治，成为清政府侨政的一个重要组成部分。

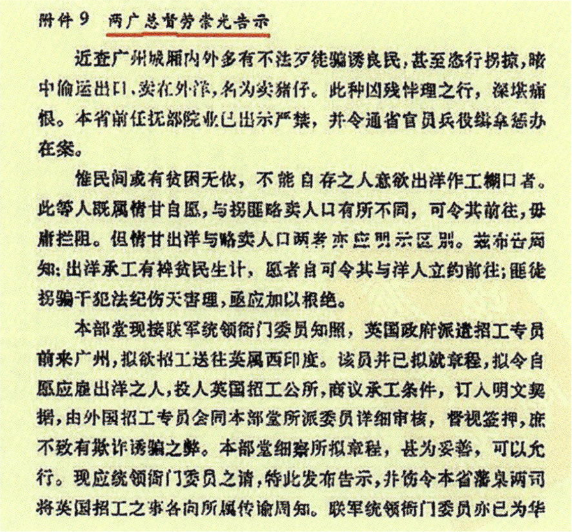
附件9 两广总督劳崇光告示

近查广州城厢内外多有不法歹徒骗诱良民，甚至恣行拐掠，暗中偷运出口，卖在外洋，名为卖猪仔。此种凶残悖理之行，深堪痛恨。本省前任抚部院业已出示严禁，并令通省官员兵役缉拿惩办在案。

惟民间或有贫困无依，不能自存之人意欲出洋作工糊口者。此等人既属情甘自愿，与拐匪略卖人口有所不同，可令其前往，毋庸拦阻。但情甘出洋与略卖人口两者亦应明示区别。兹布告周知：出洋承工有裨贫民生计，愿者自可令其与洋人立约前往；匪徒拐骗干犯法纪伤天害理，亟应加以根绝。

本部堂现接联军统领衙门委员知照，英国政府派遣招工专员前来广州，拟欲招工送往英属西印度。该员并已拟就章程，拟令自愿应雇出洋之人，投人英国招工公所，商议承工条件，订人明文契据，由外国招工专员会同本部堂所派委员详细审核，督视签押，庶不致有欺诈诱骗之弊。本部堂细察所拟章程，甚为妥善，可以允行。现应统领衙门委员之请，特此发布告示，并饬令本省藩臬两司将英国招工之事各向所属传谕周知。联军统领衙门委员亦已为华

两广总督劳崇光关于招工和严惩拐匪的告示

图片来源：《华工出国史料汇编·第2辑·英国议会文件选译》，第194页。

广东是拐卖活动的重灾区，打击的力度也最大。1859年10月28日，广东巡抚兼署两广总督劳崇光发布了关于招工和严惩拐匪的告示。该告示同意外国人在广州设局招工，允许中国人民自由出洋。同时严惩拐匪，一旦胡作非为，则定行缉拿，尽法严惩。这是晚清首个地方疆臣发布的关于招工和严惩拐匪的告示。该告示宣布不久，劳崇光便派遣一支船队驻守黄埔，“缉获了36个拐匪，释放了41个受害者。18名拐匪被斩首，11名受到严惩。一艘巡逻船常驻此地，以防将来外国招工船与中国人贩子进行交易”①。

1864年，在总理衙门的建议下，刑部制定法律，其中对拐卖华工出洋提出了严厉的惩处：“诱卖人口之内地人，查有诱卖实情，无论曾否威逼，是否拐骗，均照该督等所奏，为首者斩立决，为从者绞立决。”② 1866年1月，清廷发布上谕，除了重申对拐匪按章严惩外，还要求有关省份每三个月将查拿惩办拐匪的情况专门奏报一次，以防疏怠。③ 同年，《续定招工章程条约》也规定了对贩卖者的惩处：“更有华民不肯离国，有人胆敢私行骗往，勉强胁从，即照刑部奏定新章，予以正法。”④ 由于朝廷的支持，各地方督抚采取积极措施，打击拐匪取得了一定成

① ［澳］颜清湟著，粟明鲜、贺跃夫译：《华工出国与清朝官员：晚清时期中国对海外华人的保护 1851—1911》，北京：中国友谊出版公司，1990年，第97页。

② 陈翰笙主编：《华工出国史料汇编·第1辑·中国官文书选辑》，北京：中华书局，1985年，第51页。

③ 董丛林：《华工史话》，北京：社会科学文献出版社，2000年，第117页。

④ 王铁崖编：《中外旧约章汇编》（第1册），北京：生活·读书·新知三联书店，1982年，第246页。

绩。仅广东一省“自同治五年十月二十五日钦奉上谕之日起，计至八年六月底止，共决过人犯五十六名”①。

2. “保全华工”的二十二条招工章程的订立

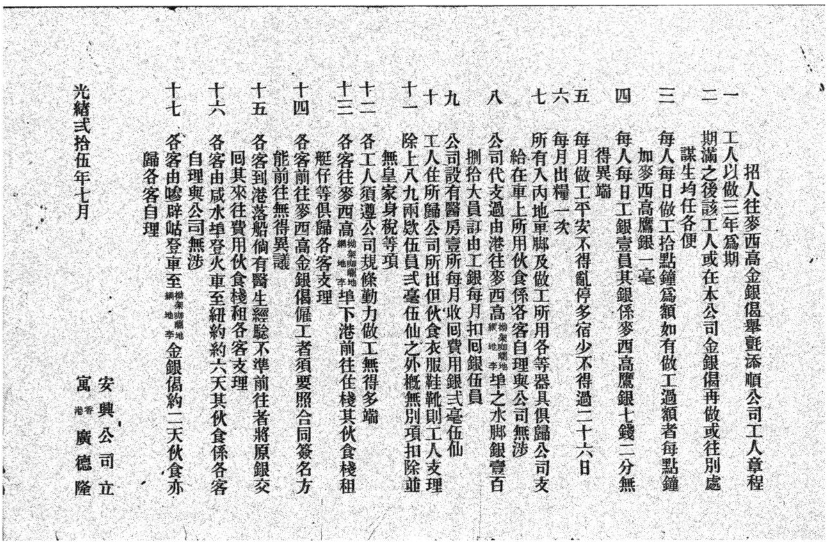
招人往麥西高金銀偈舉氈添順公司工人章程

一 工人以做三年爲期

二 期滿之後該工人或在本公司金銀偈再做或往別處謀生均任各便

三 每人每日做工拾點鐘爲額如有做工過額者每點鐘加麥西高鷹銀一毫

四 每人每日工銀壹員其銀係麥西高鷹銀七錢二分無得異端

五 每月做工平安不得亂停多宿少不得過二十六日

六 每月出糧一次

七 所有入內地車脚及做工所用各等器具俱歸公司支給在車上所用伙食係各客自理與公司無涉

八 公司代支過由港往麥西高（揸架咖嚹地 網地李）埠之水脚銀壹百捌拾大員訂由工銀每月扣回銀伍員

九 公司設有醫房壹所每月收回費用銀弍毫伍仙

十 工人住所歸公司所出但伙食衣服鞋靴則工人支理

十一 除上八九兩欵伍員弍毫伍仙之外概無別項扣除並無皇家身稅等項

十二 各工人須遵公司規條勤力做工無得多端

十三 各客往麥西高（揸架咖嚹地 網地李）埠下港前往住棧其伙食棧租艇仔等俱歸各客支理

十四 各客前往麥西高金銀偈僱工者須要照合同簽名方能前往無得異議

十五 各客到港落船倘有醫生經驗不準前往者將原銀交回其來往費用伙食棧租各客支理

十六 各客由咸水埠登火車至紐約六天其伙食係各客自理與公司無涉

十七 各客由嗲辟岵登車至（揸架咖嚹地 網地李）金銀偈約二天伙食亦歸各客自理

光緒弍拾伍年七月

安興公司立

寓（香港）廣德隆

1899 年香港广德隆安兴公司发布的墨西哥招工章程

图片来源：徐云收藏。

自 1859 年广东巡抚兼署两广总督劳崇光发布了同意外国在广州设局招工后，招工合法得以在全国推广。1866 年 3 月 5 日，中、英、法三方大臣商定了二十二条招工章程，该章程从整体上来说既满足了洋人的招工欲望，又顾全了政府“保全华工”的意图。总的说来，它具有以下特点：①领事官在招工中的权限大大提高，“中国专派委员协同监理”。②华工利益得到一定保障。③招工范围扩大。年未满二十岁华民，如有父母准往凭单，可以承招。④体现了治外法权，有关洋人招工违法未设任何惩罚条例，任凭领事官自行断定。⑤双方对待拐匪态度取得一致。这次招工章程的订立，说明了总署对苦力贸易造成的弊端有了比较清楚的认识，标志着其对传统立场的放弃。从此，开始奉行关心和保护苦力的政策。二十二条招工章程正式成为合法规章后，1866 年 3 月 15 日，总署致函美、俄、布各国领事，告知“贵国商人，如将来须办招工事宜，即可遵照此项章程办理，以归画一”。同时申明各国不可以在澳门和非通商口岸招工，希望各国政府体谅中国“保全华工”的仁人用心，共同严禁。②

① 陈翰笙主编：《华工出国史料汇编·第 1 辑·中国官文书选辑》，北京：中华书局，1985 年，第 62 页。

② 黄小用：《晚清华侨政策研究》，湖南师范大学博士学位论文，2003 年，第 56 页。

3. 澳门苦力贸易宣布废止

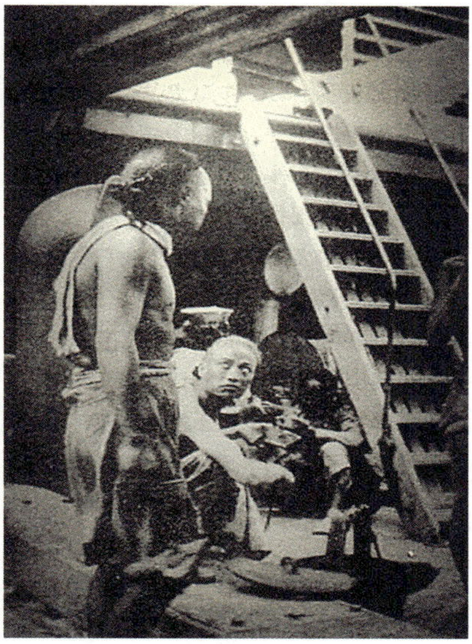

19世纪横渡太平洋轮船上的华工

图片来源：《梦回东方》，第15页。

自1557年葡萄牙人在澳门取得居住权后，澳门一直是掠贩人口的罪恶渊薮。由于清政府一再坚持，外商在通商口岸掠运苦力不得不有所顾忌，于是纷纷涌向清政府管治不了的澳门，从而使该地成为世界最大的苦力贸易港。1856—1873年，这里运出了大量的契约苦力和“猪仔”。其中运往古巴和秘鲁的苦力共二十多万人。① 1866年3月15日，即二十二条招工章程签订后的第十天，清政府正式就澳门不准招收、装运华工出洋照会美、俄、布等国。同日，总署又照会英国并通知三口通商大臣按此办理。1869年，清政府再次照会各国，重申上述规定。同时，加大了打击力度。

1873年11月美国驻京代办卫廉士的报告称：“我听说，凡人贩子和拐匪一经拿获，便立即处死，这就使得这种买卖相当危险，损失惨重，猪仔馆已十室九空。”② 在无利可图的情况下，澳门总督杰留尔里奥于1873年12月27日宣布废止澳门的苦力贸易。1874年3月27日，肆虐了三十多年的苦力贸易终于被扫进了历史的垃圾堆。③

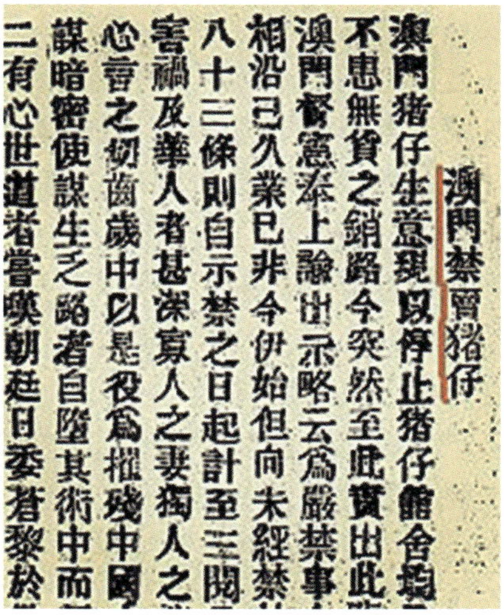

澳門禁賣猪仔

澳門猪仔生意現已停止猪仔館舍

不患無貨之銷路今突然至此實出此

澳門督憲奉上諭出示略云爲嚴禁事

相沿已久業已非今伊始但向未經禁

八十三條則自示禁之日起計至三閱

害禍及華人者甚深寡人之妻獨人之

心言之切齒歲中以是役爲摧殘中國

謀暗密使誘生之路者自墜其術中而

二有心世道者嘗嘆朝廷日委蒼黎於

《澳门禁卖猪仔》

图片来源：《申报》，1874年1月6日第3版。

1874年1月6日，《申报》刊登《澳门禁卖猪仔》一文，发布澳门督宪奉谕禁卖猪仔事，严惩拐匪的坚决态度可见一斑：“本部堂现奉上谕，所有在澳门一切出洋生意均行禁止。查华人出洋一事，相沿已久，业已非今伊始，但向未经禁，故籍此为业者不乏其人。兹奉谕禁止自当凛遵，概行停止。但照出洋例第八十三条，则自示禁之日起计，至三月后，则当尽绝，各宜禀遵毋违，特示。”

---

① 彭家礼：《历史上的华工出国》，《近代史研究》1984年第6期。

② 《卫三畏先生至于飞余先生，1873年11月6日，北京》，载美国国务院《美国对外关系文件，1874年》，第206页。

③ 权好胜：《晚清政府保护海外华侨伊始》，《侨务工作研究》2012年第3期。

二、古巴、秘鲁华工问题的调查与交涉

（一）古巴华工问题

鸦片战争以后，西班牙当局为了加紧对古巴的掠夺和控制，即以“契约华工”的名义，将大批广东人、福建人拐骗到古巴，贩卖到甘蔗、烟草和咖啡种植园充当劳力。非人的待遇，使契约华工大量死亡，不少人受尽折磨甚至惨遭屠杀。在古巴的华工，契约期间的死亡率达到75%，契约期内劳动寿命平均只有5年。虽然华工通过中介洋行与国外公司签订看似平等的劳动契约，但雇主往往拒绝履行契约的规定，强迫契约华工进行超强度劳动。因此，华工所签订的契约合同基本上是一纸空文，其功能和作用是为了蒙蔽更多的华工为雇主当牛做马。1873年，西班牙向中国提出订约，清政府要求先解决华工问题，并建议由各国驻京代表组成一个调停委员会，处理西班牙殖民地华侨问题。1873年7月，调停委员会建议由中国政府组成一个调查委员会前往古巴了解华工情况，得到了西班牙政府的同意。该年8月，总理衙门决定由陈兰彬负责，并邀请中国海关的两名外籍税务司官员马福臣和吴秉文同行。1874年3月17日，陈兰彬三人调查团到达哈瓦那，对古巴当地的“猪仔馆”、工所、种植园和监狱等都进行了广泛的调查。

调查委员会在古巴搜集了大量华工被迫害的证据，大大加强了清政府在订约谈判中的优势，为华工争取了一些利权。可以说这是自鸦片战争以来，中国政府在外交上取得的较大成就。在调查中他们发现，古巴华工受虐情况十分严重。据各华工所述，系自中国被拐骗来者居十之七八。船上数月，自尽、被打伤等原因而死亡者已不止十分之一。迨装到夏湾拿（哈瓦那）发卖为奴，至被卖入糖寮者，尤为凌虐不堪。其工作负荷过重、饮食过薄、做工时刻过多，被棍打、鞭笞、锁闸等诸般荼毒又最甚。陈兰彬对华工所受的这些苦难都认真地进行了记录，收集了大量的证据，“计共录得口供一千一百七十六纸，又收得一千六百六十五名口禀帖八十五张”①。这些证据揭露了华工在古巴苦难生活的各个方面，有力地证明了华工在古巴确实受到了非人的虐待，为清政府日后与西班牙政府谈判保护华工、挽回华工权益提供了有利佐证。

---

① 陈翰笙主编：《华工出国史料汇编·第1辑·中国官文书选辑》，北京：中华书局，1985年，第541页。

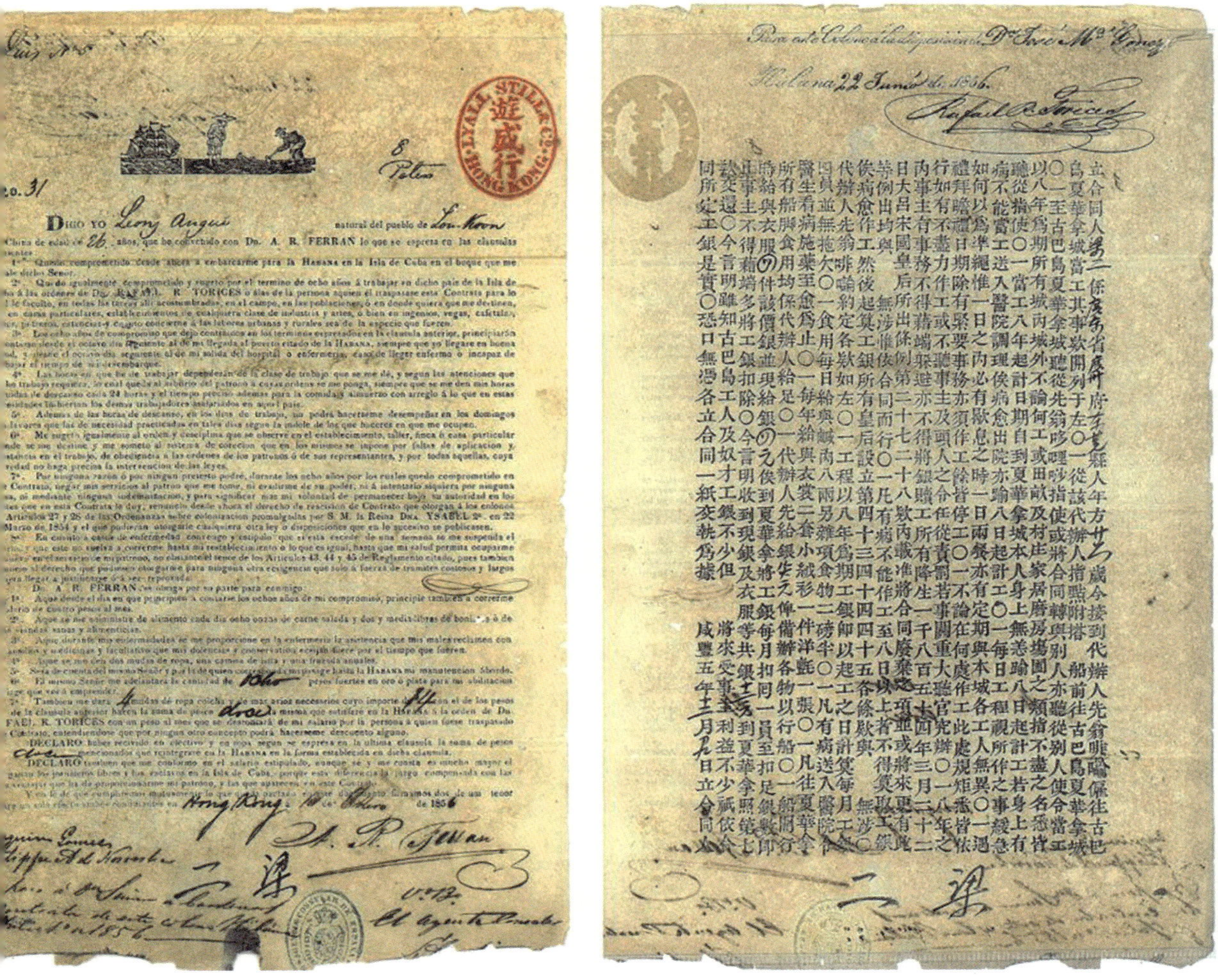

1855 年广东华工赴古巴的契约合同

图片来源：暨南大学图书馆馆藏。

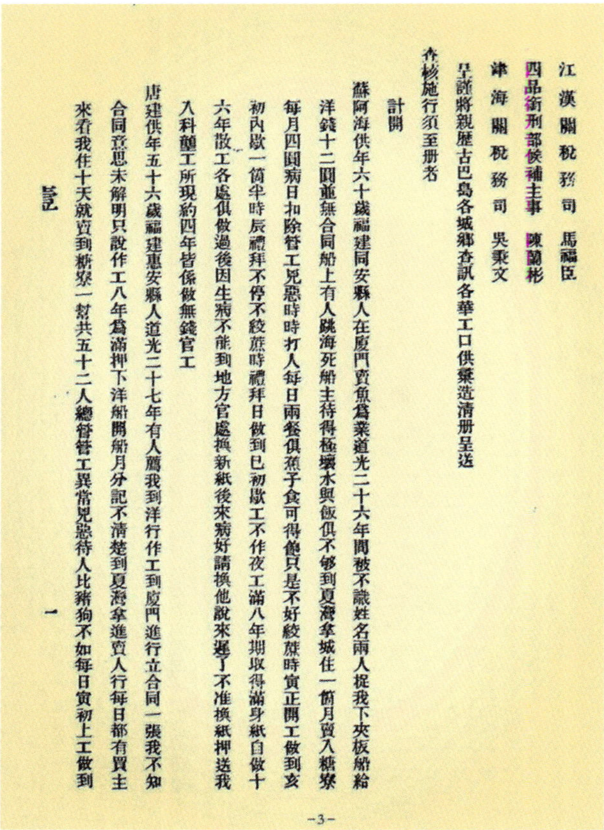
江漢關稅務司 馬福臣
四品銜刑部候補主事 陳蘭彬
津海關稅務司 吳秉文
呈請將親歷古巴島各城鄉查訊各華工口供彙造清冊呈送
查核施行須至冊者
計開
蘇阿海供年六十歲福建同安縣人在廈門賣魚為業道光二十六年間被不識姓名兩人捉我下夾板船給洋錢十二圓並無合同船上有人跳海死船主待得極壞水與飯俱不够到夏灣拿城住一個月賣入糖寮每月四圓病日扣除管工兇惡時時打人每日兩餐俱蕉子食可得飽只是不好絞蔗時寅正開工做到亥初內歇一個半時辰禮拜不停不絞蔗時禮拜日做到巳初歇工不作夜工滿八年期取得滿身紙自做十六年散工各處俱做過後因生病不能到地方官處換新紙後來病好請換他說來遲了不准換紙押送我入科墮工所現約四年皆係做無錢官工
唐建供年五十六歲福建惠安縣人道光二十七年有人薦我到洋行作工到廈門進行立合同一張我不知合同意思未解明只說作工八年為滿押下洋船開船月分記不清楚到夏灣拿進賣人行每日都有買主來看我住十天就賣到糖寮一對共五十二人總督管工異常兇惡待人比豬狗不如每日寅初上工做到
記 一
-3-

古巴华工口供

图片来源：《古巴华工调查录》，第 3 页。

古巴华工口供

苏阿海供，年六十岁。福建同安县人，在厦门卖鱼为业。道光二十六年间，被不识姓名两人捉我下夹板船，给洋钱十二圆，并无合同。船上有人跳海死。船主待得极坏，水与饭俱不够。到夏湾拿城住一个月，卖入糖寮。每月四圆，病日扣除。管工凶恶，时时打人。每日两餐俱蕉子，食可得饱，只是不好。绞蔗时，寅正开工，做到亥初，内歇一个半时辰，礼拜不停。不绞蔗时，礼拜日做到巳初歇工，不作夜工。满八年期取得满身纸，自做十六年散工，各处俱做过。后因生病，不能到地方官处换新纸，后来病好请换，他说来迟了，不准换纸，押送我入科垄工所。现约四年，皆系做无钱官工。①

——《古巴华工调查录》，第 3 页。

① 陈兰彬：《古巴华工调查录》，上海：上海书店出版社，2014 年，第 3 页。

陈兰彬对古巴华工的调查报告，引起了世界舆论哗然。清政府要求西班牙殖民当局解决调查所发现之各种弊端，才能准予日（西班牙）商招工。西班牙殖民当局在答应尽量解决各种弊端的同时，请求按照二十二条招工章程，准予其继续招工，却提出种种无理指责和要求。最后，在清政府的努力下，加以世界舆论的压力，西班牙不得不同意就古巴华工问题与清政府进行正式谈判。1877 年，双方正式签订了中西《古巴华工条款》，并且将中国派驻古巴总领事专门列为其中的一款。①

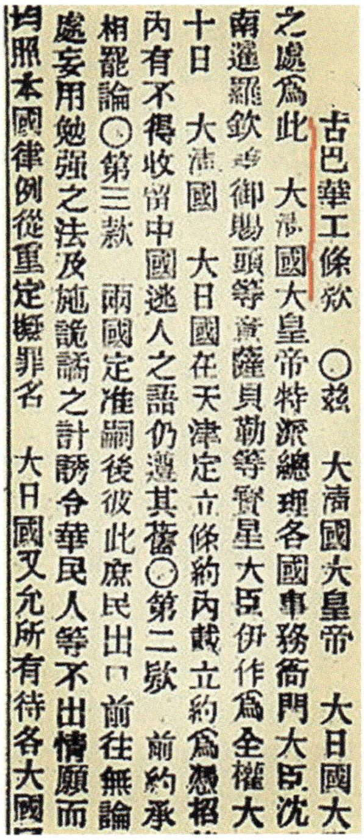
古巴華工條欵 ○茲 大清國大皇帝 大日國大
之處爲此 大清國大皇帝特派總理各國事務衙門大臣沈
南遜羅欽奉御賜頭等寶薩貝勒等賓星大臣伊作爲全權大
十日 大清國 大日國在天津定立條約內載立約爲憑招
內有不得收留中國逃人之語仍遵其舊○第二欵 前約承
相罷論○第三欵 兩國定准嗣後彼此庶民出口前往無論
處妄用勉强之法及施詭譎之計誘令華民人等不出情願而
均照本國律例從重定擬罪名 大日國又允所有待各大國

《古巴华工条款》

图片来源：《申报》，1877 年 12 月 6 日第 3 版。

陈兰彬（中）1873 年在美国时的照片

图片来源：《陈兰彬与晚清外交》。

① 董丛林：《华工史话》，北京：社会科学文献出版社，2000 年，第 129 页。

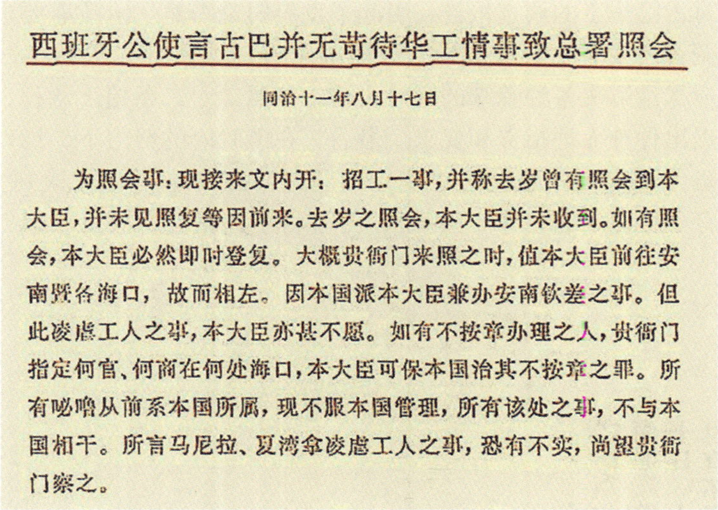

西班牙公使言古巴并无苛待华工情事致总署照会

同治十一年八月十七日

为照会事：现接来文内开：招工一事，并称去岁曾有照会到本大臣，并未见照复等因前来。去岁之照会，本大臣并未收到。如有照会，本大臣必然即时登复。大概贵衙门来照之时，值本大臣前往安南暨各海口，故而相左。因本国派本大臣兼办安南钦差之事。但此凌虐工人之事，本大臣亦甚不愿。如有不按章办理之人，贵衙门指定何官、何商在何处海口，本大臣可保本国治其不按章之罪。所有吡嚼从前系本国所属，现不服本国管理，所有该处之事，不与本国相干。所言马尼拉、夏湾拿凌虐工人之事，恐有不实，尚望贵衙门察之。

《西班牙公使言古巴并无苛待华工情事致总署照会》

图片来源：《华工出国史料汇编·第 1 辑·中国官文书选辑》，第 541 页。

（二）秘鲁华工问题

秘鲁华工也如古巴华工一样，多是被中外苦力贩子从中国沿海诱骗掳卖过去的。1838 年，第一批华人来到秘鲁，[①] 至 19 世纪 70 年代，已有十来万华工生活在秘鲁，其中因被凌虐、伤病致死者还不在统计范围之内。1868 年 11 月中旬，秘鲁华工向美国驻秘公使诉说苦情求援，此事像古巴华工事件一样引起了清政府的关注。1873 年，秘鲁派遣使团来中国商谈订约问题。双方各守立场，中方坚持先将华工问题解决好，才准立约，秘方则坚持先立约，后谈华工问题。经过一番驳辩，至 1874 年 5 月，《中秘通商条约》签订，这是清政府为保护海外华工所做出的努力而获得的一个小胜利。同年，在中秘换约之前，容闳奉清政府之命前往秘鲁调查当地契约华工苦力的状况。他在秘鲁调查了三个月，搜集了关于华工在秘鲁遭受残酷迫害的大量证据，于 1875 年向清政府提交了正式报告，并附上华工的呈状、陈情书以及见证人的证词，还有二十四张被鞭伤、烙伤的华工的照片。由于容闳的报告铁证如山，引发了中秘之间的换约风波，最终迫使秘鲁代表不得不同意将报告的内容报告本国政府，并且声明秘鲁政府保证停止一切虐待移民华工的事情，保证华工在秘鲁安居乐业，保障他们的人身与财产安全。

① 福建师范大学历史系华侨史资料选辑组编：《晚清海外笔记选》，北京：海洋出版社，1983 年，第 244 页。

秘鲁契约华工合影

图片来源：《沙国之梦：契约华工在秘鲁的命运》，第183页。

19世纪，在秘鲁钦恰省中间岛鸟粪码头工作的华工

图片来源：《沙国之梦：契约华工在秘鲁的命运》，第75页。

（三）古巴、秘鲁华工问题调查特使

1. 晚清调查古巴华工受虐事件特使——陈兰彬

陈兰彬（1816—1895），字荔秋，广东省吴川人。1853年中进士。1872年以留学监督身份率领第一批留学生30人赴美。1873年，受清政府委派前往古巴调查华工受害情况，1874年调查报告发表，舆论哗然。1877年中西会订《古巴华工条款》始禁止施行诡谲之计诱令华工出国。自此以后，西方侵略者在华南猖獗二三十年之久的苦力贸易逐渐敛迹。[①] 1878年以太常寺卿身份出使美国、西班牙、秘鲁；后奉调回国，历任兵部、礼部侍郎及会试阅卷大臣等职。在任期间，继续深入了解侨工情况，关怀侨胞工作生活，多次向侨居国交涉、抗议，以保证华侨利益，深受华侨爱戴。1881年奉诏回国，入总理各国事务衙门任大臣，最终以礼部左侍郎职致仕。晚年归里，先后主编《高州府志》《吴川县志》，著有《使美白咏调》《重次千文》《毛诗札记》《治河刍言》等书。

陈兰彬

图片来源：《当中国大使馆遇上美国恶房东》，腾讯网，http：//dajia.qq.com/original/kaojupai/xjn20170707.html。

① 陈碧笙：《世界华侨华人简史》，厦门：厦门大学出版社，1991年，第324页。

2. 晚清调查秘鲁华工受虐事件特使——容闳

容闳（1828—1912），广东香山人。1847年赴美留学，1850年考入耶鲁大学，成为第一个毕业于该大学的中国留学生，是中国留学生事业的先驱，被誉为“中国留学生之父”。1854年回国后任职于上海海关翻译处、宝顺洋行。1863年入佐曾国藩幕。在清末洋务运动中，他因促成并且经理了两件大事而彪炳史册：1864—1865年参与创办中国近代第一座完整的机器厂——上海江南机器制造总局，赴美为制造局购置机器；1868年，向清政府提出以选派幼童出洋留学为重点的四项条陈，组织了第一批官费赴美留学幼童。1874年奉清政府之命前往秘鲁调查当地契约华工苦力的状况。1898年参与维新变法，失败后避居上海。1900年参加唐才常等组织的自立会，被推为会长，后遭通缉出亡香港，1902年赴美。[①] 在中国近代西学东渐、戊戌变法和辛亥革命中，容闳都有不可磨灭的贡献。

容闳

图片来源：《学海无涯：近代中国留学生展》，第34页。

三、遣使设领保护侨民

（一）驻外公使馆、领事馆正式建立

出国合法化、出国人数迅速增加及华侨在海外的经济状况日益好转，引起一些地方官对保护华侨、获取贸易利益的关注，因而奏请设领护侨。广东巡抚蒋益澧于1866年上奏朝廷，欧美诸国“凡商贾经营数万里外，彼国特设官维持而调护之，是以上下之情通而内外之气聚。内地闽粤等省，赴外洋经商者人非不多，如新加坡有内地十余万人，新老金山有内地二十余万人，槟榔屿、加拉巴（今雅加达）约有内地数万人。和约中原载彼此遣使通好，若得忠义使臣前往各处，联络羁维，居

① 闵杰编著：《晚清七百名人图鉴》，上海：上海书店出版社，2007年，第433页。

恒可以窥彼腹心，缓急亦可藉资指臂”[1]。随着海外契约华工的急剧增加，各地苛待残害华工的事件层见叠出，惨不忍闻。西方报纸不断报道古巴、秘鲁等地虐待华工的种种罪恶，因此引起国内外舆论的谴责，遣使设领的呼声也越发高涨。在一批地方官吏和海外华侨的一再呈请之下，晚清政府也认识到办理外交、商务、护侨确有遣使设领的必要。光绪元年（1875）总理各国事务衙门保奏陈兰彬为出使美、秘、西正使，容闳为副使，但迟至1878年才正式赴任。因此同年出使英国的大臣郭嵩焘，则成为中国驻外公使第一人。经他与英国谈判成功，同年10月在新加坡设立了中国第一个驻外领事馆，侨商胡璇泽出任第一任领事。[2] 自这以后的数十年间，晚清政府在世界各主要国家设立了公使馆，并在重要华埠设立了领事馆，共46个。驻外公使馆、领事馆的正式建立标志着晚清侨务政策的初步形成。[3]

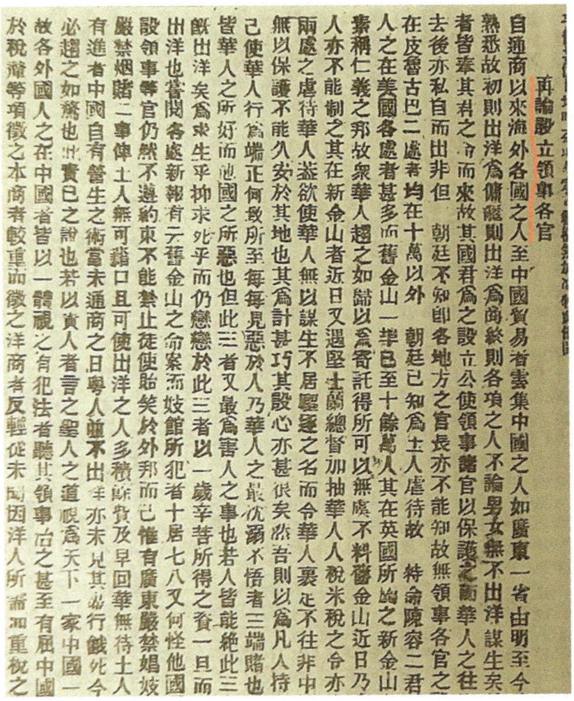
再論設立領事各官
自通商以來海外各國之人至中國貿易者麕集中國之人如廣東一省由明至今
熟悉故初則出洋爲傭繼則出洋爲商終則各項之人不論男女無不出洋謀生矣
者皆奉其君之命而來故其國君爲之設立公使領事諸官以保護之而華人之往
去後亦私自而出非但 朝廷不知即各地方之官長亦不能知故無領事各官之
在皮魯古巴二處者均在十萬以外 朝廷已知爲土人虐待故 特命陳容二君
人之在美國各處者甚多而舊金山一埠已至十餘萬人其在英國所屬之新金山
素稱仁義之邦故衆華人趨之如歸以爲寄託得所可以無虞不料舊金山近日乃
人亦不能制之其在新金山者近日又遇堅士蘭總督加抽華人人稅米稅之令亦
兩處之虐待華人蓋欲使華人無以謀生不居屋邊之名而令華人裹足不往非中
無以保護不能久安於其地也其爲計甚巧其設心亦甚很矣然吾則以爲凡人待
己使華人行爲端正何致所至每每見惡於人乃華人之最流弊不悟者三端賭也
皆華人之所好而他國之所惡也但此三者又最爲害人之事也若人皆能絕此三
既出洋矣爲求生乎抑求死乎而仍戀戀於此三者以一歲辛苦所得之貲一旦而
出洋也嘗閱各處新報有云舊金山之命案而妓館所犯者十居七八又何怪他國
設領事等官仍然不遵約束不能禁止徒使貽笑於外邦而已惟有廣東嚴禁娼妓
嚴禁烟賭二事俾土人無可藉口且可使出洋之人多積餘貲及早回華無待土人
有進者中國自有營生之術當未通商之日粵人誰不出洋亦未見其必行餓死今
必趨之如鶩也此責已之說也若以責人者言之聖人之道視爲天下一家中國一
故各外國人之在中國者皆以一體視之有犯法者聽其領事治之甚至有屈中國
於稅釐等項徵之本商者較重而徵之洋商者反輕從未因洋人所論而重稅之

《再论设立领事各官》

图片来源：《申报》，1876年9月27日第1版。

① 庄国土：《论晚清政府在南洋的设领护侨活动及其作用——晚清华侨政策研究之一》，《南洋问题》1983年第3期。

② 由于当年新加坡还是英国的殖民地，因此英国担心中国设领后，对当地华族社会所造成的冲击会影响到殖民当局对海外华族社会的领导权，所以就设领一事开出两个条件：第一，领事的设置必须是一种临时性的安排；第二，第一任领事人选必须是“一位具有高尚品格与良好社会地位的新加坡华族居民，而不是一位来自中国的华人”。新加坡当地华商胡璇泽就是在这样的一个外交措施下，被委派为中国驻新加坡领事。

③ 杜裕根：《论晚清侨务政策的转变》，《学海》1995年第5期。

（二）中国首任驻外公使和领事

1. 中国首任驻外公使——郭嵩焘

郭嵩焘

图片来源：《晚清七百名人图鉴》（插图）。

郭嵩焘（1818—1891），湖南湘阴人。1847年进士。1854—1856年佐曾国藩幕。1862年授苏松粮储道，旋迁两淮盐运使。1863年任广东巡抚，1866年罢官回籍，在长沙城南书院及思贤讲舍讲学。1875年经军机大臣文祥举荐入直总理衙门。1876年清政府派遣郭嵩焘前往伦敦，为“马嘉理（A. R. Maegary）案”向英国政府道歉，“通好谢罪”。就此朝廷委任他为驻英使臣，并成立公使馆，这是中国派驻外国的第一个常驻使节。①

郭嵩焘既是一位识见高远的洋务理论家，亦是一位促进东西方文明沟通的先驱者。他于同治年间在广东担任巡抚及光绪初年出使西方的过程中，认识到华侨问题在中国政治经济生活中的重要性，较早提出了一系列倡导国民出国，重视、关心和保护华侨的建议和措施，其中不少为清廷采纳。② 驻外期间，他多方面、多途径了解海外华人的情况，并积极设法解决他们的困难；主张解除海禁，准许国人自由出国。

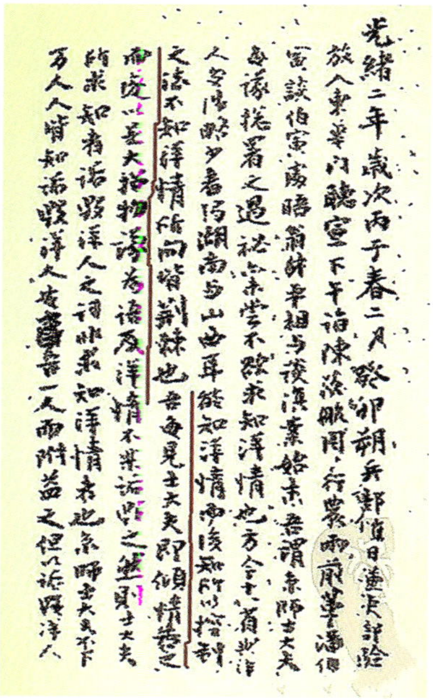

郭嵩焘日记

图片来源：《郭嵩焘日记》（第3卷）。

1876年底，郭嵩焘前赴英国，途经新加坡。华侨在新加坡的经济实力给郭嵩焘留下了深刻印象，再加上东南亚各地商民历来深受殖民主义者与原住民的欺凌，久盼祖国庇护，新加坡设领问题引起了郭嵩焘的重视。通过郭嵩焘的一再努力，1877年，中国第一处领事馆——新加坡领事馆终于成立。

郭嵩焘是清政府最先将华侨问题上升到国家政治层面看待的官员之一。在他的出使日记中，记载了许多他对清政府侨务政策的看法。如郭嵩

① 吴十洲：《伦敦诱惑：中国文化名人的西学情结》，北京：人民日报出版社，2009年，第1页。
② 刘华：《护侨先驱郭嵩焘》，《华侨华人历史研究》1998年第1期。

焘光绪二年（1876）二月初一的日记中“能知洋情，而该知所以控制之法；不知洋情，所向皆荆棘也”的观点，反映了郭嵩焘“考察洋情、知时知己”的外交思想。

2. 中国首任驻外领事——胡璇泽

英属南洋以新加坡为首，该处当海上要冲，离粤地较近，是华人流寓甚多之地，亦为华工出洋转移站。新加坡也是清政府官员西行必经之地，为清政府最早了解的华人社区。特别是新加坡在东南亚形成较大经济实力，引起了清政府重视，最终批准首个领事馆选择在新加坡建立。1877 年，在郭嵩焘的力荐下，新加坡华人富商胡璇泽被委任为中国驻新加坡第一任领事。

中国首任驻外领事胡璇泽

图片来源：《走进黄埔村》，第 46 页。

1873 年，新加坡立法议会全体议员在总督府与渥德总督合影，右二为胡璇泽

图片来源：《走进黄埔村》，第 47 页。

胡璇泽（1816—1880），番禺黄埔乡人，为新加坡华人富商。青年时随父及叔父等人去新加坡经商，设黄埔公司，数年后业务拓展，声名渐隆。历任新加坡农艺会副会长、立法院非官方议员、铁路公司临时总理、太平局绅，受赐 C. M. G 三等勋章。1877 年被委任为中国驻新加坡第一任领事。同年被俄国沙皇任命为俄国驻新加坡领事。1879 年被委任日本驻新加坡领事。胡璇泽成为国际外交史上第一个身兼中、俄、日三国领事的外交家。同年，他为联络桑梓、团结邑侨，又创立新加坡番禺会馆，被推为该会馆第一任大总理。胡璇泽在商业方面取得巨大成功的同时，关心社会慈善公益事业，热心市政建设，扶贫济困，调停纠纷，不仅得到广大侨胞的支持，而且受到英国、俄国、日本等国政府的尊重。1880 年 3 月，胡璇泽病逝。新加坡各行政机关，中、俄、日三国领事馆均下半旗志哀，并遵照他临终前“死后归葬故乡”的嘱咐，把遗体运回黄埔安葬，清政府赠“太仆寺卿”衔，新加坡至今仍保留有黄埔路、黄埔河、黄埔中学等名称，以示不忘黄埔先生胡璇泽对新加坡的勋劳。

（三）驻外使节保侨护侨的积极作用

1. 驻古巴总领事刘亮源的保侨护侨

No. 11787
CONSULADO GENERAL IMPERIAL DE CHINA.
HABANA.—ISLA DE CUBA.
CERTIFICADO DE NACIONALIDAD.
FILIACION.
Número
Edad 38 años
Naturaleza Canton
Estado Soltero
Profesion Jornalero
Calidad
Domicilio
El Consul General de China en la Habana, certifica que D. Crispin Chai ha hecho constar en este Consulado General ser súbdito de S. M. el Emperador de la China; y como tal se halla inscrito en el Registro de dicho Consulado General, segun número y filiacion anotados al márgen.
Habana Mayo 8 de 1880
Liu Liang Yuan
Consul General.

1880 年大清国驻古巴总领事署为古巴华工签发的身份证明

图片来源：徐云收藏。

在 19 世纪的古巴，所有华工约满之后都必须有“行街纸”（Cedula，可自由上街的通行凭证），才能合法地在工作以外的地方自由行动。而“行街纸”的获得首先要得到“满身纸”（承工合同期满的自由人证书），合约期满后，华工要从雇主那里拿到“满身纸”，证明他们已经完成合约，然后才能到古巴当地机关申请“行街纸”，而很多华工就是被雇主在“满身纸”的事情上留难，被迫续约。1877 年中西《古巴华工条款》签订后，西班牙殖民当局不得不按照有关条款，给 4 312 名古巴华工照发了“满身纸”。1879 年，清政府首任驻古巴总领事刘亮源到任，即援引条约，与日斯巴尼亚（西班牙）再三筹商，辩明华人无非自主，不论工期已满未满，均当一律发给执照，而不应以工主之执照为凭，并将各处官工所拘禁华人尽数释放。如工主与工人争执，只可向律例衙门呈控。同时，领事馆号令全体华工到总领事署报名注册，领取执照。“华民皆喜色相告，纷纷请领执照，冀得自由。遇有应办事端，该地方官尚有相商。”1880 年，领事馆共发“行街纸”4 万多份，许多被搁于官工所的华工之事也得到解决。总之，古巴华工的处境有了较明显改善。①

① 董丛林：《华工史话》，北京：社会科学文献出版社，2000 年，第 129 页。

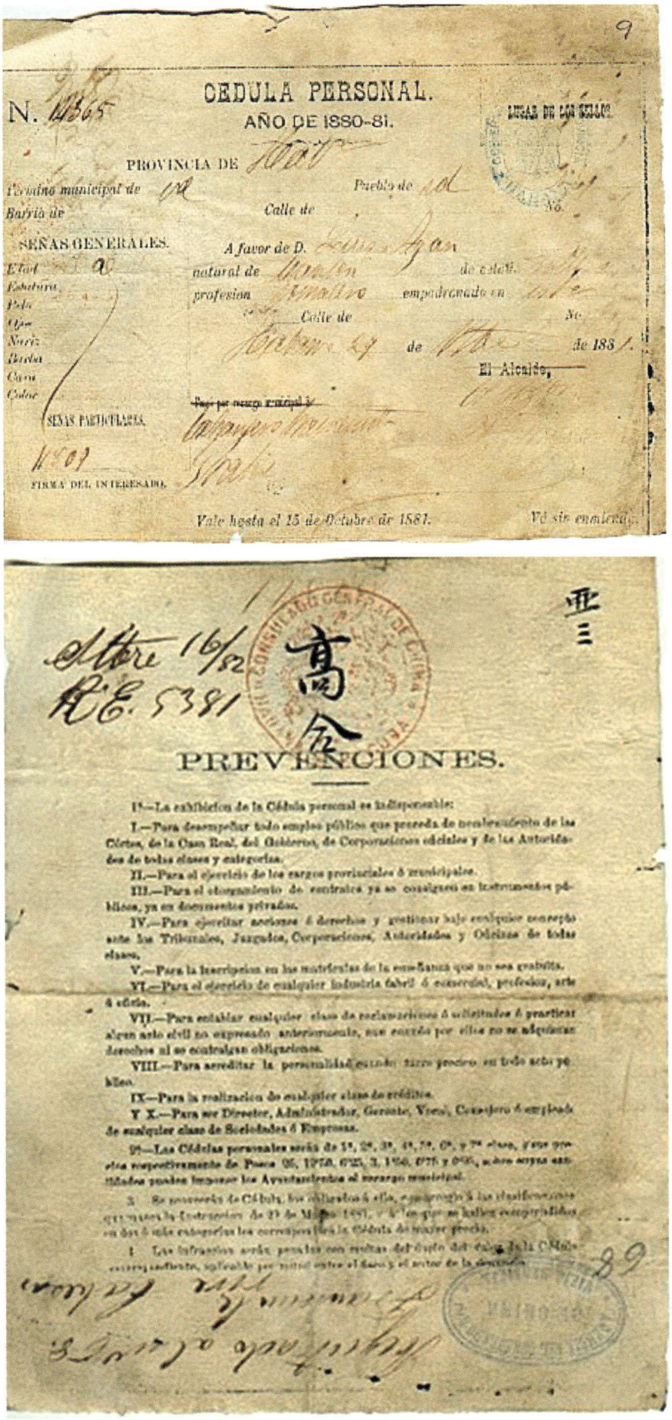

CEDULA PERSONAL.

AÑO DE 1880-81.

N. 10365

PROVINCIA DE

Término municipal de

Barrio de

Pueblo de

Calle de

SEÑAS GENERALES.

Edad

Estatura

Pelo

Ojos

Nariz

Barba

Cara

Color

SEÑAS PARTICULARES.

A favor de D.

natural de

de estado

profesion

empadronado en

Calle de

No.

de

de 1881.

El Alcalde,

Pago por recargo municipal $

FIRMA DEL INTERESADO.

Vale hasta el 15 de Octubre de 1881.

PREVENCIONES.

1º—La exhibicion de la Cédula personal es indispensable:

I.—Para desempeñar todo empleo público que proceda de nombramiento de las Córtes, de la Casa Real, del Gobierno, de Corporaciones oficiales y de las Autoridades de todas clases y categorías.

II.—Para el ejercicio de los cargos provinciales ó municipales.

III.—Para el otorgamiento de contratos ya se consignen en instrumentos públicos, ya en documentos privados.

IV.—Para ejercitar acciones ó derechos y gestionar bajo cualquier concepto ante los Tribunales, Juzgados, Corporaciones, Autoridades y Oficinas de todas clases.

V.—Para la inscripcion en las matrículas de la enseñanza que no sea gratuita.

VI.—Para el ejercicio de cualquier industria fabril ó comercial, profesion, arte ú oficio.

VII.—Para entablar cualquier clase de reclamaciones ó solicitudes ó practicar algun acto civil no expresado anteriormente, [illegible]

VIII.—Para acreditar la personalidad [illegible] en todo acto público.

IX.—Para la realizacion de cualquier clase de crédito.

Y X.—Para ser Director, Administrador, Gerente, Vocal, Consejero ó empleado de cualquier clase de Sociedades ó Empresas.

2º—Las Cédulas personales serán de 1ª, 2ª, 3ª, 4ª, 5ª, 6ª, y 7ª clase, [illegible]

3º [illegible]

4º [illegible]

1881 年大清国驻古巴领事馆为古巴华工发放的“行街纸”（正反面）

图片来源：徐云收藏。

郑藻如

图片来源：《郑藻如：中国第一位驻外大使》，南方网，http：//news. southcn. com/gd-news/xhgm/sl/content/2011－09/29/content_30650002. htm。

2. 驻美国使节郑藻如、黄遵宪的保侨护侨

（1）驻美公使郑藻如。

郑藻如（1824—1894），广东中山人。1869 年被李鸿章聘到上海任江南机器制造总局帮办，总理局务，督造枪炮、弹药、机器、轮船和船坞。1878 年任天津津海关道。1881 年以三品官衔大臣出使美国、日斯巴尼亚、秘鲁三国。1886 年 4 月因病请辞，离美归国，回故里定居，直至终老。在担任驻美公使的几年间，郑藻如为保护华工及维护华侨利益，做了不懈的努力。1882 年美国国会通过停止华工入美 20 年的《排华法案》，郑藻如立即向美国总统提出抗议，要求否决这一议案；后虽改为 10 年，但他仍不罢休，继续再三交涉，最后美国政府同意三点：①华工返国所需证明可由中国领事馆签发，以便华工仍可回美；②准许往返古巴的华工经美国过境；③中国可在纽约设立领事馆。

1884 年，秘鲁有华工约 20 万人，其每日工作时间长、工资少、饮食居住条件恶劣，饱受虐待，郑藻如得悉后与秘鲁官方交涉改善，并于 1886 年在首都利马集款创办通惠局，意在“通商惠工”，旨在“团结侨胞，维护华人的正当权益”。

1885 年 9 月 2 日，美国怀俄明州发生了震惊中外的洛士丙冷惨案（the Rock Spring Case，意译为石泉惨案）。华工被杀害 28 人、受伤 15 人，损失财物 14. 7 万美元。惨案发生后，郑藻如正式照会美国政府，要求偿命、惩凶、赔款，最后美国政府不得不照数赔偿。

秘鲁中华通惠总局早期领导人合影

图片来源：《龙腾四海——侨团百年》，第 149 页。

1885 年，美国怀俄明州的石泉镇矿区发生暴力驱逐华人事件

图片来源：《美国早期漫画中的华人》，第 143 页。

（2）驻旧金山总领事黄遵宪。

黄遵宪

图片来源：《黄遵宪传》（插图）。

黄遵宪（1848—1905），出生于广东嘉应州。1877 年跟随何如璋出使日本，担任第一任驻日使馆参赞；1882 年春至 1885 年秋，担任驻美国旧金山第一任总领事；1889 年至 1891 年为驻英国使馆参赞；1891 年至 1894 年冬，担任驻新加坡的第一任总领事。

1882 年春，黄遵宪任清政府驻旧金山第一任总领事时，正值美国掀起排斥华工的浪潮。旧金山既是华侨最集中的地区，也是排华活动最猖狂的地区。黄遵宪到任后，想方设法最大限度地维护华侨的利益。第一，调查、了解旅美华侨情况，整合海外华侨组织力量，使之能自我管理、自我约束、健康发展；第二，加强海外华侨社会与国内的联系，革除陈规陋习；第三，促使清政府改变华侨政策，使海外华侨积极投资国内的各项建设事业，与祖国的联系更加密切。黄遵宪通过不懈的努力，为加强海外华侨与祖国的了解、沟通和联系，为清政府改变华侨政策作出了重要贡献。

1862 年，旧金山的六大会馆为调解各会馆及其成员间的纠纷以及代表全体在美华人同美国当局交涉，注册成立了联合组织“六会馆公所”，对内自称中华会馆。1882 年，驻旧金山总领事黄遵宪为了集中华人力量应付排华运动，推动会馆另组“金山中华总会馆”以代替“六会馆公所”。黄遵宪还照会美国外交部，要求承认中国华侨会馆的合法性并得到其法律的保护。

美国金山中华总会馆旧址

图片来源：《美国华侨史》，第 286 页。

清政府颁给金山中华总会馆的关防

图片来源：《美国华侨史》，第 212 页。

左秉隆

图片来源：《马来西亚华文教育发展史》（第1分册），第73页。

3. 驻新加坡总领事左秉隆的保侨护侨

1880年3月胡璇泽病故，为继任人的问题，中英两国进行了一场外交角力。驻英、法公使曾纪泽即刻与英国交涉，不再迁就选用侨领充任领事的主张，而改由中国直接派遣官员就任，领事馆地位的永久性才被确定下来。1881年9月25日，左秉隆领凭上任，此后新加坡华人社会在左秉隆的努力下有较好的发展。

左秉隆（1850—1924），广州人。精通英文、法文，擅诗书音律，著有《勤勉堂诗钞》。两度奉清政府令出使新加坡。第一次自1881年至1891任领事，后由黄遵宪接任，左秉隆调任香港；第二次自1907年至1910年，任总领事（并辖附近海域）。后辞官寓留新加坡，1916年返回广东故土，1924年卒于家乡。

左秉隆在任期间，在贩卖劳工、侨民治安等问题上，与英人努力周旋，据理抗争，迫使英人做出一些让步，在一定程度上维护了中国侨民权益。同时关注劳苦小民的福利，如倡办同济医院并赠医施药，设立保良局以庇妇孺，及破获海盗，同时兴办义塾（学校），等等。华侨社会在左秉隆的倡导下，掀起了启蒙运动与兴学之风。薛福成在《出使英法意比四国日记》一书中记载："左君在此为领事九年，精明练熟，谙洋语，与英官皆侠洽，办事颇称稳健，盖领事中之出色者。"

新加坡华工鸽子笼式的小房间

图片来源：广东省立中山图书馆"地方文献图片数据库"。

新加坡哇央街同济医院的华人医师在出诊（19世纪90年代）

图片来源：《新加坡图片史（1819—2000）》，第166页。

4. 驻南非总领事刘玉麟的保侨护侨

晚清中国驻南非领事馆的设立，是近代中国政府在非洲大陆设立的第一个外交机构。1905 年 3 月，作为晚清政府驻南非领事馆的首任领事，刘玉麟抵达南非的约翰内斯堡，开始了他在南非为期两年的领事工作。

刘玉麟（1862—1942），广东香山人。1875 年赴美，为中国第四批赴美幼童留学生之一。1881 年回国后，入天津电报学堂和医学堂，被李鸿章聘为家庭教师。1886 年任驻纽约领事馆翻译。嗣任直隶候补道、洋务局总办、北洋大臣洋务文案。后历任驻新加坡及澳大利亚总领事，驻英、法公使馆参赞。1910 年任外务部右丞，旋出任英国大臣。民国后，再任驻英公使。1914 年 6 月返国后，常住澳门，曾任广东省政府高等顾问等。

刘玉麟在南非任职期间，为保护华工多有建树。他巡视了二十七处雇有华工的金矿，与南非当局就华工待遇、人身安全、医药费用等进行交涉。如为病故华工争得抚恤金；坚持留支制度，设立工人储款所；积极交涉华工受虐事件，妥善安排回国华工事宜。同时积极筹建南非中华总会馆，促进华侨社会联合。他稳妥谨慎的处事原则不仅在南非种族冲突最为激烈的时代维护了海外华人的权益，而且在一定程度上维护了中国的形象。他有理有据地反对南非政府歧视和虐待中国侨民的外交工作得到清政府肯定。他不断向清政府反映侨情，提出建设性的意见和建议，进一步促使清政府侨务政策由传统向近代的转变。① 两年的任期内，他为维护当地华人的权益和社会地位作出了努力，不仅赢得当地华人的拥戴，也得到清政府的重用。

1907 年，中国驻南非总领事刘玉麟（前排中间）与部分莫桑比克华商合影

图片来源：*Colour*，*Confusion and Concessions*：*The History of the Chinese in South Africa*，p. 38。

① 王颖丽、孙红旗、张文德：《刘玉麟与晚清侨务在南非的开展》，《潍坊教育学院学报》2007 年第 1 期。

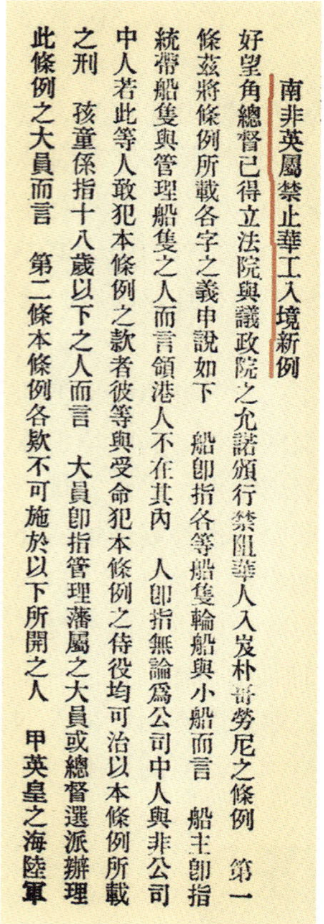

南非英屬禁止華工入境新例

好望角總督已得立法院與議政院之允諾頒行禁阻華人入岌朴晉勞尼之條例　第一條玆將條例所載各字之義申說如下　船卽指各等船隻輪船與小船而言　船主卽指統帶船隻與管理船隻之人而言領港人不在其內　人卽指無論爲公司中人與非公司中人若此等人敢犯本條例之款者彼等與受命犯本條例之侍役均可治以本條例所載之刑　孩童係指十八歲以下之人而言　大員卽指管理藩屬之大員或總督選派辦理此條例之大員而言　第二條本條例各欵不可施於以下所開之人　甲英皇之海陸軍

《南非英属禁止华工入境新例》

图片来源：《东方杂志》1904 年第 10 期。

1906 年 6 月一批抵达南非兰德方丹的华工

图片来源：*Colour, Confusion and concessions: The History of the Chinese in South Africa*, p. 114。

1906 年南非开普敦中华总会馆代表合影

图片来源：*Colour, Confusion and Concessions : The History of the Chinese in South Africa*, p. 67。

（四）为华侨颁发护照借以保护

在清朝中叶之前，中国并没有“护照”的概念，国人出国皆属非法行为，其在海外的生命和财产权益也不受政府保护。19 世纪 70 年代，随着与世界接触的逐渐密切、国际意识的提升、国内危机的加剧以及海外华侨对国内政治、经济等方面影响的逐步扩大，清政府逐渐重视对海外华侨的保护。1874 年，陈兰彬奉命赴古巴调查华工情况，让清政府了解华工在海外的凄惨状况以及设置驻外使领馆的必要性。随着清政府驻外使领馆制度的建立，保护华侨权益的华侨护照终于产生，并在晚清经过了几十年的发展变化，是反映晚清政府侨务政策的重要见证。①

大清国驻扎美国金山总领事黄　为给发护照事：

现据华民黄华饶禀称，由美国出港，请为给发护照，为往来自便之据，为此，给照护行。即烦　各贵国关津人等验照放行，并请照例妥为保护，是所至盼！

右给华民黄华饶收执

光绪八年十月十二日自金山总领事署给

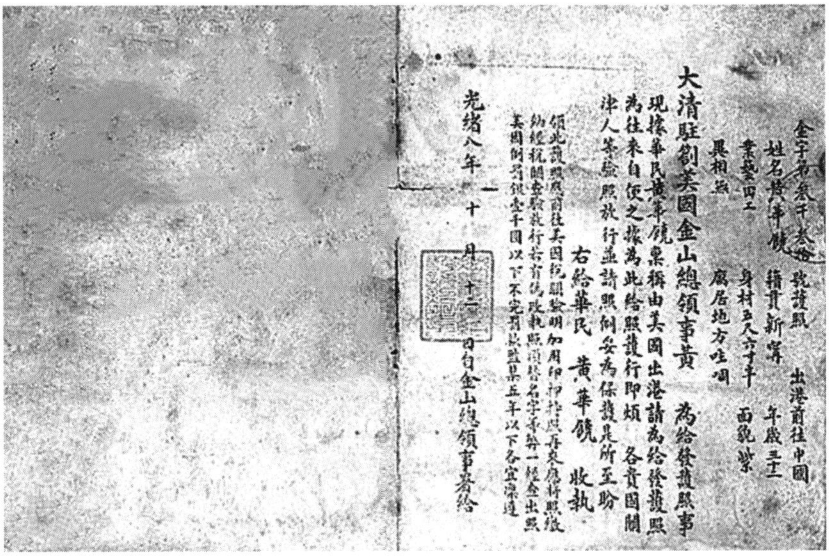
號護照　出港前往中國
姓名黃華饒　籍貫新寧　年歲三十二
業藝四工　身材五尺六寸半　面貌紫
異相無　住居地方
大清駐劄美國金山總領事黃　為給發護照事
現據華民黃華饒禀稱由美國出港請為給發護照
為往來自便之據為此給照護行即煩　各貴國關
津人等驗照放行並請照例妥為保護是所至盼
右給華民　黃華饒　收執
光緒八年　十　月　十二　日自金山總領事署給

1882 年大清国驻美国金山总领事署为华侨黄华饶颁发的回国护照

图片来源：黄志强：《江门市博物馆藏晚清华侨护照考述》，《文物天地》2017 年第 6 期。

① 黄志强：《江门市博物馆藏晚清华侨护照考述》，《文物天地》2017 年第 6 期。

1882 年 5 月，美国国会通过了美国史上第一个限制外来移民的法案——《关于执行有关华人条约诸规定的法律》，即通常所称的《排华法案》。《排华法案》的实行，将大批华工挡在美国大门之外。但《排华法案》并非绝对禁止华工进入美国，其第四条规定：1880 年 11 月 17 日（即 1880 年《中美续订条约》签订之日）以前居留美国并获得海关证明文件的华工暂时离境后，准许重新进入美国。但华工多数不懂英语，无法与美国海关税员沟通，很难申领到注册文件。因此，时任清政府驻旧金山总领事黄遵宪通过清政府驻美公使馆与美国国务院交涉：美国政府同意华人离开美国时，均由中国总领事置免费发放身份证明文件，这样既便于华人领取相关证明文件，也方便税员获得华人注册确认所需的相关资料。① 上页图护照持有人黄华饶在美国为“田工”，而护照所列华人信息条目基本按照税员注册华人所需资料设置。因此，这份护照正是美国《排华法案》通过后清政府驻旧金山总领事黄遵宪签发的最早的一批护照之一。第“三千三十”号也是目前发现最早的华侨护照。②

钦命南斐州总领事官军机处存记花翎二品顶戴直隶特用道刘，给发护照事。照得商人潘昌在斐经商有年，现因事回粤一行，诚恐沿途盘诘合行给予护照为此照。仰经过州县营汛关卡一体验照放行，勿得留难阻滞，有误限期。该商亦不得包揽厘税，藉故稽延致干查究，切切须至护照者。

仰给商人潘昌执此

光绪三十二年闰四月廿五日给

① ［日］蒲地典子著，陈子铭、陈世依译：《黄遵宪在美国加利福尼亚州》，《岭南文史》1987 年第 1 期。

② 黄志强：《江门市博物馆藏晚清华侨护照考述》，《文物天地》2017 年第 6 期。

1906 年大清国驻南非总领事署为华侨潘昌颁发的回国护照

图片来源：黄志强：《江门市博物馆藏晚清华侨护照考述》，《文物天地》2017 年第 6 期。

四、颁布中国第一部国籍法——《大清国籍条例》

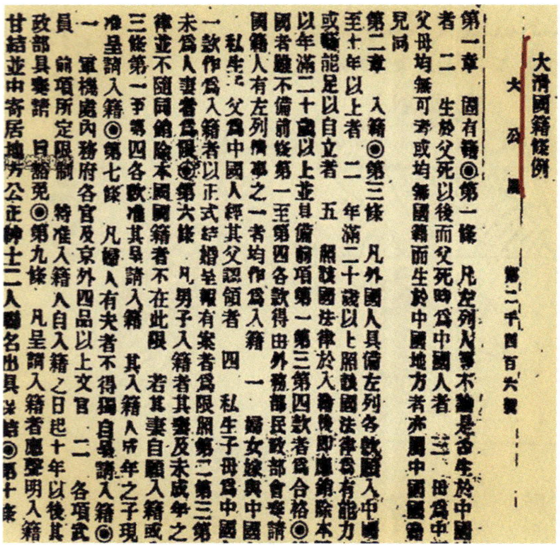

《大清国籍条例》（局部）

图片来源：《大公报》，1909 年 4 月 3 日第 6 版。

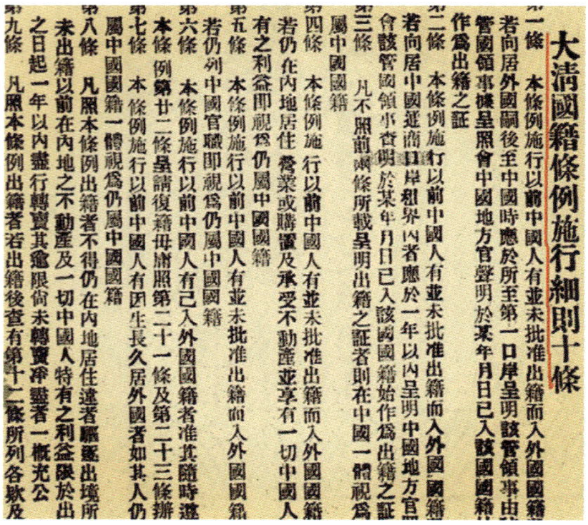

《大清国籍条例施行细则十条》（局部）

图片来源：《申报》，1909 年 4 月 7 日第 26 版。

1907 年 12 月，驻华公使刘士训上奏光绪皇帝，要求尽早制定国籍法。他历数原因四条：一是制止各地租界中，华人居民投靠外国领事“保护”、侵害主权的行为；二是防范已入外籍的华人在中国内地拥有不动产，从而破坏中外条约中禁止外国人在华拥有产业的规定；三是借以防止内地人冒充外籍逃避兵役，并使海外华侨得以参与预备立宪后的选举；四是避免海外华侨被当地政府强迫入籍。① 1907 年，荷兰国会议订荷属东印度（即印尼）归化法。该归化法采出生地主义国籍法，规定所有出生于印尼的华侨，不问其现居该地或已返回中国，均视为荷兰国民，以此强迫华侨于 1908 年改入殖民地籍。对此，荷属印尼华侨群情惶恐，南洋中华总商会立即召集各埠代表到泗水会议，会后电禀国内农工商部、外务部、南洋大臣、两广总督等，“吁请速设领事，速颁国籍法，并采血统主义，拒绝荷人运动，设法制之于先，保侨局，全国体”②。为对抗荷兰强迫华侨改入荷籍的做法，晚清政府曾反复与荷兰政府交涉，但

① 袁丁：《大清国籍条例：中国第一部国籍法的产生》，《八桂侨史》1992 年第 4 期。

② 陈翰笙主编：《华工出国史料汇编 · 第 2 辑 · 英国议会文件选译》，北京：中华书局，1985 年，第 472 页。

彼此争论不已，相持不下。1909 年 3 月 28 日，《大清国籍条例》及《大清国籍条例施行细则十条》颁布。

《大清国籍条例》采用血统主义原则，明确规定：凡中华种族之人，不论是否生于中国，均属中国国籍。这就从法律上正式明确了华侨的身份是中国国民。《大清国籍条例》使保护华侨有了法律上的依据，标志着晚清保护华侨的政策真正确立。

五、招徕华侨投资国内

晚清时期是海外华侨投资国内的重要初兴阶段。一方面，在帝国主义列强的瓜分下，中国的自然经济受到了破坏性的冲击，利权纷纷落入外人之手，而清政府积贫积弱，财政空虚，没有能力为实业提供广泛、持续的财政支持；另一方面，19 世纪中叶后的华侨已非昔日一无所有的苦力，其中相当部分是拥有巨资的富翁，他们在侨居国的经济地位已经确立并发挥着日益重要的作用。随着海外华侨经济力量的逐步增强，形成了较大的华侨资本。清政府逐渐认识到海外华侨的经济实力，辄思援引利用，先后出台了众多嘉赏措施，招徕华侨回国投资，从而形成了晚清华侨回国投资的浪潮。以张振勋、胡国廉等为首的一批侨商回国投下巨资，众多的海外华侨也通过集资、附股等多种形式，投资国内企业，涉及农业、矿业、交通业、工业、商业、金融业等众多领域，并针对海南岛等地区进行综合开发。晚清华侨投资国内企业，不但带来了雄厚的资本、先进的技术设备、专业的技师和经验，还带来了地区综合开发等新的思维理念，推动了中国现代化的发展进程。①

（一）制定华商投资奖赏章程

清政府为吸引华侨在国内进行投资，对华侨经济政策进行了重大调整。自 1903 年商部设立以后，清政府制定了一系列保护和鼓励华侨回国投资的法令法规。1903 年底，商部奏定《奖励华商公司章程》，根据商人集股的多少，分别授予不同品级的顶戴或任命为顾问官、顾问议员等。1907 年 8 月，清政府又颁布《农工商部奏定华商办理实业爵赏章程》，并修订《奖励华商公司章程》。前者规定：凡华商投资 2 000 万元、1 800 万元、1 600 万元以上者，分别特赏一、二、三等子爵；投资 700 万元、500 万元者，分别特赏三品卿、四品卿。② 修订后的

---

① 刘桔红：《晚清华侨投资国内行业状况分析》，厦门大学硕士学位论文，2007 年，第 1 页。

② 《农工商部奏定华商办理实业爵赏章程》，《申报》，1907 年 9 月 9 日第 4 版。

《奖励华商公司章程》大大降低了授奖条件，如获得头等顾问官头衔加头品顶戴，原定须集股2 000万元，修订时改为800万元，获头等顾问议员头衔加五品顶戴，原定须集股300万元，改为100万元。[①] 为了鼓励资金份额小的华商勇于投资，振兴祖国实业，农工商部还奏定了照军功加奖成例颁牌示奖，给那些出资在一万元至八万元著有实效的商人以七品、八品、九品等军功奖牌。以示平允而免向隅。

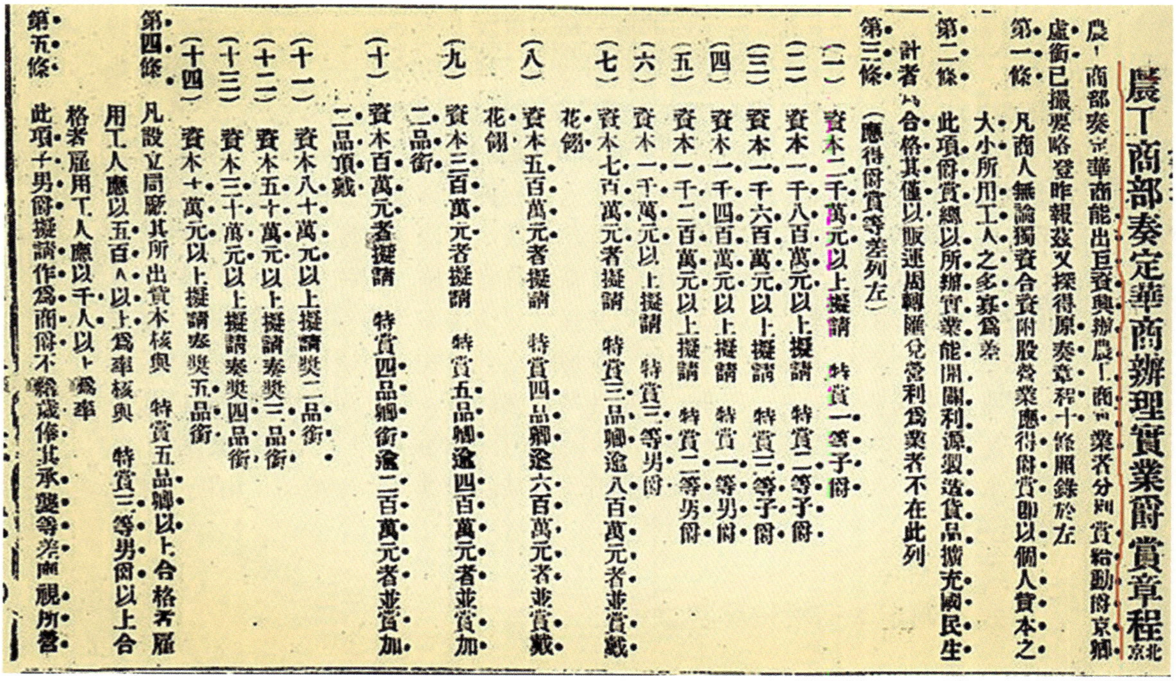

農工商部奏定華商辦理實業爵賞章程（北京）

農工商部奏定華商能出巨資興辦農工商礦業者分別賞給勳爵京卿虛銜已撮要略登昨報茲又探得原奏章程十條照錄於左

第一條 凡商人無論獨資合資附股營業應得爵賞即以個人資本之大小所用工人之多寡為差

第二條 此項爵賞總以所辦實業能開闢利源製造貨品擴充國民生計者為合格其僅以販運周轉匯兌營利為業者不在此列

第三條 （應得爵賞等差列左）

（一）資本二千萬元以上擬請 特賞一等子爵

（二）資本一千八百萬元以上擬請 特賞二等子爵

（三）資本一千六百萬元以上擬請 特賞三等子爵

（四）資本一千四百萬元以上擬請 特賞一等男爵

（五）資本一千二百萬元以上擬請 特賞二等男爵

（六）資本一千萬元以上擬請 特賞三等男爵

（七）資本七百萬元者擬請 特賞三品卿逾八百萬元者並賞戴花翎

（八）資本五百萬元者擬請 特賞四品卿逾六百萬元者並賞戴花翎

（九）資本三百萬元者擬請 特賞五品卿逾四百萬元者並賞加二品銜

（十）資本百萬元者擬請 特賞四品卿銜逾二百萬元者並賞加二品頂戴

（十一）資本八十萬元以上擬請獎二品銜

（十二）資本五十萬元以上擬請奏獎三品銜

（十三）資本三十萬元以上擬請奏獎四品銜

（十四）資本十萬元以上擬請奏獎五品銜

第四條 凡設立局廠其所出資本核與 特賞五品卿以上合格者雇用工人應以五百人以上為率核與 特賞三等男爵以上合格者雇用工人應以千人以上為率

第五條 此項子男爵擬請作為商爵不給歲俸其承襲等差與視所營

《农工商部奏定华商办理实业爵赏章程》

图片来源：《申报》，1907年9月9日第4版。

① 《奖励华商公司章程》，《商务官报》1907年第19期。

尽管清政府给予投资华商的多是一些虚衔，但清政府肯把象征权贵的爵位封给昔日被斥为“天朝弃民”的华侨，这对后者而言是莫大的荣耀。一些华侨通过捐纳、报效、赈济、投资，获得了候补道（道台、观察）、知府、侍郎、盐运使（都转）、同知、州同等官衔，取得较高的政治荣誉和政治地位。有的华侨甚至拥有多种爵衔。[①] 封官鬻爵在吸引侨资方面也取得了一定的成效。如清朝灭亡以前，仅新加坡一地就有 900 多人因投资国内而得到官衔。[②]

身着官服的马来亚华商与清廷官员（左边）聚会合影。前排右起四人为马来亚华商陆秋杰、陈秀连、陆佑及叶观盛

图片来源：《吉隆坡甲必丹叶亚来》，第 152 页。

① 庄国土：《中国封建政府的华侨政策》，厦门：厦门大学出版社，1989 年，第 258 页。

② 周南京主编：《华侨华人百科全书：法律条例政策卷》，北京：中国华侨出版社，2000 年，第 600 页。

（二）设立保商局

…………

今者皇上特允浙闽总督许制军应骏之奏，准于厦门设立保商局，遴选公正绅董妥为经理。凡有出洋回籍之人，一经赴局报明，即为之照料还乡。倘仍有各项扰累情事，准受害之人禀局立案查办。

…………

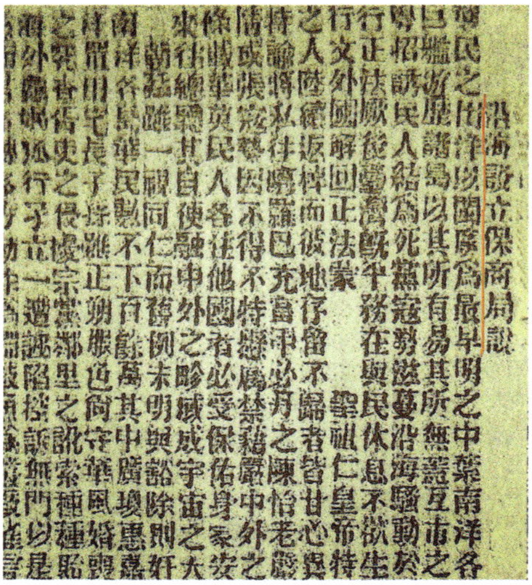
沿海設立保商局說

《沿海设立保商局说》

图片来源：《申报》，1899 年 6 月 4 日第 1 版。

豁除海禁后，许多华人携资内渡，但多地官吏却玩忽职守，归国华侨受损不小，意见纷纷。为保护归国华侨，使华商放心回乡投资，清政府在 1893 年废除海禁后，即饬令各省督抚、地方不得无端借索。1899 年，中国第一个具有半官方性质处理侨民事务的专门机构——厦门保商局在厦门成立。作为对既有商务局职能不足的一种补充，沿海沿江地区乃至一些内地省份亦相继模仿。设局办事的目的一是保护出洋回籍华商免受苛索；二是保障商民不受厘卡衙役责难。[①]

福建厦门保商局成立后制定局章，“凡出洋回籍之人，均令赴局报照，即为之照料还乡”。厦门保商局设立之初对保护华侨利益起到了一定作用，受此鼓励，清政府诏令沿海省份均沿此例。

① 曲霞：《清末直省商政机构的确立与运作》，《学术研究》2012 年第 11 期。

这一诏令在广东得到了响应。1900 年，广东全省保商总局成立。成立后，广东全省保商总局，刊印空白护照寄往海外各埠会馆，华商回籍时，即将姓名、年龄、相貌、籍贯、资产等填于护照，回国后到局核验，如受到勒索，侨民可报知保商总局，由总局转知地方官员办理。①

护 照

钦加二品顶戴按察使衔督办广东保商总局在籍江苏遇缺，题奏道苏，为给发护照事。光绪二十五年十二月十六日奉。

钦命广东巡抚部院兼署两广总督部堂德，札开照得沿海各省奉旨着设保商局，如有关津留难、官吏苛索各情弊，一经查实即着从严究办，以卹（恤）商民。钦此，现经遵旨奏明在广东省城择地设局，即饬该道办理，嗣后商民由外洋回籍准即赴局报明，由该局给发护照以资保卫。所过沿途关卡及原籍地方并不准在事人等留难勒索、致干查究等因。奉此查粤民出洋贸易，回籍时每有被人欺凌索诈以及讼棍诬攀奸胥择噬里豪科，派强族霸占等情，除禀请大宪饬属查禁并由地方官设法保护外，所有回籍商民合应给发护照以资保卫。

兹据商民陈延锦，年三十四岁，向在外洋砵斗运埠经商。现在回粤由省城前往广州府新宁县原籍地方报局请领护照前来，为此给照，仰该商民经过沿途各关厂及到原籍地方官衙门即将护照呈验，并希遵照宪饬一体保护，查验施行。须至护照者。

右照给回籍商民陈延锦收执。

光绪二十六年十月廿八日

广东全省保商总局

① 邱建章：《论晚清政府的华侨经济政策》，《河南大学学报》（社会科学版）2003 年第 5 期。

護照

欽加二品頂戴[illegible]廣東保商總局[illegible]為

給發護照事光緒二十五年十二月十六日奉

欽命廣東巡撫部院兼署兩廣總督部堂德 札開照得沿海各省奉

旨舊設保商局如有關津留難官吏苛索各情弊一經查實即

著從嚴究辦以卹商民欽此現經遵

旨奏明在廣東省城擇地設局仍飭該道辦理嗣後商民由外洋回籍准即赴局報

明由該局給發護照以資保衛所過沿途關卡及原籍地方並不准在事人等

留難勒索發干查究等因奉此查粵民出洋貿易回籍時每有被人欺凌索詐

以及訟棍誣攀奸胥擇噬里豪科派强族霸佔等情除稟請

大憲飭屬查禁並由地方官設法保護外所有回籍商民合應給發護照以資

保衛茲據商民陳廷錦年三十四歲向在外洋[illegible]埠經商現在回粵

由省城前往廣州府新寧縣原籍地方報局請領護照前來合此給照仰該商

民經過沿途各關隘及到原籍地方官衙門即將護照呈驗并希遵照

憲飭一體保護查照施行須至護照者

右照給回籍商民陳廷錦收執

本局照費不取分文

光緒二十六年十月廿八日

廣東全省保商總局

限回日繳銷

1900 年广东全省保商总局签发给陈廷锦的回国护照

图片来源：郑锦龙收藏。

（三）建立海外华侨商会

1903 年，作为清政府机构改革产物之一的商部成立。为增强南洋侨商的团结，促进南洋华侨商业的繁荣，商部决定把商会推广到海外侨区。筹建海外商会有两种途径：①派遣专使，在当地使领人员配合下督办商会。1904 年，清朝派张振勋到南洋考察商务，促成槟榔屿、新加坡两个中华总商会的诞生。1907 年，又派杨士琦出访南洋，在南越、暹罗、爪哇等地推动成立商会或总商会。②由当地使领人员组织，在当地华侨会馆和华人领袖的协助下成立商会，如菲律宾、日本、美国、加拿大、墨西哥等地。商会的总理、协理须经清政府批准，商会组织应向当地政府注册。

1906 年 3 月，中华商务总会在新加坡成立，这是海外成立的第一个华侨商会。从 1905 年至 1911 年，海外华侨商会遍及英属南洋各地、英属澳大利亚和加拿大、荷属印度尼西亚、美国及其属地、菲律宾、日本等地，其中仅荷属印度尼西亚一地于 1906 年至 1910 年成立的商会就达 14 所。这些海外华侨商会由当地富有声望的绅商发起，大都向清商部申请注册并由商部颁发关防，同清商部保持密切联系。应当说，清政府推广海外华侨商会，加强了政府与海外华侨的商情信息沟通，便于募集更多的华侨资本，同时也加强了海外侨民的团结。[1]

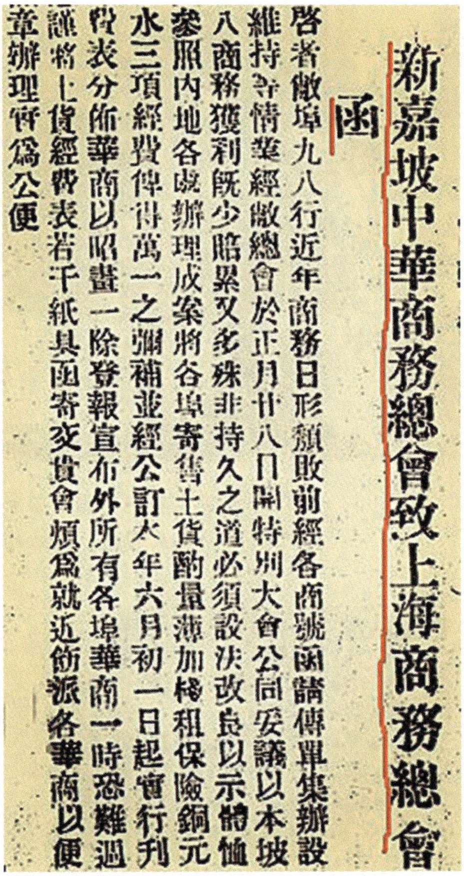
新嘉坡中華商務總會致上海商務總會函

啓者敝埠九八行近年商務日形頹敗前經各商號函請傳單集辦設維持善情業經敝總會於正月廿八日開特別大會公同妥議以本坡八商務獲利既少賠累又多殊非持久之道必須設法改良以示體恤參照內地各處辦理成案將谷埠寄售土貨酌量薄加棧租保險銅元水三項經費俾得萬一之彌補並經公訂本年六月初一日起實行刊發表分佈華商以昭畫一除登報宣布外所有各埠華商一時恐難遍諭將上貨經費表若干紙具函寄交貴會煩爲就近飭派各華商以便華辦理實爲公便

《新加坡中华商务总会致上海商务总会函》

图片来源：《申报》，1908 年 7 月 24 日第 26 版。

① 丁永刚、王凤霞：《论晚清政府吸引侨资政策及其特征分析》，《中州学刊》2009 年第 5 期。

1906 年新加坡中华商务总会创办人合影，首任主席为吴寿珍

图片来源：《新加坡华社研究》，第 11 页。

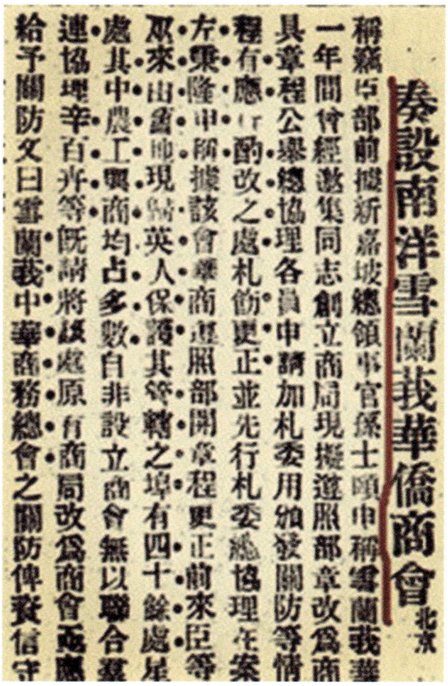

奏設南洋雪蘭莪華僑商會 北京

稱竊臣部前據新嘉坡總領事官孫士頤申稱雪蘭莪華
一年間僑經邀集同志創立商局現擬遵照部章改爲商
具章程公舉總協理各員申請加札委用頒發關防等情
程有應行酌改之處札飭更正並先行札委總協理在案
方集隆中所據該會華商遵照部頒章程更正前來臣等
取來由蠶地現歸英人保護其管轄之埠有四十餘處是
處其中農工商均占多數自非設立商會無以聯合羣
連協埠辛百弃等既請將該處原有商局改爲商會亟應
給予關防文曰雪蘭莪中華商務總會之關防俾資信守

《奏设南洋雪兰莪华侨商会》

图片来源：《申报》，1909 年 4 月 16 日第 10 版。

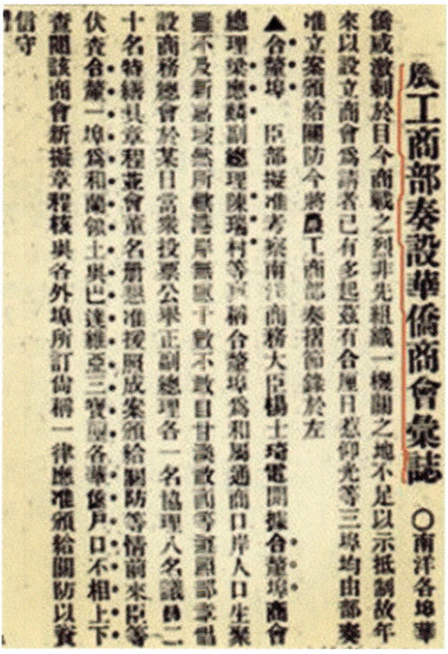

農工商部奏設華僑商會彙誌 ○南洋各埠華

僑感激劇於目今商戰之烈非先組織一機關之地不足以示抵制故年
來以設立商會爲請者已有多起茲有合廬日惹仰光等三埠均由部奏
准立案頒給關防今將農工商部奏摺節錄於左
▲合廬埠 臣部據准考察南洋商務大臣楊士琦電開據合廬埠商會
總理梁應麟副總理陳瑞村等具稟稱合廬埠爲和屬通商口岸人口生聚
雖不及新嘉坡然所轄港岸無慮十數不數日甘議改商等遵照部章倡
設商務總會於某日當衆投票公舉正副總理各一名協理八名議董二
十名特繕具章程並會董名冊懇准援照成案頒給關防等情前來臣
伏查合廬一埠爲和蘭領土與巴達維亞三寶壟各埠僑戶口不相上下
查閱該商會新擬章程核與各外埠所訂尚稱一律應准頒給關防以資
信守

《农工商部奏设华侨商会汇志》

图片来源：《申报》，1908 年 2 月 10 日第 3 版。

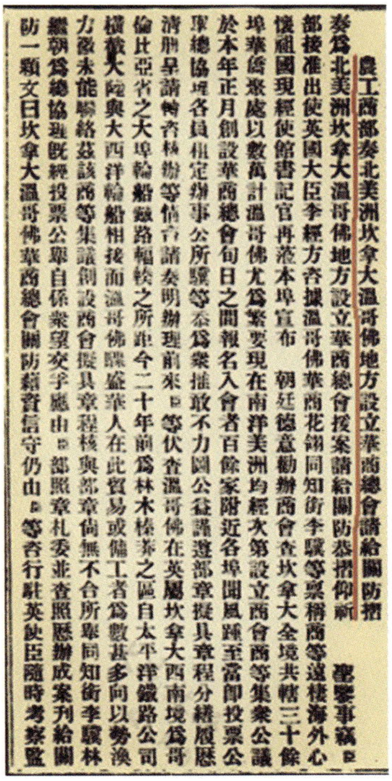

農工商部奏北美洲坎拿大溫哥佛地方設立華商總會請給關防摺

奏為北美洲坎拿大溫哥佛地方設立華商總會請給關防恭摺仰祈
聖鑒事竊臣
部接准出使英國大臣李經方咨據溫哥佛華商花翎同知銜李騤等禀稱商等遠棲海外心懷祖國現經使館書記官再莅本埠宣布
朝廷德意勸辦商會查坎拿大全境共轄三十餘埠華僑聚處以數萬計溫哥佛尤為繁要現在南洋美洲均經次第設立商會商等集衆公議於本年正月創設華商總會旬日之間報名入會者百餘家附近各埠聞風踵至當即投票公舉總協理各員租定辦事公所騤等忝為衆推敢不力圖公益謹遵部章擬具章程分繕履歷清冊呈請轉咨核辦等情咨請奏明辦理前來臣等伏查溫哥佛在英屬坎拿大西南境為哥倫比亞省之大埠輪船鐵路輻輳之所距今二十年前為林木榛莽之區自太平洋鐵路公司橫截大陸與大西洋輪船相接而溫哥佛驟盛華人在此貿易或傭工者為數甚多向以勢渙力微未能聯絡茲該商等集議創設商會擬具章程核與部章尚無不合所舉同知銜李騤林繼棠為總協理既經投票公舉自係衆望交孚應由臣部照章札委並查照歷辦成案刊給關防一顆文曰坎拿大溫哥佛華商總會關防藉資信守仍由臣等咨行駐英使臣隨時考察監

《农工商部奏北美洲坎（加）拿大温哥佛（华）地方设立华商总会请给关防折》

图片来源：《政治官报》，1909 年第 616 期。

美国三藩市中华商会大堂

图片来源：《美国早期漫画中的华人》，第 23 页。

（四）华侨投资国内的先行者

华侨在中国国内的投资开始于19世纪60年代。据统计，1862—1895年，华侨投资的企业共67家，投资金额折合人民币447.1万元，年均投资额13.5万元；1895—1911年，投资企业284家，投资金额折合人民币5 068.8万元，年均投资额298.2万元。①

1. 中国第一代民族工业家——陈启沅

机器缫丝业是中国最早出现的民族资本主义机器工业。最早出现机器缫丝业的地区是广东。广东本来是手工缫丝业比较发达的地区，1872年南海商人陈启沅自南洋归来，在家乡简村创办继昌隆缫丝厂，使用“法国式之器械制丝”，厂内“女工六七百人，出丝精美，行销于欧美两洲，价值之高，倍于从前，遂获厚利”。②

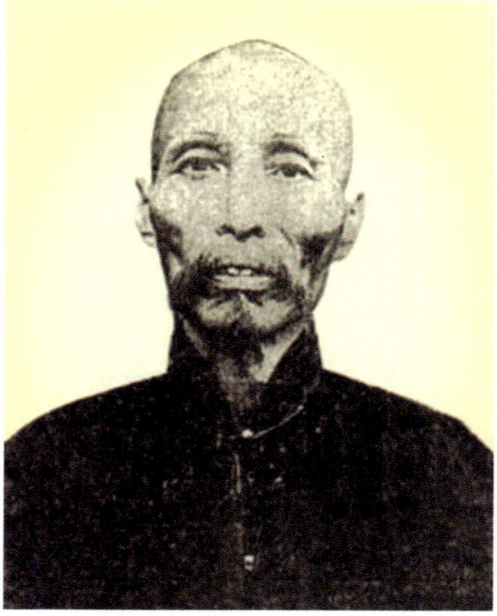

陈启沅

图片来源：广东省情网，http://www.gd-info.gov.cn/shtml/nhq/mingren/2011/01/26/35347.shtml。

陈启沅（1834—1903），广东省南海简村人，年轻时赴越南经商。1872年回到家乡南海创办继昌隆缫丝厂。继昌隆缫丝厂采用了当时世界上先进的机器技术，并加以改造，实行半机械化生产，大大提高了劳动生产率，产品很快畅销于英、法、美等国，继昌隆缫丝厂从此驰名于世。陈启沅是中国近代民族工业的先行者，他创办的继昌隆缫丝厂是中国第一家近代民族资本工厂，标志着中国民族资本主义的兴起。

继昌隆的创办促进了珠江三角洲新式缫丝工业的发展。两年后，广州、顺德和南海地区的缫丝厂增至5家，1881年增至11家，有丝釜2 400位，雇工四五千人，年产丝近千担。至19世纪80年代中期，丝釜总数约2.5万位，超过上海、日本同期的发展速度。③

① 林金枝：《近代华侨投资国内企业的几个问题》，《近代史研究》1980年第1期。

② 张凤喈等修，桂坫等纂：《宣统南海县志》（卷二十一），上海：上海书店出版社，2003年，第4－6页。

③ 参见博雅人物网，http://ren.bytravel.cn/history/1/chenqi3670.html。

陈启沅创办的继昌隆缫丝厂缫丝女工工作现场

图片来源：《探访珠三角最后的缫丝厂：苦苦坚守的老行业》，新浪网，http：//gd. sina. com. cn/fs/yaowen/2016 – 01 – 10/city – fs – ifxnkkuy7816704. shtml。

2. 投资国内的著名侨商实业家——张振勋

侨商投资国内，无论规模、数额、范围，都当首推张振勋。

张振勋（1841—1916），近代华侨资本家，字弼士，广东大埔人。张振勋是著名华侨实业家，也是中国葡萄酒工业史上值得大书特书的传奇人物。19 世纪末，清政府鼓励华侨回国投资，1892 年，张振勋在山东烟台投资 300 万银圆，创建张裕酿酒公司。1915 年，在旧金山举办的巴拿马太平洋万国博览会上，该公司的“可雅白兰地”（后改名“金奖白兰地”）等 3 种名酒获金质奖章和最优等奖。1892 年他被清政府委任为槟榔屿首任领事，1894 年升任驻新加坡总领事，1898 年后，先后任粤汉铁路帮办（后升任总办）、佛山铁路总办、督办闽粤农工路矿大臣。1905 年，率领第一个商务考察团到南洋劝说华侨回国投资。张振勋在广州、惠州、佛山、海丰、雷州等地和广西兴办了厂矿企业，涉及工业制造、铁路交通、农牧垦殖、矿业开采、金融保险，以及商业、盐业、航运业等。经济上的成功使他不断获得政治上的提升，曾被授予候补三品京堂、太仆寺正卿。

张振勋

图片来源：《张弼士》，第 1 页。

张裕酿酒公司

图片来源：《张弼士》，第 43 页。

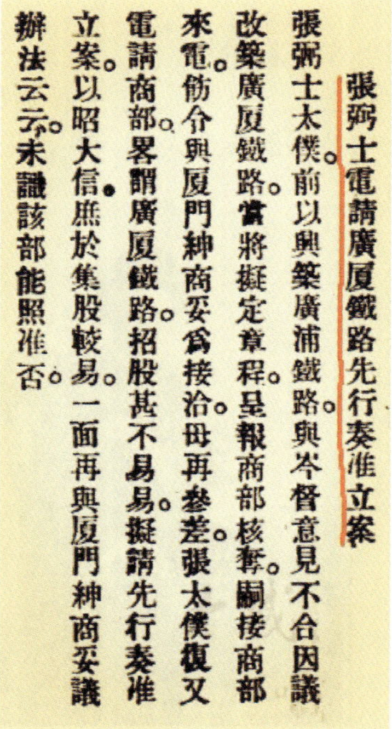

張弼士電請廣厦鐵路先行奏准立案

張弼士太僕。前以興築廣浦鐵路。與岑督意見不合。因議改築廣厦鐵路。當將擬定章程。呈報商部核奪。嗣接商部來電。飭令與厦門紳商妥爲接洽。毋再參差。張太僕復又電請商部。畧謂廣厦鐵路。招股甚不易易。擬請先行奏准立案。以昭大信。庶於集股較易。一面再與厦門紳商妥議辦法云云。未識該部能照准否。

《张弼士电请广厦铁路先行奏准立案》

图片来源：《大陆》，1905 年第 19 期。

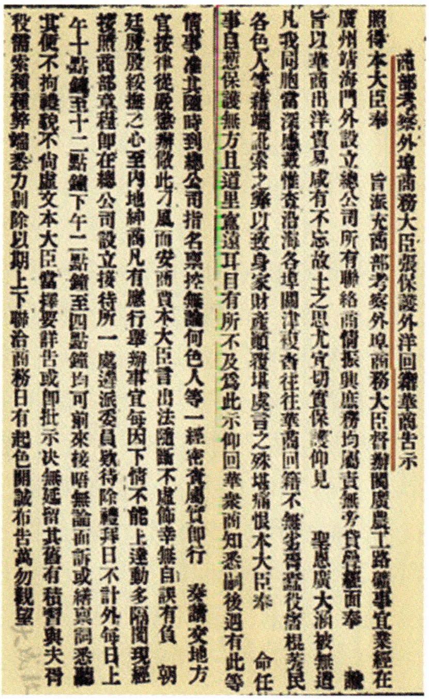

商部考察外埠商務大臣張保護外洋回籍華商告示

照得本大臣奉　旨派充商部考察外埠商務大臣督辦閩廣農工路礦事宜業經在廣州靖海門外設立總公司所有聯絡商情振興庶務均屬責無旁貸曾經面奉　諭旨以華商出洋貿易咸有不忘故土之思尤宜切實保護仰見　聖恩廣大淵被無遺凡我同胞當深感戴惟查沿海各埠關津複沓往往華商回籍不無需索留難役胥棍蠹民各色人等藉端訛索之事以致身家財產顛覆堪虞言之殊堪痛恨本大臣奉　命任事自愧保護無方且道里窵遠耳目有所不及爲此示仰回華衆商知悉嗣後遇有此等情事准其隨時到總公司指名禀控無論何色人等一經查明屬實即行　奏請交地方官按律從嚴懲辦俾此刁風而安商賈本大臣言出法隨斷不虛飾幸毋自誤有負　朝廷殷殷撫綏之心至內地紳商凡有應行舉辦事宜每因下情不能上達動多隔閡現經援照商部章程即在總公司設立接待所一處遴派委員款待除禮拜日不計外每日上午十點鐘至十二點鐘下午二點鐘至四點鐘均可前來接晤無論面訴或繕禀詞悉聽其便不拘禮節不尚虛文本大臣當擇要詳告或即批示決無延留其舊有積習與夫胥役需索種種弊端悉力剔除以期上下聯洽商務日有起色開誠布告萬勿觀望

《商部考察外埠商务大臣张保护外洋回籍华商告示》

图片来源：《南洋官报》，1905 年第 2 期。

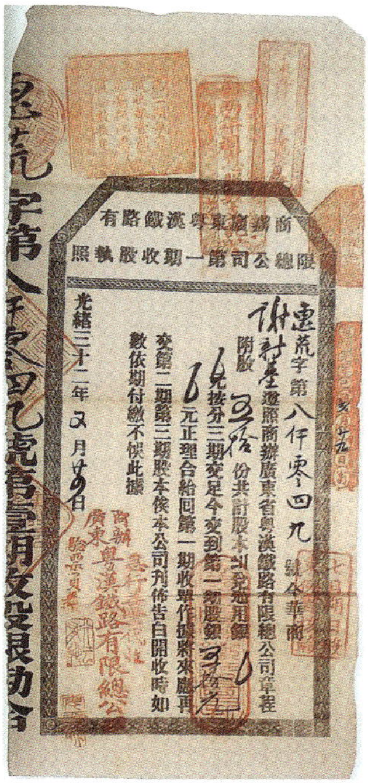
商辦廣東粵漢鐵路有限總公司第一期收股執照

惠荒字第八仟零四九號今華商
謝××遵照商辦廣東省粵漢鐵路有限總公司章程
附股五拾份共計股本××元通用銀
××元按分三期交足今交到第一期股銀××
××元正理合給回第一期收單作據將來應再
交第二期第三期股本候本公司刊佈告白開收時如
數依期付繳不誤此據
光緒三十二年五月廿四日

商办广东粤汉铁路有限总公司第一期收股执照（1906 年）

图片来源：《华侨博物院藏品精华》，第 233 页。

广州各界人士踊跃购买粤汉铁路股票图

图片来源：《张弼士》，第 63 页。

1915 年巴拿马太平洋万国博览会期间，中国政府组织中国商业报聘团赴美，张振勋任团长，黄炎培任秘书。图为张振勋（前排右四）与团员合影

图片来源：《张弼士》，第 54 页。

3. 张煜南兄弟与潮汕铁路建设

张煜南和张鸿南兄弟是 19 世纪末 20 世纪初印度尼西亚的著名华侨实业家和地方侨领。他们曾以投资兴建中国近代史上第一条华侨资本经营的商办铁路——潮汕铁路而被载入史册。

张煜南

图片来源：《一位梅州人与慈禧的对话——从侨商张榕轩进京回顾晚清风云》，梅州网，http：//www. meizhou. cn/2011/1116/275371. shtml。

张煜南（1851—1911），号榕轩，广东梅县松口人。20 世纪初，在“收回利权”“实业救国”的思想影响下，爱国华侨纷纷集资回国兴办企业。1903 年，张煜南呈请修建汕头铁路。1904 年，潮汕铁路有限公司正式成立，张煜南为创建首总理。随后，潮汕铁路开始兴建，铁路自潮州府城起筑至汕头，干线计 24. 4 公里，加支线、岔道合计约 42 公里。1906 年完工。沿途在庵埠、华美、彩塘、散巢、浮洋、枫溪等地设站，总投资达 300 万元。潮汕铁路有限公司从 1906 年开始营业，到 1939 年 6 月潮汕沦陷为止，历时 30 多年。公司所修潮汕铁路，对沟通潮汕一带的交通及客货运输都起了重大作用。

1906 年潮汕铁路开通典礼

图片来源：《张弼士》，第 65 页。

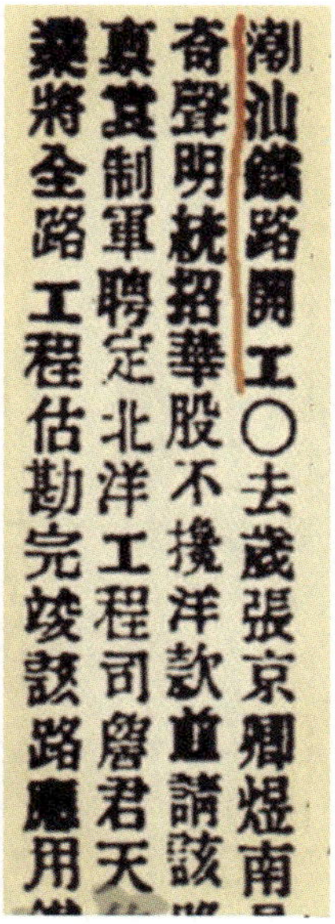

潮汕鐵路開工○去歲張京卿煜南
奇聲明統招華股不搀洋款直請該
稟岑制軍聘定北洋工程司詹君天
業將全路工程估勘完竣該路應用

《潮汕铁路开工》

图片来源：《大公报》，1904 年 7 月 14 日第 3 版。

4. 新宁铁路的倡建者——陈宜禧

“到了潭江，火车停下来。车轮没有动，外面的景物却开始慢慢地移动了。这不是什么奇迹。这是新宁铁路上的一段最美丽的工程。这里没有桥，火车驶上了轮船，就停留在船上，让轮船载着它慢慢地渡过江去。”这是巴金于 1933 年创作的散文《机器的诗》里的一段，描绘了广东新宁铁路首创轮船载火车渡江的奇观。

陈宜禧

图片来源：《二十世纪的华侨华人图片集》，第 57 页。

新宁铁路是第一条中国人自行设计、自行施工、自筹经费建设的民营铁路，也是全国最长的侨办民营铁路。新宁铁路的倡建人，则是广东台山人陈宜禧。

陈宜禧（1844—1929），广东台山朗美村人。少年家贫，以卖髻绳、针、钮为生。1864 年赴美，在西雅图火车站当清洁工、筑路工。1889 年组建广德公司，自任总理，包工承建北太平洋铁路工程。先后在美国从事铁路建设达 40 年之久，筑路经验丰富。1904 年陈宜禧回乡，以“不收洋股，不借洋款，不雇洋工”为号召，倡建新宁铁路，得到县人及旅外侨胞的支持，纷纷投资，先后共筹得股金 425 万银圆，并于 1906 年成立新宁铁路公司，陈宜禧被推为总理兼工程师。历经 14 年的施工，于 1920 年建成斗山至北街干线和台城至白沙支线的新宁铁路，写下了我国自力建筑铁路的光辉史页。

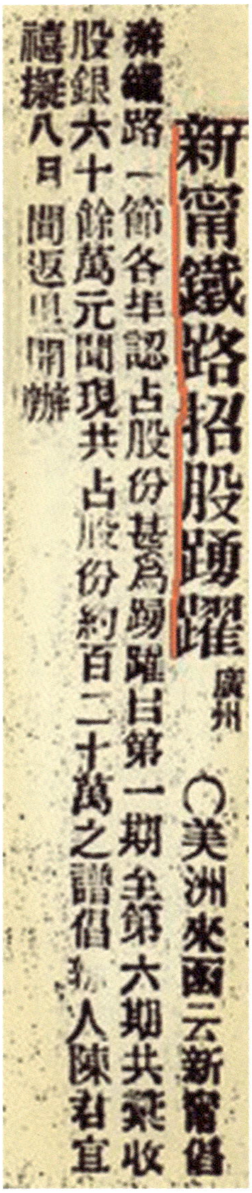

新甯鐵路招股踴躍 廣州

○美洲來函云新甯倡辦鐵路一節各埠認占股份甚爲踴躍自第一期至第六期共集收股銀大十餘萬元間現共占股份約百二十萬之譜倡辦人陳君宜禧擬八月間返里開辦

《新宁铁路招股踊跃》

图片来源：《申报》，1905 年 8 月 1 日第 3 版。

1909 年台山新宁铁路第一期工程完工通车

图片来源：《台山历史文化集 · 第八编 · 台城古镇》，第 51 页。

1929 年新宁铁路江门北街车站

图片来源：《银信与五邑侨乡社会》，第 182 页。

新寧鐵路
各鄉巡城馬搭車半價票
規例
(1)憑票對相本人搭車准收半價(2)如坐頭
等位均須按等收取半價如收票員串同瞞匿
或收銀不寫票查出罰銀五倍以五成賞指証
之人(3)如帶行李銀物超過定額須照章納脚
(4)如冒認巡馬查出重罰(5)解除巡馬職業時
應卽將票繳銷(6)此票本公司有權隨時收回
開平李村
巡城馬
周江
担保店
總理
民國十一年十月十三日發

1922 年的新宁铁路各乡巡城马搭车半价票

图片来源：《银信与五邑侨乡社会》，第 98 页。

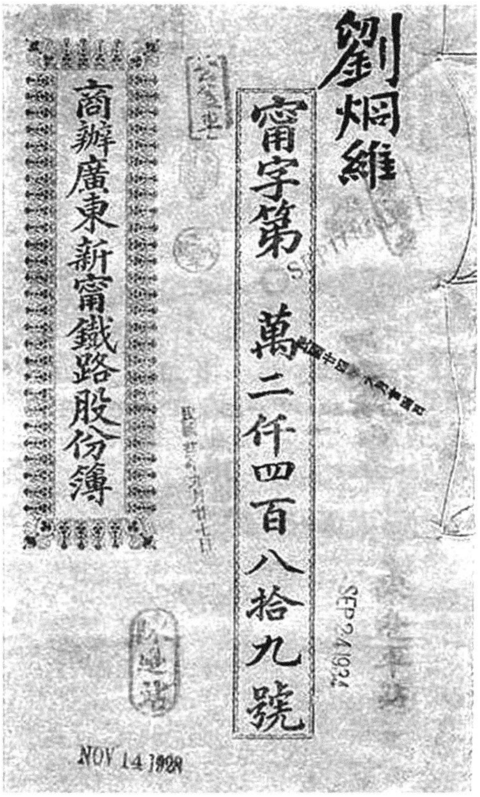
劉烔維
商辦廣東新甯鐵路股份簿
甯字第 萬二仟四百八拾九號
SEP 24 1924
NOV 14 1928

商办广东新宁铁路股份簿

图片来源：《银信与五邑侨乡社会》，第 183 页。

（五）创办全国商品博览会——南洋劝业会

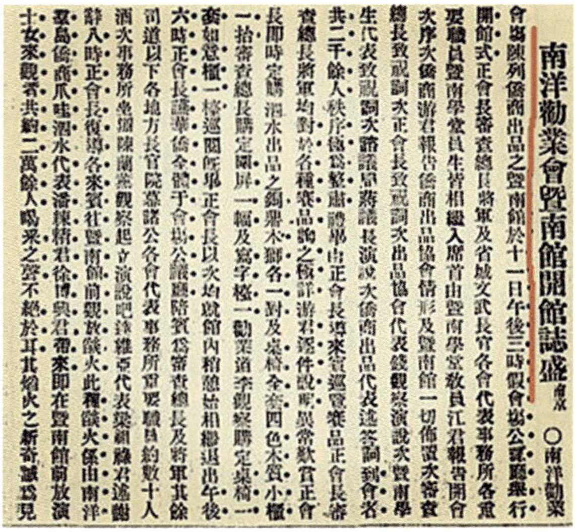

南洋勸業會暨南館開館誌盛 南京

○南洋勸業會暨南館於十一日午後三時假會塲公署舉行開館式正會長審查總長將軍及省城文武長官各會代表事務所各重要職員暨南學堂員生皆相繼入席首由暨南學堂教員汪君報告開會次序次僑商游君報告僑商出品協會情形及暨南館一切佈置次審查總長致祝詞次正會長致祝詞次出品協會代表錢觀察演說次暨南學生代表致祝詞次諮議局蔣議長演說次僑商出品代表遙答詞到會者共二千餘人秩序極爲整肅禮畢由正會長導來賓巡覽陳品正會長審查總長將軍均對於各種陳品詢之極詳游君逐件說明異常歎賞正會長即時定購泗水出品之銅鼎大獅各一對及桌椅全套四色木質小櫃一抬審查總長購定圍屏一幅及寫字檯一勸業道李觀察購定桌椅一套如意櫃一檯巡閱既畢正會長以次均就館內稍憩始相繼退出午後六時正會長請華僑全體于會塲公讌臨賓爲審查總長及將軍其餘司道以下各地方長官院幕諸公各會代表事務所重要職員約數十人泗水事務所龔燦陳蘭叢觀察起立演說吧達維亞代表梁綸鏘君遂繼辭入時正會長復導各來賓往暨南館前觀放焰火此種焰火係由南洋群島僑商爪哇泗水代表潘胰精君徐博興君帶來即在暨南館前放演士女來觀者共約二萬餘人喝采之聲不絕於耳其焰火之新奇實爲見

《南洋劝业会暨南馆开馆志盛》

图片来源：《申报》，1910 年 6 月 20 日第 10 版。

南洋劝业会会长张人骏

图片来源：《南洋劝业会图说》，第 1 页。

1910 年的南洋劝业会作为清末首次全国性的商品博览会，是近代中国经济发展史上一次标志性的活动。早在 1904 年，南洋侨商张振勋就曾上书清廷，建议在南京举办大型物产博览会，以激励商情，振兴实业。可以说，南洋劝业会实为华侨首倡。1908 年，江宁的两名道员向两江总督兼南洋大臣端方提出了创办博览会的设想，计划于 1910 年在南京开办国内博览会，分建农业、工艺、教育各院及南洋各岛埠陈列所，以振兴全国实业。1909 年 8 月 28 日，清政府正式批准举办南洋劝业会，任命新任两江总督张人骏为劝业会会长。① 1910 年 6 月 5 日，南洋劝业会在南京正式开幕，南洋劝业会展品广泛，除教育、工艺、农业、机械、通运、美术、卫生、武备 8 个专业性展馆外，还设有两江、京畿、直隶、东三省、山陕、湖北、湖南、四川、河南、山东、云贵、浙江、福建、安徽、江西等十多所区域性展馆。另外设有暨南馆，陈列南洋华侨的展品。

① 乔兆红：《清末新政与中国近代博览会事业》，《历史教学问题》2009 年第 6 期。

南洋劝业会全体职员合影

图片来源：《南洋劝业会图说》，第 3 页。

南洋劝业会牌楼

图片来源：《南洋劝业会图说》，第 7 页。

南洋劝业会事务所科长以上成员合影

图片来源：《南洋劝业会图说》，第 6 页。

南洋劝业会暨南馆

图片来源：《南洋劝业会图说》，第 147 页。

南洋劝业会与华侨有着密切的关系。从倡议、筹备到参展，华侨活跃的身影无处不在。陈列华侨出品的暨南馆格外引人注目，其建筑面积约为 667 平方米，高约 5.3 米，为南洋群岛风格建筑。暨南馆的展品分为教育、工艺、美术、种植、纺织、制造等类；包括铜器、陶器、钿器、玩具、饮食、装饰、药料、矿产及鸟类标本等，

“无不萃菁华于一室，致珍奇于万里，洵足增祖国之光荣”[①]。清政府对赛会的扶持和引导，引起了人们对工商业的关注，使重商观念得到发展。南洋劝业会对商品的展示、比较、奖励，有力地促进了商品流通，扩大了产品销路。赛会展品的销售额达到数千万元，极大地促进了民族资本主义经济的发展。[②] 以南洋劝业会为机缘，还出现了华侨回国投资的热潮。

六、扶持海外华文教育和归国侨生教育

（一）扶持海外华文教育

1. 早期海外的华文学校

华文教育是海外华人社会族裔自觉和文化自觉的必然要求和重要标志，是华人社会的文化基石和精神支柱，也是海外华人社会可持续发展的基本保证。在东南亚的大部分国家，“华文学校早在 19 世纪中期以前都已建立，不少学校甚至在 18 世纪就已成立”[③]。

明诚书院

图片来源：《近代南洋华侨教育研究：以新加坡、马来西亚、印度尼西亚为中心》，第 25 页。

1690 年，印尼巴达维亚华人甲必丹郭郡观创办了华文私塾——明诚书院。迄今所知，华人创办的第一所华文学校是 1819 年创立的马来亚槟榔屿的五福书院。[④] 1854 年，新加坡华侨陈金声等人创办了萃英书院，得到了新加坡华侨社会的大力扶持，师资队伍和学生数量不断地增加，办学水准不断提高，成为新加坡华侨华人社会的权威性教育机构。

① 《南洋劝业会会场纪事》，《时报》，1910 年 5 月 13 日。

② 丁丽：《清政府与南洋劝业会》，《商丘师范学院学报》2015 年第 11 期。

③ 高伟浓：《清代华侨在东南亚：跨国迁移、经济开发、社团沿衍与文化传承新探》，广州：暨南大学出版社，2014 年，第 515 页。

④ 吴明罡：《近代南洋华侨教育研究：以新加坡、马来西亚、印度尼西亚为中心》，长春：吉林大学出版社，2014 年，第 26 页。

1819 年马来亚槟榔屿的五福书院

图片来源：《近代南洋华侨教育研究：以新加坡、马来西亚、印度尼西亚为中心》，第 66 页。

萃英书院的师生

图片来源：《百年跨国两地书：福建侨批档案图志》，第 169 页。

19 世纪中叶，大批华工到美国西海岸的旧金山等地开采金矿，其后又参加修建太平洋铁路。由于美国当时实行教育隔离法，华工子女不可能进入当地的英文学校就读。1859 年，旧金山开始有专为华侨开办的英文补习班。华文私塾则迟至 1875 年才出现，讲授内容亦为四书五经。旧金山的华文私塾有十几家。1885 年，旧金山出现了第一所华文小学。翌年，古巴华侨创立了一所华文学校。日本横滨大同学校也于 1897 年建立。

1890 年美国的华文学校

图片来源：《先驱者的脚印：海外华人教育三百年 1690—1990 年》，第 87 页。

1910 年美国三藩市大清侨民学堂

图片来源：《先驱者的脚印：海外华人教育三百年 1690—1990 年》，第 91 页。

至 1911 年辛亥革命爆发前，东南亚各地先后创建的新式华文学校将近 100 所，其中如吴寿珍、陈楚楠等人创办的养正学堂，赵沛堂等人创办的广肇学校，客属应和会馆创办的应新学校，陈嘉庚等人创办的道南学堂，以及 1901 年诞生的印尼巴达维亚（雅加达）中华会馆学校（八华学校）等，都是在东南亚华侨社会中颇负盛名的。这一时期，美国旧金山、波特兰也相继创建了许多新式华文学校。在朝鲜，1902 年和 1909 年分别在仁川和汉城创建了华文学校。在日本，1899 年和 1906 年先后创建了神户同文学校和长崎华侨时中小学。

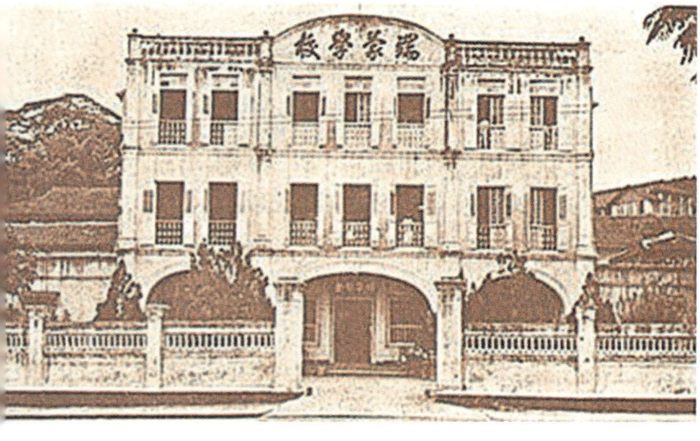

新加坡潮属华侨创立的端蒙学校（1906 年）

图片来源：《新加坡历史图片集　1819—1945》，第 127 页。

新加坡道南学堂的学生（1906 年）

图片来源：《新加坡图片史（1819—2000 年）》，第 168 页。

印尼雅加达中华会馆学校旧址

图片来源：《印尼华侨华人史1950至2004年》，第6页。

1902年日本神户同文学校全体学生于中华会馆合影

图片来源：《龙腾四海　侨团百年》，第240页。

2. 开展海外视学与劝学

晚清时期，最早提出海外华侨教育问题的是时任两广总督张之洞。1886年7月，张之洞派员到南洋考察，次年上《派员周历南洋各埠筹议保护折》，建议在南洋设领护侨，并在海外华埠设立书院。“其设领之处，就其余款酌拨若干，量设书院一所，亦从小吕宋办起，由臣捐资倡助并购买经书发给存储。令各该领事绅董，选择流寓儒士以为师，随时为华人弟子讲授，使其习文圣人之教，中国礼义彝伦之正。则聪明志气之用，得以扩充而愈，开水源木本之思。盖将深固而不解，从此辗转传播，凡有血气未必无观感之思。”从中可以看出张之洞的海外治学思想，他认为教育可以促进海外华侨对祖国的认同感，当华侨教育产生一定成效，华侨自然而然就会支持祖国。

张之洞

图片来源：《张之洞与广雅书院》，第7页。

1898年清政府谕令各驻外使领馆劝导华侨兴学。清政府饬谕各类出使大臣均附有劝学使命，并派遣张振勋、陈宝琛、杨士琦等使臣海外劝学。按照清廷的这些指示，有些驻外使臣为设立华侨学堂，带头自愿捐款，有些在领事馆内办起华侨学堂。在清政府的大力推动下，海外侨民积极响应办学，短短几年间，新学堂层出不穷，接受华侨教育的人数不断增加，海外各埠侨校蓬勃发展。清政府在委托各使臣到各地劝学的同时，决定派出视学专使前往各地视学和劝学。对海外办学效果好的侨校给予表彰。

驻菲律宾总领事陈纲于 1899 年 4 月在领事馆内开办的小吕宋华侨西学校

图片来源：《近代南洋华侨教育研究：以新加坡、马来西亚、印度尼西亚为中心》，第 28 页。

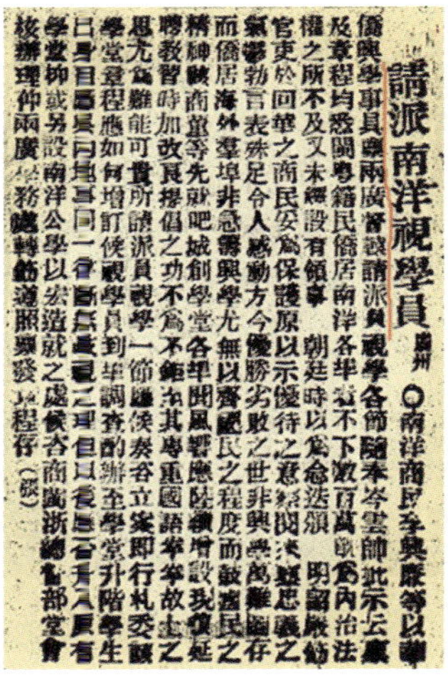

請派南洋視學員 廣州

○南洋商民李興廉等以粵僑興學事具稟兩廣督請派員視學各節嗣奉岑雲帥批示云據及章程均悉閩粵籍民僑居南洋各埠者不下數百萬歐為內治法權之所不及又未經設有領事 朝廷時以為念迭頒 明詔嚴飭官吏於回華之商民妥為保護原以示優待之意經閱[illegible]思義之氣響勃言表殊足令人感動方今優勝劣敗之世非興學無以圖存而僑居海外孳埠非急需興學尤無以齊齡民之程度而啟迪民之精神該商董等先就吧城創學堂各埠聞風響應陸續增設我復延聘教習時加改良提倡之功不爲不鉅尤其專重國語學學故土之思尤為難能可貴所請派員視學一節應俟奏咨立案即行札委該學堂章程應如何增訂俟視學員到埠調查酌辦至學堂升階學生日身[illegible]同[illegible]同一[illegible]但以[illegible]否有人員有學堂抑或另設南洋公學以宏造就之處候咨商閩浙總督部堂會核辦理仰兩廣學務處轉飭遵照繳發章程存（摘）

《请派南洋视学员》

图片来源：《申报》，1905 年 8 月 18 日第 4 版。

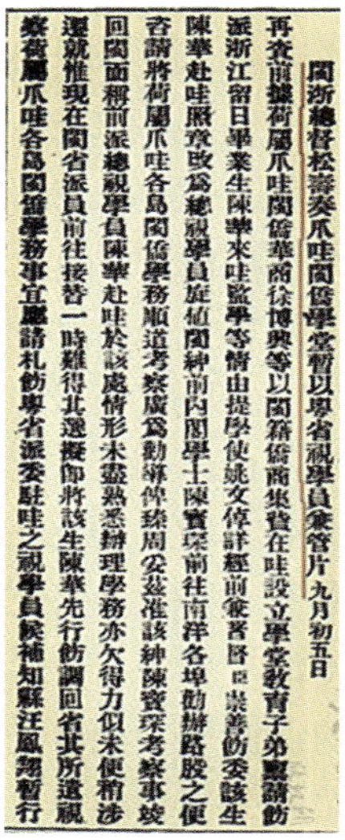

閩浙總督松壽奏爪哇閩僑學堂暫以粵省視學員兼管片 九月初五日

再查前據荷屬爪哇閩僑華商徐博興等以閩籍僑商集貲在哇設立學堂教育子弟稟請飭派浙江留日畢業生陳華來哇監學等情由提學使姚文倬詳經前督臣崇善飭委該生陳華赴哇嗣復改爲總視學員旋値閩紳前內閣學士陳寶琛前往南洋各埠勸辦路股之便咨請將荷屬爪哇各島閩僑學務順道考察廣為勸導俾臻周妥茲准該紳陳寶琛考察事竣回閩面稱前派總視學員陳華赴哇於該處情形未盡熟悉辦理學務亦欠得力似未便稍涉遷就惟現在閩省派員前往接替一時難得其選擬即將該生陳華先行飭調回省其所遺視察各屬爪哇各島閩僑學務事宜應請札飭粵省派委駐哇之視學員候補知縣汪鳳翔暫行

《闽浙总督松寿奏爪哇闽侨学堂暂以粤省视学员兼管片》

图片来源：《政治官报》，1907 年第 8 期。

1900 年，爪哇巴城成立中华会馆，传播儒学，荷印各地华埠纷纷效仿，华校如雨后春笋般出现。爪哇华侨禀告两广总督岑春煊，希望能派员视察侨校。1905 年，岑春煊派广西知事刘士骥前往南洋荷、英所属视学，刘士骥每到一处，便通过实地考察与座谈了解南洋办学情况，并于次年在印尼万隆召集各地中华会馆所属侨校董事及知名华侨代表举行了第一次有关华侨教育的大型会议，共商侨校相互联络和统一办学章程问题。会后成立中华总会，负责统一协调各地办学事宜。1907 年，刘士骥回国后，即将考察所得向岑春煊汇报，并建议在爪哇设立总学会，新加坡、槟榔屿等埠分设学务公所。

继刘士骥之后，清政府又陆续派汪凤翔、林文庆、钱恂、董鸿祎、陈华、林鼎华等人去南洋视学，或协助成立学务总会，或调查华侨教育情形，或宣讲中国传统文化。除南洋外，1907 年初，学部还派出内阁侍读梁庆桂到北美筹办侨民兴学事宜。抵美后，梁庆桂组建华侨学务公所，召开华商、会馆侨领代表大会，致力筹建侨校。

上述视学、劝学活动的开展有力推动了海外华侨教育的发展，各地华侨新式学堂如雨后春笋般发展起来。[1]

① 张赛群：《近代海外侨教视导制度探析》，《八桂侨刊》2010 年第 1 期。

刘士骥

图片来源：《晚清龙门教育实业家刘士骥立志救国　以身殉职　被称"学界伟人"》，《东江时报》，2010 年 5 月 30 日。

梁庆桂

图片来源：《式洪室诗文遗稿》（插图）。

（二）为归国侨生创办学校——暨南学堂

1901 年 8 月，清政府颁布"兴学诏书"，鼓励兴办学堂。1905 年，清政府下令自 1906 年开始废除科举，从学校选取人才。至此，在中国历史上存在了 1 300 多年的科举考试制度被正式废除。这在中国教育史上是一个划时代的重大事件。海外华侨受到国内兴学热潮与民族主义思潮的影响，以及为改变愚昧、闭塞的状况，提高自身素质的迫切需要，他们强烈希望自己的后代能够通过教师的传道、授业，继承中华民族优秀的传统文化，接受良好的华文教育。加之由于经济、文化的原因以及殖民者的压制，海外侨胞在办学过程中遇到了诸多困难，如缺乏校舍、师资、课本等，而且教学质量与办学水平参差不齐，办学规模也不能满足日益增长的广大侨胞子弟的就学需要，广大华侨及其子弟希望能回国学习，学成后返回居住地，从事文教事业和工商业活动。暨南学堂的创办，正好满足了侨胞的这一要求。①

1. 端方与暨南学堂

暨南学堂是国内第一所专门为归国侨生创办的学校。1906 年，两江总督端方奏请在南京开办暨南学堂，以便"系侨情""弭隐患"。清政府于 1906 年拨南京薛家巷妙相庵创立暨南学堂，委郑洪年为首任堂长。1907 年 3 月首批印尼侨生 21 人抵达上海。3 月 23 日，暨南学堂正式开学。8 月 28 日，巴达维亚中华会馆又派员

① 夏泉：《端方与暨南学堂》，《暨南学报》（哲学社会科学版）1995 年第 2 期。

护送 10 名侨生到南京暨南学堂学习。1908 年 5 月，第二批学生 46 人也陆续到达南京。为了更好地适应侨生的学习要求，因材施教，“以敷教育而系侨情”，1908 年 4 月，端方上书将补习学校性质的暨南学堂改办为中学，并附设高等小学。暨南学堂自改办以后，章程明确，管理有方，学生勤奋学习。一时暨南学堂办学有方的名声远播海外，各埠也闻风而起，均愿选派中文合格的学生赴宁就读。

端方

图片来源：大成故纸堆・大成老照片库。

端方（1861—1911），字午桥，清末大臣。满洲正白旗人。在晚清史上，端方是一个较有影响的人物。作为一个出身满族的封疆大吏，他曾先后出任权倾一时的两江总督与直隶总督之职（兼南洋大臣与北洋大臣）。同时，他还是一个较具维新观点的人，乐于接受新事物，对于各项新政十分热心。端方在任期内大力兴办新式教育，尤其是为暨南学堂的创办与发展做出了特殊贡献，在我国华侨教育史上占有不可替代的重要地位。

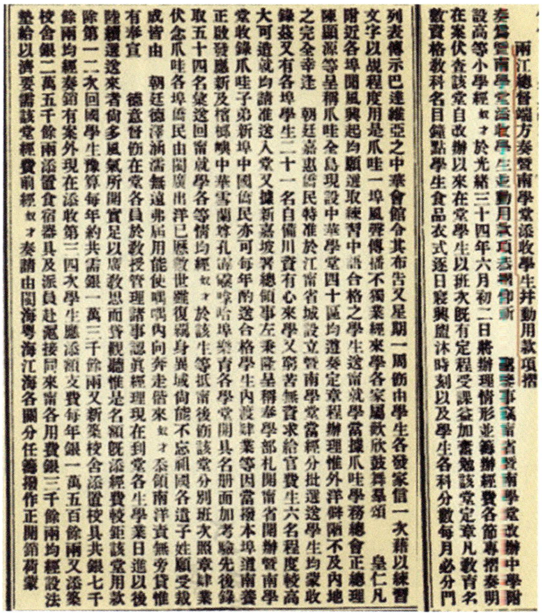

兩江總督端方奏暨南學堂添收學生并動用款項摺

奏爲暨南學堂添收學生並動用款項恭摺仰祈 聖鑒事竊查暨南學堂改辦中學附設高等小學經奴才於光緒三十四年六月初二日將辦理情形並籌辦經費各節專摺奏明在案伏查該堂自改辦以來在堂學生以班次既有定程受課益加奮勉該堂定章凡教育名數資格教科名目鐘點學生食品衣式逐日寢興盥沐時刻以及學生各科分數每月必分門列表傳示巴達維亞之中華會館令其布告又星期一周飭由學生各發家信一次藉以練習文字以說程度用是爪哇一埠風聲傳播不獨業經來學各家屬歡欣鼓舞慕頌 皇仁凡附近各埠聞風興起均願選取練習中語合格之學生送甯就學當據爪哇學務總會正總理陳顯源等呈稱爪哇全島現設中華學堂四十區均遵奏定章程辦理惟外洋僻陋不及內地之完全幸逢 朝廷嘉惠僑民特准於江甯省城設立暨南學堂當經分批選送學生均蒙收錄茲又有各埠學生二十一名自備川資有心來學又窮苦無資求給官費生六名程度較高大可造就均請准送入堂又據新嘉坡署總領事左秉隆呈稱奉學部札開甯省開辦暨南學堂收錄爪哇子弟新埠中國僑民亦可每年酌送合格學生內渡肄業等因當經本埠道南養正啟發應新及檳榔嶼中華雪蘭峩孔壽噷吟咑埠樂育各學堂開具名冊面加考驗先後錄取五十四名彙送回甯就學各等情均經奴才於該生等抵甯後飭該堂分別班次照章肄業伏念爪哇各埠僑民由閩廣出洋已歷數世雖復竄身異域尚能不忘祖國各遣子姪願受教成皆由 朝廷德澤涵濡無遠弗屆用能使喁喁內向奔走偕來奴才忝領南洋責無旁貸惟有奉宣 德意督飭在堂各員於教授管理諸事認真經理現在到堂各生學業日進以後陸續選送來者尚多風氣所關實足以廣教思而資觀感惟是名額既添經費較鉅該堂用款除第一二次回國學生豫算每年約共需銀一萬三千餘兩又新築校舍添置校具共銀七千餘兩均經奏銷有案外現在添收第三四次學生應添額支費每年銀一萬五百餘兩又添築校舍銀二萬五千餘兩添置食宿器具及派員赴滬接同來甯各用費銀三千餘兩均經設法墊給以濟要需該堂經費前經奴才奏請由閩海粵海江海各關分任籌撥作正開銷荷蒙

《两江总督端方奏暨南学堂添收学生并动用款项折》

图片来源：《政治官报》，1909 年第 562 期。

1907 年端方（居中者）与暨南学堂师生合影

图片来源：《海外华人百科全书》，第 165 页。

荷属华侨学生第一届回国就学暨南学校纪念照

图片来源：《海外华人百科全书》，第 165 页。

郑洪年

图片来源：《南洋研究》1928年第2期。

2. 暨南学堂首任堂长郑洪年

郑洪年（1876—1958），广东省番禺人，光绪举人。早年就读于广雅书院，曾追随孙中山参加国民革命并担任重要职务。1906年被任命为暨南学堂首任堂长。1927年国立暨南大学成立，郑洪年再次出任校长。他广罗人才，锐意改革，全校分大、中、小学及南洋文化教育事业部，大学设商、文、理、法、教育五学院，影响不断扩大，吸引了许多海外华侨学生前来学习。同时他非常重视对南洋问题和华侨问题的研究，明确规定“南洋概况”是全校学生的必修课。他还多方指导和推动海外华侨教育事业的发展。暨南大学为海外华侨学校培养了大量师资，成为海外华侨教育事业的骨干力量。1934年郑洪年离任赴南洋考察华侨教育。他担任暨南大学校长的这七年，是暨南大学取得快速发展、侨生最多、办得有声有色的鼎盛时期。

1909年，暨南学堂教职员合影于南京暨南学堂校门前

图片来源：《忠信笃敬，声教四海：暨南大学校长何炳松》（插图）。

北洋政府的侨务工作

民国肇始，就政权形式而言存在着南北对峙的两个政府。1911 年，辛亥革命推翻了清朝的反动统治，建立起中华民国。虽然孙中山创建了中华民国并担任南京临时政府的临时大总统，但只维持了 3 个月，以袁世凯为首的北洋政府就占据了中国政治格局的主导地位，并统治了中国 16 年。北洋政府统治期间，由于辛亥革命推翻了清朝封建统治，提高了民族资产阶级的社会地位，中国人民民主革命的浪潮和民族资本的发展进一步激起了广大华侨的内向之心，这些都促进了北洋政府对侨务工作的重视，并采取一系列积极有效措施。如设立华侨参议员，提高华侨社会地位；增设驻外使领，颁发国籍证书，维护华侨权益；奖励爱国华侨，招徕华侨回国投资实业；提倡华侨教育，传播中华文化，促进华侨团结；设置侨务机构，推进侨务事业等。特别是在第一次世界大战期间，北洋政府针对大量华工出国助战之形势，制定和采取了一系列侨务政策和保侨措施，包括侨务机构的设立，管理侨工的系列政策、法规，政府及驻外使馆的保侨措施等。与晚清政府相比，无论是侨务政策，还是侨务工作，北洋政府时期都有所改进、有所创新。

一、从法律上确立华侨参政权

（一）华侨参政权之提出与实现

谢碧田

图片来源：《华侨参政权全案》（插图）。

民国的成立唤起了华侨蓄藏已久的参政热情，但因受制于国内法律及双重国籍的束缚，其诉求之路颇为坎坷。由于当时唯一一部宪法性文件《中华民国临时政府组织大纲》中无华侨代表之规定，所以华侨并无选举权。1912 年 1 月 13 日，南洋亚齐（今属印尼）华侨代表谢碧田正式向代表团提出讨论“华侨代议权”的事宜，发出华侨要求通过选举与代议参与国家政治的呼声。在华侨代表和国内舆论的共同努力下，1912 年 5 月，北京政府参议院第八次会议表决通过《审议华侨要求代表权案报告》，决定在参议院设置 6 名华侨议员。8 月 10 日，在北洋政府公布的《参议院组织法》中正式规定“参议院要有六位华侨议员参与国政”。至此，华侨参政作为一项制度被确定下来。海外华侨历争数月，终于获得归国参政权利。1912 年 8 月 11 日颁布的《中华民国国会组织法》规定，民国议会由参议院、众议院组成，参议院议员共 274 名，由各省省议会，蒙古、西藏、青海选举会，中央学会及华侨选举会选出，并规定华侨得选参议员 6 名。这就从法律上正式确认华侨拥有参政权，当选的参议员在两院制议会制度下参与讨论国务，管理国家。这绝不是晚清政府时期的授予官衔可以同日而语的。这是中华民国史上的一个创举，也是中国历史上具有开创性的事件。[①]

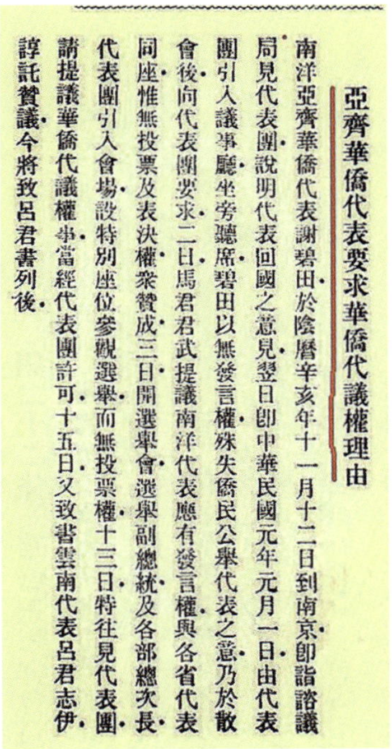
亞齊華僑代表要求華僑代議權理由

南洋亞齊華僑代表謝碧田·於陰曆辛亥年十一月十二日到南京·即詣諮議局見代表團·說明代表回國之意見·翌日即中華民國元年元月一日·由代表團引入議事廳·坐旁聽席·碧田以無發言權·殊失僑民公舉代表之意·乃於散會後·向代表團要求·二日·馬君君武提議南洋代表應有發言權·與各省代表同座·惟無投票及表決權·衆贊成·三日·開選舉會·選舉副總統及各部總次長·代表團引入會場·設特別座位·參觀選舉·而無投票權·十三日·特往見代表團·請提議華僑代議權事·當經代表團許可·十五日·又致書雲南代表呂君志伊·諄託贊議·今將致呂君書列後·

《亚齐华侨代表要求华侨代议权理由》

图片来源：《华侨参政权全案》，第 1 页。

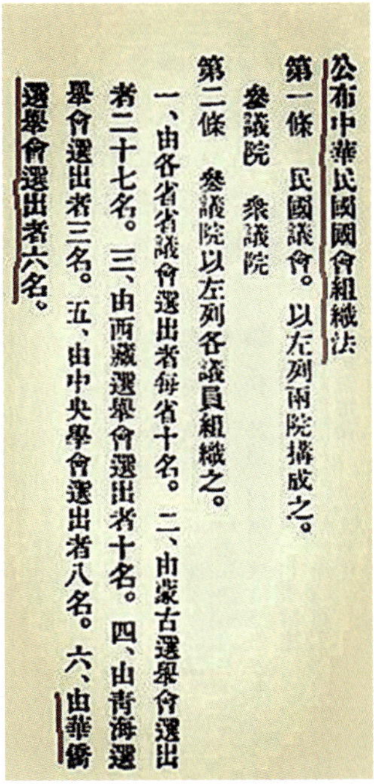
公布中華民國國會組織法

第一條　民國議會。以左列兩院搆成之。

參議院　衆議院

第二條　參議院以左列各議員組織之。

一、由各省省議會選出者每省十名。二、由蒙古選舉會選出者二十七名。三、由西藏選舉會選出者十名。四、由青海選舉會選出者三名。五、由中央學會選出者八名。六、由華僑選舉會選出者六名。

《公布中华民国国会组织法》

图片来源：《东方杂志》1912 年第 9 卷第 3 期。

（二）颁布了第一部专门为华侨参政资格制定的法律——《参议院议员选举法华侨选举会施行法》

民国时期华侨的参政议政权不仅有了法律制度上的保障，同时在具体操作中有所革新。1912 年 11 月北洋政府公布了《参议院议员选举法华侨选举会施行法》，其中第二条规定："于第一届选举华侨选举会，由华侨侨居地所设各商会、

① 蒋顺兴、杜裕根：《论北洋政府的侨务政策》，《民国档案》1993 年第 4 期。

中华会馆、中华公所及书报社，各选出选举人一名组织之。”这是第一部专门为华侨参政资格制定的法律。1913 年参议院中华侨代表即由华侨选举会选出，由华侨选举会会员为之。

《参议院议员选举法施行细则》中有“华侨”专章，对“华侨选举会会员”的选举做出详细规定：

第二十二条　华侨选举会会员，由各该华侨侨居地之商会、中华会馆、中华公所、书报社于其具备左列资格之人内，依历年公推会长、馆长、所长、社长等相当职员之习惯办理。

一、有中华民国国籍之男子年满二十五岁以上者。

二、有值五百元以上之不动产或动产者。

三、无众议院议员选举法第六条所列情事之一者。

前项各商会、中华会馆、中华公所、书报社公推之人到京时，即行呈报该选举监督。俟审查凭证相符，认为会员后，依其名额，造成选举人名册。

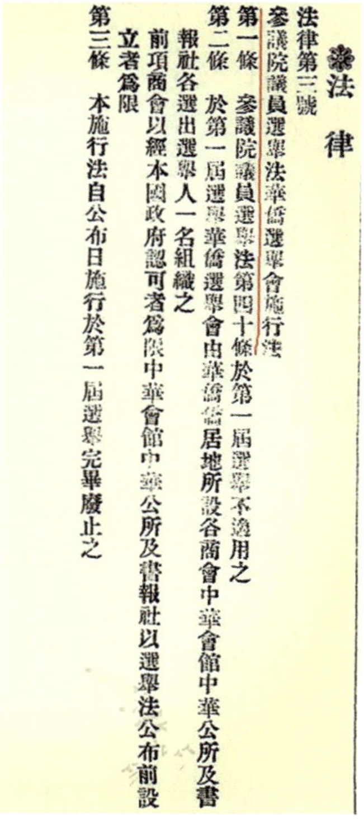

法律

法律第三號

參議院議員選舉法華僑選舉會施行法

第一條　參議院議員選舉法第四十條於第一屆選舉不適用之

第二條　於第一屆選舉華僑選舉會由華僑居地所設各商會中華會館中華公所及書報社各選出選舉人一名組織之

前項商會以經本國政府認可者爲限中華會館中華公所及書報社以選舉法公布前設立者爲限

第三條　本施行法自公布日施行於第一屆選舉完畢廢止之

《参议院议员选举法华侨选举会施行法》

图片来源：《东方杂志》1912 年第 1 卷第 9 期。

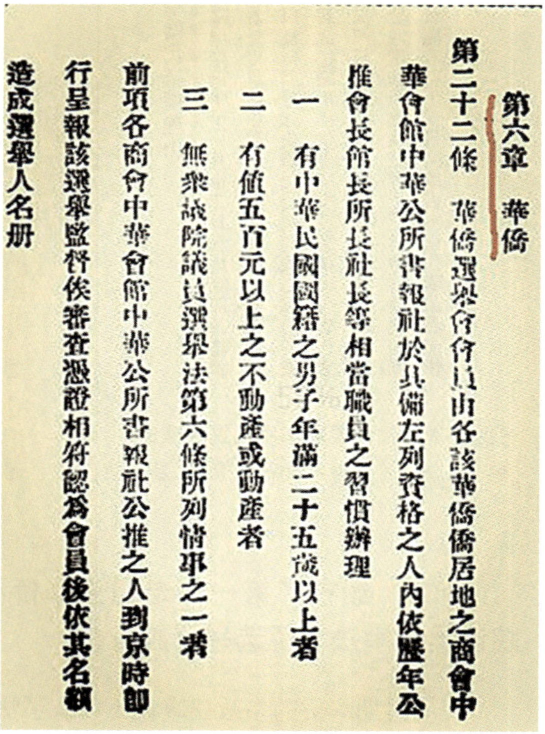

第六章　華僑

第二十二條　華僑選舉會會員由各該華僑僑居地之商會中華會館中華公所書報社於其具備左列資格之人內依歷年公推會長館長所長社長等相當職員之習慣辦理

一　有中華民國國籍之男子年滿二十五歲以上者

二　有值五百元以上之不動產或動產者

三　無衆議院議員選舉法第六條所列情事之一者

前項各商會中華會館中華公所書報社公推之人到京時即行呈報該選舉監督俟審查憑證相符認爲會員後依其名額造成選舉人名册

《参议院议员选举法施行细则》第六章

图片来源：《庸言》1913 年第 1 卷第 3 期。

（三）第一届国会参议院选出华侨参议员

1913 年 2 月，中华民国政府第一届国会华侨参议员选举举行时，海外各埠华侨公推 500 多名代表来京，组成华侨选举会，选出六名华侨参议员。他们是：唐琼昌（美国大同日报社长）、朱兆莘（留美学生）、吴湘（南洋英属地侨商）、蒋报和（荷属印尼泗水侨商）、谢良牧（马来亚槟榔屿侨商）、卢信（檀香山自由新报社长）。他们代表着千百万侨胞参政议政、管理国家。这是华侨社会地位提高的显著标志。1916 年冬，国会参议院议员依法改选三分之一，改选两名华侨参议员。此次归国参加选举之海外各商会、书报社选举人为 700 多人，可谓盛况空前。经两日，选出日本长崎中华总商会代表冯自由及美国三藩市国民书报社代表黄伯耀。[①] 作为华侨群体的代言人，华侨议员积极参与祖国政治生活，为祖国大计建言献策，同时代表和维护海外华侨的正当权益。

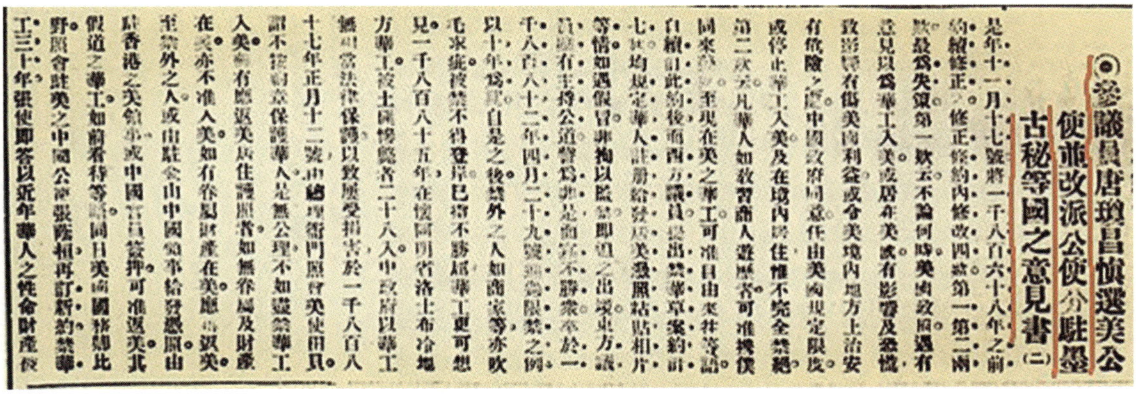
◎參議員唐瓊昌愼選美公使並改派公使分駐墨古秘等國之意見書(二)

是年十一月十七號將一千八百六十八年之前約續修正之修正條約內修改四款第一第二兩款最爲失策第一款云不論何時美國政府遇有意見以爲華工入美或居在美或有影響及恐惱致影響有傷美國利益或令美境內地方上治安有危險之虞中國政府同意任由美國規定限度或停止華工入美及在境內居住惟不能全禁絕第二款云凡華人如教習商人遊歷者可准携僕同來[illegible]至現在美之華工可准自由來往等語自續訂此約後兩西方議員提出禁華草案約計七[illegible]其均規定華人註冊給發返美執照粘貼相片等情如遇假冒罪拘以監禁即逐之出境[illegible]東方議[illegible]在主持公道譽爲非是而[illegible]不勝衆卒於一千八百八十二年四月二十九號頒爲限禁之例以十年爲期自是之後禁外之人如商家等亦吹毛求疵捜禁不得登岸已不勝屈華工更可想見一千八百八十五年在懷阿明省洛士布冷埠方華工被土匪慘戮者二十八人中政府以華工應受常法律保護以致屢受損害於一千八百八十七年正月十二號由總理衙門照會美使田貝謂不按約章保護華人是無公理不如禁絶華工入美[illegible]有應返美居住護照者如無眷屬及財產在美亦不准入美如有眷屬財產在美應[illegible]返美至禁外之人或由駐金山中國領事給發憑照由駐香港之美領事或中國官員簽押可准返美其假道之華工如前者待等[illegible]同日美兩國皆歸比野[illegible]照會駐美之中國公使張蔭桓再訂新約禁華工三十年張使即答以近年華人之性命財產[illegible]

《参议员唐琼昌慎选美公使并改派公使分驻墨古秘等国之意见书》

图片来源：《申报》，1913 年 9 月 8 日第 1 版。

① 杨建成：《华侨参政权之研究：中华民国侨居国外国民对祖国政治参与实例之统计分析》，台北：文史哲出版社，1992 年，第 14 页。

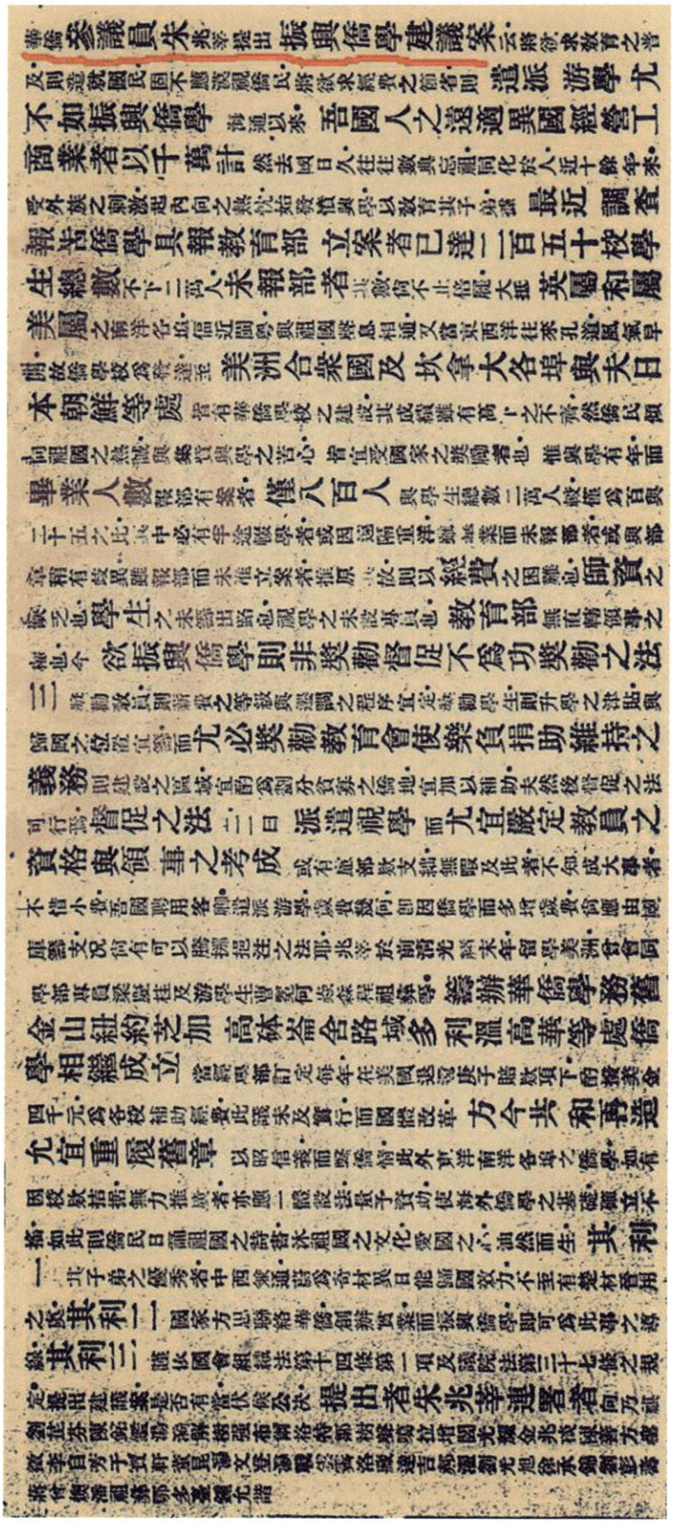

華僑參議員朱兆莘提出振興僑學建議案

《华侨参议员朱兆莘提出振兴侨学建议案》

图片来源:《民国日报》,1916 年 11 月 11 日第 6 版。

二、创设侨务管理机构

北洋政府的华侨政策相较于晚清政府的华侨政策，最大的进步在于设立了专门处理华侨、华工事务的机构，一改晚清时期处理华侨、华工事务总是依附总理各国事务衙门的局面。北洋政府的侨务机构体制可分为地方和中央两大部分，特点是先建立地方性的机构，再建立中央政府的机构。这一时期最早建立的地方性侨务机构是福建暨南局，它成立于 1912 年 8 月，要先于国务院侨工事务局五年之久。

（一）第一个地方性侨务行政机构——福建暨南局

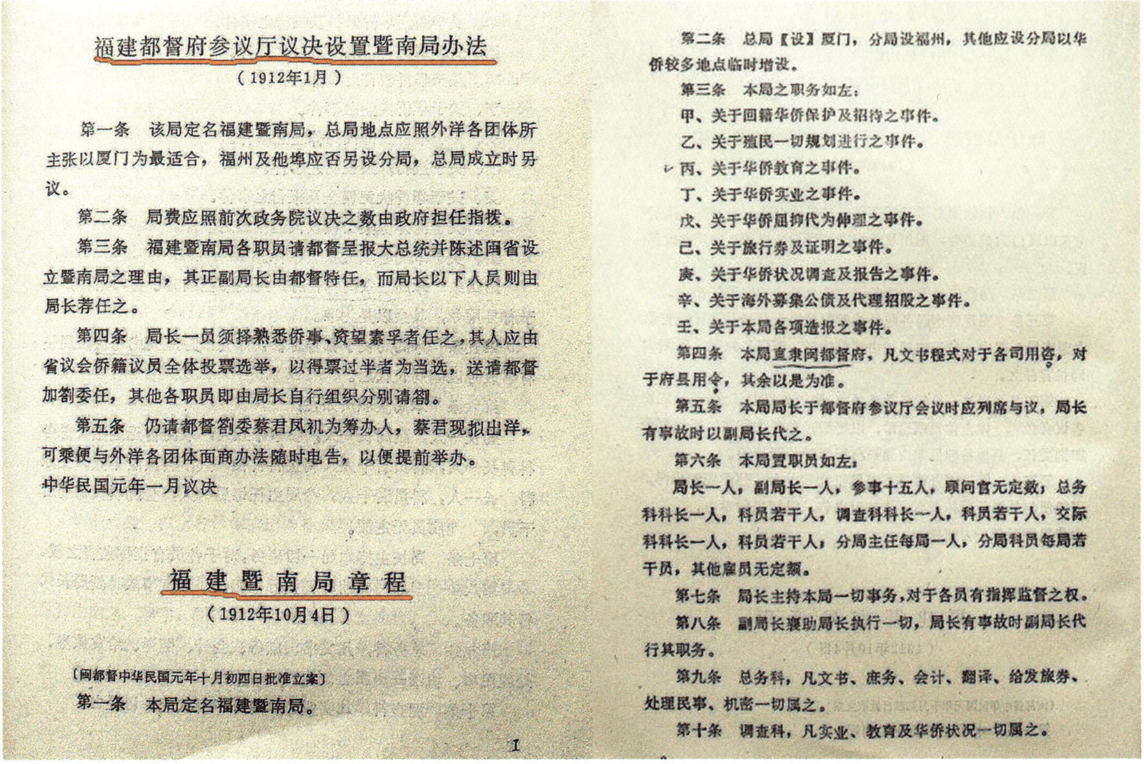

福建都督府参议厅议决设置暨南局办法

（1912年1月）

第一条　该局定名福建暨南局，总局地点应照外洋各团体所主张以厦门为最适合，福州及他埠应否另设分局，总局成立时另议。

第二条　局费应照前次政务院议决之数由政府担任指拨。

第三条　福建暨南局各职员请都督呈报大总统并陈述闽省设立暨南局之理由，其正副局长由都督特任，而局长以下人员则由局长荐任之。

第四条　局长一员须择熟悉侨事、资望素孚者任之，其人应由省议会侨籍议员全体投票选举，以得票过半者为当选，送请都督加劄委任，其他各职员即由局长自行组织分别请劄。

第五条　仍请都督劄委蔡君凤机为筹办人，蔡君现拟出洋，可乘便与外洋各团体面商办法随时电告，以便提前举办。

中华民国元年一月议决

福建暨南局章程

（1912年10月4日）

〔闽都督中华民国元年十月初四日批准立案〕

第一条　本局定名福建暨南局。

1

第二条　总局【设】厦门，分局设福州，其他应设分局以华侨较多地点临时增设。

第三条　本局之职务如左：

甲、关于回籍华侨保护及招待之事件。

乙、关于殖民一切规划进行之事件。

丙、关于华侨教育之事件。

丁、关于华侨实业之事件。

戊、关于华侨屈抑代为伸理之事件。

己、关于旅行券及证明之事件。

庚、关于华侨状况调查及报告之事件。

辛、关于海外募集公债及代理招股之事件。

壬、关于本局各项造报之事件。

第四条　本局直隶闽都督府，凡文书程式对于各司用咨，对于府县用令，其余以是为准。

第五条　本局局长于都督府参议厅会议时应列席与议，局长有事故时以副局长代之。

第六条　本局置职员如左：

局长一人，副局长一人，参事十五人，顾问官无定数；总务科科长一人，科员若干人，调查科科长一人，科员若干人，交际科科长一人，科员若干人；分局主任每局一人，分局科员每局若干员，其他雇员无定额。

第七条　局长主持本局一切事务，对于各员有指挥监督之权。

第八条　副局长襄助局长执行一切，局长有事故时副局长代行其职务。

第九条　总务科，凡文书、庶务、会计、翻译、给发旅券、处理民事、机密一切属之。

第十条　调查科，凡实业、教育及华侨状况一切属之。

《福建都督府参议厅议决设置暨南局办法》及《福建暨南局章程》

图片来源：《福建华侨档案史料》，第 1 – 2 页。

1912 年 1 月，福建咨议局议员、咨政院议员林辂存、张旗等致电当时的闽督孙道仁，要求设立“护侨机关，为侨民谋利益”，以除前清之积弊。当月，福建都督府参议厅即议决设置暨南局办法五条，确定了局名为“福建暨南局”，局址拟设在华侨较多的厦门，福州及其他地方是否另设分局，俟总局成立时另议。同时，华侨林松磐也向北洋政府政务院倡议设立暨南局为保侨机关。建议很快得到了北京临时政府的批准，1912 年 8 月，福建暨南局在厦门寮仔后正式成立，同年 10 月公布了《福建暨南局章程》，这是中国历史上第一个官方的侨务机关。福建暨南局直隶福建都督，首任总局总理是林辂存。① 福建暨南局的主要职责是保护华侨，主办华侨教育、实业，发给旅行证明，调查华侨情况，推销公债等。福建暨南局的建立，是民国侨务史上的一件大事。

福建暨南局首任总理林辂存

林辂存（1879—1919），字景商，福建安溪人。1898 年参加经济特科考试，曾上书条陈新政，变法失败后去职，游历南洋、日本、美国等地，考察各国教育和实业，旅居印尼日惹，任日惹中华学校校长、中华总商会顾问。辛亥革命后回国，选为福建临时省议会议员。1912 年任福建暨南局总理，专司华侨事务，1913 年选为国会众议院议员。②

林辂存

图片来源：《晚清七百名人图鉴》。

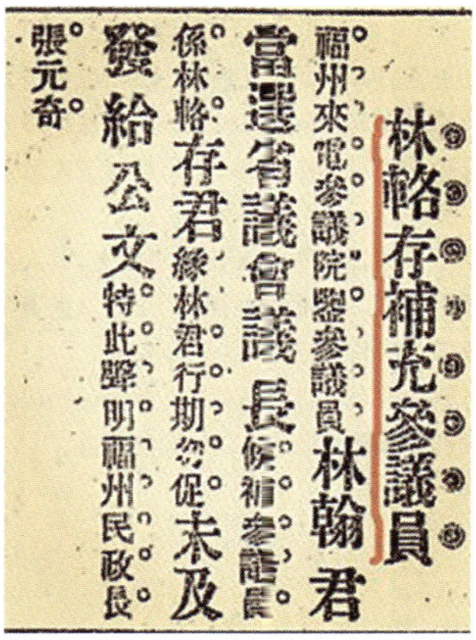

林輅存補充參議員
福州來電參議院暨參議員林翰君
當選省議會議長候補參議長
係林輅存君緣林君行期匆促未及
發給公文特此聲明福州民政長
張元奇

《林辂存补充参议员》

图片来源：《顺天时报》，1913 年 4 月 2 日第 7 版。

① 陈建宁、陈文星：《福建暨南局兴废始末》，《福建论坛》（人文社会科学版）2007 年第 4 期。

② 闵杰编著：《晚清七百名人图鉴》，上海：上海书店出版社，2007 年，第 283 页。

（二）国家级华工管理专职机构——侨工事务局

1917 年 9 月，北洋政府建立了国务院侨工事务局，并颁布了《侨工事务局暂行条规》。从这个时候起，中央政府也有了完整的、相对独立的侨务机构。北洋政府成立国务院侨工事务局的直接原因是为了输出劳工参加第一次世界大战。

北洋政府于 1917 年 8 月对德、奥宣战，并着手招募和派遣华工赴欧援助协约国参战。以英、法、俄为首的协约国集团，由于国内劳动力十分缺乏，纷纷前来中国招募劳工。据不完全统计，“一战”期间，英、法、俄三国先后在中国招募华工约 40 万人。大量华工出国，从招募到服役，华工的合法权益是否能够得到保障，是中国政府必须面对和思考的问题，而首要任务是设立专门机构对华工出洋进行监督管理。于是，乃有侨工事务局之设立。[①] 为适应战局发展的需要，1917 年 9 月 20 日，北洋政府以大总统令的形式，颁布了关于设置中央侨务机构的行政法规——《侨工事务局暂行条规》，宣布了侨工事务局的成立，该局直属国务院，负责监督侨工的招募和保护。这是我国历史上第一次颁布实施的侨务行政法规和正式设立的专门管理侨务的机构。侨工事务局首任局长为张弧。[②]

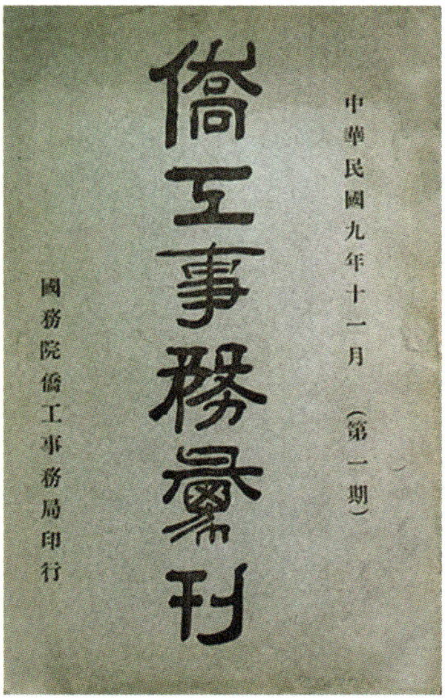

《侨工事务汇刊》创刊号

图片来源：孔夫子旧书网，http：//book. kongfz. com/12168/526273996/。

① 李志学：《“一战”期间北洋政府之侨务政策及保侨措施》，《学习与探索》2012 年第 11 期。

② 参见《侨工事务局局长张弧就职日期通告》，《政府公报》1917 年第 691 期。

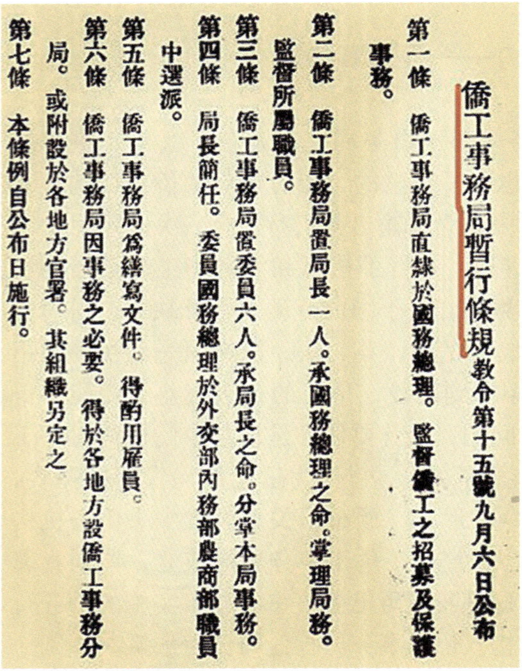

僑工事務局暫行條規 教令第十五號九月六日公布

第一條 僑工事務局直隸於國務總理。監督僑工之招募及保護事務。

第二條 僑工事務局置局長一人。承國務總理之命。掌理局務。監督所屬職員。

第三條 僑工事務局置委員六人。承局長之命。分掌本局事務。

第四條 局長簡任。委員國務總理於外交部內務部農商部職員中選派。

第五條 僑工事務局爲繕寫文件。得酌用雇員。

第六條 僑工事務局因事務之必要。得於各地方設僑工事務分局。或附設於各地方官署。其組織另定之

第七條 本條例自公布日施行。

《侨工事务局暂行条规》

图片来源：《东方杂志》1917 年第 14 卷第 10 期。

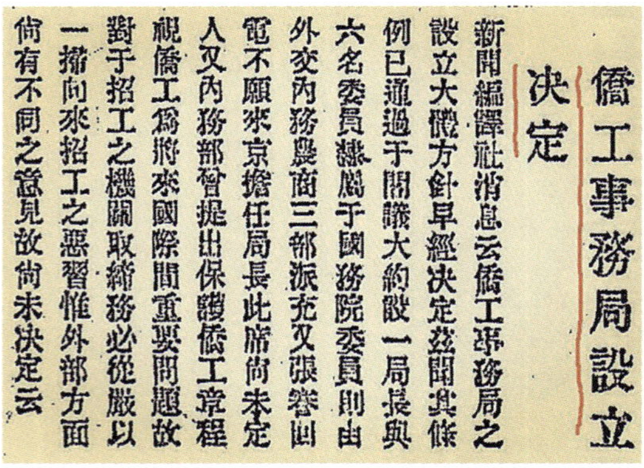

僑工事務局設立决定

新聞編譯社消息云僑工事務局之設立大體方針早經決定茲聞其條例已通過于閣議大約設一局長與六名委員隸屬于國務院委員則由外交內務農商三部派充又張謇回電不願來京擔任局長此席尚未定人又內務部曾提出保護僑工章程視僑工爲將來國際間重要問題故對于招工之機關取締務必從嚴以一掃向來招工之惡習惟外部方面尚有不同之意見故尚未決定云

《侨工事务局设立决定》

图片来源：《顺天时报》，1917 年 9 月 19 日第 2 版。

侨工事务局专为“一战”出国华工而设，负责赴法华工的招募和管理。该局针对华工在法国的工作情形做了调查，调查内容包括华工的人数、年龄、赴法路程、到法集中地、各工作地点、在各工厂工作情形、与各国工人的关系、华工调遣情形、工作种类、工资赏金、饮食、住所、消遣、合同年限、华工所处危险情形和冒险精神等项，并将这些内容写成了详细的调查书，以便及时掌握赴法华工情况，制定应对措施。

侨工事务局成立后，又在各地方设立侨工事务分局，颁布了侨工事务分局暂行章程。当时共在直隶、江苏、广东、福建等地区设立 9 个分局，分别处理各省华工的招募及保护事务。侨工事务分局的设立，使政府的侨务管理体制更完备，强化了政府侨务政策的执行力度，有利于规范华工招募和维护华工利益。①

应募的华工均要经过体检，体检合格者手腕上要套上一个刻有中外文姓名和号码的铜圈，合同期满回国时才能用机器将其卸开取下。合同期内，该号码即为华工之身份号码，工资衣食发放、任务分配以及相互间称呼均依据该号码。

① 李志学：《“一战”期间北洋政府之侨务政策及保侨措施》，《学习与探索》2012 年第 11 期。

1918 年 11 月 23 日，侨工事务局关于抄送调查华工在法工作情形书的公函

图片来源：中山市档案信息网，http：//www. zsda. gov. cn/plus/view. php？ aid = 376343。

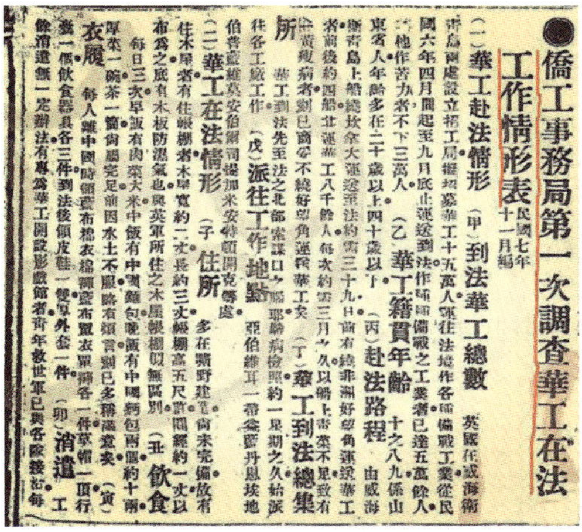

僑工事務局第一次調查華工在法工作情形表 民國七年十一月編

（一）華工赴法情形 （甲）到法華工總數 英國在威海衛青島兩處設立招工局擬招募華工十五萬人運往法境作各項備戰工業從民國六年四月間起至九月底止運送到法作輔佐備戰之工業者已達五萬餘人其他作苦力者不下三萬人。（乙）華工籍貫年齡 十之八九係山東省人年齡多在二十歲以上四十歲以下。（丙）赴法路程 由威海衛青島上船繞坎拿大運送至法約需三十九日尚有繞非洲好望角運送華工者前後約四船共運華工八千餘人每次約需三月之久以船上衛生不足致有患黃瘦病者到已嘗不繞好望角運送華工矣（丁）華工到法總集所 華工到法先至法之北部索謀口之隔耶爾病檢照約一星期之久始派往各工廠工作（戊）派往工作地點 亞伯維耳一帶亞密丹恩埃地伯營盧維莫安伯爾司提加米安特頓開克等處。

（二）華工在法情形 （子）住所 多在曠野建營尚未完備故有住木屋者有住帳棚者木屋寬約二丈長約三丈帳棚高五尺許闊經約一丈以布為之底有木板防濕氣也與英軍所住之木屋帳棚毫無區別。（丑）飲食 每日三次早飯有肉菜大米中飯有中國麵包晚飯有中國麵包每個約十兩厚菜一碗茶一甌尚屬完足前因水土不服略有頭暈到已多稱滿意矣（寅）衣履 每人離中國時領藍布棉衣棉褲藍布單衣單褲各一件草帽一頂行李一個飲食器具各三件到法後領皮鞋一雙厚外套一件（卯）消遣 工餘消遣無一定辦法有專為華工開設影戲館者青年救世軍已與各隊接洽每

《侨工事务局第一次调查华工在法工作情形表》（1918 年）

图片来源：《民国日报》，1918 年 11 月 18 日第 6 版。

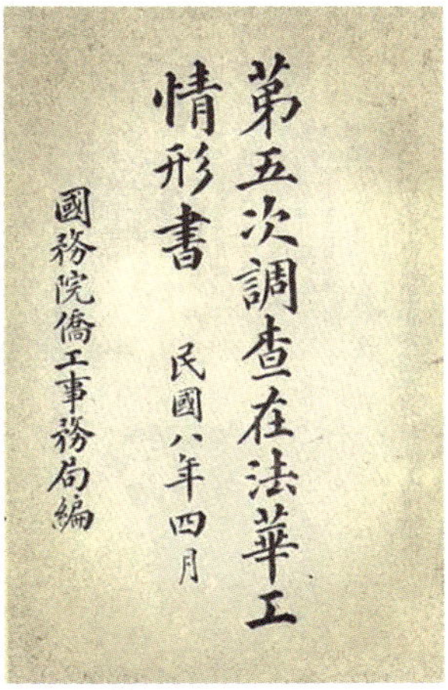

第五次調查在法華工情形書

民國八年四月

國務院僑工事務局編

侨工事务局《第五次调查在法华工情形书》（1919 年）

图片来源：《民国华侨史料》第 1 卷，第 236 页。

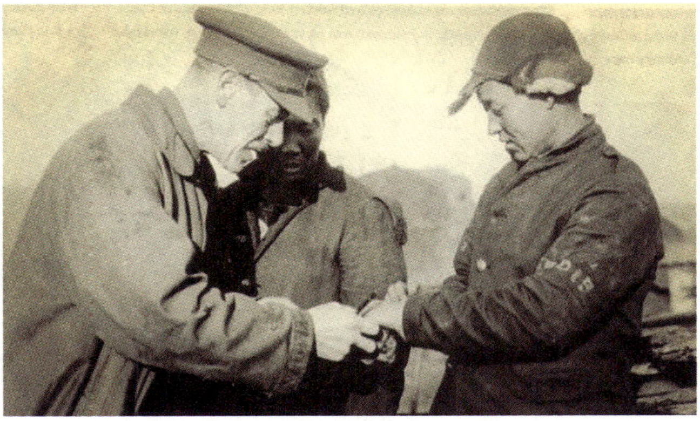

英国军官检查华工的身份号码

图片来源：《万里赴戎机：第一次世界大战参战华工纪实》，第 52 页。

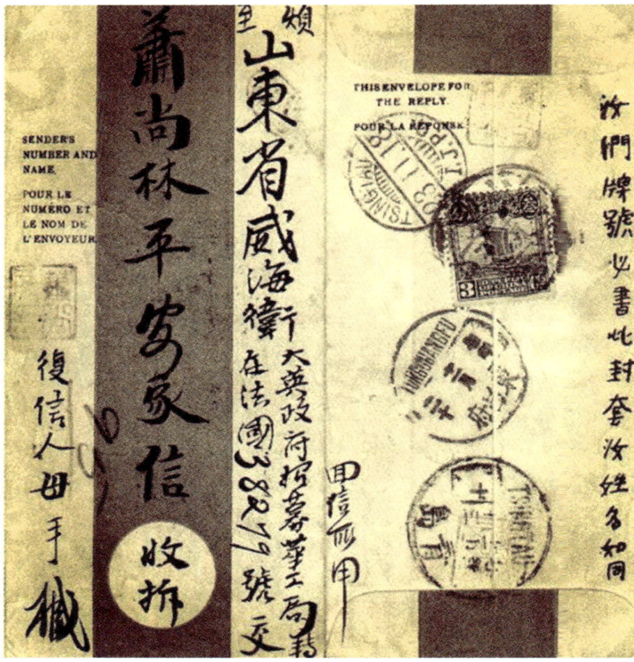

第 38279 号华工萧尚林的母亲经威海卫招工局转寄的家信的实寄封

图片来源：《万里赴戎机：第一次世界大战参战华工纪实》，第 109 页。

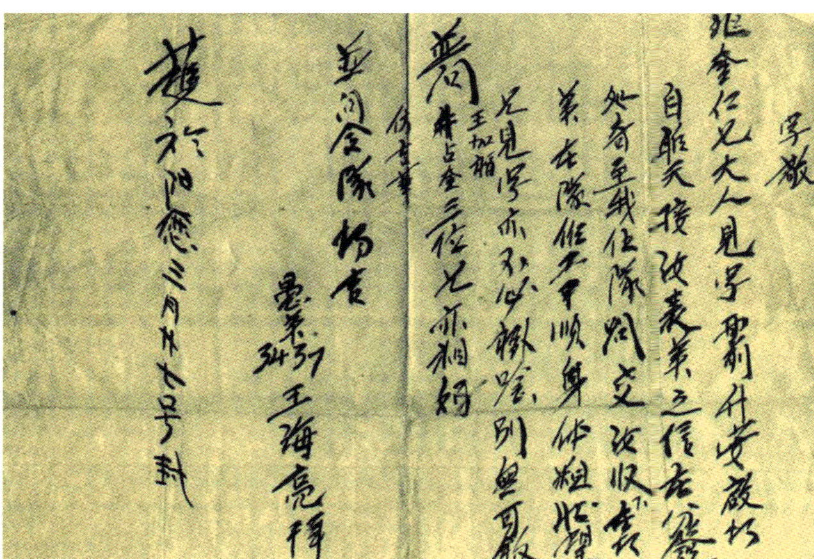

第 3437 号华工王海亮寄给同在法国的另一位华工的信件，这是目前发现的唯一一封华工在法国境内互寄的信件

图片来源：《万里赴戎机：第一次世界大战参战华工纪实》，第 111 页。

（三）中央政府专门侨务机关——国务院侨务局

随着第一次世界大战的结束，华工出国数量锐减，华工事务渐简，侨商事务日益繁重。北洋政府采纳华侨的吁请，1921 年 12 月以教令第 42 号公布了《侨务局组织条例》，设立了国务院侨务局。侨务局的主要职责为：调查侨民状况；联络政府与侨民的感情；振兴侨民教育等。该局的设置标志着我国中央政府专门侨务机关的正式创建，这在华侨史上具有一定的地位。该局成立后，在华侨调查及向海外侨胞介绍祖国开发实业计划、倡导华侨集合资金创办国内新式工商企业及沟通华侨与祖国的联系等方面都起了积极作用。①

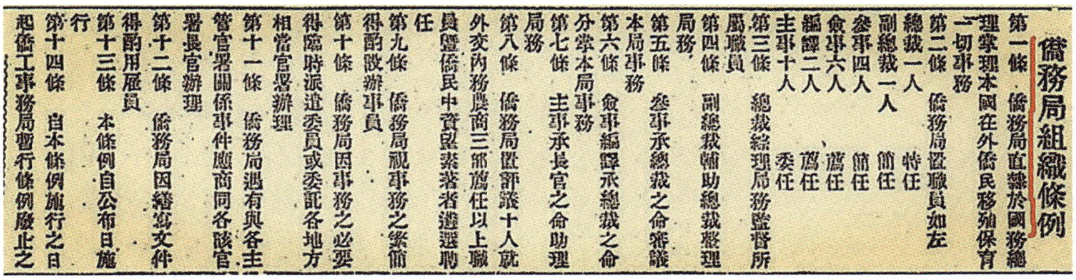
僑務局組織條例
第一條 僑務局直隸於國務總理掌理本國在外僑民移殖保育一切事務
第二條 僑務局置職員如左
總裁一人 特任
副總裁一人 簡任
參事四人 簡任
僉事六人、薦任
編譯二人 薦任
主事十人 委任
第三條 總裁綜理局務監督所屬職員
第四條 副總裁輔助總裁整理局務
第五條 參事承總裁之命審議本局事務
第六條 僉事編譯承總裁之命分掌本局事務
第七條 主事承長官之命助理局務
第八條 僑務局置評議十人就外交內務農商三部薦任以上職員暨僑民中資望素著者遴選聘任
第九條 僑務局視事務之繁簡得酌設辦事員
第十條 僑務局因事務之必要得臨時派遣委員或委託各地方相當官署辦理
第十一條 僑務局遇有與各主管官署關係事件應商同各該官署長官辦理
第十二條 僑務局因繕寫文件得酌用雇員
第十三條 本條例自公布日施行
第十四條 自本條例施行之日起僑工事務局暫行條例廢止之

《侨务局组织条例》

图片来源：《顺天时报》，1921 年 12 月 20 日第 4 版。

国务院侨务局首任局长郭则沄

郭则沄（1882—1947），祖籍福建侯官，生于浙江台州。1903 年进士。1907 年被派往日本留学，年底赴东北任徐世昌幕僚。1909 年出掌浙江温处兵备道兼瓯海海关监督。次年代理浙江提学使。民国后历任北京政府秘书、礼制馆提调、铨叙局局长、国务院秘书长、侨务局总裁等。1922 年退出宦海，专心著述。现存主要著作包括《龙顾山房全集》

郭則澐調任僑務局總裁
昨日閣議決定。調任國務院銓叙局局長兼秘書長郭則澐為僑務局總裁。李欽副之。所遺銓叙局局長。以二多補授云。

《郭则沄调任侨务局总裁》

图片来源：《京报》，1921 年 12 月 18 日第 3 版。

① 杜裕根：《北洋政府的侨资政策及其评价》，《华侨华人历史研究》2004 年第 3 期。

《十朝诗乘》《清词玉屑》《遁圃詹言》《竹轩摭录》《南屋述闻》《洞灵小志》《红楼真梦》等。①

三、保护海外侨民权益

（一）制定一批保护华工的法律法规

自“一战”爆发，协约国纷纷来华招募劳工起，北洋政府便制定和颁布了一系列管理与保护出国华工权益的法律、法规及条例。主要有《侨工保护法》《华工赴外工作章程》《侨工出洋条例》《募工承揽人取缔规则》《侨工合同纲要》等。

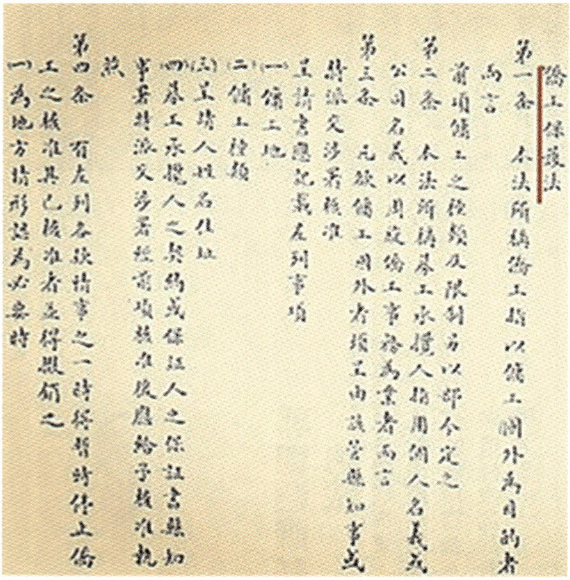
僑工保護法
第一條 本法所稱僑工指以傭工國外為目的者而言
前項僑工之種類及限制另以部令定之
第二條 本法所稱募工承攬人指用個人名義或公司名義以周旋僑工事務為業者而言
第三條 凡欲傭工國外者須呈由該管縣知事或特派交涉員核准
呈請書應記載左列事項
（一）傭工地
（二）傭工種類
（三）呈請人姓名住址
（四）募工承攬人之契約或保證人之保證書縣知事或特派交涉員核准後應給予核准執照
第四條 有左列各款情事之一時得暫時停止僑工之核准其已核准者並得撤銷之
一 為地方情形認為必要時

《侨工保护法》

图片来源：《欧战华工史料：1912—1921》，第12页。

1.《侨工保护法》

《侨工保护法》于1916年10月由农商部制定，这是“一战”期间北洋政府颁布的最早的保护应募华工权益的法律文件。农商部在发给外交部的咨呈中写道：“近来各外邦招募华工日益加多，若不设法保护，深恐流弊滋多，甚或被人苛待，必至流离失所。”②《侨工保护法》共27条，主要内容是为保证应募华工不被欺诈和拐骗，对募工承揽人的法律地位、权利和义务做了明确的规定，为后来颁布的《募工承揽人取缔规则》设定了法律框架。

① 昝圣骞：《论民国词人郭则沄与京津词坛》，《江海学刊》2017年第2期。

② 陈三井、吕芳上、杨翠华：《欧战华工史料：1912—1921》，台北：“中央研究院”近代史研究所，1997年，第12页。

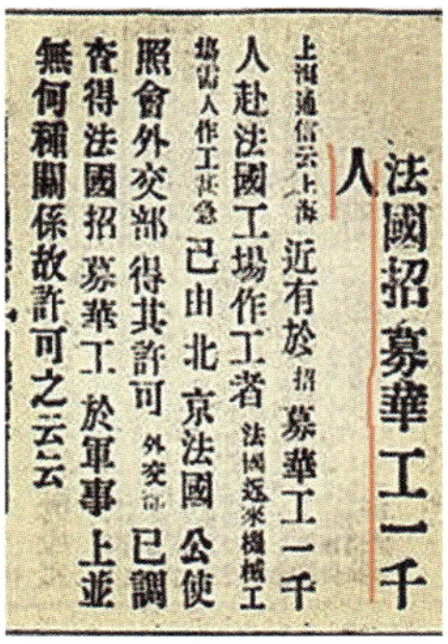

法國招募華工一千人

上海通信云上海 近有於招募華工一千人赴法國工場作工者（法國近來機械工場需人作工甚急）已由北京法國公使照會外交部得其許可（外交部）已調查得法國招募華工於軍事上並無何種關係故許可之云云

《法国招募华工一千人》

图片来源：《晨钟报》，1916 年 9 月 14 日第 3 版。

应募的“一战”华工

图片来源：《一战华工影像》，第 40 页。

2.《侨工出洋条例》

《侨工出洋条例》于 1918 年 4 月 21 日颁布实施。该条例共 16 条，对有关侨工出洋的系列问题都做了具体的规定。主要内容包括：侨工应募方式、侨工资格、侨工护照、侨工养家费、侨工通译、派遣驻外侨工委员等。《侨工出洋条例》是规范“一战”出国华工事宜的基本性文件，为管理出国华工提供了法律依据。其第九条规定，无论何项工人，出洋时必须执有侨工事务局发给的护照。①

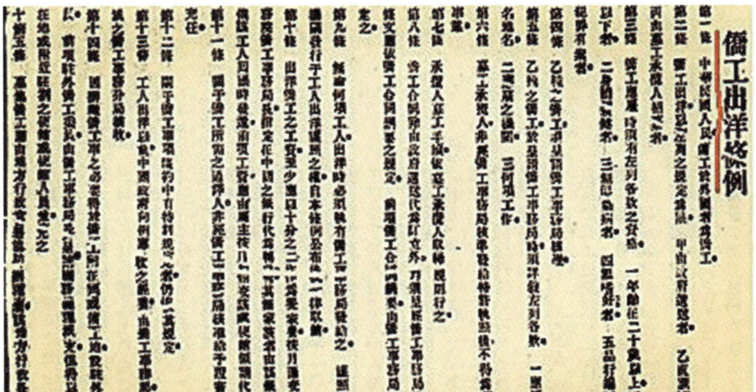

僑工出洋條例

《侨工出洋条例》

图片来源：《民国日报》，1918 年 4 月 27 日第 7 版。

① 李志学：《“一战”期间北洋政府之侨务政策及保侨措施》，《学习与探索》2012 年第 11 期。

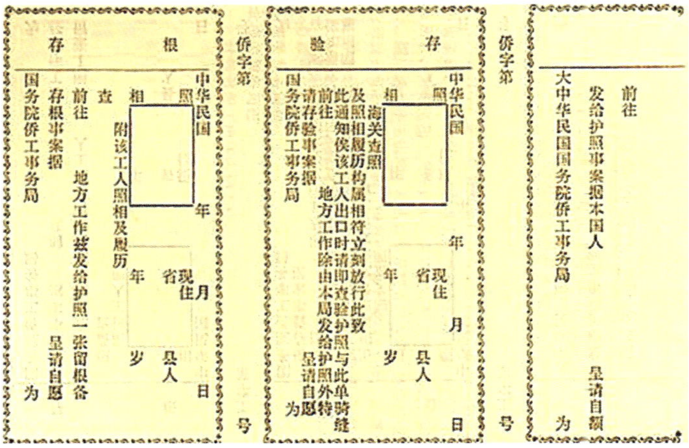

侨字第　　号

前往
发给护照事案据本国人
大中华民国国务院侨工事务局
呈请自愿
为

侨字第　　号

存　　验
中华民国　　年　　月　　日
照相
现住　　省　　县人
年　　岁
海关查照及照相履历均属相符立刻放行此致
此通知俟该工人出口时请即查验护照与此单骑缝
前往　　地方工作除由本局发给护照外特
请存验事案据　　呈请自愿　　为
国务院侨工事务局

侨字第　　号

存　　根
中华民国　　年　　月　　日
照相
现住　　省　　县人
年　　岁
附该工人照相及履历
查
前往　　地方工作兹发给护照一张留根备
存根事案据　　呈请自愿　　为
国务院侨工事务局

国务院侨工事务局印制的《华工出洋护照样式》

图片来源：《华侨与侨务史料选编（广东）2》，第218页。

3.《募工承揽人取缔规则》

《募工承揽人取缔规则》于1918年4月21日公布。该规则共20条，对从事招募华工的募工承揽人之资格做出严格的规定和违规惩罚措施，以防募工承揽人的欺诈行为，维护华工出洋的合法权益。如该规则的第二条规定，欲为募工承揽人者，必须呈请侨工事务局核准。第八条规定，经核准后的募工承揽人应交特许保证金10 000元，营业保证金每次最低额为5 000元。第十四条规定，有违反法令之行为、有妨碍公安之行为、有虐待应雇工人之行为时，撤销其营业之核准并追缴执照。从该规则的具体规定中，可看出北洋政府对非法募工承揽人的打击力度和保护应募工人合法权益的决心。

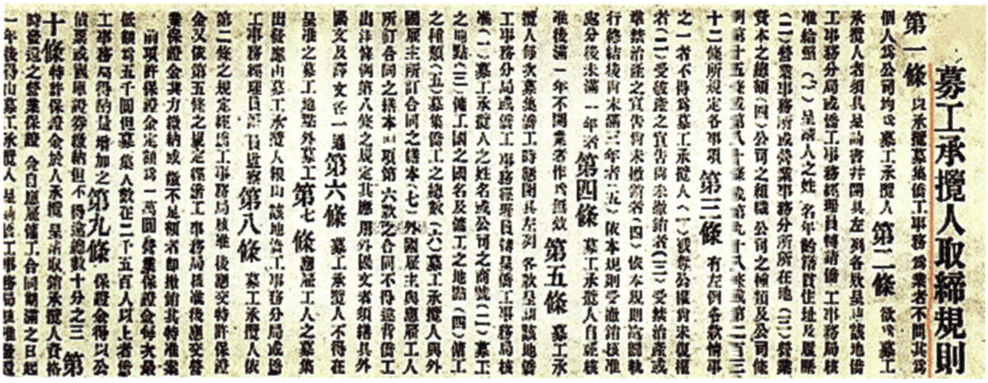

募工承攬人取締規則

第一條 以承攬募集僑工事務爲業者不問其爲個人或公司均名募工承攬人 第二條 欲爲募工承攬人者須具呈請書并開具左列各款呈由該地僑工事務分局或僑工事務經理員轉請僑工事務局核准給照（一）呈請人之姓名年齡籍貫住址及履歷（二）營業事務所或營業事務分所所在地（三）營業資本之總額（四）公司之組織公司之種類及公司條例第十五條或第八十條或第一百八十九條或第二百三十一條所規定各事項 第三條 有左列各款情事之一者不得爲募工承攬人（一）褫奪公權尚未復權者（二）受破產之宣告尚未撤銷者（三）受禁治產或準禁治產之宣告尚未撤銷者（四）依本規則處罰執行終結後尚未滿三年者（五）依本規則受撤銷核准處分後未滿一年者 第四條 募工承攬人自經核准後滿一年不開業者作爲無效 第五條 募工承攬人每次募集僑工時應開具左列各款呈由該地僑工事務分局或僑工事務經理員轉請僑工事務局核准（一）募工承攬人之姓名或公司之商號（二）募工之區域（三）傭工國之國名及傭工之地點（四）傭工之種類（五）募集僑工之總數（六）募工承攬人與外國雇主所訂合同之樣本（七）外國雇主與應雇工人所訂合同之樣本 前項第六款之合同不得違背僑工出洋條例第八條之規定其應用外國文者須譯具外國文及譯文各一通 第六條 募工承攬人不得在呈准之募工地點外募工 第七條 應雇工人之募集出發應由募工承攬人報由該地僑工事務分局或僑工事務經理員轉呈僑工事務局查核 第八條 募工承攬人依第二條之規定經僑工事務局核准後應繳交特許保證金又依第五條之規定經僑工事務局核准後應繳交營業保證金其力能繳納或繳不足額者即撤銷其特准案 前項特許保證金定額爲一萬圓營業保證金每次最低額爲五千圓但募集人數在二千五百人以上者僑工事務局得酌量增加之 第九條 保證金得以公債票或銀行股券繳納但不得逾總數十分之三 第十條 特許保證金於承攬人呈請取銷承攬人資格時發還之營業保證金自應雇傭工合同期滿之日起一年後得由募工承攬人呈請僑工事務局核准發還

《募工承揽人取缔规则》

图片来源：《晨钟报》，1918年4月23日第6版。

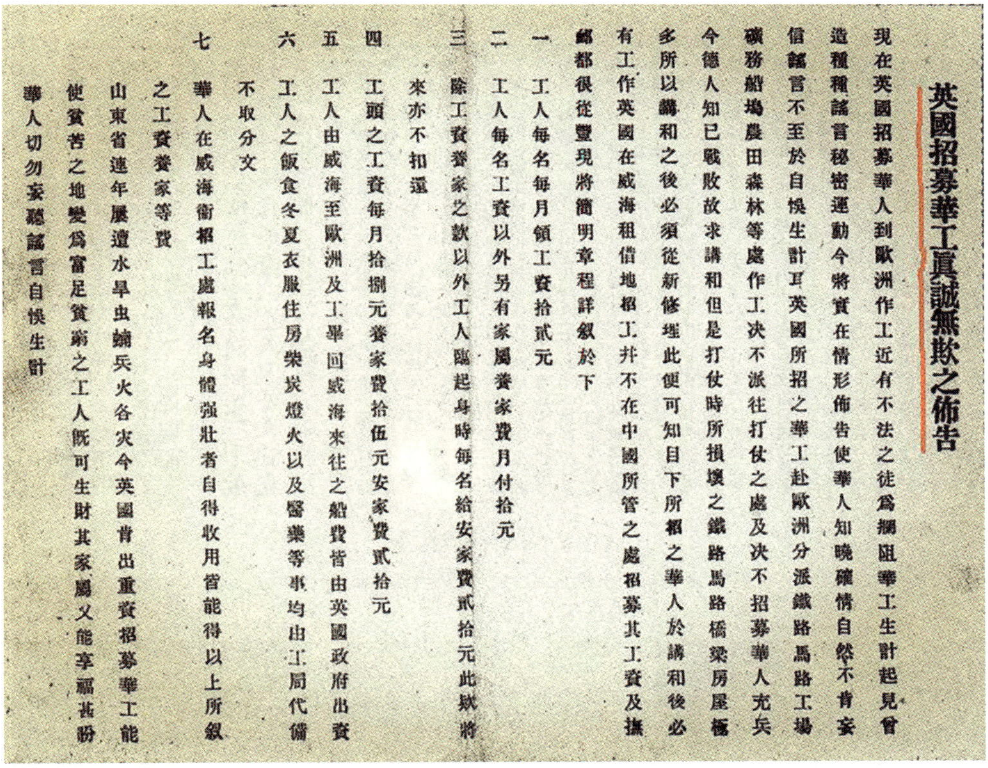

英國招募華工眞誠無欺之佈告

現在英國招募華人到歐洲作工近有不法之徒爲擱阻華工生計起見曾造種種謠言秘密運動今將實在情形佈告使華人知曉確情自然不肯妄信謠言不至於自悞生計耳英國所招之華工赴歐洲分派鐵路馬路工場礦務船塢農田森林等處作工決不派往打仗之處及決不招募華人充兵今德人知已戰敗故求講和但是打仗時所損壞之鐵路馬路橋梁房屋極多所以講和之後必須從新修埋此便可知目下所招之華人於講和後必有工作英國在威海租借地招工并不在中國所管之處招募其工資及撫卹都很從豐現將簡明章程詳敘於下

一 工人每名每月領工資拾貳元

二 工人每名工資以外另有家屬養家費月付拾元

三 除工資養家之款以外工人臨起身時每名給安家費貳拾元此款將來亦不扣還

四 工頭之工資每月拾捌元養家費拾伍元安家費貳拾元

五 工人由威海至歐洲及工畢回威海來往之船費皆由英國政府出資

六 工人之飯食冬夏衣服住房柴炭燈火以及醫藥等事均由工局代備不取分文

七 華人在威海衛招工處報名身體強壯者自得收用皆能得以上所敘之工資養家等費

山東省連年屢遭水旱虫蝻兵火各灾今英國肯出重資招募華工能使貧苦之地變爲富足貧窮之工人既可生財其家屬又能享福甚盼華人切勿妄聽謠言自悞生計

《英国招募华工真诚无欺之布告》

图片来源：《万里赴戎机：第一次世界大战参战华工纪实》，第 48 页。

4.《侨工合同纲要》

“一战”华工皆为契约工人，为保障华工权益，1918 年 9 月，侨工事务局在外交部 1917 年 2 月制定的华工出洋合同的基础上又制定《侨工合同纲要》35 条，附件 3 条。《侨工合同纲要》对侨工出洋做工的方方面面做出了详细的规定，如侨工工作时间以十小时为限；侨工工资须与所往国做同样工作者相等；休工日、患病日或旅行时虽然无工资，但雇主应给予膳宿及日用必需费；合同内必须注明侨工之工资至少十分之二作为养家费用及交汇手续；侨工合同期满工人得享免费回国之权利；侨工遇有疾病，其医药由雇主负担，不得在工资内扣除；等等。凡承揽招工人与外人订立合同必须遵照该纲要，并呈侨工事务局核准才生效。

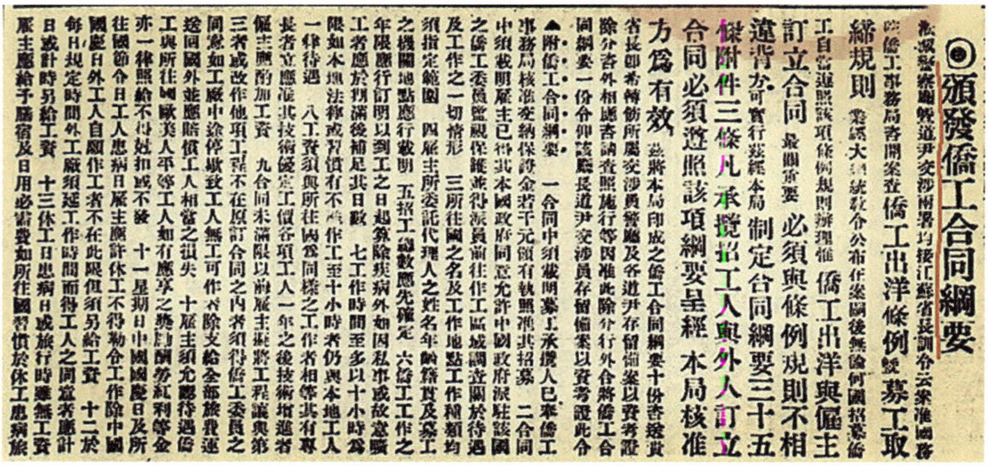

◎頒發僑工合同綱要

淞滬警察廳暨滬海道尹交涉兩署均接江蘇省長訓令云案准國務院僑工事務局咨開案查僑工出洋條例暨募工取締規則業經大總統敎令公布在案嗣後無論何國招募僑工自當遵照該項條例規則辦理惟僑工出洋與僱主訂立合同最關重要必須與條例規則不相違背方可實行茲經本局制定合同綱要二十五條附件三條凡承攬招工人與外人訂立合同必須遵照該項綱要呈經本局核准方為有效茲將本局印成之僑工合同綱要十份咨送貴省長即希轉飭所屬交涉員警廳及各道尹存留備案以資考證除分咨外相應咨請查照施行等因准此除分行外合將僑工合同綱要一份令仰該廳長道尹交涉員存留備案以資考證此令

◆附僑工合同綱要 一合同中須載明募工承攬人已奉僑工事務局核准交納保證金若干元領有執照准其招募 二合同中須載明雇主已得其本國政府同意允許中國政府派駐該國之僑工委員監視保護並得派員前往作工區域調查關於待遇及工作之一切情形 三所往國之名及工作地點工作種類均須指定範圍 四雇主所委託代理人之姓名年齡籍貫及募工之機關地點應行載明 五招工總數應先確定 六僑工工作之年限應行訂明以到工之日起算除疾病外如因私事或故意曠工者應於期滿後補足其日數 七工作時間至多以十小時為限如本地法律或習慣有不滿十小時者仍與本地工人一律待遇 八工資須與所往國為同樣之工作者相等其有專長者並應准其技術優定工價各項工人一年之後技術增進者僱主應酌加工資 九合同未滿限以前雇主擬將工程讓與第三者或改作他項工程不在原訂合同之內者須得僑工委員之同意如工廠中途停歇致工人無工可作者除支給全部旅費運送回國外並應賠償工人相當之損失 十雇主須允認待遇僑工與所往國歐美人平等工人如有應享之獎勵酬勞紅利等金亦一律照給不得剋扣或不發 十一星期日中國國慶日及所往國節令日工人患病日雇主應許休工不得勒令工作除中國國慶日外工人自願作工者不在此限但須另給工資 十二於每日規定時間外工廠須延工作時間而得工人之同意者應計日或計時另給工資 十三休工日患病日或旅行時應無工資雇主應給予膳宿及日用必需費如所往國習慣於休工患病旅

《颁发侨工合同纲要》

图片来源：《申报》，1918 年 9 月 18 日第 10 版。

招工局外等候领工资的华工亲属

图片来源：《万里赴戎机：第一次世界大战参战华工纪实》，第 47 页。

注：英国招工方将华工大部分工资发给在国外的华工本人，小部分由华工指定的受领人在国内领取。

（二）驻英、法公使对华工的保护

1. 驻法公使胡惟德对华工的保护

胡惟德

图片来源：《晚清七百名人图鉴》（插图）。

胡惟德（1863—1933），浙江归安人。1902 年至 1907 年任驻俄使臣，1907 年回国后授外务部右丞。1908 年至 1910 年任驻日（西班牙）使臣，1910 年回国后授外务部左侍郎，并任海牙国际法院中国委员。1912 年至 1920 年任驻法公使。

胡惟德任驻法公使期间，从约束本国工人和维护工人应有利益两个方面出发，于 1916 年 11 月 22 日拟定护侨条例六款，主要内容为：①招工合同应修订尽善，如华工应与法国人民受同等法律之保护，所得工价应与法国工人一律平等；②所招工人应严加选择，万不可使赌棍地痞混迹其中，损害国民名声；③善劝工民商民宜尊重个人名誉；④严检工人行李不准携带鸦片烟；⑤外国船上水手不准虐待华工；⑥亟应设领事管理华工。[①] 为增强旅法华工的凝聚力和团体精神，解决华工在日常工作与生活中出现的问题，1917 年 5 月，旅法华工倡议在法国首都巴黎组织华工公会，得到胡惟德的大力支持。在驻法使馆的努力下，华工公会得到法国政府的批准，最终得以成立。由于严格之军事管制、危险之工作环境、对违纪华工之惩戒过严，以及一些工厂未完全履行合同之规定和管理者对华工的粗暴行为，自 1916 年至 1918 年，华工在法国工厂先后发生 25 次罢工，而这 25 次罢工，最终有 20 次是通过仲裁解决的。其中与以胡惟德为首的驻法使馆为维护华工权益奔走交涉分不开。

华工团的华工正在欧洲战场挖战壕

图片来源：《一战中的华工》（插图）。

① 陈三井、吕芳上、杨翠华：《欧战华工史料：1912—1921》，台北："中央研究院"近代史研究所，1997 年，第 242－243 页。

施肇基

图片来源：《晚清七百名人图鉴》（插图）。

2. 驻英公使施肇基对华工的保护

施肇基（1877—1958），字植之，浙江钱塘人。早年就读上海圣约翰书院。1893年随驻美使臣杨儒赴美，任使馆翻译生，后就读于康奈尔大学。1902年回国，任湖广总督张之洞洋务文案兼鄂省留美学生监督。1905年随端方等五大臣出洋考察，次年授邮传部右参议兼京汉铁路局总办。1911年任驻美使臣，兼任驻墨、秘、古使臣。1912年任唐绍仪内阁交通总长兼财政总长。1914年至1921年任驻英全权公使。

在任驻英公使期间，施肇基为保护华工利益做了大量的工作。英招华工亦在法境工作，统归英国陆军部管辖。由于华工工作地点与华工管理分处异地，给管理华工事务带来诸多不便。如驻英公使施肇基所言："有事件发生之后，查办在法，而磋商一切又非与英陆军部接洽不可。"① 面对此种较为复杂的局面，以施肇基为首的驻英使馆，竭尽全力负起保护华工之责。1917年8月25日，施肇基详细列出十六项调查华工的内容，包括英招华工到法的人数、工作种类、工作地点、距离战线远近、工人衣食住宿医病如何、工资多少、工人有犯律者如何惩罚等。使馆派员切实查明真相，如有不妥之处，亦须预筹改良，尽保护之责。② 根据调查在法英招华工情形，驻英使馆于1918年6月向英国陆军部呈送报告，为完善华工管理和维护华工利益提出八项建议。内容涉及改善医院与卫生条件、供应华工喜食之食品、扩充工余消遣方法、对勤劳安分之华工给予奖励、增加头等翻译以方便沟通以及本馆派员按期巡视华工等。③

在欧洲战场搬运子弹箱的华工

图片来源：《万里赴戎机：第一次世界大战参战华工纪实》，第88页。

① 陈三井、吕芳上、杨翠华：《欧战华工史料：1912—1921》，台北："中央研究院"近代史研究所，1997年，第518页。

② 陈三井、吕芳上、杨翠华：《欧战华工史料：1912—1921》，台北："中央研究院"近代史研究所，1997年，第519－520页。

③ 陈三井、吕芳上、杨翠华：《欧战华工史料：1912—1921》，台北："中央研究院"近代史研究所，1997年，第533－534页。

（三）西伯利亚的武装护侨

1917 年俄国十月革命发生后，西伯利亚地区的政治、军事形势急剧演变。在以后的三年时间里，这一地区始终是革命与反革命争夺的焦点，以致新旧政权几度更替，布尔什维克与沙俄复辟势力、红军与外国武装干涉军，以及高尔察克和谢苗诺夫叛乱集团之间的军事斗争交错展现。严酷的战争状态和社会变动，不仅使俄国人民蒙受了巨大损失，也使长期侨居于这里的一百多万华侨华人饱尝了战争的苦难。为了救助和保护广大旅俄华侨，北洋政府曾派出军队、派遣领事团和民间机构深入西伯利亚开展护侨活动。[①] 1918 年 3 月 20 日，北洋政府海军部派出“海容”号巡洋舰赴符拉迪沃斯托克（即原海参崴），担负出国护侨任务。4 000名中国陆军、一艘中国军舰，在五色国旗的引领下，开进了符拉迪沃斯托克，开进了西伯利亚，这是中国数千年历史中，执政者第一次在海外动用军事力量保护侨胞的利益安全。1918 年，全世界都对中国刮目相看。[②] 在驻俄部队的壮威下，中国外交官员不畏艰险，从莫斯科和哈尔滨联系调运火车，全程护送，仅 1918—1919 年就抢运出 3 万名被困华工。[③]

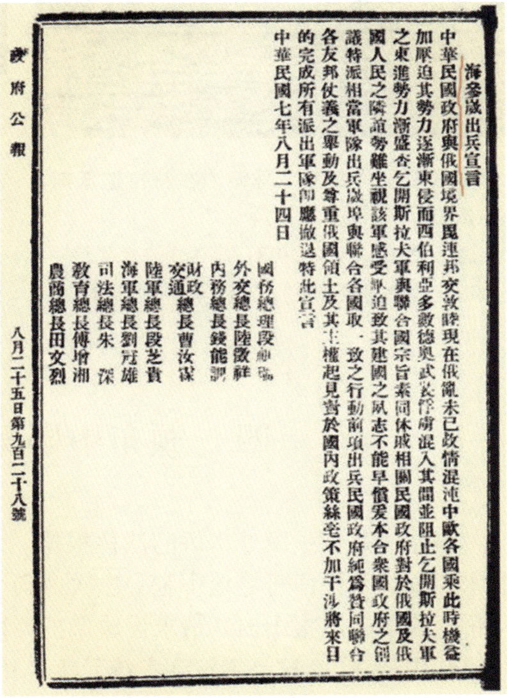

海參崴出兵宣言

中華民國政府與俄國境界毘連邦交敦睦現在俄亂未已政情混沌中歐各國乘此時機益加壓迫其勢力遂漸東侵而西伯利亞多數德奧武裝俘虜混入其間並阻止乞開斯拉夫軍之東進勢力漸盛查乞開斯拉夫軍與聯合國宗旨素同休戚相關民國政府對於俄國及俄國人民之隣誼勢難坐視該軍感受壓迫致其建國之夙志不能早償爰本合衆國政府之倡議特派相當軍隊出兵該埠與聯合各國取一致之行動前項出兵民國政府純為贊同聯合各友邦仗義之舉動及尊重俄國領土及其主權起見對於國內政策絲毫不加干涉將來目的完成所有派出軍隊即應撤退特此宣言

中華民國七年八月二十四日

國務總理段祺瑞
外交總長陸徵祥
內務總長錢能訓
財政 交通總長曹汝霖
陸軍總長段芝貴
海軍總長劉冠雄
司法總長朱深
教育總長傅增湘
農商總長田文烈

政府公報　八月二十五日第九百二十八號

《海参崴出兵宣言》

图片来源：《政府公报》1918 年第 928 期。

① 曲晓范：《试述 1918—1921 年北洋政府在西伯利亚的护侨活动》，《华侨华人历史研究》1998 年第 1 期。

② 雪珥：《撤侨 1918：北洋政府武装护侨大撤退》，《中国经营报》，2011 年 3 月 22 日。

③ 雪珥：《强势外交：北洋政府出兵西伯利亚护侨》，《文史博览》2012 年第 1 期。

中国军舰“海容”号停泊在符拉迪沃斯托克港口

图片来源：《撤侨 1918：北洋政府武装护侨大撤退》，《中国经营报》，2011 年 3 月 22 日。

中国军队进入符拉迪沃斯托克，受到华侨的欢迎

图片来源：《撤侨 1918：北洋政府武装护侨大撤退》，《中国经营报》，2011 年 3 月 22 日。

四、颁布中国第二部国籍法

国籍法是保护海外华侨的法律根据。北洋政府鉴于民国前后荷属巴达维亚、泗水、朝埠及墨西哥等地侨胞一次次遭到当地统治者的迫害与虐杀，华侨团体和华侨代表屡屡电报国内，请求设法保护等种种事实，于 1912 年 11 月颁布了《中华民国国籍法》，这是继清朝宣统元年（1909）公布的《大清国籍条例》之后的我国第二部国籍法及其施行规则，该法以法律形式明确规定了中国国民的国籍。对照 1909 年的《大清国籍条例》，1912 年国籍法的进步主要表现在两个方面：一是对出籍的限制有所放松；二是对出生地主义原则的部分采纳。[①] 该国籍法在原则上采取以血统主义为主，以出生地主义为辅，这与清末国籍法纯以血统主义为原则有所不同，但基本上符合了海外华侨视自己为中国人的要求。[②] 此后，中国政府在国籍法的制定中大致沿用了 1912 年颁布的国籍法，该法律为华侨回国参政打下了坚实的法律基础。

① 王子昌：《海外华人与国籍法——国籍法的社会学分析》，《现代法学》2003 年第 2 期。

② 张坚：《民族主义视野下的民初华侨回国参政》，《华侨华人历史研究》2004 年第 1 期。

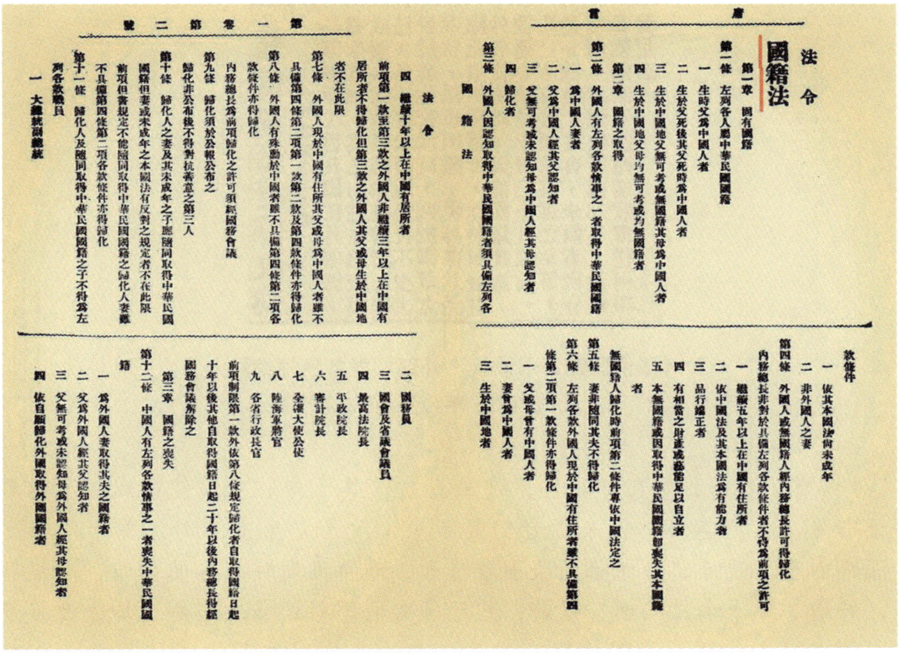

庸言

法令

國籍法

第一章 固有國籍

第一條 左列各人屬中華民國國籍

一 生時父為中國人者

二 生於父死後其父死時為中國人者

三 生於中國地父無可考或無國籍其母為中國人者

四 生於中國地父母均無可考或均無國籍者

第二章 國籍之取得

第二條 外國人有左列各款情事之一者取得中華民國國籍

一 為中國人妻者

二 父為中國人經其父認知者

三 父無可考或未認知母為中國人經其母認知者

四 歸化者

第三條 外國人因認知取得中華民國國籍者須具備左列各款條件

一 依其本國法尚未成年

二 非外國人之妻

第四條 外國人或無國籍人經內務總長許可得歸化

內務總長非對於具備左列各款條件者不得為前項之許可

一 繼續五年以上在中國有住所者

二 依中國法及其本國法為有能力者

三 品行端正者

四 有相當之財產或藝能足以自立者

五 本無國籍或因取得中華民國國籍即喪失其本國籍者

無國籍人歸化時前項第二條件專依中國法定之

第五條 妻非隨同其夫不得歸化

第六條 左列各款外國人現於中國有住所者雖不具備第四條第二項第一款條件亦得歸化

一 父或母曾為中國人者

二 妻曾為中國人者

三 生於中國地者

四 繼續十年以上在中國有居所者

前項第一款至第三款之外國人非繼續三年以上在中國有居所者不得歸化但第三款之外國人其父或母生於中國地者不在此限

第七條 外國人現於中國有住所其父或母為中國人者雖不具備第四條第二項第一款第二款及第四款條件亦得歸化

第八條 外國人有殊勳於中國者雖不具備第四條第二項各款條件亦得歸化

內務總長為前項歸化之許可須經國務會議

第九條 歸化須於公報公布之

歸化非公布後不得對抗善意之第三人

第十條 歸化人之妻及其未成年之子應隨同取得中華民國國籍但妻或未成年之本國法有反對之規定者不在此限

前項但書規定不能隨同取得中華民國國籍之歸化人妻雖不具備第四條第二項各款條件亦得歸化

第十一條 歸化人及隨同取得中華民國國籍之子不得為左列各款職員

一 大總統副總統

二 國務員

三 國會及省議會議員

四 最高法院長

五 平政院長

六 審計院長

七 全權大使公使

八 陸海軍將官

九 各省行政長官

前項制限第一款外依第八條規定歸化者自取得國籍日起十年以後其他自取得國籍日起二十年以後內務總長得經國務會議解除之

第三章 國籍之喪失

第十二條 中國人有左列各款情事之一者喪失中華民國國籍

一 為外國人妻取得其夫之國籍者

二 父為外國人經其父認知者

三 父無可考或未認知母為外國人經其母認知者

四 依自願歸化外國取得外國國籍者

國籍法

第一卷第二號

《国籍法》

图片来源：《庸言》1912 年第 1 卷第 2 期。

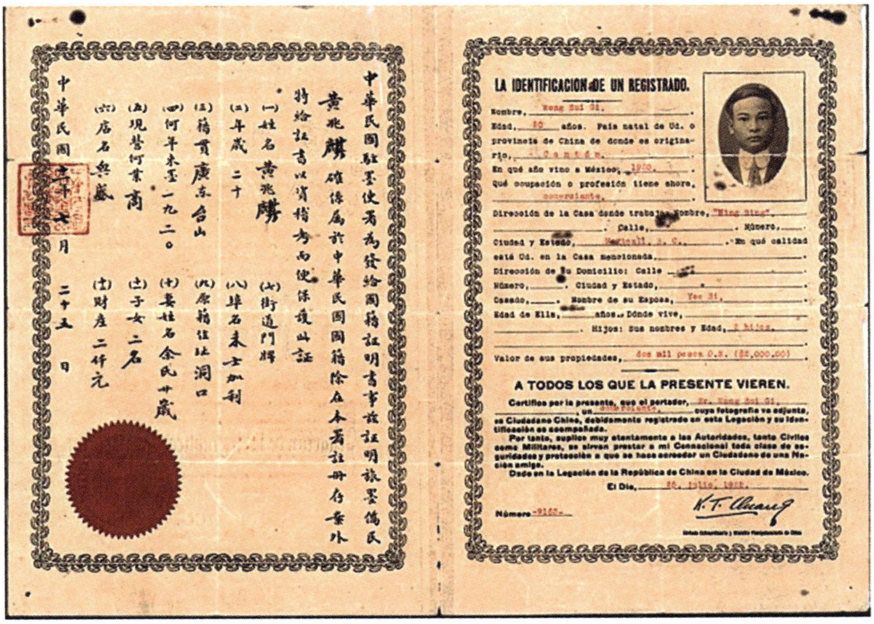

中華民國駐墨使署為發給國籍証明書事茲証明該墨僑民黃兆麟確係屬於中華民國國籍除在本署註冊存案外特給証書以資指考而便保護此証

(一)姓名 黃兆麟

(二)年歲 二十

(三)籍貫 廣東台山

(四)何年來墨 一九二〇

(五)現營何業 商

(六)店名 [illegible]

(七)街道門牌

(八)埠名 未士加利

(九)原籍住址 洞口

(十)妻姓名 余氏 廿歲

(十一)子女 二名

(十二)財產 二仟元

中華民國十一年七月二十五日

LA IDENTIFICACION DE UN REGISTRADO.

Nombre, Wong Sui Si.

Edad, 20 años. País natal de Ud. o provincia de China de donde es originario, Cantón.

En qué año vino a México, 1920.

Qué ocupación o profesión tiene ahora, comerciante.

Dirección de la Casa donde trabaja: Nombre, "Wing Sing". Calle, Número,

Ciudad y Estado, Mexicali, B. C. En qué calidad está Ud. en la Casa mencionada,

Dirección de su Domicilio: Calle Número, Ciudad y Estado,

Casado, Nombre de su Esposa, Yee Si.

Edad de Ella, años. Dónde vive, Hijos: Sus nombres y Edad, 2 hijos.

Valor de sus propiedades, dos mil pesos O.N. ($2,000.00).

A TODOS LOS QUE LA PRESENTE VIEREN.

Certifico por la presente, que el portador, Sr. Wong Sui Si, un comerciante, cuya fotografía va adjunta, es Ciudadano Chino, debidamente registrado en esta Legación y su identificación es acompañada.

Por tanto, suplico muy atentamente a las Autoridades, tanto Civiles como Militares, se sirvan prestar a mi Connacional toda clase de seguridades y protección a que se hace acreedor un Ciudadano de una Nación amiga.

Dado en la Legación de la República de China en la Ciudad de México.

El Día, 25. Julio, 1922.

Número -9165-

中华民国驻墨使署为侨商黄兆麒颁发的国籍证明书（1922 年）

图片来源：暨南大学图书馆馆藏。

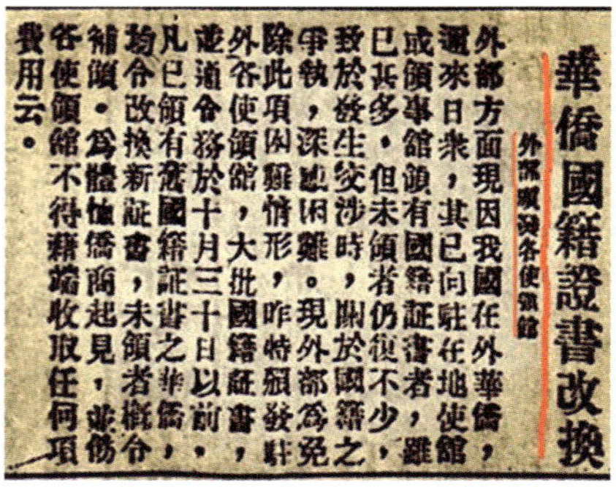

華僑國籍證書改換

外部頒發各使領館

外部方面現因我國在外華僑，邇來日衆，其已向駐在地使館或領事館領有國籍證書者，雖已甚多，但未領者仍復不少，致於發生交涉時，關於國籍之爭執，深感困難。現外部爲免除此項困難情形，昨特頒發駐外各使領館，大批國籍證書，並通令務於十月三十日以前，凡已領有舊國籍證書之華僑，均令改換新證書，未領者概令補領。爲體恤僑商起見，並飭各使領館不得藉端收取任何項費用云。

《华侨国籍证书改换　外部颁发各使领馆》

图片来源：《晨报》，1926 年 8 月 15 日第 3 版。

“外部方面现因我国在外华侨，迩来日众，其已向驻在地使馆或领事馆领有国籍证书者，虽已甚多，但未领者仍复不少，致于发生交涉时，关于国籍之争执，深感困难。现外部为免除此项困难情形，昨特颁发驻外各使领馆，大批国籍证书，并通令务于十月三十日以前，凡已领有旧国籍证书之华侨，均令改换新证书，未领者概令补领。为体恤侨商起见，并饬各使领馆不得藉端收取任何项费用云。”

五、招徕华侨投资国内

民国北洋政府时期是华侨回国投资兴办实业蓬勃发展的阶段。与晚清相比，华侨投资创办企业的总数和资金总额不但有了较大增长，而且投资的规模、地区与行业也都有了新的扩展。这不仅与海外华侨资本的迅速增强密切相关，也与这一时期的工商政策及招徕、鼓励华侨回国投资的政策有着直接的联系。[①] 北洋政府统治中国的 16 年间，侨资企业蓬勃发展，资金总额增量较大。据统计，这一时期华侨投资国内兴办企业的总数为 6 946 家，资金总额为 238 771.369 9万元，约占 1862 年至 1949 年华侨投资国内企业总数的 27.12% 和资金总额的 37.17%。[②]

① 杜裕根：《北洋政府的侨资政策及其评价》，《华侨华人历史研究》2004 年第 3 期。

② 林金枝：《近代华侨投资国内企业的历史及其作用》，郑民、梁初鸣编：《华侨华人史研究集》(一)，北京：海洋出版社，1989 年，第 288 页。

（一）制定保护和鼓励华侨回国投资政策

1. 《奖励华侨条例》

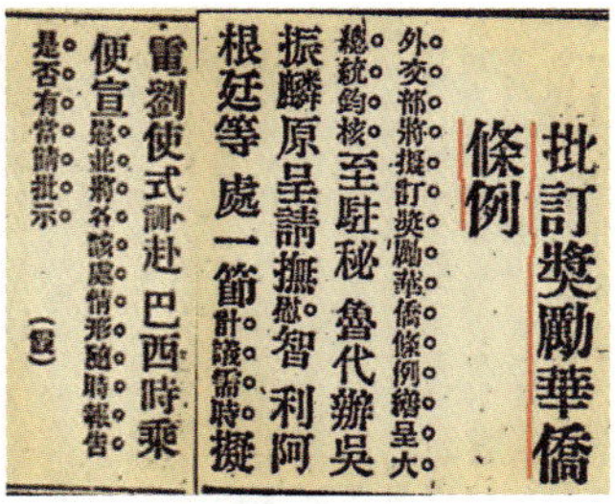

批訂獎勵華僑條例

外交部將擬訂獎勵華僑條例繕呈大總統鈞核至駐秘魯代辦吳振麟原呈請撫慰智利阿根廷等處一節計議需時擬電劉使式訓赴巴西時乘便宣慰並將各該處情形隨時報告是否有當請批示（錄）

《批订奖励华侨条例》

图片来源：《顺天时报》，1914 年 3 月 8 日第 9 版。

1914 年 2 月，经大总统批准颁布了由外交部拟订的《奖励华侨条例》。这是我国近代史上第一部专门奖励华侨的法规。它总结与肯定了晚清以来招徕、奖励华侨的各种办法与举措，对华侨“能结合团体，热心公益，如保商兴学等事著有成绩者，及各埠商会及其他侨商组织报由政府核准成立之机构，确能维持公益公安者，得请大总统给予各种勋章、匾额、相片以作纪念”①。

2. 《保育侨民办法》

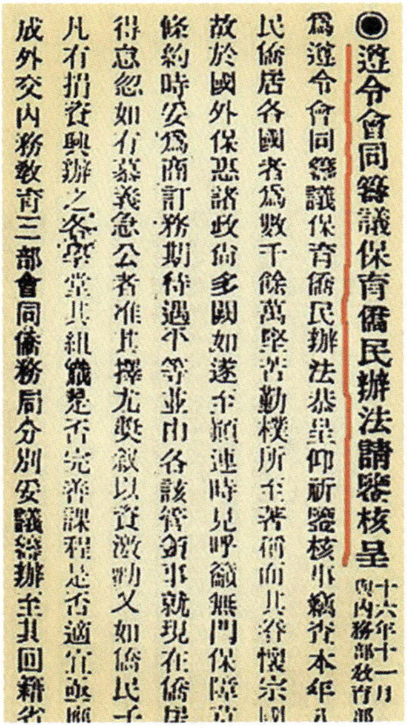

遵令會同籌議保育僑民辦法請鑒核呈（十六年十一月與內務部教育部

為遵令會同籌議保育僑民辦法恭呈仰祈鑒核事竊查本年八

民僑居各國者為數千餘萬堅苦勤樸所至著稱而其眷懷宗國

故於國外保護諸政尚多闕如遂至頻連時見呼籲無門保障莫

條約時妥為商訂務期待遇平等並由各該管領事就現在僑居

得怠忽如有慕義急公者准其擇尤獎敘以資激勸又如僑民子

凡有捐資興辦之各學堂其組織是否完善課程是否適宜並應

成外交內務教育三部會同僑務局分別妥議籌辦至其回籍省

《遵令会同筹议保育侨民办法请鉴核呈》

图片来源：《外交公报》，1927 年 12 月，第 78 号。

1927 年 11 月，北洋政府正式公布了我国近代史上第一部法规性的《保育侨民办法》。该办法从教育、工商、保护、财政、劝诫五个方面规定了保惠华侨的各项措施。在鼓励侨胞回国兴办实业方面，该办法提倡与鼓励侨资企业，特别奖励侨胞回国创办实业，并且要求各级地方政府与官员切实保护侨资企业，惩治豪强欺凌，使归侨安居乐业。

3. 其他保护政策

保护归国侨胞也是引进侨资必不可少的条件。北洋政府当局多次批令保护归国华侨，严惩侵害归侨事件。专门下达了《布告闽粤等省保护华侨文》，要求“所有闽粤等省回国侨民应责成各该省都督、民政长通饬所属，认真保护，其有藉端需索、意有侵害者，务当随时查察，按法严惩”②。1915 年 10 月，北洋政府当局在农商部《为福建省请设劝业银行及保护侨商投资实业呈文》的批示中再次强调，只有维护归侨的利益，才能招徕侨商回国投资兴办实业。以此为据，闽粤两省分别制定颁布了《保护回国华侨办法》。

① 外交部统计科编：《外交部法令汇编》（第 3 册），第 20－22 页。

② 沈云龙主编：《袁世凯史料汇刊》（八卷），台北：文海出版社，1966 年，第 95 页。

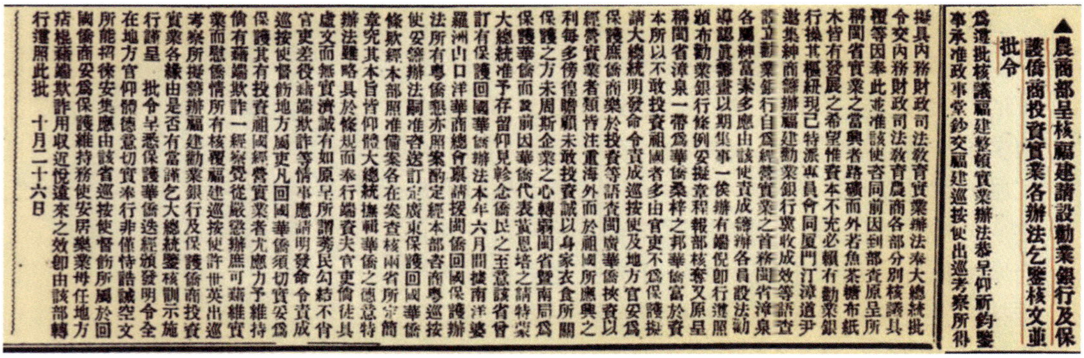

農商部呈核福建請設勸業銀行及保護僑商投資實業各辦法乞鑒核文並批令

爲遵批核議福建整頓實業辦法恭呈仰祈鈞鑒事承准政事堂鈔交福建巡按使出巡考察所得擬具內務財政司法教育實業辦法奉大總統批令交內務財政司法教育農商各部分別核議具覆等因奉此並准該使咨同前因到部查原呈所稱閩省實業之當興者路礦而外若魚茶糖布紙木皆有發展之希望惟資本不充必賴有勸業銀行操其樞紐現已特派專員會同廈門汀漳道尹邀集紳商籌辦福建勸業銀行業收成效等語查設立勸業銀行自爲經營實業之首務閩省漳泉各屬紳富素多應由該使責成籌辦各員設法勸導認眞籌畫以期集事一俟辦有端倪卽行遵照頒布勸業銀行條例妥擬章程報部核奪又原呈稱閩省漳泉一帶爲華僑桑梓之邦華僑富於資本所以不敢投資祖國者多由官吏不爲保護擬請大總統明發命令責成巡按使及地方官妥爲保護庶僑商樂於投資等語查閩廣華僑挾資以經營實業者類皆注重海外而於祖國所應興之利每多徬徨瞻顧未敢投資誠以身家衣食所關保護之方未周斯企業之心轉隔閩省暨南局爲保護華僑而設前因華僑代表黃恩培之請特呈大總統准予存留仰見軫念僑民之至意該省曾訂有保護回國華僑辦法本年六月間據南洋婆羅洲山口洋華商總會稟請援閩僑回國保護辦法所有粵僑懇亦照案酌定經本部咨商粵巡按使妥籌辦法嗣准咨送訂定廣東保護回國華僑條款經本部照准備案各在案查核兩省所定簡章究其本旨皆仰體大總統撫輯華僑之德意特辦法雖略具於條規而奉行端賴夫官吏倘徒具虛文而無實濟誠有如原呈所謂莠民勾結不肖官吏差役藉端欺詐等情事應請明發命令責成巡按使督飭地方屬吏凡回國華僑須切實妥爲保護其有投資祖國經營實業者尤應力予維持倘有藉端欺詐一經察覺從嚴懲辦庶可藉維實業而慰僑情所有核覆福建巡按使許世英出巡考察所擬籌辦福建勸業銀行及保護僑商投資實業各緣由是否有當謹乞大總統鑒核訓示施行謹呈　批令呈悉保護華僑迭經頒發明令全在地方官仰體德意切實奉行非僅恃誥誡空文所能招徠安集應由該省巡按使督飭所屬於回國僑商妥爲保護維持務使安居樂業毋任地方痞棍藉端欺詐用收近悅遠來之效卽由該部轉行遵照此批　十月二十六日

《农商部呈核福建请设劝业银行及保护侨商投资实业各办法乞鉴核文并批令》

图片来源：《益世报》，1915 年 10 月 30 日第 7 版。

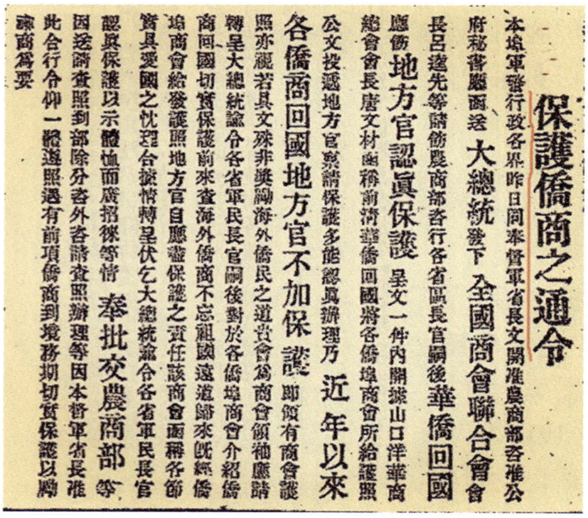

保護僑商之通令

本埠軍警行政各界昨日同奉督軍省長文開准農商部咨准公府秘書廳函送 大總統發下 全國商會聯合會會長呂逵先等請飭農商部咨行各省區長官嗣後華僑回國應飭地方官認眞保護 呈文一件內開據山口洋華商總會會長唐文材函稱前清華僑回國將各僑埠商會所給護照公文投遞地方官懇請保護多能認眞辦理乃 近年以來各僑商回國地方官不加保護 即領有商會護照亦藐若具文殊非獎勵海外僑民之道貴會爲商會領袖應請轉呈大總統諭令各省軍民長官嗣後對於各僑埠商會介紹僑商回國切實保護前來查海外僑商不忘祖國遠道歸來既經僑埠商會給發護照地方官自應盡保護之責任該商會函稱各節實具愛國之忱理合據情轉呈伏乞大總統諭令各省軍民長官認眞保護以示體恤而廣招徠等情 奉批交農商部 等因並請查照到部除分咨外咨請查照辦理等因本督軍省長准此合行令仰一體遵照遇有前項僑商到境務期切實保護以勵僑商爲要

《保护侨商之通令》

图片来源：《申报》，1917 年 2 月 11 日第 11 版。

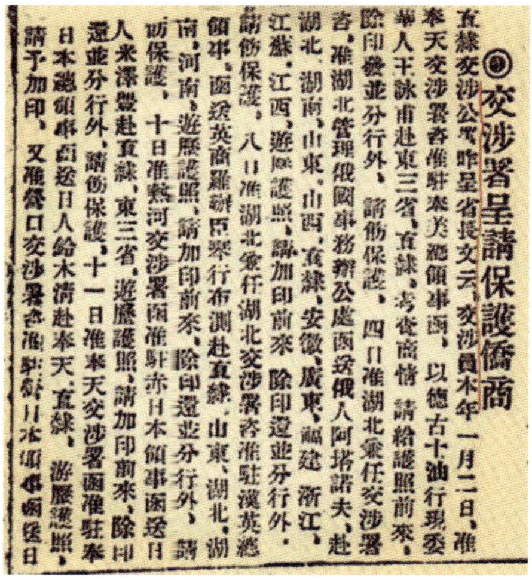

◎交涉署呈請保護僑商

直隸交涉公署昨呈省長文云、交涉員本年一月二日、准奉天交涉署咨准駐奉美總領事函、以德古士油行現委華人王詠甫赴東三省、直隸、考查商情、請給護照前來、除印發並分行外、請飭保護、四日准湖北兼任交涉署咨、准湖北管理俄國事務辦公處函送俄人阿堵諾夫、赴湖北、湖南、山東、山西、直隸、安徽、廣東、福建、浙江、江蘇、江西、遊歷護照、請加印前來、除印還並分行外、請飭保護、八日准湖北兼任湖北交涉署咨准駐漢英總領事、函送英商羅新臣翠行布測赴直隸、山東、湖北、湖南、河南、遊歷護照、請加印前來、除印還並分行外、請飭保護、十日准熱河交涉署函准駐赤日本領事函送日人米澤豐赴直隸、東三省、遊歷護照、請加印前來、除印還並分行外、請飭保護、十一日准奉天交涉署函准駐奉日本總領事函送日人鈴木清赴奉天、直隸、遊歷護照、請予加印、又准營口交涉署咨准駐營日本領事函送日

《交涉署呈请保护侨商》

图片来源：《益世报》，1924 年 2 月 26 日第 2910 号。

（二）组织华侨回国考察经商

1916 年 10 月，农商部发布训令，要求“各旅外中华商会劝导海外侨商，回国兴办实业”。11 月，荷属印尼华侨巨商、泗水中华商会正、副会长及会员发起组织华侨归国恳亲团，“调查内地情形，以为兴办实业之地步”。农商部为此发出保护与接洽华侨恳亲团的训令，通告各有关省区官厅与商会，“先行调查筹备，预为规划可以兴办的实业，以便接洽”①。

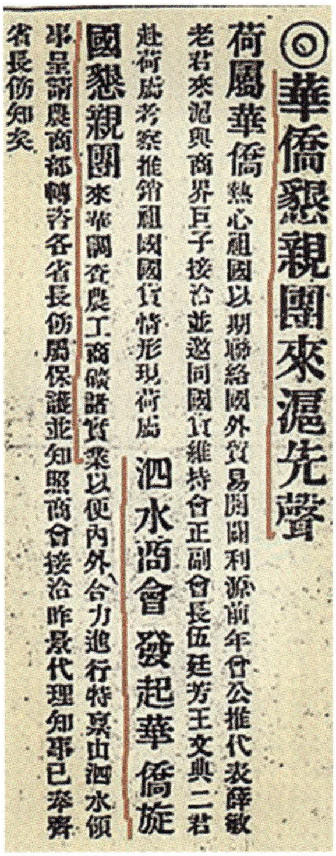

◎華僑懇親團來滬先聲

荷屬華僑熱心祖國以期聯絡國外貿易開闢利源前年曾公推代表薛敏老君來滬與商界巨子接洽並邀同國貨維持會正副會長伍廷芳王文典二君赴荷屬考察推銷祖國國貨情形現荷屬泗水商會發起華僑旋國懇親團來華調查農工商礦諸實業以便內外合力進行特稟由泗水領事呈請農商部轉咨各省長飭屬保護並知照商會接洽昨泉代理知事已奉齊省長飭知矣

《华侨恳亲团来沪先声》

图片来源：《民国日报》，1916 年 12 月 2 日第 10 版。

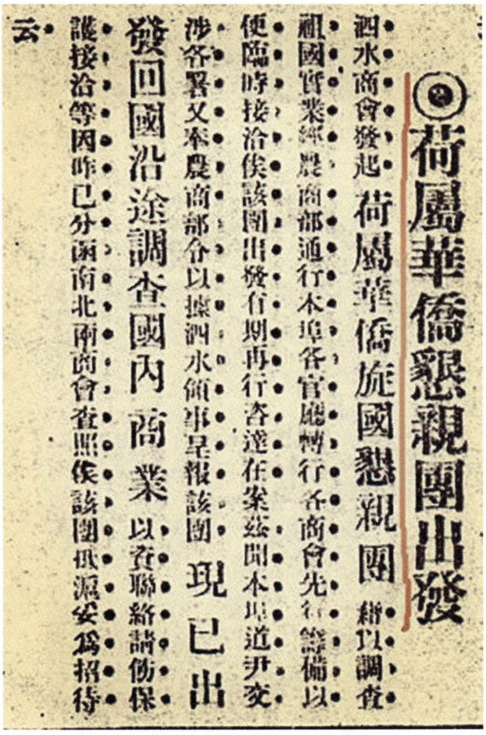

◎荷屬華僑懇親團出發

泗水商會發起荷屬華僑旋國懇親團藉以調查祖國實業經農商部通行本埠各官廳轉行各商會先行籌備以便臨時接洽俟該團出發有期再行咨達在案茲聞本埠道尹交涉各署又奉農商部令以據泗水領事呈報該團現已出發回國沿途調查國內商業以資聯絡請飭保護接洽等因昨已分函南北兩商會查照俟該團抵滬妥為招待云

《荷属华侨恳亲团出发》

图片来源：《申报》，1917 年 2 月 8 日第 10 版。

① 《政府公报》[第 55 册（一）]，台北：文海出版社，第 337－338 页。

符拉迪沃斯托克的华商

图片来源：《海外华人百科全书》，第 329 页。

在秘鲁的侨商（一）

图片来源：《沙国之梦：契约华工在秘鲁的命运》，第 335 页。

在秘鲁的侨商（二）

图片来源：《沙国之梦：契约华工在秘鲁的命运》，第 297 页。

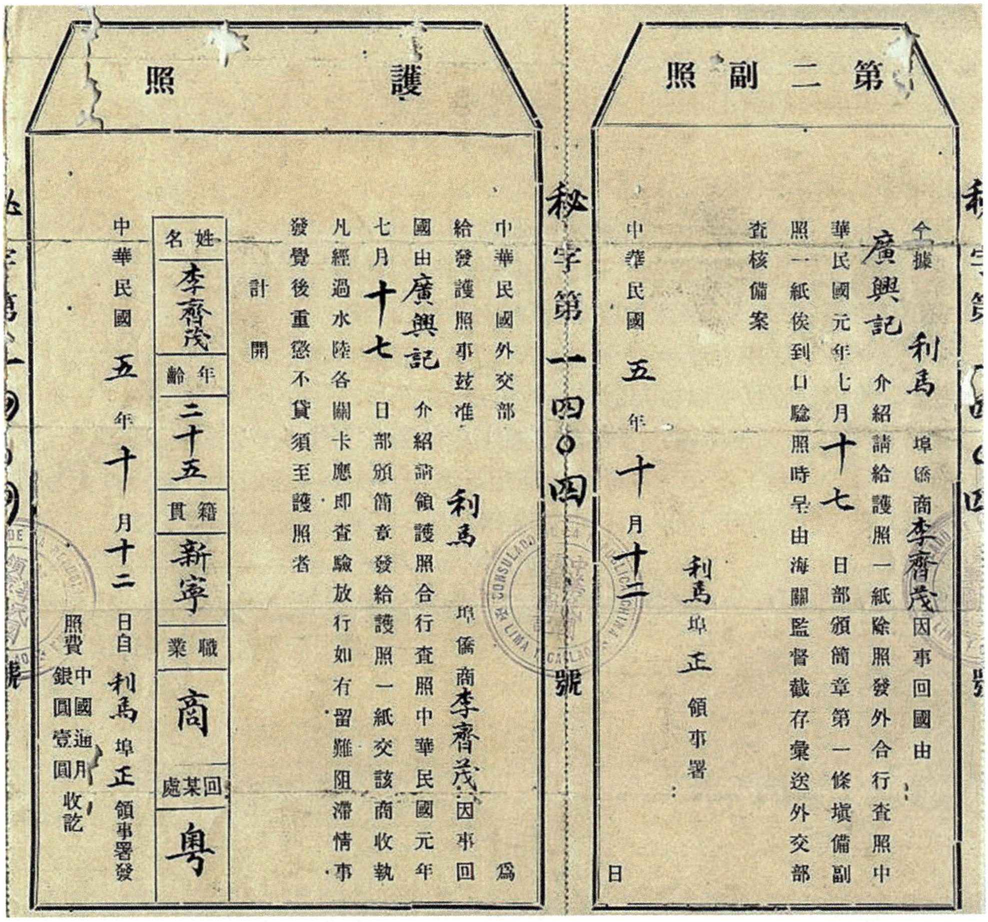

護照

秘字第一四0四號

中華民國外交部 爲

給發護照事茲准 利馬 埠僑商李齊茂因事回

國由廣興記 介紹請領護照合行查照中華民國元年

七月十七 日部頒簡章發給護照一紙交該商收執

凡經過水陸各關卡應即查驗放行如有留難阻滯情事

發覺後重懲不貸須至護照者

計 開

姓名	李齊茂
年齡	二十五
籍貫	新寧
職業	商
回某處	粵

中華民國 五 年 十 月 十二 日自 利馬 埠 正 領事署發

照費 中國通用 銀圓壹圓 收訖

第二副照

據 利馬 埠僑商李齊茂因事回國由

廣興記 介紹請給護照一紙除照發外合行查照中

華民國元年七月十七 日部頒簡章第一條塡備副

照一紙俟到口驗照時呈由海關監督截存彙送外交部

查核備案

利馬 埠 正 領事署

中華民國 五 年 十 月 十二 日

秘鲁侨商回国护照（1916 年）

图片来源：暨南大学图书馆馆藏。

（三）华侨积极投资国内实业

1. 上海永安纺织公司

上海永安纺织公司是由澳大利亚华侨郭乐、郭顺兄弟等人发起的，它创办于1921年6月，起初资本为600万元（银圆），到1930年增为1 300万元。到1948年，先后设立第一、二、三、四、五厂及印染厂，自纺自织自染。上海永安纺织公司，在旧中国纺织工业的生产中发挥过一定作用，对国民经济的发展也作出了一定的贡献。

郭乐（1874—1956），广东香山人。1892年去澳大利亚的悉尼谋生，开设永安果栏，开始兴办企业。1907年开始将经营中心逐渐移往国内，在香港创设永安百货公司，并附设银业部。1913年，开始在上海筹建上海永安百货公司，1918年9月正式开业，以经营环球百货为主，兼营旅馆、酒楼、茶室、舞厅、游乐场、银业部等业务。1920年开始投资纺织工业，1922年建成上海永安纱厂，自任董事长和总监督。以后又陆续扩建了永安二厂、三厂、四厂等，工业资本为3 600多万元，成为上海仅次于申新纺织工业的第二大纺织企业。1931年"九一八"事变后，所办工、商、银行业逐渐走下坡路。抗日战争时期，财产多为日军劫夺，无法应付，遂于1939年离沪赴美国定居，1956年病逝于美国。

郭乐

图片来源：《图说南京路四大百货公司》，上海档案信息网，http：//www. archives. sh. cn/shjy/tssh/2012 12/t20121211_37487. html。

上海永安百货公司

图片来源：《图说南京路四大百货公司》，上海档案信息网，http：//www. archives. sh. cn/shjy/tssh/2012 12/t20121211_37487. html。

上海永安百货公司高级职员合影

图片来源：《图说南京路四大百货公司》，上海档案信息网，http：//www. archives. sh. cn/shjy/tssh/201212/t20121211_37487. html。

2. 南洋兄弟烟草公司

南洋兄弟烟草公司发轫于香港，崛起于上海，在内挤外压的经营环境中，通过国内历次提倡国货运动和社会爱国人士的大力支持，得以生存和发展，成为当时唯一可以与英美烟草公司相抗衡的民族卷烟企业。

简照南

图片来源：《"烟草大王"化茧成蝶：简照南的1919》，《三湘都市报》，2014年3月30日。

简照南（1870—1922），广东南海人。自幼家贫，17岁到香港，在叔父开的瓷器店学做生意，后在日经商。1893年其弟简玉阶随兄到日本经商。不久在曼谷开办怡生兄弟公司经营百货，随后又开办了顺泰轮船公司，由租船航运到自购船承办海运，航线遍及东南亚各地。1906年简氏兄弟在香港创办了南洋烟草公司，生产"飞马""双喜""白鸽"等名牌香烟。1909年，公司更名为"南洋兄弟烟草公司"，简照南任总经理，简玉阶任副总经理。简氏兄弟提出"不用美国货""不吸美国烟""中国人吸中国烟"的口号，受到了国内人民和广大华侨的支持。1918年，总公司移至上海。这一时期，南洋兄弟烟草公司年创利均在百万元左右，发展十分迅速。1915 年 9 月，由农商部呈请大总统批准，特给香港南洋兄弟烟草公司匾额。农商部在呈文中称赞该公司说，“近年制成烟草 10 余种，品质精良，销途畅旺，远及南洋爪哇、暹罗各地，其苦心坚忍，卒收殊效，足为商界楷模”①。

1916 年 3 月，南洋兄弟烟草公司在上海所设新厂的包烟车间

图片来源：《“烟草大王”化茧成蝶：简照南的 1919》，《三湘都市报》，2014 年 3 月 30 日。

南洋烟广告

图片来源：《“烟草大王”化茧成蝶：简照南的 1919》，《三湘都市报》，2014 年 3 月 30 日。

3. 泉安汽车公司

华侨投资国内企业对侨乡人民生活影响较深，牵涉面较广的，要算交通事业了。晚清时期投资兴建的漳厦铁路、潮汕铁路、新宁铁路均为华侨创办。北洋政府时期，福建、广东两省于 1919 年以后开始创设汽车公司。福建华侨创办的汽车公司，以日本华侨陈清机创办泉安汽车公司（泉州至安海）为嚆矢。继其后者有陈嘉庚创办的同美（同安至集美）、泉溪（泉州至南安溪尾）等公司。1919—1927 年福建华侨创办的汽车公司筑有公路长度达 650 公里，广东华侨创办的汽车公司筑有公路长度为 1 000 多公里。福建闽南，广东潮汕、四邑、梅县以及海南岛东部一带的公路有 50% ~70% 是华侨投资的。可以说，中华人民共和国成立前侨乡的交通事业以华侨投资为主，它对闽粤两省侨乡的交通做出了重要贡献。②

① 农商部编：《农商公报》第 2 卷第 15 期，第 3 - 4 页。

② 林金枝：《近代华侨投资国内企业的历史及其作用》，郑民、梁初鸣编：《华侨华人史研究集》（一），北京：海洋出版社，1989 年，第 301 页。

陈清机（1881—1940），福建晋江县人。青年时东渡日本，自营商业。1905年，在东京加入中国同盟会。1911年，回闽从事秘密活动。1912年冬，因领导晋江安海群众反对滥收捐税，焚毁衙门被通缉，被迫重渡日本。1915年袁世凯称帝，回闽参加讨袁。1917年，回晋江任路政局长，筹建泉安汽车公司，于1922年6月正式通车。同年，任南方政府的晋江县长，不久又到日本。北伐时期，他回国任安海市区区长。1933年发生“闽变”，他曾发动海外华侨给予支持。“闽变”失败后，再渡日本。抗日战争爆发后，为躲避日本政府的逮捕，逃往菲律宾，从事经商。1939年，他独捐3万元，赈济侨区人民，其中，2万元施赈于安海，1万元施赈于泉州。1940年7月22日，病逝于菲律宾碧瑶。

陈清机

图片来源：《丹心图报国　倾家济革命——闽侨在辛亥革命中的不朽功勋》，网易新闻，http://news.163.com/11/1012/15/7G646TJU00014AEE.html。

陈清机创办的泉安公路车站办公、候车楼

图片来源：《晋江侨联六十年》，第127页。

马应彪

图片来源：《二十世纪的华侨华人图片集》（插图）。

4. 先施公司

在商业方面，上海华侨创办的四大百货公司——永安、先施、新新、大新公司，规模之大，国内外闻名；在经营服务方面，也颇具特色。如"不二价""升降机""自动扶梯""地下商店"等，是国内首创。1900 年 12 月，先施百货公司成立。这是一家大型百货公司，创设人为侨商马应彪，其总部设在香港。

马应彪（1864—1944），广州府香山人。早年家庭贫苦，为了生计去澳大利亚悉尼谋生，其间皈依基督教。1900 年，筹集了一笔资金在香港筹办先施百货公司，自任总监督。"先施"二字，是英文 sincere（诚实可靠）一词的音译，取其诚实之意。1914 年，在广州长堤建立先施粤行，并附设东亚大酒店，总投资额为港币 100 万元，取得巨大成功。广州的先施粤行开设三年，就获利两倍，随后又在广州十八甫和中山五路开设分行。先施公司从小店开始，这时已经发展成为有相当实力的集团公司。1917 年，先施公司的业务扩展到上海。上海分公司设有商场、东亚酒店、先施乐园，成为旧上海四大公司中创立最早的一家。同时在新加坡设分店，并先后在日本神户、英国伦敦设庄。1935 年又在澳门设分店及东亚酒楼。随着先施公司的不断发展，公司声誉显著，营业兴盛，成为亚洲第一流百货公司。1936 年，马应彪辞去先施公司总监督之职，退休养老，但仍挂名誉总监督的头衔。1944 年病逝于香港。

1914 年马应彪在广州长堤投资创建的先施公司

图片来源：《广州华声》2005 年第 77 期。

上海先施公司时装部

图片来源：《图说南京路四大百货公司》，上海档案信息网，http://www.archives.sh.cn/shjy/tssh/201212/t20121211_37487.html。

5. 中南银行

黄奕住

图片来源：《黄奕住：侨资银行界翘楚》，《中国城市金融》2016 年第 9 期。

在金融业方面，海外华侨在广东创办了工商银行、广东银行东亚银行、华商银行、国民商业储蓄银行，在福建创办了华侨、中兴、商业和崇友银行，在上海创办了中南银行。这些银行的创设，在争取侨汇存款以及工业的发展方面都起着积极作用。尤其是印尼华侨黄奕住在上海创办的中南银行，其规模在全国侨办企业中最大，对发展工业所起的作用应该加以肯定。①

黄奕住（1868—1945），福建泉州人。1884 年出洋谋生，在印尼爪哇三宝垅街头巷尾设一流动理发摊为生。1895 年后成立“日兴行”，以经营糖业为主，成为爪哇四大糖商之一。1921 年黄奕住与史量才、胡筠等人在上海创建的中南银行，是当时全国最大的侨资金融企业。在第一次临时股东大会上，黄奕住当选为董事长。中南银行成立之后，积极投资支持国内各项民族工业的生产和发展。1920 年，发起筹办厦门市自来水公司，1927 年全部工程完成。1929 年，独资创办经营的商办厦门电话股份有限公司获准正式注册立案，领照营业。资本额增至 100 万元。厦门沦陷前夕，黄奕住避居上海，1945 年 6 月 15 日，病逝于上海。

中南银行十元纸币

图片来源：《黄奕住：侨资银行界翘楚》，《中国城市金融》2016 年第 9 期。

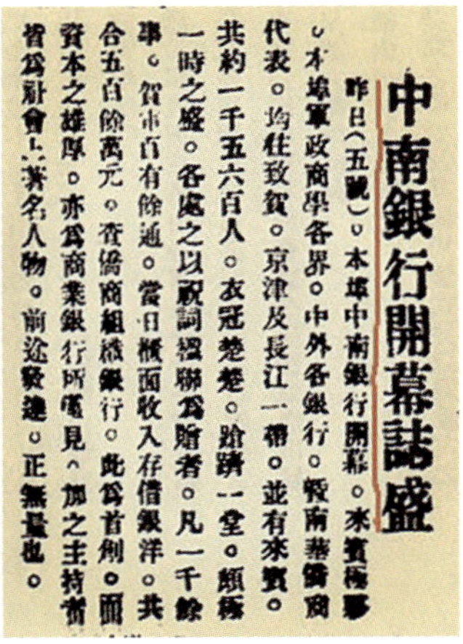

中南銀行開幕誌盛

昨日（五號）。本埠中南銀行開幕。來賓極夥。本埠軍政商學各界。中外各銀行。暨南洋華僑商代表。均往致賀。京津及長江一帶。並有來賓。共約一千五六百人。衣冠楚楚。蹌蹌一堂。頗極一時之盛。各處之以祝詞楹聯爲贈者。凡一千餘事。賀市百有餘通。當日櫃面收入存借銀洋。共合五百餘萬元。查僑商組織銀行。此爲首創。而資本之雄厚。亦爲商業銀行所罕見。加之主持者皆爲社會上著名人物。前途發達。正無量也。

《中南银行开幕志盛》

图片来源：《民国日报》，1921 年 7 月 6 日第 11 版。

① 林金枝：《近代华侨投资国内企业的历史及其作用》，郑民、梁初鸣编：《华侨华人史研究集》（一），北京：海洋出版社，1989 年，第 300 页。

六、鼓励华侨捐资兴学

（一）颁布相关法律法规

1912 年，北洋政府教育部制定出台了《捐资兴学褒奖条例》。这一奖励主要针对国民在国内的捐资兴学行为及华侨在海外的捐资兴学行为。1914 年，教育部还颁布了《侨民子弟回国就学规程》，后又多次派视学专员专门到海外宣传华侨教育的重要性，鼓励各地华侨重视教育并兴办学校。1915 年，教育部派黄炎培等人前往美国、加拿大、南洋和朝鲜等地，调查各地华侨兴办教育的情况。根据此次出行各地的调查情况，黄炎培发表了《南洋华侨教育商榷书》，旨在呼吁和鼓励海外华侨兴办教育。北洋政府制定这些法律法规，客观上对华侨回国兴办教育事业起到了很大的促进作用。

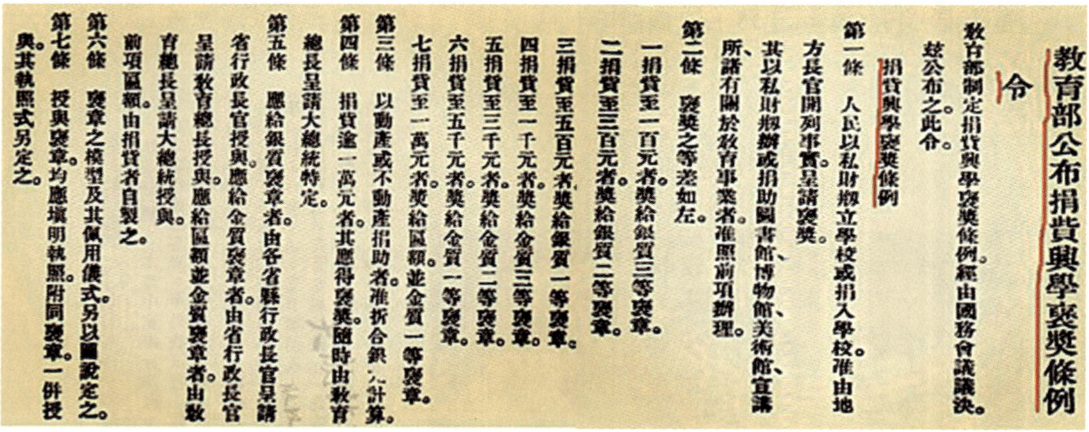

教育部公布捐貲興學褒獎條例

令

教育部制定捐貲興學褒獎條例。經由國務會議議決。茲公布之。此令。

捐貲興學褒獎條例

第一條　人民以私財捐立學校或捐入學校。准由地方長官開列事實。呈請褒獎。其以私財捐辦或捐助圖書館、博物館、美術館、宣講所、諸有關於教育事業者。准照前項辦理。

第二條　褒獎之等差如左。

一捐貲至一百元者。獎給銀質三等褒章。

二捐貲至三百元者。獎給銀質二等褒章。

三捐貲至五百元者。獎給銀質一等褒章。

四捐貲至一千元者。獎給金質三等褒章。

五捐貲至三千元者。獎給金質二等褒章。

六捐貲至五千元者。獎給金質一等褒章。

七捐貲至一萬元者。獎給匾額。並金質一等褒章。

第三條　以動產或不動產捐助者。准折合銀元計算。

第四條　捐貲逾一萬元者。其應得褒獎。隨時由教育總長呈請大總統特定。

第五條　應給銀質褒章者。由各省縣行政長官呈請省行政長官授與。應給金質褒章者。由省行政長官呈請教育總長授與。應給匾額並金質褒章者。由教育總長呈請大總統授與。前項匾額。由捐貲者自製之。

第六條　褒章之模型及其佩用儀式。另以圖說定之。

第七條　授與褒章。均應塡明執照。附同褒章。一併授與。其執照式另定之。

《教育部公布捐资兴学褒奖条例令》

图片来源：《教育杂志》1912 年第 5 卷第 6 期。

僑民子弟回國就學規程

第一條　僑民子弟年十五歲以上曾在各居留地僑民所設之學校畢業者得於每年入校始期以前呈由該管領事官保送回國就學

第二條　領事遇前項請求視爲必要時得酌加試驗

第三條　國內各學校對於前項學生入學試驗得從寬取錄但以試驗成績所差在十分以內爲限

第四條　已經取錄之學生國語未甚熟練有礙聽講者各該校得爲設國語補習科但不得有礙正科

第五條　僑民回國後其入學就學事宜應由所在教育官廳介紹之

第六條　本規程未盡事宜臨時訂定之

第七條本規程自公布日施行

中華民國三年二月日教育部部令第九號

《侨民子弟回国就学规程》

图片来源：《中华教育界》1914 年第 15 期。

南洋華僑教育商榷書　黃炎培

炎培此次受教育部委託偕林君鼎華調查英荷兩屬華僑教育狀況由新加坡而馬來半島經柔佛、麻六甲、麻坡、吉隆坡及其附近各埠乃至怡保、檳榔嶼。渡海至蘇門答臘之棉蘭及其附近各埠。遂至爪哇。由巴達維亞、茂物、士甲巫眉、萬隆、牙律、日惹、梭羅、而至三寶壠、泗水。參與荷屬學務總會所組織之教育研究會。獲與六十二埠六十六學校七十八教員上下議論者四日夜。既畢游瑪龍返新加坡。復游美蓉及其鄰埠。所至備承學會、學校、閱書報社、商會、會館、青年會及其他公益各機關殷殷招待。感何可言。所惜行程匆遽。不克徧至大小各埠。至又未能久留。實

《南洋华侨教育商榷书》及黄炎培像

图片来源：《教育杂志》1917 年第 9 卷第 11 期。

（二）褒奖热心兴学的海外侨胞

对那些办得好的华侨学校以及有突出贡献的华侨教育界人士，政府还颁发匾额或奖章予以奖励。如日本横滨大同学校在 1912 年就获大总统颁发“作我新民”匾额；檀香山明伦学校于 1914 年获教育部颁发“光被新民”的匾额。[①] 而 1917 年，荷属东印度华侨学务总理陈显源、使学熊里、三宝垄中华学校校长石鸣球等也受到政府的表彰。[②] 在政府的鼓励下，华侨回国捐资办学一时成为潮流。

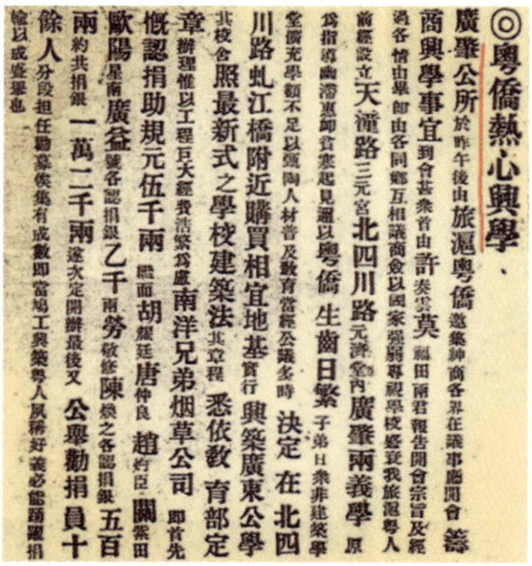

◎粵僑熱心興學

廣肇公所於昨午後由旅滬粵僑邀集紳商各界在議事廳開會籌商興學事宜到會甚衆首由許奏雲莫藕田兩君報告開會宗旨及經過各情由舉由各同鄉互相議商僉以國家羸弱專賴學校整頓我旅滬粵人前經設立天潼路三元宮北四川路元濟堂內廣肇兩義學原為指導幽滯惠卹貧寒起見還以粵僑生齒日繁子弟日衆非建築學堂擴充學額不足以甄陶人材普及教育當經公議多時決定在北四川路虬江橋附近購買相宜地基實行興築廣東公學其校舍照最新式之學校建築法其章程悉依教育部定章辦理惟以工程巨大經費浩繁爲處南洋兄弟烟草公司即首先慨認捐助規元伍千兩繼而胡耀廷唐仲良趙灼臣關紫田歐陽星南廣益號各認捐銀乙千兩勞敬修陳炳之各認捐銀五百兩約共捐銀一萬二千兩遂決定開辦最後又公舉勸捐員十餘人分段担任勸募俟集有成數即當鳩工興築粵人夙稱好義必能踴躍捐輸以成盛舉也

《粤侨热心兴学》

图片来源：《民国日报》，1917 年 6 月 29 日第 10 版。

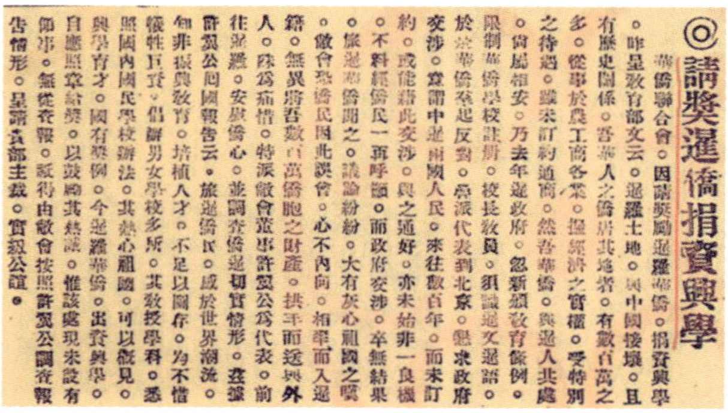

◎請獎暹僑捐資興學

華僑聯合會。因請獎勵暹羅華僑。捐資興學。昨呈教育部文云。暹羅土地。與中國接壤。且有歷史關係。吾華人之僑居其地者。有數百萬之多。從事於農工商各業。操經濟之實權。受特別之待遇。雖未訂約通商。然吾華僑。與暹人共處。尚屬相安。乃去年暹政府。忽新頒教育條例。限制華僑學校註冊。校長教員。須諳暹文暹語。於是華僑羣起反對。亟派代表到北京。懇求政府交涉。查[illegible]中暹兩國人民。來往數百年。而未訂約。或能藉此交涉。與之通好。亦未始非一良機。不料經僑民一再呼籲。而政府交涉。卒無結果。旅暹僑民聞之。議論紛紛。大有灰心祖國之嘆。敝會恐僑民因此誤會。心不內向。相率而入暹籍。無異將吾數百萬僑胞之財產。拱手而送與外人。殊爲痛惜。特派敝會董事許賀公爲代表。前往暹羅。安慰僑心。並調查僑暹切實情形。茲據許賀公回國報告云。旅暹僑民。感於世界潮流。知非振興教育。培植人才。不足以圖存。爲不惜犧牲巨資。倡辦男女學校多所。其教授學科。悉照國內國民學校辦法。其熱心祖國。可以概見。興學育才。國有奬例。今暹羅華僑。出資興學。自應照章給獎。以鼓勵其熱誠。惟該處現未設有領事。無從查報。祗得由敝會按照許賀公調查報告情形。呈請鈞部主裁。實紉公誼。

《请奖暹侨捐资兴学》

图片来源：《民国日报》，1921 年 1 月 30 日第 10 版。

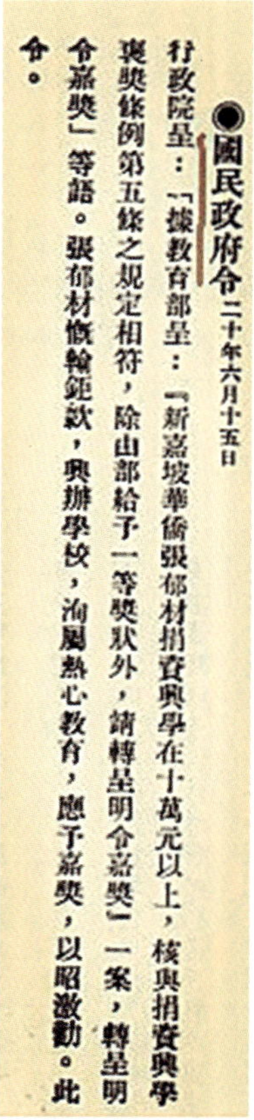

◉國民政府令 二十年六月十五日

行政院呈：「據教育部呈：『新嘉坡華僑張郁材捐資興學在十萬元以上，核與捐資興學褒獎條例第五條之規定相符，除由部給予一等獎狀外，請轉呈明令嘉獎』一案，轉呈明令嘉獎」等語。張郁材慨輸鉅款，興辦學校，洵屬熱心教育，應予嘉獎，以昭激勵。此令。

《国民政府令》（为嘉奖华侨张郁材捐资兴学）

图片来源：《教育部公报》1931 年第 3 卷第 23 期。

---

① 舒新城编：《中国近代教育史资料》（下册），北京：人民教育出版社，1961 年，第 838 页。

② 李学民、黄昆章等：《印尼华侨史》，广州：广东高等教育出版社，1987 年，第 378 页。

在回国捐资兴学的海外华侨中，陈嘉庚无疑是具有突出贡献者。他一生创办和资助了 118 所学校。从 1913 年起，陈嘉庚回家乡集美先后创办了集美小学、集美中学以及师范、水产、航海、商科、农林等学校（统称集美学校）和厦门大学。厦门大学、集美学村各校师生都尊称其为“校主”。他倾资兴学，用半个世纪的心血，建造起一座强大的“教育王国”，被称为“倾资兴学，千古一人”。

1913 年 3 月 4 日，集美上空响起第一声新式学校的钟声，乡立集美两等小学开学了，集美社 135 名学龄儿童全部入学。陈嘉庚长达半个世纪的办学历程由此开启。1919 年，陈嘉庚回国筹办厦门大学。在筹办大会上，陈嘉庚认捐国币 400 万元。1921 年 4 月 6 日，开校仪式正式举行，共有三千多人参加。由于开学时校舍尚未兴建，厦大暂借集美校舍办学。开学后，陈嘉庚就抓紧兴建校舍的工作，无论寒暑，都到现场指导施工。1922 年 2 月，第一批校舍（同安、集美、群贤楼）建成，主楼定名为“群贤楼”，取“群贤毕至”之意。在陈嘉庚的带动下，不少海外华侨回国捐资助学，在自己的家乡创办学校，兴办公益事业。

集美学校最初校舍

图片来源：《陈嘉庚兴学记》，第 7 页。

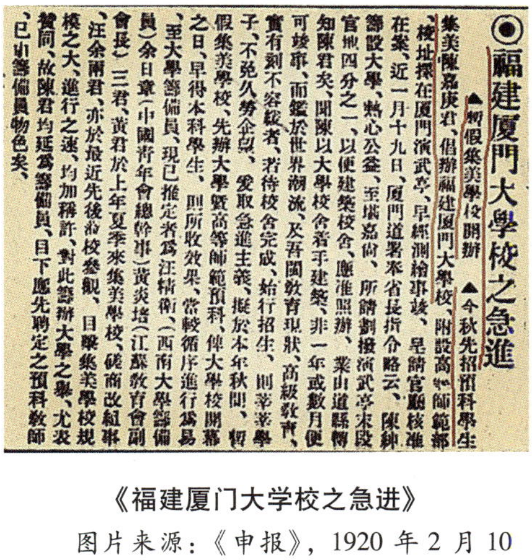

◉福建厦門大學校之急進

▲暫假集美學校開辦 ▲今秋先招預科學生

集美陳嘉庚君、倡辦福建厦門大學校、附設高等師範部、校址擇在厦門演武亭、早經測繪事竣、呈請官廳核准在案、近一月十九日、厦門道署奉省長指令略云、陳紳籌設大學、熱心公益、至堪嘉尚、所請劃撥演武亭末段官地四分之一、以便建築校舍、應准照辦、業由道縣轉知陳君矣、聞陳以大學校舍着手建築、非一年或數月便可竣事、而鑑於世界潮流、及吾國教育現狀、高級教育、實有刻不容緩者、若待校舍完成、始行招生、則莘莘學子、不免久勞企望、爰取急進主義、擬於本年秋間、暫假集美學校、先辦大學暨高等師範預科、俾大學校開幕之日、早得本科學生、則所收效果、當較循序進行爲易、至大學籌備員、現已推定者爲汪精衛、(西南大學籌備員)余日章(中國青年會總幹事)黃炎培(江蘇教育會副會長)三君、黃君於上年夏季來集美學校、磋商改組事、汪余兩君、亦於最近先後蒞校參觀、目擊集美學校規模之大、進行之速、均加稱許、對此籌辦大學之舉、尤表贊同、故陳君均延爲籌備員、目下應先聘定之預科教師、已由籌備員物色矣、

《福建厦门大学校之急进》

图片来源：《申报》，1920 年 2 月 10 日第 7 版。

厦大初建时，陈嘉庚（左一）、林义顺（中）、林文庆（右一）前往视察

图片来源：《陈嘉庚兴学记》，第 19 页。

孙中山领导下的侨务工作

就任中华民国临时大总统的孙中山

图片来源：《孙中山画传》，第 93 页。

孙中山领导的辛亥革命取得胜利后，于 1912 年 1 月建立中华民国临时政府。不久，革命果实被袁世凯篡夺，建立北洋军阀政府。以孙中山为首的革命党人为保卫革命成果，相继发动了二次革命、护法运动，并先后于 1917 年在广州成立护法军政府，1921 年建立中华民国政府，1923 年重建大元帅府，称为“南方政府”。虽然孙中山建立的政权统治时间不长，但他在革命斗争的生涯中，长期活跃在海外华侨社会中，与华侨结下了深厚的友谊，并提出“华侨是革命之母”的著名论断。孙中山执政期间的侨务主张，是把华侨作为中国革命的重要依靠力量，视侨胞为建设国家、兴办实业的一支重要力量，关心、爱护华侨，并结合当时中国侨情的特点制定出一系列深受海内外华侨欢迎的侨务政策与法规。

一、孙中山担任南京临时政府大总统时期的侨务活动

（一）坚决禁止贩卖“猪仔”

被拐卖到海外的华侨，在相当长的一段时间内没有任何人身权利，任凭主人宰割，从事最繁重、最低下的体力劳动。孙中山在海外从事革命活动时，目睹这一社会现实，对贩卖“猪仔”深恶痛绝。因此，他担任南京临时政府临时大总统后，制定颁布了《令内务部禁止买卖人口文》《令外交部妥筹禁绝贩卖“猪仔”及保护华侨办法文》《令广东都督严禁贩卖“猪

令内务部禁止买卖人口文

（一九一二年三月二日）

自法兰西人权宣言书出后，自由博爱平等之义，昭若日星。各国法律，凡属人类一律平等，无有阶级。其有他国逃奴入国者，待以平民，不问其属于何国。中国政治，代主开放，贵族、自由民之阶级铲除最早。此历史之已事，足以夸示万国者。前清入主，政治不纲，民生憔悴，逃死无所，妻女鬻为妾媵，子姓沦于皂隶，不肖奸人从而市利，流毒播孽，由来久矣。尤可痛者，失教同胞，艰于生计，乃有奸徒诱以甘言，转贩外人，牛马同视，终年劳动，不得一饱。如斯惨毒，言之痛心！今查民国开国之始，凡属国人咸属平等。背此大义，与众共弃。为此令仰该部遵照，迅即编定暂行条例，通饬所属，嗣后不得再有买卖人口情事，违者罚如令。其从前所结买卖契约，悉与解除，视为雇主雇人之关系，并不得再有主奴名分。此令。

《令内务部禁止买卖人口文》

图片来源：《孙中山全集》（第 2 卷），第 156 页。

仔”文》等政策法规。其规定：“查海疆各省，奸人拐贩‘猪仔’，陷人涂炭，曩在清朝，熟视无睹，致使被难同胞穷而无告。今民国既成，亟应拯救，以尊重人权，保全国体”；今而后，民国境内，禁绝“贩卖猪仔之事由外交部及各省都督具体负责，中央各部门及各地方政府皆应遵令”，“严行禁止”，务使“贩卖猪仔”奸人绝迹，“以重人道而崇国体”。

令外交部妥筹禁绝贩卖“猪仔”及保护华侨办法文

（一九一二年三月十九日）

兹据荷属侨民曹运郎等呈请禁止贩卖“猪仔”及保护华侨各节。查海疆各省，奸人拐贩“猪仔”，陷人涂炭，曩在清朝，熟视无睹，致使被难同胞穷而无告。今民国既成，亟应拯救，以尊重人权，保全国体。又侨民散居各岛，工商自给者，亦实繁有徒，屡被外人陵虐，然含辛茹苦，挚爱宗邦。今民国人民同享自由幸福，何忍侨民向隅，不为援手。除令广东都督严行禁止“猪仔”出口外，合亟令行该部妥筹杜绝贩卖及保护侨民办法，务使博爱平等之义，实力推行。切切。此令。

《令外交部妥筹禁绝贩卖“猪仔”及保护华侨办法文》

图片来源：《孙中山全集》（第 2 卷），第 251 页。

令广东都督严禁贩卖“猪仔”文

（一九一二年三月十九日）

兹据荷属侨民曹运郎等呈请禁止贩卖“猪仔”各节，查奸徒拐贩同胞，陷人沟壑，曩在前清，草菅人命，漠不关心，致使被难人民穷而无告，岂惟有亏国体，亦本总统痛心疾首，殷念不忘，殊惨绝人道。① 前曾令内务部编定禁卖人口暂行条例，冀使自由博爱平等之义，实力推行。惟禁止“猪仔”出口，尤为刻不容缓之事。民国既成，岂忍视同胞失所，不为拯救？除令外交部妥筹办法外，合亟令行该都督严行禁止，务使奸人绝迹，以重人道而崇国体。此令。

《令广东都督严禁贩卖“猪仔”文》

图片来源：《孙中山全集》（第 2 卷），第 252 页。

（二）嘉奖对中国革命做出巨大贡献的华侨

华侨是辛亥革命、建立民国的有功之臣，新建立的革命政府并未忘记华侨为革命立下的丰功伟绩。1912 年 3 月 1 日，中华民国临时政府大总统孙中山颁发旌义状，褒奖对革命有功之士一千数百人，其中有许多为华侨，仅就所知，旌义状颁给美洲华侨邓荫南、李是男、黄芸苏、冯自由、黄三德、张蔼蕴、萧雨滋、黄伯耀、李绮庵、朱卓文、赵昱、郑占南、唐琼昌、梅乔林、梅光培等多人；颁给南洋华侨张水福、郑螺生、李源水、林义顺、周献瑞、李笃宾、温庆武、陈新政、沈联芳、许柏轩、徐赞周、何荫三、梁墨庵、林镜秋、陈信藩、潘叔谦等多人及一些华侨书报社。①

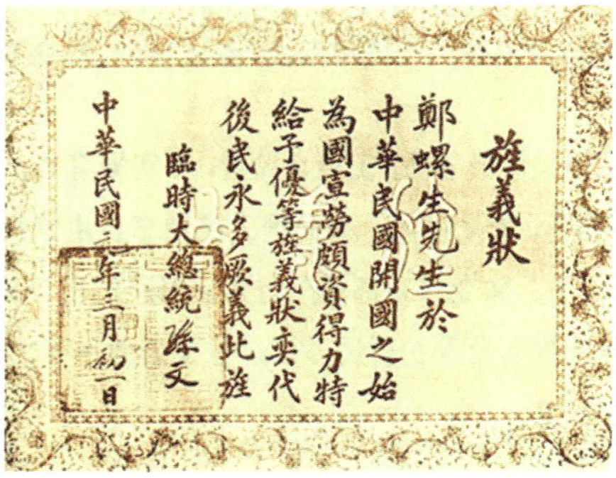
旌義狀
鄭螺生先生於
中華民國開國之始
為國宣勞頗資得力特
給予優等旌義狀奕代
後民永多厥義此旌
臨時大總統孫文
中華民國元年三月初一日

孙中山给郑螺生的旌义状，表彰其“为国宣劳，颇资得力”

图片来源：《南洋筹饷：广州博物馆藏孙中山及其同志有关筹饷手札集》，第 67 页。

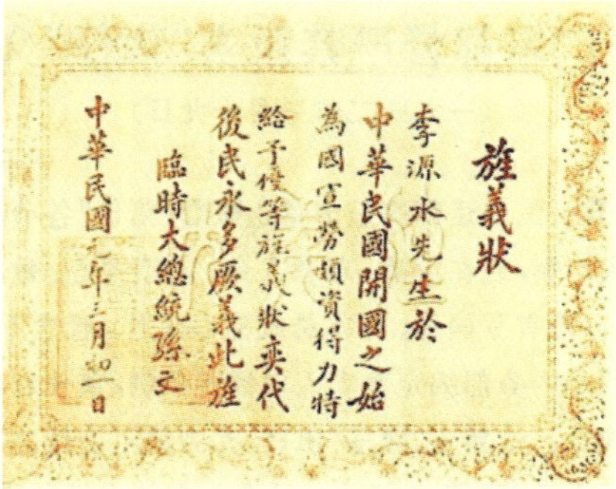
旌義狀
李源水先生於
中華民國開國之始
為國宣勞頗資得力特
給予優等旌義狀奕代
後民永多厥義此旌
臨時大總統孫文
中華民國元年三月初一日

孙中山给李源水的旌义状，表彰其“为国宣劳，颇资得力”

图片来源：《南洋筹饷：广州博物馆藏孙中山及其同志有关筹饷手札集》，第 65 页。

① 任贵祥：《孙中山与华侨》，哈尔滨：黑龙江人民出版社，1998 年，第 342 页。

（三）批准成立中国最早的全国性华侨组织——华侨联合会

1912 年初，归国的华侨代表云集沪上，相聚而谋。他们商议决定创建华侨联合会，以此沟通华侨与民国政府之间的关系，一方面针对政府，欲补助其建设，另一方面为华侨谋未来之幸福。决议之后，他们立即进行了紧张的筹备工作。首先，他们租借了上海奥华楼作为暂时机关，处理日常事务；然后各代表分头工作，其中吴世荣、徐瑞霖被派赴南京，面谒临时大总统孙中山，直接汇报筹组华侨联合会的意图，得到积极支持。1912 年 1 月 26 日，以孙中山为首的南京临时政府采纳了海外华侨代表关于组织华侨联合会的请求，经总统府批转，由内务部审核批准立案。同年 2 月，华侨联合会在上海召开大会，正式宣告成立。通过选举，初步建成了华侨联合会的组织机构，如下所示：

评议长： 林文庆
评议员： 陈载之、张永福、冯自由、王少文、吴金发、蒋玉田、李锦堂、方遒山、缪安光、何剑飞
庶务科： 马聘三、吴应培
会议科： 庄啸国、徐瑞霖
书记科： 谢碧田、白蘋洲
调查科： 蒋逸波、卢治三、周育文、李竹舫

华侨联合会欢迎代表团合影
图片来源：《华侨参政权全案》。

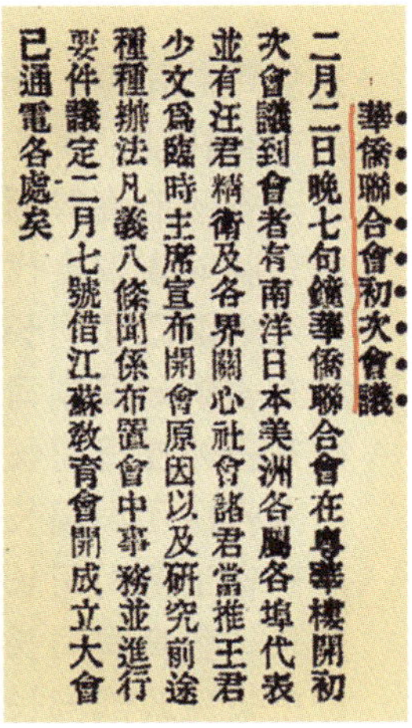
華僑聯合會初次會議
二月二日晚七句鐘華僑聯合會在粵華樓開初次會議到會者有南洋日本美洲各屬各埠代表並有汪君精衛及各界關心社會諸君當推王君少文爲臨時主席宣布開會原因以及研究前途種種辦法凡議八條關係布置會中事務並進行要件議定二月七號借江蘇教育會開成立大會已通電各處矣

《华侨联合会初次会议》
图片来源：《申报》，1912 年 2 月 4 日第 7 版。

（四）聘任华侨在各级政府任职

中华民国临时政府成立后，在孙中山的民国临时政府里及广东、福建各级革命（军）政府中有不少华侨任职。据不完全统计，由孙中山直接委任或由其批准在民国临时政府任职的华侨有：

司法总长：伍廷芳（新加坡）
总统府秘书：冯自由（日本）、余森即、梅乔林、刘鞠可、张蔼蕴、温雄飞
总统府庶务处处长：朱卓文
一科主任：黄俊三
三科主任：林朝汉
庶务员：王棠
大总统卫队队长：夏百子
总统府副官：雷祝三、李达贤、伍横贯、朱本夫、邝灼、邝桓
全国铁路督办公署顾问：黄三德
内务部卫生司司长：林文庆（新加坡）
外交部商务司司长：冯自由
国民政府临时稽勋局局长：冯自由
中华民国陆军部飞机队队长：李绮庵

在地方革命（军）政府任职的华侨有：

光复军总司令、长江水师总司令：车柱中（印尼）
广东宣托使：黄芸苏、张蔼蕴（由大总统委任）
广东省政府高等顾问兼临时参议会副议长：卢信
广东临时省议会代议士（参议员）：赵昱、温雄飞、李思辕
广东省财政司司长：李煜堂
广东省财政司副司长：廖仲恺（不久后接任司长）
广东省外交司司长：罗浮辉
广东省民团局局长：黄世仲（新加坡）
广东省工务司司长：程天斗
广东省教育司司长：钟荣光
广东省民政部部长兼广东省警察厅厅长：陈景华（暹罗）
广东阳江民军总司令：李萁（李祺礽）
广东新安民军总监督、开平民团总长：邓荫南
广东民军第四军参军：黄作周（暹罗）
广东潮州民军标统：陈涌波（暹罗）

广东惠州民军统领：王和顺（越南）
广东顺字军统制：黄明堂（越南）
福建省政府顾问、厦门参事会议长兼副财政长：庄银安（暹罗）
福建省交通司司长兼筹饷局总办：黄乃裳（马来亚）
（以上未专门注明者均为美国华侨）①

1. 民国临时政府司法总长伍廷芳

伍廷芳（1842—1922），新加坡爱国归侨，出生于新加坡，祖籍广东新会。3岁随父回广州芳村定居，早年入香港圣保罗书院，毕业后任香港高等审判庭及地方法院翻译。1874年自费留学英国，入伦敦学院攻读法学，获博士学位及大律师资格，成为中国近代第一个法学博士。后回香港任律师，成为香港立法局第一位华人议员。洋务运动开始后，于1882年起在清政府任职，处理外交事务，修订法律，两任驻美国、墨西哥、秘鲁等国公使，参与中法谈判、马关谈判等，签订《中墨通商条约》。曾先后任清政府商部、外务部、刑部侍郎。辛亥革命爆发后，毅然投身革命阵营，先后任沪军都督府交涉总长、中华民国外交总长、辛亥南北议和南方全权代表、南京临时政府司法总长等职，主持辛亥革命初期的对外交涉，参与南北议和，为辛亥革命的胜利做出了积极的贡献，并为维护资产阶级的政治、法律原则进行了努力。② 1922年，陈炯明叛变时，伍廷芳因惊愤成疾，逝世于广州。著有《美国视察记》《中华民国图治刍议》等。

伍廷芳

图片来源：《“三世”外交家伍廷芳》，第3页。

1911年南北议和中的伍廷芳（右）和唐绍仪（左）。当时伍廷芳是孙中山委任的南方全权代表，唐绍仪是袁世凯委任的北方全权代表。历经45天的艰难谈判，南北双方最终达成协议：清帝退位，孙中山让位袁世凯

图片来源：《“三世”外交家伍廷芳》，第178页。

① 任贵祥：《孙中山与华侨》，哈尔滨：黑龙江人民出版社，1998年，第349－350页。
② 李学智：《辛亥革命中的伍廷芳》，《天津师大学报》（社会科学版）1998年第3期。

2. 民国临时政府外交部商务司司长冯自由

冯自由（1882—1958），原名冯懋龙，日本爱国华侨，1882 年出生于日本横滨，祖籍广东南海。1895 年，在日本横滨跟随父亲及叔父加入兴中会，年仅 14 岁，是年龄最幼的会员。1900 年，入东京早稻田大学学习，与郑贯一等人创办《开智录》半月刊，鼓吹革命，与《清议报》对垒。1903 年，入横滨洪门三合会，被封为“草鞋”（即将军），并奉孙中山之命联络在日本的革命志士。1905 年，是日本首批加入中国同盟会的人，不久和李自重、陈少白等人共同组织中国同盟会香港分会。1906 年，升任中国同盟会香港分会会长、中国日报社社长兼总编辑，组织中国南方的革命活动，联系海外交通，直接参与筹划指挥中国西南各省历次起义。1910 年夏，赴加拿大，任温哥华《大汉日报》总撰述，兼美国旧金山《大同日报》笔政，鼓吹反清，扩充队伍，和保皇党报纸论战。1911 年初，孙中山来到加拿大，冯自由奉命组建中国同盟会加拿大支部，任支部长，为黄花岗起义筹到巨额经费。1911 年武昌起义后，被推举为旅美华人革命党总代表回到中国，协助组建南京临时政府。1912 年，南京临时政府成立，出任孙中山临时大总统的机要秘书、外交部商务司司长、临时政府稽勋局局长。1913 年二次革命爆发后，在北京一度被袁世凯的军警逮捕。二次革命后，逃离北京赴日本，任华人联合会会长，支持孙中山建立中华革命党，并任中华革命党党务部副部长。1923 年，孙中山改组中国国民党，指派冯自由为中国国民党临时中央候补执行委员兼常务委员。1924 年 1 月，中国国民党第一次全国代表大会在广州召开，冯自由被指定为大会宣言审查委员会委员。

冯自由

图片来源：《冯自由回忆录：革命逸史》（上册）。

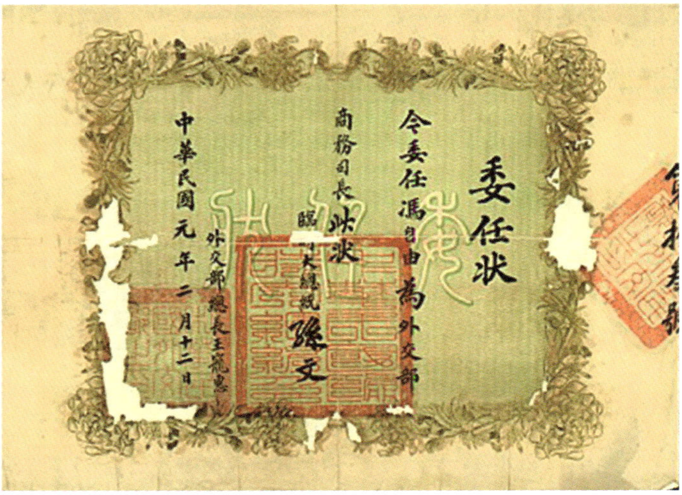

1912 年孙中山委任冯自由为外交部商务司长的委任状

图片来源：《孙中山委任冯自由（1882—1958）为外交部商务司长的委任状》，东方网，http：//shszx. eastday. com/node2/node4810/node5210/node5214/node3/index8. html。

3. 民国临时政府内务部卫生司司长林文庆

林文庆（1869—1957），新加坡爱国华侨，祖籍福建海澄。童年曾在新加坡福建会馆开设的书院读四书五经。后升入新加坡莱士学院学习。1887年因学习成绩优异荣获英女皇奖学金，留学于英国爱丁堡大学医学院。1892年获得医学内科学士与外科硕士学位。1893年，创办新加坡第一所女子学校。1904年创办英皇爱得华医学院，被授名誉院士。1897年，创办新加坡重要知识杂志《海峡华人》。1906年2月，加入了孙中山在新加坡组织的同盟会。曾任新加坡立法院华人议员、市政府委员、内务部顾问，新加坡中华总商会副会长。1912年应孙中山电召回国，任孙的秘书和医生，旋又任临时政府内务部卫生司司长。1916年出任外交部顾问。1920年与黄奕住等合资创建和丰银行和华人保险公司，成为新马华人金融业的先驱。1921年4月，陈嘉庚创办厦门大学，林文庆受陈嘉庚之邀，任厦门大学校长17年，其间辛勤筹划，呕心沥血。经多年努力，开创厦大辉煌历史，使厦大成为华南最高学府，桃李春风，人才济济。1937年厦大改为“国立”，林文庆返回新加坡。1941年，在日寇的刺刀下，违心接受“华侨协会”会长的职务。战后，他对此深感内疚，闭门谢客。1957年1月1日，林文庆病逝于新加坡，享年88岁。他临终遗嘱：将他五分之三的遗产和鼓浪屿的别墅故居捐献给厦门大学。

林文庆

图片来源：《林文庆的思想：中西文化的汇流与矛盾》（插图）。

4. 广东省财政司司长廖仲恺

廖仲恺（1877—1925），美国爱国归侨，广东惠州人，1877年4月23日出生于美国旧金山。1893年，因父亲廖竹宾在旧金山病故，随母亲回到中国广州，投奔时任清政府招商局总办的叔父廖志岗。1896年就读于香港皇仁书院。1904年3月，考入早稻田大学经济预科学习，既而入中央大学政治经济科学习，并与有志青年相互激励，萌发了反清革命思想。1905年廖仲恺、何香凝夫妇协助孙中山建立了中国同盟会，并先后入会。廖仲恺担任同盟会总部的副会计长和外务部干事、外务部副部长，1909年在日本中央大学毕业后回国，考取法政科举人，在吉林巡抚处任翻译。1911年，广东独立之初，任财政司副司长，继而接任司长。他一上任首先遇到的最大问题是财政困难，为

廖仲恺

图片来源：《纪念廖仲恺何香凝（图册）》（插图）。

此他组织各阶层公民和海外华侨捐款，成立筹饷局发行债券，整顿旧币制、发行新纸币、稳定金融市场等紧急措施，暂时缓解了财政困难。尤其是在孙中山的支持下，廖仲恺实施并贯彻了“平均地权”的纲领。他任财政司司长不久，即提出一项极为重要的经济改革措施——推行地价税契法案。这一措施得到了孙中山的支持，却遭到封建守旧势力的顽固阻挠和反对。此项改革方案出台后，廖仲恺克服旧势力的重重阻挠，坚持贯彻实施，但不久因袁世凯当权，半途而废。廖仲恺在广东革命政权建立后，为争取广东财政状况的稳定与好转、巩固和建设广东新生的民主共和政权，付出了艰苦的努力并做出了重要的贡献。

第一次护法时期的孙中山（左）与廖仲恺（右）

图片来源：《廖仲恺故事》，第 60 页。

5. 福建省交通司司长黄乃裳

黄乃裳

图片来源：《黄乃裳传：维新志士·拓荒者·革命党人》（插图）。

黄乃裳（1849—1924），马来亚爱国华侨，福建省闽清县人。1900 年率领 1 000 多位农民拖家带口、漂洋过海开发马来亚沙捞越诗巫地区，开创了令人震撼的诗巫“新福州”。东南亚一带华人至今仍尊称黄乃裳为“港主”，诗巫建有黄乃裳公园、乃裳学校、乃裳路等以为纪念。1906 年 6 月于新加坡，在孙中山的亲自主持下加入同盟会，在国内外各地宣传革命，抨击康、梁的保皇说。1907 年参与策划了潮州黄冈起义。1909 年，清政府开始推行立宪，福建成立了福建省咨议局，黄乃裳被推举为常驻议员，也是当时咨议局议员中唯一一位同盟会会员。武昌起义时，黄乃裳正任福建英华、福音、培元三书院教务长，他闻讯后将三院部分学生编组成爆弹队，为光复福建做准备。福州光复后，1911 年 11 月 11 日，中华民国军政府都督府（福建军政府）成立，黄乃裳任交通司司长兼筹饷局总办等职。当时革命（军）政府财政极其困难，他便以个人名义，通电南洋各埠请求援助，得到华侨汇款 70 多万元。1911 年 12 月孙中山当选为临时大总统，黄乃裳以“老友”的名义致电祝贺。1920 年 12 月 1 日，孙中山在广州重组军政府，黄乃裳应邀出任元帅府高等顾问。1924 年 7 月，因肝病回闽清休养，9 月 22 日病逝于闽清城关梅城镇。

福建军政府全体成员，第三排左二为黄乃裳

图片来源：《黄乃裳传：维新志士·拓荒者·革命党人》（插图）。

6. 广东省民政部部长兼警察厅厅长陈景华

陈景华（1863—1913），暹罗（今泰国）爱国归侨，广东珠海南屏村人。1903 年作为清王朝的逆臣逃亡至东南亚华侨主要聚居地暹罗，积极宣传孙中山的革命思想，组织革命活动。1908 年，在曼谷创办了第一张宣传革命的《美南日报》，后又与萧佛成合力，创办新的《华暹日报》（后改为《华暹新报》），与保皇派进行激烈的斗争。1908 年 11 月，孙中山亲临暹罗，创立同盟会曼谷分会，《华暹新报》被定为同盟会的机关报，陈景华任分会书记，受到孙中山的器重和信任。1910 年，陈景华取道新加坡准备回国参加反清斗争，由于身遭通缉，便在香港以洋行买办身份从事地下活动，为同盟会南方支部建立了一个安全可靠的通信联络处，同时还参与营救革命党人的活动。广东革命（军）政府建立后，出任第一任警察厅厅长。面对省府百废待兴、社会治安混乱局面，他大刀阔斧地进行整顿和改革，果断采取措施：整顿警吏、镇压盗匪、革除

陈景华

图片来源：《清末广东巡警总局：1903 年广东的现代警察建立》，搜狐网，http：//history. sohu. com/20140605/n400459444_1. shtml。

陋习弊端、实施新政。陈景华在广东雷厉风行地扫除封建制度的残规陋习，推行资产阶级的司法制度，政绩突出。二次革命失败后，袁世凯派爪牙龙济光主政广东。陈景华暗中与革命党人朱执信策谋讨伐龙济光，为袁世凯的爪牙所侦知。1913 年二次革命失败后，袁世凯密令龙济光将其杀害。1931 年国民政府为陈景华立碑纪念。

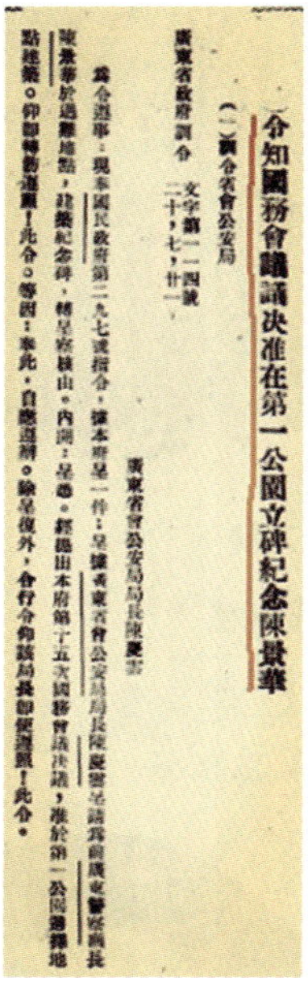

令知國務會議議決准在第一公園立碑紀念陳景華

(二)訓令省會公安局

廣東省政府訓令 文字第一一四號 二十，七，廿一

令廣東省會公安局局長陳慶雲

為令遵事：現奉國民政府第二九七號指令，據本府呈一件：呈據省會公安局局長陳慶雲呈請轉請褒揚前廣東警察廳長陳景華於遇難地點，建築紀念碑，轉呈察核由。內開：呈悉。經提出本府第十五次國務會議決議，准於第一公園擇地點建築。仰即轉飭遵照！此令。等因；奉此，自應遵辦。除呈復外，合行令仰該局長即便遵照！此令。

《令知国务会议议决准在第一公园立碑纪念陈景华》

图片来源：《广东省政府公报》1931 年第 160 期。

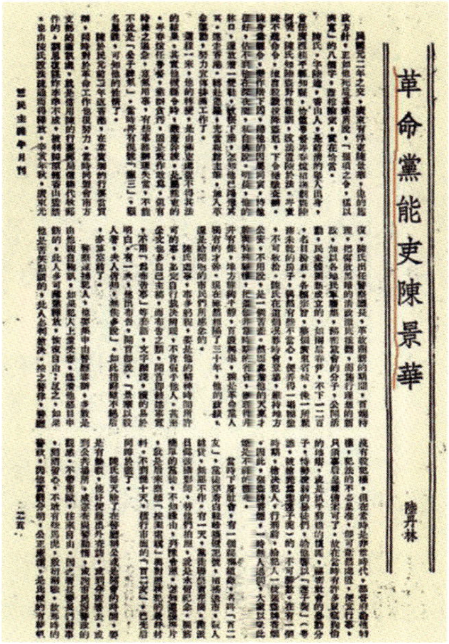

革命黨能吏陳景華

陸丹林

《革命党能吏陈景华》

图片来源：《三民主义》半月刊 1945 年第 4 卷第 10 期。

二、孙中山担任广东革命政府大元帅时期的侨务活动

（一）颁发保护华侨法规

孙中山担任南京临时政府临时大总统时，曾计划在内政部下设置一个专门管理华侨事务的行政机构，但因这一任职时间太短，其设想直到 1923 年重新组织广东革命政府，建立陆海军大元帅大本营后才成为事实。1923 年 12 月，大本营内务部侨务局成立，首任局长为陈树人。孙中山任陆海军大元帅时期，还颁布

《侨务局章程》。根据《侨务局章程》及《侨务局办事细则》等规定，侨务局的主要职能有：保护回国华侨；办理华侨子弟回国就学问题；保护旅外华侨之内地家属人身及财产权益；引导华侨回国游历及招待；提倡并奖励华侨回国兴办实业；鼓励华侨举办慈善公益事业；介绍华侨有关中外产品贸易；襄办华侨选举国会议员；办理海外华侨教育及学校注册；保护海外华侨设立的商业会及其他公共团体；调查华侨生活、职业情状以及户口、国籍等问题；处理华侨内部之纠纷；协助劳工前往海外及负责向华侨募捐；调查保护华侨工商业等事项。政策还规定，侨务局在负责处理上述各项事宜时，若遇有如“华侨遭洋人凌辱，财产被侵占等重大问题无法单独处理时”，应“斟酌情形呈由内政部长”，或由“内政部长咨商外文部及驻外领事馆”共同处理，“有关方面不得推运不办”。为了确保侨务局能切实担负各项职能，孙中山还颁布了《侨务局办事细则》，进一步规定了侨务局公务人员的具体职责及办事规则，从而保证各项侨务政策、法规的具体贯彻执行。

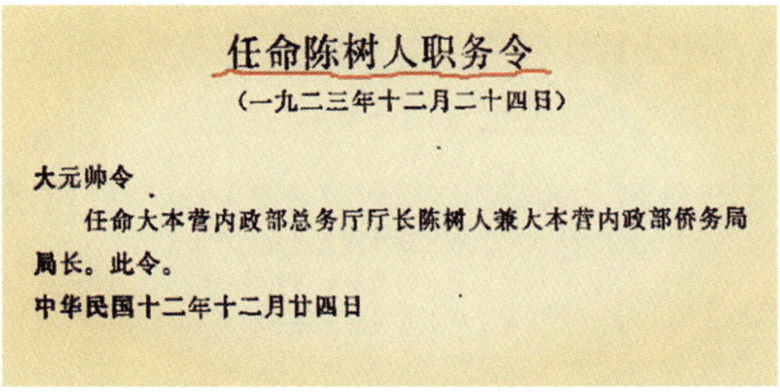
任命陈树人职务令

（一九二三年十二月二十四日）

大元帅令

任命大本营内政部总务厅厅长陈树人兼大本营内政部侨务局局长。此令。

中华民国十二年十二月廿四日

孙中山任命大本营内政部总务厅厅长陈树人兼大本营内政部侨务局局长令

图片来源：《孙中山全集》（第8卷），第553页。

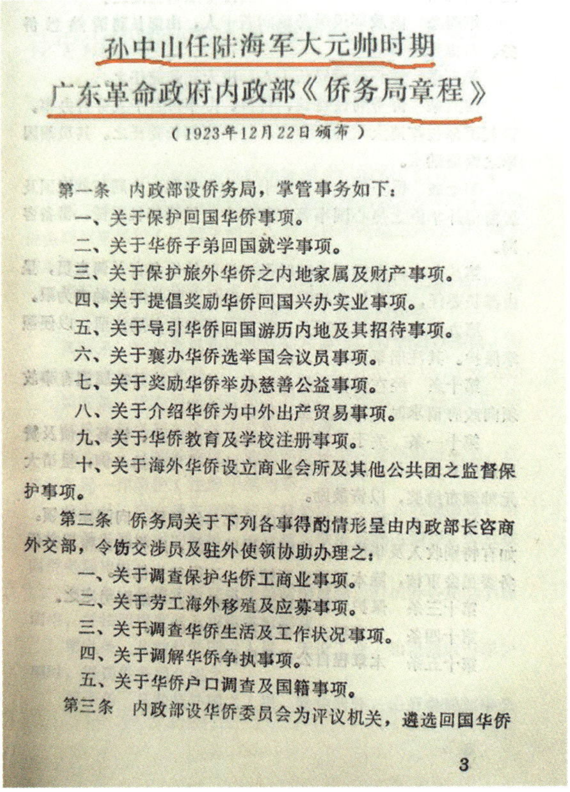
孙中山任陆海军大元帅时期

广东革命政府内政部《侨务局章程》

（1923年12月22日颁布）

第一条　内政部设侨务局，掌管事务如下：

一、关于保护回国华侨事项。

二、关于华侨子弟回国就学事项。

三、关于保护旅外华侨之内地家属及财产事项。

四、关于提倡奖励华侨回国兴办实业事项。

五、关于导引华侨回国游历内地及其招待事项。

六、关于襄办华侨选举国会议员事项。

七、关于奖励华侨举办慈善公益事项。

八、关于介绍华侨为中外出产贸易事项。

九、关于华侨教育及学校注册事项。

十、关于海外华侨设立商业会所及其他公共团之监督保护事项。

第二条　侨务局关于下列各事得酌情形呈由内政部长咨商外交部，令饬交涉员及驻外使领协助办理之：

一、关于调查保护华侨工商业事项。

二、关于劳工海外移殖及应募事项。

三、关于调查华侨生活及工作状况事项。

四、关于调解华侨争执事项。

五、关于华侨户口调查及国籍事项。

第三条　内政部设华侨委员会为评议机关，遴选回国华侨

3

孙中山任陆海军大元帅时期广东革命政府内政部《侨务局章程》（1923年12月22日颁布）

图片来源：《华侨与侨务史料选编（广东）2》，第3页。

《内政部侨务局保护侨民专章》是孙中山任陆海军大元帅时期颁布的另一部侨务法规，其中规定：“中华民国人民旅居

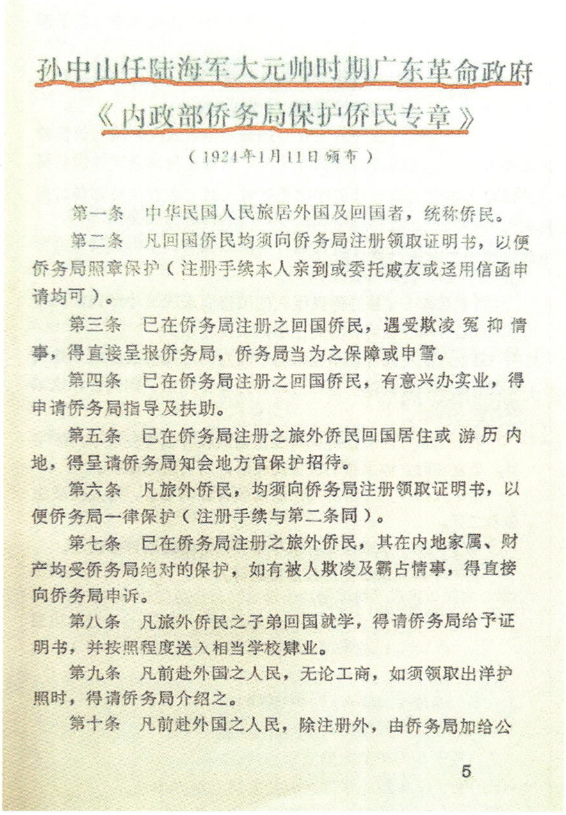

孙中山任陆海军大元帅时期广东革命政府
《内政部侨务局保护侨民专章》

（1924年1月11日颁布）

第一条　中华民国人民旅居外国及回国者，统称侨民。

第二条　凡回国侨民均须向侨务局注册领取证明书，以便侨务局照章保护（注册手续本人亲到或委托戚友或迳用信函申请均可）。

第三条　已在侨务局注册之回国侨民，遇受欺凌冤抑情事，得直接呈报侨务局，侨务局当为之保障或申雪。

第四条　已在侨务局注册之回国侨民，有意兴办实业，得申请侨务局指导及扶助。

第五条　已在侨务局注册之旅外侨民回国居住或游历内地，得呈请侨务局知会地方官保护招待。

第六条　凡旅外侨民，均须向侨务局注册领取证明书，以便侨务局一律保护（注册手续与第二条同）。

第七条　已在侨务局注册之旅外侨民，其在内地家属、财产均受侨务局绝对的保护，如有被人欺凌及霸占情事，得直接向侨务局申诉。

第八条　凡旅外侨民之子弟回国就学，得请侨务局给予证明书，并按照程度送入相当学校肄业。

第九条　凡前赴外国之人民，无论工商，如须领取出洋护照时，得请侨务局介绍之。

第十条　凡前赴外国之人民，除注册外，由侨务局加给公

5

《孙中山任陆海军大元帅时期广东革命政府〈内政部侨务局保护侨民专章〉》（1924 年 1 月 11 日颁布）

图片来源：《华侨与侨务史料选编（广东）2》，第 5 页。

外国及回国者，统称侨民”，“凡回国侨民均须向侨务局注册领取证明书，以便侨务局照章保护”，“凡旅外侨民，均须向侨务局注册领取证明书，以便侨务局一律保护”。孙中山先生提出的“侨民”的定义有如下两方面的特点：一是把旅居国外的华侨及回国的归侨皆看作侨民，而无华侨、归侨概念之分。二是强调侨民必须向侨务局注册，只要注册，就可被政府认可，享受有关侨民的待遇，得到政策与法律的照顾与保护。反之，旅居海外或回国居住的侨民未向侨务局注册的，则得不到侨务局的保护。

同时，《内政部侨务局保护侨民专章》中还规定了保护侨民的政治、财产及其他方面的权益。如规定：“已在侨务局注册之回国侨民，遭受欺凌冤抑情事，得直接呈报侨务局，侨务局当为之保障或申雪”，“已在侨务局注册之旅外侨民，其在内地家属、财产均受侨务局绝对的保护，如有被人欺凌及霸占情事，得直接向侨务局申诉”。侨务局将依法保护侨民的合法权益，侨民回国居住或游历内地、侨民子女回国升学等，皆受政府及有关部门的保护。

（二）发挥华侨在中国国民党中的重要作用

1924 年 1 月下旬，中国国民党第一次全国代表大会召开，共产党人李大钊、毛泽东、谭平山、瞿秋白和林祖涵等出席。出席这次大会的指派、推选代表共 197 人，其中华侨代表 34 人，而内地各省代表中，可以判明为华侨或者有鲜明华侨背景者尚有廖仲恺、邓泽如、冯自由、陈树人、谢英伯、孙科、方瑞麟等，加

起来约占总代表人数的20%。[①] 华侨代表在大会上分别就越南河内、澳大利亚雪梨（悉尼）、檀香山、美洲、墨西哥、加拿大、南洋芙蓉（今属马来西亚）、暹罗、菲律宾党务做了报告，并认定“本党对于华侨同志应该积极联络”，商议在上海、香港、广州等地设立海外同志招待所。[②]

选举产生的华侨代表		由孙中山指派及其他方式产生的华侨代表	
代表地区	代表姓名	代表地区	代表姓名
澳大利亚雪梨支部	黄右公	越南西贡	林永伦、赵卫平
越南支部	冯苇渔	加拿大	黄发文
加拿大支部	黄季陆	墨西哥	黄宽禄
越南河内支部	陈觉梦	南洋	陈汉子、陈鸿锐
暹罗支部	萧佛成	美国	叶崇濂
美国三藩市支部	刘芦隐	暹罗	林伯歧
菲律宾怡朗支部	杨挺秀	缅甸仰光	黄馥生
檀香山支部	刘福珠	菲律宾第二分部	梁为杰
巴城支部	李国瑞	日本东京第二支部	宋垣忠
墨西哥支部	余和鸿	西贡金瓯分部	欧家荣
芙蓉支部	肖振堂	联义分部	林达生
缅甸仰光支部	黄德源	西贡美狄分部	许英祥
西贡总支部	陈飏生	日里棉兰分部	梁如九
		西世金分部	陈有庚
		日本神户分部	刘土木
		暹罗分部	陈美堂
		菲律宾龙马总地	赵鸿、协鹏
		西贡薄寮分部	何觉非

注：以上共有华侨代表34人，还有各省选出的归侨代表，总共有40多人，约占代表总数的1/5，占与会代表的1/4。据任贵祥《孙中山与华侨》第418－419页内容制作。

① 中国人民政治协商会议广东省委员会文史资料研究委员会、广东革命历史博物馆合编：《广东文史资料·第42辑·中国国民党“一大”史料专辑》，广州：广东人民出版社，1984年，第367－370页。

② 中国第二历史档案馆编：《中国国民党第一、二次全国代表大会会议史料》（上），南京：江苏古籍出版社，1986年，第66－67页。

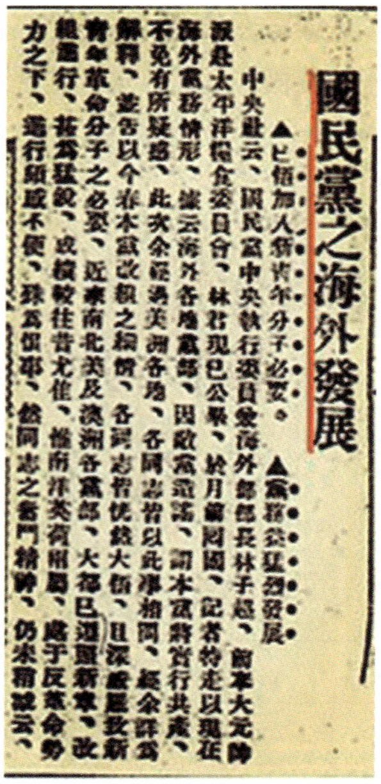

國民黨之海外發展

▲已悟加入青年分子必要

▲黨務益猛烈發展

中央社云、國民黨中央執行委員會海外部部長林子超、前奉大元帥派赴太平洋檀香委員會、林君現已公畢、於月前回國、記者特走以現在海外黨務情形、據云海外各地黨部、因敵黨造謠、謂本黨將實行共產、不免有所疑惑、此次余經過美洲各地、各國同志皆以此事相問、經余詳爲解釋、並告以今春本黨改組之經過、各同志皆恍然大悟、且深感吸收新青年革命分子之必要、近來南北美及澳洲各黨部、大都已遵照新章、改組進行、甚爲猛烈、成績較往昔尤佳、惟南洋英荷兩屬、處于反革命勢力之下、進行頗感不便、殊爲憾事、然同志之奮鬥精神、仍未稍減云、

《国民党之海外发展》

图片来源：《民国日报》，1924年12月12日第6版。

（三）创立中国国民党海外部

中国国民党发源于海外，其海外组织一向具有华侨基础，其早期组织即与华侨存在着直接关联。1894年孙中山在檀香山成立的兴中会，就有二十多个华侨。1924年，中国国民党第一次全国代表大会召开，下设各部，执行党务。但当时刚改组完成的中国国民党中央执行委员会并没有设立主管海外党务的专责单位。这与海外华侨的巨大贡献和巨大规模是不相符的。这种情形下，华侨代表提出设立海外部。[①] 国民党一大闭幕不久，即1924年2月6日，在孙中山的亲自主持下，国民党中央执行委员会举行第三次会议，会议通过《海外党务方案》，“议决依据海外代表谈话会之结果，于中央执行委员会增设海外部，统辖海外加拿大、三藩市、古巴、檀香山、墨西哥、澳洲、菲律宾、安南、暹罗、缅甸、日本、香港、南洋、英国、印度、南美、法国、南非等十八个总支部”。[②] 2月15日，中国国民党海外部正式成立。第一任部长由国民党资深人物林森担任。

林森

图片来源：《林森传》（插图）。

国民党海外部首任部长林森

林森（1868—1943），近代著名政治家，福建闽侯县人。早年加入兴中会，中国同盟会成立时率会加盟。辛亥革命时，领导九江起义，并促海军反正，派兵援鄂、皖，稳定革命大局，被举为民国开国参议院议长。二次革命失败后于12月赴日本。1914年在东京加入中华革命党。后离日本赴美洲，开展筹饷和党务活动。1916年7月离美回国，担任过大元帅府外交部部长、参议院院长兼宪法会议议长等职。1921年1月任非常国会议长。1922年出任福建省省长。1923年10月在广州召开中国国民党改组会议，负责国民党改组事宜。1924年1月国民党一大在广州举行，被选为中央执行委员，并任命为国民党海外部部长。

① 陈国威：《1924—1945年国民党海外部与侨务工作考论》，《华侨华人历史研究》2008年第3期。

② 《中华民国史事纪要（初稿）》［中华民国十三年（1924）］，第369－370页。

国民政府的侨务工作

南京国民政府建立后，在侨务工作方面制定了一系列的政策，采取了必要的措施，取得了一定的成效。如改组侨务机构；制定维护海外华侨权益的法令和条例；重视吸引华侨资本，鼓励他们回国兴办实业；特别注重侨民的教育问题。到抗战时期，国民政府的侨务政策更加灵活务实，侨务工作成效显著。如大力加强对华侨的宣传教育工作，激发其民族意识，并向华侨筹资募款，鼓励华侨回国兴办实业，开展救侨护侨工作，妥善安置归国难侨，继续发展华侨教育等，皆为抗战时期侨务工作的主要内容。正是由于国民政府重视侨务工作，制定了比较务实的侨务政策，并为调动华侨抗战的积极性采取了多种有力措施，从而增强了华侨与祖国之间的向心力，使得他们积极参加抗日救亡运动，对祖国的贡献超过历史上任何一个时期。[①]

一、华侨的参政议政权得到进一步发展

部分南京国民政府委员合影（1927 年 4 月）。左一为归侨胡汉民，右二为美洲华侨邓泽如

图片来源：《良友画报》1927 年第 16 期。

华侨参政权在北洋政府时期得到初步确立。1912 年 5 月 17 日北京临时参议院通过了予以华侨参政权的审议，同年 8 月的《中华民国国会组织法》中，华侨获得参议院参议员的名额。1927 年南京国民政府成立后，国家现代政体确立，华侨的参政议政权得到了进一步的发展。一些长期居留海外的华侨也直接参政，管理国家事务，如国民政府委员、美洲华侨邓泽如。一些归侨如孙科、宋子文、胡汉民、陈树人等分别在中央和地方政府任职。国民政府在 1931 年公布的《国民会议组织法》和 1938 年《国民参政会组织条例》中，均规定海外华侨有代表名额。在 1947 年 1 月公布的《中华民国宪法》中，明确规定国民大会、立法院及监察院均有华侨代表名额。相对于北洋政府时期华侨只能当选参议员，海外华侨参政议政权在国民政府时期得到法制化和制度化的发展。

① 包爱芹：《1925—1945 年国民政府侨务政策及工作述论》，《华侨华人历史研究》2000 年第 2 期。

（一）国民会议与华侨代表

1931 年 4 月，国民政府公布《国民会议组织法》，第一条规定："国民会议由各省市之职业团体、中国国民党及蒙古、西藏、海外华侨所选出之代表组织之。"《国民会议代表选举法》规定："本次国民会议代表共计 520 名，由各省选出者 450 人，各市选出者 22 人，蒙古选出 12 人，西藏选出 10 人，在外华侨选出 26 人。"[1] 在《国民会议代表选举法施行法》第十一条之海外华侨代表选举办法中规定，在外华侨选举国民会议代表之团体及其资格，由选举总监督委托该地中国国民党党部或中华会馆、中华公所按既定条件调查之，造册报告选举总监督核定。[2] 1931 年 5 月 5 日，筹备数月的国民会议在南京举行。

国民会议开幕

图片来源：《良友画报》1931 年第 59 期。

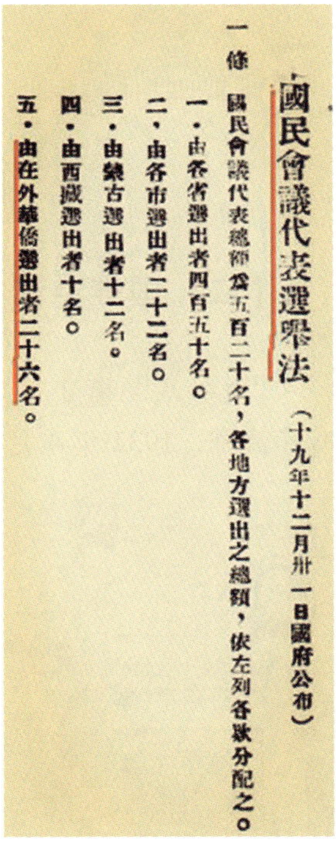

國民會議代表選舉法（十九年十二月卅一日國府公布）

一條 國民會議代表總額爲五百二十名，各地方選出之總額，依左列各欵分配之。

一、由各省選出者四百五十名。

二、由各市選出者二十二名。

三、由蒙古選出者十二名。

四、由西藏選出者十名。

五、由在外華僑選出者二十六名。

《国民会议代表选举法》（其中第五条规定：由在外华侨选出者二十六名）

图片来源：《广东省政府公报》1931 年第 143 期。

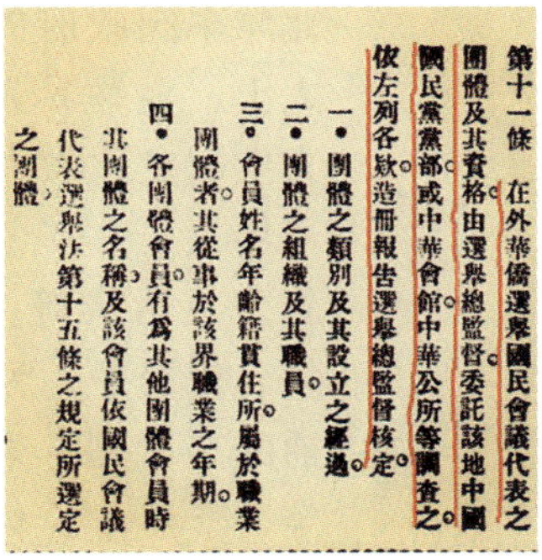

第十一條 在外華僑選舉國民會議代表之團體及其資格由選舉總監督委託該地中國國民黨黨部或中華會館中華公所等調查之依左列各欵造冊報告選舉總監督核定

一、團體之類別及其設立之經過

二、團體之組織及其職員

三、會員姓名年齡籍貫住所屬於職業團體者其從事於該界職業之年期

四、各團體會員有爲其他團體會員時其團體之名稱及該會員依國民會議代表選舉法第十五條之規定所選定之團體

《国民会议代表选举法施行法》第十一条之海外华侨代表选举办法

图片来源：《新闻周报》1931 年第 8 卷第 6 期。

① 《国民会议代表选举法》，《广东省政府公报》1931 年第 143 期。

② 《国民会议代表选举法施行法》，《新闻周报》1931 年第 8 卷第 6 期。

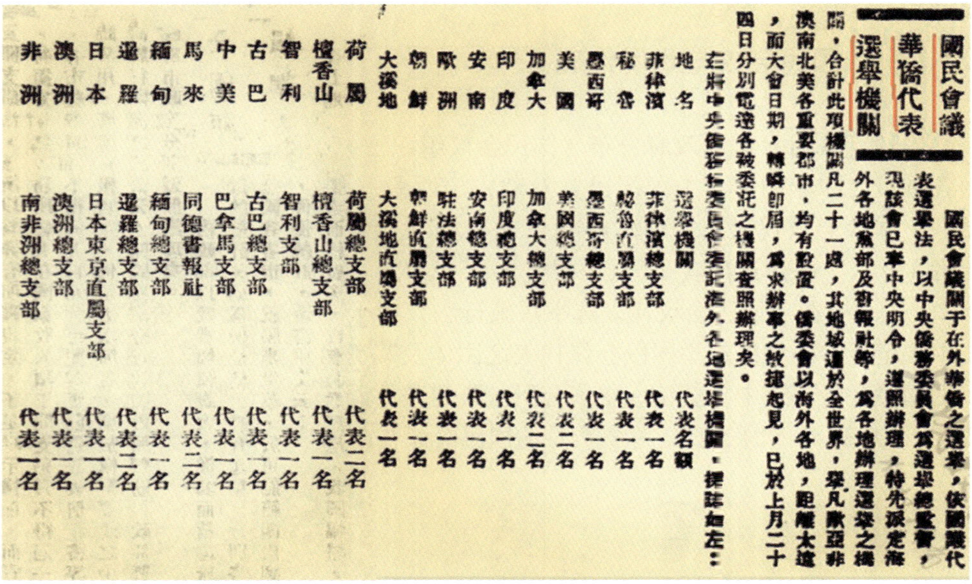

國民會議華僑代表選舉機關

國民會議關于在外華僑之選舉，依國民代表選舉法，以中央僑務委員會爲選舉總監督，茲該會已奉中央明令，遵照辦理，特先派定海外各地黨部及書報社等，爲各地辦理選舉之機關，合計此項機關凡二十一處，其地域遍於全世界，舉凡歐亞非澳南北美各重要都市，均有設置。僑委會以海外各地，距離太遠，而大會日期，轉瞬即屆，爲求辦事之敏捷起見，已於上月二十四日分別電達各被委託之機關查照辦理矣。茲將中央僑務委員會委託海外各地選舉機關，探誌如左：

地名	選舉機關	代表名額
菲律濱	菲律濱總支部	代表一名
秘魯	秘魯直屬支部	代表一名
墨西哥	墨西哥總支部	代表一名
美國	美國總支部	代表二名
加拿大	加拿大總支部	代表二名
印度	印度總支部	代表一名
安南	安南總支部	代表一名
歐洲	駐法總支部	代表一名
朝鮮	朝鮮直屬支部	代表一名
大溪地	大溪地直屬支部	代表一名
荷屬	荷屬總支部	代表二名
檀香山	檀香山總支部	代表一名
智利	智利支部	代表一名
古巴	古巴總支部	代表一名
中美	巴拿馬支部	代表一名
馬來	同德書報社	代表二名
緬甸	緬甸總支部	代表一名
暹羅	暹羅總支部	代表二名
日本	日本東京直屬支部	代表一名
澳洲	澳洲總支部	代表一名
非洲	南非洲總支部	代表一名

《国民会议华侨代表选举机关》

图片来源：《中央周刊》1931 年第 143 期。

（二）国难会议与华侨代表

“九一八”事变后，举国上下群情激奋，要求国民政府改革内政、实行民主的呼声高涨。1932 年 4 月，国民政府在临时首都洛阳召开国难会议，讨论御侮、救灾、绥靖各事宜。国难会议会员人选，有旧北洋系军人、北洋军阀政府的政要、外交人士、金融界人士、工商界人士、文化教育界人士、交通界人士、华侨领袖、满蒙王公及活佛等。与会的 400 多名代表中，为海外华侨领袖的有尤烈、朱兆莘、李清泉、李煜堂、林文庆、颜福庆、林义顺、胡文虎、陈安仁、陈少白、陈嘉庚、冯自由、黄伯耀、张永福、杨寿彭、卢信、欧阳南、关崇颖

国难会议代表转赴南京中山陵谒陵

图片来源：《时事月报》1932 年第 5 期。

等人。[①] 1932 年 4 月召开的国难会议突破了议题限制范围，大多数代表提出了改革政治制度案，包括召开国民大会与实行宪政案、设立训政时期民意机关案等。[②]

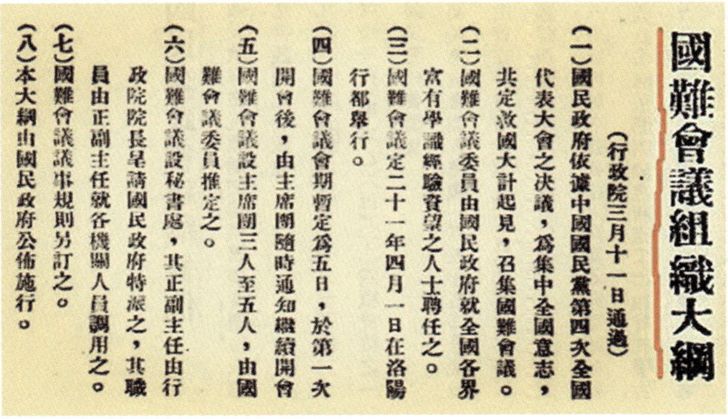
國難會議組織大綱
(行政院三月十一日通過)
(一)國民政府依據中國國民黨第四次全國代表大會之決議，爲集中全國意志，共定救國大計起見，召集國難會議。
(二)國難會議委員由國民政府就全國各界富有學識經驗資望之人士聘任之。
(三)國難會議定二十一年四月一日在洛陽行都舉行。
(四)國難會議會期暫定爲五日，於第一次開會後，由主席團隨時通知繼續開會。
(五)國難會議設主席團三人至五人，由國難會議委員推定之。
(六)國難會議設秘書處，其正副主任由行政院院長呈請國民政府特派之，其職員由正副主任就各機關人員調用之。
(七)國難會議議事規則另訂之。
(八)本大綱由國民政府公佈施行。

《国难会议组织大纲》

图片来源：《新闻周报》1932 年第 9 卷第 12 期。

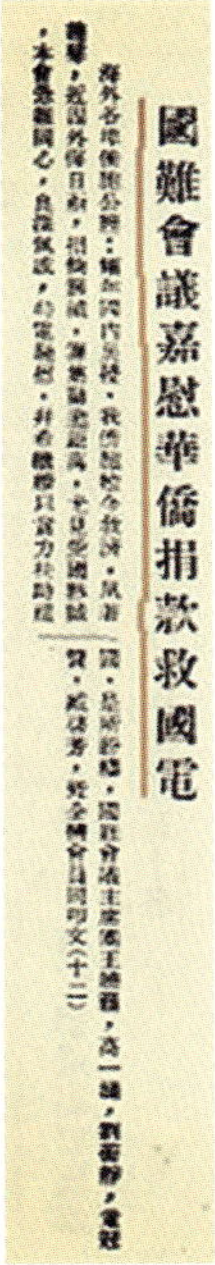
國難會議嘉慰華僑捐款救國電

《国难会议嘉慰华侨捐款救国电》

图片来源：《中央周刊》1932 年第 202 期。

（三）国民参政会与华侨国民参政员

1938 年 3 月，国民党临时全国代表大会通过决议，在“非常时期”设立国民参政会，作为战时我国最高的民意机关。4 月 7 日，国民党五届四中全会通过《国民参政会组织条例》，由国民政府公布实施。7 月 6 日，国民参政会在武汉举行第一届第一次大会，参政会正式设立。依照《国民参政会组织条例》第三条：“由曾在海外侨民居留地工作三年以上、著有信望或熟谙侨民生活情形、信望久著之人员中，选任 6 名担任国民参政员（后增至 8 名）。”依照此项规定，庄西言、陈守明、李尚铭、张振帆、李清泉、周崧、李星裼、谭赞、陈嘉庚、邝炳舜、李星衢、何葆仁、连瀛洲、司徒美堂、许生理、林庆年、李文珍、陈荣芳、冯灿利等人被选为华

① 华侨革命史编纂委员会编：《华侨革命史》（下），台北：正中书局，1981 年，第 725 页。

② 柳镛泰：《从国民会议到国民参政会——职业代表制的持续与变化》，《南京大学学报（哲学·人文科学·社会科学版）》2006 年第 3 期。

侨参政员。《国民参政会组织条例》还规定：“由曾在各重要文化团体或经济团体服务 3 年以上，著有信望或尽力国事、信望久著之人员中，遴选 50 名。”胡文虎、许文顶、高廷梓、胡兆祥、秦望山等华侨通过这一方式当选为参政员。从 1938 年国民参政会设立，到 1948 年 3 月，国民参政会历经四届，开大会 13 次，提出建议案 2 600 余件。① 国民参政会的设立，也为海外华侨提供了一个公开发表政见的场所。每届国民参政会，针对如何团结华侨问题都有大量的提案。②

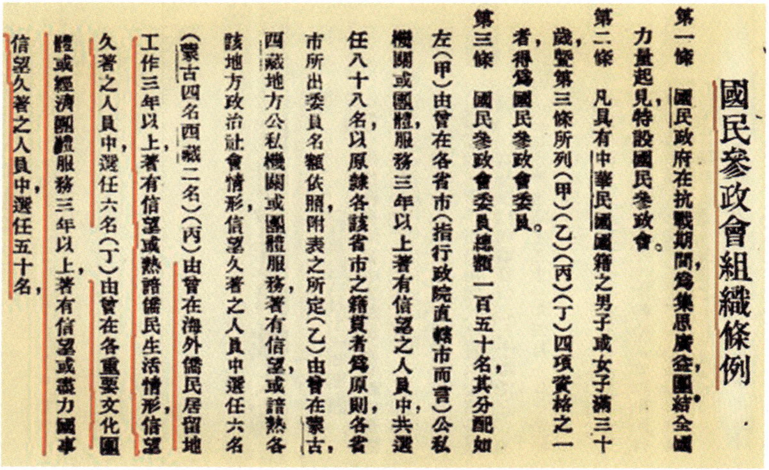

國民參政會組織條例

第一條　國民政府在抗戰期間，為集思廣益，團結全國力量起見，特設國民參政會。

第二條　凡具有中華民國國籍之男子或女子滿三十歲，暨第三條所列（甲）（乙）（丙）（丁）四項資格之一者，得為國民參政會委員。

第三條　國民參政會委員總額一百五十名，其分配如左：（甲）由曾在各省市（指行政院直轄市而言）公私機關或團體，服務三年以上著有信望之人員中，共選任八十八名，以原隸各該省市之籍貫者為原則，各省市所出委員名額依照附表之所定（乙）由曾在蒙古，西藏地方公私機關或團體服務，著有信望，或諳熟各該地方政治社會情形，信望久著之人員中選任六名（蒙古四名西藏二名）（丙）由曾在海外僑民居留地工作三年以上，著有信望或熟諳僑民生活情形，信望久著之人員中選任六名（丁）由曾在各重要文化團體或經濟團體服務三年以上，著有信望或盡力國事信望久著之人員中選任五十名，

《国民参政会组织条例》

图片来源：《东方杂志》1938 年第 35 卷第 4 号。

第一届国民参政会全体参政员合影

图片来源：人民网，http：//cpc. people. com. cn/GB/4162/64165/67447/67562/4562886. html。

---

① 陈瑞云：《国民参政会述略》，《史学集刊》1984 年第 3 期。

② 黄利新：《抗战时期的国民参政员对海外华侨的统战思想》，《华侨华人历史研究》2005 年第 3 期。

1. 华侨国民参政员陈嘉庚

陈嘉庚

图片来源：《传奇陈嘉庚》（插图）。

陈嘉庚（1874—1961），出生于中国福建同安。1890 年南渡新加坡，佐父经商。1910 年在新加坡加入中国同盟会。武昌起义后，被举为新加坡福建保安筹款委员会首任会长。在两个月内，为福建军政府和南京临时政府筹款 20 余万元。“济南惨案”发生后，新加坡成立山东惨祸筹赈会，他又被推为会长。在任期间，先后筹款 130 万余元，汇寄回国救济受害同胞。“九一八”事变后，在新加坡召开华人大会，通电国际联盟和美国总统，要求履行国际条约，制止日本侵略中国。1932 年，发动华人捐款，支持十九路军淞沪抗日。七七事变发生后，新加坡华人筹赈祖籍国伤兵难民大会（简称“星华筹赈会”）成立，被推举为主席。1938 年 10 月，出任南洋华侨筹赈祖国难民总会（简称“南侨总会”）主席。1939 年，以国民政府参政员的身份，致电在重庆召开的国民参政会第二次会议，提出“敌未出国土前言和即汉奸”的提案，表达了广大华人坚持抗战、反对投降的决心，给予国民党投降派以沉重打击。1940 年 3 月，率领南洋华侨回国慰问视察团回国慰劳抗日军民，在亲身考察了重庆与延安之后，断言“国民党蒋政府必败，延安共产党必胜”。太平洋战争爆发后，担任新加坡华人抗日敌后援会会长。1942 年 2 月，避居印度尼西亚爪哇。1945 年 10 月，抗战结束后，返回新加坡。重庆各界为他举行安全返回庆祝大会，毛泽东送了一幅“华人旗帜，民族光辉”的亲笔题词。1949 年 6 月，应毛泽东邀请，回中国参加中国人民政治协商会议第一届全体会议。1950 年 9 月，回国定居。历任中央人民政府委员，华东军政委员会副主席，第二、三届中国人民政治协商会议副主席，中央华人事务委员会、中华全国归国华人联合会主席等职。1961 年 8 月 12 日，陈嘉庚病逝于北京，终年 87 岁。

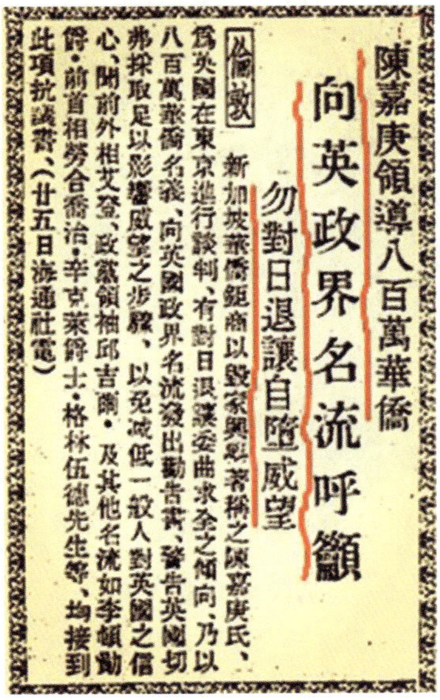

陳嘉庚領導八百萬華僑
向英政界名流呼籲
勿對日退讓自墮威望

〔倫敦〕新加坡華僑鉅商以毀家興學著稱之陳嘉庚氏、為英國在東京進行談判、有對日退讓委曲求全之傾向、乃以八百萬華僑名義、向英國政界名流發出勸告書、警告英國切弗採取足以影響威望之步驟、以免減低一般人對英國之信心、聞前外相艾登、政黨領袖邱吉爾・及其他名流如李頓勳爵・前首相勞合喬治・辛克萊爵士・格林伍德先生等、均接到此項抗議書、（廿五日海通社電）

《陈嘉庚领导八百万华侨向英政界名流呼吁　勿对日退让自堕威望》

图片来源：《申报》，1939 年 7 月 27 日第 7 版。

庄西言

图片来源：《滇缅公路的“风花雪月”之苦》，腾讯网，http：//cul. qq. com/a/20150612/047682. htm。

2. 华侨国民参政员庄西言

庄西言（1885—1965），福建南靖县人。3岁丧父，6岁母亲改嫁，由叔父抚养成人。1904年到荷属东印度巴达维亚（今雅加达），经多年奋斗，终于富甲一方。1937年日本大举侵华，庄西言即在巴城发动各商家抵制日货，并积极发起捐资救国。1938年10月10日，南洋华侨筹赈祖国难民总会正式成立，陈嘉庚当选为主席，庄西言、李清泉为副主席。南洋各地华侨在南侨总会的倡导下，不断以财力、物力、人力支援祖国抗战。同年，当选为国民参议员。1939年冬，陈嘉庚、庄西言组织南洋华侨回国慰问视察团，庄西言在机场欢迎会上慷慨发言，谴责日寇和汉奸汪精卫在南洋蛊惑侨胞、动摇侨胞抗战信心的阴谋。1941年12月7日，太平洋战争爆发。日军致函庄西言约见，声言不来即枪杀其全家，目的是要胁迫其交出陈嘉庚等侨领及其他爱国华侨。不久庄西言被捕。虽遭日寇逼供，庄西言誓死保护患难侨友。为了保护陈嘉庚等爱国侨领，庄西文被日寇关押3年4个月，直至日军投降才获释。国民政府监察院院长于右任颁给其“光明正大”的匾额予以褒扬。1965年庄西言病逝于香港，享年80岁。

司徒美堂

图片来源：《爱国旗帜　华侨楷模　纪念司徒美堂逝世六十周年》封面。

3. 华侨国民参政员司徒美堂

司徒美堂（1868—1955），出生于中国广东开平。6岁丧父，靠母亲抚养。1882年3月到美国务工，时年14岁。1885年，加入华人反清组织洪门致公堂。1904年，司徒美堂在波士顿会见了以“洪门大哥”身份出现在美国的孙中山，并担任其保卫员兼厨师。同住5个月期间，孙中山得到了司徒美堂对其革命活动的支持。1911年4月，广州黄花岗起义失败，同盟会急需经费。司徒美堂典押了加拿大的多伦多、温哥华、维多利亚三地的四所致公堂大楼，筹到了所需款项15万元。武昌起义后，司徒美堂与孙中山通电，支持其成为中华民国总统。抗日战争爆发后，为了支持国内抗日，参与组织“纽约华人抗日救国筹饷总会”，尽力捐输，是纽约地区捐款最多的17位华人之一。1941年6月皖南事变后，致电蒋介石，表示要“反对分裂、坚持团结；反对投降，坚持抗战”。1945年3月12日，美洲洪门恳亲大会在纽约举行，决定将洪门致公堂改组成海外华人政党“中国洪门致公党”，司徒美堂被选为全美总部的主席。抗日战争结束后，他回到中国，以致公党的名义进行活动。1948 年 10 月 26 日，他前往美国，在香港各大报刊发表《司徒美堂拥护中国共产党召开新政协的声明》，并以洪门老人身份，号召洪门兄弟声援中国致公党。1949 年 1 月，毛泽东发函，邀请司徒美堂来华参加中国人民政治协商会议，被当地团体推为美洲华侨代表。同年 9 月，他回国参加中国人民政治协商筹备会第二次会议，并回中国定居，时年 83 岁。9 月 30 日，当选为中华人民共和国中央人民政府委员会委员。1955 年 5 月 8 日，司徒美堂因脑出血去世，享年 87 岁。

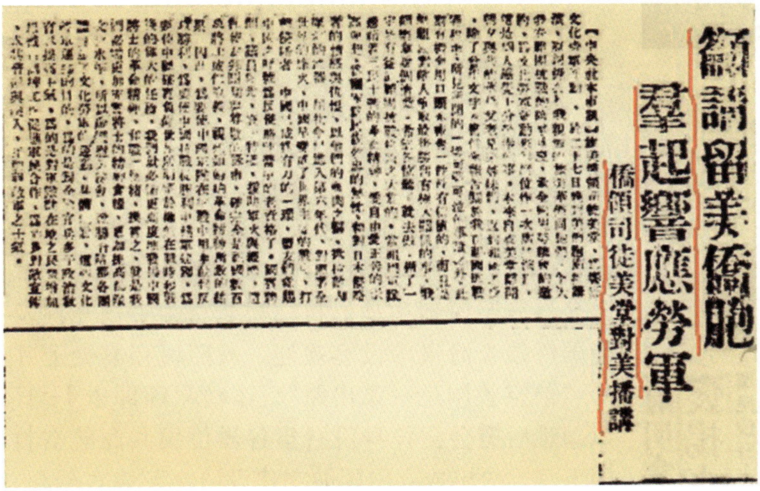

籲請留美僑胞羣起響應勞軍

僑領司徒美堂對美播講

《吁请留美侨胞群起响应劳军　侨领司徒美堂对美播讲》

图片来源：《中央日报》1942 年 12 月 28 日第 5 版。

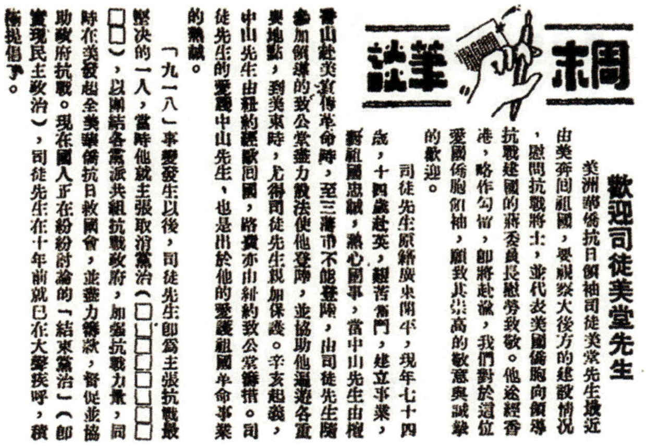

周末筆談

歡迎司徒美堂先生

美洲華僑抗日領袖司徒美堂先生最近由美奔回祖國，要視察大後方的建設情況，慰問抗戰將士，並代表美國僑胞向領導抗戰建國的蔣委員長慰勞致敬。他途經香港，略作勾留，即將赴渝，我們對於這位愛國僑胞領袖，願致其崇高的敬意與誠摯的歡迎。

司徒先生原籍廣東開平，現年七十四歲，十四歲赴美，艱苦奮鬥，建立事業，對祖國忠誠，熱心國事，當中山先生由檀香山赴美宣傳革命時，至三藩市不能登陸，由司徒先生隨參加領導的致公堂盡力設法使他登陸，並協助他遍遊各重要地點，到美東時，尤得司徒先生親加保護。辛亥起義，中山先生由紐約經歐回國，路費亦由紐約致公堂籌措。司徒先生的愛護中山先生，也是出於他的愛護祖國革命事業的熱誠。

「九一八」事變發生以後，司徒先生即爲主張抗戰最堅決的一人，當時他就主張取消黨治（□□□□□□□□），以團結各黨派共組抗戰政府，加強抗戰力量，同時在美發起全美華僑抗日救國會，並盡力籌款，督促並協助政府抗戰。現在國人正在紛紛討論的「結束黨治」（即實現民主政治），司徒先生在十年前就已在大聲疾呼，積極提倡了。

《欢迎司徒美堂先生》

图片来源：《大众生活》1941 年 第 29 期

李清泉

图片来源：《菲律宾华侨史话》一代华侨领袖李清泉，搜狐网，http：//www. sohu. com/a/146064586_206880。

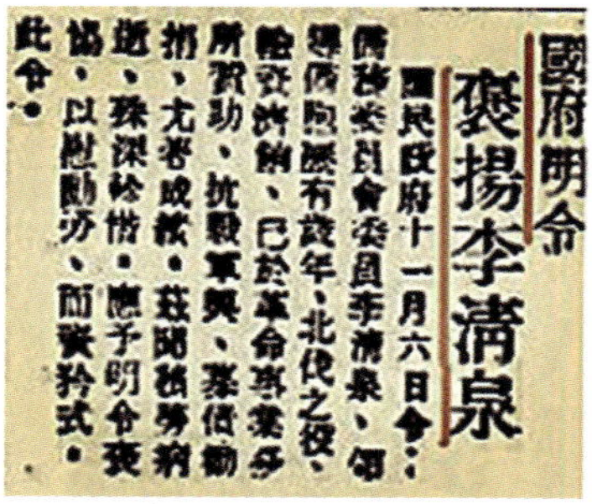

國府明令

褒揚李清泉

國民政府十一月六日令：僑務委員會委員李清泉、領導僑胞歷有歲年、北伐之役、輸資濟餉、已於革命事業多所贊助、抗戰軍興、籌借勸捐、尤著成績。茲聞積勞病逝、殊深軫惜。應予明令褒揚、以慰勳勞、而資矜式。此令。

《国府明令褒扬李清泉》

图片来源：《中央日报》，1940年11月7日第3版。

4. 华侨国民参政员李清泉

李清泉（1888—1940），生于中国福建晋江。少年时随父到菲律宾经商，创建成美木业公司。该公司约控制了菲律宾木材交易额的80%，是菲律宾木材行业的先驱。为了提高华商的经济地位，促进华人工商企业的进一步发展，李清泉、黄奕住和薛敏老等人商议后，决定集资共同倡办中兴银行。李清泉被推为董事长兼总经理。在李清泉的主持领导下，中兴银行采取了许多措施，为华人中、小企业提供信贷等各种金融业务和服务，获得了广大华人、华商的信任，事业蒸蒸日上。抗战期间，联合十五位知名侨领发起组织国难后援会，担任主席。随即筹集巨款资助淞沪抗战和东北义勇军。至1932年9月，汇交蔡廷锴达80万美元，汇交东北马占山抗日军费达40万美元，并捐出20万元交福建省作为国防建设资金。1932年11月7日，十九路军在淞沪的抗敌名将翁照垣到达马尼拉，驻菲总领事杨光泩及爱国侨领李清泉等设宴欢迎。翁照垣在宴会上呼吁“航空救国是一条出路”，李清泉随即于11日以国难后援会会长身份召集各界侨领共商航空救国事宜，决定成立中国航空建设协会菲律宾分会，李清泉被举为主席，会员4 000余人。李清泉“慨然独捐战斗侦察机一架”，捐机活动立即得到菲律宾侨胞的响应，共捐资300万元，购机十五架，命名为“菲律宾华人飞机队”。李清泉身患糖尿病，但他仍以抱病之躯为国奔走，致病情恶化，送往美国加州医治无效，于1940年10月27日与世长辞，终年52岁。

5. 华侨国民参政员胡文虎

胡文虎（1882—1954），祖籍福建永定。1908年继承父业，与其弟胡文豹合作经营永安堂中药铺，以经营万金油畅销而发达致富。1931年“九一八”事变后，首捐2.5万元支援东北抗日义勇军。1932年“一·二八”淞沪抗战爆发，十九路军浴血奋战。胡文虎立即从银行电汇国币1万元给中国红十字会，作为前线救伤之用，并捐赠大批“虎标”良药和其他药品。到1937年七七卢沟桥事变后，胡文虎除捐助大批药品、物资外，又出钱组织华人救护队，直接回国参加抢救伤兵工作。蔡廷锴将军曾说："本军在沪抗日，胡君援助最力，急难同仇，令人感奋。"重庆《新华日报》1941 年 2 月 2 日曾载文盛赞胡文虎"捐资抗战达数千余万之巨"，"付资于义捐及公债者达数百万元"。抗日战争期间，被选为国民政府国民参政会华人代表。1941 年秋，他到重庆出席参政会议，返回香港时，正值太平洋战争爆发。日军占领香港后，胡文虎被软禁了 3 天，获释后仍留在香港。抗战胜利后，胡文虎在新加坡发起组织"福建经济建设服务有限公司"，亲自担任筹备委员会主任，经营金融、交通、工业、矿产以及茶叶、水果等土特产，开展商业活动。1949 年中共建政之际，三次致函当时的中南军政委员会，带头认购 2 万份人民政府发行的"胜利公债"。据粗略统计，胡文虎生前捐赠给中国国内慈善事业的款项达2 000万美元。1954 年胡文虎病重，在美国檀香山去世，享年 72 岁。

胡文虎

图片来源：《报业豪门：胡文虎、胡仙传》（插图）。

6. 华侨国民参政员邝炳舜

邝炳舜（1896—1947），出生于中国广东台山。曾就读于岭南大学附中。1918 年毕业后，赴美国斯坦福大学留学。1924 年出任中华总商会常务委员长。中国抗战爆发后，积极参与旅美侨胞的抗日救亡活动，并于 1936 年担任旧金山中华民国抗日救国会主席。1937 年 8 月，出任旅美华人统一义捐救国总会主席。抗战期间，以身作则，不仅按时交纳定期义捐，还屡捐巨款，鼎力资助祖籍国抗战事业。他曾于 1938 年台儿庄大捷时捐款 10 万美金慰劳国内前线将士；1941 年 1 月，赠送医疗救护器 10 台、捐款国币 10 万元劳军；指挥当地侨众大力支持由华人工人和海员发起的阻止废铁和军火运往日本的斗争——"不供给运动"。由于邝炳舜的积极倡导和带头捐献，义捐救国总会成为抗战时期美国最为活跃、募款最多的华人抗日团体之一。截至 1944 年 7 月，该会所筹款项已达 500 万美元之巨，位列全美之首。1942 年当选国民参政会参议员。1946 年当选国民大会代表，回国参加制宪国民大会。1947 年，在美国不幸猝逝，终年 51 岁。

邝炳舜

图片来源：《盘点今昔侨领，心系祖国胸有大爱》，中国日报网，http：//world. chinadaily. com. cn/2015 - 08/27/content_21720031_2. htm。

（四）国民代表大会与华侨代表

“军政、训政、宪政”三阶段理论是孙中山为建立民国设计的政治路线图。南京国民政府成立不久，国民党中央宣布结束“军政”，改行“训政”，为实施“宪政”之过渡。国民代表大会是南京国民政府时期代表全国国民行使政权的机关，先后于1946年、1948年召开，而国民代表大会的酝酿和筹备则从1932年开始。1932年12月国民党四届三中全会决定召开国民大会，公布了《国民大会组织法》及《国民大会代表选举法》。1936年7月1日公布了《国民大会代表选举法施行细则》，这些法律文件规定了国民大会代表选举和产生的原则、程序和办法。按照《国民大会组织法及代表选举法》及《国民大会华侨代表选举法》，海外侨民按所在国家或地区分配名额，计40名，其中包括香港、澳门、台湾代表各1名。① 但由于代表选举未能按期完成就进入全民抗战，其后国内政局不断变化，只好多次延期，直到1946年11月15日，制宪国民大会终于在南京召开。这次大会的中心任务是制定《中华民国宪法》，故又称为“制宪国大”。

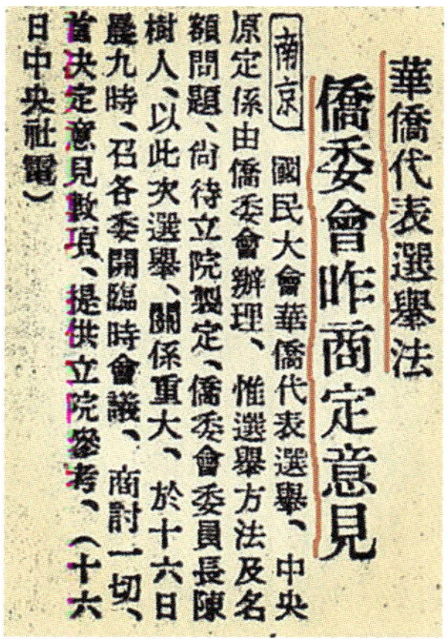
華僑代表選舉法
僑委會昨商定意見
（南京）國民大會華僑代表選舉、中央原定係由僑委會辦理、惟選舉方法及名額問題、尚待立院製定、僑委會委員長陳樹人、以此次選舉、關係重大、於十六日晨九時、召各委開臨時會議、商討一切、首決定意見數項、提供立院參考、（十六日中央社電）

《华侨代表选举法　侨委会昨商定意见》

图片来源：《申报》，1936年3月17日第3版。

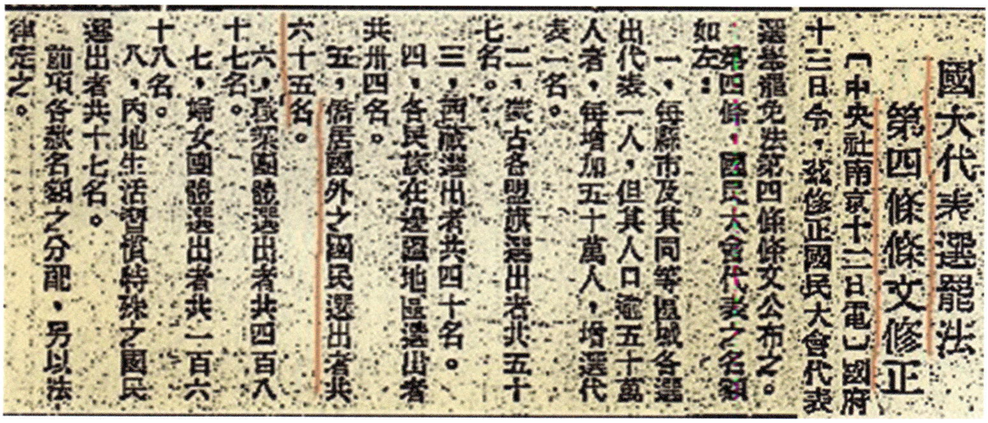
國大代表選罷法
第四條條文修正
〔中央社南京十二日電〕國府十三日令，茲修正國民大會代表選舉罷免法第四條條文公布之。
第四條，國民大會代表之名額如左：
一、每縣市及其同等區域各選出代表一人，但其人口逾五十萬人者，每增加五十萬人，增選代表一名。
二、蒙古各盟旗選出者共五十七名。
三、西藏選出者共四十名。
四、各民族在邊疆地區選出者共卅四名。
五、僑居國外之國民選出者共六十五名。
六、職業團體選出者共四百八十七名。
七、婦女團體選出者共一百六十八名。
八、內地生活習慣特殊之國民選出者共十七名。
前項各款名額之分配，另以法律定之。

《国大代表选罢法第四条条文修正》

图片来源：《申报》，1947年11月13日第1版。

① 华侨革命史编纂委员会编：《华侨革命史》（下），台北：正中书局，1981年，第731－735页。

出席国民大会的华侨代表——来自古巴的张培梓（Pi Tze Chang）

图片来源：《3 000 张 LIFE 民国 34 年到38 年图像（十）》，360 个人图书馆，http：//www.360doc.com/content/15/0518/16/1298011 3_471488788.shtml。

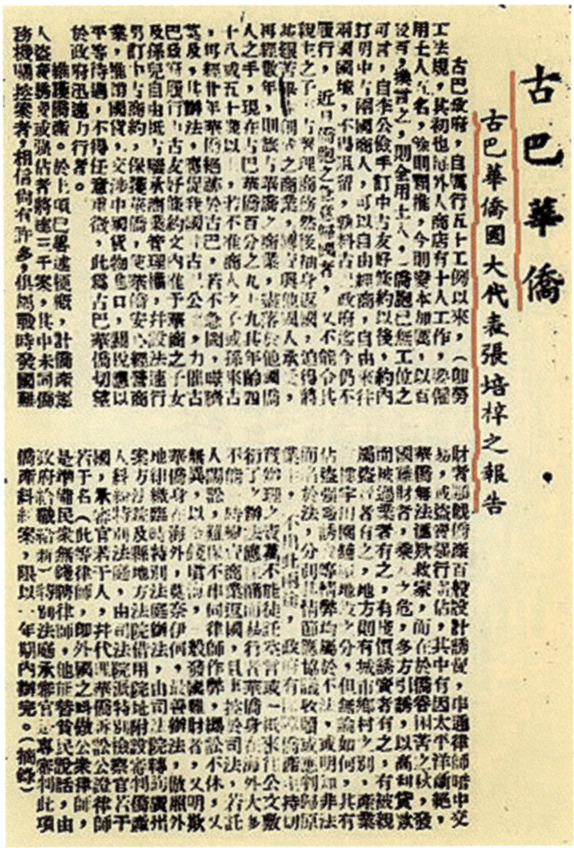

古巴華僑

古巴華僑國大代表張培梓之報告

古巴华侨国大代表张培梓关于“保护侨产”的报告

图片来源：《侨声》1948 年第 16－17 期。

1948年3月29日，国民代表大会又一次在南京召开。这次大会主要是为实施宪法而召开的，因此被称为“行宪国大”。1946年国民大会上通过的新《宪法》规定，国大代表由各县市代表、蒙古和西藏代表、华侨代表、职业团体代表和妇女团体代表共同组成。根据新修订的《国大代表选罢法》，此次国大会议，海外华侨代表名额共65名，其中妇女代表6名。

（五）海外华侨代表积极建言献策

国民政府对海外华侨参政议政的重视，激发了海外华侨参政议政的热情，他们利用各种参政议政的平台，积极履行职责，撰写提案，代表海外华侨发出呼声。在国民党代表大会、历届国民参政会以及在国民代表大会上，海外华侨代表针对海外华侨的生存发展、海外侨务、归侨保护等方面，提出了大量的意见和建议。其中，华侨参政员提出的议案有：胡兆祥等的《奖励华侨回国投资建设国防经济案》、高廷梓的《请政府发展华侨经济案》、张振帆的《召集海外华侨人才资本发展西南实业以裕抗战资源案》、邝炳舜等的《扶助及改进美洲华侨学校以宏教育案》、陈守明等的《请政府注重联络南洋诸民族案》等。而海外华侨最为著名的一个提案，则是1939年陈嘉庚提出的“敌未出国土前言和即汉奸”。

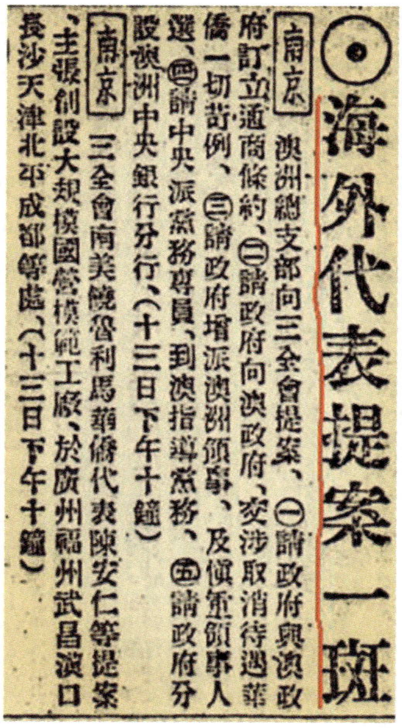

海外代表提案一斑

南京　澳洲總支部向三全會提案、㈠請政府與澳政府訂立通商條約、㈡請政府向澳政府、交涉取消待遇華僑一切苛例、㈢請政府增派澳洲領事、及慎重領事人選、㈣請中央派黨務專員、到澳指導黨務、㈤請政府分設澳洲中央銀行分行、（十三日下午十鐘）

南京　三全會南美秘魯利馬華僑代表陳安仁等提案、主張創設大規模國營模範工廠、於廣州福州武昌漢口長沙天津北平成都等處、（十三日下午十鐘）

《海外代表提案一斑》

图片来源：《申报》，1929年3月14日第4版。

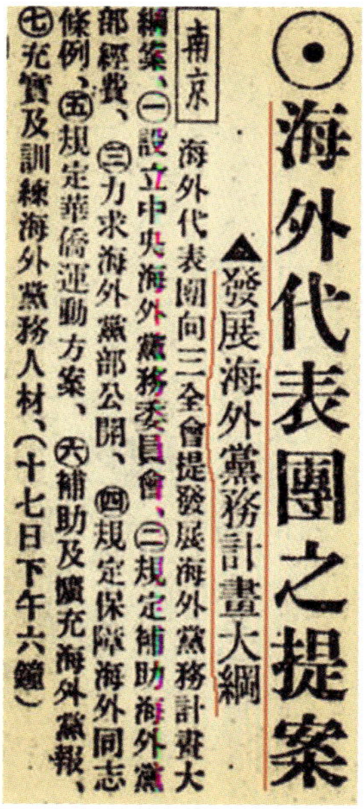

海外代表團之提案

▲發展海外黨務計畫大綱

南京　海外代表團向三全會提發展海外黨務計畫大綱案、㈠設立中央海外黨務委員會、㈡規定補助海外黨部經費、㈢力求海外黨部公開、㈣規定保障海外同志條例、㈤規定華僑運動方案、㈥補助及擴充海外黨報、㈦充實及訓練海外黨務人材、（十七日下午六鐘）

《海外代表团之提案　发展海外党务计划大纲》

图片来源：《申报》，1929年3月18日第4版。

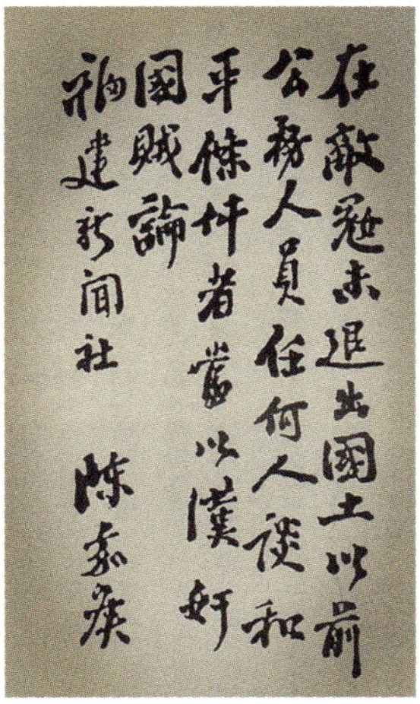
在敵寇未退出國土以前公務人員任何人談和平條件者當以漢奸國賊論
福建新聞社
陳嘉庚

1938 年 10 月 28 日第二次国民参政会，华侨参政员陈嘉庚手书的提案内容

图片来源：《陈嘉庚：华侨奇迹，民族光辉》，第 36 页。

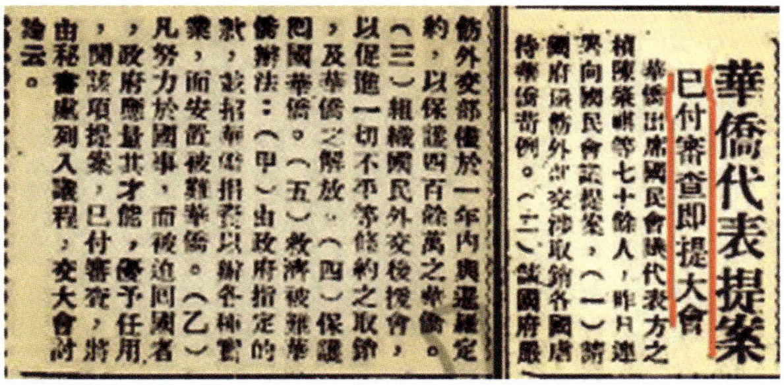
華僑代表提案
已付審查即提大會

華僑出席國民會議代表方之楨陳樂等七十餘人，昨日連署向國民會議提案，（一）請國府嚴飭外交交涉取銷各國虐待華僑苛例。（二）請國府嚴飭外交部儘於一年內與暹羅定約，以保護四百餘萬之華僑。（三）組織國民外交後援會，以促進一切不平等條約之取銷，及華僑之解放。（四）保護回國華僑。（五）救濟被難華僑辦法：（甲）由政府指定的款，設招華僑捐款以辦各種實業，而安置被難華僑。（乙）凡努力於國事，而被迫回國者，政府應量其才能，優予任用，關該項提案，已付審查，將由秘書處列入議程，交大會討論云。

《华侨代表提案　已付审查即提大会》

图片来源：《中央日报》，1931 年 5 月 15 日第 3 版。

在 1929 年 3 月中国国民党第三次全国代表大会上，澳大利亚总支部向全会提案：①请政府与澳政府订立通商条约；②请政府向澳政府交涉，取消待遇华侨一切苛例；③请政府增派澳领事及慎重领事人选；④请中央派党务专员到澳指导党务；⑤请政府分设澳洲中央银行分行。秘鲁华侨代表则提交了“创设大规模国营模范工厂于广州、福州、武昌、汉口、长沙、天津、北平、成都等处”的提案。

在 1931 年 5 月国民会议上，海外华侨代表提出了如下提案：①请国府严饬外交部交涉取消各国虐待华侨苛例；②请国府严饬外交部于一年内与暹罗定约，以保证四百余万之华侨；③组织国民外交后援会，以促进一切不平等条约之取消及华侨之解放等。

1938 年 10 月，汪精卫在重庆大肆散布和谈消息，制造投降谬论，准备叛国出逃，陈嘉庚从新加坡连电重庆国民党当局，严斥汪精卫，力挽时局，给人们留下深刻印象。特别是他在一届二次国民参政会前夕给大会发去的“在敌寇未退出国土以前公务人员任何人谈和平条件者，当以汉奸国贼论”的电报提案，痛快淋漓，掷地有声，在社会上引起强烈反响。1941 年，邹韬奋在香港《华商报》上撰文，称赞陈嘉庚的“电报提案”是“古今中外最伟大的一个提案”。

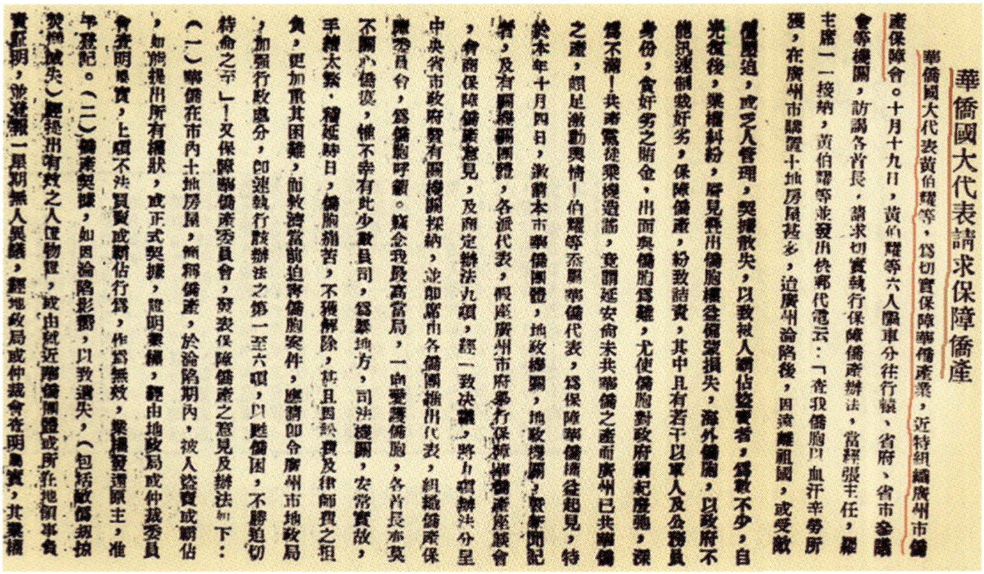
華僑國大代表請求保障僑產

華僑國大代表黃伯耀等，爲切實保障華僑產業，近特組織廣州市僑產保障會。十月十九日，黃伯耀等六人聯袂分往行轅、省府、省市參議會等機關，訪謁各首長，請求切實執行保障僑產辦法，當經張主任，羅主席一一接納，黃伯耀等並發出快郵代電云：「查我僑胞以血汗辛勞所獲，在廣州市購置土地房屋甚多，迨廣州淪陷後，因遠離祖國，或受敵僞壓迫，或乏人管理，契據散失，以致被人霸佔盜賣者，爲數不少，自光復後，業權糾紛，層見疊出，僑胞權益備受損失，海外僑胞，以政府不能迅速制裁奸劣，保障僑產，紛致詰責，其中且有若干以軍人及公務員身份，貪奸劣之賄金，出而與僑胞爲難，尤使僑胞對政府綱紀廢弛，深爲不滿！共產黨徒乘機造謠，竟謂延安尚未共華僑之產而廣州已共華僑之產，頗足激動輿情！伯耀等忝屬華僑代表，爲保障華僑權益起見，特於本年十月四日，邀請本市華僑團體，地政機關，地政機關，暨新聞記者，及有關機關團體，各派代表，假座廣州市府舉行保障華僑產業座談會，會商保障僑產意見，及商定辦法九項，經一致決議，將九項辦法分呈中央省市政府暨有關機關採納，並即席由各僑團推出代表，組織僑產保障委員會，爲僑胞呼籲。竊念我最高當局，一向愛護僑胞，各首長亦莫不關心僑瘼，惟不幸有此少數員司，爲累地方，司法機關，安常習故，手續太繁，稽延時日，僑胞痛苦，不獲解除，甚且因訟費及律師費之鉅負，更加重其困難，而救濟當前迫害僑胞案件，應請即令廣州市地政局，加强行政處分，即速執行該辦法之第一至六項，以甦僑困，不勝迫切待命之至」！又保障華僑產委員會，發表保障僑產之意見及辦法如下：（一）華僑在市內土地房屋，統稱僑產，於淪陷期內，被人盜賣或霸佔，如能提出所有權狀，或正式契據，證明業權，經由地政局或仲裁委員會查明屬實，上項不法買賣或霸佔行爲，作爲無效，業權發還原主，准予登記。（二）僑產契據，如因淪陷影響，以致遺失，（包括敵僞搶掠焚燬滅失）經提出有效之人證物證，或由就近僑團證或所在地領事負責証明，並登報一星期無人異議，經地政局或仲裁會查明屬實，其業權

《华侨国大代表请求保障侨产》

图片来源：《广东省银行月刊》1946 年第 2 卷复刊第 9－10 期。

二、改组侨务机构

（一）侨务委员会的改组

1. 侨务委员会的改组过程

国民政府初期，侨务机构的设立可谓一波三折。1925 年，孙中山逝世，大元帅府侨务局工作暂停。1926 年，国民党在广州召开第二次全国代表大会，侨民古巴代表周启刚等联名提请恢复侨务机构，遂于同年 10 月在广州设立侨务委员会，直隶国民政府，并指派周启刚、曾养甫、陈友仁、彭泽民、李禄超五人为委员。不久，因政府北迁，党内多

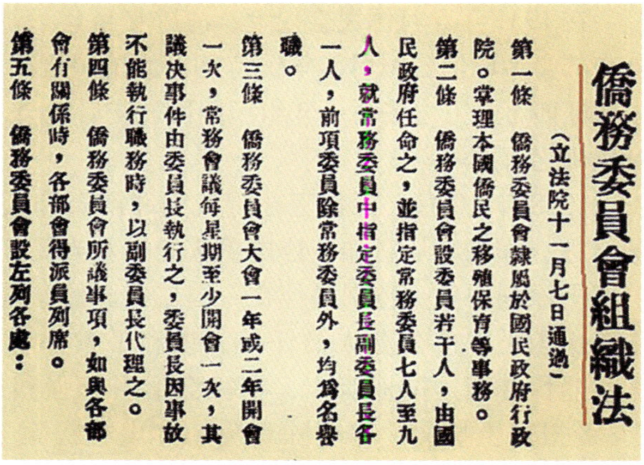
僑務委員會組織法

（立法院十一月七日通過）

第一條　僑務委員會隸屬於國民政府行政院。掌理本國僑民之移殖保育等事務。

第二條　僑務委員會設委員若干人，由國民政府任命之，並指定常務委員七人至九人，就常務委員中指定委員長副委員長各一人，前項委員除常務委員外，均爲名譽職。

第三條　僑務委員會大會一年或二年開會一次，常務會議每星期至少開會一次，其議決事件由委員長執行之，委員長因事故不能執行職務時，以副委員長代理之。

第四條　僑務委員會所議事項，如與各部會有關係時，各部會得派員列席。

第五條　僑務委員會設左列各處：

《侨务委员会组织法》

图片来源：《新闻周报》1931 年第 8 卷第 47 期。

事，该会被撤销，会务停止。1927 年，南京国民政府成立后，在外交部下设立侨务局，钟荣光任局长。[①] 1928 年 2 月，在中国国民党二届四中全会上，决定恢复原来的侨务委员会，直隶国民政府。[②] 同年 5 月，国民政府任命林森、萧佛成、邓泽如、周启刚、丘荸畇、张南生、王志达、吴公义、郑洪年 9 人为侨务委员会委员。[③] 虽有任命，侨务委员会却因各种原因没有正式成立。1928 年 9 月，国民政府新任侨务委员会委员就职，委员有李烈钧、孔祥熙、王志远、丘荸畇、周启刚、郑洪年、钟荣光、宋渊源、吴公义等。[④] 1929 年 1 月，侨务委员会又一次改组，任命林森、萧佛成、邓泽如、周启刚、黄石公、陈耀垣、吕渭生、钟荣光、李绮庵、萧吉珊、郑占南为侨务委员。[⑤] 1929 年 6 月，国民党召开第三届第一次中央执行委员会议，侨委会由隶属于国民政府改隶中央党部，陈耀垣任委员长。[⑥] 1931 年，海外归侨都认为侨务机构不应隶属于党部，而且对外也不合适，吁请侨务委员会改隶于行政院。1931 年 8 月，国民党中常会决议，侨委会改为隶属国民政府，中央另组海外党务设计会。[⑦] 经数月，侨务委员会仍未能成立。直到 1932 年 4 月，一直在进行改组调整的国民党政府侨务机构才完全被正式确立为行政机构，隶行政院，由陈树人出任委员长，周启刚出任副委员长，包括华侨领袖庄西言、陈嘉庚、胡文虎等知名华侨被任命为侨务委员。陈树人卸任后，组成了以刘维炽为委员长的侨务委员会。1948 年 12 月 28 日，刘维炽卸任，戴愧生就任委员长，直到 1950 年 5 月 19 日卸任。[⑧]

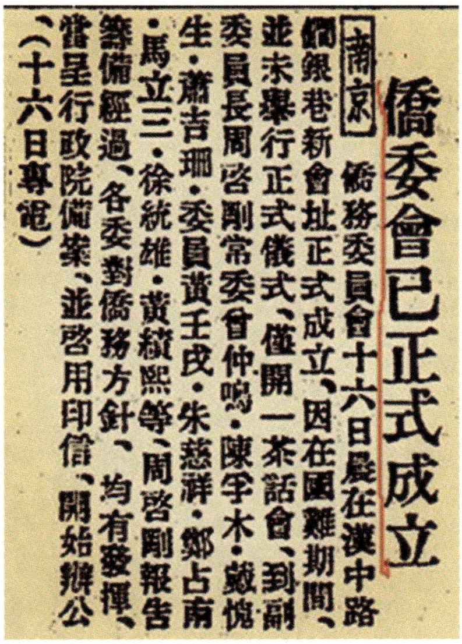
僑委會已正式成立

［南京］僑務委員會十六日晨在漢中路僑銀巷新會址正式成立、因在國難期間、並未舉行正式儀式、僅開一茶話會、到副委員長周啓剛常委曾仲鳴・陳孚木・戴愧生・蕭吉珊・委員黃壬戌・朱慈祥・鄭占南・馬立三・徐統雄・黃綬熙等、周啓剛報告籌備經過、各委對僑務方針、均有發揮、當呈行政院備案、並啓用印信、開始辦公、（十六日專電）

《侨委会已正式成立》

图片来源：《申报》，1932 年 4 月 17 日第 8 版。

① 《侨务委员会及侨务局先后成立之经过情形》，《中央日报》，1928 年 2 月 10 日第 7 版。

② 《中央全会恢复侨务委员会》，《中央日报》，1928 年 2 月 10 日第 7 版。

③ 《宁府任命侨务委员会委员》，《益世报》，1928 年 5 月 8 日第 4 版。

④ 《侨务委员会就职典礼记》，《中央日报》，1928 年 9 月 5 日第 5 版。

⑤ 《侨务委员会名单》，《大公报》，1929 年 1 月 18 日第 2 版。

⑥ 《侨务委员陈耀垣等就职》，《京报》，1929 年 6 月 10 日第 2 版。

⑦ 《侨委会改隶国府，吴铁成周启刚为正副委员长》，《大公报》，1931 年 8 月 21 日第 3 版。

⑧ 谢国富：《侨务委员会组织概况》，《民国档案》1992 年第 4 期。

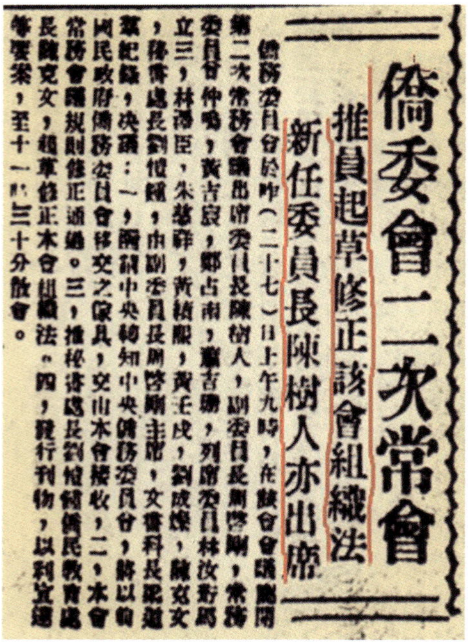

僑委會二次常會
推員起草修正該會組織法
新任委員長陳樹人亦出席

僑務委員會於昨（二十七）日上午九時，在該會會議廳開第二次常務會議，出席委員長陳樹人，副委員長周啓剛，常務委員曾仲鳴，黃吉宸，鄭占南，蕭吉珊，列席委員林汝珩，馬立三，林蔭臣，朱慕萍，黃植楫，黃壬戍，劉成燦，陳宏文，孫僑處長劉愷鍾，由副委員長周啓剛主席，文書科長鄧道棻紀錄，決議：一，關於中央轉知中央僑務委員會，將以前國民政府僑務委員會移交之傢具，交由本會接收，二，本會常務會議規則修正通過。三，推秘書處長劉愷鍾僑民教育處長戴克文，起草修正本會組織法。四，發行刊物，以利宣傳等要案，至十一時三十分散會。

《侨委会二次常会　推员起草修正该会组织法　新任委员长陈树人亦出席》

图片来源：《中央日报》，1932 年 4 月 28 日第 4 版。

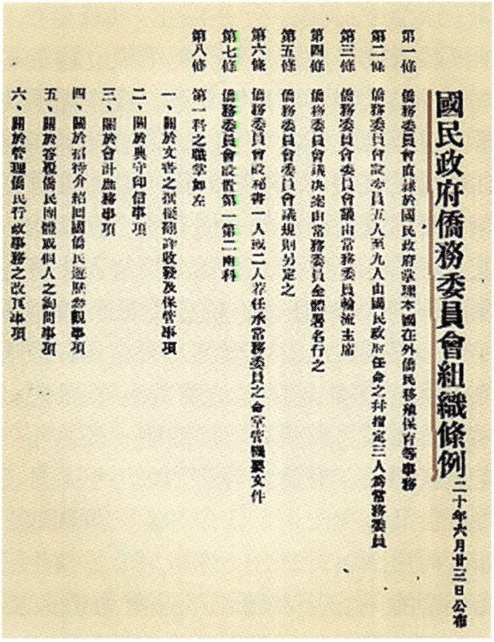

國民政府僑務委員會組織條例　二十年六月廿三日公布

第一條　僑務委員會直隸於國民政府掌理本國在外僑民移殖保育等事務
第二條　僑務委員會設委員五人至九人由國民政府任命之并指定三人為常務委員
第三條　僑務委員會委員會議由常務委員輪流主席
第四條　僑務委員會議決案由常務委員全體署名行之
第五條　僑務委員會委員會議規則另定之
第六條　僑務委員會設秘書一人或二人承常務委員之命掌管機要文件
第七條　僑務委員會設置第一第二兩科
第八條　第一科之職掌如左
一、關於文書之撰擬翻譯收發及保管事項
二、關於典守印信事項
三、關於會計庶務事項
四、關於招待介紹回國僑民遊歷參觀事項
五、關於答覆僑民團體或個人之詢問事項
六、關於管理僑民行政事務之改良事項

《国民政府侨务委员会组织条例》

图片来源：《国民政府公报》1931 年第 5 期。

侨务委员会第二届委员大会会场

图片来源：《侨务季刊》1940 年第 2 期。

2. 国民政府首任侨务局局长钟荣光

钟荣光（1866—1942），出生于广东香山小榄镇。1894 年中光绪甲午科第九十五名举人。1896 年，加入兴中会。1908 年，任岭南大学华人教务长。钟荣光对岭南大学最大的贡献有二：一是 1908 年至 1917 年，周游全球，向爱国华侨和国内各界集资办学，使岭南大学成为国内社会办学的先驱；二是 1927 年 1 月，与爱国师生一起奋斗，将岭南大学从美国教会势力手中收回。同年 7 月，钟荣光为岭南大学首任华人校长。1928 年夏天，钟荣光以国民政府教育行政委员会常务委员身份北上述职，不久，又被委派为中央侨务局首任局长。该局设于上海，其职责为招待及联络海外各地及归国华侨。在侨务委员会成立之前，所有华侨教育事业由侨务局接管。[1] 钟荣光认为侨务局的成立具有重要意义：“侨务局官虽不大，事却不小，因遍地球除去沙漠之外，凡日光所照之处，均有华侨足迹。”他表示：“不敢希望能造福侨胞，但求侨胞得稍减痛苦。”[2] 抗战期间，日本侵占香港，对寄居香港的钟荣光横加威胁，钟荣光义不为屈，积愤成疾，于 1942 年病逝于香港。

钟荣光

图片来源：《中国现代教育先驱钟荣光》，中国教育新闻网，http：//www. jyb. cn/hi- gh/gjrw/200911/t20091125_325 969. html。

国民政府侨务局长钟荣光（前排中）就职

图片来源：《良友画报》1928 年第 25 期。

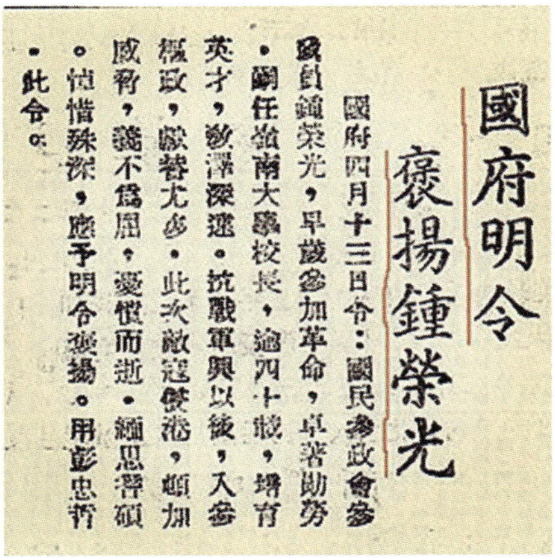

國府明令褒揚鍾榮光

國府四月十三日令：國民參政會參政員鍾榮光，早歲參加革命，卓著勛勞。嗣任嶺南大學校長，逾四十載，培育英才，教澤深遠。抗戰軍興以後，入參樞政，獻替尤多。此次敵寇侵港，頗加威脅，義不爲屈，憂憤而逝。緬思耆碩，悼惜殊深，應予明令褒揚。用彰忠哲。此令。

《国府明令褒扬钟荣光》

图片来源：《教育导报》1942 年第 24 期。

① 《附大学院指令华侨教育委员会主任钟荣光》，《大学院公报》1928 年第 1 卷第 8 期。

② 《侨务局局长钟荣光昨日就职》，《申报》，1928 年 1 月 17 日。

侨务委员会委员长陈树人

图片来源：《华侨周报》1932年6月创刊号。

3. 国民政府侨务委员长陈树人

陈树人（1884—1948），广东番禺人。1904年只身前往香港，从事文字宣扬工作，宣扬孙中山主张。1905年会见孙中山后，毅然加入同盟会，从此，追随孙中山奔赴民主革命。1911年，在广州创办《平民日报》，抨击时政，揭露清政府的黑暗统治，鼓吹革命。1917年，受孙中山之命，以特派员名义兼任美洲加拿大总部部长，负责全党党务，同时创办刊物，宣传革命。1921年，奉孙中山命，由日本回国，并携回爱国华侨之捐款六万美元，为革命活动提供经费。1923年参与中国国民党改组工作，拥护孙中山“联俄、联共、扶助农工”政策。孙中山任命陈树人为党务部部长。1924年任中国国民党中央工人部部长、广州国民政府秘书长、广东省代省长等职。1928年后历任中国国民党中央执委、国民政府中央侨委会委员长、中国国民党中央海外部部长等职。抗日战争爆发，和宋庆龄、何香凝、柳亚子等人率先响应中共中央关于停止内战、一致抗日的《八一宣言》。任侨务委员长期间，陈树人恪尽职守，为侨务工作竭尽全力。为向华侨劝销爱国公债支援抗日救亡运动，他亲赴菲律宾等地，集款数百万美元。从1932年4月到1947年5月，陈树人担任侨务委员会委员长十五年，是民国史上就任侨委会委员长时间最长的一位。

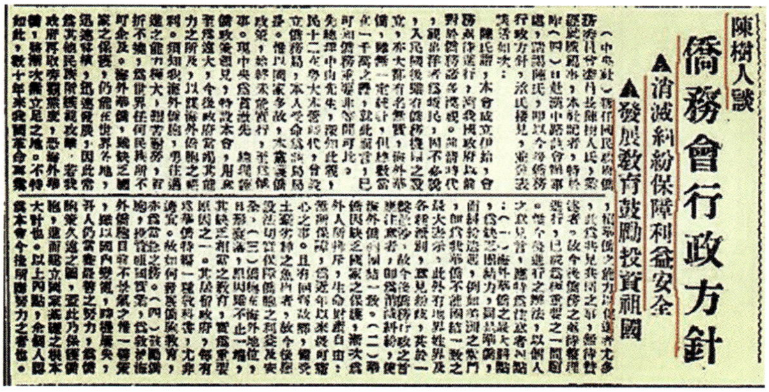

陳樹人談

僑務會行政方針

▲消滅糾紛保障利益安全

▲發展教育鼓勵投資祖國

《陈树人谈侨务会行政方针　消灭纠纷保障利益安全　发展教育鼓励投资祖国》

图片来源：《中央日报》，1932年5月5日第3版。

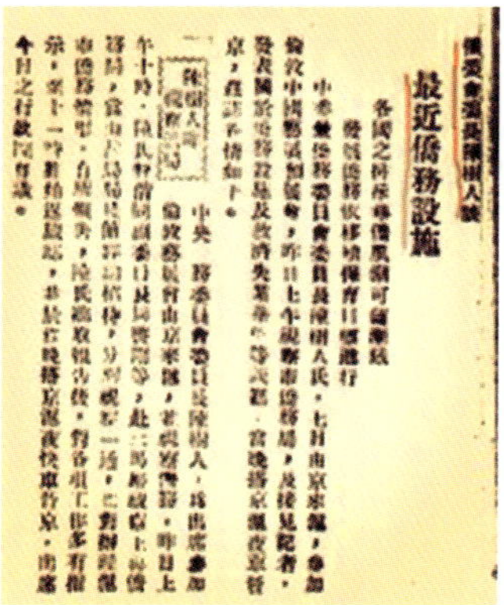

最近僑務設施

侨委会委员长陈树人谈最近侨务设施

图片来源：《中南情报》1935年第2卷第4－5期。

4. 国民政府侨务委员会副委员长周启刚

侨务委员会副委员长周启刚

图片来源：《华侨周报》，1932年6月创刊号。

周启刚（1887—1978），广东南海西樵人。1910年只身到越南西贡打工，积极支持孙中山领导的民主革命。1916年转往古巴、墨西哥、秘鲁各地，参与国民党海外党务工作，任国民党古巴总支部常委组织部部长兼党办《民生日报》董事，以及全古巴华侨外交协进总会会长等职。1925年被推为国民党古巴总支部代表，回国参加中国国民党第二次全国代表大会，带头提出成立侨务委员会的建议，获得通过。1932年任侨务委员会副委员长，曾兼任国民党海外部副部长。抗战爆发后，管理由海外各地华侨组织的"抗日前线救护分队"的工作，同时还兼任华侨衣物赈济委员会会长，妥善处理华侨为支援抗战而提供的捐款和捐物。由于周启刚自1925年从古巴回国以后，在创建侨务委员会、开展侨务工作、支援抗日战争等方面做出了实实在在的贡献，其于1937年荣获国民政府三等采玉勋章；1945年又荣获国民政府三等景星勋章及抗战胜利勋章。1978年，周启刚病逝于台湾，终年91岁。

暹罗中华总商会欢迎国民政府视察侨务专员周启刚

图片来源：《华商季刊》1931年第1卷第4期。

5. 建立侨务委员会的下属机构——侨务局

除中央侨务机构外，1933 年 9 月侨务委员会还颁布《侨务委员会驻各口岸侨务局章程》，其第一条即规定在上海、厦门、广州、汕头、江门、海口、福州、梧州、天津、青岛、北海各口岸分设侨务局。当年 7 月，侨委会决定先在上海、厦门、广州、汕头、江门、海口六地设立侨务局。侨务局听从侨务委员会指挥，其职责包括：侨民出国的奖励或取缔事项；防范侨民被骗及非法私招劳工出国；解答侨民出入国的咨询及提供指导；侨民出入国检查记录统计；指导侨民报关纳税及侨民委托代办事项；侨民出入国时协助保护及防止舟车关卡勒索；完成侨务委员会交办事项。广州侨务局于 1936 年 12 月改组为广东侨务处，海口侨务局迁至昆明后于 1942 年 6 月改组为云南侨务处。1941 年 12 月福建侨务处在福州成立。1946 年 2 月，上海侨务局恢复并改组为上海侨务处。①

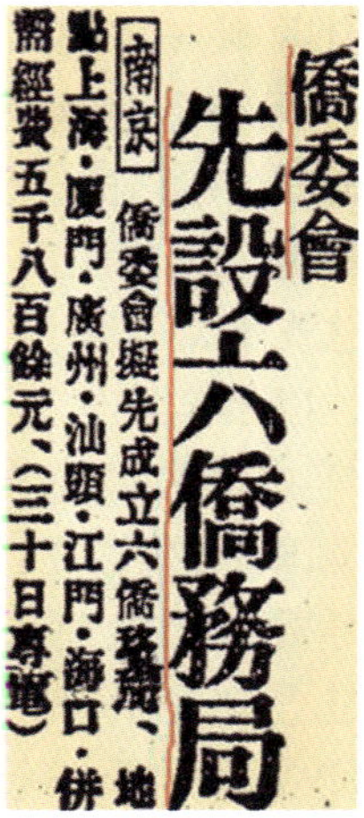

僑委會先設六僑務局

【南京】僑委會擬先成立六僑務局、地點上海・廈門・廣州・汕頭・江門・海口・併擬經費五千八百餘元、（三十日專電）

《侨委会先设六侨务局》

图片来源：《申报》，1933 年 7 月 1 日第 14 版。

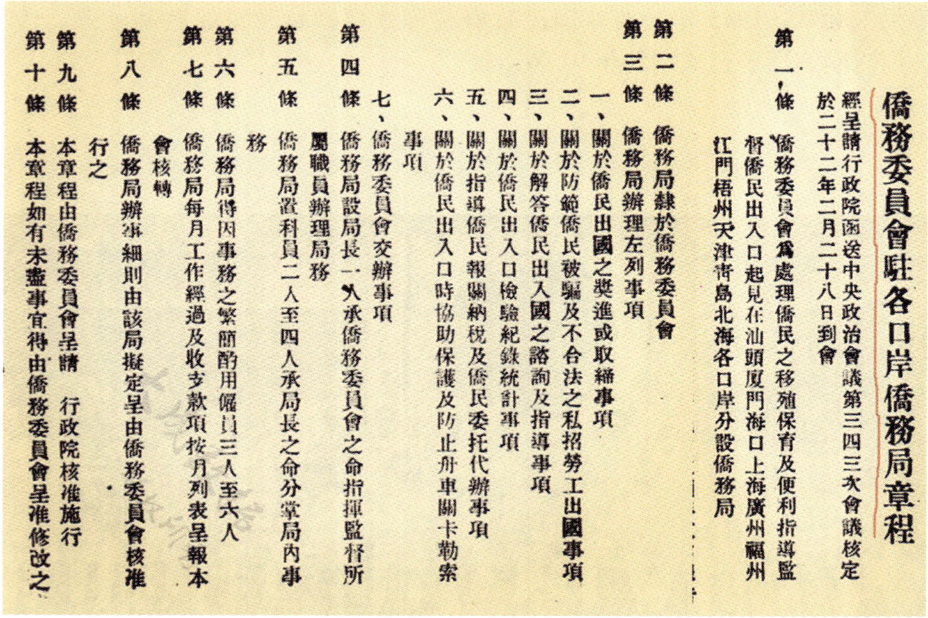

僑務委員會駐各口岸僑務局章程

經呈請行政院函送中央政治會議第三四三次會議核定於二十二年二月二十八日到會

第一條　僑務委員會爲處理僑民之移殖保育及便利指導監督僑民出入口起見在汕頭廈門海口上海廣州福州江門梧州天津靑島北海各口岸分設僑務局

第二條　僑務局隸於僑務委員會

第三條　僑務局辦理左列事項

一、關於僑民出國之奬進或取締事項

二、關於防範僑民被騙及不合法之私招勞工出國事項

三、關於解答僑民出入國之諮詢及指導事項

四、關於僑民出入口檢驗紀錄統計事項

五、關於指導僑民報關納稅及僑民委托代辦事項

六、關於僑民出入口時協助保護及防止舟車關卡勒索事項

七、僑務委員會交辦事項

第四條　僑務局設局長一人承僑務委員會之命指揮監督所屬職員辦理局務

第五條　僑務局置科員二人至四人承局長之命分掌局內事務

第六條　僑務局得因事務之繁簡酌用僱員三人至六人

第七條　僑務局每月工作經過及收支款項按月列表呈報本會核轉

第八條　僑務局辦事細則由該局擬定呈由僑務委員會核准行之

第九條　本章程由僑務委員會呈請　行政院核准施行

第十條　本章程如有未盡事宜得由僑務委員會呈准修改之

《侨务委员会驻各口岸侨务局章程》

图片来源：《侨务月报》1935 年第 2 卷第 5 期。

① 张赛群：《中国侨务政策研究》，北京：知识产权出版社，2010 年，第 11 页。

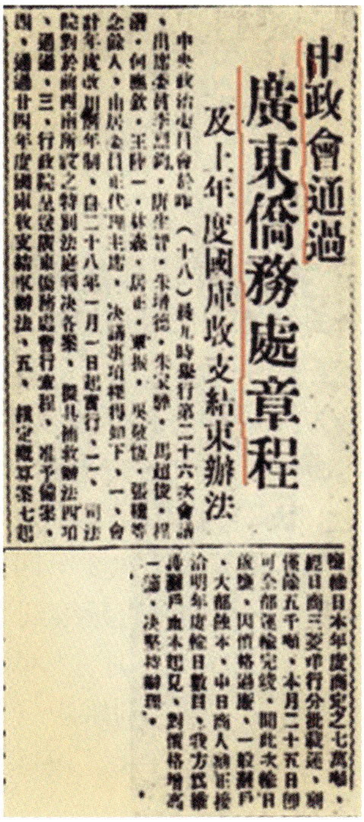

中政會通過
廣東僑務處章程
及上年度國庫收支結束辦法

《中政会通过广东侨务处章程》

图片来源：《中央日报》，1936 年 11 月 19 日第 3 版。

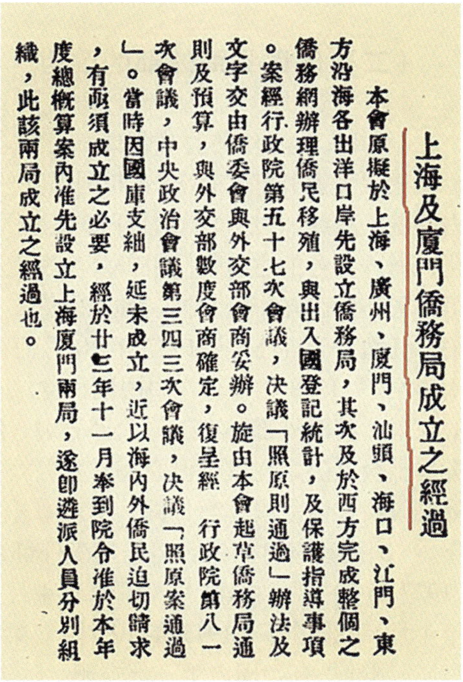

上海及廈門僑務局成立之經過

本會原擬於上海、廣州、廈門、汕頭、海口、江門、東方沿海各出洋口岸先設立僑務局，其次及於西方完成整個之僑務網辦理僑民移殖，與出入國登記統計，及保護指導事項。案經行政院第五十七次會議，決議「照原則通過」辦法及文字交由僑委會與外交部會商妥辦。旋由本會起草僑務局通則及預算，與外交部數度會商確定，復呈經行政院第八一次會議，中央政治會議第三四三次會議，決議「照原案通過」。當時因國庫支絀，延未成立，近以海內外僑民迫切請求，有亟須成立之必要，經於廿三年十一月奉到院令准於本年度總概算案內准先設立上海廈門兩局，遂即遴派人員分別組織，此該兩局成立之經過也。

《上海及厦门侨务局成立之经过》

图片来源：《侨务月报》1935 年第 2 卷第 5 期。

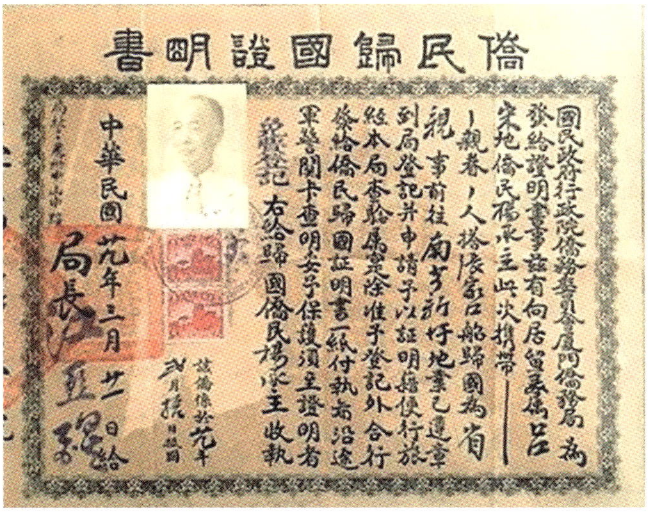

僑民歸國證明書

国民政府行政院侨务委员会厦门侨务局签发的《侨民归国证明书》（1940 年）

图片来源：孔夫子旧书网，http：//book. kongfz. com/6785/500048746/。

（二）国民党海外部的改组

1. 国民党海外部的改组过程

国民党海外部，是1924年国民党“一大”期间，为了整顿海外党务并建立海内外统一战线而设立的。首任部长为国民党元老林森。由于中国国民党内部的变化，海外党务的主管部门也曾多次发生变更。1926年1月，在国民党“二大”上，彭泽民作为南洋华侨领袖、孙中山挚友、同盟会元老、坚定的国民党左派，当选为第二任海外部部长。① 1927年10月海外部改组，委员为邓泽如、林森、萧佛成、周启刚。② 1928年2月在中国国民党二届四中全会上，通过了《改组中央党部案》的决议，将海外部原有工作大部分纳入组织部之海外科。1932年，国民党中执委常务委员会又决定在其下设立海外党务委员会。1938年4月，第五届中执委第四次全体会议决议恢复设立海外部，掌理海外党务及宣传等事宜。该机构一直延续到1949年。③ 国民政府时期先后担任过海外部部长的有：彭泽民（1926年1月）、邓泽如（1927年10月）、陈树人（1938年4月）、吴铁城（1939年11月）、刘维炽（1941年4月）、张道藩（1943年10月）、梁寒操（1944年11月）、陈庆云（1945年1月）；副部长有：周启刚、萧吉珊、陈庆云、戴愧生、赖琏。

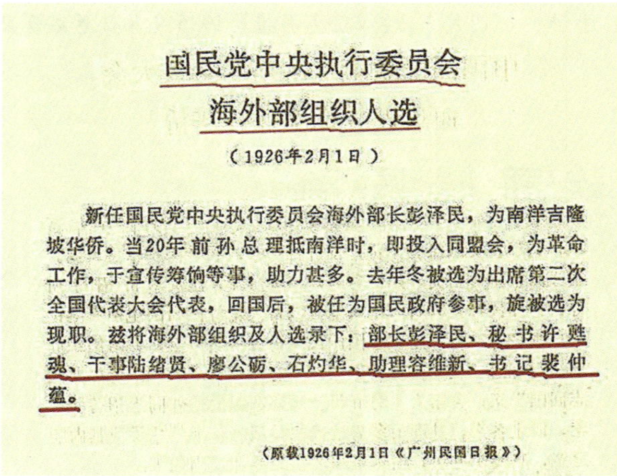

国民党中央执行委员会
海外部组织人选
（1926年2月1日）

新任国民党中央执行委员会海外部长彭泽民，为南洋吉隆坡华侨。当20年前孙总理抵南洋时，即投入同盟会，为革命工作，于宣传筹饷等事，助力甚多。去年冬被选为出席第二次全国代表大会代表，回国后，被任为国民政府参事，旋被选为现职。兹将海外部组织及人选录下：部长彭泽民、秘书许甦魂、干事陆绪贤、廖公砺、石灼华、助理容维新、书记裴仲蕴。

（原载1926年2月1日《广州民国日报》）

《国民党中央执行委员会海外部组织人选（1926年2月1日）》

图片来源：《华侨与侨务史料选编（广东）2》，第8页。

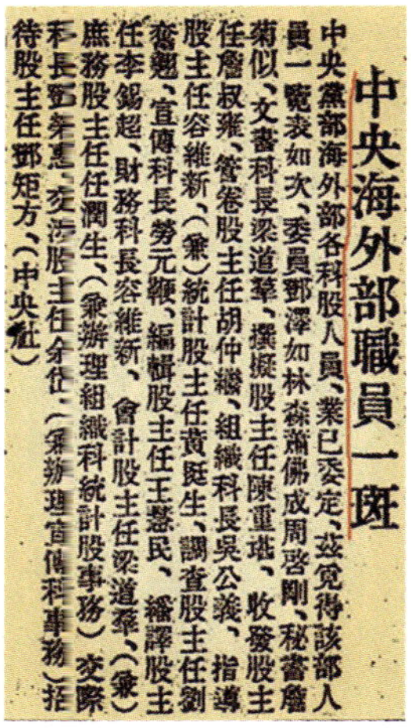

中央海外部職員一斑

中央黨部海外部各科股人員、業已委定、茲覓得該部人員一覽表如次、委員鄧澤如林森蕭佛成周啓剛、秘書詹菊似、文書科長梁道華、撰擬股主任陳重堪、收發股主任詹叔雍、管卷股主任胡仲繼、組織科長吳公義、指導股主任容維新、(兼)統計股主任黄珽生、調查股主任劉奮翹、宣傳科長勞元鞭、編輯股主任王懋民、繙譯股主任李錫超、財務科長容維新、會計股主任梁道華、(兼)庶務股主任任潤生、(兼辦理組織科統計股事務)交際科長劉[illegible]憲、交涉股主任[illegible][illegible]、(兼辦理宣傳科事務)招待股主任鄧矩方、(中央社)

《中央海外部职员一斑》

图片来源：《申报》，1927年10月20日第6版。

① 《国民党中央执行委员会海外部组织人选》，广东省档案馆、广州华侨志编委办、广州华侨研究会等编：《华侨与侨务史料选编（广东）2》，广州：广东人民出版社，1991年，第8页。

② 《中央海外部职员一斑》，《申报》，1927年10月20日第6版。

③ 陈国威：《1924—1945年国民党海外部与侨务工作考论》，《华侨华人历史研究》2008年第3期。

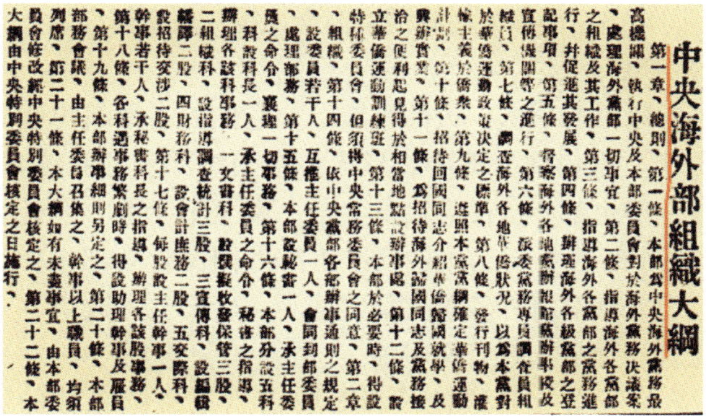
中央海外部組織大綱

《中央海外部组织大纲》

图片来源：《民国日报》，1927 年 11 月 16 日第 7 版。

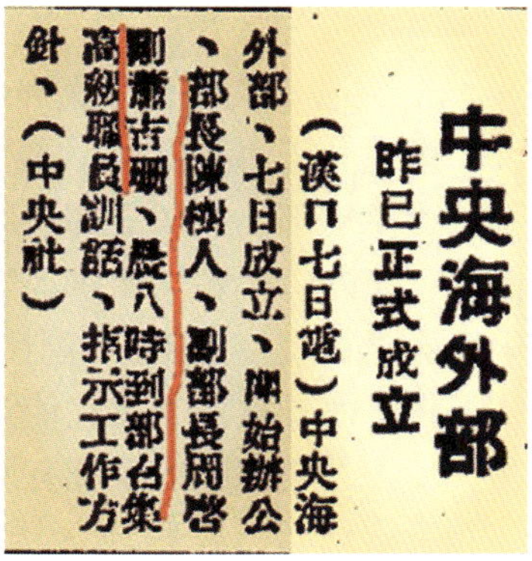
中央海外部
昨已正式成立
（漢口七日電）中央海外部、七日成立、開始辦公、部長陳樹人、副部長周啓剛、蕭吉珊、晨八時到部台集高級職員訓話、指示工作方針、（中央社）

《中央海外部昨已正式成立》

图片来源：《申报》，1938 年 5 月 8 日第 2 版。

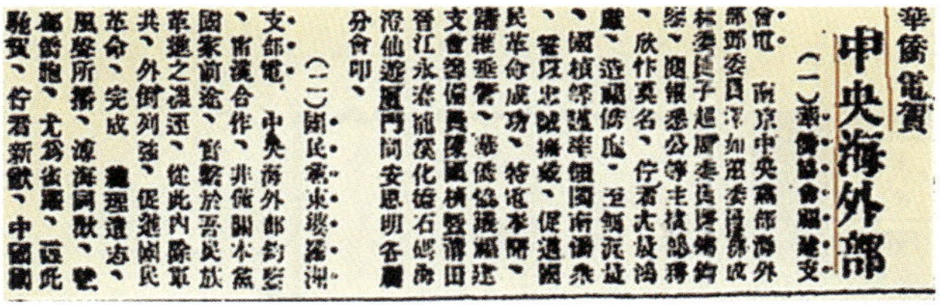
華僑電賀
中央海外部

《华侨电贺中央海外部》

图片来源：《民国日报》，1927 年 10 月 21 日第 7 版。

2. 国民党中央第二任海外部部长彭泽民

彭泽民

图片来源：《彭泽民儿子回忆：我父亲上过毛人凤的暗杀名单》，腾讯新闻，https：//news. qq. com/a/20100730/001061. htm？ pc。

彭泽民（1877—1956），广东四会人。1906 年加入中国革命同盟会，是吉隆坡分会负责人之一。1924 年回到广州参加民主革命活动，并被选为国民党中央执行委员、海外部部长，国民政府委员。创办海外部机关报——《海外周刊》，创立华侨协会，动员华侨支援国内革命。1927 年参加南昌起义，任革命委员会委员。1930 年参与创建中国国民党临时行动委员会（中国农工民主党前身），任中央干事会干事。抗战爆发后，提出《抗日救国的八项主张》，在香港创办《抗战华侨》。1941 年皖南事变后，同宋庆龄等联名写信给国民党当局，呼吁团结抗日。抗战胜利后，在香港领导南方民主运动，并任反内战大同盟常务委员。1947 年当选为中国农工民主党中央监察委员会主席。1949 年代表该党响应中国共产党“五一”号召，同年出席中国人民政治协商会议第一届全体会议。

3. 完善国民党海外党部组织系统

国民党于海外发家，在海外向来具有层次广大的组织。如它们的基层组织就划分为总支部、直属支部、区分部、直属区分部等，形成一个组织严密的系统。同时，海外侨社各类团体、学校一般也都有国民党人员参与，甚至不少地方还是国民党党员直接控制。[①] 国民党海外部的主要工作包括改组海外国民党党部、华侨保护、海外宣传与反宣传等。海外部对海外各总支部实施了一套设立和改组方法，使海外党部组织系统有所完善、党员人数有所增加。

民国期间，有些地区国民党海外党员的数量最高时曾占当地侨胞总数的28.71%。平均而言，国民党海外各地的党员占海外侨胞总数的2.3%，也就是说大约每43个侨胞中就有1个国民党党员，这个比例是比较高的。[②] 每当特殊的历史时期，由于其组织设置及其与华侨的天然联系，国民党海外党组织自然就充当起海外华侨与政府之间的桥梁与纽带，成为政府与海外侨团、侨校之间的有力枢纽。[③]

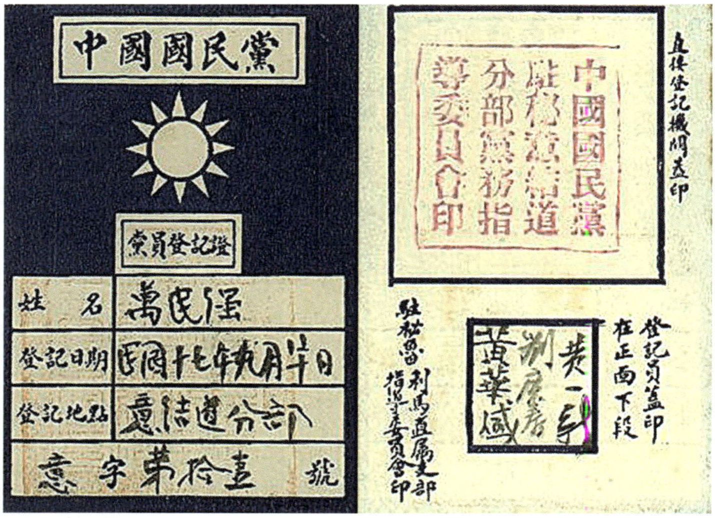

中国国民党驻秘（鲁）意结道分部党员登记证（1928年）

图片来源：暨南大学图书馆馆藏。

① 陈国威：《1924—1945年国民党海外部与侨务工作考论》，《华侨华人历史研究》2008年第3期。

② 国民党第三组编：《中国国民党海外党务现况》，台北：海外出版社，1952年，第2页。

③ 张应进：《论抗战时期国民党海外部的侨务工作》，暨南大学硕士学位论文，2012年，第14页。

中国国民党驻加拿大总支部第十次代表大会

图片来源：《华侨评论》1946 年第 1 期。

三、维护侨胞权益

（一）修订完善一系列保护华侨利益的法律法规

1. 颁布中国第三部国籍法

国民政府于 1929 年 2 月颁布了中国第三部国籍法及其施行条例。南京国民政府尚处于新军阀不断混战的局面中，就迅速颁布了新国籍法，其重要目的之一就在于尽最大可能地笼络和利用海外华侨，力求充分发挥海外华侨对祖国的重大作用。为达此目标，南京政府尽了最大的努力。与 1912 年北洋政府颁布的国籍法相对照，1929 年国籍法适用范围更广，更体现了男女平等的立法精神。根据这部国籍法，“父无可考或无国籍，其母为中国人者，其子无论生于何地均属中国国籍”，相比于以前国籍法中单一的父系血统主义，其提倡妇女权利和男女平等，无疑是一种进步。

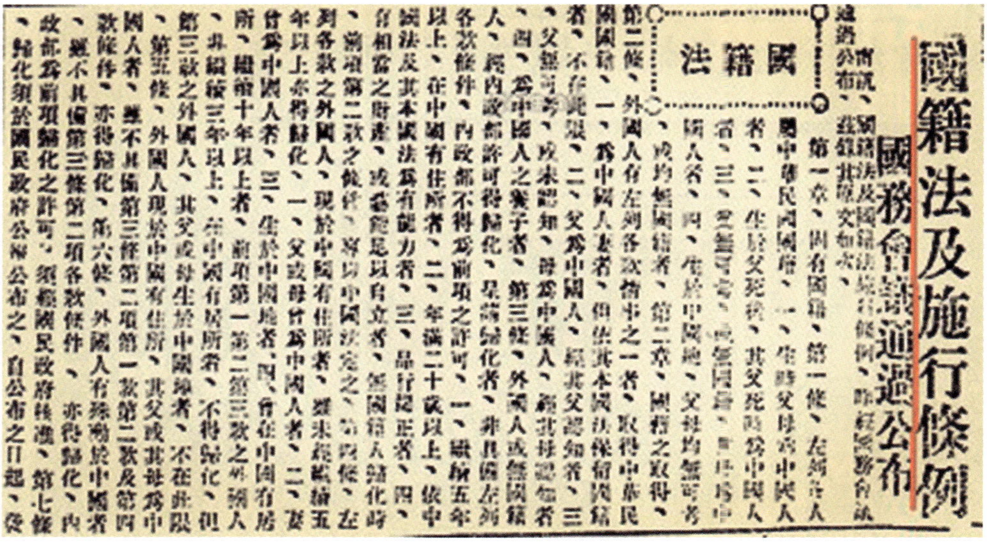
國籍法及施行條例
國務會議通過公布
國籍法

《国籍法及施行条例》

图片来源：《民国日报》，1929 年 2 月 3 日第 7 版。

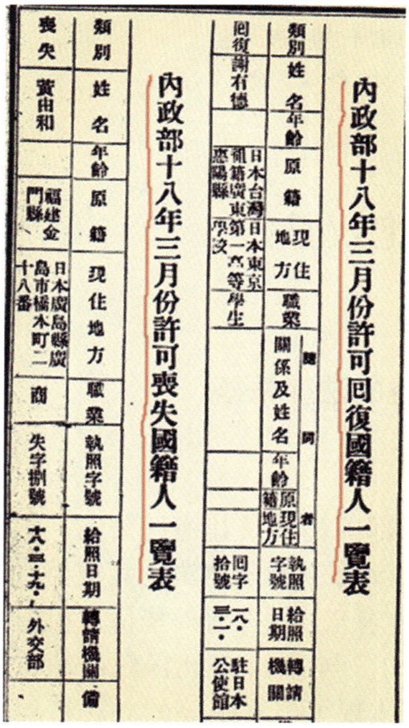
内政部十八年三月份許可回復國籍人一覽表
内政部十八年三月份許可喪失國籍人一覽表

《内政部十八年三月份许可回（恢）复国籍人一览表》与《内政部十八年三月份许可丧失国籍人一览表》

图片来源：《国民政府公报》1929 年第 139 期。

在强化双重国籍、力图拥有更多的海外中国国民的同时，1929 年的国籍法还尽可能限制中国人出籍，力图使中国国民数量最大化，同时放宽出籍者恢复中国籍的标准。

纵观中国政府颁布的三部国籍法规，虽然制定者更迭，颁布时代不同，历史条件各异，条文内容也有所调整，但彼此相承，基本原则一贯，即坚持血统主义，同时承认双重国籍。

国籍证明书是证明本人国籍的法律文件。为证明旅外侨民国籍起见，国民政府内政部特拟定国籍证明书发给规则，进一步将国籍证明书法律化、固定化。凡侨居国外及前往各国之中国人，需领取国籍证明书，获取保护。国籍证明书由内政部委托驻外各使领馆及国内各处发给出国护照机关代发。

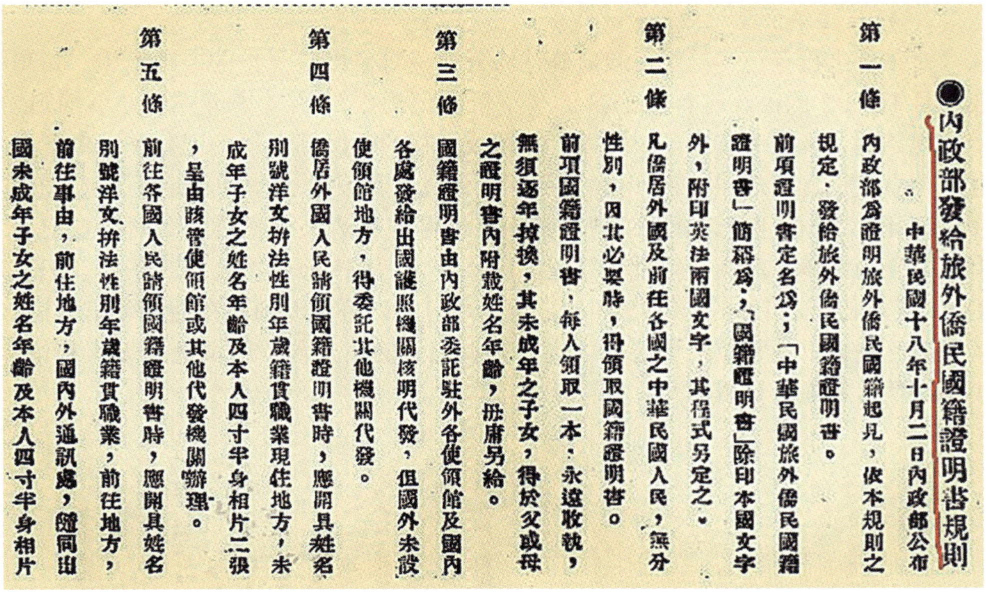

◉內政部發給旅外僑民國籍證明書規則

中華民國十八年十月二日內政部公布

第一條　內政部為證明旅外僑民國籍起見，依本規則之規定，發給旅外僑民國籍證明書。

前項證明書定名為；「中華民國旅外僑民國籍證明書」簡稱為；「國籍證明書」除印本國文字外，附印英法兩國文字，其程式另定之。

第二條　凡僑居外國及前往各國之中華民國人民，無分性別，因其必要時，得領取國籍證明書。

前項國籍證明書，每人領取一本，永遠收執，無須逐年掉換，其未成年之子女，得於父或母之證明書內附載姓名年齡，毋庸另給。

第三條　國籍證明書由內政部委託駐外各使領館及國內各處發給出國護照機關核明代發，但國外未設使領館地方，得委託其他機關代發。

第四條　僑居外國人民請領國籍證明書時，應開具姓名別號洋文拼法性別年歲籍貫職業現住地方，未成年子女之姓名年齡及本人四寸半身相片二張，呈由該管使領館或其他代發機關辦理。

第五條　前往各國人民請領國籍證明書時，應開具姓名別號洋文拼法性別年歲籍貫職業，前往地方，前往事由，前往地方，國內外通訊處，隨同出國未成年子女之姓名年齡及本人四寸半身相片

《内政部发给旅外侨民国籍证明书规则》

图片来源：《广东省政府公报》1929 年第 46 期。

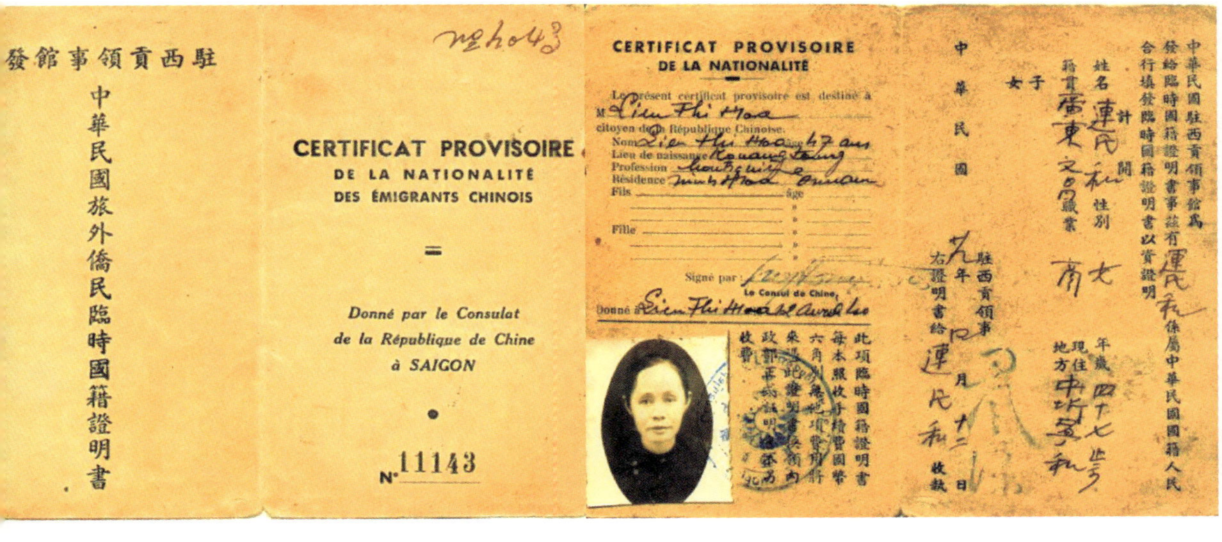

越南侨民的《中华民国旅外侨民临时国籍证明书》（1940 年）

图片来源：暨南大学图书馆馆藏。

2. 颁布《华侨登记规则》

对华侨进行登记，是国民政府确认海外侨民身份以资保护的一项措施。1930年1月17日，国民政府首次公布了《华侨登记规则》及《华侨登记办事细则》等法规条例，规定所有出国、归国、居留或迁移的侨民都必须登记，登记事务由驻外领事馆负责办理。[①] 在外华侨登记后，由外交部发给《华侨登记证》或《侨民登记证》。华侨凭登记证明，可获得领事馆保护及请求事项帮助。早期登记证有效期限为一年，期满必须重新登记。1935年12月18日再次公布《华侨登记规则》，该规则规定1936年到1938年之内，所有海外侨民需到驻在地使领馆登记。侨民如不登记，使领馆不负保护之责。若登记人确系贫苦，居留地又无照相馆，可免缴照片。除迁移情形外，登记证永远有效。

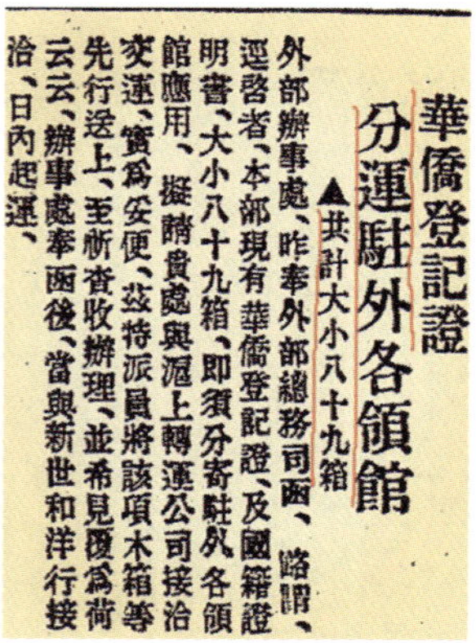

華僑登記證
分運駐外各領館
▲共計大小八十九箱

外部辦事處、昨奉外部總務司函、略謂、逕啓者、本部現有華僑登記證、及國籍證明書、大小八十九箱、即須分寄駐外各領館應用、擬請貴處與滬上轉運公司接洽交運、實爲安便、茲特派員將該項木箱等先行送上、至祈查收辦理、並希見覆爲荷云云、辦事處奉函後、當與新世和洋行接洽、日內起運、

《华侨登记证分运驻外各领馆共计大小八十九箱》

图片来源：《申报》，1930年9月23日第10版。

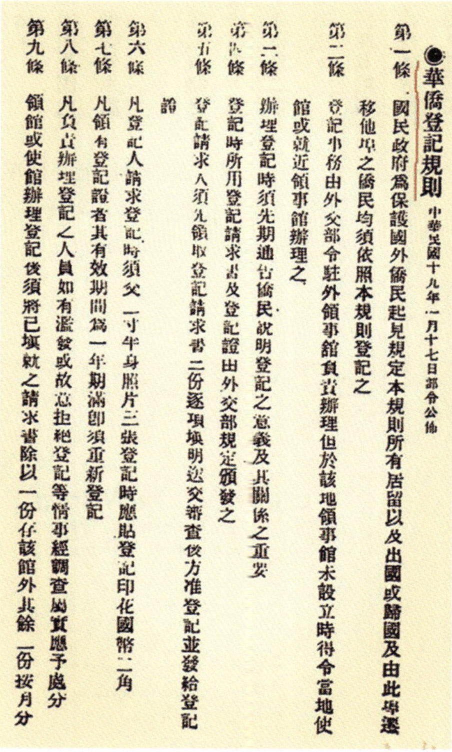

●華僑登記規則 中華民國十九年一月十七日部令公佈

第一條 國民政府爲保護國外僑民起見規定本規則所有居留以及出國或歸國及由此埠遷移他埠之僑民均須依照本規則登記之

第二條 登記事務由外交部令駐外領事館負責辦理但於該地領事館未設立時得令當地使館或就近領事館辦理之

第三條 辦理登記時須先期通告僑民說明登記之意義及其關係之重要

第四條 登記時所用登記請求書及登記證由外交部規定頒發之

第五條 登記請求人須先領取登記請求書二份逐項填明送交審查後方准登記並發給登記證

第六條 凡登記人請求登記時須交一寸半身照片三張登記時應貼登記印花國幣二角

第七條 凡領有登記證者其有效期間爲一年期滿即須重新登記

第八條 凡負責辦理登記之人員如有濫發或故意拒絕登記等情事經調查屬實應予處分

第九條 領館或使館辦理登記後須將已填就之請求書除以一份存該館外其餘一份按月分

《华侨登记规则》

图片来源：《南京国民政府外交部公报》（第七辑）1930年第2卷第11期。

① 《华侨登记规则》，《外交部公报》1930年第2卷第11期，第2-3页。

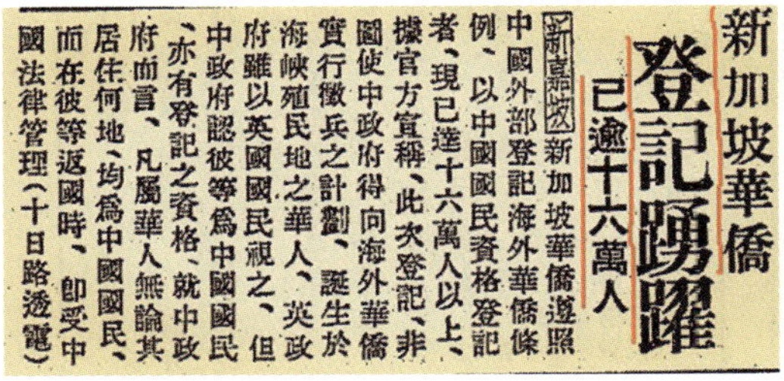

新加坡華僑登記踴躍 已逾十六萬人

（新嘉坡）新加坡華僑遵照中國外部登記海外華僑條例、以中國國民資格登記者、現已達十六萬人以上、據官方宣稱、此次登記、非圖使中政府得向海外華僑實行徵兵之計劃、誕生於海峽殖民地之華人、英政府雖以英國國民視之、但中政府認彼等爲中國國民、亦有登記之資格、就中政府而言、凡屬華人無論其居住何地、均爲中國國民、而在彼等返國時、卽受中國法律管理（十日路透電）

《新加坡华侨登记踊跃　已逾十六万人》

图片来源：《申报》，1939 年 1 月 11 日第 7 版。

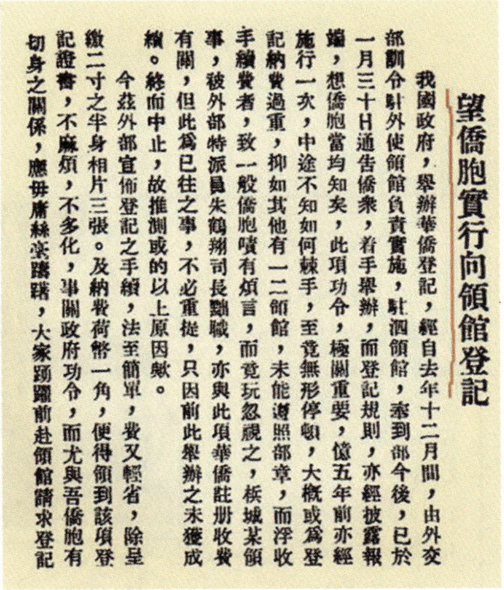

望僑胞實行向領館登記

我國政府，舉辦華僑登記，經自去年十二月間，由外交部訓令駐外使領館負責實施，駐泗領館，奉到部令後，已於一月三十日通告僑衆，着手舉辦，而登記規則，亦經披露報端，想僑胞當均知矣，此項功令，極關重要，憶五年前亦經施行一次，中途不知如何棘手，至竟無形停頓，大概或爲登記納費過重，抑如其他有一二領館，未能遵照部章，而浮收手續費者，致一般僑胞嘖有煩言，而竟玩忽視之，檳城某領事，被外部特派員朱鶴翔司長斷職，亦與此項華僑註册收費有關，但此爲已往之事，不必重提，只因前此舉辦之未獲成績，終而中止，故推測或的以上原因歟。

今茲外部宣佈登記之手續，法至簡單，費又輕省，除呈繳二寸之半身相片三張。及納費荷幣一角，便得領到該項登記證書，不麻煩，不多化，事關政府功令，而尤與吾僑胞有切身之關係，應毋庸絲豪躊躇，大家踴躍前赴領館請求登記

《望侨胞实行向领馆登记》

图片来源：《侨务月报》1936 年第 3 期。

1930 年中华民国驻古巴公使馆签发的《华侨登记证》

图片来源：暨南大学图书馆馆藏。

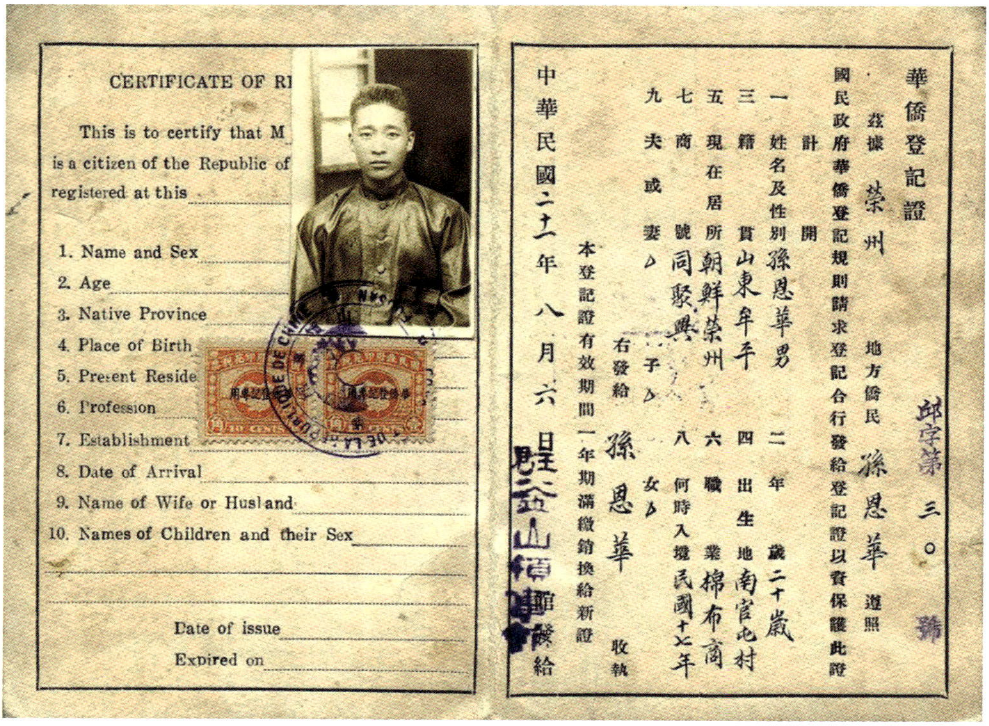

CERTIFICATE OF R

This is to certify that M

is a citizen of the Republic of

registered at this

1. Name and Sex
2. Age
3. Native Province
4. Place of Birth
5. Present Reside
6. Profession
7. Establishment
8. Date of Arrival
9. Name of Wife or Husband
10. Names of Children and their Sex

Date of issue

Expired on

華僑登記證

郵字第三〇號

茲據榮州地方僑民孫恩華遵照

國民政府華僑登記規則請求登記合行發給登記證以資保護此證

計開

一 姓名及性別 孫恩華 男　二 年歲 二十歲

三 籍貫 山東牟平　四 出生地 南官屯村

五 現在居所 朝鮮榮州　六 職業 棉布商

七 商號 同聚興　八 何時入境 民國十七年

九 夫或妻 △ 子 △ 女 △

右發給 孫恩華 收執

本登記證有效期間一年期滿繳銷換給新證

中華民國二十一年八月六日

駐釜山領事館發給

1932 年中华民国驻釜山领事馆签发的《华侨登记证》

图片来源：暨南大学图书馆馆藏。

3. 颁布相关护照条例

护照是一国政府发给本国公民在国际旅行、居留使用的有效证件。1877 年清政府为解决华工被诱骗出国问题，与西班牙签订了《会订古巴华工条款》，正式颁发了国际上通用的国籍和身份证明——护照。民国期间，中国的护照制度逐渐完善。为便利海外归国侨民旅行或考察起见，1928 年，国民政府侨务委员会颁发了《华侨护照规则》，为归国华侨签发护照以资保护。1931 年，国民政府立法院通过了《护照条例》，同年 12 月 30 日又公布了《外交部颁发出国护照暂行办法》，其中将出国护照分为“外交护照”“官员护照”和“普通护照”三种。

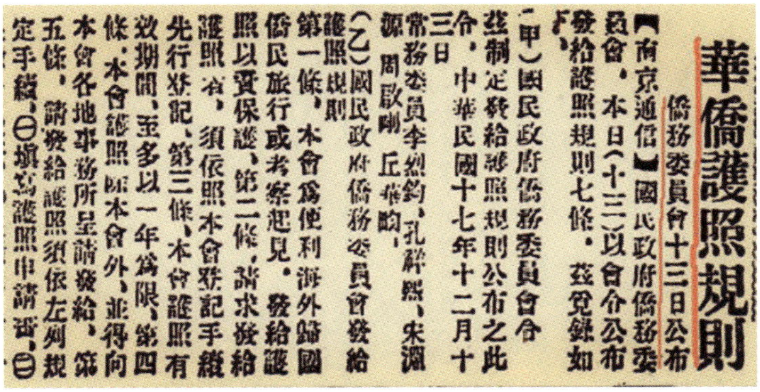

華僑護照規則

僑務委員會十三日公布

【南京通信】國民政府僑務委員會，本日（十三）以會令公布發給護照規則七條，茲覓錄如下：

（甲）國民政府僑務委員會令 茲制定發給護照規則公布之，此令。中華民國十七年十二月十三日

常務委員李烈鈞、孔祥熙、朱霽源、周啟剛、丘華昀

（乙）國民政府僑務委員會發給護照規則

第一條 本會為便利海外歸國僑民旅行或考察起見，發給護照以資保護。第二條 請求發給護照者，須依照本會登記手續先行登記。第三條 本會護照有效期間，至多以一年為限。第四條 本會護照除本會外，並得向本會各地事務所呈請發給。第五條 請發給護照須依左列規定手續：（一）填寫護照申請書，（二）

《华侨护照规则》

图片来源：《益世报》，1928 年 12 月 20 日第 2 版。

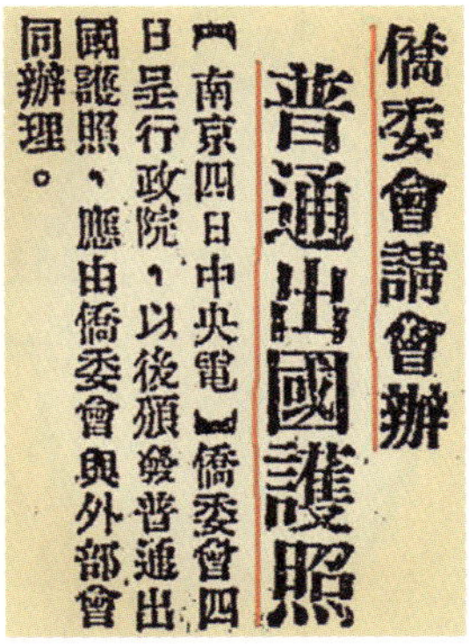

僑委會請會辦

普通出國護照

【南京四日中央電】僑委會四日呈行政院，以後頒發普通出國護照，應由僑委會與外部會同辦理。

《侨委会请会办普通出国护照》

图片来源：《京报》，1932 年 8 月 5 日第 3 版。

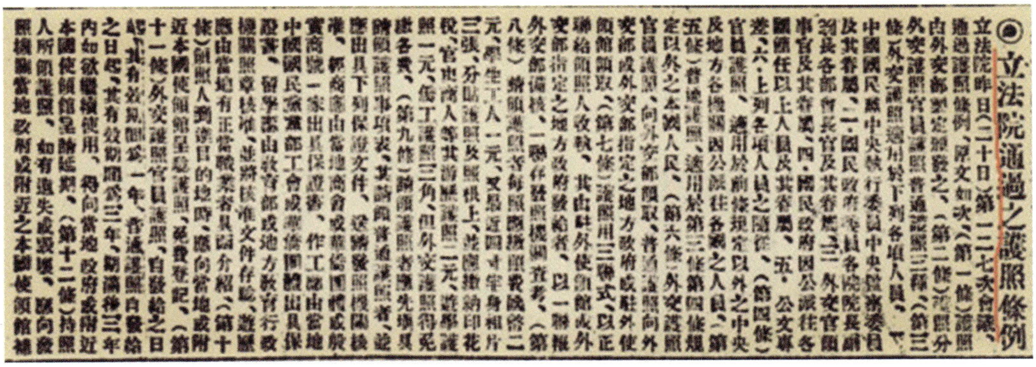

立法院通過之護照條例

立法院昨日（二十日）第一二七次會議，通過護照條例，原文如次：（第一條）護照分外交護照、官員護照、普通護照三種。（第二條）護照由外交部製定頒發之。（第三條）外交護照適用於下列各項人員：一、國民政府委員、中央執行委員、中央監察委員及其眷屬；二、國民政府五院院長、副院長、各部部長及其眷屬；三、外交官、領事官及其眷屬；四、國民政府因公派往各國擔任以上人員及其眷屬；五、公文專差；六、上列各項人員之隨從。

《立法院通过之护照条例》

图片来源：《申报》，1931 年 1 月 22 日第 8 版。

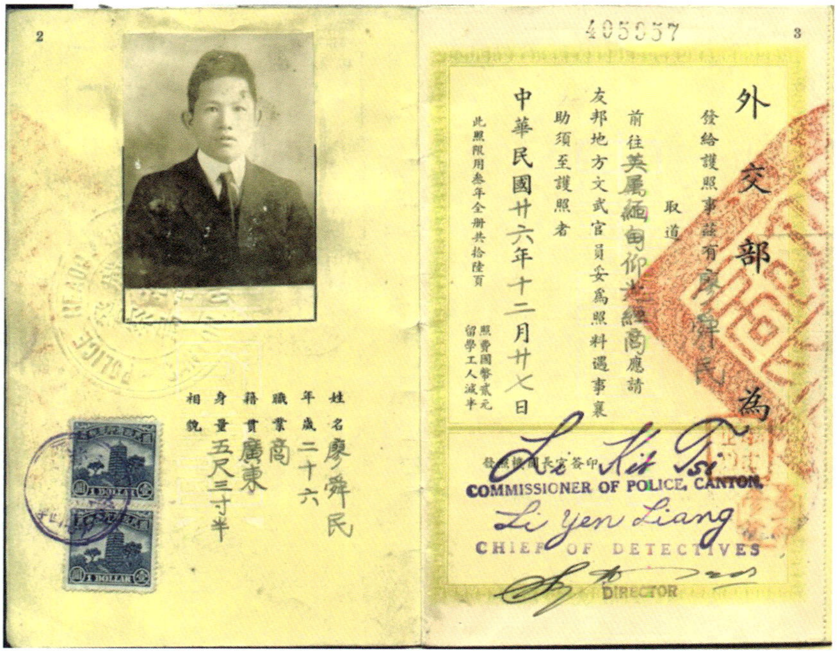

1937 年国民政府外交部签发的赴缅甸经商的出国护照

图片来源：暨南大学图书馆馆藏。

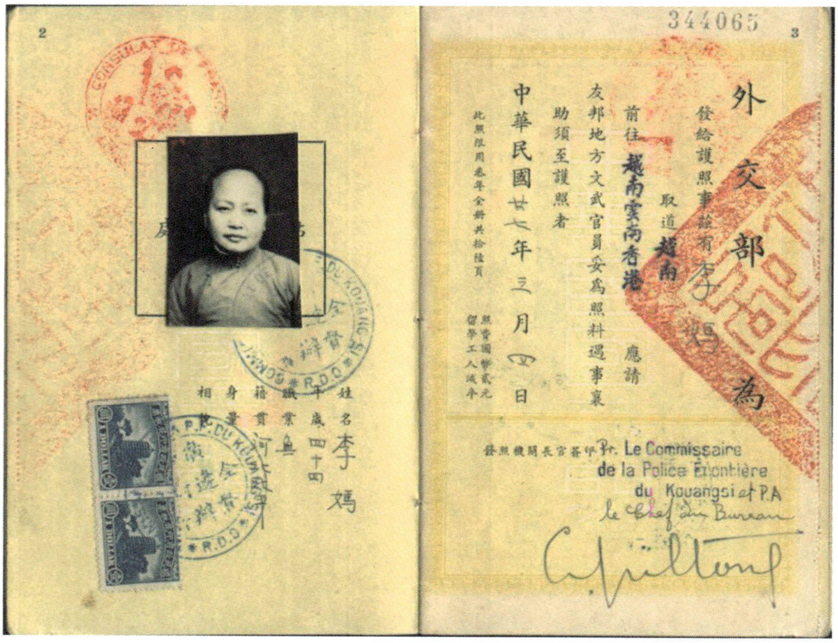

1938 年国民政府外交部签发的取道越南的出国护照

图片来源：佚名收藏。

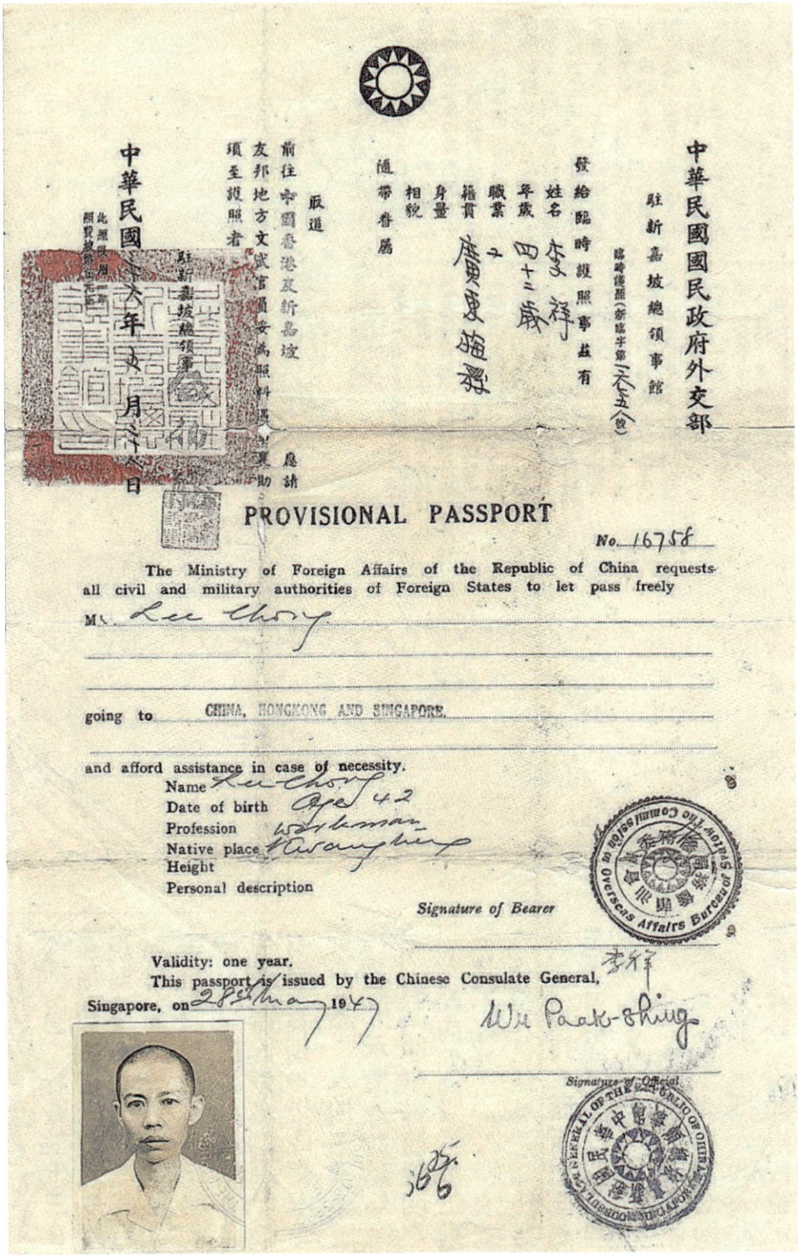

中華民國國民政府外交部
駐新嘉坡總領事館
臨時護照（新臨字第一六七五八號）
發給臨時護照事茲有
姓名 李祥
年歲 四十二歲
職業 工
籍貫 廣東梅縣
身量
相貌
隨帶眷屬
取道
前往中國香港及新嘉坡懇請
友邦地方文武官員妥為照料遇[illegible]助
須至護照者
中華民國三十六年五月廿八日
駐新嘉坡總領事

PROVISIONAL PASSPORT

No. 16758

The Ministry of Foreign Affairs of the Republic of China requests all civil and military authorities of Foreign States to let pass freely

Mr. Lee Chong

going to CHINA, HONGKONG AND SINGAPORE.

and afford assistance in case of necessity.

Name Lee Chong
Date of birth Age 42
Profession Workman
Native place Kwangtung
Height
Personal description

Signature of Bearer

Validity: one year.
This passport is issued by the Chinese Consulate General, Singapore, on 28th May 1947

李祥

Wu Paak-shing

Signature of Official

1947 年中华民国驻新加坡总领事馆签发的临时回国护照

图片来源：何锡钿收藏。

按：据国民政府侨务委员会颁布的《回国侨民登记规则》，各口岸边省侨务处（局）负责办理侨民回国登记事宜。从该护照加盖了“汕头侨务局侨务委员会”的印章看，该护照的持有人回国后办理了侨民登记手续。

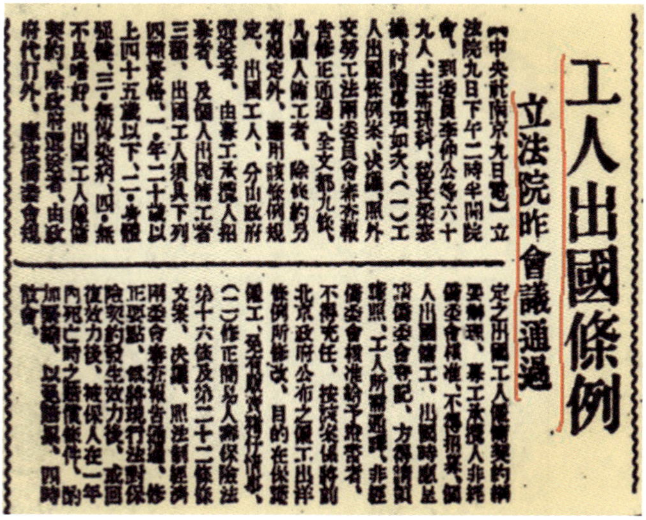

《工人出国条例　立法院昨会议通过》

图片来源：《大公报》，1935 年 10 月 10 日第 3 版。

4. 颁布华工出国法规

1935 年 10 月，国民政府立法院颁布了《工人出国条例》，侨委会根据这个条例的精神又制定了《募工承揽人取缔规则》和《出国工人雇佣契约纲要》等，禁止外国人以“卖猪仔”的方式招募华工。上述法令规定，募集华工的承揽人必须得到侨务委员会的批准并拿到许可执照，如有私自募工出国或以欺诈、诱惑方法募集工人的，须受处罚，并赔偿工人损失；出国工人在出国前必须与雇主或其代表人订立雇佣契约，契约内须写明工作类别、雇佣期限、工资待遇、每日工作时间、是否有生命保险和抚恤金等。各项议定是否合理，必须由侨委会裁量、批准。法令还规定：雇主对待雇工，应与所在地工人平等，并应一律同等受国际优待工人的办法，不得歧视；侨委会或所在地的中国领事馆，应派人到佣工工作地视察，雇主必须接纳或答复有关查询等。①

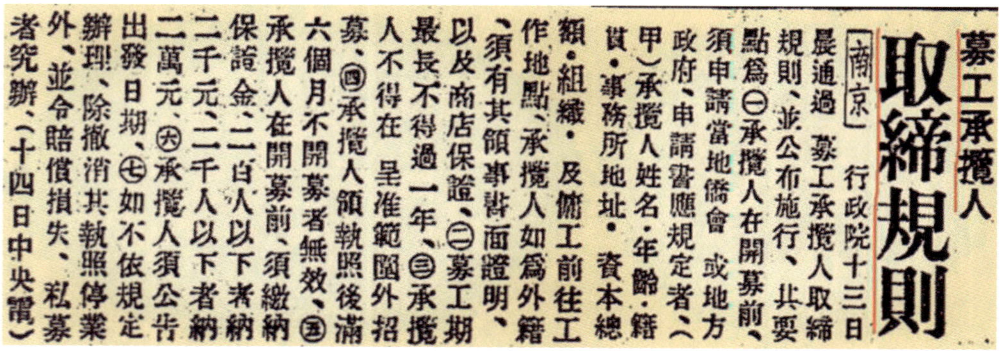
募工承攬人
取締規則

（南京）行政院十三日晨通過 募工承攬人取締規則、並公布施行、共要點爲㈠承攬人在開募前、須申請當地僑會 或地方政府、申請書應規定者、（甲）承攬人姓名·年齡·籍貫·事務所地址· 資本總額·組織· 及傭工前往工作地點、承攬人如爲外籍、須有其領事書面證明、以及商店保證、㈡募工期最長不得過一年、㈢承攬人不得在 呈准範圍外招募、㈣承攬人領執照後滿六個月不開募者無效、㈤承攬人在開募前、須繳納保證金、二百人以下者納二千元、二千人以下者納二萬元、㈥承攬人須公告出發日期、㈦如不依規定辦理、除撤消其執照停業外、並令賠償損失、私募者究辦、（十四日中央電）

《募工承揽人取缔规则》

图片来源：《申报》，1936 年 10 月 15 日第 4 版。

① 包爱芹：《1925—1945 年国民政府侨务政策及工作述论》，《华侨华人历史研究》2000 年第 2 期。

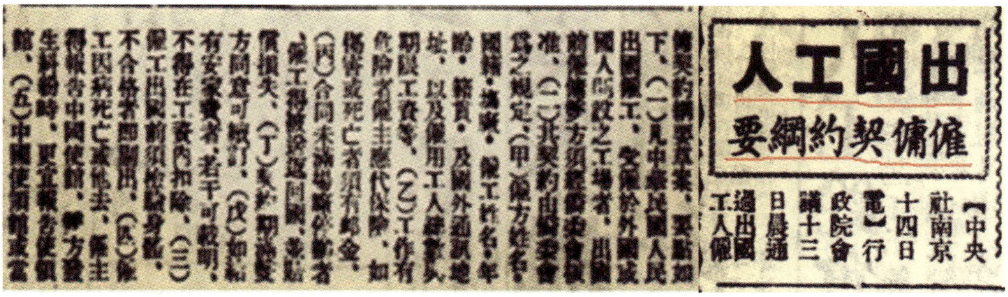

出國工人
僱傭契約綱要

【中央社南京十四日電】行政院會議十三日晨通過出國工人僱……

《出国工人雇佣契约纲要》

图片来源：《大公报》，1936 年 10 月 15 日第 4 版。

（二）交涉华侨苛例的废除

20 世纪 30 年代初期，我国的旅外华侨，总数已达 780 万。如能得各国平等待遇，自由竞争，则前途发展早已不可限量。惜以祖国极弱，无力照护，致居留地政府层级压迫，任意宰割，于是虐待华侨之苛例，层出不穷。据侨委会统计，截至 1933 年，已达百十七种。[①] 为保护华侨权益，1930 年国民党三届四中全会把“发展侨务”作为一项重要政策提出，并提出要“有步骤地交涉取消待遇华侨苛例”。国民政府还在 1933 年的外交报告中把“侨民之保护”单独作为一章列出，专门对墨西哥、挪威等政府的排华行为提出抗议。同时，采取有力措施与之交涉。各地排华风潮，经交涉有所改善者有：墨西哥排华案件，瓜地马拉限制华侨案，尼加拉瓜移民律案，洪都拉斯、萨尔瓦多、哥斯达黎加、纽丝伦（今新西兰）、南北联邻移民法案等，这些国家或地区或者取消限制华侨人口的律令，或者废除专门针对华侨颁布的各种律令。[②]

讽刺日本限制华人入境的漫画

图片来源：《时事月报》1930 年第 2 卷。

① 萧吉珊：《各国政府虐待华侨苛例计达百十七种》，《时事月报》1934 年第 11 卷。

② 张赛群：《南京国民政府侨务政策研究》，北京：中国言实出版社，2008 年，第 67－68 页。

各國苛待華僑條例

僑委會函駐外各使領館

亟須搜集錄寄以資參考

僑務委會、以華僑足跡遍於世界、而居留地政府每加虐待、苛例之頒、層出不窮、有爲前者所無、而特加新例者、有將舊例修改、而變本加厲者、此種苛例、關係華僑前途至鉅、亟須搜集研究、以爲設法改良之計、昨日分函駐外各使領館、及中華商會、請將駐在地政府所有現行之法規凡有關係華僑者、各錄寄一份、以資參考。

程、急待開工、爰曾登報招商投標承埋、已于昨日上午十時在市府大禮堂當衆開標、投標者共三家、所投標額計永泰營造廠四萬二千餘元、裕慶公司四萬五千餘元、匯司公司五萬餘元、現該局正審查各家所提條件、一俟審查完竣、立將得標者公佈、聞標額最低之永泰營造廠、頗有得標之希望云。

《各国苛待华侨条例　侨委会函驻外各使领馆亟须搜集录寄以资参考》

图片来源：《中央日报》，1932 年 9 月 18 日第 7 版。

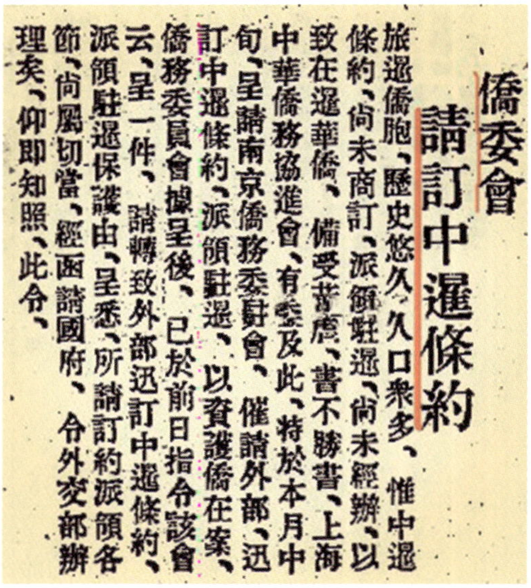

僑委會

請訂中暹條約

旅暹僑胞、歷史悠久、人口衆多、惟中暹條約、尚未商訂、派領駐暹、尚未經辦、以致在暹華僑、備受苛虐、書不勝書、上海中華僑務協進會、有鑒及此、特於本月中旬、呈請南京僑務委員會、催請外部、迅訂中暹條約、派領駐暹、以資護僑在案、僑務委員會據呈後、已於前日指令該會云、呈一件、請轉致外部迅訂中暹條約、派領駐暹保護由、呈悉、所請訂約派領各節、尚屬切當、經函請國府、令外交部辦理矣、仰即知照、此令、

《侨委会请订中暹条约》

图片来源：《申报》，1930 年 8 月 31 日第 17 版。

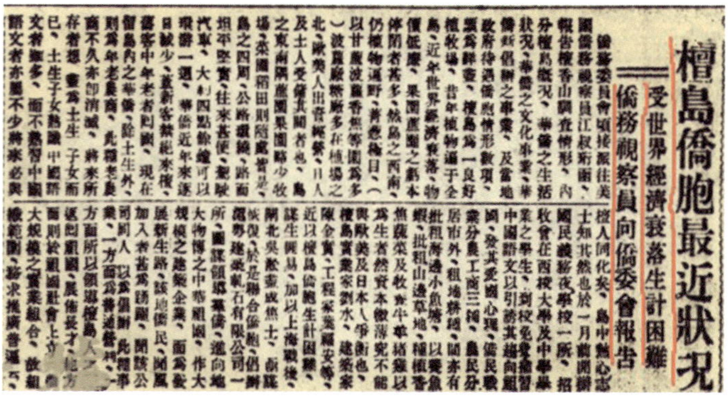

檀島僑胞最近狀況

受世界經濟衰落生計困難

僑務視察員向僑委會報告

《檀岛侨胞最近状况　受世界经济衰落生计困难　侨务视察员向侨委会报告》

图片来源：《中央日报》，1932 年 11 月 2 日第 6 版。

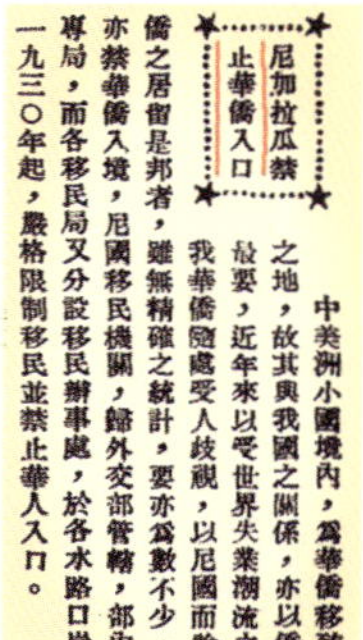

尼加拉瓜禁止華僑入口

中美洲小國境內，爲華僑移殖最早之地，故其與我國之關係，亦以僑務爲最要，近年來以受世界失業潮流之影響，我華僑隨處受人歧視，以尼國而論，華僑之居留是邦者，雖無精確之統計，要亦爲數不少，近年亦禁華僑入境，尼國移民機關，歸外交部管轄，部內設一專局，而各移民局又分設移民辦事處，於各水路口岸，自一九三〇年起，嚴格限制移民並禁止華人入口。

《尼加拉瓜禁止华侨入口》

图片来源：《海外月刊》1934 年第 26 期。

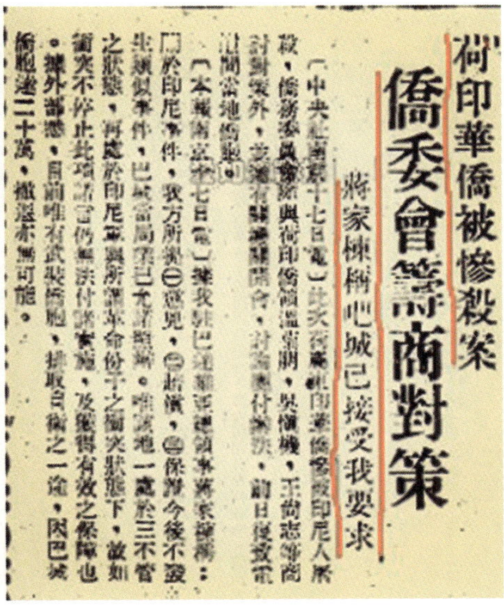

荷印華僑被慘殺案

僑委會籌商對策

蔣家棟稱巴城已接受我要求

《荷印华侨被惨杀案　侨委会筹商对策》

图片来源：《申报》，1946 年 6 月 18 日第 2 版。

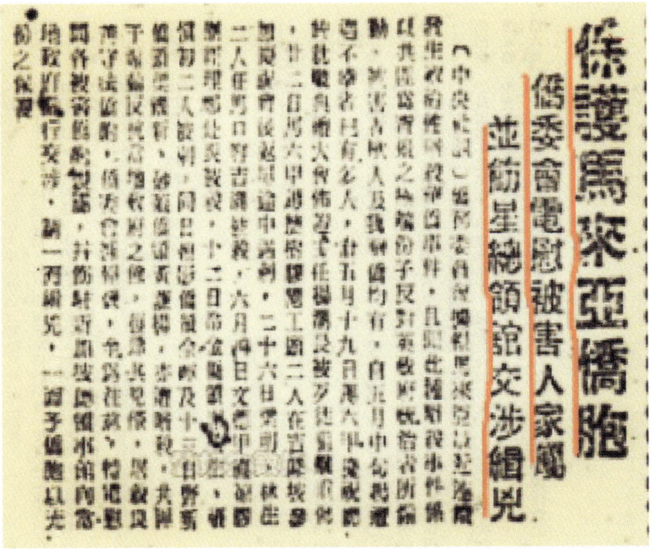

保護馬來亞僑胞

僑委會電慰被害人家屬

並飭星總領館交涉緝兇

《保护马来亚侨胞　侨委会电慰被害人家属　并饬星总领馆交涉缉凶》

图片来源：《中央日报》，1948 年 7 月 7 日第 3 版。

四、推广华侨教育

（一）成立华侨教育相关机构

1. 大学院下设华侨教育委员会

国民政府在南京建立后，专营教育的大学院在南京下设华侨教育委员会，主任钟荣光，委员郑洪年、林子超、陈嘉庚、高鲁、汪同尘、金曾澄、何尚平、周启刚、陈少雄、李守诚等，① 公布了《华侨子弟回国就学办法》。1929 年，教育部又设置了办理华侨教育的设计咨询机关——华侨教育设计委员会，由其负责拟订改进华侨教育方案、调查华侨教育情况、计划华侨教育经费及其他有关事项。

① 《大学院华侨教育委员会委员名录》，《大学院公报》1928 年第 1 卷第 1 期。

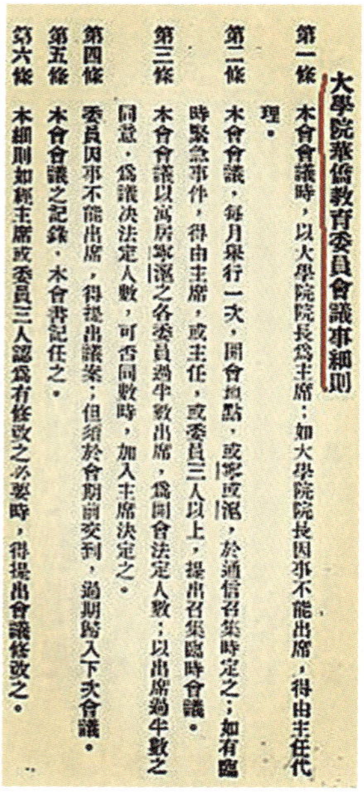

大學院華僑教育委員會議事細則

第一條 本會會議時，以大學院院長為主席；如大學院院長因事不能出席，得由主任代理。

第二條 本會會議，每月舉行一次，開會地點，或寧或滬，於通信召集時定之；如有臨時緊急事件，得由主席，或主任，或委員三人以上，提出召集臨時會議。

第三條 本會會議以寓居寧滬之各委員過半數出席，為開會法定人數；以出席過半數之同意，為議決法定人數，可否同數時，加入主席決定之。

第四條 委員因事不能出席，得提出議案；但須於會期前交到，過期歸入下次會議。

第五條 本會議之記錄，本會書記任之。

第六條 本細則如經主席或委員三人認為有修改之必要時，得提出會議修改之。

《大学院华侨教育委员会议事细则》

图片来源：《大学院公报》1928 年第 1 卷第 1 期。

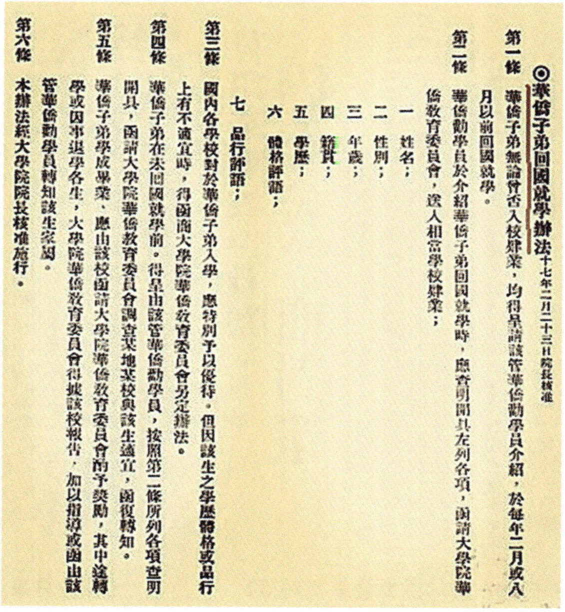

◎華僑子弟回國就學辦法 十七年二月二十三日院長核准

第一條 華僑子弟無論曾否入校肄業，均得呈請該管華僑勸學員介紹，於每年二月或八月以前回國就學。

第二條 華僑勸學員於介紹華僑子弟回國就學時，應查明開具左列各項，函請大學院華僑教育委員會，送入相當學校肄業；

一 姓名；

二 性別；

三 年歲；

四 籍貫；

五 學歷；

六 體格評語；

七 品行評語；

第三條 國內各學校對於華僑子弟入學，應特別予以優待。但因該生之學歷體格或品行上有不適宜時，得函商大學院華僑教育委員會另定辦法。

第四條 華僑子弟在未回國就學前，得呈由該管華僑勸學員，按照第二條所列各項查明開具，函請大學院華僑教育委員會調查某地某校與該生適宜，函復轉知。

第五條 華僑子弟學成畢業，應由該校函請大學院華僑教育委員會酌予獎勵，其中途轉學或因事退學各生，大學院華僑教育委員會得據該校報告，加以指導或函由該管華僑勸學員轉知該生家屬。

第六條 本辦法經大學院院長核准施行。

《华侨子弟回国就学办法》

图片来源：《大学院公报》1928 年第 1 卷第 4 期。

马来亚诗巫泗里街广建初级小学校成立于 1925 年，为广东与福建人士建立之小学。图为广建初级小学校第一届毕业生与董事及教员合照（1928 年 7 月）

图片来源：《诗巫华族社会发展史》，第 71 页。

南洋荷属坤甸公立中华学校之学生自治会职员合影

图片来源：《教育杂志》1930 年第 2 期。

小吕宋华侨中西学校三十周年纪念留影

图片来源：《教育杂志》1930 年第 3 期。

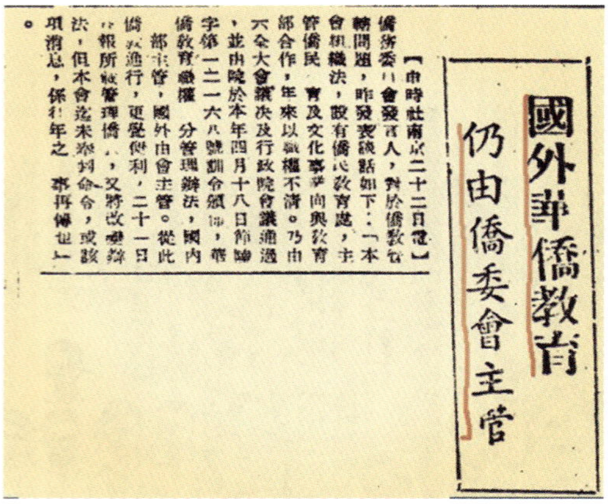

國外華僑教育 仍由僑委會主管

【中時社南京二十二日電】僑務委會發言人，對於僑教管轄問題，昨發表談話如下：「本會組織法，設有僑民教育處，主管僑民教育及文化事業，向與教育部合作，年來以職權不清。乃由六全大會議決及行政院會議通過，並由院於本年四月十八日節[illegible]字第一二一六八號訓令頒佈[illegible]，華僑教育職權分管理辦法，國內部主管，國外由會主管。從此僑教進行，更覺便利，二十一日報所載管理僑[illegible]，又將改變辦法，但本會迄未奉到命令，或該項消息，係往年之事再傳也」。

《国外华侨教育　仍由侨委会主管》

图片来源：《民国日报》，1946 年 12 月 23 日第 2 版。

2. 侨务委员会下设侨民教育处

1932 年，国民政府侨务委员会成立，下设侨民教育处，负责华侨学校的调查、立案、监督指导等工作。侨民教育处在侨务委员会的领导下，做了大量具体的工作，比如核准侨民学校立案、审核侨民中小学学期报告、编印侨民学校调查录、改善侨校课程、供给侨校师资、处理侨校纠纷、督促设立国语补习班等。

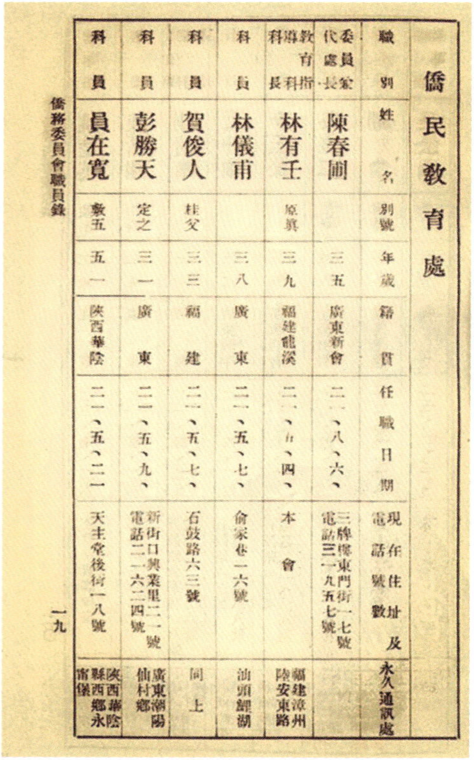

僑民教育處

職別	姓名	別號	年歲	籍貫	任職日期	現在住址及電話號數	永久通訊處
委員兼代處長	陳春圃		三五	廣東新會	二一、八、六、	三牌樓東門街一七號　電話三一九五七號	
教育指導科科長	林有壬	原眞	三九	福建龍溪	二一、[illegible]、四、	本會	福建漳州陸安東路
科員	林儀甫		三八	廣東	二一、五、七、	俞家巷一六號	汕頭鯉湖
科員	賀俊人	桂父	三三	福建	二一、五、七、	石鼓路六三號	同上
科員	彭勝天	定之	三一	廣東	二一、五、九、	新街口興業里二一號　電話二一六二四號	廣東潮陽仙村鄉
科員	員在寬	敷五	五一	陝西華陰	二一、五、二一	天主堂後街一八號	陝西華陰縣西鄉永甯堡

僑務委員會職員錄

一九

侨务委员会侨民教育处职员录

图片来源：《民国华侨史料汇编》（第 6 册），第 407 页。

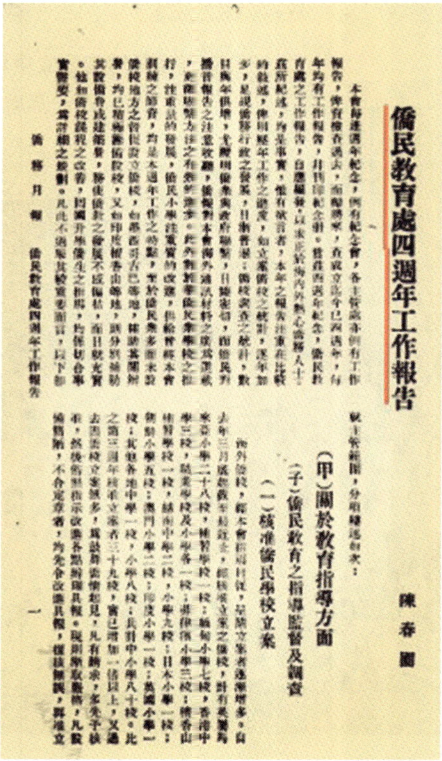

僑民教育處四週年工作報告

陳春圃

（甲）關於教育指導方面

（子）僑民教育之指導監督及調查

（一）核准僑民學校立案

僑務月報　僑民教育處四週年工作報告　一

《侨民教育处四周年工作报告》

图片来源：《侨务月报》1936 年四周年纪念专号。

（二）首次召开全国教育会议

1. 第一次全国教育会议

1928 年 5 月 15 日至 5 月 28 日，由中华民国大学院主持，国民政府成立后的第一次全国教育会议在南京召开。此次会议是民初以来规模最大的一次全国性教育会议。会议云集了具有留学背景的众多教育界知名专家学者，目的在于继续推进蔡元培主导的以“教育独立”为目标的大学区制教育改革。会议提出以培养华侨小学师资、推行社会教育、推广国内大学侨民教育等作为华侨教育发展方向。还分设了“华侨教育组”“高等教育组”“中等教育组”“初等教育组”“成人教育组”“义务教育组”“师资训练班”“蒙藏教育组”等组别，共商全国教育大政方针。

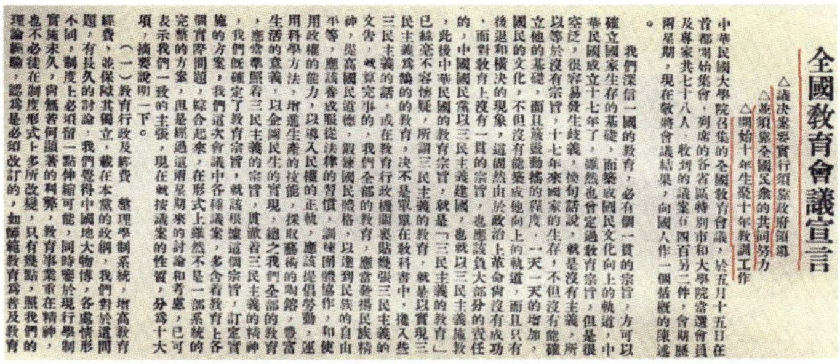

全國教育會議宣言

△議決案要實行須靠政府領導
△並須靠全國民衆的共同努力
△開始十年生聚十年教訓工作

中華民國大學院召集的全國教育會議，於五月十五日在首都開始集會，到席的各省區特別市和大學院當選會員及專家共七十八人，收到的議案有四百另二件，會期歷兩星期，現在敬將會議結果，向國人作一個括概的陳述。

我們深信一國的教育，必有個一貫的宗旨，方可以確立國家生存的基礎，而築成國民文化向上的軌道，中華民國成立十七年了，雖然也曾定過教育宗旨，但是很空泛，很容易發生歧義，換句話說，就是沒有主義，所以等於沒有宗旨，十七年來國家的生存，不但沒有能確立他的基礎，而且簸盪動搖的程度，一天一天的增加，國民的文化，不但沒有能築成他向上的軌道，而且只有後退和橫決的現象，這固然由於政治上革命尚沒有成功，而對教育上沒有一貫的宗旨，也應該負大部分的責任的，中國國民黨以三民主義建國，也就以三民主義施教，此後中華民國的教育宗旨，就是「三民主義的教育」已絲毫不容懷疑，所謂三民主義的教育，就是以實現三民主義爲鵠的的教育，決不是單單在教科書中，攙入些三民主義的話，或在教育行政機關裏貼幾張三民主義的文告，就算完事的，我們全部的教育，應當發揚民族精神，提高國民道德，鍛鍊國民體格，以達到民族的自由平等，應該養成服從法律的習慣，訓練團體協作，和使用政權的能力，以導入民權的正軌，應該提倡勞動，運用科學方法，增進生產的技能，採取藝術的陶鎔，豐富生活的意義，以企圖民生的實現，總之我們全部的教育，應當準照着三民主義的宗旨，貫澈着三民主義的精神，我們既確定了教育宗旨，就該根據這個宗旨，訂定實施的方案，我們這次會議中各種議案，多含着教育上各個實際問題，綜合起來，在形式上雖然不是一部系統的完整的方案，但是經過這兩星期來的討論和考慮，已可表示我們一致的主張，現在就按議案的性質，分爲十大項，摘要說明一下。

（一）教育行政及經費　整理學制系統，增高教育經費，並保障其獨立，載在本黨的政綱，我們對於這問題，有長久的討論，我們覺得中國地大物博，各處情形不同，制度上必須留一點伸縮可能，同時鑒於現行學制實施未久，尚無若何顯著的利弊，教育事業重在精神，也不必徒在制度形式上多所改變，只有幾點，照我們的理論經驗，認爲是必須改訂的，如師範教育爲普及教育

《全国教育会议宣言》

图片来源：《良友画报》1928 年第 27 期。

全国教育会议代表合影

图片来源：《时事月报》1930 年第 2 卷。

全国教育会议“华侨教育组”成员合影

图片来源：《时事月报》1930 年第 2 卷。

2. 第一届全国华侨教育会议

为推进海外华侨教育的发展并讨论关于华侨教育之各项重要议题，继第一次全国教育会议后，于 1929 年 11 月 1 日，由中央训练部组织的第一届全国华侨教育会议在南京召开。会议认为：“鉴于民族之生存，须先发扬其优越之民族性，而优越之民族性之培养充实，又非藉教育之力不为功，故于提倡教育之中，特别注意于海外侨民之教育。”“教育之目的，不外培养民族之各种能力，使能发扬光大其固有之民族精神，而造成伟大崇高普遍之文化。”① 会议专门讨论了华侨教育行政组织、组织华侨教育设计委员会、厘定华侨教育团体组织、培植华侨教育师资、广设海外华侨补习学校、设立华侨教育会、筹集华侨教育基金、编订华侨学校课程标准及教学用书、指导或资助华侨生回国求学、选拔华侨人才等议题。

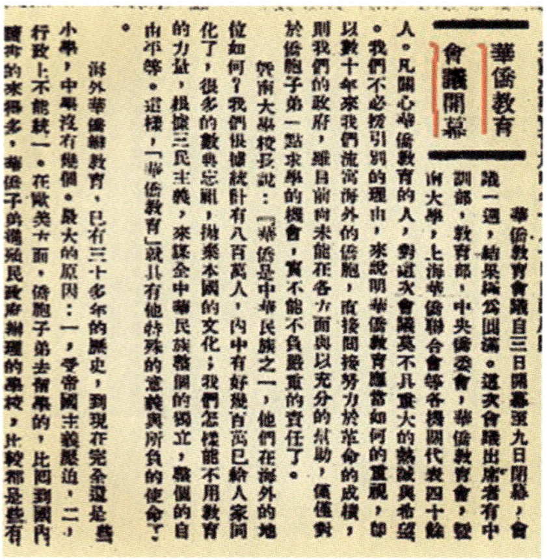
華僑教育會議開幕

華僑教育會議自三日開幕至九日閉幕，會議一週，結果尚爲圓滿。這次會議出席者有中訓部，教育部，中央僑委會，華僑教育會，暨南大學，上海華僑聯合會等各機關代表四十餘人。凡關心華僑教育的人，對這次會議莫不具重大的熱誠與希望。我們不必援引別的理由，來說明華僑教育應當如何的重視，即以數十年來我們流寓海外的僑胞，直接間接努力於革命的成績，則我們的政府，雖目前尚未能在各方面與以充分的補助，僅僅對於僑胞子弟一點求學的機會，實不能不負嚴重的責任了。

暨南大學校長說：『華僑是中華民族之一，他們在海外的地位如何？我們根據統計有八百萬人，內中有好幾百萬已給人家同化了，很多的數典忘祖，揚棄本國的文化；我們怎樣能不用教育的力量，根據三民主義，來謀全中華民族整個的獨立，整個的自由平等。這樣，「華僑教育」就具有他特殊的意義與所負的使命了。』

海外華僑辦教育，已有三十多年的歷史，到現在完全還是些小學，中學沒有幾個。最大的原因：一，受帝國主義壓迫，二，行政上不能統一。在歐美方面，僑胞子弟去留學的，比回到國內讀書的來得多，華僑子弟進殖民政府辦理的學校，比較都是些有

《华侨教育会议开幕》

图片来源：《中央周刊》1929 年第 75 期。

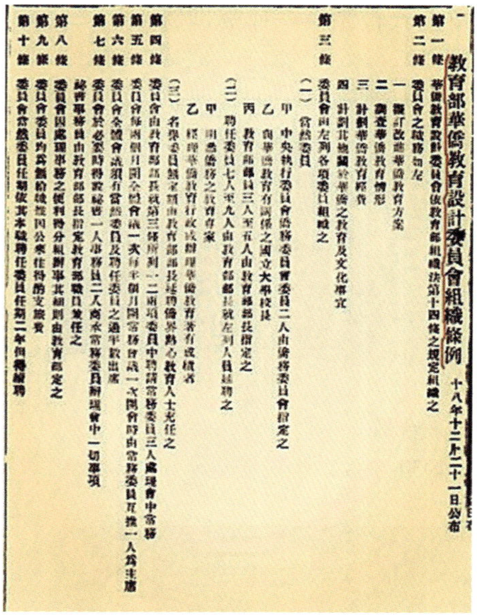
教育部華僑教育設計委員會組織條例 十八年十二月二十一日公布

第一條 華僑教育設計委員會依教育部組織法第十四條之規定組織之

第二條 委員會之職務如左
一 擬訂改進華僑教育方案
二 調查華僑教育情形
三 計劃華僑教育經費
四 計劃其他關於華僑之教育及文化事宜

第三條 委員會由左列各項委員組織之
(一) 當然委員
甲 中央執行委員會僑務委員會委員二人由僑務委員會指定之
乙 與華僑教育有關係之國立大學校長
丙 教育部部員三人至五人由教育部部長指定之
(二) 聘任委員七人至九人由教育部部長就左列人員延聘之
甲 明悉僑務之教育專家
乙 辦理華僑教育行政或辦理華僑教育著有成績者
(三) 名譽委員無定額由教育部部長延聘僑界熱心教育人士充任之

第四條 委員會由教育部部長就第三條所列一二兩項委員中聘請常務委員三人處理會中常務

第五條 委員會每兩個月開全體會議一次每半個月開常務會議一次開會時由常務委員互推一人爲主席

第六條 委員會全體會議須有當然委員及聘任委員之過半數出席

第七條 委員會於必要時得設秘書一人事務員二人商承常務委員辦理會中一切事項
秘書事務員由教育部部長指定教育部職員兼任之

第八條 委員會因處理事務之便利得分組辦事其細則由教育部定之

第九條 委員會委員均爲無給職但因公來往得酌支旅費

第十條 委員會當然委員任期依其本職聘任委員任期二年但得續聘

《教育部华侨教育设计委员会组织条例》

图片来源：《行政院公报》1929 年第 111 期。

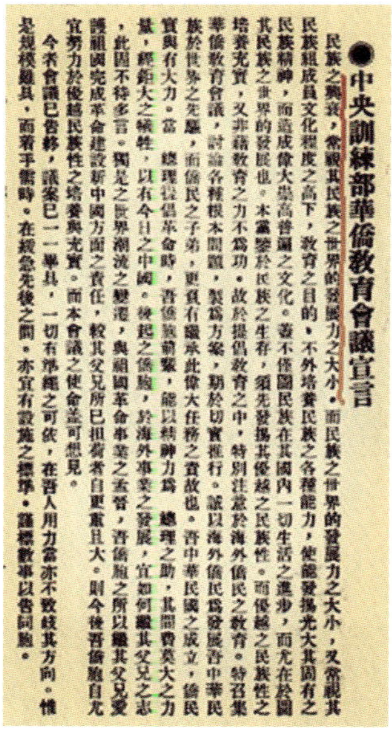
中央訓練部華僑教育會議宣言

民族之興衰，常視其民族之世界的發展力之大小。而民族之世界的發展力之大小，又常視其民族組成員文化程度之高下，教育之目的，不外培養民族之各種能力，使能發揚光大其固有之民族精神，而造成偉大崇高普遍之文化。蓋不僅圖民族在其國內一切生活之進步，而尤在於圖其民族之世界的發展也。本黨鑒於民族之生存，須先發揚其優越之民族性。而優越之民族性之培養充實，又非藉教育之力不爲功。故於提倡教育之中，特別注意於海外僑民之教育。特召集華僑教育會議，討論各種根本問題，製爲方案，期於切實推行。誠以海外僑民爲發展吾中華民族於世界之先驅，而僑民之子弟，更負有繼承此偉大任務之責故也。吾中華民國之成立，僑民實與有大力。當 總理倡導革命時，吾僑胞翕聚，能以精神力爲 總理之助，其間費莫大之力量，經絕大之犧牲，以有今日之中國。後起之僑胞，於海外事業之發展，宜如何繼其父兄之志，此固不待多言。獨是之世界潮流之變遷，與祖國革命事業之孟晉，吾僑胞之所以繼其父兄愛護祖國完成革命建設新中國方面之責任，較其父兄所已担荷者自更重且大。則今後吾僑胞自尤宜努力於優越民族性之培養與充實。而本會議之使命益可想見。

今者會議已告終，議案已一一畢具，一切有準繩之可依，在吾人用力當亦不致歧其方向。惟是規模雖具，而着手需時。在緩急先後之間。亦宜有設施之標準。謹標數事以告同胞。

《中央训练部华侨教育会议宣言》

图片来源：《湖北教育厅公报》1930 年第 1 卷第 4 期。

① 《中央训练部华侨教育会议宣言》，《湖北教育厅公报》1930 年第 1 卷第 4 期。

（三）出台一批侨教法规

1933 年后，鉴于海外侨校越来越多，为了加强对侨校的指导及建立统一的侨民教育制度，侨务委员会与教育部先后制定了《侨民教育实施纲要》《侨民中小学规程》《侨民学校立法规程》《侨民中小学校董事会组织规程》等章程，规定了侨民教育的基本方针。[①] 1940 年国民党五届七中全会通过《推进侨民教育方案》，以制订发展华侨教育的方针和计划，提出改进普通教育、培植新师资、在海外设立侨民职业学校、设立阅书报社、筹办侨民书报编印社等计划。[②] 为奖励成绩优异的侨生回国升学，1942 年 10 月，教育部、侨务委员会还联合颁布《回国升学华侨学生奖学金暂行办法》，为在国内公立或私立中等以上学校就读的优秀侨生设置侨生奖学金。为侨民教育发展提供行动指南，国民政府先后出台了 40 多部侨民教育法规，形成了较完整的侨民教育政策。

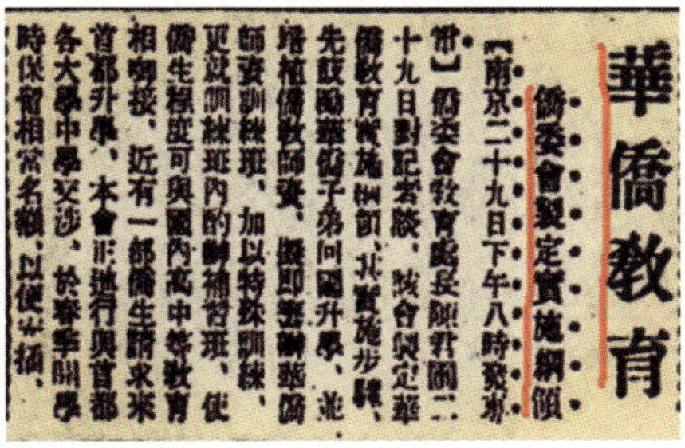
華僑教育
僑委會製定實施綱領
【南京二十九日下午八時發專電】僑委會教育處長陳[illegible]二十九日對記者談、該會製定華僑教育實施綱領、其實施步驟、先鼓勵華僑子弟回國升學、並培植僑教師資、擬即籌辦華僑師資訓練班、加以特殊訓練、更設訓練班內的補習班、使僑生程度可與國內高中等教育相啣接、近有一部僑生請求來首都升學、本會正進行與首都各大學中學交涉、於春季開學時保留相當名額、以便安插、

《华侨教育　侨委会制定实施纲领》

图片来源：《大公报》，1933 年 1 月 30 日第 3 期。

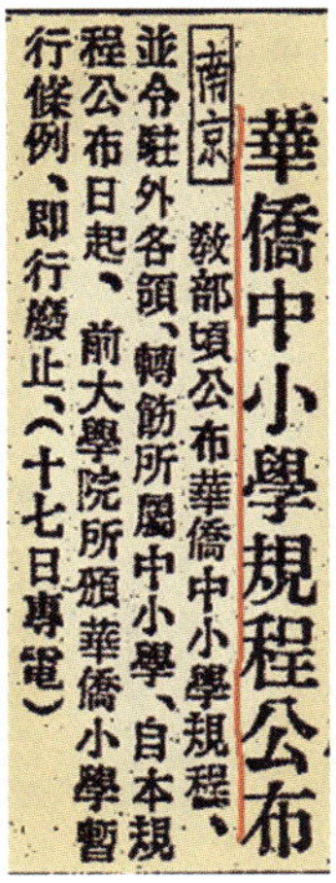
華僑中小學規程公布
【南京】教部頃公布華僑中小學規程、並令駐外各領、轉飭所屬中小學、自本規程公布日起、前大學院所頒華僑小學暫行條例、即行廢止、（十七日專電）

《华侨中小学规程公布》

图片来源：《申报》，1931 年 1 月 18 日第 8 版。

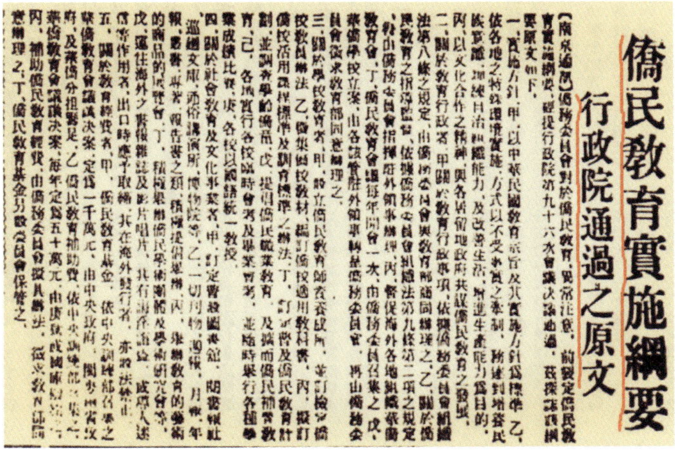
僑民教育實施綱要
行政院通過之原文

《侨民教育实施纲要　行政院通过之原文》

图片来源：《益世报》，1933 年 4 月 28 日第 4 版。

① 包爱芹：《1925—1945 年国民政府侨务政策及工作述论》，《华侨华人历史研究》2000 年第 2 期。

② 华侨革命史编纂委员会编：《华侨革命史》（上），台北：正中书局，1981 年，第 126 页。

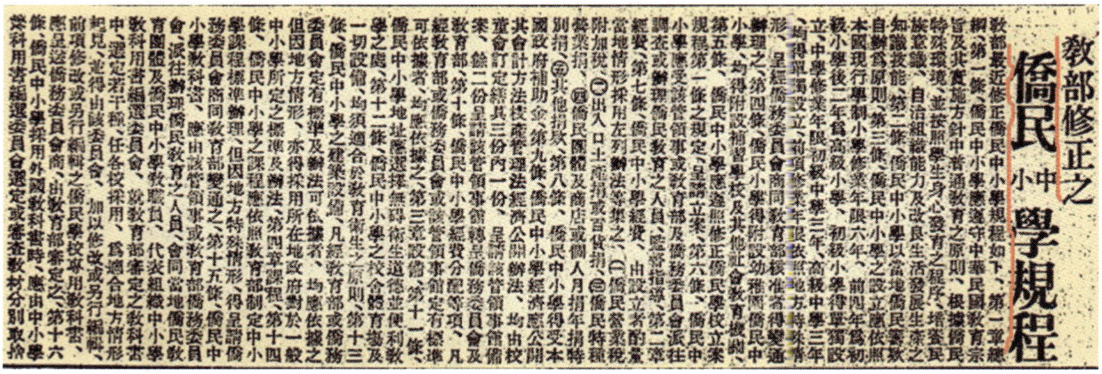

教部修正之僑民中小學規程

教部最近修正僑民中小學規程如下、第一章總綱、第一條、僑民中小學應遵守中華民國教育宗旨及其實施方針中普通教育之原則、根據僑民特殊環境、並按照學生身心發育之程序、培養民族意識、自治組織能力及改良生活發展生產之知識技能、第二條、僑民中小學以當地僑民籌款自辦爲原則、第三條、僑民中小學之設立應依照本國現行學制小學修業年限六年、前四年爲初級小學後二年爲高級小學、初級小學得單獨設立、中學修業年限初級中學三年、高級中學三年、均得單獨設立、前項修業年限依照地方特殊情形、呈經僑務委員會商同教育部核准者得變通辦理之、第四條、僑民小學得附設幼稚園、僑民中小學、均得附設補習學校及其他社會教育機關、第五條、僑民中小學應遵照修正僑民學校立案規程第一條之規定、呈請立案、第六條、僑民中小學應受該管領事或教育部及僑務委員會派往調查或辦理僑民教育之人員、監督指導、第二章經費、第七條、僑民中小學經費、由設立者酌量當地情形採用左列辦法籌集之、(一)僑民營業稅附加稅、(二)出入口土產捐或百貨捐、(三)僑民特種營業捐、(四)僑民團體及商店或個人月捐年捐特別捐、(五)其他捐款、第八條、僑民中小學得受本國政府補助金、第九條、僑民中小學經濟應公開其會計方法校產管理法經濟公開辦法、均由校董會訂定繕具三份內一份、呈請該管領事館備案、餘二份呈請該管領事館轉呈僑務委員會及教育部、第十條、僑民中小學經費分配等項、凡經教育部或僑務委員會或該管領事館定有標準可依據者、均應依據之、第三章設備、第十一條、僑民中小學地址應選擇無礙衛生道德並便利教學之處、第十二條、僑民中小學之校舍教育場及一切設備、均須適合於教育衛生之原則、第十三條、僑民中小學之建築設備、凡經教育部或僑務委員會定有標準及辦法可依據者、均應依據之但因地方情形、亦得採用所在地政府對於一般中小學所定之標準及辦法、第四章課程、第十四條、僑民中小學之課程應依照教育部制定中小學課程標準辦理、但因地方特殊情形、得呈請僑務委員會商同教育部變通之、第十五條、僑民中小學教科書、應由該管領事或教育部僑務委員會、派往辦理僑民教育之人員、會同當地僑民教育團體及僑民中小學教職員、代表組織中小學教科用書編選委員會、就教育部審定之教科書中、選定若干種、任各校採用、爲適合地方情形起見、並得由該委員會、加以修改或另行編輯、前項修改或另行編輯之僑民學校專用教科書、應呈送僑務委員會商、由教育部審定之、第十六條、僑民中小學採用外國教科書時、應由中小學教科用書編選委員會選定或審查教材分別取捨

《教部修正之侨民中小学规程》

图片来源：《申报》，1934 年 2 月 24 日第 16 版。

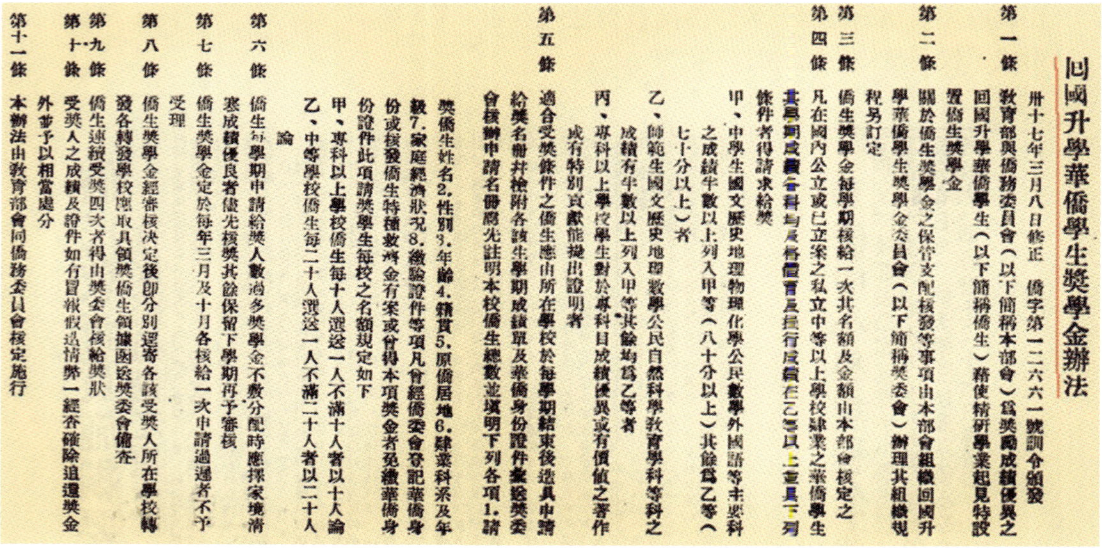

回國升學華僑學生獎學金辦法

卅十七年三月八日修正　僑字第一二六六一號訓令頒發

第一條　教育部與僑務委員會（以下簡稱本部會）爲獎勵成績優異之回國升學華僑學生（以下簡稱僑生）藉使精研學業起見特設置僑生獎學金

第二條　關於僑生獎學金之保管支配核發等事項由本部會組織回國升學華僑學生獎學金委員會（以下簡稱獎委會）辦理其組織規程另訂定

第三條　僑生獎學金每學期核給一次其名額及金額由本部會核定之

第四條　凡在國內公立或已立案之私立中等以上學校肄業之華僑學生其學期成績各科均及格操行成績在乙等以上並具下列條件者得請求給獎

甲、中學生國文歷史地理物理化學公民數學外國語等主要科之成績半數以上列入甲等（八十分以上）其餘爲乙等（七十分以上）者

乙、師範生國文歷史地理數學公民自然科學教育學科等科之成績有半數以上列入甲等其餘均爲乙等者

丙、專科以上學校學生對於專科目成績優異或有價值之著作或有特別貢獻能提出證明者

第五條　適合受獎條件之僑生應由所在學校於每學期結束後造具申請給獎名冊幷檢附各該生學期成績單及華僑身份證件彙送獎委會核辦申請名冊應先註明本校僑生總數並塡明下列各項1.請獎僑生姓名2.性別3.年齡4.籍貫5.原僑居地6.肄業科系及年級7.家庭經濟狀況8.徵驗證件等項凡曾經僑委會登記華僑身份或核發僑生特種救濟金有案或曾得本項獎金者免繳華僑身份證件此項請獎學生每校之名額規定如下

甲、專科以上學校僑生每十人選送一人不滿十人者以十人論

乙、中等學校僑生每二十人選送一人不滿二十人者以二十人論

第六條　僑生每學期申請給獎人數過多獎學金不敷分配時應擇家境清寒成績優良者儘先核獎其餘保留下學期再予審核

第七條　僑生獎學金定於每年三月及十月各核給一次申請過遲者不予受理

第八條　僑生獎學金經審核決定後卽分別逕寄各該受獎人所在學校轉發各轉發學校應取具領獎僑生領據函送獎委會備查

第九條　僑生連續受獎四次者得由獎委會核給獎狀

第十條　受獎人之成績及證件如有冒報假造情弊一經查確除追還獎金外並予以相當處分

第十一條　本辦法由教育部會同僑務委員會核定施行

《回国升学华侨学生奖学金办法》

图片来源：《教育部公报》1948 年第 20 卷第 3 期。

关于鼓励华侨子弟回国就学的重要性，曾任职国民政府教育部部长的朱家骅这样认为：“华侨子弟远离祖国的怀抱，应从速补习祖国的教育，俾做一个现代的中华民国国民，而有爱护祖国的热忱。激发这种热忱，必须对祖国的一切有深刻的了解。了解祖国的方法，先要研习祖国的历史、地理、祖国的文化，以及祖国的文字、语言……这些，乃是产生爱护祖国热忱的根源！”①

朱家骅

图片来源：《中国现代先驱——朱家骅传》。

暹罗他巢华侨启明学校的图书馆

图片来源：《教育杂志》1930 年第 22 卷第 3 期。

① 朱家骅：《致美洲华侨学校教职员学生公开信》，《华侨评论》1946 年第 10 期。

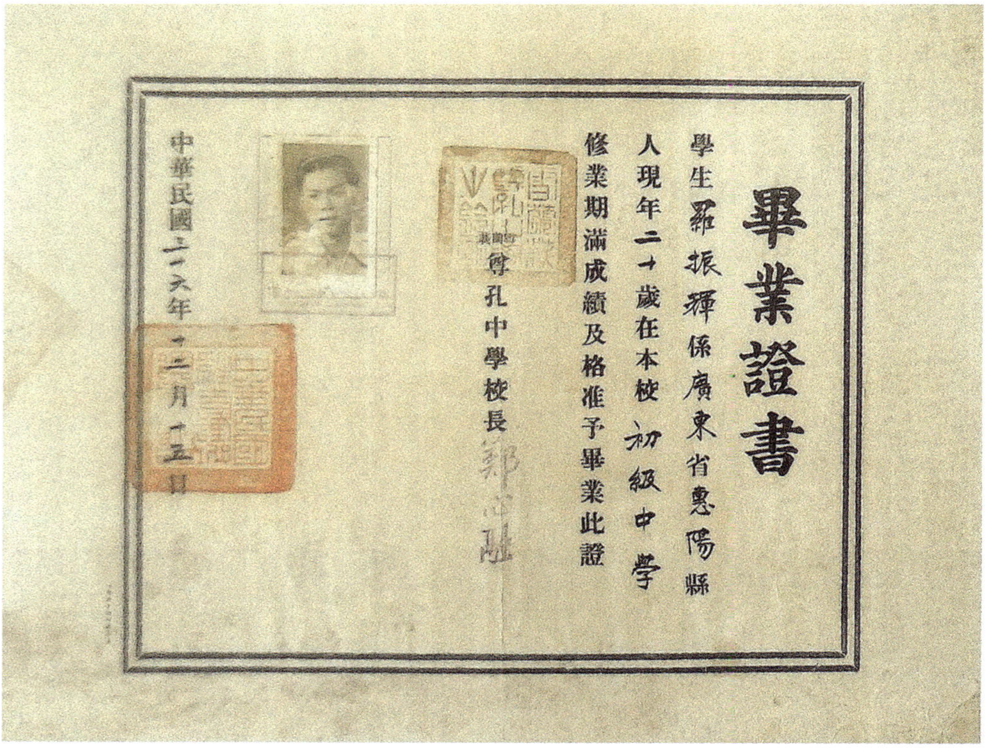

马来亚雪兰莪尊孔中学毕业证书（1947 年）

图片来源：《中国华侨历史博物馆馆藏品图录》，第 64 页。

（四）专款补助华侨教育

针对侨校经费不足的问题，国民政府倡导包括“侨胞捐”在内的国民捐资兴学，并分五等列级给予奖章。除由侨胞募集基金外，政府还每年拨专款补助华侨教育。从 1931 年开始，国民政府筹集华侨教育基金，该基金定为一千万元。同时制定了《华侨教育基金募资奖励办法》，对那些捐助或代募华侨教育基金者，按此办法进行奖励。

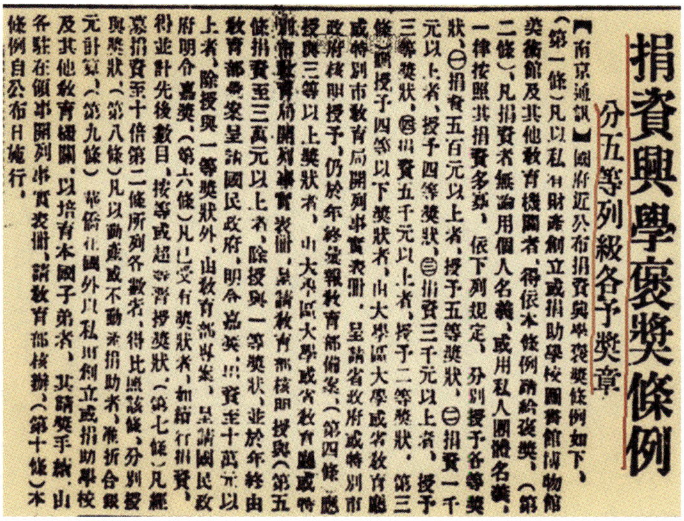

捐資興學褒獎條例

分五等列級各予獎章

【南京通訊】國府近公布捐資興學褒獎條例如下、(第一條)凡以私有財產創立或捐助學校圖書館博物館美術館及其他教育機關者、得依本條例請給褒獎、(第二條)、凡捐資者無論用個人名義、或用私人團體名義、一律按照其捐資多寡、依下列規定、分別授予各等獎狀、㈠捐資五百元以上者、授予五等獎狀、㈡捐資一千元以上者、授予四等獎狀、㈢捐資三千元以上者、授予三等獎狀、㈣出資五千元以上者、授予二等獎狀、第三條、關授予四等以下獎狀者、由大學區大學或省教育廳或特別市教育局開列事實表冊、呈請省政府或特別市政府核明授予、仍於年終彙報教育部備案、(第四條)應授與三等以上獎狀者、由大學區大學或省教育廳或特別市教育局開列事實表冊、呈請教育部核明授與、(第五條)捐資至三萬元以上者、除授與一等獎狀、並於年終由教育部彙案呈請國民政府、明令嘉獎、出資至十萬元以上者、除授與一等獎狀外、由教育部專案、呈請國民政府明令嘉獎、(第六條)凡已受有獎狀者、如續行捐資、得並計先後數目、按等或超等授獎狀、(第七條)凡經募捐資至十倍第二條所列各數者、得比照該條、分別授與獎狀、(第八條)凡以動產或不動產捐助者、准折合銀元計算、(第九條)華僑在國外以私財創立或捐助學校及其他教育機關、以培育本國子弟者、其請獎手續、由各駐在領事開列事實表冊、請教育部核辦、(第十條)本條例自公布日施行、

《捐资兴学褒奖条例》

图片来源：《益世报》，1929 年 2 月 5 日第 16 版。

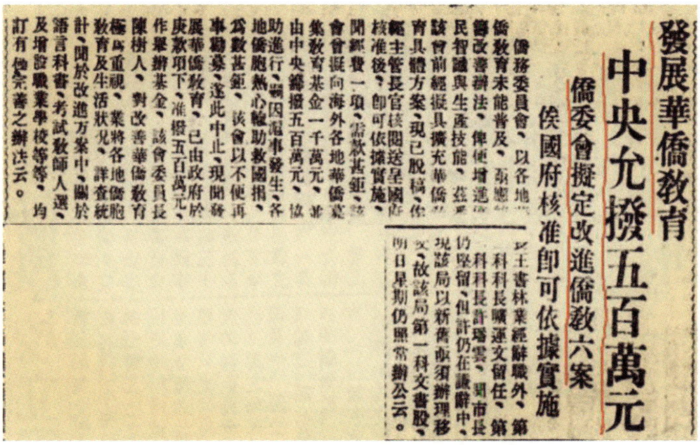

發展華僑教育

中央允撥五百萬元

僑委會擬定改進僑敎六案

俟國府核准即可依據實施

僑務委員會、以各地華僑教育未能普及、亟應籌改善辦法、俾便增進僑民智識與生產技能、茲悉該會前經擬具擴充華僑教育具體方案、現已脫稿、俟經主管長官核閱送呈國府核准後、即可依據實施、關經費一項、需款甚鉅、該會曾擬向海外各地華僑募集教育基金一千萬元、並由中央籌撥五百萬元、協助進行、嗣因滬事發生、各地僑胞熱心輸助救國捐、爲數甚鉅、該會以不便再事勸募、遂此中止、現關發展華僑教育、已由政府於庚款項下、准撥五百萬元、作舉辦基金、該會委員長陳樹人、對改善華僑教育極爲重視、業將各地僑胞教育及生活狀況、詳查統計、關於改進方案中、關於語言科書、考試教師人選、及增設職業學校等等、均訂有週詳完善之辦法云。

長王書林業經辭職外、第一科科長曠運文留任、第二科科長許瑤雲、現市長仍堅留、但許仍在請辭中、現該局以新舊須辦理移交、故該局第一科文書股、明日星期仍照常辦公云。

《发展华侨教育　中央允拨五百万元》

图片来源：《中央日报》，1932 年 8 月 28 日第 7 版。

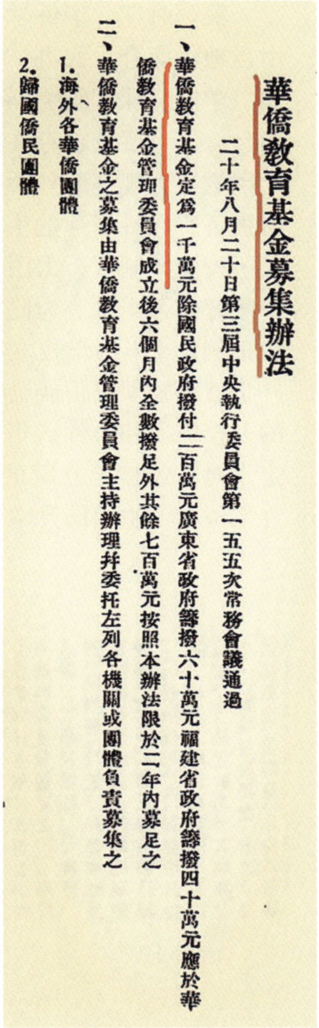

華僑教育基金募集辦法

二十年八月二十日第三屆中央執行委員會第一五五次常務會議通過

一、華僑教育基金定爲一千萬元除國民政府撥付二百萬元廣東省政府籌撥六十萬元福建省政府籌撥四十萬元應於華僑教育基金管理委員會成立後六個月內全數撥足外其餘七百萬元按照本辦法限於二年內募足之

二、華僑教育基金之募集由華僑教育基金管理委員會主持辦理幷委托左列各機關或團體負責募集之

1.海外各華僑團體

2.歸國僑民團體

《华侨教育基金募集办法》

图片来源：《教育部公报》1931 年第 3 卷第 38 期。

（五）推进海外侨校建设

1. 实施海外侨校立案制度

民国时期，华侨学校主要分布在海外，并主要由当地侨商合力兴办、自主经营，因此，在机构组织、学制、课程设置等方面与国内教育颇为不同，而且，部分侨校也存在着经费、教材、师资等方面的困难。为规范海外侨教、培养侨胞的民族情感及增强侨胞在侨居地的生存能力，国民政府施行了海外侨校立案制度，力图将华侨教育纳入国民政府整个教育体系当中。为此，特出台《海外华侨学校立案条例》《华侨学校立案规程》等政策，要求凡海外华侨学校须向侨委会呈请立案，对海外华侨学校的办校资质和条件、华侨学生回国就学做出相关规定，对已经核定立案的侨校给予一定的经费补助，立案侨校学生回国升学给予优待，从宽录取。

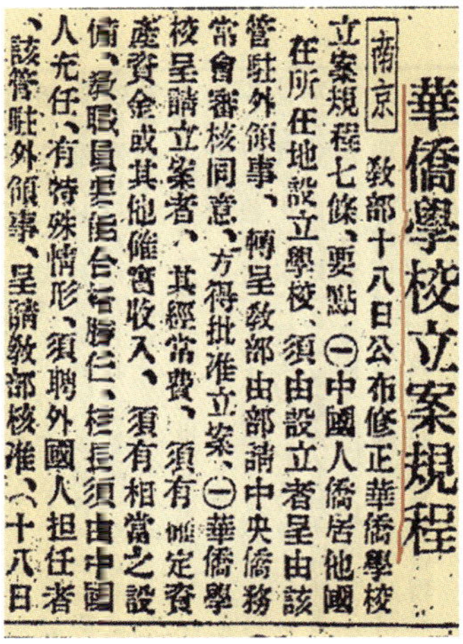

華僑學校立案規程

〔南京〕教部十八日公佈修正華僑學校立案規程七條、要點㈠中國人僑居他國在所任地設立學校、須由設立者呈由該管駐外領事、轉呈教部由部請中央僑務常會審核同意、方得批准立案、㈡華僑學校呈請立案者、其經常費、須有確定資產資金或其他確實收入、須有相當之設備、㈢職員要係合格擔任、校長須由中國人充任、有特殊情形、須聘外國人担任者該管駐外領事、呈請教部核准、（十八日

《华侨学校立案规程》

图片来源：《申报》，1929 年 11 月 19 日第 6 版。

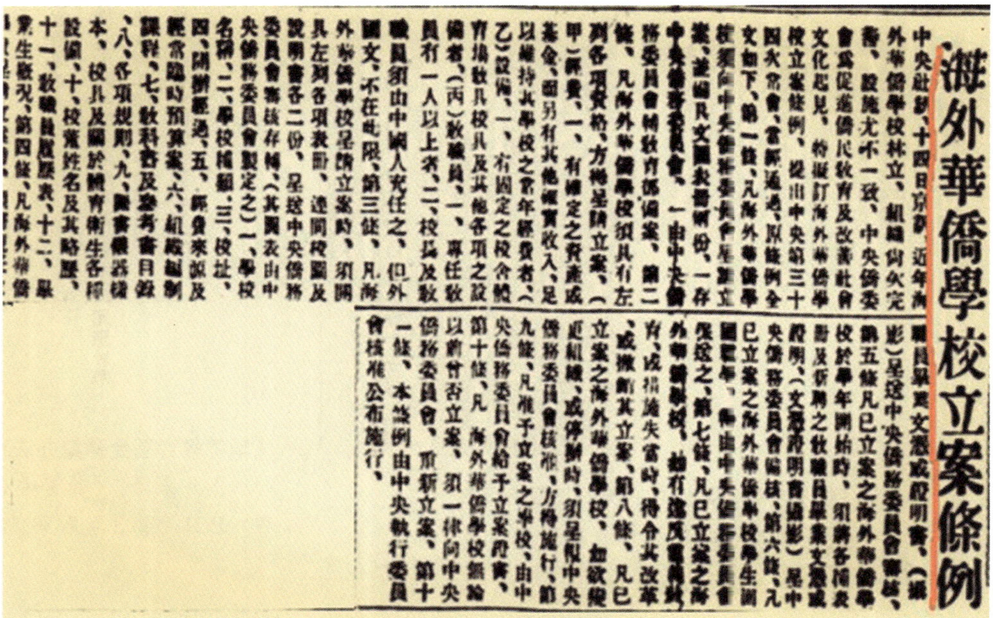

海外華僑學校立案條例

中央社訊、十四日京訊、近年海外華僑學校林立、組織尚欠完善、設施尤不一致、中央僑委會爲促進僑民教育及改善社會文化起見、特擬訂海外華僑學校立案條例、提出中央第三十四次常會、當經通過、原條例全文如下、第一條、凡海外華僑學校須向中央僑務委員會呈請立案、並備具文圖表冊簿冊、一存中央僑務委員會、一由中央僑務委員會轉教育部備案、第二條、凡海外華僑學校須具有左列各項資格、方得呈請立案、（甲）經費、一、有確定之資產或基金、爲另有其他確實收入、足以維持其學校之常年經費者、（乙）設備、一、有固定之校舍暨育場教具校具及其他各項之設備者、（丙）教職員、一、專任教員有一人以上者、二、校長及教職員須由中國人充任之、但外國文、不在此限、第三條、凡海外華僑學校呈請立案時、須開具左列各項表冊、連同校圖及說明書各二份、呈送中央僑務委員會審核存轉、（其圖表由中央僑務委員會製定之）一、學校名稱、二、學校種類、三、校址、四、開辦經過、五、經費來源及經常臨時預算案、六、組織編制課程、七、教科書及參考書目錄、八、各項規則、九、圖書儀器標本、校具及關於體育衛生各種設備、十、校董姓名及其略歷、十一、教職員履歷表、十二、學生概況、第四條、凡海外華僑[illegible]職員履歷文憑或證明書、（攝影）呈送中央僑務委員會審核、第五條凡已立案之海外華僑學校於學年開始時、須將各級教職員及新聘之教職員履歷文憑或證明、（文憑證明書攝影）呈中央僑務委員會審核、第六條、凡已立案之海外華僑學校學生回國升學、得由中央僑務委員會保送之、第七條、凡已立案之海外華僑學校、如有違反[illegible]育、或措施失當時、得令其改革、或撤銷其立案、第八條、凡已立案之海外華僑學校、如欲變更組織、或停辦時、須呈報中央僑務委員會核准、方得施行、第九條、凡准予立案之學校、由中央僑務委員會給予立案證書、第十條、凡海外華僑學校無論以前曾否立案、須一律向中央僑務委員會、重新立案、第十一條、本條例由中央執行委員會核准公布施行、

《海外华侨学校立案条例》

图片来源：《大公报》，1929 年 9 月 18 日第 5 版。

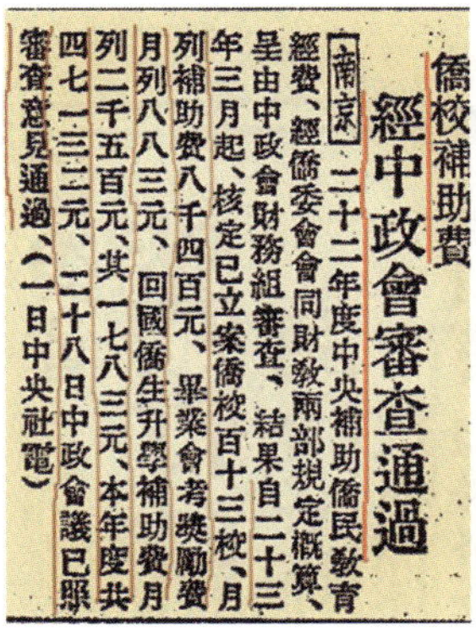

僑校補助費
經中政會審查通過
〔南京〕二十二年度中央補助僑民教育經費、經僑委會會同財教兩部規定概算、呈由中政會財務組審查、結果自二十三年三月起、核定已立案僑校百十三校、月列補助費八千四百元、畢業會考獎勵費月列八八三元、回國僑生升學補助費月列二千五百元、其一七八三元、本年度共四七一三三元、二十八日中政會議已照審查意見通過、（一日中央社電）

《侨校补助费经中政会审查通过》

图片来源：《申报》，1934年3月2日第9版。

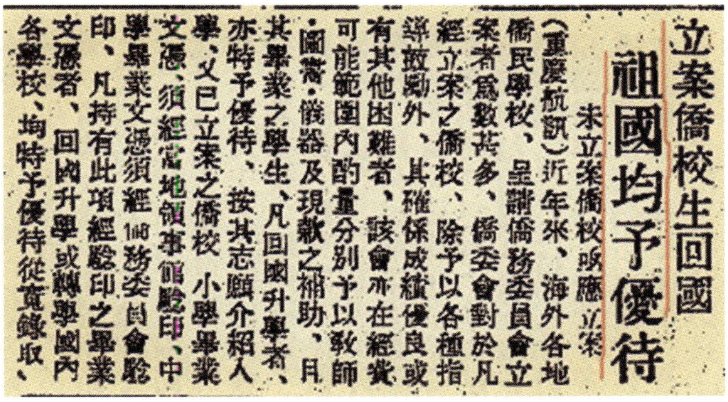

立案僑校生回國
祖國均予優待
未立案僑校亟應立案
（重慶航訊）近年來、海外各地僑民學校、呈請僑務委員會立案者爲數甚多、僑委會對於凡經立案之僑校、除予以各種指導鼓勵外、其確係成績優良或有其他困難者、該會亦在經費可能範圍內酌量分別予以教師・圖書・儀器及現款之補助、凡其畢業之學生、凡回國升學者、亦特予優待、按其志願介紹入學、又已立案之僑校小學畢業文憑、須經當地領事館驗印、中學畢業文憑須經僑務委員會驗印、凡持有此項經驗印之畢業文憑者、回國升學或轉學國內各學校、均特予優待從寬錄取、

《立案侨校生回国　祖国均予优待》

图片来源：《申报》，1940年4月20日第8版。

2. 统一国语教学

鉴于海外侨胞侨居地和迁移地不同，所操语言或为侨居地当地语言或迁移地的方言，侨务委员会通令各地侨校一律改用国语教学，禁用各地方言，以增进海外华侨内部的团结，提高民族意识。1932年11月16日侨委会发布的《侨民学校应一律改用国语教授令》规定：“查旅外华侨因省界县界之区别，语言隔阂，情感难通，每为团结之障碍，各地侨生回国因语言不一，尤感困难……仍用闽粤乡音或土语教授者，殊乖统一主旨，为此通令各地领事，转饬该辖内华侨学校，其已实施国语教授者，应极力推进，其仍用方言教授者，应恳切劝止。”① 在《侨民中小学规程》中规定：“侨民中小学除外国语外，一律以国语为教授用语，小学不得采用文言教科书。”② 黄炎培两度被任命为教育部总长的，他对华侨教育倾注了满腔热情，多次考察南洋的华侨教育，极力主张在侨学中推行汉语文教育。

黄炎培

图片来源：《黄炎培画传》（封面）。

① 中央侨务委员会：《侨务法规汇编》（南京图书馆馆藏），1940年，第140－141页。

② 中央侨务委员会：《侨务法规汇编》（南京图书馆馆藏），1940年，第28页。

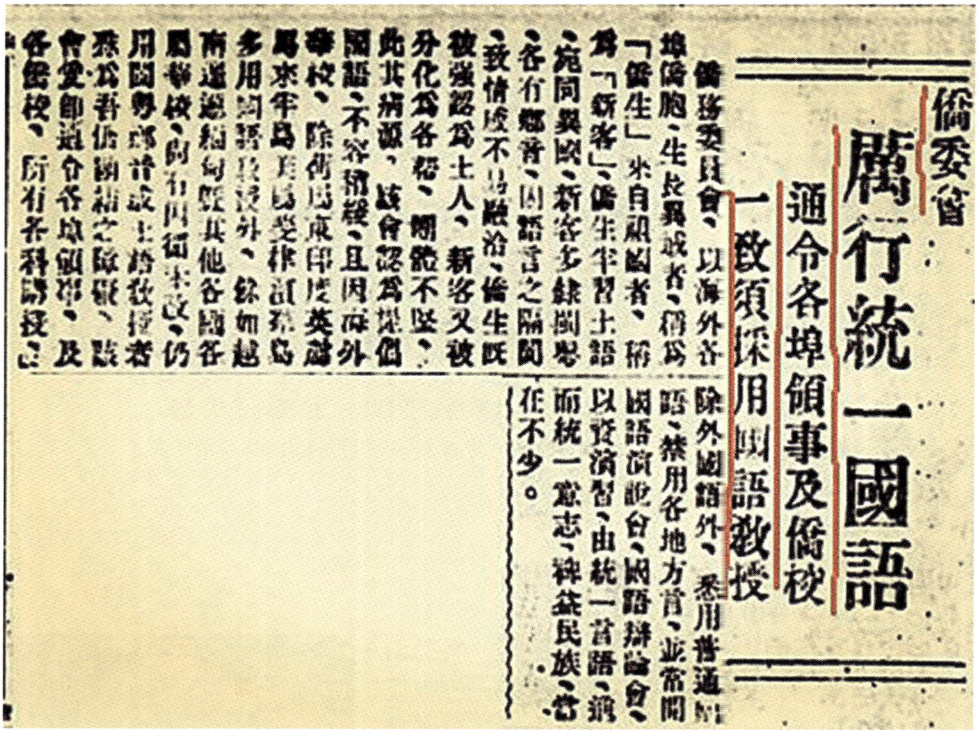

僑委會
厲行統一國語
通令各埠領事及僑校
一致須採用國語教授

僑務委員會、以海外各埠僑胞、生長異域者、稱為「僑生」、来自祖國者、稱為「新客」、僑生率習土語、宛同異國、新客多隸閩粵、各有鄉音、因語言之隔閡、致情感不易融洽、僑生既被強認為土人、新客又被分化為各幫、團體不堅、此其病源、該會認為提倡國語、不容稍緩、且因海外華校、除荷屬東印度英屬馬來半島美屬斐律賓諸島多用國語教授外、餘如越南暹邏緬甸暨其他各屬各屬華校、間有因循未改、仍用閩粵鄉音或土語教授者、殊為華僑國語之障礙、該會爰即通令各埠領事、及各僑校、所有各科講授、除外國語外、悉用普通語、禁用各地方音、並常開國語演說會、國語辯論會、以資演習、由統一言語、藉而統一意志、裨益民族、當在不少。

《侨委会厉行统一国语　通令各埠领事及侨校　一致须采用国语教授》

图片来源：《中央日报》，1933 年 1 月 12 日第 7 版。

为在华校推行国语，暹罗中华总商会特举办华侨国语暹语演说比赛会，图为赛后获奖学生合影

图片来源：《华商季刊》1931 年第 1 卷第 4 期。

3. 编制华文教材

南洋华侨教学用的教科书多使用国内输往当地的统一教材，然而异域环境毕竟与国内不同，各地情形有异，完全照搬国内教科书，并不合适。鉴于海外情形的特殊，适合海外华校的教科书编辑工作在 20 世纪 30 年代前后受到广泛重视。1929 年，国内两次华侨教育会议提出了“规定编辑侨校教科书原则”“由教育部设立编审华侨学校教科书委员会，征集华侨学校适用教材，整理后发交侨校应用”等决议。侨务委员会的《侨民教育实施纲要》亦有“征集侨校教材，编订侨校适用教科书”的类似规定。1935 年侨务委员会设“侨民教育编辑委员会”，设立编辑室，组织教育专家及熟悉侨情的人士编撰华校课本及补充读物。一些出版单位也依此导向编辑出版了专供南洋华侨小学使用的教科书及其辅助教材。1932 年，中华书局以《新中华小学教科书》为蓝本，参酌南洋环境将其改编为“南洋华侨小学课本”系列，商务印书馆也出版了《南洋国语教科书》等。这些书经由国民政府教育部审查、校订、整理后交由华校使用。

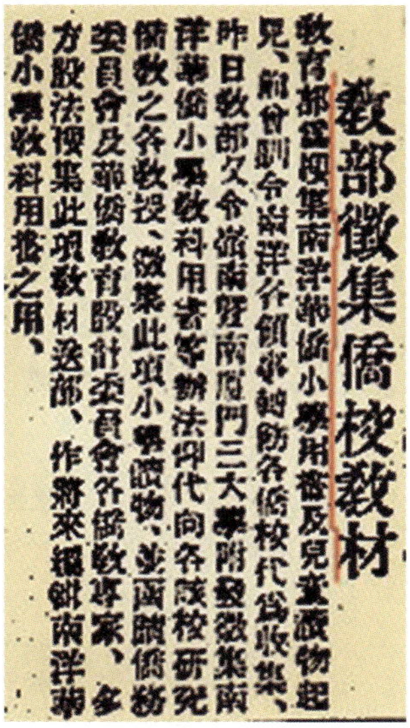
教部徵集僑校教材

教育部爲搜集南洋華僑小學用書及兒童讀物起見、前曾訓令南洋各領事轉飭各僑校代爲收集、昨日教部又令中山暨南廈門三大學附設徵集南洋華僑小學教科用書等辦法仰代向各該校研究僑教之各教授、徵集此項小學讀物、並函請僑務委員會及華僑教育設計委員會各僑教專家、多方設法搜集此項教材送部、作將來編輯南洋華僑小學教科用書之用、

《教部征集侨校教材》

图片来源：《申报》，1930 年 12 月 1 日第12 页。

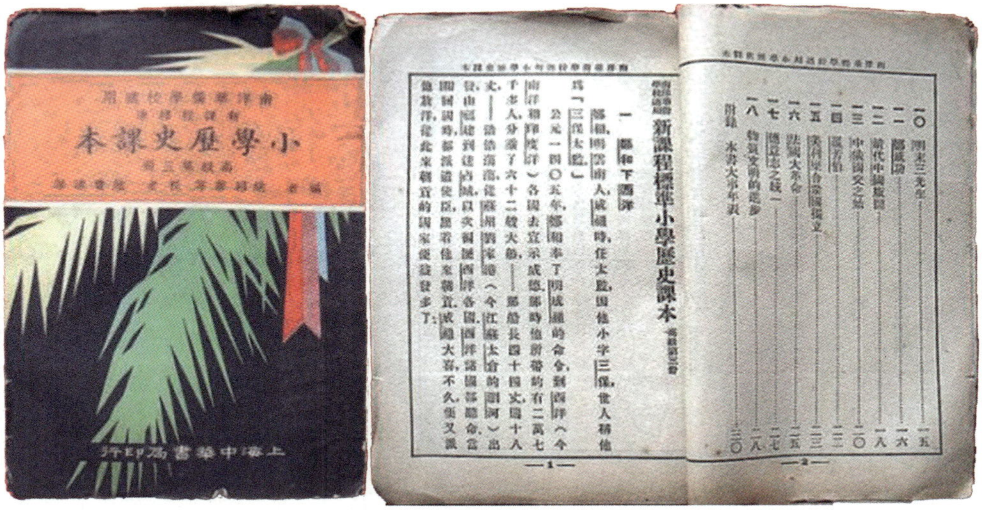

1935 年上海中华书局编印的《南洋华侨学校小学历史课本》

图片来源：孔夫子旧书网，http：//www. kongfz. cn/17764255。

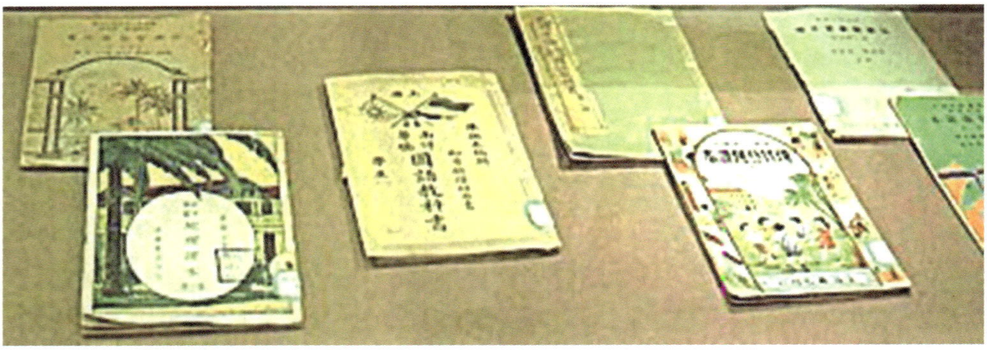

商务印书馆编辑的华校教材

图片来源：《每一本课本，都是满满的回忆》，搜狐网，http：//www. sohu. com/a/112491576_1149682016 - 08 - 28。

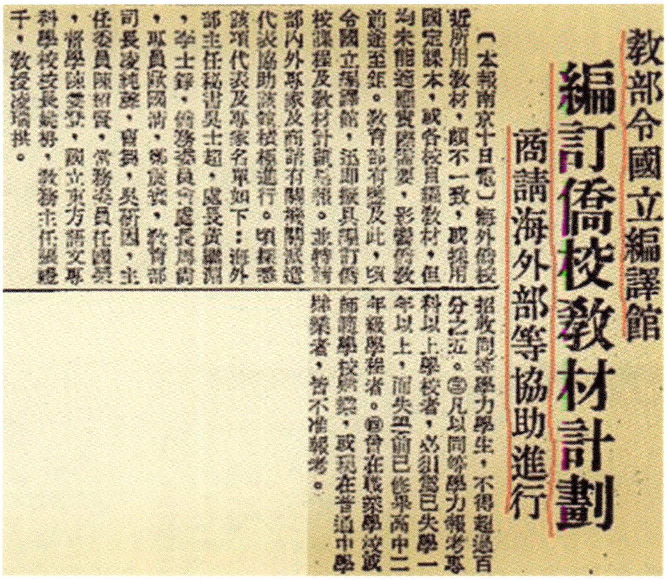

教部令國立編譯館
編訂僑校教材計劃
商請海外部等協助進行

（本報南京十日電）海外僑校近所用教材，頗不一致，或採用國定課本，或各校自編教材，但均未能適應實際需要，影響僑教前途至鉅。教育部有鑒及此，頃令國立編譯館，迅即擬具編訂僑校課程及教材計劃呈報。並特請部內外專家及商請有關機關派遣代表協助該館積極進行。頃採悉該項代表及專家名單如下：海外部主任秘書吳士超，處長黃麟書，李士鋒，僑務委員會處長周尚，專員歐陽湘，鄭震宇，教育部司長凌純聲，曾錫，吳研因，主任委員陳禮賢，常務委員任國榮，督學陳雯登，國立東方語文專科學校校長姚楠，教務主任張禮千，教授凌瑞拱。

招收同等學力學生，不得超過百分之五。㈢凡以同等學力報考專科以上學校者，必須曾已失學一年以上，而失學前已修畢高中二年級學程者。㈣曾在職業學校或師範學校肄業，或現在普通中學肄業者，皆不准報考。

《教部令国立编译馆编订侨校教材计划　商请海外部等协助进行》

图片来源：《申报》，1947 年 4 月 11 日。

4. 建立侨民教育视导制度

为了加强对华侨教育的管理，南京国民政府还划定区域设立教育专员，建立侨民教育视导制度，向马来亚、菲律宾、缅甸等地分别增派华侨教育视导专员，并在各地设立办事处，指导、督促当地增设学校，聘请各地侨胞领袖及热心教育人士组织兴学委员会。1944 年，抗日战争行将胜利，行政院公布《战后侨民教育实施方案》，计划对战后侨民教育实施分区视导。方案中将侨民教育分为暹罗、安南、缅甸、印度、日本、朝鲜、菲律宾、南洋英属、南洋荷属、美洲、欧洲、非洲、澳洲等区，每一区或二区派定侨民教育视导专员一人，每年分区视察督导，并负改进各区侨教之责。①

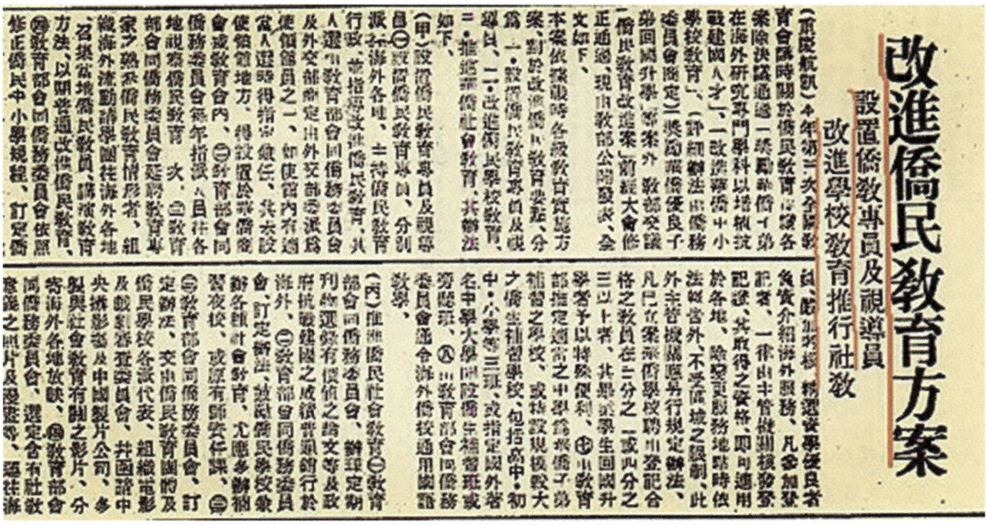

改進僑民教育方案

設置僑教專員及視導員

改進學校教育推行社教

《改进侨民教育方案》

图片来源：《申报》，1939 年 12 月 8 日。

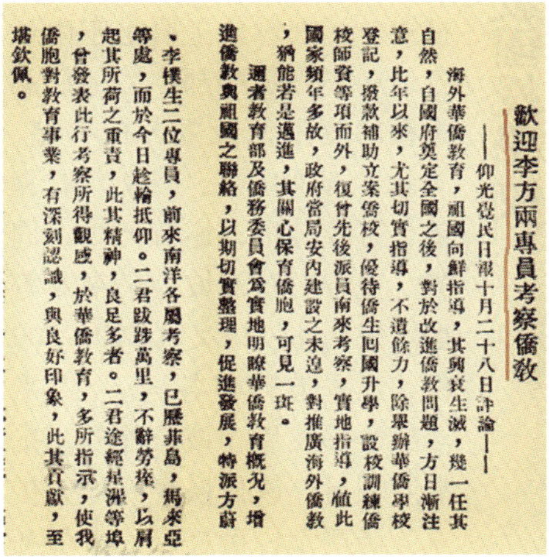

歡迎李方兩專員考察僑教

——仰光覺民日報十月二十八日評論——

海外華僑教育，祖國向鮮指導，其興衰生滅，幾一任其自然，自國府奠定全國之後，對於改進僑教問題，方日漸注意，比年以來，尤其切實指導，不遺餘力，除舉辦華僑學校登記，撥款補助立案僑校，優待僑生回國升學，設校訓練僑校師資等項而外，復曾先後派員南來考察，實地指導，值此國家頻年多故，政府當局安內建設之未遑，對推廣海外僑教，猶能若是邁進，其關心保育僑胞，可見一斑。

邇者教育部及僑務委員會爲實地明瞭華僑教育概況，增進僑教與祖國之聯絡，以期切實整理，促進發展，特派方蔚、李樸生二位專員，前來南洋各屬考察，已歷菲島，馬來亞等處，而於今日趁輪抵仰。二君跋涉萬里，不辭勞瘁，以肩起其所荷之重責，此其精神，良足多者。二君途經星洲等埠，曾發表此行考察所得觀感，於華僑教育，多所指示，使我僑胞對教育事業，有深刻認識，與良好印象，此其貢獻，至堪欽佩。

《欢迎李方两专员考察侨教》

图片来源：《侨务月报》，1936 年第 11－12 期。

国民政府教育部考察美洲华侨教育特派员合影

图片来源：《华侨评论》1946 年第 10 期。

① 汤兆云：《论民国政府的侨教视导制度》，《民国档案》2006 年第 1 期。

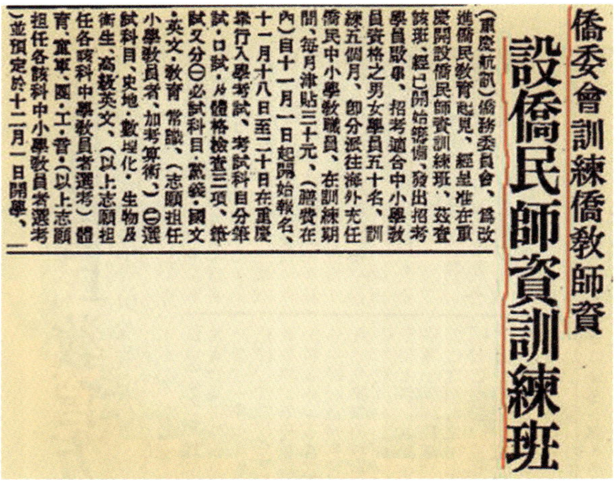

僑委會訓練僑教師資
設僑民師資訓練班
（重慶航訊）僑務委員會、爲改進僑民教育起見、經呈准在重慶開設僑民師資訓練班、茲查該班、經已開始籌備、發出招考學員啟事、招考適合中小學教員資格之男女學員五十名、訓練五個月、即分派往海外充任僑民中小學教職員、在訓練期間、每月津貼三十元、（膳費在內）自十一月一日起開始報名、十一月十八日至二十日在重慶舉行入學考試、考試科目分筆試・口試・及體格檢查三項、筆試又分㈠必試科目・黨義・國文・英文・教育常識、（志願担任小學教員者、加考算術）㈡選試科目、史地・數理化・生物及衛生、高級英文、（以上志願担任各該科中學教員者選考）體育・童軍・圖・工・音・（以上志願担任各該科中小學教員者選考）並預定於十二月一日開學、

《侨委会训练侨教师资　设侨民师资训练班》

图片来源：《申报》，1940 年 11 月17 日第 7 版。

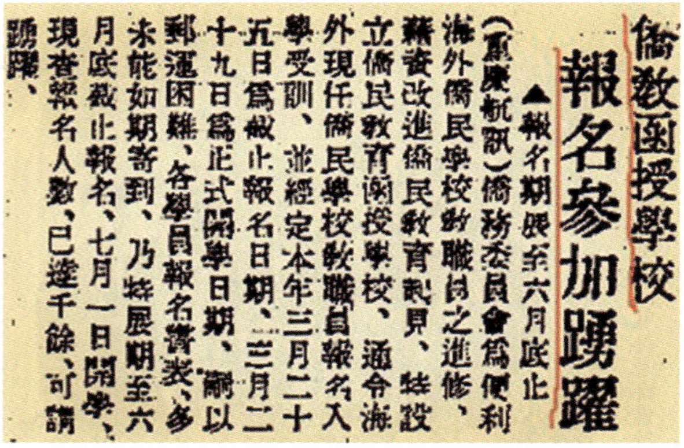

僑教函授學校
報名參加踴躍
▲報名期限至六月底止
（重慶航訊）僑務委員會爲便利海外僑民學校教職員之進修、藉資改進僑民教育起見、特設立僑民教育函授學校、通令海外現任僑民學校教職員報名入學受訓、並經定本年三月二十五日爲截止報名日期、三月二十九日爲正式開學日期、嗣以郵遞困難、各學員報名書表、多未能如期寄到、乃特展期至六月底截止報名、七月一日開學、現查報名人數、已逾千餘、可謂踴躍、

《侨教函授学校　报名参加踊跃》

图片来源：《申报》，1940 年 5 月 16 日第8 版。

5. 培植侨校师资

为解决海外侨校缺乏师资的困难，侨委会适时举办了侨民师资训练班和侨民函授学校。1934 年 8 月，侨务委员会在南京设立侨民教育师资训练班，招收有志于从事海外华侨教育事业的青年学生，进行为期一年的训练后，派往海外侨校任教，至 1935 年 7 月交由上海暨南大学接办。1941 年 1 月，侨委会复在重庆继续办理。该训练班“招收中上学校毕业生，专门研究教育，或具有教学经验者，予以六个月之训练”，毕业后，即派往海外侨校任教。[1] 侨民教育函授学校于 1939 年 11 月开始筹设，于 1940 年 7 月正式成立，附设于侨委会驻渝办事处内办理校务。函授对象主要是东南亚各地中华学校的师生，他们集中在印度尼西亚的苏门答腊、泗水、爪哇、三宝垄、望嘉锡、万隆等地，还有河内、仰光、曼谷、新加坡、马来亚等地。每周印发讲义计 200 ~ 300 份，经香港转邮各地。[2] 太平洋战争爆发后，该校停办。抗战胜利后，该校恢复并加以扩充。函授学校设校长，由侨务委员会委员长陈树人兼任。

① 余俊贤：《最近一年来侨民教育设施》，《现代华侨》1940 年第 1 期。

② 韩世嘉：《抗战时期国民政府侨务委员会》，《武汉文史资料》2001 年第 4 期。

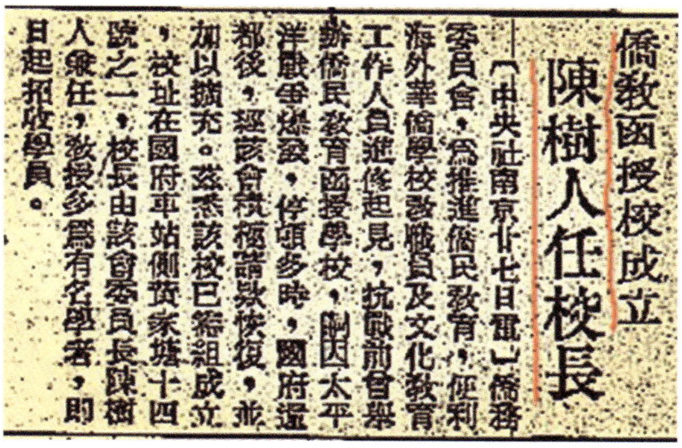

僑教函授校成立

陳樹人任校長

【中央社南京廿七日電】僑務委員會，為推進僑民教育，便利海外華僑學校教職員及文化教育工作人員進修起見，抗戰前曾舉辦僑民教育函授學校，嗣因太平洋戰爭爆發，停頓多時，國府還都後，經該會積極籌款恢復，並加以擴充。茲悉該校已籌組成立，校址在國府車站側貿家塘十四號之一，校長由該會委員長陳樹人兼任，教授多為有名學者，即日起招收學員。

《侨教函授校成立　陈树人任校长》

图片来源：《申报》，1946 年 12 月 29 日第 8 版。

1945 年教育部第一届侨教师资讲习会纪念章

图片来源：7788 收藏网，http：//www.997788.com/pr/detail_571_14253022.html。

五、鼓励华侨回国兴办实业

20 世纪 20 年代末 30 年代初，资本主义世界爆发大规模的经济危机。华侨在海外的事业受到冲击，这无疑是吸引侨资的大好时机。1927—1937 年，是华侨投资国内的高潮。国民政府积极鼓励和吸引海外华侨回国投资兴业，公布了一批鼓励华侨回国投资的政策法规，对华侨在国内兴办实业和各种公益事业给予特别奖励和保护，并为侨民回国投资提供种种便利。

（一）颁布奖励华侨回国兴办实业的相关法规

1928 年，国民政府侨委会公布了《华侨回国兴办实业奖励条例》，分专利、特许褒奖数项。1929 年，国民政府立法院制定了《华侨回国兴办实业奖励法》。这是我国奖励华侨回国投资的第一部法律。奖励法规定，政府对于回国兴办工、商、电、矿、农、林、渔、牧、交通及其他经政府准许的事业，可给予下列奖励：①确保安全；②资本及债票保息；③给予补助金；④减免运

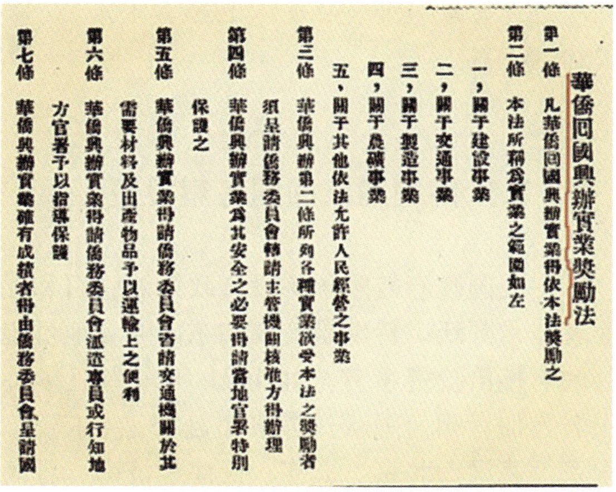

華僑回國興辦實業獎勵法

第一條　凡華僑回國興辦實業得依本法獎勵之

第二條　本法所稱實業之範圍如左

一，關于建設事業

二，關于交通事業

三，關于製造事業

四，關于農礦事業

五，關于其他依法允許人民經營之事業

第三條　華僑興辦第二條所列各種實業欲受本法之獎勵者須呈請僑務委員會轉請主管機關核准方得辦理

第四條　華僑興辦實業為其安全之必要得請當地官署特別保護之

第五條　華僑興辦實業得請僑務委員會咨請交通機關於其需要材料及出產物品予以運輸上之便利

第六條　華僑興辦實業得請僑務委員會派遣專員或行知地方官署予以指導保護

第七條　華僑興辦實業確有成績者得由僑務委員會呈請國

《华侨回国兴办实业奖励法》

图片来源：《广东建设公报》1929 年第 4 卷第 5 期。

费；⑤公有土地优先租用、公有荒地优先承垦；⑥技术上、经营上给予指导与协助；⑦特殊困难救济；⑧承购国营公营事业工厂优待；⑨颁发荣誉纪念品。

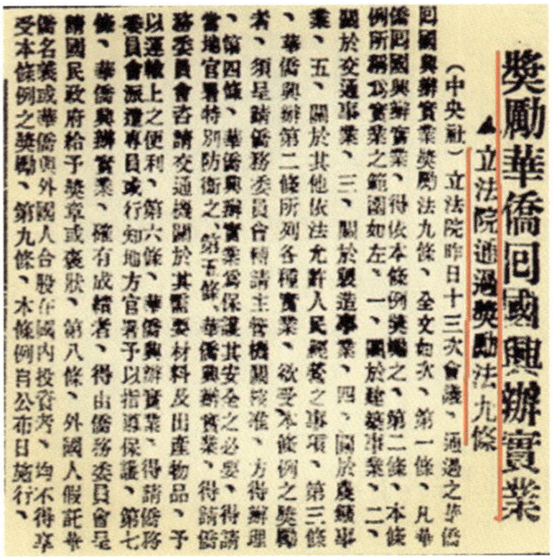
獎勵華僑回國興辦實業
▲立法院通過獎勵法九條
（中央社）立法院昨日十三次會議，通過之華僑回國興辦實業獎勵法九條、全文如次、第一條、凡華僑回國興辦實業、得依本條例獎勵之、第二條、本條例所稱實業之範圍如左、一、關於墾殖事業、二、關於交通事業、三、關於製造事業、四、關於農礦事業、五、關於其他依法允許人民經營之事項、第三條、華僑興辦第二條所列各種實業、欲受本條例之獎勵者、須呈請僑務委員會轉請主管機關核准、方得辦理、第四條、華僑興辦實業爲保護其安全之必要、得請當地官署特別防衛之、第五條、華僑興辦實業、得請僑務委員會咨請交通機關於其需要材料及出產物品、予以運輸上之便利、第六條、華僑興辦實業、得請僑務委員會派遣專員或行知地方官署予以指導保護、第七條、華僑興辦實業、確有成績者、得由僑務委員會呈請國民政府給予獎章或褒狀、第八條、外國人假託華僑名義或華僑與外國人合股在國內投資者、均不得享受本條例之獎勵、第九條、本條例自公布日施行、

《奖励华侨回国兴办实业　立法院通过奖励法九条》

图片来源：《民国日报》，1929 年 2 月 18 日第 7 版。

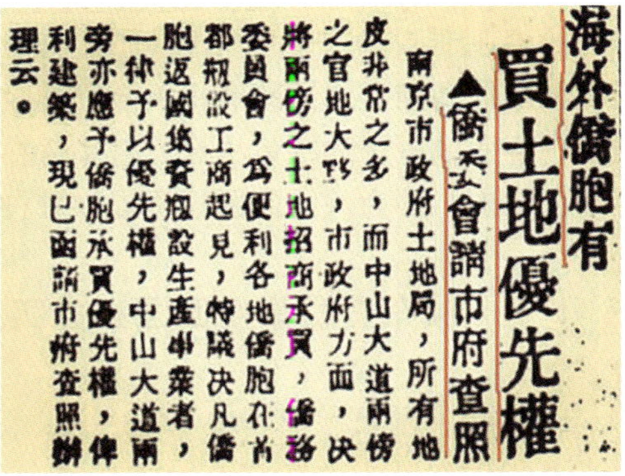
海外僑胞有
買土地優先權
▲僑委會請市府查照
南京市政府土地局，所有地皮非常之多，而中山大道兩傍之官地大點，市政府方面，決將兩傍之土地招商承買，僑務委員會，爲便利各地僑胞在首都擬設工商起見，特議決凡僑胞返國投資擬設生產事業者，一律予以優先權，中山大道兩旁亦應予僑胞承買優先權，俾利建築，現已函請市府查照辦理云。

《海外侨胞有买土地优先权　侨委会请市府查照》

图片来源：《中央日报》，1929 年 4 月 26 日第 8 版。

（二）侨胞踊跃回国考察投资

在民国政府鼓励华侨投资政策的感召和促动下，海外侨胞拟回国投资兴办实业者非常踊跃。特别是美洲和东南亚各地侨胞，纷纷派人回国调查实业状况，并与政府接洽投资事宜。如 1931 年东南亚华侨组织了南洋荷属华侨商业考察团，报名参加者颇为踊跃。考察团赴香港、广州、汕头、厦门、福州、上海、杭州、南京、武汉、北京、大连、天津、济南、青岛等地游历考察。为了给海外华侨回国考察、投资提供方便，国民政府在南京、上海、广东、福建等地建立了“华侨招待所”，专门招待海外华侨，促使他们踊跃投资。

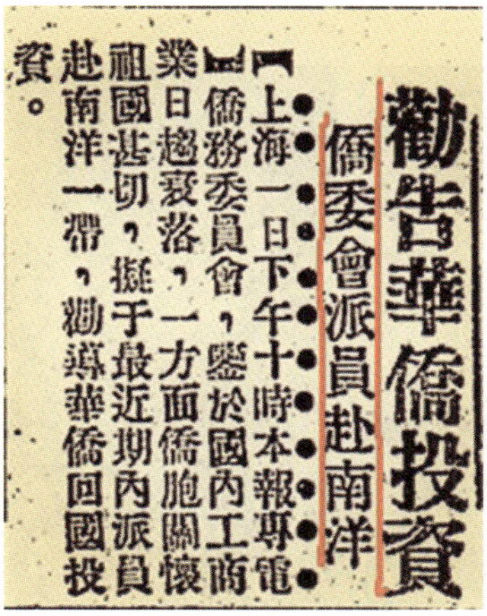
勸告華僑投資
僑委會派員赴南洋
【上海一日下午十時本報專電】僑務委員會、鑒於國內工商業日趨衰落、一方面僑胞關懷祖國甚切、擬于最近期內派員赴南洋一帶、勸導華僑回國投資。

《劝告华侨投资　侨委会派员赴南洋》

图片来源：《京报》，1934年8月2日第2版。

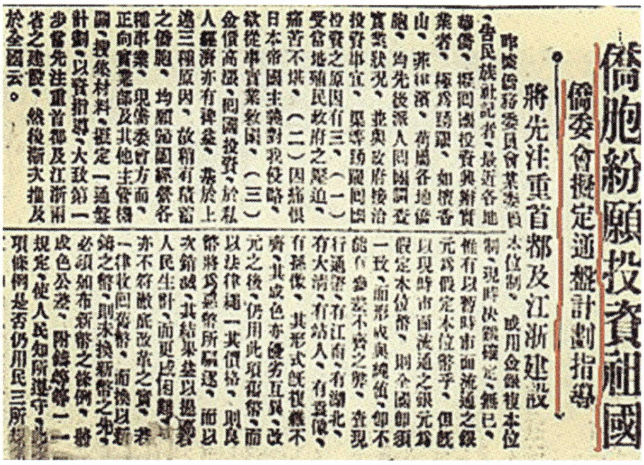
僑胞紛願投資祖國
僑委會擬定通盤計劃指導
將先注重首都及江浙建設
（國民社記者）昨據僑務委員會某委員談、最近各地華僑、擬回國投資與辦實業者、極爲踴躍、如檳香山、菲律濱、荷屬各地僑胞、均先後派人回國調查實業狀況、並與政府接洽投資事宜、踴躍回國投資之原因有三、（一）受當地殖民政府之壓迫、痛苦不堪、（二）因痛恨日本帝國主義對我侵略、欲從事實業救國、（三）金價高漲、回國投資、於私人經濟亦有裨益、基於上述三種原因、故稍有積蓄之僑胞、均願歸國經營各種事業、現僑委會方面、正向實業部及其他主管機關、搜集材料、擬定一通盤計劃、以資指導、大致第一步當先注重首都及江浙兩省之建設、然後漸次推及於全國云。

《侨胞纷愿投资祖国》

图片来源：《中央日报》，1932年10月24日第7版。

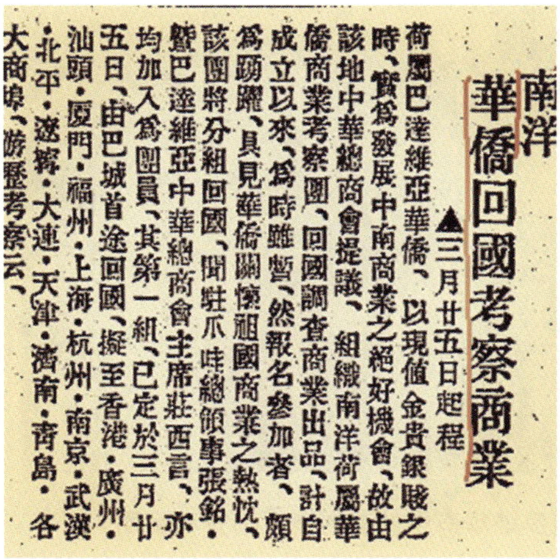
南洋
華僑回國考察商業
▲三月廿五日起程
荷屬巴達維亞華僑、以現值金貴銀賤之時、實爲發展中南商業之絕好機會、故由該地中華總商會提議、組織南洋荷屬華僑商業考察團、回國調查商業出品、計自成立以來、爲時雖暫、然報名參加者、頗爲踴躍、具見華僑關懷祖國商業之熱忱、該團將分組回國、聞駐爪哇總領事張銘・暨巴達維亞中華總商會主席莊西言、亦均加入爲團員、其第一組、已定於三月廿五日、由巴城首途回國、擬至香港・廣州・汕頭・廈門・福州・上海・杭州・南京・武漢・北平・遼寧・大連・天津・濟南・青島・各大商埠、游歷考察云、

《南洋华侨回国考察商业》

图片来源：《申报》，1931年3月23日第9版。

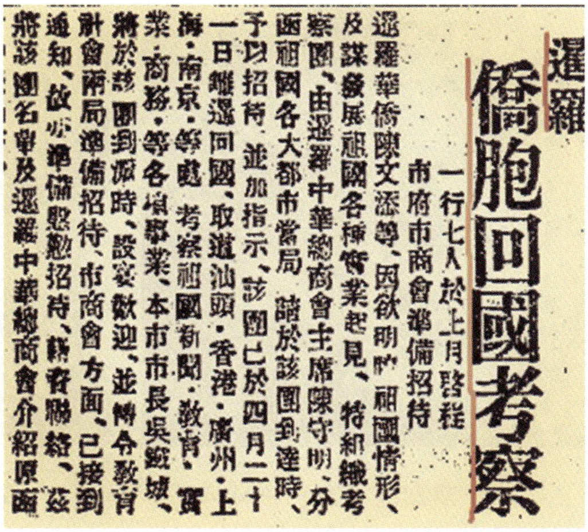
暹羅
僑胞回國考察
一行七人於上月啓程
市府市商會準備招待
暹羅華僑陳文添等、因欲明瞭祖國情形、及謀發展祖國各種實業起見、特組織考察團、由暹羅中華總商會主席陳守明、分函祖國各大都市當局、請於該團到達時、予以招待、並加指示、該團已於四月二十一日離暹回國、取道汕頭・香港・廣州・上海・南京・等處、考察祖國新聞・教育・實業・商務・等各項事業、本市市長吳鐵城、將於該團到滬時、設宴歡迎、並轉令教育社會兩局準備招待、市商會方面、已接到通知、故亦準備懇懇招待、藉資聯絡、茲將該團名單及暹羅中華總商會介紹原函

《暹罗侨胞回国考察》

图片来源：《申报》，1933年5月11日第9版。

加拿大商务调查团抵粤时与广州总商会同仁合影

图片来源：《时事月报》1931 年第 4 卷第 1 期。

华侨胡文虎（左）1934 年 11 月回国考察国内各项新兴事业时与林森合影

图片来源：《时事月报》1934 年第 7－12 期。

在暹罗排华声中抵沪的暹罗远东考察团

图片来源：《时事月报》1935 年第 6 期。

中央华侨招待所开幕典礼

图片来源：《良友画报》1931 年第 60 期。

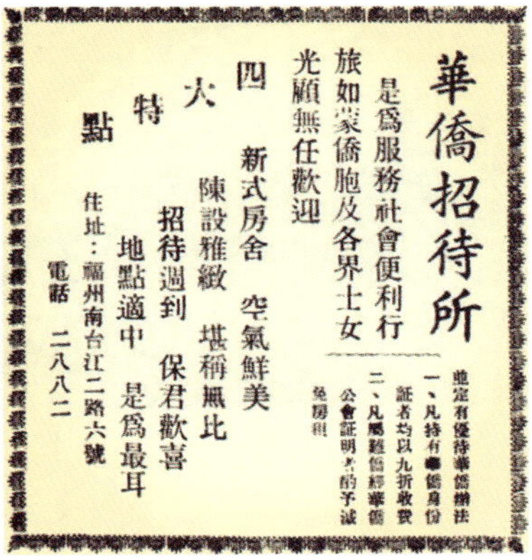

福州华侨招待所广告

图片来源：《海外归侨月刊》1943 年第 1 期。

黄仲涵

图片来源：《黄仲涵财团——东南亚第一企业帝国》封面。

黄宗孝

图片来源：《抗战中的企业》，澎湃网，http：//www. thepaper. cn/news Detail_forward_1327501_1。

中国酒精厂厂区

图片来源：《美术生活》1935 年第 17 期。

1935 年 3 月，印尼侨商黄宗孝为了实现父亲黄仲涵在祖国建立工厂的遗愿，投资 150 万元，与实业部合资，在上海创办了中国酒精厂。

中国酒精厂的成立，至少有两方面的重要意义：第一，创建了中国的新式酒精工业，以最先进的技术、设备与管理，一步到位，实现酒精业的飞跃式发展。第二，开辟了国民政府与华侨合作投资的良好范例。1927—1937 年，被誉为南京国民政府的黄金十年，经济领域确有上佳表现。中国酒精厂的出资方——黄仲涵总公司，是“二战”前东南亚地区华人拥有的第一个财团企业，也是最大的财团企业。公司在 20 世纪二三十年代鼎盛时期拥有的资产，达 15 亿荷盾，雄踞世界大富豪榜第 13 位，公司主要经营糖业，还包括贸易、航运、银行等，黄仲涵更被誉为“爪哇糖王”。1924 年黄仲涵逝世后，其子黄宗孝成为黄氏家族的新一代领军人物。20 世纪 30 年代，黄宗孝开始投资国内实业，中国酒精厂便是其中最浓重的一笔。[①]

作为华侨大省，广东省自然是华侨投资的主要地区。1852 年秘鲁华侨黎某在广州创办万兴隆出口商，不但是广东华侨投资的开始，也是全国华侨投资的鼻祖。[②] 华侨投资的行业有工业、农业、矿业、交通业、商业、金融业、服务业和房地产业等。20 世纪 20 年代，华侨对粤投资重点是房地产业。据统计资料显示，投资房地产业已居首位，占 52.95%；其次为金融业，占 13%；商业居第 3 位，占 10.05%；交通业居第 4 位，占 9.44%。[③] 以汕头为例，汕头的

① 吴敏超：《抗战中的企业　远东最大的酒精厂是如何陨落的》，澎湃新闻，http：//m.thepaper.cn/newsDetail_forward_13275012015－07－03。

② 林金枝：《旧中国的广东华侨投资及其作用》，《南洋问题》1982 年第 2 期。

③ 林金枝、庄为玑编：《近代华侨投资国内企业史料选辑·广东卷》，厦门：厦门大学出版社，1994 年，第 50 页。

房地产，大部分为华侨投资。汕头华侨对房地产的投资改变了汕头的城市面貌。仅 1927—1937 年，华侨在汕头市投资的房地产达 9 330 000 元。① 1923—1937 年，华侨投资广州的房地产，有 7 000 多座，投资金额在 9 000 万元以上。② 曾是广州的标志性建筑——爱群大厦，由早年追随孙中山的同盟会会员、美国华侨陈卓平创办的香港爱群人寿保险公司投资建造。1934 年 10 月大厦动工，1937 年 4 月落成。它是广州第一座钢框架结构的仿美国摩天式高层建筑，占地 800 多平方米，总高 64 米多，为当时“南中国建筑高度之冠”。

民国时期华侨在广东所创办的企业或行业，有不少是居省内甚至全国首创地位的。截至 1949 年的统计表明，华侨在广东共创办企业 2 万余家，投资总额达 3.86 亿元，约占同期华侨投资国内企业总额的 55%。③

20 世纪 30 年代的汕头商业中心

图片来源：《潮汕百年履痕：近代潮汕文化与社会变迁图录》，第 135 页。

广州爱群大厦

图片来源：《广州华侨人文景观》，第 19 页。

① 林金枝、庄为玑编：《近代华侨投资国内企业史料选辑·广东卷》，厦门：厦门大学出版社，1994 年，第 96 页。

② 林金枝、庄为玑编：《近代华侨投资国内企业史料选辑·广东卷》，厦门：厦门大学出版社，1994 年，第 62 页。

③ 林金枝：《近代华侨投资国内企业的几个问题》，《近代史研究》1980 年第 1 期。

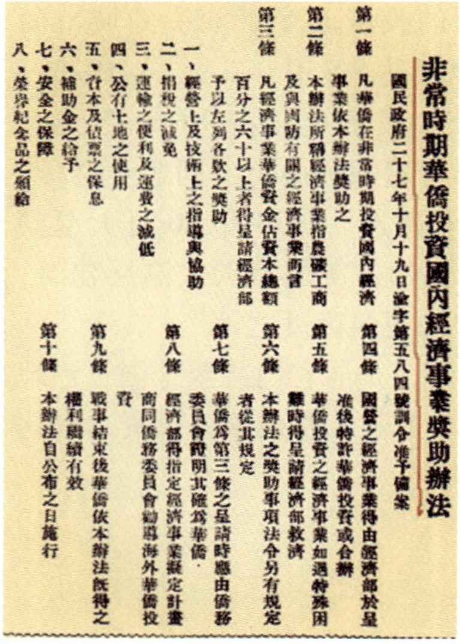
非常時期華僑投資國內經濟事業獎助辦法
國民政府二十七年十月十九日渝字第五八四號訓令准予備案
第一條 凡華僑在非常時期投資國內經濟事業依本辦法獎助之
第二條 本辦法所稱經濟事業指農礦工商及與國防有關之經濟事業而言
第三條 凡經濟事業華僑資金佔資本總額百分之六十以上者得呈請經濟部予以左列各款之獎助
一、經營上及技術上之指導與協助
二、捐稅之減免
三、運輸之便利及運費之減低
四、公有土地之使用
五、資本及債票之保息
六、補助金之給予
七、安全之保障
八、榮譽紀念品之頒給
第四條 國營之經濟事業得由經濟部於呈准後特許華僑投資或合辦
第五條 華僑投資之經濟事業如遇特殊困難時得呈請經濟部救濟
第六條 本辦法之獎助事項法令另有規定者從其規定
第七條 華僑爲第三條之呈請時應由僑務委員會證明其確爲華僑.
第八條 經濟部得指定經濟事業擬定計畫商同僑務委員會勸導海外華僑投資
第九條 戰事結束後華僑依本辦法既得之權利繼續有效
第十條 本辦法自公布之日施行

《非常时期华侨投资国内经济事业奖助办法》

图片来源：《华侨动员》1938 年第 13 期。

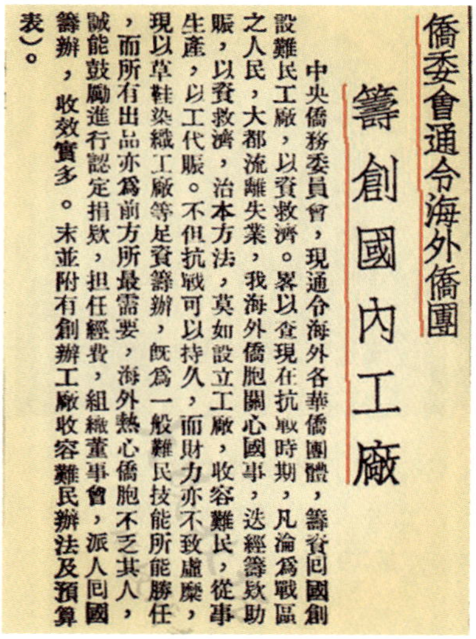
僑委會通令海外僑團
籌創國內工廠
中央僑務委員會，現通令海外各華僑團體，籌資回國創設難民工廠，以資救濟。畧以查現在抗戰時期，凡淪爲戰區之人民，大都流離失業，我海外僑胞關心國事，迭經籌款助賑，以資救濟，治本方法，莫如設立工廠，收容難民，從事生產，以工代賑。不但抗戰可以持久，而財力亦不致虛糜，現以草鞋染織工廠等足資籌辦，既爲一般難民技能所能勝任，而所有出品亦爲前方所最需要，海外熱心僑胞不乏其人，誠能鼓勵進行認定捐欵，担任經費，組織董事會，派人回國籌辦，收效實多。末並附有創辦工廠收容難民辦法及預算表）。

《侨委会通令海外侨团筹创国内工厂》

图片来源：《华侨战线》1938 年第 1 卷第 11－12 期。

（三）吸引华侨对大西南的开发

全面抗战爆发后，国民政府陷入严重的财政危机。尤其是巨大的军费开支，使得政府出现了严重的财政赤字。当时，政府用于建设大后方的资金大大减少，吸引外资和侨资成为国民政府缓解资金不足的重要手段。国民政府呼吁海外华侨加紧西北、西南地区的建设，以开发军事物资资源，充实国防，并提出一系列吸引华侨回国投资的措施。1938 年 10 月 19 日，国民政府训令行政院公布《非常时期华侨投资国内经济事业奖助办法》，这一办法适用范围更广，奖励条件更宽，奖励方法更多。国民政府侨委会通令海外侨团，动员侨胞回国投资。为便利华侨投资，侨委会特设立华侨投资指导处，并在福建、广东等省侨务局设立分处。凡华侨回国投资而对内地情形不甚明了者，该会会派员指导，提供便利。在国民政府的吸引和爱国热情的激发之下，东南亚广大华侨积极回国投资，投资的重点也从东南沿海转向西南大后方。有统计表明，这一时期华侨投资西南地区估计有 5 亿元，合 2 500 万美元，这一数字等于同期华侨投资上海、福建、广东三省市总和的两倍。①

抗战基地转移到西南大后方之后，生活物资极其缺乏，特别是粮食的缺乏造成粮价飞涨。为缓解此困境，国民政府开始鼓励开垦，投资垦殖一时成为华侨投资的重点。1938 年 11 月，侨领陈嘉庚、庄西言、周裕、陈守明等 13 人与国内地方实力派龙云、刘文辉和缪云台等 13 人合资 500 万元，创办华西垦殖股份有限公司。其股本中，经济部与西南有关各省占 40%，地

① 林金枝：《近代华侨投资国内企业的几个问题》，《近代史研究》1980 年第 1 期。

方实力派私人方面占 10%，侨资占 50%。其宗旨是开发华西富源，增强国力，繁荣边疆，为战区服务，经营滇、甘、川及青海等省的农垦和工矿事业。①

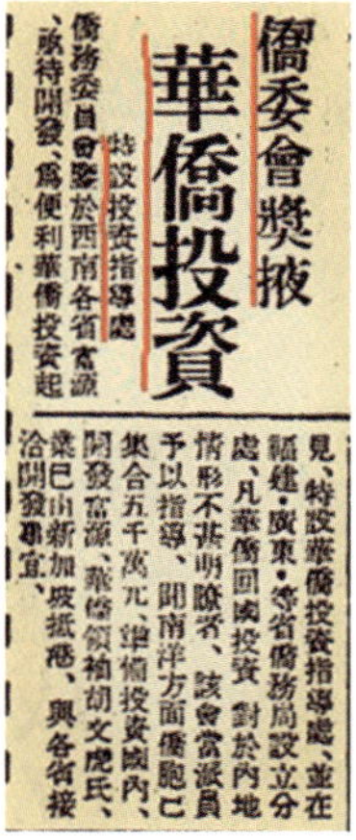

僑委會獎掖
華僑投資
特設投資指導處

僑務委員會鑒於西南各省富源、亟待開發、爲便利華僑投資起見、特設華僑投資指導處、並在福建·廣東·等省僑務局設立分處、凡華僑回國投資、對於內地情形不甚明瞭者、該會當派員予以指導、聞南洋方面僑胞已集合五千萬元、準備投資國內、開發富源、華僑領袖胡文虎氏、業已由新加坡抵港、與各省接洽開發事宜、

《侨委会奖掖华侨投资》

图片来源：《申报》，1939 年 1 月 23 日第 9 版。

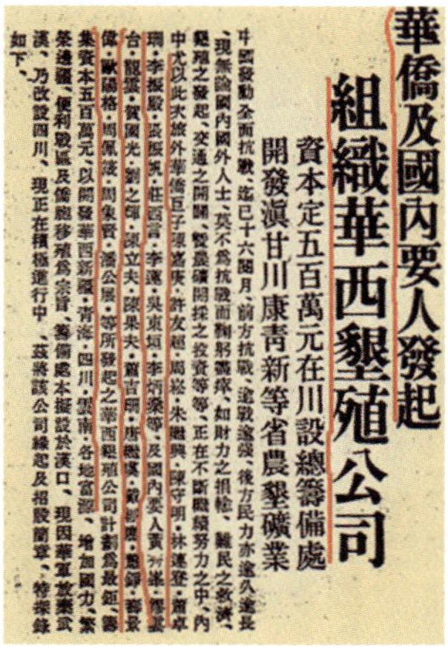

華僑及國內要人發起
組織華西墾殖公司
資本定五百萬元在川設總籌備處
開發滇甘川康青新等省農墾礦業

我國發動全面抗戰、迄已十六閱月、前方抗戰、愈戰愈強、後方民力亦愈久愈長、現無論國內國外人士、莫不爲抗戰而鞠躬盡瘁、如財力之捐輸、難民之救濟、墾殖之發起、交通之開闢、暨農礦開採之投資等等、正在不斷繼續努力之中、內中尤以此次旅外華僑巨子陳嘉庚·許友超·周崧·朱繼興·陳守明·林達登·蕭卓珊·李振殿·莊振凱·莊西言·李德·吳東垣·李炳森等、及國內要人黃炳蔚·黎盛台·殷雲·賀國光·劉之卿·陳立夫·陳果夫·翁吉明·唐繼堯·鄭錦·鄧景偉·歐陽格·周佩箴·周象賢·潘公展·等所發起之華西墾殖公司計劃爲最鉅、籌集資本五百萬元、以開發華西新疆·青海·四川·雲南·各地富源、增加國力、繁榮邊疆、便利戰區及僑胞移殖爲宗旨、籌備總本擬設於漢口、現因華南戰事武漢、乃改設四川、現正在積極進行中、茲將該公司緣起及招股簡章、特採錄如下、

《华侨及国内要人发起组织华西垦殖公司》

图片来源：《申报》，1938 年 11 月 24 日第 9 版。

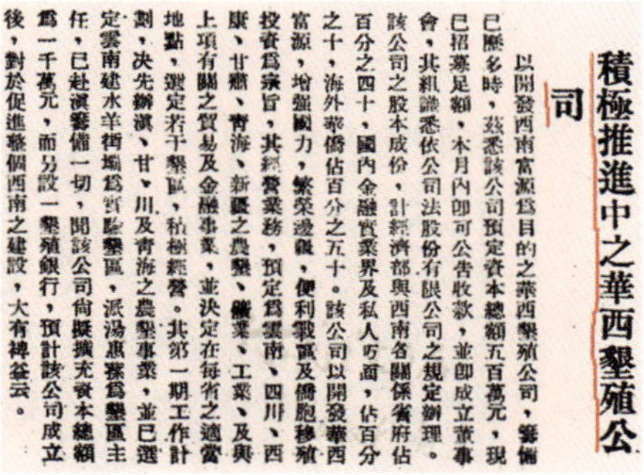

積極推進中之華西墾殖公司

以開發西南富源爲目的之華西墾殖公司，籌備已歷多時，茲悉該公司預定資本總額五百萬元，現已招募足額，本月內即可公告收款，並即成立董事會，其組織悉依公司法股份有限公司之規定辦理。該公司之股本成份，計經濟部與西南各關係省府佔百分之四十，國內金融實業界及私人方面，佔百分之十，海外華僑佔百分之五十。該公司以開發華西富源，增强國力，繁榮邊疆，便利戰區及僑胞移殖投資爲宗旨，其經營業務，預定爲雲南、四川、西康、甘肅、青海、新疆之農墾、礦業、工業、及與上項有關之貿易及金融事業，並決定在每省之適當地點，選定若干墾區，積極經營。其第一期工作計劃，決先辦滇、甘、川及青海之農墾事業，並已選定雲南建水羊街壩爲實驗墾區，派湯惠蓀爲墾區主任，已赴滇籌備一切，聞該公司尚擬擴充資本總額爲一千萬元，而另設一墾殖銀行，預計該公司成立後，對於促進整個西南之建設，大有裨益云。

《积极推进中之华西垦殖公司》

图片来源：《华侨先锋》1939 年第 1 卷第 8 期。

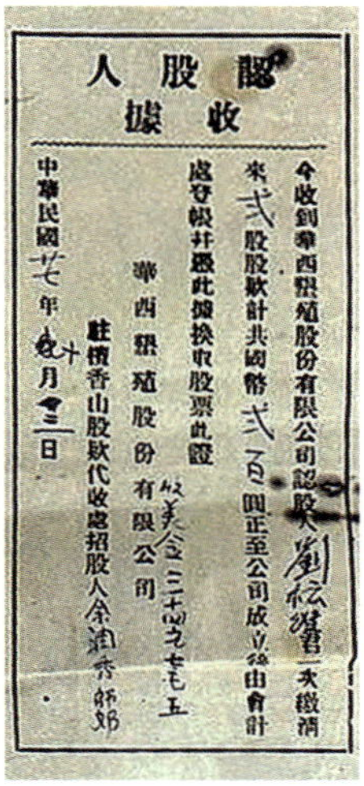

認股人
收據

今收到華西墾殖股份有限公司認股人劉松濤君一次繳清來貳股股款計共國幣貳百圓正至公司成立後由會計處發股并憑此據換收股票此證

華西墾殖股份有限公司 收美金二十四元七毛五

駐檀香山股款代收處招股人余潤香

中華民國廿七年十月廿三日

1938 年华西垦殖公司檀香山股款代收处认股人收据

图片来源：7788 收藏网，http：//www.997788.com/auction_191_7424818/。

① 任贵样：《华侨对祖国抗战经济的贡献》，《近代史研究》1987 年第 5 期。

为引导侨商投资西南、开发祖国土地和矿产资源，1940 年 2 月，侨委会制定了《指导归侨垦殖滇南暂行办法》14 条，对华侨申请投资垦荒办法、技术指导及地域划分、治安、道路交通、卫生设施及调查勘测等事项做了详尽规定，指导并规范华侨回国投资垦殖业的活动。①

1941 年 5 月南洋华侨巨商胡文虎在国内外实业界集资一千万元，创设华侨企业公司，经营农、工、矿各种实业。② 1941 年 10 月侨务委员会筹组华侨企业公司，经营工、矿、农的生产建设，办理华侨委托投资。③

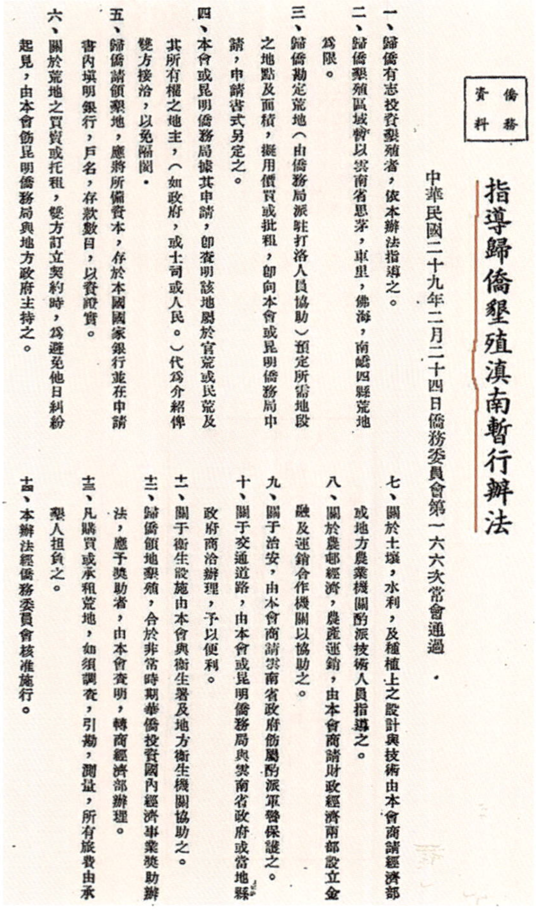
僑務資料

指導歸僑墾殖滇南暫行辦法

中華民國二十九年二月二十四日僑務委員會第一六六次常會通過

一、歸僑有志投資墾殖者，依本辦法指導之。
二、歸僑墾殖區域暫以雲南省思茅，車里，佛海，南嶠四縣荒地爲限。
三、歸僑勘定荒地（由僑務局派駐打洛人員協助）預定所需地段之地點及面積，擬用價買或批租，即向本會或昆明僑務局申請，申請書式另定之。
四、本會或昆明僑務局據其申請，即查明該地屬於官荒或民荒及其所有權之地主，（如政府，或土司或人民。）代爲介紹俾雙方接洽，以免隔閡。
五、歸僑請領墾地，應將所備資本，存於本國國家銀行並在申請書內塡明銀行，戶名，存款數目，以資證實。
六、關於荒地之買賣或托租，雙方訂立契約時，爲避免他日糾紛起見，由本會飭昆明僑務局與地方政府主持之。
七、關於土壤，水利，及種植上之設計與技術由本會商請經濟部或地方農業機關酌派技術人員指導之。
八、關於農邨經濟，農產運銷，由本會商請財政經濟兩部設立金融及運銷合作機關以協助之。
九、關于治安，由本會商請雲南省政府飭屬酌派軍警保護之。
十、關于交通道路，由本會或昆明僑務局與雲南省政府或當地縣政府商洽辦理，予以便利。
十一、關于衛生設施由本會與衛生署及地方衛生機關協助之。
十二、歸僑領地墾殖，合於非常時期華僑投資國內經濟事業獎助辦法，應予獎助者，由本會查明，轉商經濟部辦理。
十三、凡購買或承租荒地，如須調查，引勘，測量，所有旅費由承墾人担負之。
十四、本辦法經僑務委員會核准施行。

《指导归侨垦殖滇南暂行办法》

图片来源：《华侨先锋》1941 年第 2 卷第 19 期。

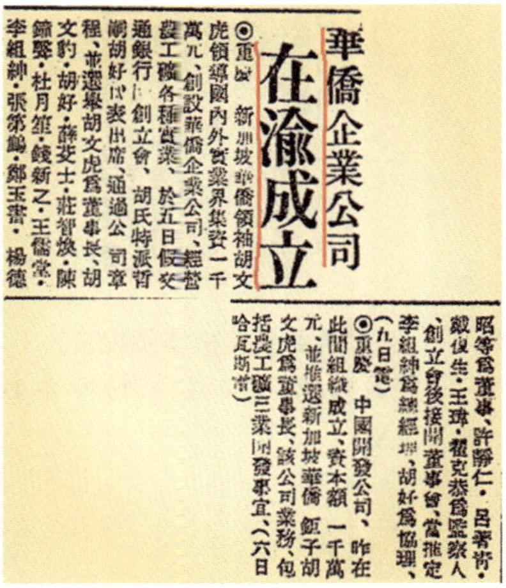
華僑企業公司在渝成立

◉重慶 新加坡華僑領袖胡文虎領導國內外實業界集資一千萬元、創設華僑企業公司、經營農工礦各種實業、於五日假交通銀行開創立會、胡氏特派哲嗣胡好代表出席、通過公司章程、並選舉胡文虎爲董事長、胡文豹・胡好・薛斐士・莊智煥・陳錦聲・杜月笙・錢新之・王儒堂・李組紳・張笏鶴・鄭玉書・楊德昭等爲董事、許靜仁・呂著青・殷俊生・王珏・翟克恭爲監察人、創立會後接開董事會、當推定李組紳爲總經理、胡好爲協理、（九日電）

◉重慶 中國開發公司、昨在此間組織成立、資本額一千萬元、並推選新加坡華僑鉅子胡文虎爲董事長、該公司業務、包括農工礦三業開發事宜、（六日哈瓦斯電）

《华侨企业公司在渝成立》

图片来源：《申报》，1941 年 5 月 7 日第 3 版。

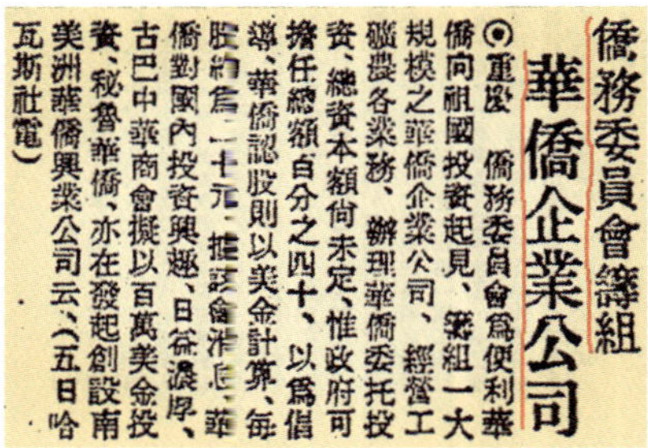
僑務委員會籌組
華僑企業公司

◉重慶 僑務委員會爲便利華僑向祖國投資起見、籌組一大規模之華僑企業公司、經營工礦農各業務、辦理華僑委托投資、總資本額尚未定、惟政府可擔任總額百分之四十、以爲倡導、華僑認股則以美金計算、每股約爲二十元、據該會消息、華僑對國內投資興趣、日益濃厚、古巴中華商會擬以百萬美金投資、秘魯華僑、亦在發起創設南美洲華僑興業公司云、（五日哈瓦斯社電）

《侨务委员会筹组华侨企业公司》

图片来源：《申报》，1941 年 10 月 6 日第 4 版。

① 任贵祥：《抗日战争时期国民政府侨委会侨务工作述评》，《史学月刊》2016 年第 1 期。
② 《华侨企业公司在渝成立》，《申报》，1941 年 5 月 7 日第 3 版。
③ 《侨务委员会筹组华侨企业公司》，《申报》，1941 年 10 月 6 日第 4 版。

六、组织、发动华侨支援祖国抗战

（一）号召侨胞抗日救国

1. 发布《告侨胞书》

1937 年“八一三”事变后，国民政府侨务委员会立即发布《告侨胞书》号召侨胞们团结抗战，“我国已至最后清算甲午以来中日关系的总账之时”，“深愿我侨胞依赖政府，尽国民之本分，则国难自可冲破，民族自可复兴矣”。① 中央执行委员会海外部《告海外侨胞书》中，同样鼓动海外侨胞继续为祖国贡献力量：“此次抗战为整个国家民族存亡所系，人人皆当献其生命，以争取整个国家民族之生命，而输财出力，援助抗战，参加抗战，尤为不可推诿之神圣责任。我同志侨胞，在过去之十阅月中，输财救国，毁家纾难之精神，已充分表现，甚望更能抱最大之决心，作长久之奋斗，再接再厉，有始有终，继续捐输援助政府。”② 而宋庆龄、何香凝在《致海外侨胞书》中，更是对海外侨胞提出了殷殷期望：“我国海外侨胞，历来为救国抗敌之前驱。打倒满清，民国光复，北伐战争，淞沪长城各役，均有赖我国侨胞诸君之后援鼓励。今日在此危急存亡之关头，为使抗战取得最后胜利，尤有所望于各地侨胞妇女，侨胞诸君之鼓励援助，以使抗战继续到底。”③ 国民政府和社会贤达对华侨进行广泛的宣传教育工作，加强了祖国与广大爱国华侨之间的联系，使侨胞更真实地了解敌人侵略的残酷与抗日将士斗争的英勇，鼓舞了海外华侨的爱国斗志，激励他们积极参加抗日救亡运动。

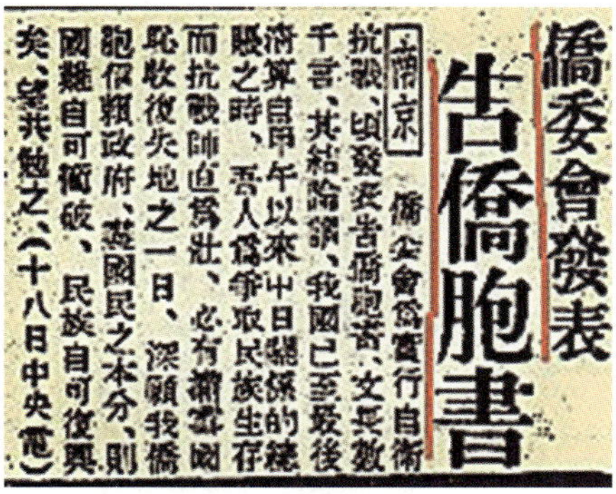
僑委會發表
告僑胞書
（南京）僑委會爲實行自衛抗戰、頃發表告僑胞書、文長數千言、其結論謂、我國已至最後清算自甲午以來中日關係的總賬之時、吾人爲爭取民族生存而抗戰師直爲壯、必有湔雪國恥收復失地之一日、深願我僑胞依賴政府、盡國民之本分、則國難自可衝破、民族自可復興矣、望共勉之、（十八日中央電）

《侨委会发表告侨胞书》

图片来源：《申报》，1937 年 8 月 19 日第 2 版。

---

① 《侨委会发表告侨胞书》，《申报》，1937 年 8 月 19 日第 2 版。

② 《中央执行委员会海外部告海外侨胞书》，《华侨战线》1938 年第 1 卷第 7 – 10 期。

③ 《致海外侨胞书》，《华侨战线》1938 年第 1 卷第 2 期。

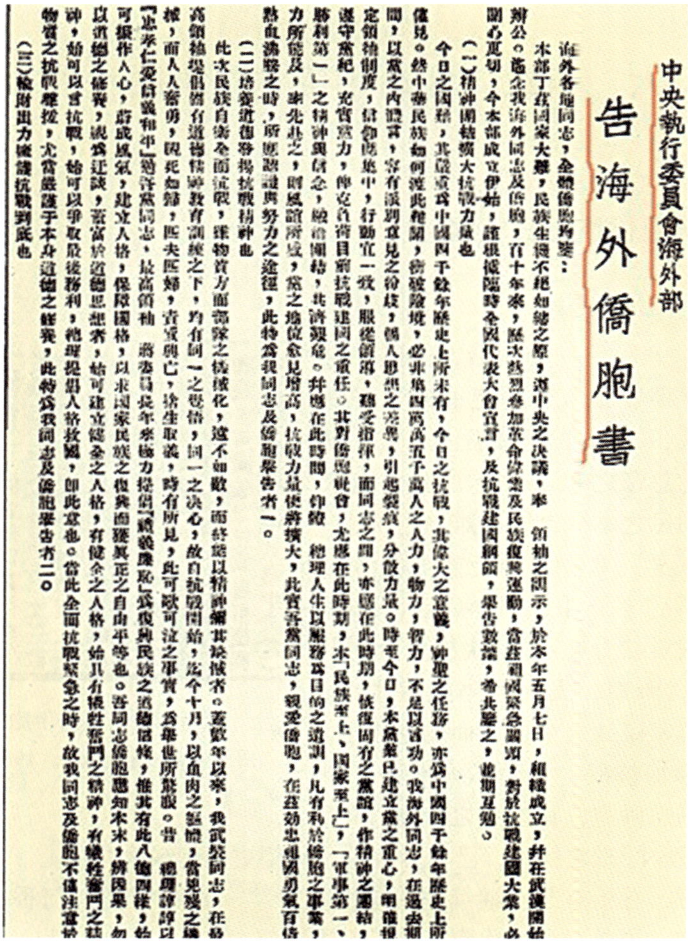

中央執行委員會海外部

告海外僑胞書

海外各地同志，全體僑胞均鑒：

本部丁茲國家大難，民族生機不絕如縷之際，遵中央之決議，奉　領袖之關示，於本年五月七日，組織成立，并在武漢開始辦公。惟念我海外同志及僑胞，百十年來，歷次熱烈參加革命偉業及民族復興運動，當茲祖國緊急關頭，對於抗戰建國大業，必關心更切，今本部成立伊始，謹根據臨時全國代表大會宣言，及抗戰建國綱領，舉告數端，希共鑒之，並期互勉。

（一）精神團結擴大抗戰力量也

今日之國難，其嚴重爲中國四千餘年歷史上所未有，今日之抗戰，其偉大之意義，神聖之任務，亦爲中國四千餘年歷史上所僅見。然中華民族如何渡此難關，衝破險境，必集四萬萬五千萬人之人力，物力，智力，不足以竟功。我海外同志，在過去期間，以黨之內證言，容有派別意見之參歧，個人思想之差異，引起裂痕，分散力量。時至今日，本黨業已建立黨之重心，明確規定領袖制度，信仰既集中，行動宜一致，服從領導，接受指揮，而同志之間，亦應在此時期，恢復固有之黨誼，作精神之團結，遵守黨紀，充實黨力，俾克負荷目前抗戰建國之重任。其對僑興社會，尤應在此時期，本「民族至上、國家至上」，「軍事第一、勝利第一」之精神與信念，繼續團結，共濟艱危。并應在此時間，仰體　總理人生以服務爲目的之遺訓，凡有利於僑胞之事業，力所能及，率先非之，則風誼所感，黨之地位愈見增高，抗戰力量使將擴大，此實吾黨同志，親愛僑胞，在茲効忠祖國勇氣百倍熱血沸騰之時，所應認識與努力之途徑，此特爲我同志及僑胞舉告者一。

（二）培養道德發揚抗戰精神也

此次民族自衛全面抗戰，雖物資方面需求之機械化，遠不如敵，而終能以精神彌其缺憾者。蓋數年以來，我武裝同志，在最高領袖提倡道德精神教育訓練之下，均有同一之覺悟，同一之決心，故自抗戰開始，迄今十月，以血肉之軀體，當兇殘之機械，而人人奮勇，視死如歸，匹夫匹婦，責實興亡，捨生取義，時有所見，此可歌可泣之事實，爲舉世所驚服。昔　總理諄諄以「忠孝仁愛信義和平」勗吾黨同志，最高領袖　蔣委員長年來極力提倡「禮義廉恥」爲復興民族之道德信條，惟其有此八德四維，始可振作人心，蔚成風氣，建立人格，保障國格，以求國家民族之復興而獲真正之自由平等也。吾同志僑胞應知本末，辨因果，勿以道德之修養，視爲迂談，蓋富於道德思想者，始可建立健全之人格，有健全之人格，始具有犧牲奮鬥之精神，有犧牲奮鬥之精神，始可以言抗戰，始可以爭取最後勝利，總理提倡人格救國，即此意也。當此全面抗戰緊急之時，故我同志及僑胞不僅注意於物質之抗戰準援，尤當嚴謹于本身道德之修養，此特爲我同志及僑胞舉告者二。

（三）輸財出力擁護抗戰到底也

《中央执行委员会海外部告海外侨胞书》

图片来源：《华侨战线》1938 年第 1 卷第7－10 期。

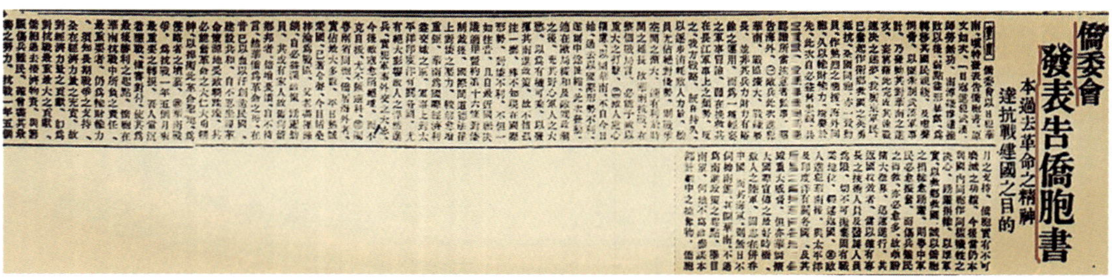

僑委會發表告僑胞書

本過去革命之精神

達抗戰建國之目的

《侨委会发表告侨胞书》

图片来源：《申报》，1938 年 10 月 21 日第 7 版。

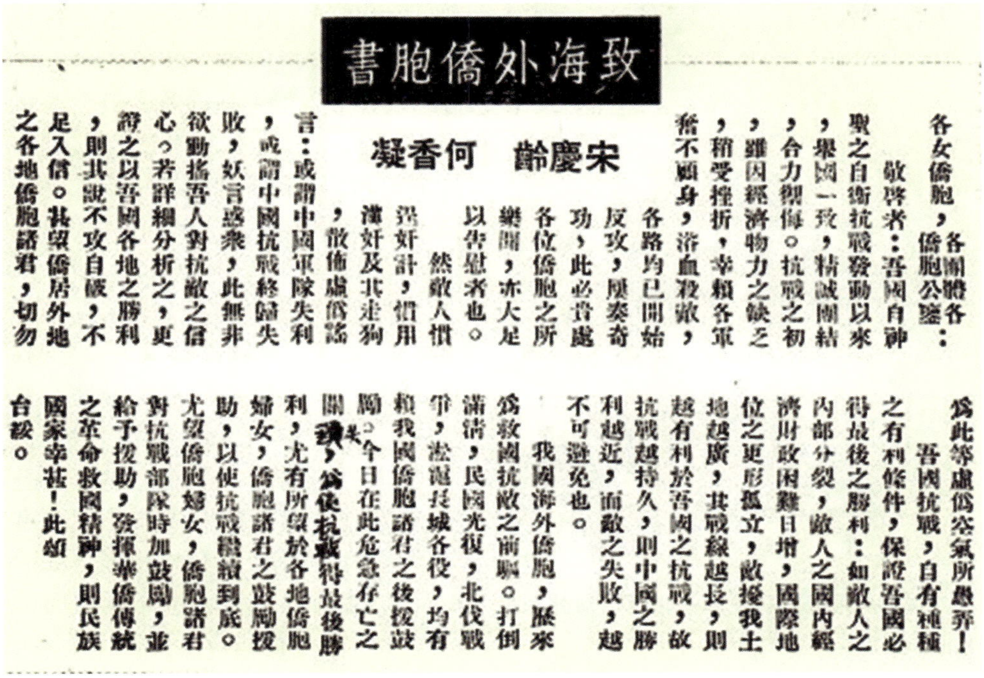

致海外僑胞書

宋慶齡　何香凝

各女僑胞，各團體各僑胞公鑒：

敬啓者：吾國自神聖之自衛抗戰發動以來，舉國一致，精誠團結，合力禦侮。抗戰之初，雖因經濟物力之缺乏，稍受挫折，幸賴各軍奮不顧身，浴血殺敵，各路均已開始反攻，屢奏奇功，此必普處各位僑胞之所樂聞，亦大足以告慰者也。

然敵人慣逞奸計，慣用漢奸及其走狗，散佈虛僞謠言：或謂中國軍隊失利，或謂中國抗戰終歸失敗，妖言惑衆，此無非欲動搖吾人對抗敵之信心。若詳細分析之，更證之以吾國各地之勝利，則其說不攻自破，不足入信。甚望僑居外地之各地僑胞諸君，切勿爲此等虛僞空氣所愚弄！

吾國抗戰，自有種種之有利條件，保證吾國必得最後之勝利：如敵人之內部分裂，敵人之國內經濟財政困難日增，國際地位之更形孤立，敵擾我土地越廣，其戰線越長，則越有利於吾國之抗戰，故抗戰越持久，則中國之勝利越近，而敵之失敗，越不可避免也。

我國海外僑胞，歷來爲救國抗敵之前驅。打倒滿清，民國光復，北伐戰爭，淞滬長城各役，均有賴我國僑胞諸君之後援鼓勵。今日在此危急存亡之關頭，爲使抗戰得最後勝利，尤有所望於各地僑胞婦女，僑胞諸君之鼓勵援助，以使抗戰繼續到底。尤望僑胞婦女，僑胞諸君對抗戰部隊時加鼓勵，並給予援助，發揮華僑傳統之革命救國精神，則民族國家幸甚！此頌

台綏。

《致海外侨胞书》

图片来源：《华侨战线》1938 年第 1 卷第 2 期。

抗战时期的宋庆龄

图片来源：《宋庆龄与华南抗战》，广东省情网，http：//www. gd-info. gov. cn/shtml/guangdong/sqyj/rwcq/2015/12/03/144950. shtml。

1931 年“九一八”事变后，何香凝从巴黎回国共赴国难。此为途经新加坡时与当地华侨的留影

图片来源：《何香凝传》（插图）。

《侨务月报》刊发的一幅反映海外华侨关心祖国抗战消息的漫画

图片来源：《侨务月报》1936 年 5—6 月合刊。

2. 创办抗战宣传刊物

抗战期间，国民政府创办了各种侨务宣传刊物，直接服务于侨务宣传工作。从 1932 年 4 月侨务委员会改组到 1937 年，先后创办了《华侨周报》《华侨旬刊》《侨务月报》《侨务委员会公报》等刊物。抗战初期，又创办了《侨务特刊》《华侨动员》《华侨战士》《华侨战线》《抗战华侨》《华侨先锋》等。这些刊物辟有论著、专论、华侨动态、华侨抗声、侨史漫谈、专题报道、国际要闻和国际时事等栏目，详细报道祖国战况，全面记述侨胞爱国运动发展情况、募捐成绩及感人事迹。[①] 这对增强海外华侨对祖国抗战的信心、扩大海外捐款、指导侨民回国投资，具有重要的指导意义。

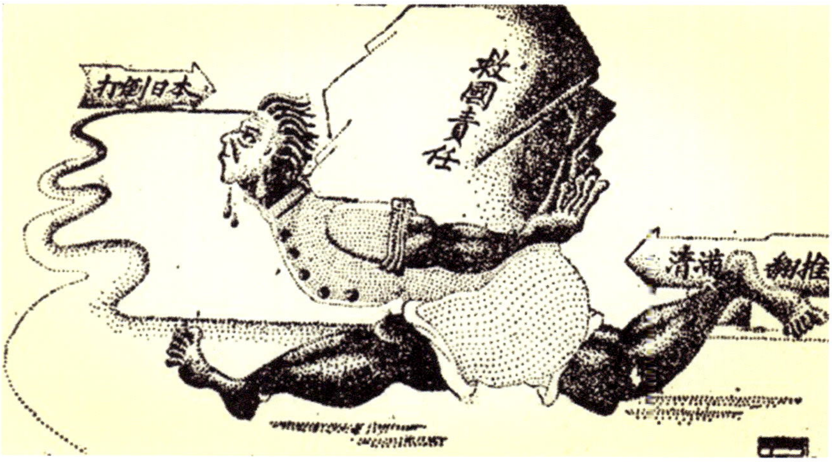

华侨，继续努力吧！

图片来源：《华侨战线》1938 年第 2 期。

① 张秋菊：《试析抗战前期国民政府的侨务宣传活动及策略——以广州〈华侨战线〉为中心的考察》，《抗战文化研究》2014 年第八辑，第 36 页。

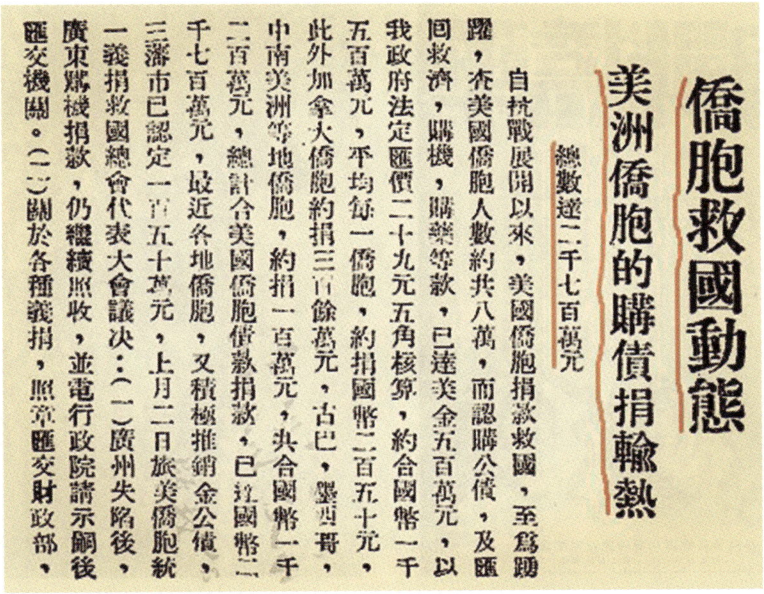
僑胞救國動態

美洲僑胞的購債捐輸熱

總數達二千七百萬元

自抗戰展開以來，美國僑胞捐款救國，至爲踴躍，在美國僑胞人數約共八萬，而認購公債，及匯回救濟，購機，購藥等款，已達美金五百萬元，以我政府法定匯價二十九元五角核算，約合國幣一千五百萬元，平均每一僑胞，約捐國幣二百五十元，此外加拿大僑胞約捐三百餘萬元，古巴，墨西哥，中南美洲等地僑胞，約捐一百萬元，共合國幣一千二百萬元，總計合美國僑胞債款捐款，已達國幣二千七百萬元，最近各地僑胞，又積極推銷金公債，三藩市已認定一百五十萬元，上月二日旅美僑胞統一義捐救國總會代表大會議決：(一)廣州失陷後，廣東購機捐款，仍繼續照收，並電行政院請示嗣後匯交機關。(二)關於各種義捐，照章匯交財政部，

《侨胞救国动态　美洲侨胞的购债捐输热　总数达二千七百万元》

图片来源：《华侨先锋》1938 年第 4 期。

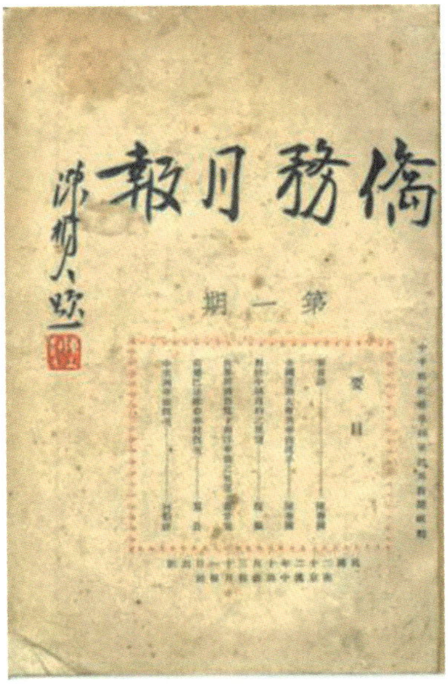

由国民政府侨务委员会侨民教育处负责编辑出版的《侨务月报》(1933 年创刊号)

图片来源：暨南大学图书馆馆藏。

国民党中央海外部主办的《华侨先锋》半月刊

图片来源：孔夫子旧书网，http://book.kongfz.com/22912/627123184/。

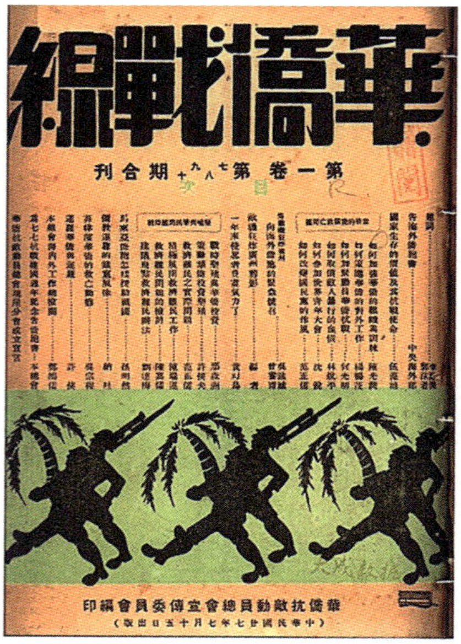

《华侨战线》

图片来源：大成老旧刊全文数据库。

《华侨周报》

图片来源：大成老旧刊全文数据库。

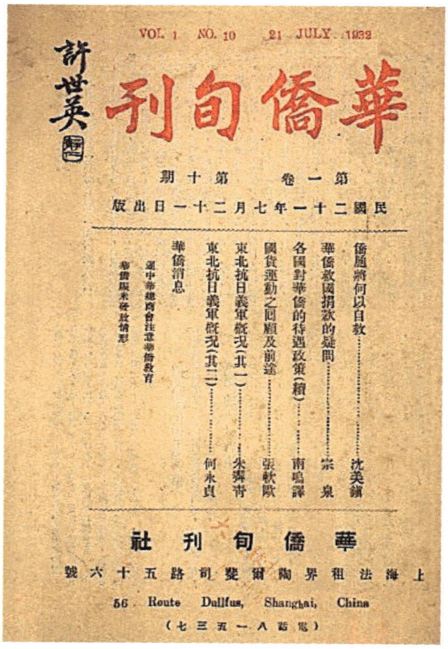

《华侨旬刊》

图片来源：大成老旧刊全文数据库。

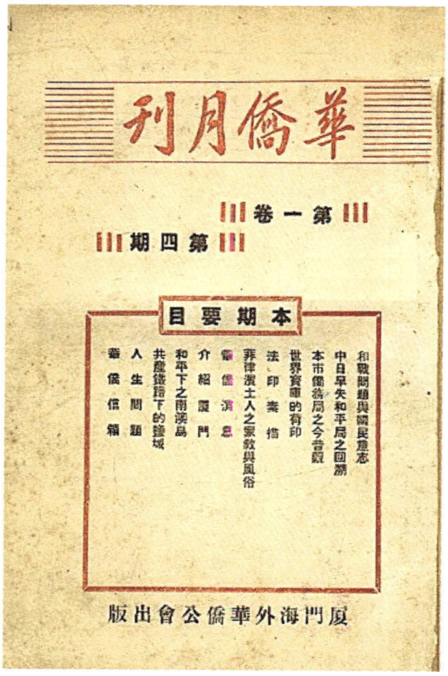

《华侨月刊》

图片来源：大成老旧刊全文数据库。

（二）组织华侨回国参军参战

1. 华侨义勇军的优恤和嘉奖

1932 年“一·二八”淞沪抗战爆发后，海外爱国华侨义愤填膺，200 多名华侨组成抗日义勇军开赴上海，组成华侨义勇军第一总队，编入十九路军六十一师，战斗于江湾、闸北和吴淞一带。华侨义勇军浴血奋战，取得了不俗战绩。对华侨义勇军的义举，国民政府给予了积极的支持和肯定。侨委会曾致电慰问华侨义勇军，并做好对华侨义勇军的优恤、嘉奖工作。

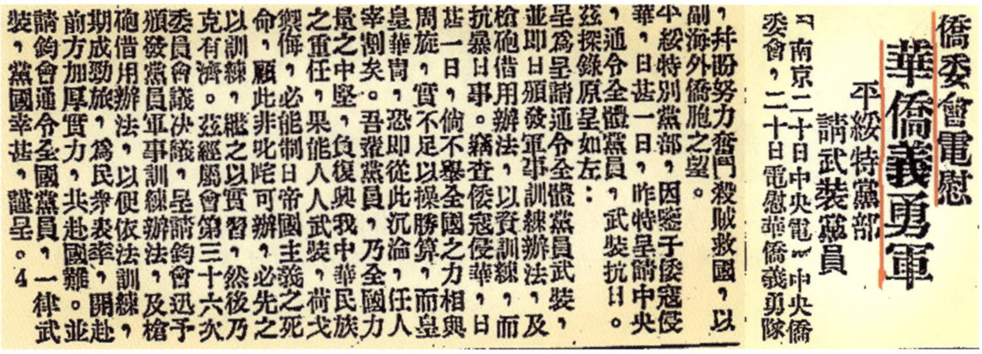

僑委會電慰 華僑義勇軍

平綏特黨部 請武裝黨員

〔南京二十日中央電〕中央僑委會，二十日電慰華僑義勇隊，并盼努力奮鬥殺賊救國，以副海外僑胞之望。

平綏特別黨部，因鑒于倭寇侵華，日甚一日，昨特呈請中央，通令全體黨員，武裝抗日。茲探錄原呈如左：

呈為呈請通令全體黨員武裝，並即日頒發軍事訓練辦法及槍砲借用辦法，以資訓練，而抗暴日事。竊查倭寇侵華，日甚一日，倘不舉全國之力相與周旋，實不足以操勝算，而皇皇華胄，恐即從此沉淪，任人宰割矣。吾儕黨員，乃全國力量之中堅，負復興我中華民族之重任，果能人人武裝，荷戈禦侮，必能制日帝國主義之死命，願此非叱咤可辦，必先之以訓練，繼之以實習，然後乃克有濟。茲經屬會第三十六次委員會議決議，呈請鈞會迅予頒發黨員軍事訓練辦法，及槍砲借用辦法，以便依法訓練，期成勁旅，為民眾表率，開赴前方加厚實力，共赴國難。並請鈞會通令全國黨員，一律武裝，黨國幸甚，謹呈。

《侨委会电慰华侨义勇军》

图片来源：《京报》，1932 年 2 月 21 日第 3 版。

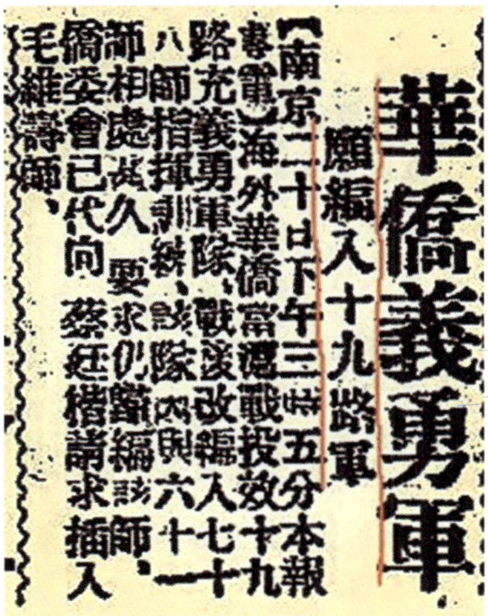

華僑義勇軍 願編入十九路軍

【南京二十日下午三時五分本報專電】海外華僑當滬戰投效十九路充義勇軍隊、戰後改編入七十八師指揮……

《华侨义勇军愿编入十九路军》

图片来源：《益世报》，1932 年 5 月 21 日第 1 页。

華僑回國抗敵捐軀 僑委會請軍部優䘏

《华侨回国抗敌捐躯　侨委会请军部优恤》

图片来源：《中央日报》，1932 年 5 月 22 日第 7 版。

十九路军六十一师华侨义勇队全体队员合影

图片来源：《烽火狼烟中的赤子丹心——青田爱国华侨的抗日佳话》，《青田侨报》，2010年9月2日第3版。

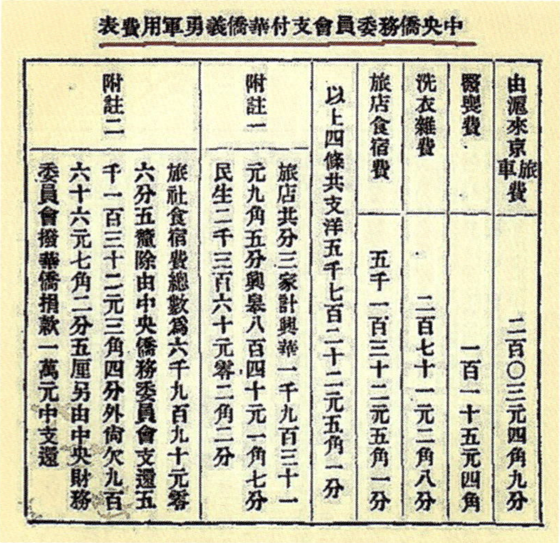

中央僑務委員會支付華僑義勇軍用費表

由滬來京旅車費	二百〇三元四角九分
醫藥費	一百一十五元四角
洗衣雜費	二百七十一元二角八分
旅店食宿費	五千一百三十二元五角一分
以上四條共支洋五千七百二十二元五角一分	
附註一	旅店共分三家計興華一千九百三十一元九角五分與皋八百四十元一角七分民生二千三百六十元零二角二分
附註二	旅社食宿費總數爲六千九百九十元零六分五釐除由中央僑務委員會支還五千一百三十二元三角四分外尙欠九百六十六元七角二分五厘另由中央財務委員會撥華僑捐款一萬元中支還

中央侨务委员会支付华侨义勇军用费表

图片来源：《华侨义勇军抗日经过》，《华侨半月刊》1932年第1期。

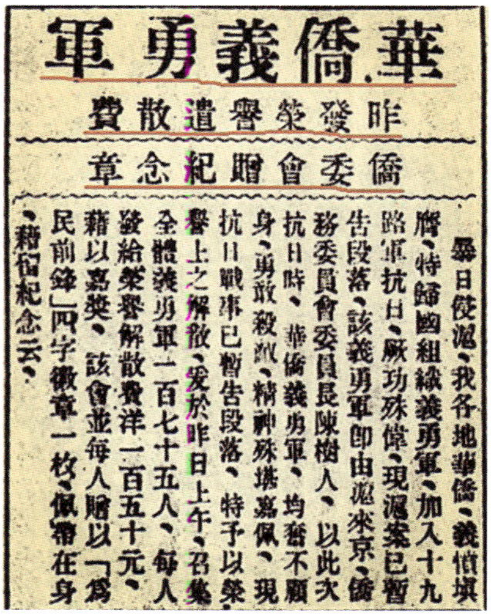

華僑義勇軍

昨發榮譽遣散費

僑委會贈紀念章

暴日侵滬、我各地華僑、義憤填膺、特歸國組織義勇軍、加入十九路軍抗日、厥功殊偉、現滬案已暫告段落、該義勇軍即由滬來京、僑務委員會委員長陳樹人、以此次抗日時、華僑義勇軍、均奮不顧身、勇敢殺敵、精神殊堪嘉佩、現抗日戰事已暫告段落、特予以榮譽上之解散、爰於昨日上午、召集全體義勇軍一百七十五人、每人發給榮譽解散費洋一百五十元、藉以嘉獎、該會並每人贈以「爲民前鋒」四字徽章一枚、佩帶在身、藉留紀念云、

《华侨义勇军昨发荣誉遣散费侨委会赠纪念章》

图片来源：《中央日报》，1932年6月4日第7版。

2. 鼓励华侨报考军校

1927 年 11 月，国民政府在南京筹设中央陆军军官学校，直隶于南京国民政府军事委员会，蒋介石、李济深、何应钦分任校长、副校长和教育长，1928 年 3 月开学。1937 年抗战全面爆发后，中央陆军军官学校迁至成都。此后中央陆军军官学校成为培养抗日官兵的大本营。学校设立了特别训练班华侨队，招收华侨青年中具有初中程度者 120 ~ 150 名施以训练，毕业后奔赴前线杀敌报国。国民党中央党部特通告海外各总支部直属支部介绍有志回国投效之青年回国报考。

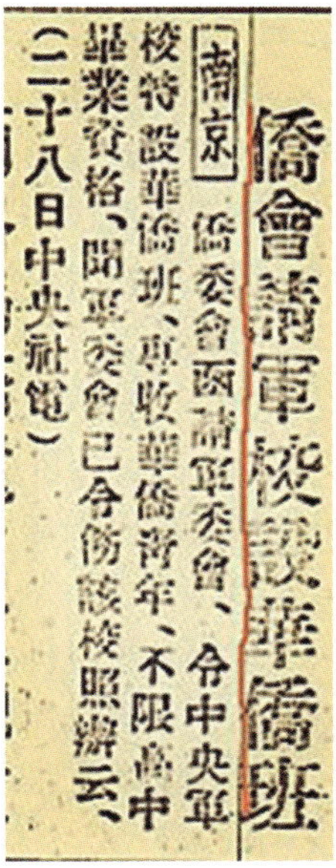
僑會請軍校設華僑班

【南京】僑委會函請軍委會、令中央軍校特設華僑班、專收華僑青年、不限高中畢業資格、聞軍委會已令飭該校照辦云、（二十八日中央社電）

《侨会请军校设华侨班》

图片来源：《申报》，1933 年 10 月 29 日第 2 版。

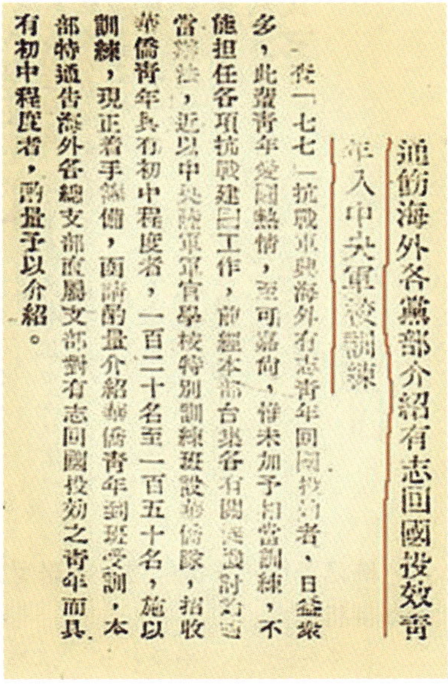
通飭海外各黨部介紹有志回國投效青年入中央軍校訓練

在「七七」抗戰以來，海外有志青年回國投効者，日益衆多，此輩青年愛國熱情，至可嘉尙，惟未加予相當訓練，不能担任各項抗戰建國工作，前經本部召集各有關機關討論適當辦法，近以中央陸軍軍官學校特別訓練班設華僑隊，招收華僑青年具有初中程度者，一百二十名至一百五十名，施以訓練，現正着手籌備，函請酌量介紹華僑青年到班受訓，本部特通告海外各總支部直屬支部對有志回國投効之青年而具有初中程度者，酌量予以介紹。

《通饬海外各党部介绍有志回国投效青年入中央军校训练》

图片来源：《中央党务公报》1939 年第 3 期第 151 版。

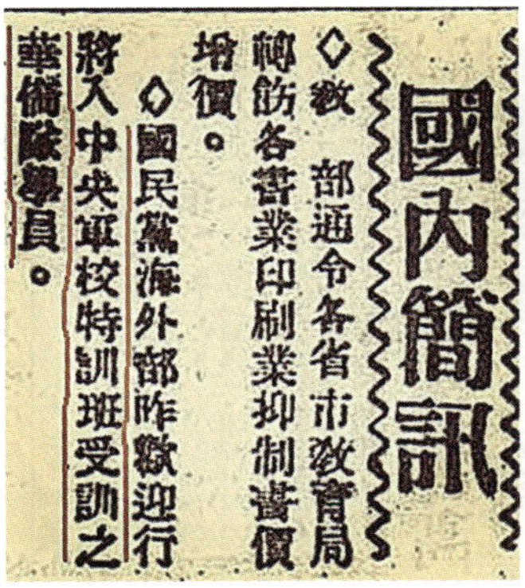
國內簡訊

◇教部通令各省市教育局轉飭各書業印刷業抑制書價增價。

◇國民黨海外部昨歡迎行將入中央軍校特訓班受訓之華僑隊學員。

《国民党海外部昨欢迎行将入中央军校特训班受训之华侨队学员》

图片来源：《新华日报》，1940 年 2 月 3 日第 2 版。

中央陆军军官学校第 17 期 26 总队第 8 队旅泰侨生毕业纪念照

图片来源：新华网，http://news.xinhuanet.com/overseas/2005-05/31/content_3025028.htm2005-05-31。

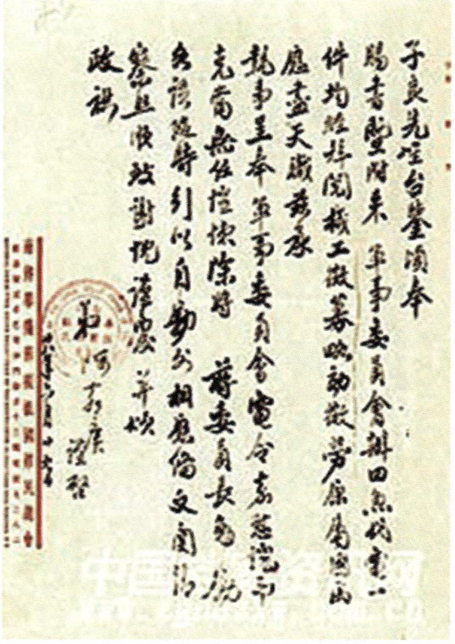

陈嘉庚给宋子良的信，承诺尽力招募华侨机工

图片来源：《“南侨机工”滇缅公路上的华侨先锋运输队》，中国档案咨询网，http：//www.zgdazxw.com.cn/culture/2015－07/24/content_109383.htm。

3. 组织南洋华侨机工回国服务

1938 年 7 月，国民政府军事委员会负责后方运输事宜的西南物资运输总经理宋子良，通过该处驻新加坡分处主任陈质平致函身在新埠的南洋华侨筹赈祖国难民总会陈嘉庚，请求其在南洋华侨中代为招募各种技术熟练工人，尤其是后方运输线上亟需的驾驶人员。[①] 陈嘉庚登高一呼，应者云集。1939 年 2 月 7 日，南侨总会发出《征募汽车修理、司机人员回国服务》的通告，年龄为 20 岁至 40 岁、持有华侨居住地驾驶执照、能驾驶大型货车的司机和修理工、体格健壮、略识华文、不嗜酒者均可报名，并明确告知服务地点在滇缅公路或广西龙州等地。服务月薪为国币 30 元，驾、修者可以酌加。这些应国内抗战需要招募的工人即南侨机工。

1939 年 2 月至 9 月，南侨总会招募的南洋华侨机工（以下简称“南侨机工”），组成“回国服务团”，于 1939 年 2 月 18 日由新加坡出发，于 4 月 4 日抵达昆明西南运输公司训练所。此后，有 9 批南侨机工相继回到中国参加抗日，总数超过 3 000 人。

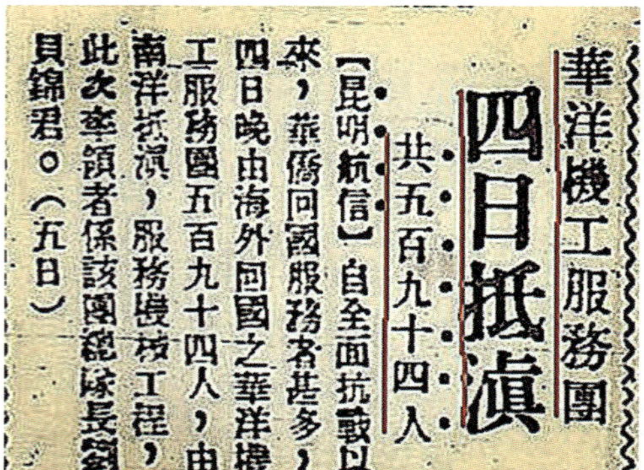

華洋機工服務團
四日抵滇
共五百九十四人
【昆明航信】自全面抗戰以來，華僑回國服務者甚多，四日晚由海外回國之華洋機工服務團五百九十四人，由南洋抵滇，服務機械工程，此次率領者係該團總隊長劉貝錦君。（五日）

《华洋机工服务团四日抵滇　共五百九十四人》

图片来源：《大公报》，1939 年 4 月 13 日第 5 版。

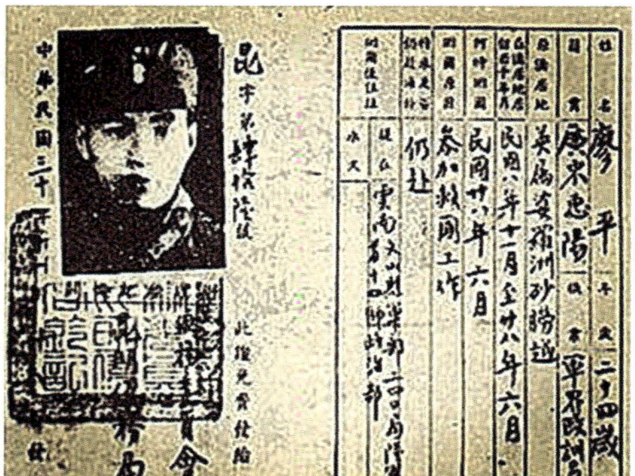

1941 年昆明侨务局发给南侨机工廖平的证件

图片来源：《南侨机工》，第 79 页。

① 陈达娅、陈勇编：《再会吧南洋——海南南洋华侨机工回国抗战回忆》，北京：中国华侨出版社，2007 年，第 232 页。

各批南侨机工抵达昆明后，并没有马上参加军事物资运输工作，而是被送入设在昆明潘家湾昆华师范学校的“西南运输处运输人员训练所”接受训练。据《大公报》1939 年 3 月 7 日报道，第一批进入训练所接受训练的华侨机工为 85 人。

机工们在训练所做晨操

图片来源：《南侨机工》，第 51 页。

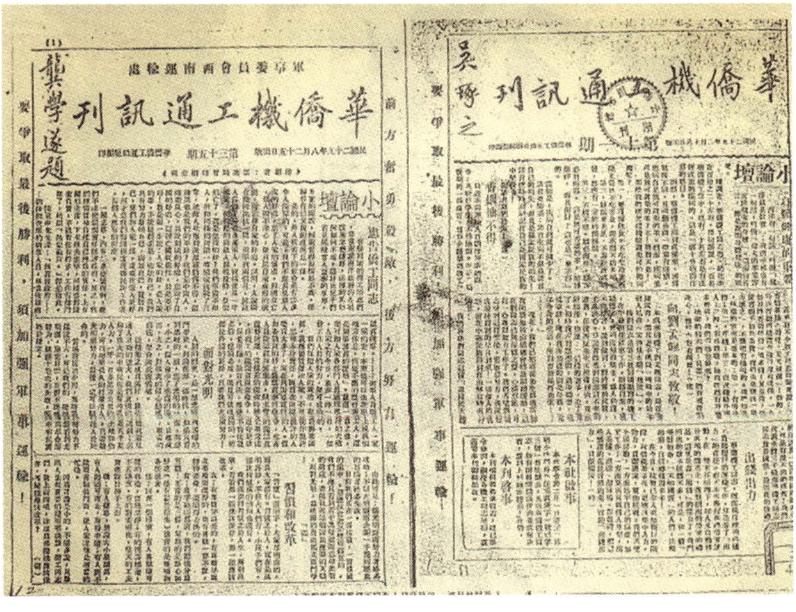

(1)

龔學遂題

軍事委員會西南運輸處

華僑機工通訊刊

民國二十九年八月二十五日出版　第三十五期

要爭取最後勝利，須加强軍事運輸！

前方奮勇殺敵，後方努力運輸！

小論壇

華僑機工通訊刊

第一期

要爭取最後勝利，須加强軍事運輸！

小論壇

军事委员会西南运输处编辑出版的《华侨机工通讯刊》（1940 年 8 月 25 日）

图片来源：《太平洋战争史料汇编》，第 22 页。

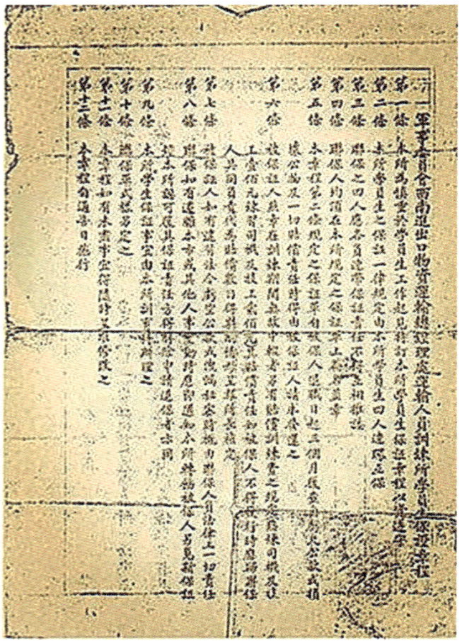

军事委员会西南运输处运输人员训练所《学员保证章程》

图片来源：《南侨机工》，第 49 页。

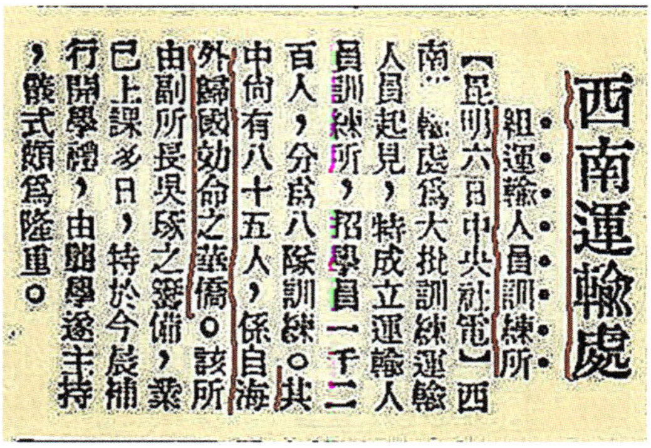

西南運輸處
組運輸人員訓練所

【昆明六日中央社電】西南運輸處爲大批訓練運輸人員起見，特成立運輸人員訓練所，招學員一千二百人，分爲八隊訓練。共中尙有八十五人，係自海外歸國効命之華僑。該所由副所長吳琢之籌備，業已上課多日，特於今晨補行開學禮，由龔學遂主持，儀式頗爲隆重。

《西南运输处组运输人员训练所》

图片来源：《大公报》，1939 年 3 月 7 日第 3 版。

华侨先锋运输大队大队长刘贝锦（左）、副大队长连文瀛（右）

图片来源：《南侨机工》，第 66 页。

南侨机工受训后按军事编制，大部分派往滇缅公路的 4 个大队和 2 个“华侨先锋运输大队”服务，共拥有汽车 1 152 辆。少数机工被分配到中国西南、西北运输线。①

当时这些海外赤子，有的是放弃海外待遇优厚的职业回国；有的年仅十七八，却虚报为 20 岁才符合条件得以回国；有的惜别未婚妻而奔赴抗日战场；有的因家长不同意，改名瞒着家庭秘密参加机工队伍。他们当中，既有普通司机修理工，又有富家子弟、工程师、大学生等，都在爱国号召下不落人后，共赴国难。正如《新华日报》1941 年 1 月 27 日所报道的：“几乎每个人回国来参加抗战的经过，都是一段可歌可泣的史实！”

① 华侨博物院编：《南侨机工》，北京：文物出版社，2005 年，第 52 页。

华侨先锋运输大队的车是由英属马来亚婆罗洲华侨捐赠的

图片来源:《南侨机工》,第 66 页。

南侨机工在滇缅公路上紧张运输

图片来源:《再会吧南洋——海南南洋华侨机工回国抗战回忆》,第 153 页。

南侨机工在工作间隙

图片来源:《南侨机工》,第 76 页。

(三)多途径筹集抗战资金

1. 鼓励侨胞为十九路军捐款

日本发动侵华战争后,中国的经济受到深重打击,抗战资金匮乏,物资供应短缺。海外华侨在中国抗日战争全面爆发前就掀起了各种形式的抗日活动,反映了中华民族强大的民族凝聚力。1932 年 1 月,日方发动了侵略上海的"一·二八"事变。在全力声援国内抗战的同时,海外侨胞迅速从财力、物力上给予十九路军切实的支持。从 1932 年 2—7 月,世界各地华侨汇交十九路军的慰劳金折合大洋 417.9 万元。①

① 张永汀:《略论华侨对"一·二八"淞沪抗战的贡献》,《和田师范专科学校学报》2006 年第 3 期。

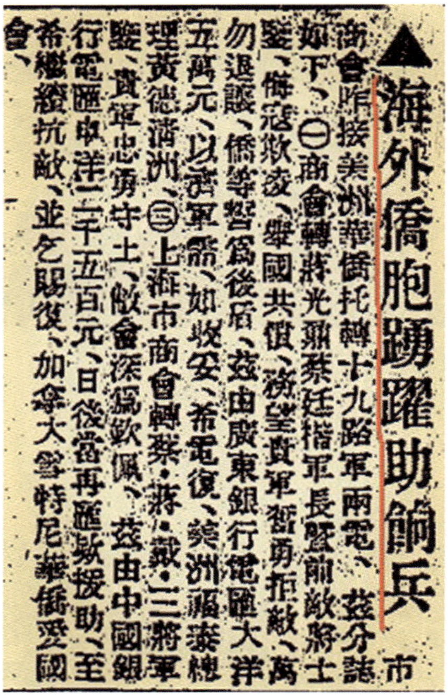

▲海外僑胞踴躍助餉兵

市商會昨接美洲華僑托轉十九路軍兩電、茲分誌如下、(一)商會轉蔣光鼐蔡廷楷軍長暨前敵將士鑒、倭寇欺凌、舉國共憤、務望貴軍誓勇拒敵、萬勿退讓、僑等誓爲後盾、茲由廣東銀行電匯大洋五萬元、以濟軍需、如收妥、希電復、美洲藩委總理黃德濟洲、(二)上海市商會轉蔡・蔣・戴・三將軍鑒、貴軍忠勇守土、敝會深爲欽佩、茲由中國銀行電匯申洋二千五百元、日後當再匯欵援助、至希繼續抗敵、並乞賜復、加拿大舍特尼華僑愛國會、

《海外侨胞踊跃助饷兵》

图片来源：《申报》，1932 年 2 月 18 日。

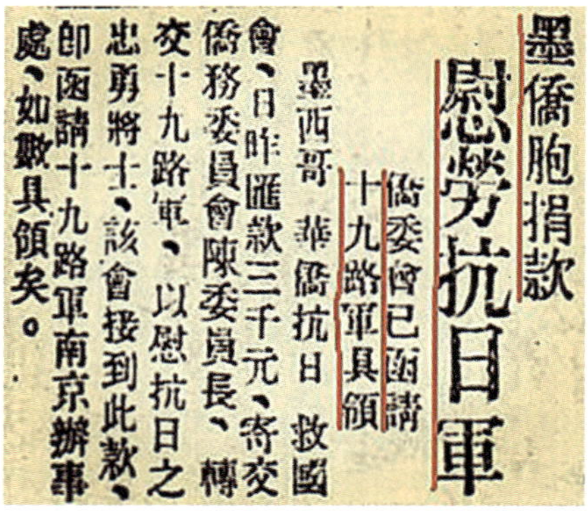

墨僑胞捐款
慰勞抗日軍
僑委會已函請
十九路軍具領

墨西哥華僑抗日救國會、日昨匯款三千元、寄交僑務委員會陳委員長、轉交十九路軍、以慰抗日之忠勇將士、該會接到此款、即函請十九路軍南京辦事處、如數具領矣。

《墨侨胞捐款慰劳抗日军　侨委会已函请十九路军具领》

图片来源：《中央日报》，1932 年 9 月 20 日第 7 版。

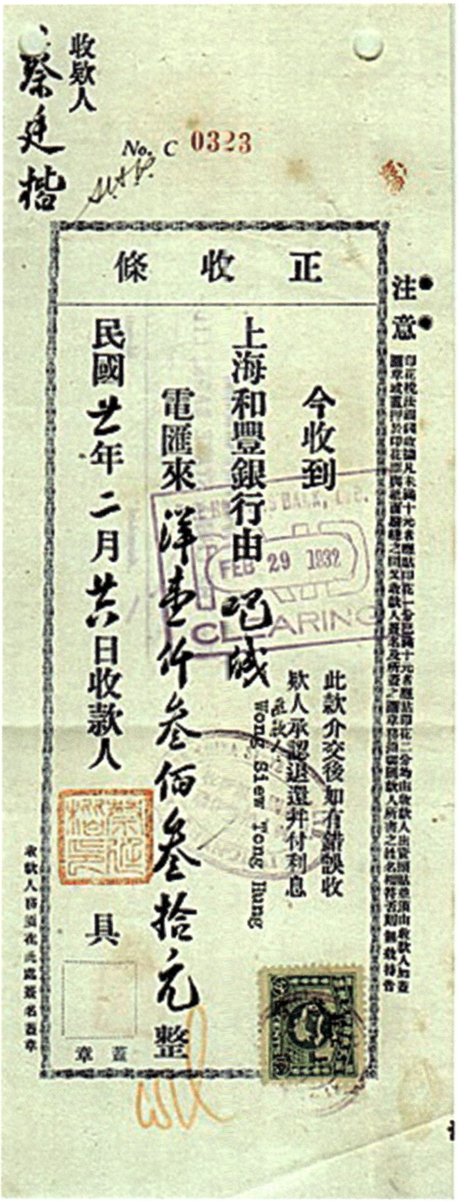

1932 年印尼华侨为十九路军捐款的银行收据

图片来源：徐云收藏。

2. 推动月捐和发行救国公债

月捐是抗战时期国民政府在全国积极推动实施的一种长期固定的捐款形式。这一捐款形式也在海外华侨社会得到广泛推广和积极响应。侨务委员会发出通电要求在海外华侨中推广月捐活动。新加坡筹赈总会根据各地区人数和经济状况确定月捐数目，认定新加坡常月捐国币 40 万元，马来西亚认月捐国币 130 余万元，东爪哇泗水月认国币 15 万元，苏门答腊月认国币 6 万元，缅甸月认国币 30 万元，越南的常月捐国币 20 万元等。[①] 在国民政府的积极推动下，月捐活动在五大洲海外华侨中迅速开展。

馬菲兩地華僑
倡募長期月捐

（中央社廣州七日電）馬菲各埠華僑對救國捐款、極爲踴躍、馬來亞僑由陳嘉庚主持、總數已達一千二百萬元、菲律濱則由李清泉主持、總數已達八百萬元、現正繼續募辦長期月捐、預計馬菲兩屬僑月捐數可逾百萬元以上、又聞省府去秋派陳鎮冰赴英荷兩屬宣傳抗戰、勸募救債、成績亦極佳、月內當可返國。

《马菲两地华侨倡募长期月捐》

图片来源：《新华日报》，1938 年 2 月 9 日第 2 版。

荷印苏岛日里华侨林熙祖，以补鞋为业，月入约十盾。自我国抗战发起，林熙祖即将其八年来辛苦积蓄的三百零五元，捐助祖国抗战，并决定长期输将，每月认缴二元。

图片来源：《华侨动员》1938 年第 12 期。

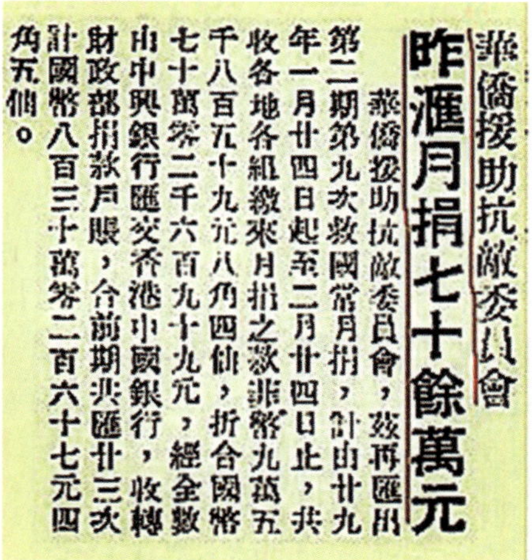
華僑援助抗敵委員會
昨滙月捐七十餘萬元

華僑援助抗敵委員會，茲再匯出第二期第九次救國常月捐，計由廿九年一月廿四日起至二月廿四日止，共收各地各組織來月捐之款，菲幣九萬五千八百五十九元八角四仙，折合國幣七十萬零二千六百九十九元，經全數由中興銀行匯交香港中國銀行，收轉財政部捐款戶賬，合前期共匯廿三次計國幣八百三十萬零二百六十七元四角五仙。

《华侨援助抗敌委员会昨汇月捐七十余万元》

图片来源：《华侨先锋》1940 年第 1 卷第 18 期。

① 魏宏运：《抗战时期的华侨捐输与救亡运动》，《近代史研究》1999 年第 6 期。

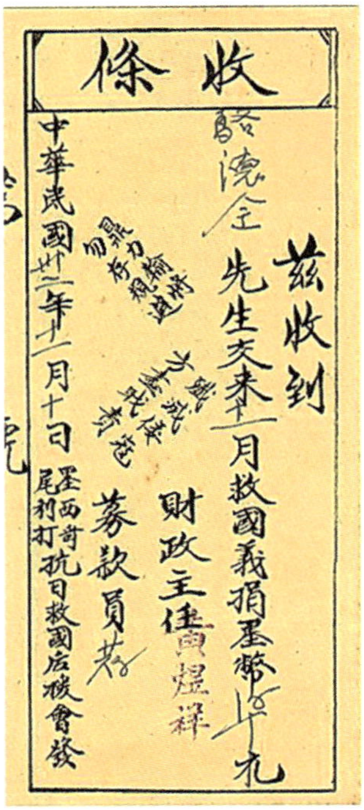
收條
茲收到
先生交來
月救國義捐
財政主任
募款員
中華民國卅二年十一月十日
墨西哥尾利打抗日救國后援會發

1943 年墨西哥尾利打抗日救国后援会月捐收条

图片来源：暨南大学图书馆馆藏。

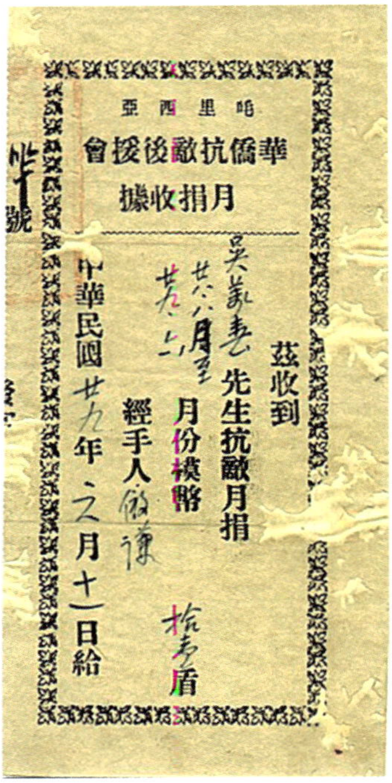
毛里西亞
華僑抗敵後援會
月捐收據
茲收到
先生抗敵月捐
月份樣幣
經手人
中華民國廿九年 月 十 日給

1940 年毛里西亚（毛里求斯）华侨抗敌后援会月捐收据

图片来源：暨南大学图书馆馆藏。

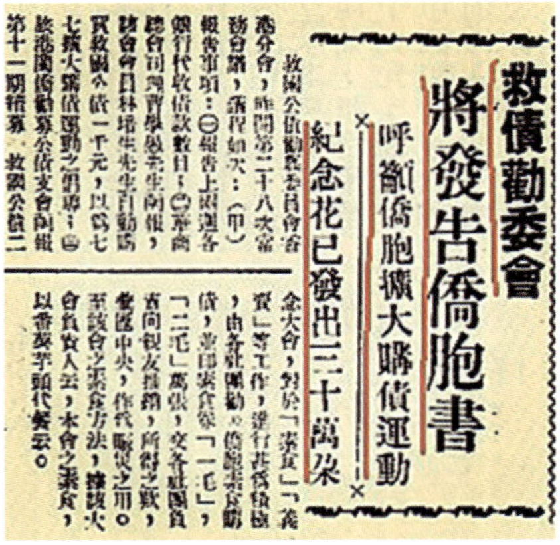
救債勸委會
將發告僑胞書
呼籲僑胞擴大購債運動
紀念花已發出二十萬朵

《救债劝委会将发告侨胞书》

图片来源：《大公报》，1939 年 7 月 5 日第 2 版。

购买公债是华侨输财助战的另一种重要方式。中国全面抗日后，国民政府财政困难，为抗日救国，国民政府于 1937 年 8 月发行第一期救国公债 5 亿元。此后又陆续推出国防公债、金公债等多种债券和节约储蓄券，国民政府侨务委员会及国民党海外部颁布《救国公债条例》《救国公债募集办法》《修正救国公债募集办法》《购募救国公债奖励条例》等文件，大力推行公债，华侨踊跃购买。1937 年至 1939 年，海外侨胞认购救国公债 51 150 346 元，国防公债 6 265 138 元，金公债 2 915 880 元。[①] 1940 年 7 月，国民政府成立战时公债劝募委员会，侨领陈嘉

① 陈树人：《四年来的华侨爱国运动》，《现代华侨》1940 年第 8 期。

庚、庄西言、陈守明、胡文虎等被聘为常委。国民政府还多次派人到海外各地的华侨中去劝募公债。由于措施得力，工作认真细致，迨 1942 年华侨认购公债的总额达 11 亿元之巨，占国民政府发行总额的 1/3 强。①

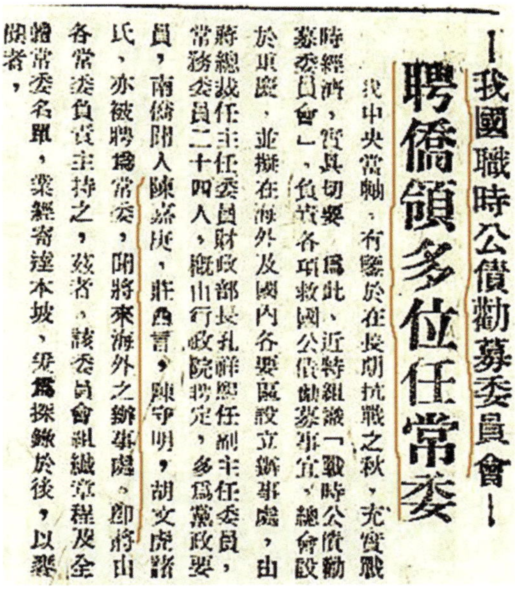

—我國職時公債勸募委員會—

聘僑領多位任常委

我中央當軸，有鑒於在長期抗戰之秋，充實戰時經濟，實具切要，爲此，近特組織「戰時公債勸募委員會」，負責各項救國公債勸募事宜，總會設於重慶，並擬在海外及國內各要區設立辦事處，由蔣總裁任主任委員，財政部長孔祥熙任副主任委員，常務委員二十四人，概由行政院聘定，多爲黨政要員，南僑聞人陳嘉庚，莊西言，陳守明，胡文虎諸氏，亦被聘爲常委，聞將來海外之辦事處，即將由各常委負責主持之，茲者，該委員會組織章程及全體常委名單，業經寄達本坡，爰爲採錄於後，以饗閱者，

我国职（战）时公债劝募委员会聘侨领多位任常委

图片来源：《现代华侨》1941 年第 1 期。

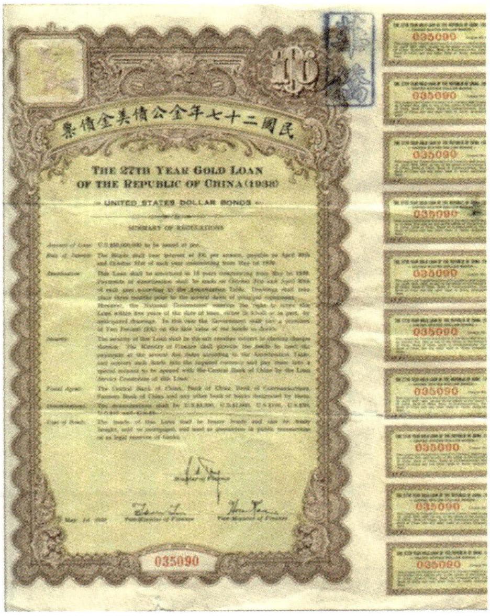

美国华侨购买的 1938 年金公债美金债票，上盖华侨印章

图片来源：暨南大学图书馆馆藏。

3. 组织特别捐款活动

（1）寒衣捐。

抗战全面爆发后，大量军队奔赴前线。但由于受战争影响，国民政府的军需物资调度不灵，影响军队供给。冬季来临后，因缺乏御寒衣物，很多军队苦不堪言。此外，战争也造成大量难民逃亡后方。据保守估计，抗战时期中国直接或间接受战争影响之人高达 1.5 亿，其中难民人数不少于 3 000 万。② 1938 年国民政府在全国乃至海外发起征募寒衣运动。国民政府侨务委员会委员长陈树人向海外发表题为“望侨胞加紧劝募寒衣”的广播演讲，侨胞积极响应，因输送不便，以代金捐献为主，捐款活动热烈进行，成绩极佳。

① 《华侨抗战的真实写照——中国人民革命军事博物馆抗日战争馆侧记》，《华声报》，1985 年 8 月 20 日。

② 郑季楷：《救济难民与动员难民》，《贯彻评论》1938 年第 12 期。

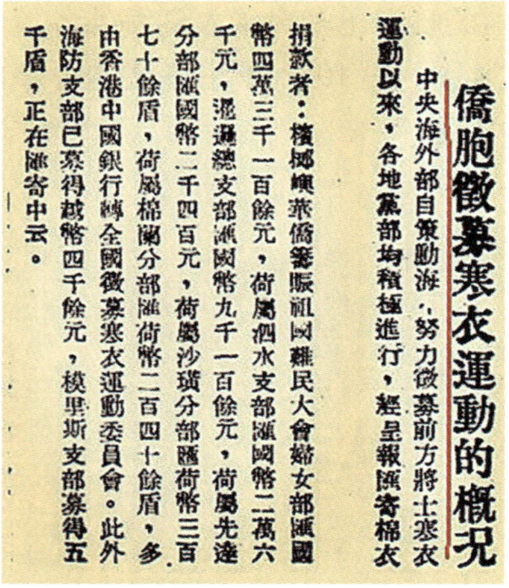

僑胞徵募寒衣運動的概況

中央海外部自策動海外努力徵募前方將士寒衣運動以來，各地黨部均積極進行，經呈報匯寄棉衣捐款者：檳榔嶼華僑籌賑祖國難民大會婦女部匯國幣四萬三千一百餘元，荷屬泗水支部匯國幣二萬六千元，暹邏總支部匯國幣九千一百餘元，荷屬先達分部匯國幣二千四百元，荷屬沙璜分部匯荷幣三百七十餘盾，荷屬棉蘭分部匯荷幣二百四十餘盾，多由香港中國銀行轉全國徵募寒衣運動委員會。此外海防支部已募得越幣四千餘元，模里斯支部募得五千盾，正在匯寄中云。

《侨胞征募寒衣运动的概况》

图片来源：《华侨先锋》1939年第1卷第8期。

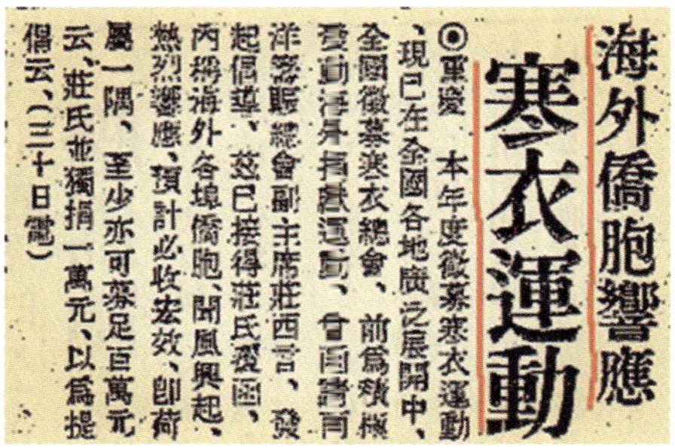

海外僑胞響應

寒衣運動

◉重慶 本年度徵募寒衣運動、現已在全國各地廣泛展開中、全國徵募寒衣總會、前爲積極發動海外捐獻運動、曾函請南洋籌賑總會副主席莊西言、發起倡導、茲已接得莊氏覆函、內稱海外各埠僑胞、聞風興起、熱烈響應、預計必收宏效、即荷屬一隅、至少亦可募足百萬元、莊氏並獨捐一萬元、以爲提倡云、（三十日電）

《海外侨胞响应寒衣运动》

图片来源：《申报》，1940年10月2日第3版。

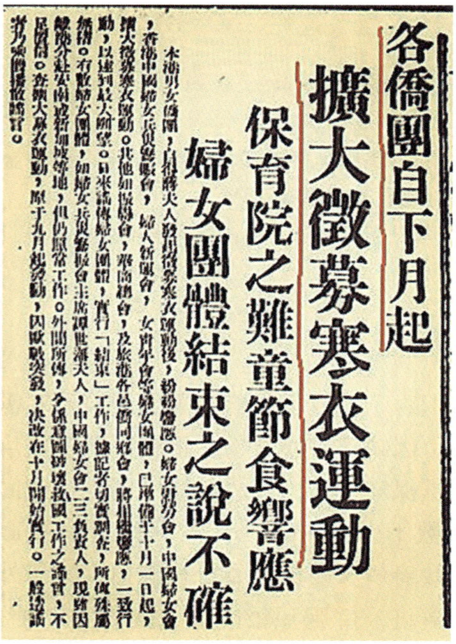

各僑團自下月起

擴大徵募寒衣運動

保育院之難童節食響應

婦女團體結束之說不確

《各侨团自下月起扩大征募寒衣运动》

图片来源：《大公报》，1939年9月28日第6版。

1940年12月，古巴华侨举行寒衣募捐运动演唱会

图片来源：《古巴侨史与黄卓才的〈古巴华侨家书故事〉》，国际在线，http://news.cri.cn/gb/1321/2007/03/30/661@1521958_1.htm。

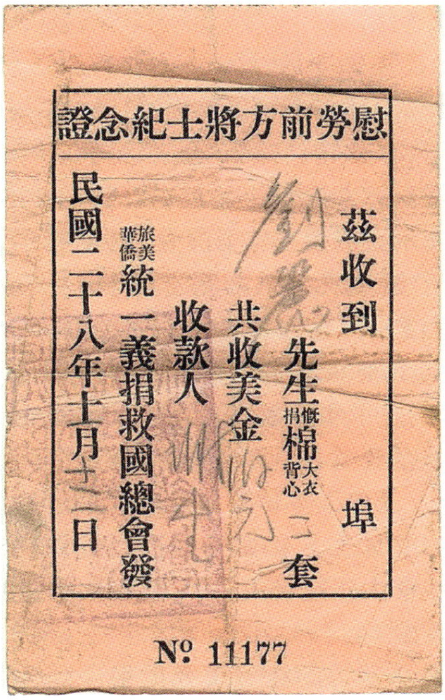

慰勞前方將士紀念證

茲收到　　　埠
　　　先生慨捐棉大衣背心　二套
共收美金
收款人
旅美華僑統一義捐救國總會發
民國二十八年十一月　日

№ 11177

1939 年旅美华侨统一义捐救国总会的慨捐棉衣收条

图片来源：徐云收藏。

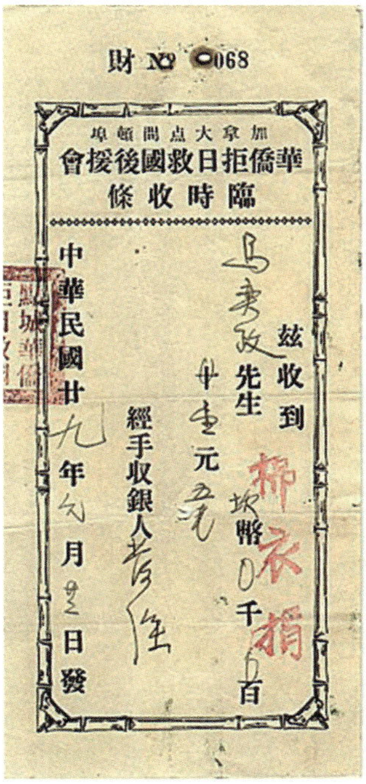

財 № 068

加拿大点問頓埠
華僑拒日救國後援會
臨時收條

茲收到
　　　先生
坎幣　千　百
　　　元
經手收銀人
中華民國廿　年　月　日發

1940 年加拿大点问顿埠（埃得蒙顿）华侨拒日救国后援会临时收条

图片来源：暨南大学图书馆馆藏。

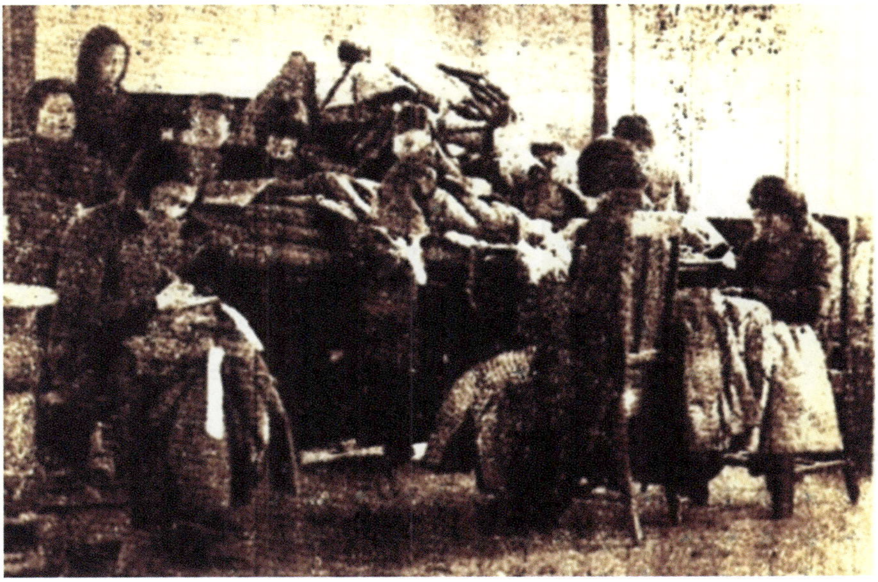

暨南大学女同学为前方战士制作寒衣

图片来源：《妇女生活》1937 年第 4 卷第 3 期。

（2）航空捐。

“九一八”事变后，国民政府为加强航空建设，壮大空防力量，1931—1937 年，中国航空协会、全国航空建设会、中国航空建设协会等几家专业航空协会组织发起了“航空救国”运动，广大海外华侨为了振兴祖国，驱除日本帝国主义，积极捐款购机。仅从 1937 年 7 月到 1942 年，华侨共捐献各种飞机 217 架。[①] 国民党海外部为配合抗日的需要，于 1940 年成立了华侨航空救国运动委员会，订立了《航空救国金募集办法》和《奖励条例》，全面发动广大华侨参与航空救国运动。海外部华侨航空救国运动委员会还派员赴中南美洲、加拿大、檀香山、菲律宾等处发动筹募航空救国捐。1941 年，国民政府在海外侨胞中发行总额为 500 万美元的航空债券，海外华侨积极认购。除了捐款购机外，海外华侨还举办了航空训练学校，招收华侨青年进行飞机训练，然后送回国参战。

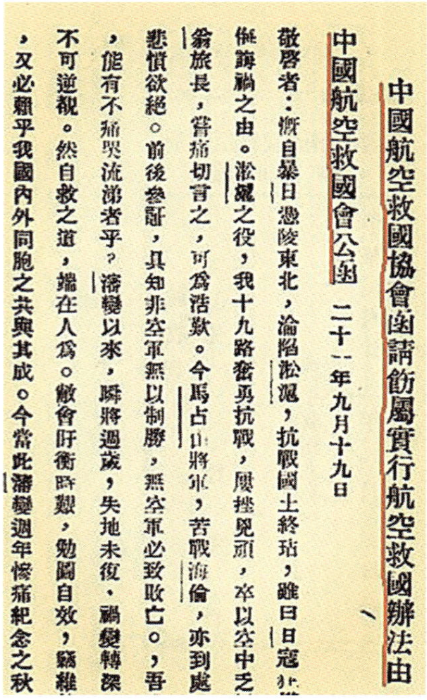
中國航空救國協會函請飭屬實行航空救國辦法由

中國航空救國會公函 二十一年九月十九日

敬啓者：溯自暴日憑陵東北，淪陷淞滬，抗戰國土終玷，雖曰日寇
侮辱禍之由。淞滬之役，我十九路奮勇抗戰，屢挫兇頑，卒以空中乏
翁旅長，嘗痛切言之，可爲浩歎。今馬占山將軍，苦戰海倫，亦到處
悲憤欲絕。前後參証，具知非空軍無以制勝，無空軍必致敗亡。，吾
，能有不痛哭流涕者乎？瀋變以來，瞬將週歲，失地未復，禍變轉深
不可逆覩。然自救之道，端在人爲。敝會盱衡時艱，勉圖自效，竊維
，又必賴乎我國內外同胞之共與其成。今當此瀋變週年慘痛紀念之秋

中国航空救国协会公函

图片来源：《广州市政府市政公报》1932 年第 405 期。

爪哇华侨捐赠飞机的揭幕礼

图片来源：《时事月报》1935 年第 1 期。

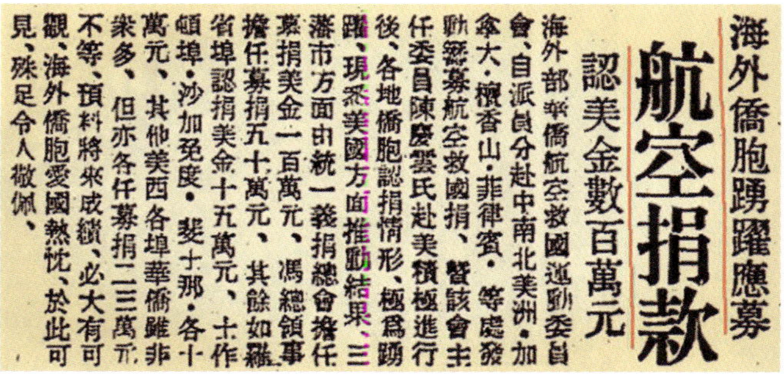
海外僑胞踴躍應募
航空捐款
認美金數百萬元

海外部華僑航空救國運動委員會、自派員分赴中南北美洲・加拿大・檀香山・菲律賓・等處發動認募航空救國捐、暨該會主任委員陳慶雲氏赴美積極進行後、各地僑胞認捐情形、極爲踴躍、現悉美國方面推動結果、三藩市方面由統一義捐總會擔任募捐美金一百萬元、馮總領事擔任募捐五十萬元、其餘如羅省埠認捐美金十五萬元、士作頓埠・沙加免度・斐士那・各十萬元、其他美西各埠華僑雖非衆多、但亦各任募捐二三萬元不等、預料將來成績、必大有可觀、海外僑胞愛國熱忱、於此可見、殊足令人欽佩、

《海外侨胞踊跃应募航空捐款　认美金数百万元》

图片来源：《申报》，1940 年 9 月 26 日第 7 版。

① 张礼千、章渊若：《南洋华侨与经济之现势》，上海：商务印书馆，1946 年，第 64 页。

加拿大华侨捐款购置飞机二架献予国民政府

图片来源：《良友画报》1930 年第 43 期。

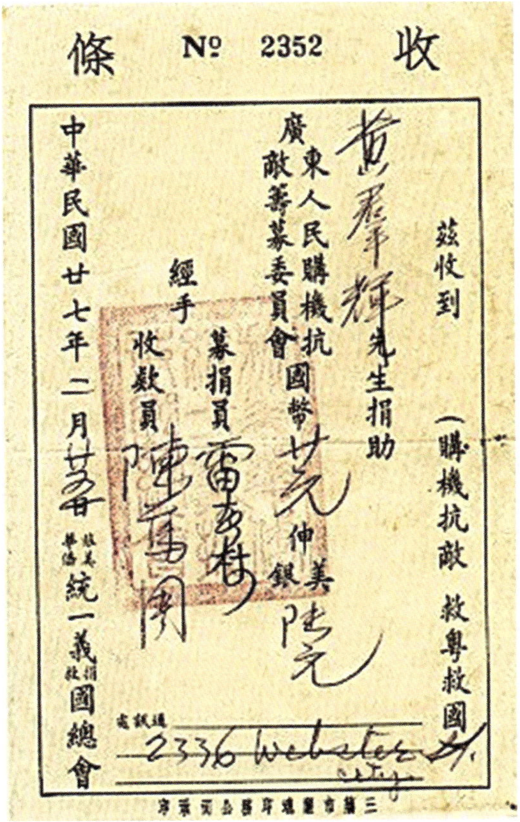

收條 № 2352

兹收到
（購機抗敵 救粵救國
黃翠輝先生捐助
廣東人民購機抗敵籌募委員會 國幣廿元 伸銀美 陸元
募捐員 雷
經手收款員 陳
中華民國廿七年二月廿五日
旅美華僑統一義捐救國總會
2336 Webster St.

1938 年旅美华侨统一义捐救国总会的广东人民购机抗敌捐款收条

图片来源：何锡钿收藏。

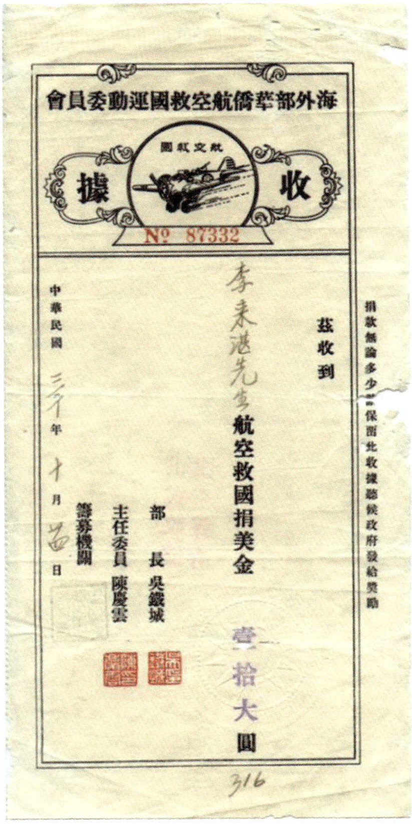

海外部華僑航空救國運動委員會

航空救國

收據

№ 87332

兹收到
李耒港先生
航空救國捐美金
壹拾大圓
部長 吳鐵城
主任委員 陳慶雲
籌募機關
中華民國 三十年 十月 廿日
捐款無論多少請保留此收據聽候政府發給獎勵

1941 年国民党海外部华侨航空救国运动委员会航空捐款收据

图片来源：暨南大学图书馆馆藏。

1941 年由国民政府财政部向海内外华人发行总额为美金五百万元的“航空救国券”，面额分为一百元、五十元、十元、五元四种，上面印有“抗战必胜”等口号。航空救国券主要在美国、加拿大发行，华侨购买极其踊跃。

百元面值的航空救国券

图片来源：何锡钿收藏。

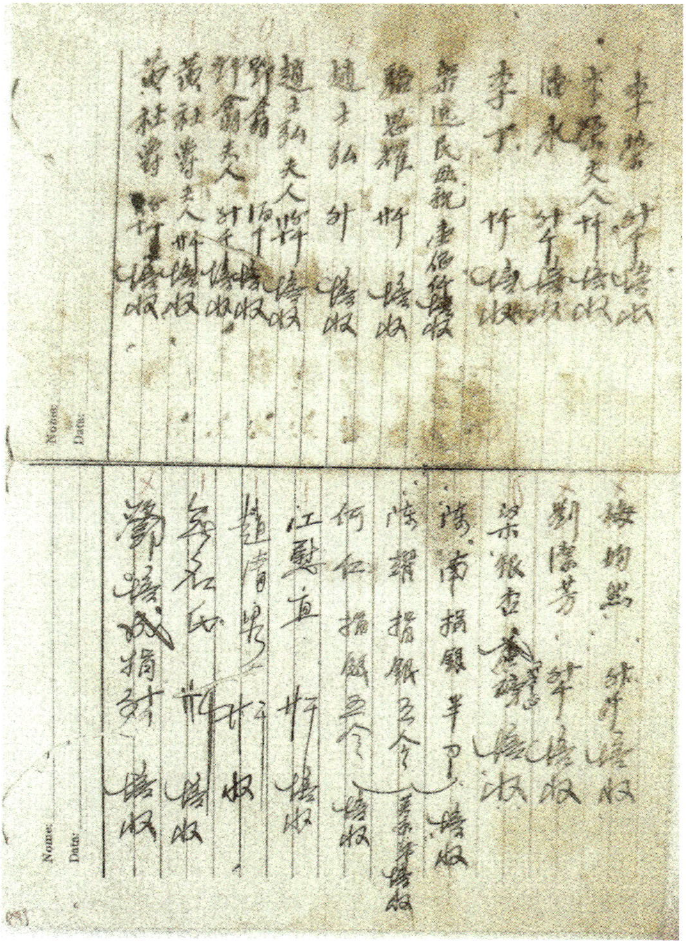

葡萄牙属东非洲（莫桑比克）罗埠捐机救国委员会特别月捐簿

图片来源：《中国华侨历史博物馆藏品图录》，第110页。

七、救侨护侨和难侨安置

（一）二十世纪二三十年代的归难侨安置与救济工作

世界经济危机中，英国失业工人示威游行

图片来源：《时事月报》1933 年第 1 期。

1927 年，南京国民政府成立不久就遭遇了 20 年代末 30 年代初的资本主义经济萧条时期。1929 年爆发了世界经济危机，1931 年以后，世界经济不景气也波及了海外华侨社会。东南亚地区锡矿和橡胶市场萧条，工农业生产普遍衰退，失业、半失业人口陡增。据国际劳工局中国分局于 1935 年 9 月底发表的世界各国失业华侨（工）的统计，当时失业华侨（工）共计 29 111 人。[①] 在巨大的经济、社会矛盾下，一些国家开始排斥华侨，驱逐华侨出境。面对这一严峻的局势，维护华侨权益、救济归难侨迫在眉睫。国民政府在此期间做了大量的救侨护侨工作以及难侨的安置工作。1933 年侨务委员会颁布《救济失业华侨办法》，对国内华侨和海外华侨的救济分别做出了详尽的部署。同年 9 月，侨务委员会会同内政、外交、财政等部门成立了以陈树人为会长的救济失业华侨委员会。

① 参见《世界失业华侨统计》，《劳动季报》1935 年第 1 卷第 7 期。

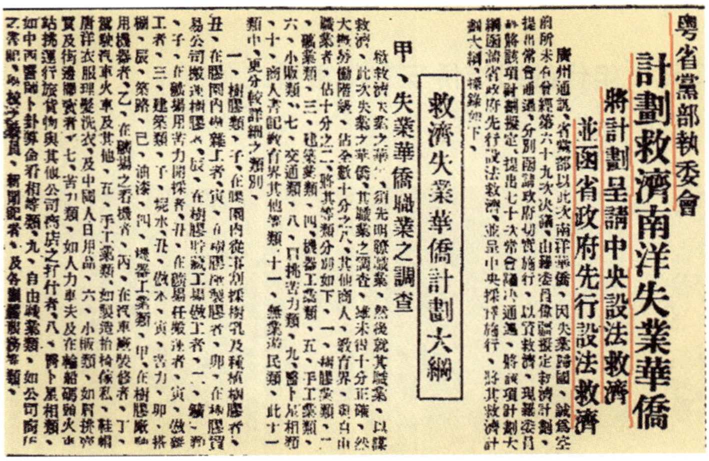

粵省黨部執委會
計劃救濟南洋失業華僑
將計劃呈請中央設法救濟
並函省政府先行設法救濟

廣州通訊、省黨部以此次南洋華僑、因失業歸國、誠爲空前所未有、曾經第六十九次決議、由歸委員像嚴擬定救濟計劃、提出常會通過、分別函請政府切實施行、以資救濟、現經委員將該項計劃擬定、提出七十次常會議決通過、將該項計劃大綱函請省政府先行設法救濟、並呈中央採擇施行、將其救濟計劃大綱、採錄如下、

救濟失業華僑計劃大綱

甲、失業華僑職業之調查

欲救濟失業之華僑、須先明瞭職業、然後就其職業、以謀救濟、此次失業之華僑、其職業之調查、雖未得十分正確、然大概分勞働階級、佔全數十分之六、其他商人、教育界、自由職業者、佔十分之二、將其等類分別如下、一、樹膠業類、二、礦業類、三、建築業類、四、機器工業類、五、手工業類、六、小販類、七、交通類、八、目挑苦力類、九、醫卜星相類、十、商人教育界其他等類、十一、無業遊民類、此十一類中、更分較詳細之類別、

一、樹膠類、子、在膠園內從事割採樹乳及種植樹膠者、丑、在膠園內雜工者、寅、在碾膠廠製膠者、卯、在樹膠貿易公司搬運樹膠者、辰、在樹膠貯藏工場做工者、二、礦業、子、在礦場用苦力開採者、丑、在礦場任搬運者、寅、做工者、三、建築類、子、坭水、丑、做木、寅、苦力、卯、搭棚、辰、築路、巳、油漆、四、機器工業類、甲、在樹膠廠內用機器者、乙、在礦場之看機者、丙、在汽車廠修者、丁、駕駛汽車火車及其他、五、手工業類、如製造枱椅傢私、鞋帽、唐洋衣服理髮洗衣、及中國人日用品、六、小販類、如肩挑擔賣及街邊擺賣者、七、苦力類、如人力車夫及在輪船碼頭火車站挑運行旅貨物與其他公司商店之打什者、八、醫卜星相類、如中西醫術卜卦算命看相等類、九、自由職業類、如公司商店之書記、小學之教員、新聞記者、及各種服務等類、

《粤省党部执委会计划救济南洋失业华侨》

图片来源：《民国日报》，1930 年 12 月 12 日第 5 版。

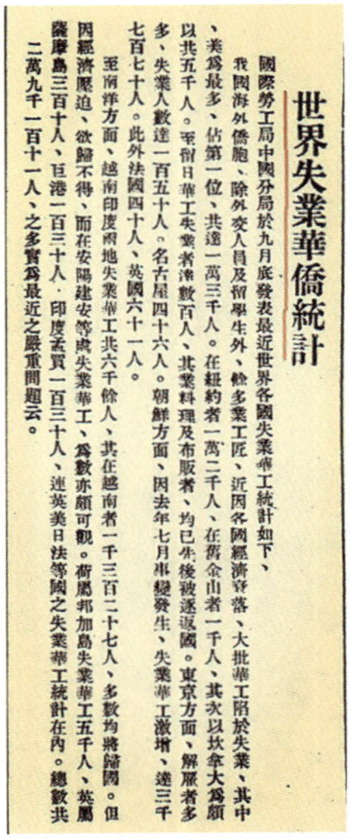

世界失業華僑統計

國際勞工局中國分局於九月底發表最近世界各國失業華工統計如下、

我國海外僑胞、除外交人員及留學生外、餘多業工匠、近因各國經濟衰落、大批華工陷於失業、其中、美爲最多、佔第一位、共達一萬三千人。在紐約者一萬二千人、在舊金山者一千人、其次以坎拿大爲頗以共五千人。至留日華工失業者凡數百人、其業料理及布販者、均已先後被逐返國。東京方面、解雇者多多、失業人數達一百五十人。名古屋四十六人。朝鮮方面、因去年七月事變發生、失業華工激增、達三千七百七十人。此外法國四十人、英國六十一人。

至南洋方面、越南印度兩地失業華工共六千餘人、其在越南者一千三百二十七人、多數均將歸國。但因經濟壓迫、欲歸不得、而在安陽建安等處失業華工、爲數亦頗可觀。荷屬邦加島失業華工五千人、英屬檳榔島三百十人、巨港一百三十人、印度孟買一百三十人、連英美日法等國之失業華工統計在內。總數共二萬九千一百十一人、之多實爲最近之嚴重問題云。

《世界失业华侨统计》

图片来源：《劳动季报》1935 年第 1 卷第 7 期。

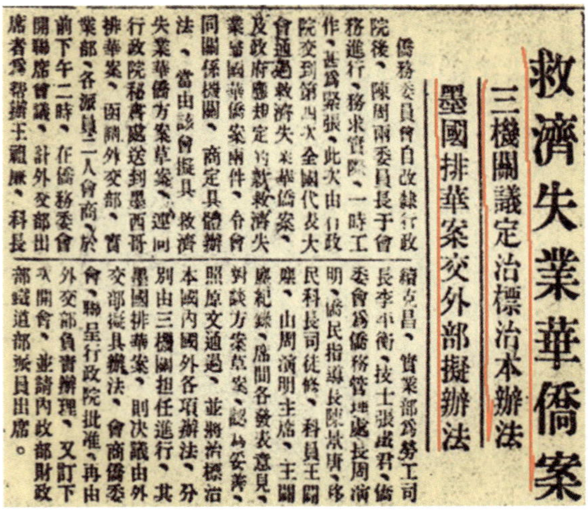

救濟失業華僑案
三機關議定治標治本辦法
墨國排華案交外部擬辦法

僑務委員會自改隸行政院後、陳周兩委員長于會務進行、務求實際、一時工作、甚爲緊張、此次由行政院交到第四次全國代表大會通過救濟失業華僑案、及政府應規定的款救濟失業華僑案兩件、令會同關係機關、商定具體辦法、當由該會擬具救濟失業華僑方案草案、並函行政院秘書處送到墨西哥排華案、函請外交部、實業部、各派員二人會商、於前下午二時、在僑務委員會開聯席會議、計外交部出席者爲幫辦王繼廉、科長賴克昌、實業部爲勞工司長李平衡、技士張斌君、僑委會爲僑務管理處長周演明、僑民指導長陳景唐、移民科長司徒修、科員王闢塵、由周演明主席、王闢塵紀錄、席間各發表意見、對該方案草案、認爲妥善、照原文通過、並將治標治本國內國外各項辦法、分別由三機關擔任進行、其墨國排華案、則決議由外交部擬具辦法、會商僑委會、聯呈行政院批准、再由外交部負責辦理、又訂下次開會、並請內政部財政部鐵道部派員出席。

《救济失业华侨案》

图片来源：《中央日报》，1932 年 5 月 28 日第 7 版。

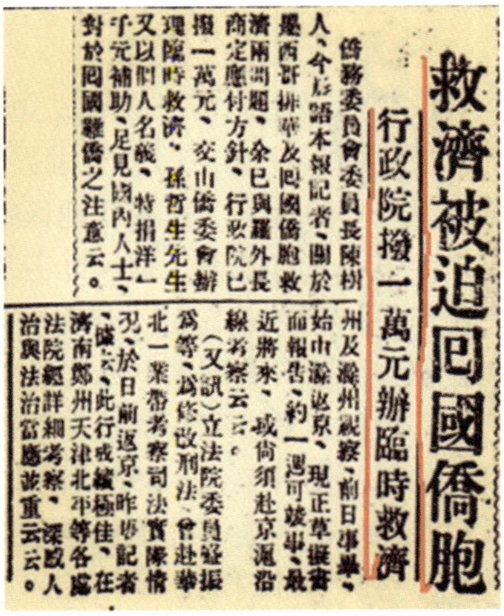

救濟被迫回國僑胞
行政院撥一萬元辦臨時救濟

僑務委員會委員長陳樹人、今午語本報記者、關於墨西哥排華及回國僑胞救濟兩問題、余已與羅外長商定應付方針、行政院已撥一萬元、交由僑委會辦理臨時救濟、孫哲生先生又以個人名義、特捐洋一千元補助、足見國內人士、對於回國難僑之注意云。

州及滁州視察、前日事畢、始由滁返京、現正草擬書面報告、約一週可竣事、最近將來、或尚須赴京滬沿線考察云云。

（又訊）立法院委員發振爲等、爲修改刑法、曾赴華北一帶參考察司法實際情況、於日前返京、昨據記者、談云、此行成績極佳、在濟南鄭州天津北平等各處法院經詳細考察、深感人治與法治當應並重云云。

《救济被迫回国侨胞　行政院拨一万元办临时救济》

图片来源：《中央日报》，1933 年 6 月 19 日第 9 版。

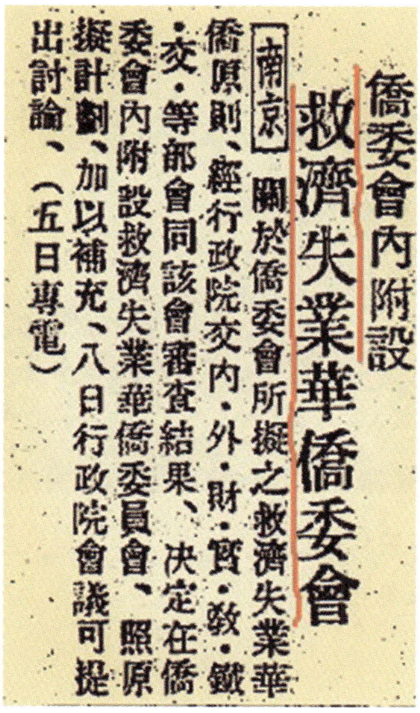
僑委會內附設
救濟失業華僑委會
〔南京〕關於僑委會所擬之救濟失業華僑原則、經行政院交內・外・財・實・敎・鐵・交・等部會同該會審查結果、決定在僑委會內附設救濟失業華僑委員會、照原擬計劃、加以補充、八日行政院會議可提出討論、（五日專電）

《侨委会内附设救济失业华侨委会》

图片来源：《申报》，1933 年 8 月 6 日第 8 版。

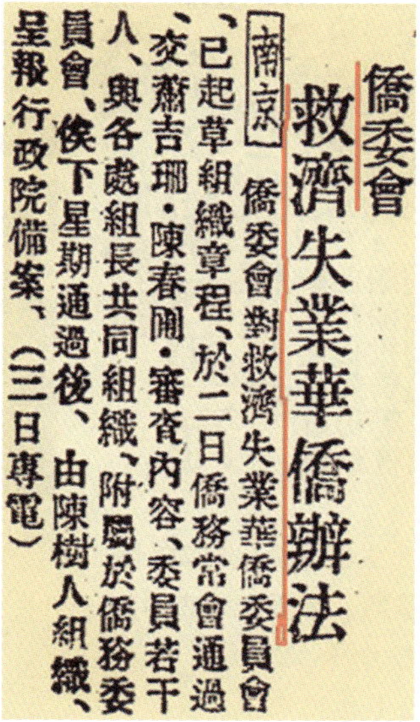
僑委會
救濟失業華僑辦法
〔南京〕僑委會對救濟失業華僑委員會已起草組織章程、於二日僑務常會通過、交蕭吉珊・陳春圃・審查內容、委員若干人、與各處組長共同組織、附屬於僑務委員會、俟下星期通過後、由陳樹人組織、呈報行政院備案、（三日專電）

《侨委会救济失业华侨办法》

图片来源：《申报》，1933 年 9 月 4 日第 8 版。

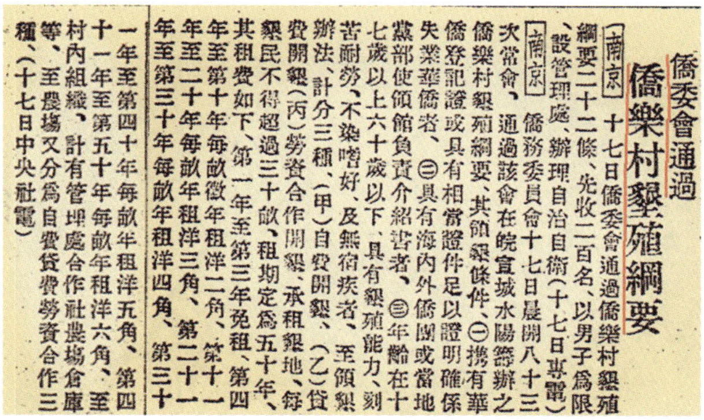
僑委會通過
僑樂村墾殖綱要
〔南京〕十七日僑委會通過僑樂村墾殖綱要二十二條、先收二百名、以男子爲限、設管理處、辦理自治自衛（十七日專電）
〔南京〕僑務委員會十七日晨開八十三次常會、通過該會在皖宣城水陽籌辦之僑樂村墾殖綱要、其領墾條件、㈠携有華僑登記證或具有相當證件足以證明確係失業華僑者、㈡具有海內外僑團或當地黨部使領館負責介紹者、㈢年齡在十七歲以上六十歲以下、具有墾殖能力、刻苦耐勞、不染嗜好、及無宿疾者、至領墾辦法、計分三種、（甲）自費開墾、（乙）貸費開墾（丙）勞資合作開墾、承租墾地、每墾民不得超過三十畝、租期定爲五十年、其租費如下、第一年至第三年免租、第四年至第十年每畝徵年租洋二角、第十一年至二十年每畝年租洋三角、第二十一年至第三十年每畝年租洋四角、第三十一年至第四十年每畝年租洋五角、第四十一年至第五十年每畝年租洋六角、至村內組織、計有管理處合作社農場倉庫等、至農場又分爲自費貸費勞資合作三種、（十七日中央社電）

《侨委会通过侨乐村垦殖纲要》

图片来源：《申报》，1934 年 11 月 18 日第 7 版。

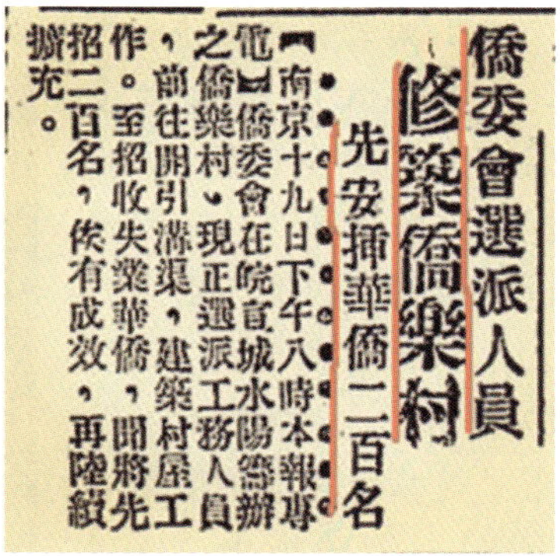
僑委會選派人員
修築僑樂村
先安插華僑二百名
【南京十九日下午八時本報專電】僑委會在皖宣城水陽籌辦之僑樂村、現正選派工務人員前往開引溝渠、建築村屋工作。至招收失業華僑、聞將先招二百名，俟有成效，再陸續擴充。

《侨委会选派人员修筑侨乐村　先安插华侨二百名》

图片来源：《京报》，1934 年 11 月 20 日第 3 版。

为安置陆续返国的失业归侨，1934 年底，“救济失业华侨委员会”向“安徽宣宁官产垦荒局”领得官产一万数千余亩，在安徽宣城设立“侨乐村”，并颁布《侨乐村安集失业归侨垦殖纲要》，招集失业归侨，从事垦殖，从而达到了安置部分失业归侨的目的。

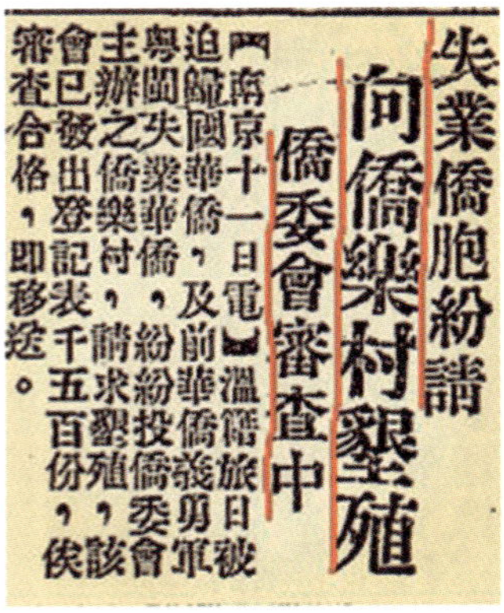

失業僑胞紛請
向僑樂村墾殖
僑委會審查中

【南京十一日電】溫僑旅日被追歸國華僑，及前華僑義勇軍粵閩失業華僑，紛紛投僑委會主辦之僑樂村，請求墾殖，該會已發出登記表千五百份，俟審查合格，即移送。

《失业侨胞纷请向侨乐村垦殖　侨委会审查中》

图片来源：《京报》，1935年1月12日第3版。

侨乐村管理处

图片来源：《侨乐村》。

（二）抗战时期的归难侨安置与救济工作

1. *启动紧急救侨机制*

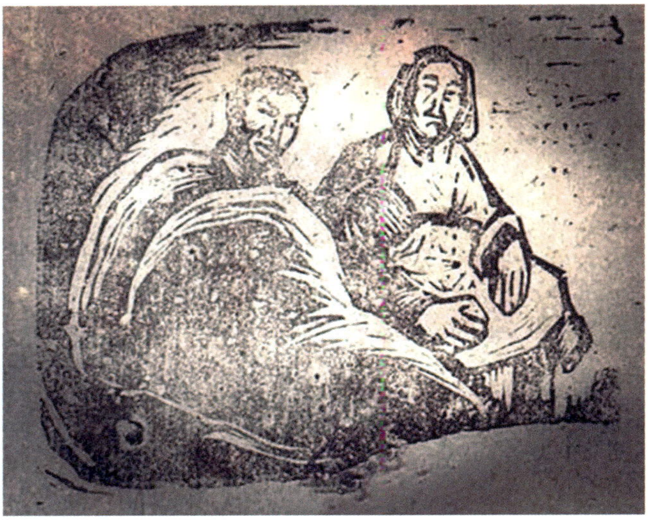

逃难华侨漫画

图片来源：《华侨生活》1942年第2卷第1期。

太平洋战争爆发前后，大量侨胞返回国内。据不完全统计，从东南亚返回祖国的归侨为百余万人，紧急救侨刻不容缓。1941年1月，国民政府颁布了《紧急时期护侨指导纲要》。纲要指出：侨民寄居地域如遇紧急时期，对于“其安全及财产之保护应由驻使或领事依照本纲要之规定办理之”，凡遇紧急时期，侨民无留居当地之必要或自愿回国者，“应由驻在该地使领馆充分予以协助及便利，并由主管机关于国内指派专员负责照料”。纲要还指出，“回国侨民事业之经营及发展，由政府设立专管机关扶助指导之”。1941年3月，“回国侨民事业辅导委员会”成立，负责回国侨民的接待、登记、救济和遣送工作。回国侨民事业辅导委员会成立后，分饬广东、广西、福建、云南、贵州等省先后成立“紧急救侨委员会”，由省政府主席亲自担任主任委员，并拨出专款，对在海外受到排挤和摧残的归侨及在国内因侨汇中断而陷入困境的侨眷分别进行救济。救济措施包括收容、遣送、介绍工作、创办归侨村、增设侨校侨班、发放侨贷等，使他们得到一定的安置。1942 年，国民政府行政院制定了《国外战区侨胞紧急救济办法大纲》，对赈济范围和国内侨眷的农贷及在学侨生的救济工作进行了具体的规定。至此，国民政府救侨工作的主持机关、救济对象最终得以确定，救侨工作进入实际阶段。①

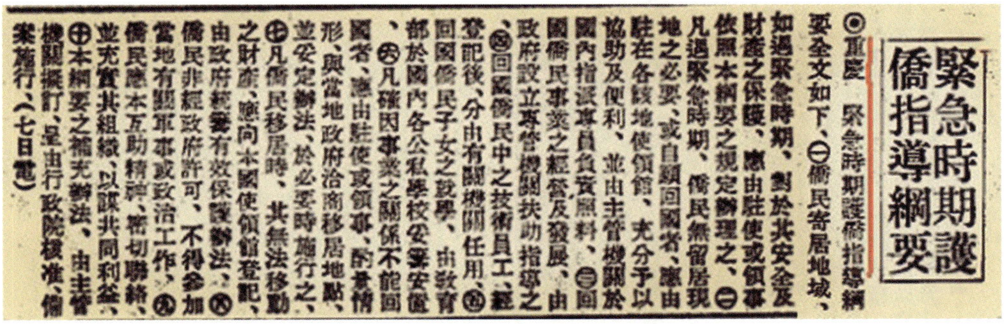

緊急時期護僑指導綱要

◉重慶　緊急時期護僑指導綱要全文如下、㊀僑民寄居地域、如遇緊急時期、對於其安全及財產之保護、應由駐使或領事依照本綱要之規定辦理之、㊁凡遇緊急時期、僑民無留居現地之必要、或自願回國者、應由駐在各該地使領館、充分予以協助及便利、並由主管機關於國內指派專員負責照料、㊂回國僑民事業之經營及發展、由政府設立專管機關扶助指導之、㊃回國僑民中之技術員工、經登記後、分由有關機關任用、㊄回國僑民子女之就學、由教育部於國內各公私學校妥爲安置、㊅凡確因事業之關係不能回國者、應由駐使或領事、酌量情形、與當地政府洽商移居地點、並妥定辦法、於必要時施行之、㊆凡僑民移居時、其無法移動之財產、應向本國使領館登記、由政府統籌有效保護辦法、㊇僑民非經政府許可、不得參加當地有關軍事或政治工作、㊈僑民應本互助精神、密切聯絡、並充實其組織、以謀共同利益、㊉本綱要之補充辦法、由主管機關擬訂、呈由行政院核准、備案施行、（七日電）

《紧急时期护侨指导纲要》

图片来源：《申报》，1941 年 1 月 8 日第 6 版。

行政院會議

通過國外戰區僑胞救濟辦法

《行政院会议通过国外战区侨胞救济办法》

图片来源：《大公报》，1942 年 1 月 21 日第 3 版。

---

① 张赛群：《中国侨务政策研究》，北京：知识产权出版社，2010 年，第 166 页。

回国侨民事业辅导委员会成立后，制定了《回国侨民登记规则》《救济回国侨民暂行办法》等法规，规定持有相关证明文件的回国华侨，由回国侨民事业辅导委员会主办登记。回国侨民办理登记后，可随时向回国侨民事业辅导委员会请求事业上之扶助指导。

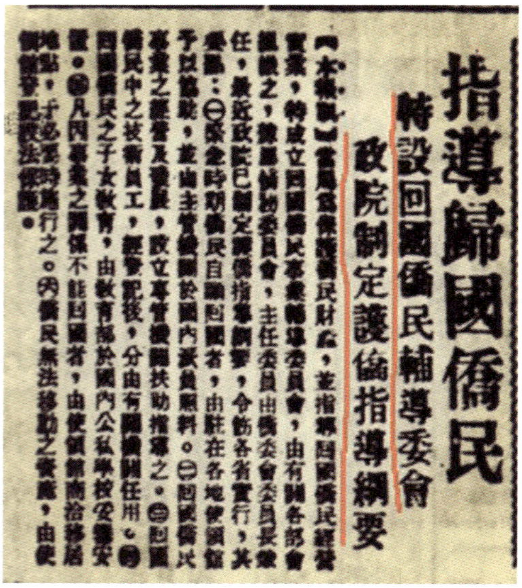

指導歸國僑民
特設回國僑民輔導委會
政院制定護僑指導綱要

【本報訊】當局為保護歸國僑民財產，並指導回國僑民經營實業，特成立回國僑民事業輔導委員會，由有關各部會組織之，隸屬僑務委員會，主任委員由僑委會委員長兼任，最近政院已制定護僑指導綱要，令飭各省實行，其要點：㈠條念時期僑民自願回國者，由駐在各地使領館予以協助，並由主管機關於國內妥為照料。㈡回國僑民事業之經營及發展，設立專管機關扶助指導之。㈢回國僑民中之技術員工，經登記後，分由有關機關任用。㈣回國僑民之子女教育，由教育部於國內公私學校妥籌安置。㈤凡因事業之關係不能回國者，由使領館商洽移居地點，予必要時施行之。㈥僑民無法移動之資產，由使領館登記設法保護。

《指导归国侨民　特设回国侨民辅导委会　政院制定护侨指导纲要》

图片来源：《大公报》，1941 年 10 月 13 日第 3 页。

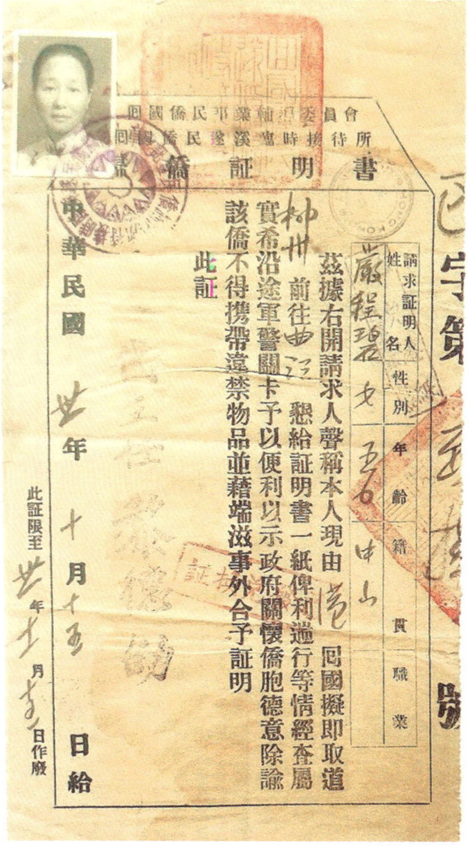

回國僑民事業輔導委員會
回國僑民遂溪臨時接待所
難僑證明書

請求證明人 姓名 嚴程碧 性別 女 年齡 籍貫 中山 職業

茲據右開請求人聲稱本人現由 港 回國擬即取道 柳州 前往 曲江 懇給證明書一紙俾利遄行等情經查屬實希沿途軍警關卡予以便利以示政府關懷僑胞德意除諭該僑不得携帶違禁物品並藉端滋事外合予證明

此證

中華民國 卅 年 十 月 十五 日給

此證限至 卅 年 十二 月 十五 日作廢

1942 年国民政府回国侨民事业辅导委员会回国侨民遂溪临时接待所发给难侨的归侨证明书

图片来源：《中山华侨历史文物图集》（第 1 辑），第 86 页。

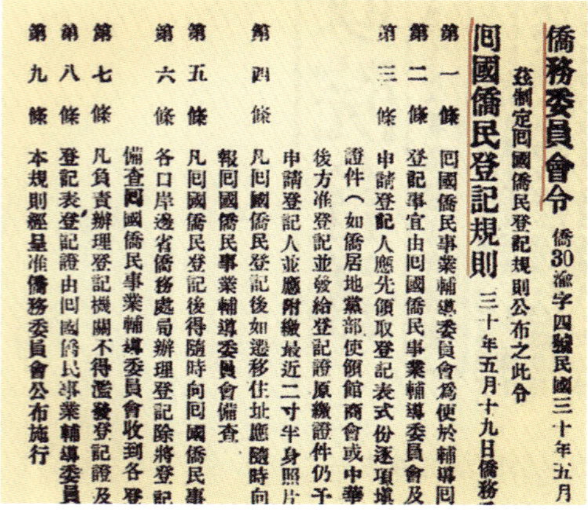

僑務委員會令　僑30渝字四號民國三十年五月

茲制定回國僑民登記規則公布之此令

回國僑民登記規則　三十年五月十九日僑務……

第一條　回國僑民事業輔導委員會為便於輔導回……

第二條　登記事宜由回國僑民事業輔導委員會及……

第三條　申請登記人應先領取登記表式份逐項填……證件（如僑居地黨部使領館商會或中華……後方准登記並發給登記證原繳證件仍予……申請登記人並應附繳最近二寸半身照片……

第四條　凡回國僑民登記後如遷移住址應隨時向……報回國僑民事業輔導委員會備查

第五條　凡回國僑民登記後得隨時向回國僑民事……

第六條　各口岸邊省僑務處局辦理登記除將登記……備查回國僑民事業輔導委員會收到各登……

第七條　凡負責辦理登記機關不得濫發登記證及……

第八條　登記表登記證由回國僑民事業輔導委員……

第九條　本規則經呈准僑務委員會公布施行

《回国侨民登记规则》

图片来源：《行政院公报》1941 年第 4 卷第 11 期。

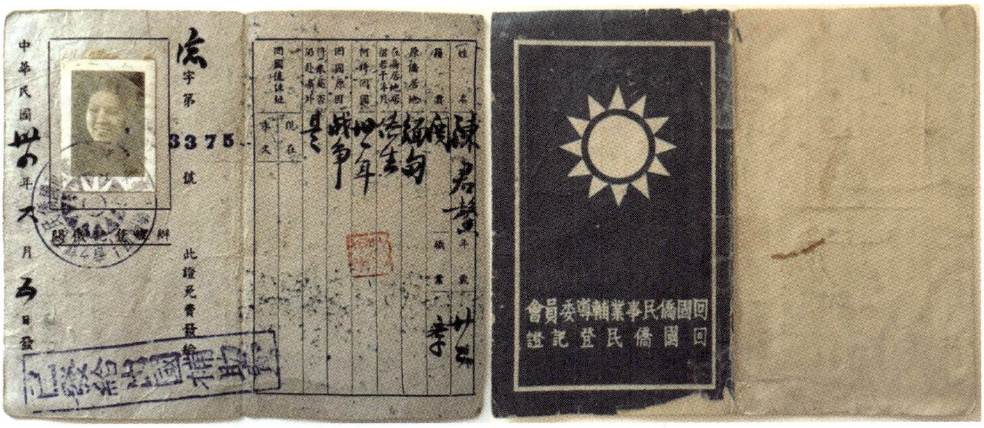

回国侨民事业辅导委员会签发的《回国侨民登记证》（1945 年）

图片来源：徐云收藏。

注：作为第一届政协国旗、国徽、国歌、国都、纪年方案审查委员会秘书，彭光涵见证了新中国国旗、国徽、国歌、国都和纪年的诞生。这份记录是彭光涵保存的 1949 年第一届政协草拟国旗、国徽、国歌等事宜时在第六小组会议记录的一部分。

2. 做好归难侨的接待安置工作

大批难侨回国后，又面临极大的生存压力。许多难侨的悲惨遭遇引起了时人的强烈关注，社会各界纷纷呼吁政府救助难侨。在国民政府的积极部署下，各级救侨机构陆续设立，救侨专款也陆续下拨。对于一般回国侨民，国民政府均以疏散回籍为原则。鉴于侨民撤回国内，人生地疏、衣食住行多有困难，为使其免受流离之苦，各地招待所及指导员为他们提供临时食宿，发给适当生活补助费，并代觅交通工具。各省紧急救侨委员会视实际情形，自行在各县各地设立华侨招待所与招待站。其中云南设有招待所 10 处，广西设有招待所 15 处，广东在沿海各县均有类似机构设立，福建与贵州也有相应机构建立。①

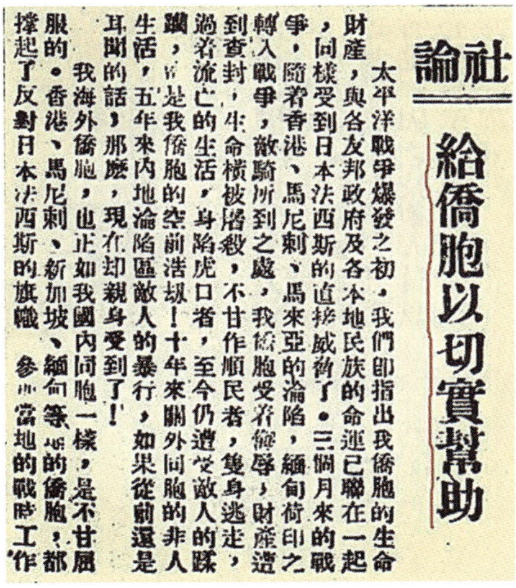
社論

給僑胞以切實幫助

太平洋戰爭爆發之初，我們即指出我僑胞的生命，財產，與各友邦政府及各本地民族的命運已聯在一起，同樣受到日本法西斯的直接威脅了。三個月來的戰爭，隨着香港、馬尼剌、馬來亞的淪陷，緬甸荷印之轉入戰爭，敵騎所到之處，我僑胞受着侮辱，財產遭到查封，生命横被屠殺，不甘作順民者，隻身逃走，過着流亡的生活，身陷虎口者，至今仍遭受敵人的蹂躪，這是我僑胞的空前浩劫！十年來關外同胞的非人生活，五年來內地淪陷區敵人的暴行，如果從前還是耳聞的話，那麽，現在却親身受到了！

我海外僑胞，也正如我國內同胞一樣，是不甘屈服的。香港、馬尼剌、新加坡、緬甸等地的僑胞，都撑起了反對日本法西斯的旗幟 參加當地的戰時工作

《给侨胞以切实帮助》

图片来源：《新华日报》，1942 年 3 月 9 日第 2 版。

① 张赛群：《中国侨务政策研究》，北京：知识产权出版社，2010 年，第 168 页。

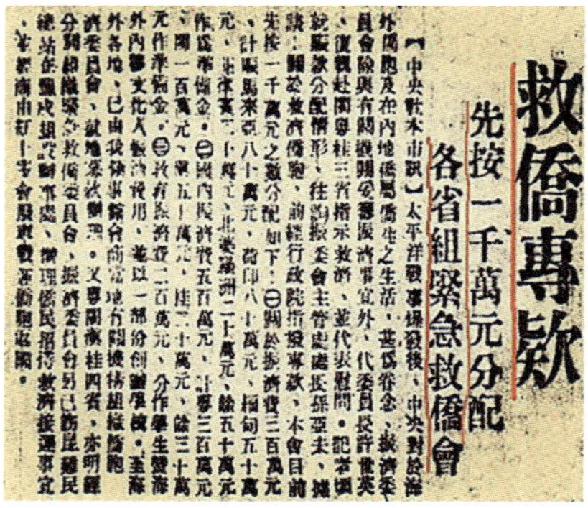

救僑專欵
先按一千萬元分配
各省組緊急救僑會

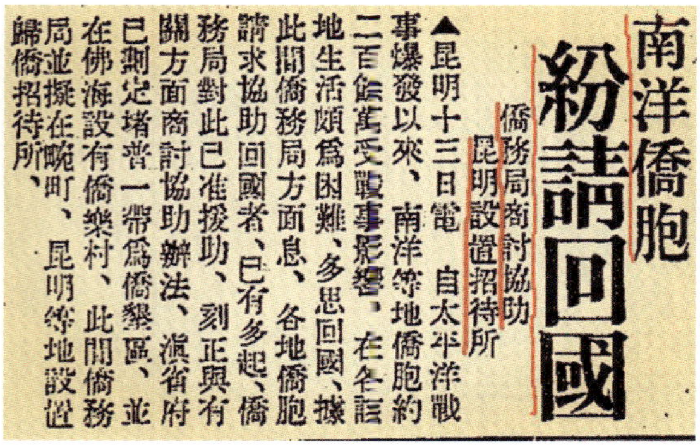

南洋僑胞
紛請回國
僑務局商討協助
昆明設置招待所

▲昆明十三日電 自太平洋戰事爆發以來、南洋等地僑胞約二百餘萬受戰事影響、在各該地生活頗爲困難、多思回國、據此間僑務局方面息、各地僑胞請求協助回國者、已有多起、僑務局對此已准援助、刻正與有關方面商討協助辦法、滇省府已劃定堵營一帶爲僑墾區、並在佛海設有僑樂村、此間僑務局並擬在畹町、昆明等地設置歸僑招待所、

《救侨专款　先按一千万元分配　各省组紧急救侨会》

图片来源：《中央日报》，1942 年 2 月 5 日第 3 版。

《南洋侨胞纷请回国　侨务局商讨协助　昆明设置招待所》

图片来源：《申报》，1942 年 1 月 15 日第 2 版。

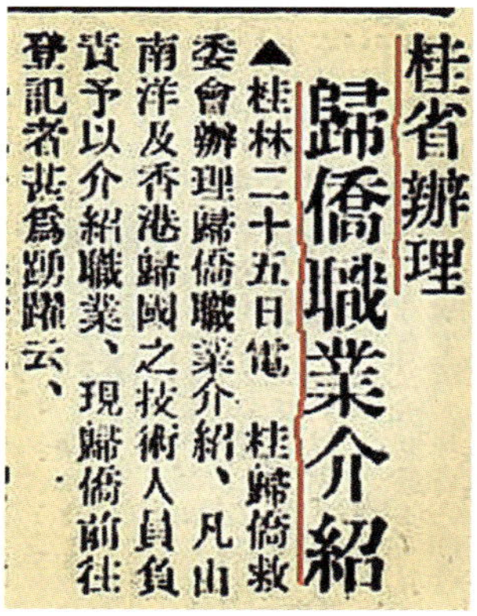

桂省辦理
歸僑職業介紹

▲桂林二十五日電 桂歸僑救委會辦理歸僑職業介紹、凡由南洋及香港歸國之技術人員負責予以介紹職業、現歸僑前往登記者甚爲踴躍云、

《桂省办理归侨职业介绍》

图片来源：《申报》，1942 年 2 月 27 日第 2 版。

厦门善后委员会救济华侨眷属支款处办事情景

图片来源：《华侨月刊》1942 年第 2 卷第 2－3 期。

除了资遣回籍外，国民政府还设立小工厂、矿场，开辟归侨村和垦殖场，主要用于安置无家可归或有特殊技能者，根据其志愿、经验予以收容安置，以达到“以侨救侨”的目的。1941 年 9 月至 10 月，国民政府先在云南打洛及广西龙州设立归侨村，并于同年 10 月成立归侨村管理处。根据 1941 年 7 月颁布的《归侨村垦殖纲要》，凡年龄在 17 岁以上、60 岁以下者，有垦殖能力，无不良嗜好及宿疾之归侨，均可申请。

侨眷救济也是救侨举措之一。列入救济范围的侨眷是指依靠侨汇生活而侨汇因战争断绝的华侨家属。政府有关部门对侨眷的基本情况进行调查登记，函令各大银行设法维持侨汇，对于那些实难维持生计的侨眷则指导其从事农、工、商业，运用农贷、工业合作及小额贷款等方式协助其从事生产，渡过难关。

由于香港地区和东南亚各国相继沦陷，造成大批华侨学生失学，侨胞纷纷将辍学子女送回中国内地继续上学。针对回国的侨生日益增多的情况，教育部特地在云南、四川、广东等地兴办华侨中学，并在一些高等学校增设侨生先修班，以解决回国侨生的就学问题。自 1942 年到 1944 年底，经政府部门介绍就学的侨生就有 1.2 万多名。[①] 由于战争引起海外汇款回国困难，回国就学侨生经济困难，教育部及侨委会特商救济办法，准照国内战区学生待遇核发贷款金额，及时为回国就学侨生解决了困难。

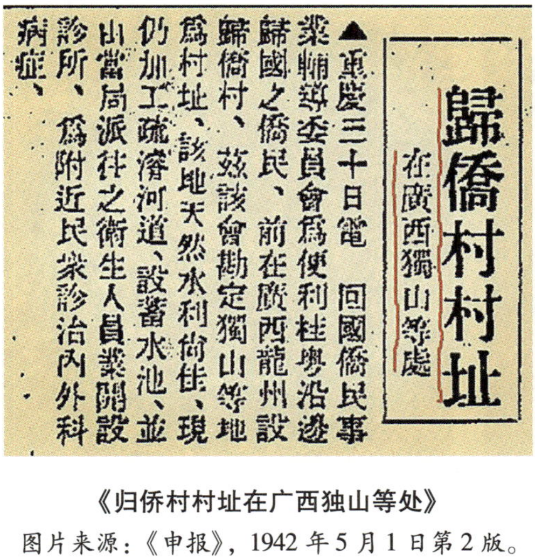
歸僑村村址
在廣西獨山等處
▲重慶三十日電 回國僑民事業輔導委員會爲便利桂粵沿邊歸國之僑民、前在廣西龍州設歸僑村、玆該會勘定獨山等地爲村址、該地天然水利尙佳、現仍加工疏濬河道、設蓄水池、並由當局派往之衛生人員開設診所、爲附近民衆診治內外科病症、

《归侨村村址在广西独山等处》

图片来源：《申报》，1942 年 5 月 1 日第 2 版。

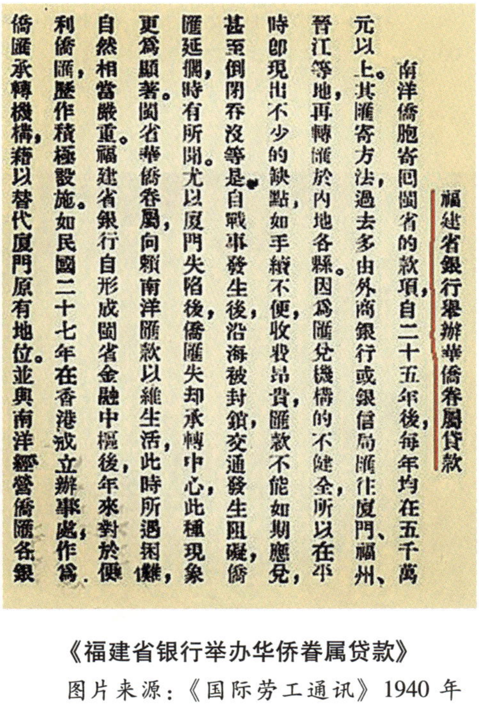
福建省銀行舉辦華僑眷屬貸款
南洋僑胞寄回閩省的款項，自二十五年後，每年均在五千萬元以上。其匯寄方法，過去多由外商銀行或銀信局匯往廈門、福州、晉江等地，再轉匯於內地各縣。因爲匯兌機構的不健全，所以在平時卽現出不少的缺點，如手續不便，收費昂貴，匯款不能如期應兌，甚至倒閉吞沒等是。自戰事發生後，沿海被封鎖，交通發生阻礙，僑匯延擱，時有所聞。尤以廈門失陷後，僑匯失却承轉中心，此種現象更爲顯著。閩省華僑眷屬，向賴南洋匯款以維生活，此時所遇困難，自然相當嚴重。福建省銀行自形成閩省金融中樞後，年來對於便利僑匯，歷作積極設施。如民國二十七年在香港設立辦事處，作爲僑匯承轉機構，藉以替代廈門原有地位。並與南洋經營僑匯各銀

《福建省银行举办华侨眷属贷款》

图片来源：《国际劳工通讯》1940 年第 7 卷第 7 期。

① 华侨革命史编纂委员会编：《华侨革命史》（上），台北：正中书局，1981 年，第 126 页。

1939 年 11 月 16 日，国民政府行政院召开第 440 次会议，决定在云南保山腾冲筹建国立华侨中学（简称“侨一中”），图为保山腾冲国立华侨中学校本部

图片来源：《中国最早的华侨中学诞生在云南》，Zaker 新闻，http：//www. myzaker. com/article/58c771261bc8e03066000001/。

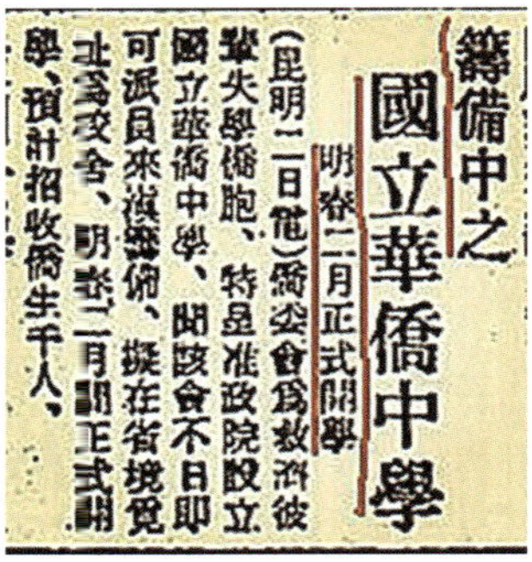

籌備中之國立華僑中學

明春二月正式開學

（昆明二日電）僑委會爲救濟彼輩失學僑胞、特呈准政院設立國立華僑中學、聞該會不日即可派員來滇籌備、擬在省境覓址爲校舍、明春二月間正式開學、預計招收僑生千人、

《筹备中之国立华侨中学　明春二月正式开学》

图片来源：《申报》，1939 年 12 月 4 日第 9 版。

保山腾冲国立华侨中学师生在校门口合影

图片来源：《中国最早的华侨中学诞生在云南》，Zaker 新闻，http：//www. myzaker. com/article/58c771261bc8e 03066000001/，2017 年 3 月 13 日。

1941 年　国立华侨中学改称国立第一华侨中学。图为国立第一华侨中学学生

图片来源：《中山侨刊》2005 年第 65 期。

1941 年在位于四川江津五福场陈家祠开办的国立第二华侨中学校址（高中部）

图片来源：《中山侨刊》2005 年第 65 期。

1942 年，因校舍遭日军炸毁，侨一中迁入贵州清镇复校。1944 年，侨一中并入国立第二华侨中学，图为国立第二华侨中学校本部

图片来源：《中国最早的华侨中学诞生在云南》，Zaker 新闻，http://www.myzaker.com/article/58c771261bc8e03066000001/，2017 年 3 月 13 日。

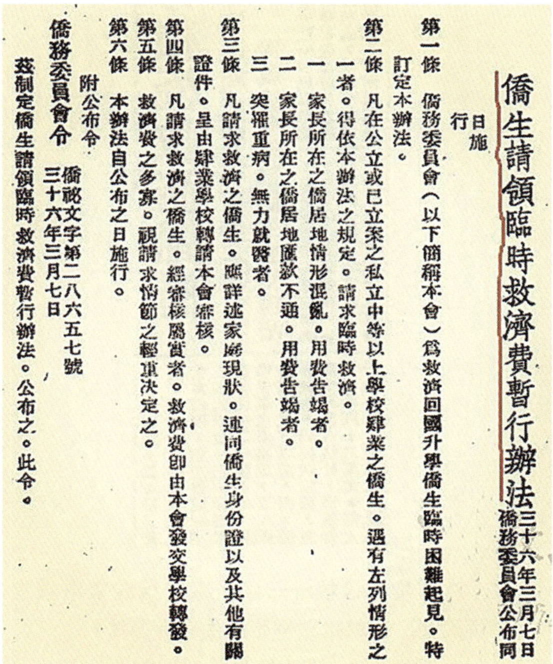

僑生請領臨時救濟費暫行辦法 三十六年三月七日僑務委員會公布同日施行

第一條 僑務委員會（以下簡稱本會）爲救濟回國升學僑生臨時困難起見。特訂定本辦法。

第二條 凡在公立或已立案之私立中等以上學校肄業之僑生。遇有左列情形之一者。得依本辦法之規定。請求臨時救濟。

一 家長所在之僑居地情形混亂。用費告竭者。

二 家長所在之僑居地匯款不通。用費告竭者。

三 突罹重病。無力就醫者。

第三條 凡請求救濟之僑生。應詳述家庭現狀。連同僑生身份證以及其他有關證件。呈由肄業學校轉請本會審核。

第四條 凡請求救濟之僑生。經審核屬實者。救濟費卽由本會發交學校轉發。

第五條 救濟費之多寡。視請求情節之輕重決定之。

第六條 本辦法自公布之日施行。

附公布令

僑務委員會令 僑祕文字第二八六五七號 三十六年三月七日

茲制定僑生請領臨時救濟費暫行辦法。公布之。此令。

《侨生请领临时救济费暂行办法》

图片来源：《法令周刊》1947 年第 10 卷第 14 期。

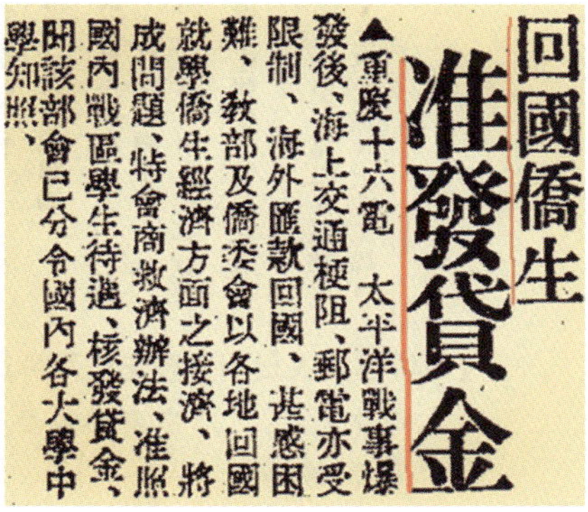

回國僑生准發貸金

▲重慶十六電 太平洋戰事發後、海上交通梗阻、郵電亦受限制、海外匯款回國、甚感困難、教部及僑委會以各地回國就學僑生經濟方面之接濟、將成問題、特會商救濟辦法、准照國內戰區學生待遇、核發貸金、聞該部會已分令國內各大學中學知照、

《回国侨生准发贷金》

图片来源：《申报》，1942 年 1 月 17 日第 3 版。

3. 广东省战时归难侨的接待安置工作

1942年1月，广东省紧急救侨委员会奉命组设成立，紧急办理归侨抢救、输送保护、资遣、收容、安置各事宜。广东省紧急救侨委员会共设7个办事处，下设招待所、护送站、补助站127个，救侨机构遍布全省各地，[①] 在成立各级救济机关和救济机构的同时，广东省紧急救侨委员会还制定了具体的救侨工作计划、救济措施和救济办法。归侨如系有家可归者，以资遣回籍为原则，每人每天发给在途生活补助费2元，少数无家可归者，由各招待所予以收容安置。归侨中自愿从事耕种者，可在归侨垦场从事垦殖。鉴于归侨中有不少技术人员，广东省政府制定了《粤侨技术人员调查登记任用办法》，该办法规定："登记合格之技术人员，如愿回国服务者，除由本府就所属各机关之需要尽量延揽外，并分别介绍各省及呈请中央任用之。"在救济侨生、侨眷方面，广东省也采取了积极有效的措施。至1943年2月，紧急救侨工作结束，广东救济归侨98万余人。[②]

海外侨胞对国内难侨的接待安置工作非常关心，积极为救济归国侨胞捐款。自广东省紧急救侨委员会成立7个月以来，共收到海外侨胞捐款350余万。

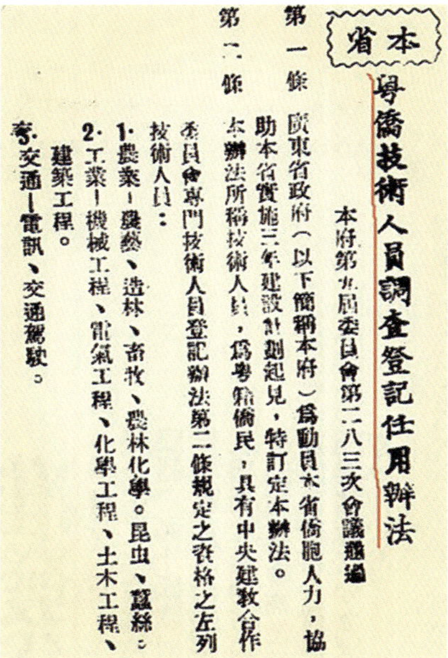
本省

粤僑技術人員調查登記任用辦法

本府第五屆委員會第二八三次會議通過

第一條 廣東省政府（以下簡稱本府）為動員本省僑胞人力，協助本省實施三年建設計劃起見，特訂定本辦法。

第二條 本辦法所稱技術人員，為粵籍僑民，具有中央建教合作委員會專門技術人員登記辦法第二條規定之資格之左列技術人員：

1·農業—農藝、造林、畜牧、農林化學。昆虫、蠶絲。

2·工業—機械工程、電氣工程、化學工程、土木工程、建築工程。

3·交通—電訊、交通駕駛。

《粤侨技术人员调查登记任用办法》

图片来源：《广东省政府公报》1942年第798期。

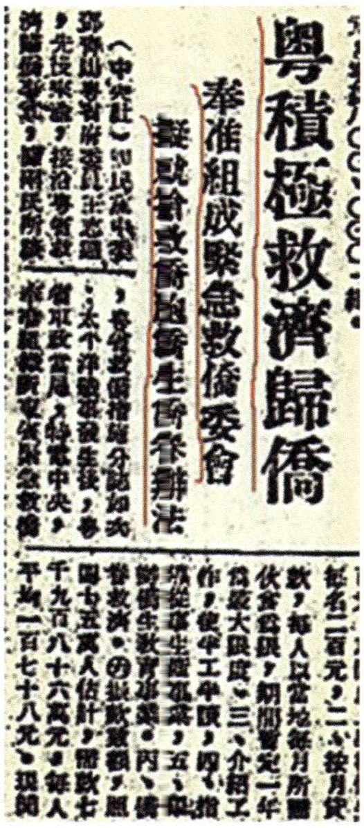
粵積極救濟歸僑

奉准組成緊急救僑委會

擬就搶救僑胞僑生僑眷辦法

《粤积极救济归侨　奉准组成紧急救侨委会　拟就抢救侨胞侨生侨眷办法》

图片来源：《新华日报》，1942年2月12日第3版。

---

① 任贵祥：《抗日战争时期国民政府侨委会侨务工作述评》，《史学月刊》2016年第1期。

② 秦祖明：《太平洋战争爆发后广东救侨工作评述》，《理论观察》2017年第11期。

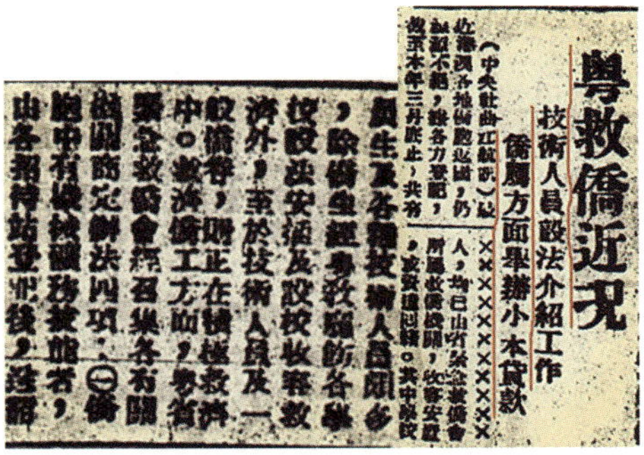

粵救僑近況
技術人員設法介紹工作
僑屬方面舉辦小本貸款

《粤救侨近况　技术人员设法介绍工作侨属方面举办小本贷款》

图片来源：《新华日报》，1942 年 5 月 1 日第 2 版。

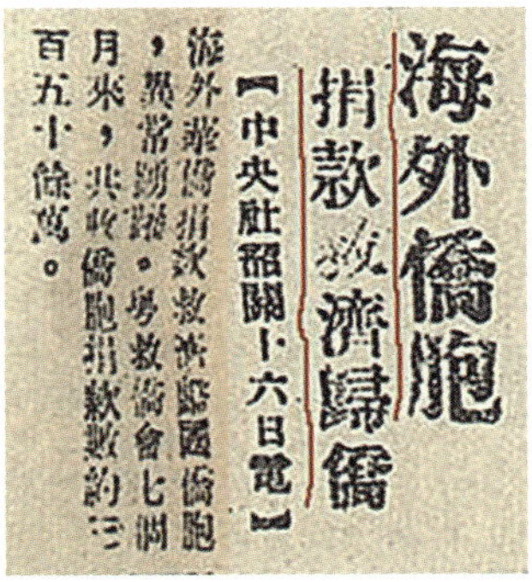

海外僑胞捐款救濟歸僑
【中央社韶關十六日電】海外華僑捐款救濟歸國僑胞，異常踴躍。粵救僑會七閱月來，共收僑胞捐款數約三百五十餘萬。

《海外侨胞捐款救济归侨》

图片来源：《解放日报》，1942 年 8 月 19 日第 1 版。

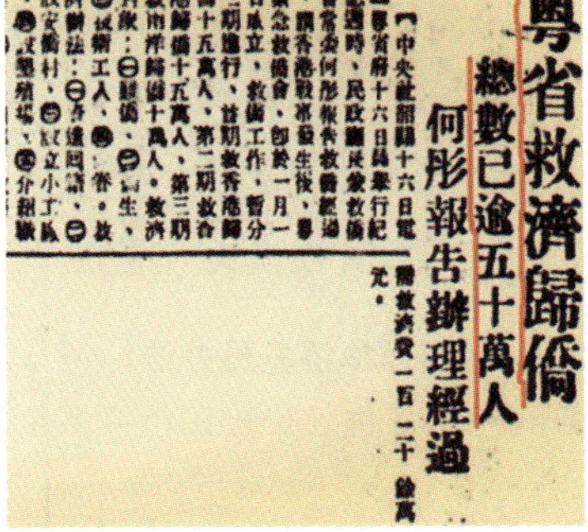

粵省救濟歸僑
總數已逾五十萬人
何彤報告辦理經過
【中央社韶關十六日電】

《粤省救济归侨总数已逾五十万人》

图片来源：《中央日报》，1942 年 2 月 18 日第 3 版。

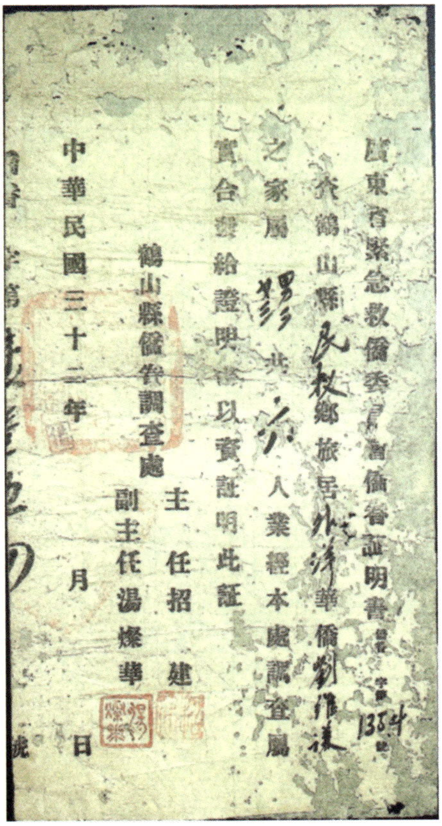

廣東省緊急救僑委員會僑眷證明書
鶴山縣僑眷調查處
主任 招建
副主任 湯燦華
中華民國三十二年 月 日

广东省紧急救侨委员会侨眷证明书（1943 年）

图片来源：徐云收藏。

4. 组织实施战后侨胞复员工作

为战后统筹重建“二战”中受害严重且无力复兴的同盟国参战国家，1943 年 11 月，英、美等 48 个国家在华盛顿成立了“联合国善后救济总署”，并制定了《联总遣送归侨之条件》，即：①受战事影响流离失所之归侨；②在原居留地有居住权者；③未曾因政治关系受原居留地政府驱逐出境之处分，或因患不治疾病不准入境者。[①] 按照这个规定，我国大部分归侨在遣送范围之内。为配合联总工作，国民政府于 1945 年 1 月成立了“行政院善后救济总署”，蒋廷黻任署长。联合国救济总署也派员来华，协助我国的侨胞复员工作。由于南洋是华侨的主要聚居地，1945 年底，侨务委员会、外交部、行总联合议定《南洋华侨复员办法》，规定南洋解放区华侨之善后救济，由外交部向有关政府切实交涉，务使就地妥为救济，并从速办理华侨复员入境事宜；对南洋解放区华侨返还原居留地之路资，由善后救济总署完全负责；侨务委员会负责办理侨胞复员出国之登记审查及辅导等事宜。[②]

聯合國救濟總署派員
協助我僑胞復員
已與僑委會商定步驟
將輸送僑胞各返原地

《联合国救济总署派员协助我侨胞复员》

图片来源：《大公报》，1945 年 11 月 7 日第 3 版。

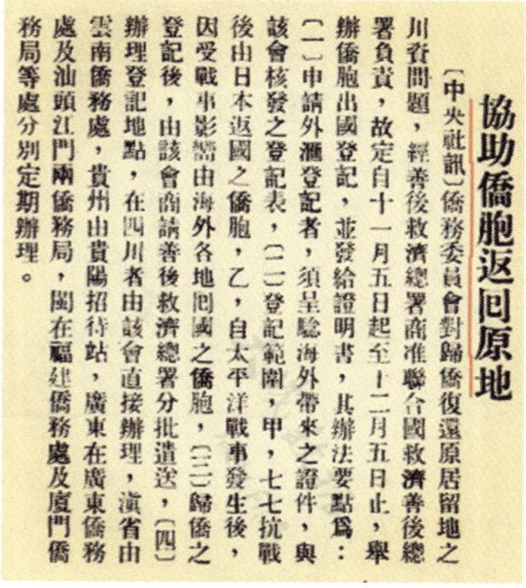
協助僑胞返回原地

（中央社訊）僑務委員會對歸僑復還原居留地之川資問題，經善後救濟總署商准聯合國救濟善後總署負責，故定自十一月五日起至十二月五日止，舉辦僑胞出國登記，並發給證明書，其辦法要點爲：（一）申請外滙登記者，須呈驗海外帶來之證件，與該會核發之登記表，（二）登記範圍，甲，七七抗戰後由日本返國之僑胞，乙，自太平洋戰事發生後，因受戰事影響由海外各地回國之僑胞，（三）歸僑之登記後，由該會商請善後救濟總署分批遣送，（四）辦理登記地點，在四川者由該會直接辦理，滇省由雲南僑務處，貴州由貴陽招待站，廣東在廣東僑務處及汕頭江門兩僑務局，閩在福建僑務處及廈門僑務局等處分別定期辦理。

《协助侨胞返回原地》

图片来源：《华侨评论》1946 年第 1 期。

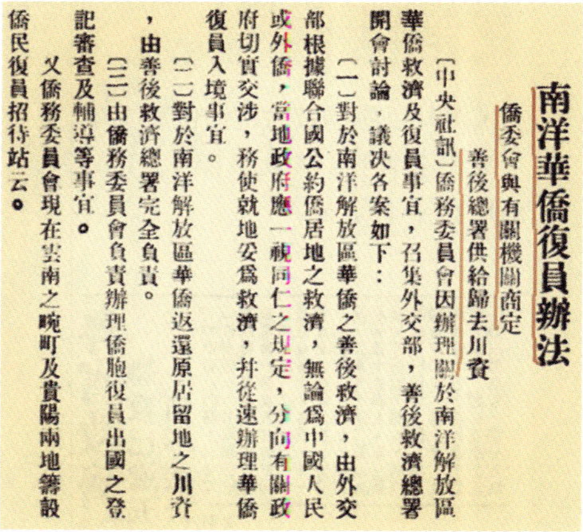
南洋華僑復員辦法

僑委會與有關機關商定

善後總署供給歸去川資

（中央社訊）僑務委員會因辦理關於南洋解放區華僑救濟及復員事宜，召集外交部，善後救濟總署開會討論，議决各案如下：

（一）對於南洋解放區華僑之善後救濟，由外交部根據聯合國公約僑居地之救濟，無論爲中國人民或外僑，當地政府應一視同仁之規定，分向有關政府切實交涉，務使就地妥爲救濟，并從速辦理華僑復員入境事宜。

（二）對於南洋解放區華僑返還原居留地之川資，由善後救濟總署完全負責。

（三）由僑務委員會負責辦理僑胞復員出國之登記審查及輔導等事宜。

又僑務委員會現在雲南之畹町及貴陽兩地籌設僑民復員招待站云。

《南洋华侨复员办法》

图片来源：《华侨评论》1946 年第 1 期。

① 中国第二历史档案馆编：《中华民国史档案资料汇编》（第 5 辑），南京：江苏古籍出版社，1999 年，第 646 页。

② 《南洋华侨复员办法　侨委会与有关机关商定　善后总署供给归去川资》，《大公报》，1945 年 10 月 31 日第 3 版。

1945 年 11 月 5 日起，侨委会开始实行侨民出国复员登记，在重庆、贵阳、昆明、柳州、畹町各区及闽粤各侨务处（局）所在地分别办理。至 1947 年 3 月复员登记工作结束时，共登记 81 799 人，其中有海关证件者 73 900 人，另有证件遗失者 7 899 人。[①] 其中有证件者，可由侨务委员会发给复员证明书及登记证，向外交部领取护照后，再由善后救济总署遣送；遗失证件者则需由外交部与各居留地政府交涉补办证件。

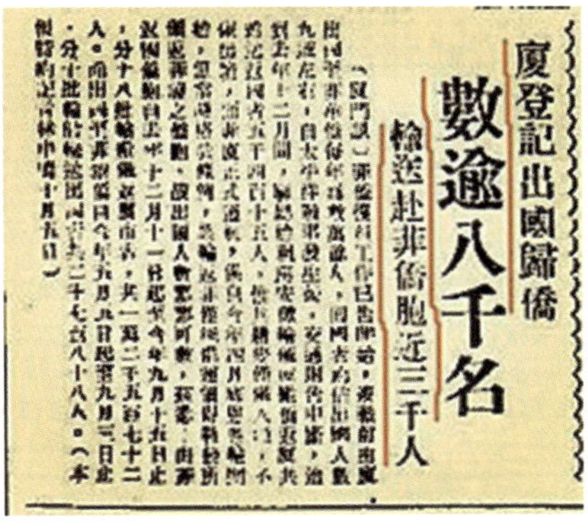
厦登記出國歸僑
數逾八千名
輸送赴菲僑胞近三千人

《厦登记出国归侨数逾八千名输送赴菲侨胞近三千人》

图片来源：《中央日报》，1946 年 10 月 15 日第 9 版。

准备复员的归侨进行登记

图片来源：《福建善救月刊》1947 年第 2 期。

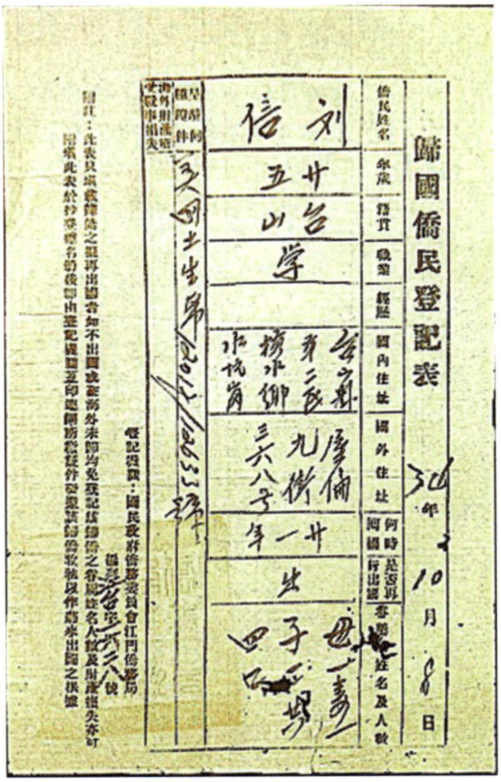
歸國僑民登記表

僑民姓名	年歲	籍貫	職業	經歷	國內住址	國外住址

国民政府侨务委员会江门侨务局的《归国侨民登记表》（1945 年）

图片来源：徐云收藏。

① 中国第二历史档案馆编：《中华民国史档案资料汇编》（第 5 辑），南京：江苏古籍出版社，1999 年，第 644 页。

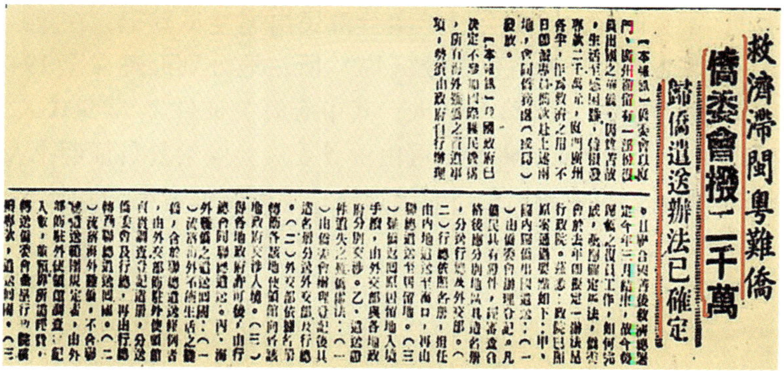

救濟滯閩粵難僑

僑委會撥二千萬

歸僑遣送辦法已確定

《救济滞闽粤难侨　侨委会拨二千万　归侨遣送办法已确定》

图片来源：《中央日报》，1947 年 1 月 18 日第 2 版。

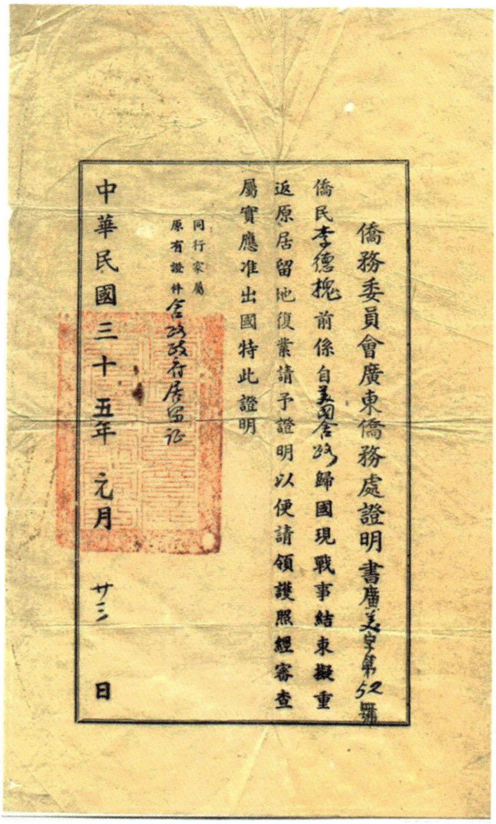

僑務委員會廣東僑務處證明書 廣美字第52號

僑民李德槐前係自美國舍路歸國現戰事結束擬重返原居留地復業請予證明以便請領護照經審查屬實應准出國特此證明

同行家屬

原有證件 舍路政府居留證

中華民國三十五年元月廿三日

侨务委员会广东侨务处关于战事结束侨民返回原居留地的证明书（1946 年）

图片来源：暨南大学图书馆馆藏。

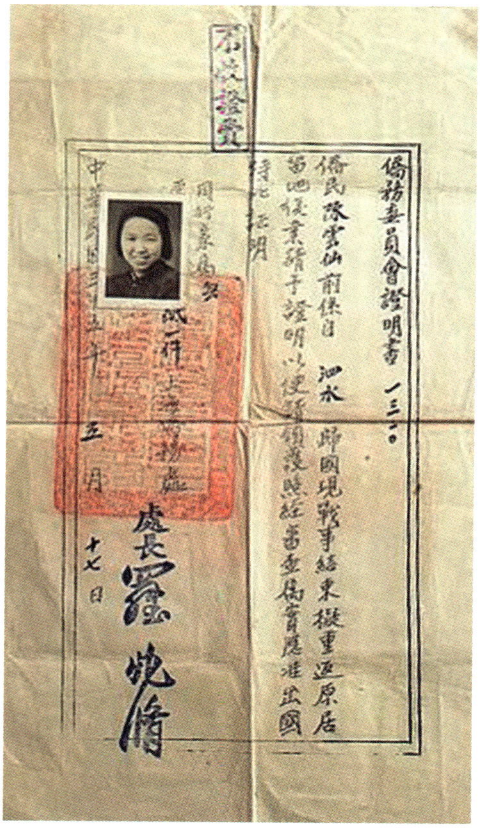

僑務委員會證明書

僑民陳雪仙前係自泗水歸國現戰事結束擬重返原居留地復業請予證明以便請領護照經審查屬實應准出國特此證明

同行家屬

中華民國三十五年五月十七日

處長 羅曉脩

侨务委员会上海侨务处关于战事结束侨民返回原居留地的证明书（1946 年）

图片来源：http://www.997788.com/pr/detail.php? id =4860 8793。

从1946年春开始，归侨遣送工作陆续进行，以福州、汕头、厦门、广州等地为主要遣送地点。因为各居留地政府对华侨入境的态度极不一致，有规定返境条件的，有规定返境手续的，有规定返境人数的，有规定返境时间的，甚至有借辞排斥、故意作难的，这些均要循外交途径分别交涉。为此，外交部费了不少周折，与英、菲、法、暹等各国当局一一交涉，并取得一定的成效。①

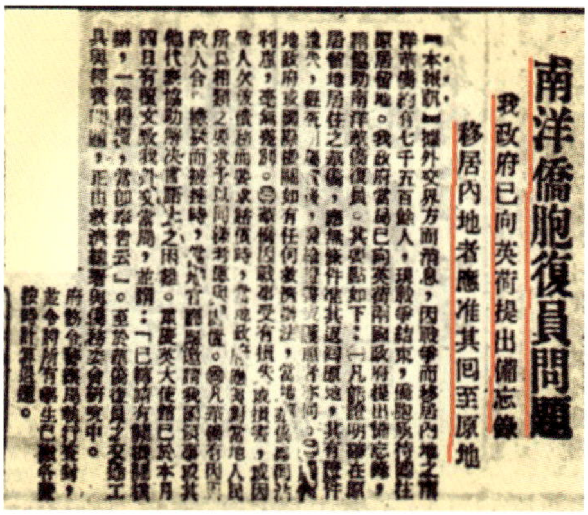

南洋僑胞復員問題

我政府已向英荷提出備忘錄

移居內地者應准其回至原地

《南洋侨胞复员问题　我政府已向英荷提出备忘录　移居内地者应准其回至原地》

图片来源：《大公报》，1945年10月14日第3版。

福州遣侨签证处

图片来源：《福建善救月刊》1947年第2期。

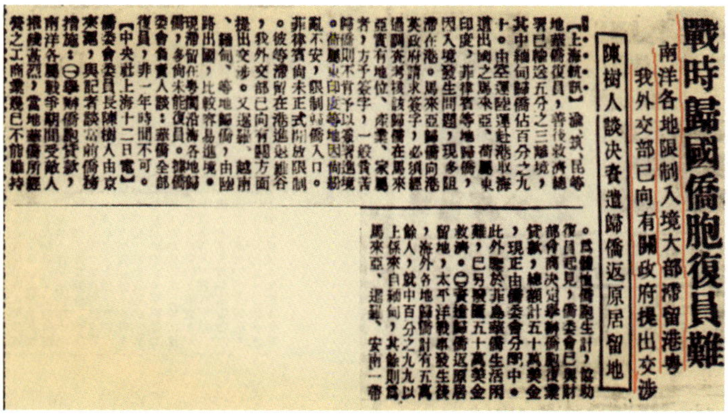

戰時歸國僑胞復員難

南洋各地限制入境大部滯留港粵

我外交部已向有關政府提出交涉

陳樹人談決査遣歸僑返原居留地

《战时归国侨胞复员难　南洋各地限制入境　大部滞留港粤　我外交部已向有关政府提出交涉》

图片来源：《大公报》，1946年5月19日第3页。

① 张赛群：《中国侨务政策研究》，北京：知识产权出版社，2010年，第26页。

复员归侨当中，有一个特殊的群体——1939 年回国服务的华侨青年机工。1946 年 6 月 18 日，国民政府行政院在侨务委员会召开机工复员会议。会议通过《南洋华侨机工资送返原居留地办法》。内容主要包括：一是由行政院“指拨专款援照归国华侨复员辅助之规定，从优辅助旅费及服装费”；二是要求侨务委员会先发给证明书，并与外交部免费为华侨机工办理护照；三是规定具体的遣送办法。华侨机工复员办法确定后，国民政府行政院先委托侨务委员会召开专门会议，对机工复员做了具体的安排。1946 年 10 月至 1947 年，国民政府陆续组织南侨机工复员南返。国民政府战后的华侨遣送政策把机工的遣送归于甲类，在遣送次序上优先考虑，政府还发给奖金、奖状、奖章。[①] 在战后经济相当困难的情况下，国民政府侨务委员会拨款百万元，专款救济华侨司机。为表彰南侨机工对抗日运输的贡献，国民政府行政院决定向每位南返机工发放奖金 200 美元；国民政府的三个部门为南侨机工颁发证书，其中有侨务委员会、交通部、军事委员会运输管理局。经过国民政府各部门、云南省华侨互助会以及南洋华侨社会的共同努力，国民政府顺利将登记的南侨机工遣送回南洋居留地。

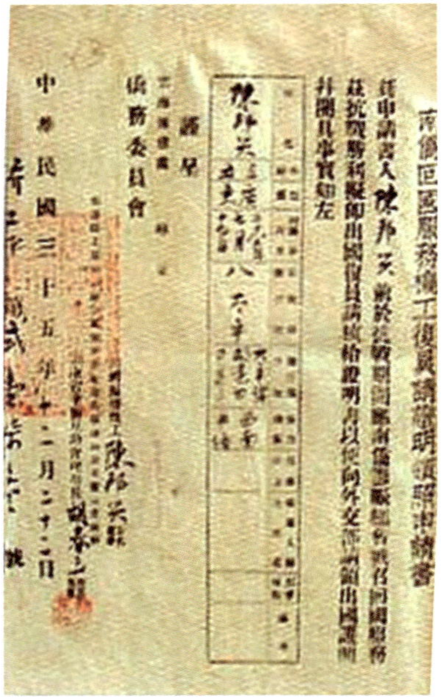

南僑回國服務機工復員請證明領照申請書

具申請人

謹呈

僑務委員會

中華民國三十五年十二月二十二日

南侨回国服务机工复员请证明领照申请书（1946 年）

图片来源：《再会吧南洋——海南南洋华侨机工回国抗战回忆》，第 123 页。

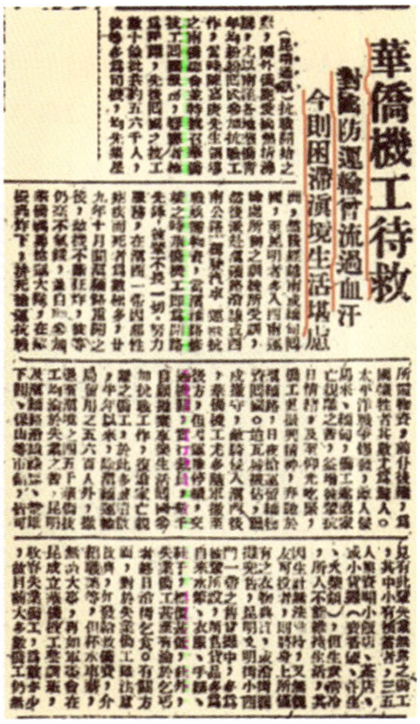

華僑機工待救

對國防運輸曾流過血汗

今則困滯滇境生活堪慮

《华侨机工待救　对国防运输曾流过血汗　今则困滞滇境生活堪虑》

图片来源：《新华日报》，1942 年 12 月 14 日第 2 版。

① 吴爱玲：《南侨机工复员遣送》，《中国档案》2017 年第 4 期。

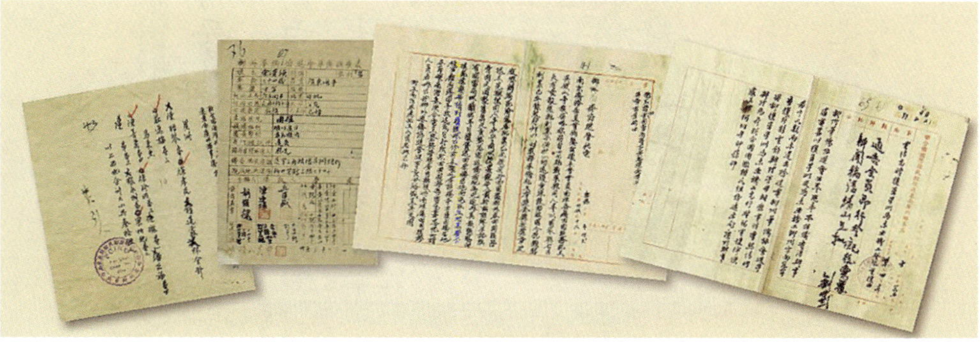

南侨机工复员遣送相关档案

图片来源：《中国档案》2017 年第 4 期。

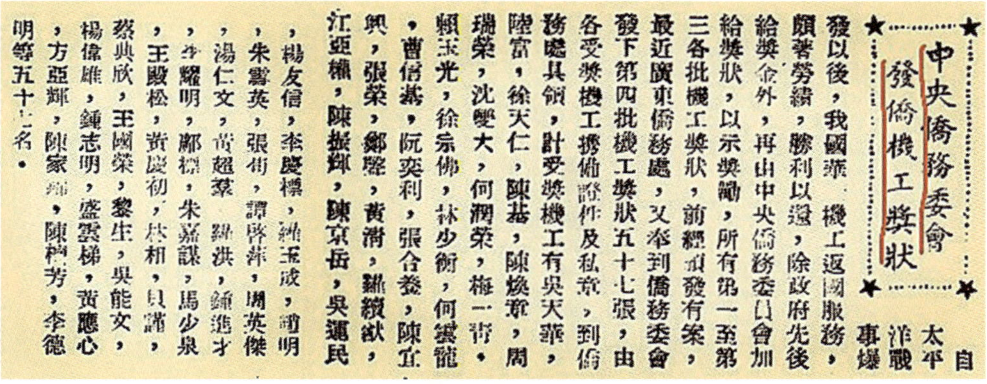

中央僑務委會發僑機工獎狀

自太平洋戰事爆發以後，我國華[illegible]機工返國服務，頗著勞績，勝利以還，除政府先後給獎金外，再由中央僑務委員會加給獎狀，以示獎勵，所有第一至第三各批機工獎狀，前經頒發有案，最近廣東僑務處，又奉到僑務委員會發下第四批機工獎狀五十七張，由各受獎機工携備證件及私章，到僑務處具領，計受獎機工有吳天華，陸富，徐天仁，陳基，陳煥章，周瑞榮，沈變大，何潤榮，梅一清，賴玉光，徐宗佛，林少衡，何鏡龍，曹信嵩，阮奕利，張合燊，陳宜興，張榮，鄭燦，黃湝，鍾毅猷，江亞權，陳振輝，陳京岳，吳運民，楊友信，李慶標，鍾玉成，謝明，朱壽英，張衍，譚啓華，周英傑，湯仁文，黃超榮，鍾洪，鍾進才，李耀明，鄭標，朱嘉謀，馬少泉，王殿松，黃慶初，林相，貝諸，蔡典欣，王國榮，黎生，吳能文，楊偉雄，鍾志明，盧雲梯，黃應心，方亞輝，陳家[illegible]，陳柏芳，李德明等五十七名。

《中央侨务委会发侨机工奖状》

图片来源：《粤侨导报》1947 年第 13－14 期。

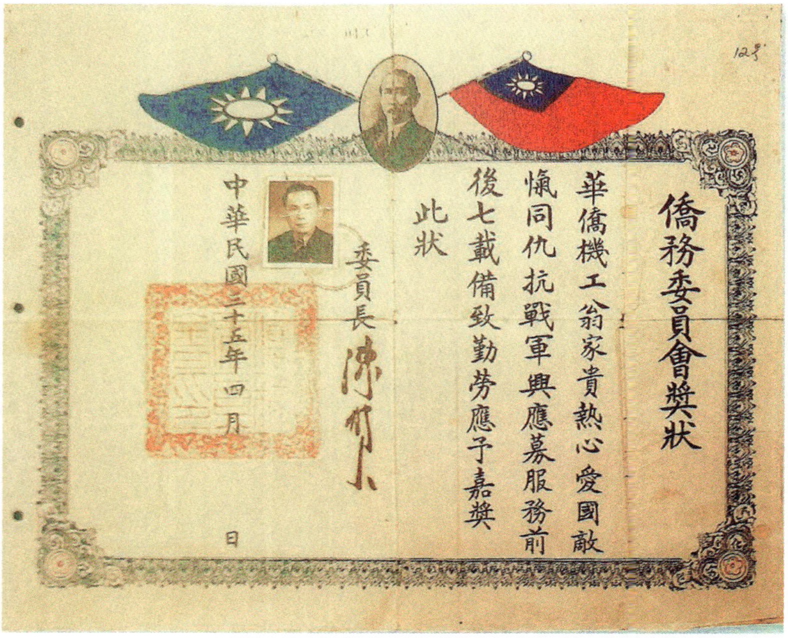

僑務委員會獎狀

華僑機工翁家貴熱心愛國敵愾同仇抗戰軍興應募服務前後七載備致勤勞應予嘉獎

此狀

委員長 陳樹人

中華民國三十五年四月 日

中华民国侨务委员会为南侨机工翁家贵颁发的奖状（1946 年）

图片来源：《华侨博物院藏品精华》，第 276 页。

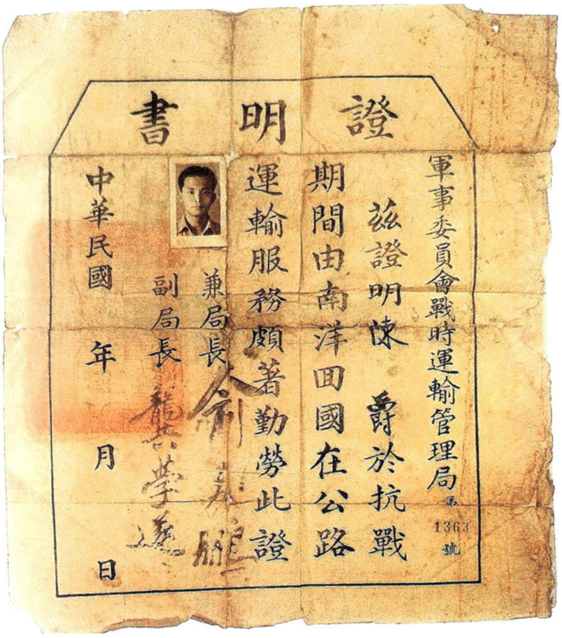

證明書

軍事委員會戰時運輸管理局 第1363號

茲證明陳爵於抗戰期間由南洋回國在公路運輸服務頗著勤勞此證

兼局長 俞飛鵬

副局長 龔學遂

中華民國 年 月 日

中华民国军事委员会战时运输管理局为南侨机工陈爵颁发的证明书

图片来源：《华侨博物院藏品精华》，第 273 页。

南侨机工在昆明机工团解散前合影

图片来源：《南侨机工》，第 87 页。

华侨机工复员南返之前，昆明、贵阳等地政府和民众举行了盛大的欢送大会。1946 年 10 月 25 日，云南省各界“欢送南侨机工回国服务南返复员大会”在昆明西站举行。除南侨机工及家属外，还有政府机关代表、昆明中学师生代表以及昆明各社会团体代表共 1 000 多人参加欢送大会。

遗憾的是，并不是所有的南侨机工都能如愿返回原居住地。由于受制于战后复杂的国内外因素，机工南返较为曲折和艰难。据南侨总会统计，当年回国服务的 3 000 余名机工，只有 1 000 多人返回南洋，1 000 多名机工永远长眠在滇缅公路上，仍有 1 000 多名机工因各种原因滞留在国内。

云南南侨机工复原大会

图片来源：《南侨机工，被遗忘的卫国者传奇》，搜狐网，http：//roll. sohu. com/20140712/n40215708 2. shtml。

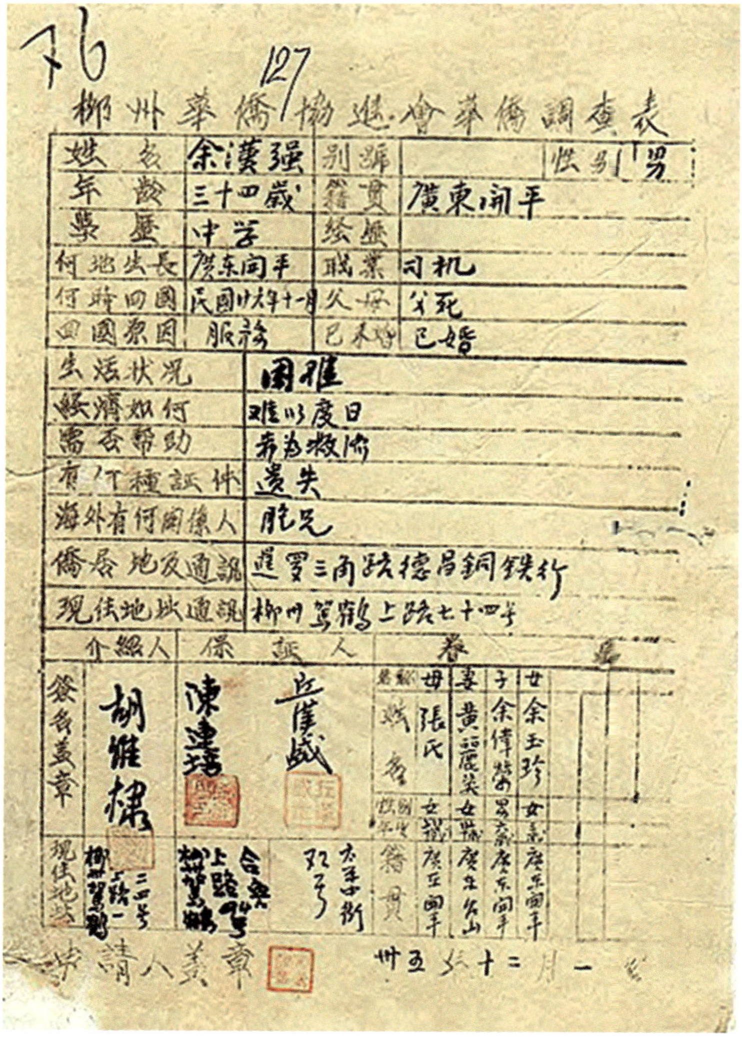

柳州華僑協進會華僑調查表

姓名	余漢强	別號		性別	男
年齡	三十四歲	籍貫	廣東開平		
學歷	中学	經歷			
何地出長	广东开平	職業	司机		
何時回國	民國卅年十一月	父母	父死		
回國原因	服務	已未婚	已婚		
生活狀況	困难				
經濟如何	难以度日				
需否幫助	希为救济				
有何種証件	遗失				
海外有何關係人	胞兄				
僑居地及通訊	暹罗三向路德昌铜铁行				
現住地址通訊	柳州驾鹤上路七十四号				

申請人蓋章　卅五年十二月一日

柳州华侨协进会华侨调查表

图片来源：《效命祖国不辞苦，复员返家路漫漫——滞留柳州南侨机工的复员遣送》，柳州档案信息网，http：//lzdaj.liuzhou.gov.cn/xwdt/bbdt/201702/t20170228_964170.html。

延安时期中国共产党的侨务工作

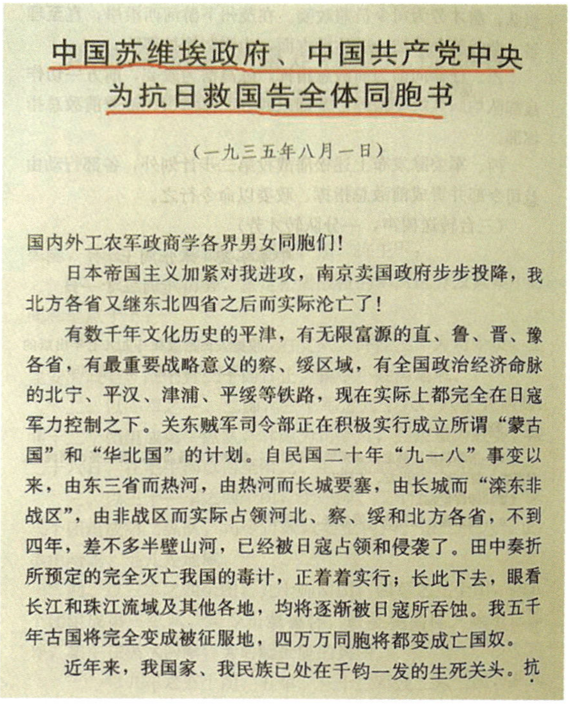

中国苏维埃政府、中国共产党中央
为抗日救国告全体同胞书

（一九三五年八月一日）

国内外工农军政商学各界男女同胞们！

日本帝国主义加紧对我进攻，南京卖国政府步步投降，我北方各省又继东北四省之后而实际沦亡了！

有数千年文化历史的平津，有无限富源的直、鲁、晋、豫各省，有最重要战略意义的察、绥区域，有全国政治经济命脉的北宁、平汉、津浦、平绥等铁路，现在实际上都完全在日寇军力控制之下。关东贼军司令部正在积极实行成立所谓“蒙古国”和“华北国”的计划。自民国二十年“九一八”事变以来，由东三省而热河，由热河而长城要塞，由长城而“滦东非战区”，由非战区而实际占领河北、察、绥和北方各省，不到四年，差不多半壁山河，已经被日寇占领和侵袭了。田中奏折所预定的完全灭亡我国的毒计，正着着实行；长此下去，眼看长江和珠江流域及其他各地，均将逐渐被日寇所吞蚀。我五千年古国将完全变成被征服地，四万万同胞将都变成亡国奴。

近年来，我国家、我民族已处在千钧一发的生死关头。抗

《中国苏维埃政府、中国共产党中央为抗日救国告全体同胞书》

图片来源：《建党以来重要文献选编（一九二一—一九四九）》（第12册），第262页。

中国共产党延安时期，是指中共中央和中央红军1935年10月19日长征到达陕北吴起镇，至1948年3月23日东渡黄河前往河北省西柏坡，共历时13年。延安时期，特别是抗日战争时期，以毛泽东为核心的中国共产党将海外华侨视为统一战线的组成部分之一。延安时期的侨务工作，在中国共产党的统一战线策略指引下，制定了较为系统而正确的侨务工作方针政策；建立了华侨及海外工作高层领导机构；培训了华侨干部；组织了华侨自治组织；吸收培养了大批华侨归国青年。通过卓有成效的侨务工作促进了广大华侨支持全民族团结抗战，实现了海外华侨对中国共产党的理解和认同。延安时期的侨务工作不仅对抗日战争和解放战争的胜利发挥了独特的推动作用，而且为新中国的侨务工作奠定了思想、理论、组织和干部队伍的基础，在中国共产党的侨务工作史上具有不可替代的重要地位。

一、统一战线策略与侨务工作方针的制定

侨务工作最早见诸中共中央文件，是1935年8月1日，中国共产党发表的《为抗日救国告全体同胞书》，史称《八一宣言》。中国共产党根据对国际形势变化和国内阶级关系变动的判断及共产国际第七次代表大会的精神，在《为抗日救国告全体同胞书》中号召停止内战，一致抗日，并鲜明地提出了建立抗日民族统一战线的主张；号召“一切不愿当亡国奴的同胞们”和“一切关心祖国的侨胞们”参加“反日解放战争”，建立各党派各团体各界各军的抗日统一战线。中国共产党在《八一宣言》中将保护华侨权益作为抗日救国十大纲领之一，明确宣告“保护侨胞在国内外生命、财

产、居住和营业的自由”①，同年 12 月，中共中央在瓦窑堡召开会议，通过了《中央关于目前政治形势与党的任务决议》，要求团结一切进步力量，建立包括爱国华侨在内的、各民主党派、爱国人士都参加的“最广泛的反日民族统一战线”。《八一宣言》和瓦窑堡会议奠定了中国共产党侨务工作方针的基调。

1937 年 7 月全面抗战爆发后，中国共产党积极推动建立包括海外侨胞在内的、不分党派的抗日民族统一战线，并通过种种途径向海外侨胞宣传党的抗日主张，动员海外侨胞投身祖国抗战，在侨胞中产生了极大影响。1940 年 6 月 4 日，中共中央机关报《新中华报》发表社论《华侨在抗战中的作用》，社论明确指出“所有这些直接间接参加抗战的工作及其对政府财政的支持，都说明华侨在抗战中的伟大作用”。

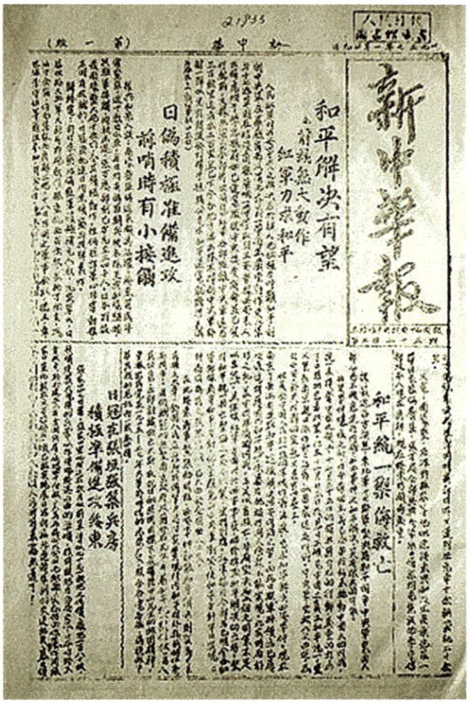
新中華報
和平解決有望
和平統一禦侮救亡

中国共产党中央委员会第七份机关报《新中华报》，1937 年 1 月创刊

图片来源：《中共中央机关报的历史沿革》，人民网，http://media.people.com.cn/GB/40606/6731730.html。

解放日報
論聯合政府
毛澤東
毛澤東同志

《论联合政府》

图片来源：《解放日报》，1945 年 5 月 2 日。

① 中央档案馆编：《中共中央文件选集：一九三四——一九三五》（第 10 册），北京：中共中央党校出版社，1990 年，第 488 页。

1940年7月7日，中共中央发布《中央关于目前形势与党的政策的决定》，在第十七条中强调“加强华侨工作，设法向印度、缅甸、荷印、安南、暹罗、菲律宾的民族独立运动取得联系，尽量给以帮助，使他们的斗争与我们的斗争配合起来”①。这成为太平洋战争爆发后，中央将华侨视为世界反法西斯统一战线的组成部分的认识基础。1941年8月9日，中共中央就太平洋战争爆发后的新形势，向全党发出了《中央关于太平洋反日统一战线及华侨工作的指示》，强调：“中国人民、中国侨胞及南洋各民族的中心任务，就是建立太平洋各民族反法西斯日、德、意的民主统一战线。”②

抗战胜利后，中国共产党继续将广大华侨作为反对国民党发动内战、争取和平、民主建国的积极力量。1945年4月，毛泽东在中国共产党第七次全国代表大会上所做的《论联合政府》报告中提出了“保护华侨利益，扶助回国华侨”的口号，这是对中国共产党新民主主义革命时期侨务政策的高度概括。中国共产党在新民主主义革命时期的统一战线策略，以及统战策略指导下所制定的侨务工作方针政策，是延安时期共产党侨务工作的思想、理论和政策基础。

二、建立华侨及侨务工作的组织机构

（一）中共中央海外工作委员会

为了落实《八一宣言》和瓦窑堡会议奠定的中国共产党侨务工作方针，1936年，中共中央成立了以朱德为组长的“海外工作领导小组”，专门负责侨务工作。1938年秋，成立了中共中央书记处党务研究室海外研究组，统由朱德负责。1940年2月，中央书记处为加强中共对华侨工作的领导，成立了中共中央华侨工作委员会。1941年12月7日，太平洋战争爆发，同日，中共中央政治局决定成立海外工作委员会（简称“海委”），并将华侨委员会和调查研究局下属党务研究室之海外研究组并入。这是中国共产党在抗战时期领导侨务工作的最高机构。③

① 中共中央统战部、中央档案馆编：《中共中央抗日统一战线文件选编》（下），北京：档案出版社，1986年，第426－433页。

② 中共中央统战部、中央档案馆编：《中共中央抗日统一战线文件选编》（下），北京：档案出版社，1986年，第587－589页。

③ 中共延安市委统战部组编：《延安时期侨务工作史略》，香港：中国文化出版社，2012年，第102页。

1. 海外工作委员会主任朱德

海外工作委员会的任务是负责制定组织国际反日统一战线的战略和策略问题，在军事上争取与英美同盟军合作，抵抗日本侵略者，以及讨论南洋局势、组织华侨抗日武装和难侨的安置救济问题等。担任海外工作委员会主任的朱德充分认识到广大华侨在祖国抗战中的地位和作用，把华侨看作维护中国团结抗战、反对投降分裂的重要力量。爱国华侨多次要求国内派出干部支援日占区华侨、组织武装队伍保卫华侨生命安全、协助华侨组织抗日武装力量。为回应这些要求，海外工作委员会从延安各机关、学校抽调39名华侨干部，于1942年春成立了海外工作学习班训练干部，准备将来派到各侨居地开展工作。朱德总司令、叶剑英参谋长亲自领导学习班的学习和工作。[①] 朱德领导的海外工作委员会，在对侨工作中做了大量卓有成效的工作，如通过加强对海外华侨的宣传工作，让海外侨胞了解国内的抗战情况和中共的抗日主张、方针、政策；加强对侨领和一般华侨的统战工作等。[②]

2. 中共中央海侨机构简表

中共中央海侨机构简表[③]

名称	成立时间	领导人	成员
中共中央海外工作领导小组	1936年	朱德	
中共中央书记处党务研究室海外研究组	1938年	朱德	何英、林仲、李初梨、余光中
中共中央华侨委员会	1940年	朱德、饶漱石	
中共中央海外工作委员会	1941年	朱德	叶剑英、李初梨、林哲、武亭、萧林、王大才、林仲、黄华

3. 在海外工作委员会工作的华侨

（1）海外工作委员会秘书——菲律宾华侨庄焰。

庄焰，菲律宾华侨，福建南安官桥人。早年在南洋公学学习。曾任马尼拉华侨学生联合会主席，文化界救亡协会、劳工联合会、民族武装自卫会的常务理事。1935年加入菲律宾共产党。抗战全面爆发后，回国参战。经八路军驻香港办事处廖承志介绍，庄焰辗转千里，奔赴延安，在中央党校学习，曾担任中共中央海外工作

① 中共延安市委统战部组编：《延安时期侨务工作史略》，香港：中国文化出版社，2012年，第103页。

② 辜堪生、冯维东：《试论朱德对抗日民族统一战线的杰出贡献》，《毛泽东思想研究》2007年第3期。

③ 中共延安市委统战部组编：《延安时期侨务工作史略》，香港：中国文化出版社，2012年，第227页。

庄焰

图片来源：《八路军驻香港办事处纪实》，第 114 页。

委员会秘书。中华人民共和国成立后，历任厦门市军事管制委员会副秘书长，全国总工会国际联络部副部长，驻英国代办处一等秘书、参赞、临时代办，驻联合国副代表（大使衔），驻孟加拉国、伊朗、希腊大使。

（2）海外工作学习班班主任——马来亚华侨何英。

何英，海南琼海人。13 岁到马来亚谋生，1929 年在马来亚加入共产主义青年团，1930 年转为中国共产党员。1938 年入延安抗日军政大学学习，1939 年入中共中央马列学院学习，后入马列主义研究室学习。1942 年调任中共中央党务研究室研究员，后任中共中央海外工作委员会海外工作学习班班主任。1945 年，奉命赴东北战场，先后担任东北民主联军八旅政治部主任、党委副书记，第四野战军第四十一军一二一师政治部主任、副政委等职。中华人民共和国成立后，曾任外交部副部长、全国人大华侨委员会主任委员等职。

海外工作学习班班主任何英（左三）与战友在一起

图片来源：《延安时期侨务工作史略》，第 104 页。

（3）海外工作学习班第一组组长——马来亚华侨彭光涵。

彭光涵，马来亚华侨，1928 年随家逃难到马来亚，1935 年参加马来亚共青团，1937 年转为马共党员。抗战全面爆发后，组织华侨募捐支持抗战。1940 年回国，在太行山抗日军政大学学习，后来到延安、张家口等地工作。1942 年，为了协助国外华侨组织抗日武装力量，配合各国反日武装力量反对日本帝国主义，中共中央海委从各解放区抽调经过战争锻炼的华侨青年在延安成立海外工作学习班。彭光涵任第一组（马来亚组）组长。中华人民共和国成立后，历任中侨委政策研究室副主任，国侨办党组成员、秘书长、副主任，全国侨联顾问，政协第五届、第六届、第七届全国委员会委员。

彭光涵

图片来源：《归侨彭光涵的往事·今事》（插图）。

（4）海外工作学习班第二组组长——泰国华侨肖鲁。

肖鲁，祖籍广东，出生于泰国。1936 年在上海暨南大学参加革命，1939 年加入中国共产党，1942 年任中共中央海委海外工作学习班第二组（泰国组）组长。曾在延安抗日军政大学、延安鲁迅艺术文学院、延安中央党校学习。历任八路军第五纵队一旅参谋部赴华北侦察员，延安中央马列研究院研究员，八路军三五八旅赴华北、东北民运战勤工作队队员。中华人民共和国成立后任广东省人委财委副主任、国务院二机部十局副局长等职。

肖鲁

图片来源：《延安时期侨务工作史略》，第 283 页。

（二）延安华侨救国联合会

延安华侨救国联合会（简称“延安侨联”）成立于 1940 年。在延安华侨救国联合会成立之前，延安已经成立了两个归侨团体。1937 年 10 月，陕北公学在延安成立。1938 年 7 月，陕北公学分校成立，校长为李维汉，华侨学员有 100 多人。1938 年底，陕北公学华侨联谊会成立，印尼华侨张然和为主任。陕北公学华侨联谊会是陕甘宁边区成立的第一个华侨团体。1939 年 7 月，南洋华侨回国服务团驻延安办事处成立，彭士馨为总干事。成立办事处的目的，是团结动员各地侨胞参加祖国抗战及海外宣传工作，传播南洋侨胞救亡消息，扩大祖国军民英勇抗战对侨胞的影响，加强在延安的华侨同志的联系，发动侨胞募捐，援助抗战，并研究华侨问题。1940 年 9 月 5 日，由“华侨留延办事处”发起，在杨家岭大礼堂召开了延安华侨第一次代表大会。来自新加坡、英国、法国、美国、印度尼西亚等国家和地区的 170 多名华侨以及留在延安学习、工作的 300 多名归侨出席了大会。会议决定成立延安华侨救国联合会，选举产生了李介夫、谢生、冯志坚、余震和杨诚 5 名执委，李介夫为主任，其宗旨，一是加强对海外侨胞的联系和宣传；二是组织华侨归国抗战，参加边区经济建设和兴办各种企业。延安华侨救国联合会的成立，加强和统一了边区华侨的各种社会活动，使其抗日救亡活动开始组织化。①1945 年抗战胜利，1946 年 3 月，延安华侨救国联合会改组为延安华侨联合会。改组后的延安侨联，成为当时延安的主要群众团体之一。

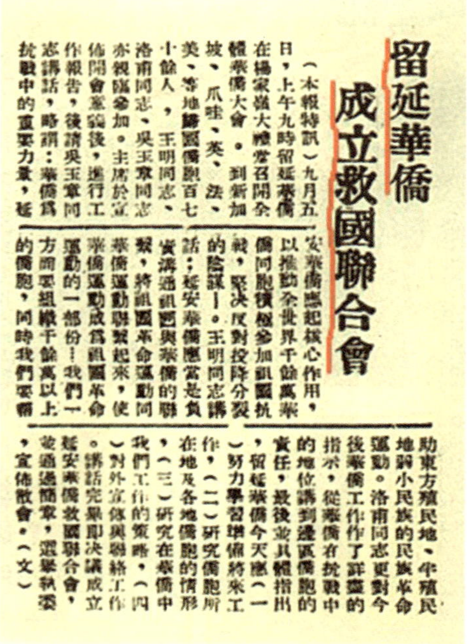

留延華僑
成立救國聯合會

（本報特訊）九月五日，上午九時留延華僑在楊家嶺大禮堂召開全體華僑大會。到新加坡、爪哇、英、法、美、等地歸國僑胞百七十餘人，王明同志、洛甫同志、吳玉章同志亦親臨參加。主席於宣佈開會意義後，進行工作報告，後請吳玉章同志講話，略謂：華僑爲抗戰中的重要力量，延安華僑應起核心作用，以推動全世界千餘萬華僑同胞積極參加祖國抗戰，堅決反對投降分裂的陰謀！。王明同志講話：延安華僑應當是負責溝通祖國與華僑的聯繫，將祖國革命運動同華僑運動聯繫起來，使華僑運動成爲祖國革命運動的一部份！我們一方面要組織千餘萬以上的僑胞，同時我們要幫助東方殖民地、半殖民地弱小民族的民族革命運動。洛甫同志更對今後華僑工作作了詳盡的指示，從華僑在抗戰中的地位講到邊區僑胞的責任，最後並具體指出，留延華僑今天應（一）努力學習準備將來工作，（二）研究僑胞所在地及各地僑胞的情形，（三）研究在華僑中我們工作的策略，（四）對外宣傳與聯絡工作。講話完畢即決議成立延安華僑救國聯合會，並通過簡章，選舉執委，宣佈散會。（文）

《留延华侨成立救国联合会》

图片来源：《新中华报》，1940 年 9 月 12 日。

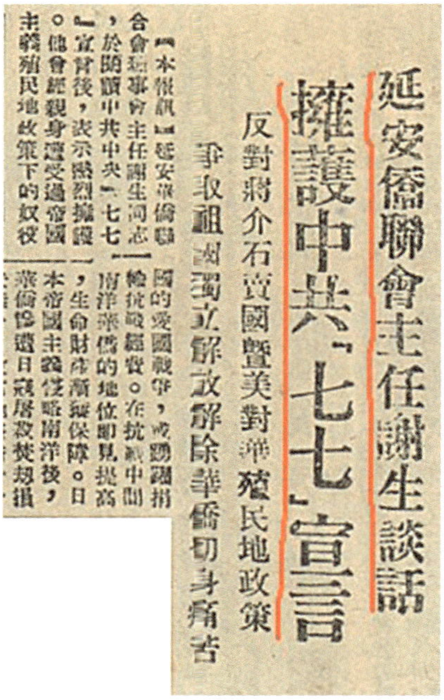

延安僑聯會主任謝生談話
擁護中共「七七」宣言
反對蔣介石賣國暨美對華殖民地政策
爭取祖國獨立解放解除華僑切身痛苦

【本報訊】延安華僑聯合會主任謝生同志，於閱讀中共中央「七七」宣言後，表示熱烈擁護。他曾經親身遭受過帝國主義殖民地政策下的奴役

國的愛國戰爭，或踴躍捐輸抗戰經費。在抗戰中間南洋華僑的地位即見提高，生命財產漸獲保障。日本帝國主義侵略南洋後，華僑慘遭日寇屠殺焚劫損

《延安侨联会主任谢生谈话　拥护中共“七七”宣言》

图片来源：《解放日报》，1946 年 7 月 9 日第 1 版。

① 中共延安市委统战部组编：《延安时期侨务工作史略》，香港：中国文化出版社，2012 年，第 125－126 页。

延安华侨救国联合会主任李介夫，1908 年生于广东省梅县，1928 年离开家乡到南洋谋生，在新加坡、马来亚等地从事华侨教育工作。卢沟桥事变爆发后，他于 1938 年离别妻儿，登上了回国的客轮，并于当年夏天到达延安，进入陕北公学学习，毕业后留校工作。1940 年 9 月 5 日，延安华侨第一次代表大会上正式宣布成立延安华侨救国联合会，李介夫被推举为首届执委会主任。1941 年 11 月，在旅延华侨联合会第三次会议上，李介夫以 64 票最高票当选为边区第二届参议会参议员。他不辱使命，代表华侨向参议会提出了多项建设性提案。如《边区政府应扩大对海外宣传，以团结华侨参加抗战建国大业案》《发动海外华侨投资建设边区案》《请边区政府给延安华侨更多之帮助案》《发动海外各地侨胞向边区投资，发展各种工业案》等等，均被大会原案审查通过。[①] 抗战期间，以李介夫为代表的全体留延安华侨，满怀救国之志，全力投身于陕甘宁边区的建设和抗日战争。他们的真诚奉献和卓越努力，受到抗日各界的好评，更是一再得到中共中央的嘉奖。

延安华侨救国联合会主任李介夫

图片来源：《延安时期侨务工作史略》，第 129 页。

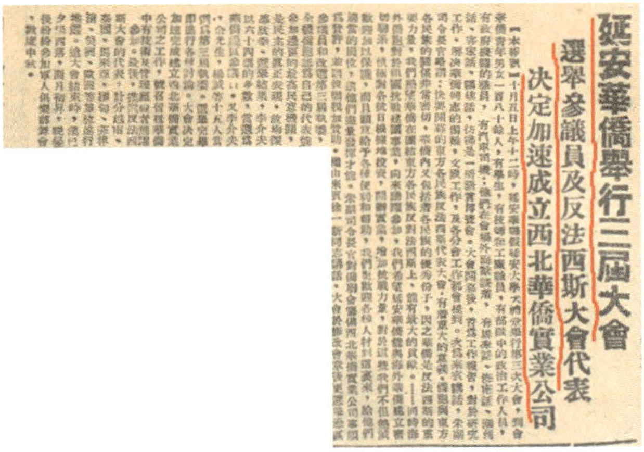

延安華僑舉行三屆大會

選舉參議員及反法西斯大會代表

決定加速成立西北華僑實業公司

《延安华侨举行三届大会　选举参议员及反法西斯大会代表　决定加速成立西北华侨实业公司》

图片来源：《解放日报》，1941 年 10 月 7 日第 4 版。

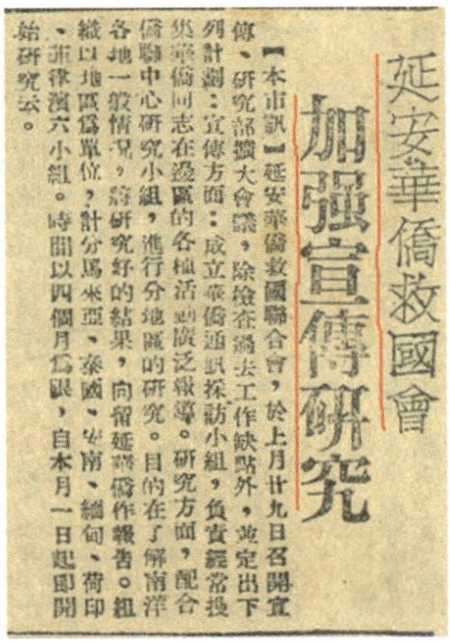

延安華僑救國會

加强宣傳研究

【本市訊】延安華僑救國聯合會，於上月廿九日召開宣傳、研究部擴大會議，除檢查過去工作缺點外，並定出下列計劃：宣傳方面：成立華僑通訊採訪小組，負責經常搜集華僑同志在邊區的各種活動廣泛報導。研究方面，配合僑聯中心研究小組，進行分地區的研究。目的在了解南洋各地一般情况，將研究好的結果，向留延華僑作報告。組織以地區爲單位，計分馬來亞、泰國、安南、緬甸、荷印、菲律濱六小組。時間以四個月爲限，自本月一日起即開始研究云。

《延安华侨救国会加强宣传研究》

图片来源：《解放日报》，1942 年 12 月 5 日第 2 版。

① 中共延安市委统战部组编：《延安时期侨务工作史略》，香港：中国文化出版社，2012 年，第 132 页。

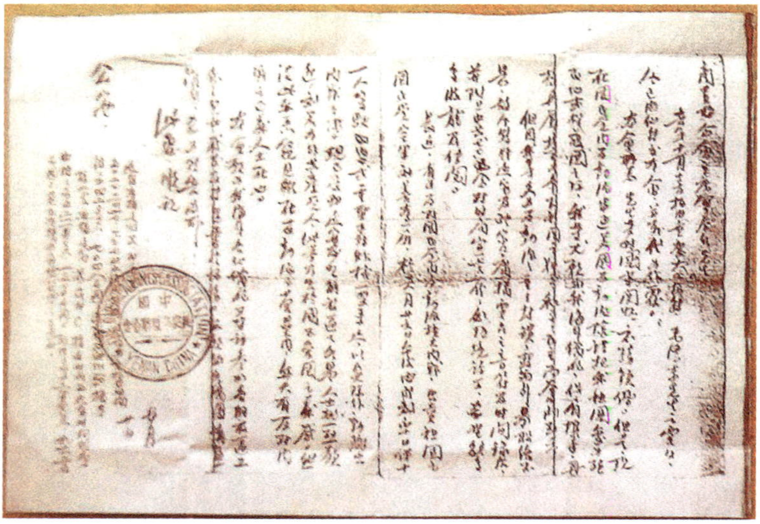

1946 年 7 月 20 日，延安侨联写信给马来亚侨胞，揭露国外反动势力企图侵吞中国的阴谋，并介绍了延安、张家口电台的广播频率和播音时间

图片来源：《延安时期侨务工作史略》，第 27 页。

（三）八路军驻香港办事处

抗日战争期间国共合作后，各地办起了八路军办事处。香港在抗战中处于很重要的特殊地位，中共中央决定在香港筹办八路军办事处。为便于办事处顺利开展工作，周恩来在武汉特地当面告知英国驻华大使卡尔：“八路军在敌后英勇作战，得到国内外人士的赞扬，赢得广大侨胞的钦佩，纷纷援助款项、医药和其他物资，可是没有机构办理接收。我想派人到香港设立一个办事处。我们不公开挂牌，办事处是秘密的，将不妨碍英国对中日战争的中立地位，请转告港督加以关照。”这个要求得到应允。1938 年 1 月，办事处正式成立。廖承志为主任，潘汉年协助工作。[①] 八路军驻香港办事处地点以香港皇后大道 18 号一家名为“粤华公司”的茶叶商行作为掩护，商号后楼就是八路军驻香港办事处，下设交通、宣传、联络、侨务部门。办事处在中共中央和南方局的领导下，充分利用香港的特殊政治、军事地位与地理环境，开展对海外华侨的爱国统战工作，向他们传播有关延安和八路军、新四军的抗战信息，为东江华侨回乡服务团、琼崖华侨回乡服务团成员讲授中国共产党的抗战主张。在中共中央的部署下，八路军驻香港办事处在极其艰难的条件下，不辱使命，做了大量卓有成效的工作，赢得了包括海外华侨在内的全球华人和援华机构的信赖和好评。

① 李军晓：《八路军驻香港办事处述略》，《抗日战争研究》1997 年第 3 期。

1939 年间，八路军驻桂林办事处人员接收南洋运来的捐赠汽车和锦旗

图片来源：《八路军驻香港办事处纪实》，第 98 页。

办事处成立伊始，就把为中共领导下的人民抗日武装发动募捐和接收转运海外捐赠的款项和物资作为首要任务。当时敌后抗日战场已经开辟，八路军伤员增加，医药奇缺，财力匮乏，物力补充困难。而由于国民党和华侨所在地当局的限制和阻挠，使得海外华侨和港澳人士与中共联系困难，银行也不愿接收捐赠给八路军、新四军的款项。为扭转这种局面，办事处决定通过间接方式展开此项工作。经廖承志提议，1938 年 6 月，以宋庆龄为主席的保卫中国同盟（简称“保盟”）成立。这是一个国际性救援机构，有了这个机构，便于广泛募集捐赠物资并同海外援华救济团体建立联系。好多由八路军驻香港办事处不方便出面的事务，就改由保卫中国同盟出面或操作。由于宋庆龄在国际上享有崇高的地位，因此她的号召具有很强的感召力，很快就得到了遍及美、英、法、澳等国的许多团体和正义友好人士的积极响应，各国援助机构及海外侨胞们的援助抗战物资纷纷从各种不同渠道运送到香港。① 而廖承志又担任保盟的中央委员和秘书长，保盟为八路军、新四军筹集的救援物资亦大多由办事处设法转送。

1938 年，八路军驻香港办事处以周恩来、叶剑英、廖承志、潘汉年名义 3 次联名致函海外，吁请侨胞援助八路军将士，均得到热烈响应。1938 年冬，办事处收到的药品和医疗器械计有 130 箱，由水运经淡水、惠州、老隆运至桂林八路军办事处，再转运到延安。1939 年 10 月，办事处收到南美华侨捐赠的大批西药

① 陈敦德编：《八路军驻香港办事处纪实》，北京：解放军出版社，2012 年。

以及东南亚华侨捐赠的20辆卡车和2辆轿车。这些物资都被转交给桂林八路军办事处。后来，东江游击队派人在香港开办运输公司，专门秘密转运办事处接收的大批捐献物资。无疑，这些援助对中共领导的抗日军民战胜敌伪顽强的军事进攻和经济封锁起了重要作用。[1]

遵照周恩来的指示“在香港建立我们自己的宣传据点，出一张我们的报纸，不仅在香港发行，还要发行到东南亚、菲律宾等地去”，八路军驻香港办事处成立后，开始筹办《华商报》。1940年4月8日，《华商报》正式出版，“基调是主张团结、民主、抗战”。有史学家评说：如果把抗日战争期间中共在国统区创办的机关报《新华日报》比作茫茫黑暗中的一座灯塔，那么，《华商报》则是20世纪40年代高挂在香港上空的一盏明灯。继《华商报》后，八路军驻香港办事处又相继支持创办和复办了几家进步报刊。创办或复办的报刊则尽量采用纯文艺、纯知识的名称，以免刺激港英当局和日伪。如邹韬奋主编的《大众生活》、端木蕻良主编的《时代文学》、茅盾主编的《笔谈》、梁漱溟等负责的《光明报》、黄庆云主编的《新儿童》等。其中，1941年5月在香港复刊的《大众生活》，由主编邹韬奋和胡绳、茅盾、夏衍、金仲华、千家驹、乔冠华组成编委会，被誉为“和《华商报》紧密合作在宣传战线起很大作用”的进步刊物。[2] 办事处正是依靠这些进步群众、文化团体和刊物，宣传党的方针、主张，培养和团结进步青年，配合和支援祖国内地的斗争。

《华商报》编委邹韬奋

图片来源：《八路军驻香港办事处纪实》，第144页。

① 李军晓：《八路军驻香港办事处述略》，《抗日战争研究》1997年第3期。

② 陈敦德编：《八路军驻香港办事处纪实》，北京：解放军出版社，2012年，第143页。

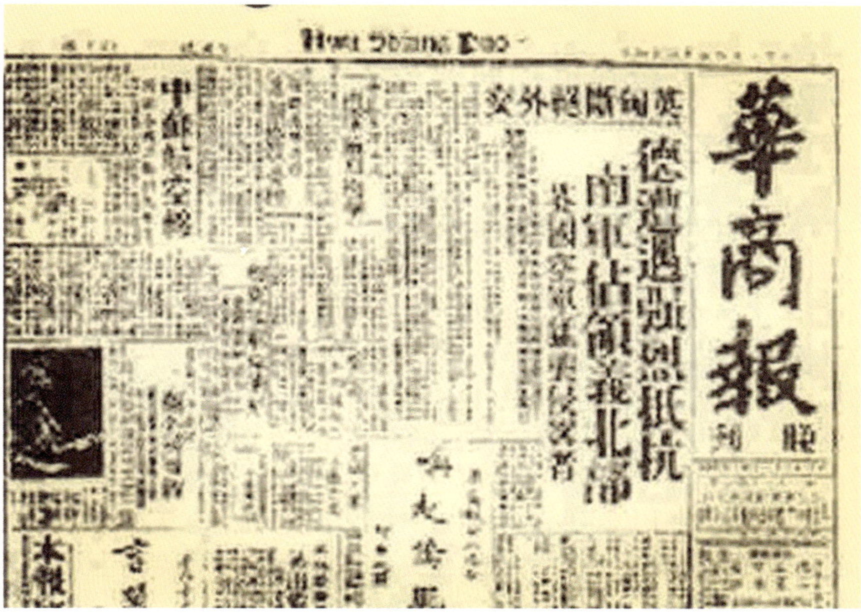
華商報
晚刊

八路军驻香港办事处筹办的《华商报》

图片来源：《八路军驻香港办事处纪实》，第 143 页。

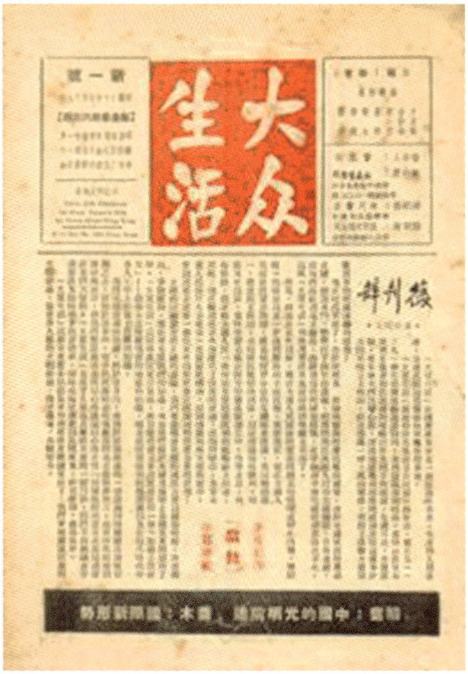
大众生活

《大众生活》新一号

图片来源：《大众生活》，http：//hklitpub. lib. cuhk. edu. hk/news/iss85/。

三、支持和帮助海外华侨回国参加抗战活动

（一）接待回国参加抗战的华侨青年

据统计，全面抗战爆发后回国参战的华侨学生、工人有 1 万多人。在中国共产党抗日救国主张的感召下，约有 2 000 名华侨青年，分赴延安和华北、华中、华南的敌后战场，参加了八路军、新四军、东江纵队和琼崖纵队。[①] 八路军驻各地办事处充分发挥中转站的作用，向他们介绍人民军队及抗日根据地的情况，为他们开具路条或介绍信，安排回国路线，做了很多烦杂而细致的工作。其中八路军驻西安办事处是爱国华侨奔赴延安的重要联络站，华侨青年大多途经这里转赴延安。到达延安的这批华侨青年，后来绝大多数都成了坚定的共产主义者，成为抗日和抗日民主根据地各项建设的有生力量。

国民革命军第八路驻陕办事处（八路军西安办事处）

图片来源：《西安“八路军办事处”架起抗日红色桥梁》，《华商报》，2005 年 8 月 6 日。

① 文思编：《回国抗战　奔赴延安》，北京：中国文史出版社，2005 年，第 49 页。

全面抗战爆发后，爱国青年、海外华侨在奔赴延安途中

图片来源：《延安时期侨务工作史略》，第 108 页。

1938 **年一起回国的华侨在延安留影**

图片来源：《延安时期侨务工作史略》，第 113 页。

王唯真，菲律宾华侨。1923 年 3 月出生于福建，1933 年 11 月随父亲王雨亭到菲律宾读书。1938 年 5 月，15 岁的王唯真在多次请求并征得父亲同意后，怀着抗日救国的一腔热血来到八路军驻香港办事处，经办事处安排，辗转北上。1939 年 8 月，被安排到西安西北方向的安吴堡青训班学习。1940 年 10 月，王唯真加入中国共产党，1941 年 8 月在《解放日报》编辑部美术科工作，同年 11 月到新华社英文翻译组担任翻译。1967 年 1 月 9 日任新华社副社长并主持新华社宣传报道工作。他长期在新华社工作，为我国新闻事业奉献了毕生精力。

1944 年王唯真、陈萍夫妇在延安王家坪合影

图片来源：《十五岁，他告别家人回国抗日》，和讯网，http：//m. hexun. com/news/2015 – 11 – 07/180411276. html。

钟若潮，泰国华侨。广东省梅州人。1926 年赴暹罗（泰国）谋生。1936 年加入暹罗共产党，任支部书记。1938 年 10 月回国参战。经八路军驻香港办事处介绍，参加东江抗日斗争。同年底转入中国共产党。历任东江华侨回乡服务团增（城）龙（门）队副队长、抗日游击大队主力中队指导员、广东人民抗日游击总队第三大队独立中队政委等职。1944 年 5 月初，东江人民抗日游击独立纵队集中于梅塘整训。5 月 7 日晨，纵队司令部突遭日军 400 余人的包围。为掩护纵队领导机关撤退，钟若潮奉命率独立中队一个排抢占梅塘制高点马山，以火力压制敌军，于激战中牺牲，时年 33 岁。2015 年 8 月，钟若潮被列入民政部公布的第二批 600 名著名抗日英烈和英雄群体名录。

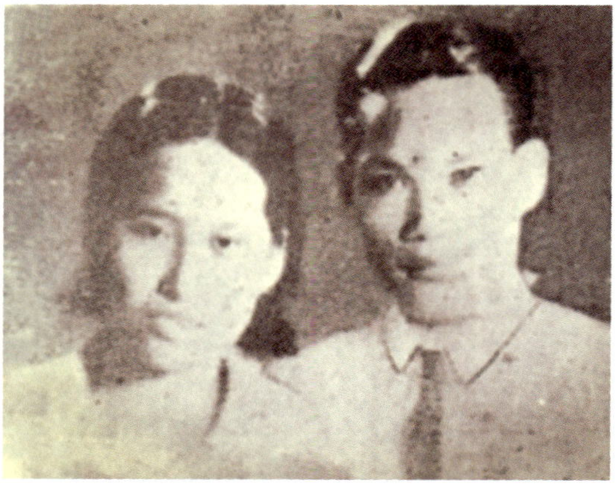

泰国归侨钟若潮、王丽夫妇生前合影

图片来源：《八路军驻香港办事处纪实》，第 129 页。

（二）接待回国服务抗战的华侨团体

1. 马来亚机工服务团

1938 年 8 月，马来亚华侨彭士馨、黄国光等华侨司机组织了机工服务团，募集到 4 万多元，购买了两辆雪佛兰救护车、医药用品，随车辗转一路北上，途经香港、广州、长沙、武汉，于 11 月 1 日到达延安，受到党中央和边区群众的热烈欢迎。在华侨抗战历史上，这是第一个从南洋回国参战的华侨机工服务团，是唯一成团投奔延安的南洋华侨机工群体。党中央、毛主席对他们十分重视和关心。他们抵达延安当天，八路军总政治部的副主任谭政、交际处的主任金城及其他工作人员，都出来盛情欢迎，并同大家合影留念。《新中华报》和《华侨先锋》都发表报道赞扬这些华侨的爱国精神。

活躍在西北前線的華僑服務團

我們有八百多萬的華僑，散居在世界各地。他們雖然遠居海外，但是對於祖國的抗戰却無限關懷。華僑們不僅從世界每一個角落裏匯來了鉅大的款項，而且不少熱血的青年，拋棄了他們的愉快生活和至愛親朋，直接間接的參加了抵抗日本帝國主義的戰爭。但是以有組織的團體回到祖國的，這回雖非創舉，也是一件很難得的了。

華僑服務團現在備有十七個團員，她們生長於馬來半島，十一個是純熟的汽車駕駛員，六個是還在學校裏念書的青年。他們在去年夏天受到了千萬華僑的熱烈歡送之後，就帶着三部新式的救護車離開他們的生長之地，越過南海，第一次擠進祖國的胸懷。

這羣年輕的鬥士爲了要急於到達戰鬥的前線，匆匆地把帶回來的救護車一部贈給了四路軍，一部贈給了新四軍。他們就駕駛了其餘的一部從中國最

，而且破爛不堪。當他們駛到西北公路時，才試嘗到那種沒有橋樑和泥濘，而一齊下來推車的滋味。又當他們駛到陝北的崎嶇山路時，才體會到中國人的「冒險」精神，幾千尺的高山，並不須要迴旋轉抹而直上峯巔。雖然他們還是初試鋒芒，但是並沒有衰減了他們什麼。終於克服了一切的難關，到達了目的地。

正因爲他們初回祖國，一切自然環境、人情、習慣……在他們看來，都是新奇饒味的，每一樣東西都吸引他們，使他們感到了一種忘情的興奮。而且更愛自已的祖國了。

當他們到達延安時，受到了邊區軍民極其熱烈的歡迎，他們帶來了大批醫藥，他們充滿着盡忠祖國的情操。

這羣年輕的華僑是過慣了愉快的物質生活的，在延安，他們就不能不住土窯洞，吃小米飯了。然

《活跃在西北前线的华侨服务团》

图片来源：《华侨先锋》1939 年第 9 期。

八路军总政治部副主任谭政（前排右五）同华侨机工服务团合影

图片来源：《黄国光：首批投奔延安的南侨机工》，山西省归国华侨联合会网，http：//www.shanxiql.com/qjfc/qjrw/9507d9be863911e7aaa4c5fca12f0797.html。

2. 南洋华侨战地记者通讯团

1937 年 11 月，为加强同祖国的联络，及时报道祖国各族军民痛击日寇的消息，激发华侨积极援助祖国抗日的热情，宋庆龄、蔡廷锴等在新加坡组织的“中华民族解放同盟”发起组织“南洋华侨战地记者通讯团”，回国采访、慰问将士，宣传、支援祖国抗战，参加的有马来亚、暹罗、仰光等地几家进步报馆的记者。代表团成员到达延安后，毛泽东亲切接见了他们，诚恳表示共产党是关心海外侨胞的，愿意与全体侨胞建立抗日统一战线，并欣然为马来亚侨胞准备创办的《南国日报》题词：“全体华侨同志应该好好团结起来，援助祖国，战胜日寇。共产党是关心海外侨胞的，愿意与全体侨胞建立抗日统一战线”，“马来亚的侨胞用一切力量援助祖国，为中华民族的独立解放而斗争”。

1938 年 2 月，“南洋华侨战地记者通讯团”抵达延安

图片来源：《永春华侨对抗日战争的巨大贡献》，永春新闻网，http：//www. ycxww. cn/content/2015 －07/14/content_5145931. htm。

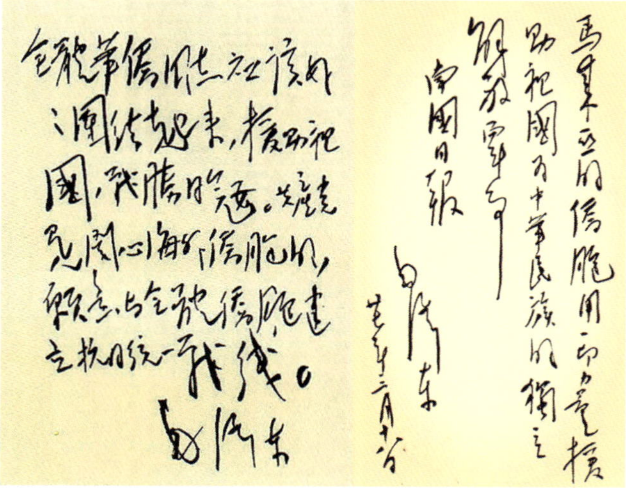

毛泽东为《南国日报》题词

图片来源：《永春华侨对抗日战争的巨大贡献》，永春新闻网，http：//www. ycxww. cn/content/2015 －07/14/content_5145931. htm。

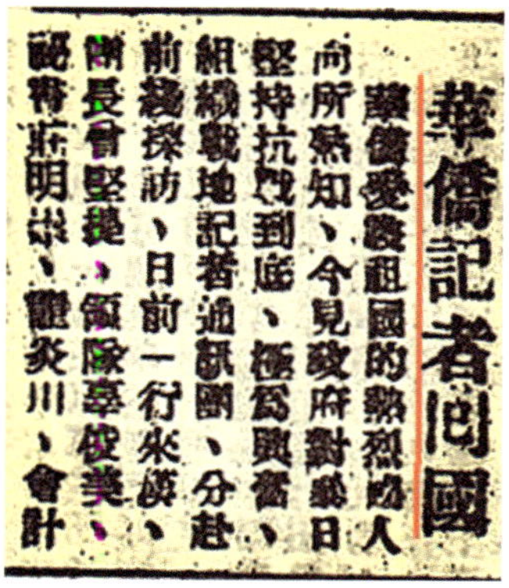

華僑記者回國

華僑愛護祖國的熱烈爲人向所熟知、今見政府對[illegible]日堅持抗戰到底、極爲興奮、組織戰地記者通訊團、分赴前綫採訪、日前一行來漢、團長曾堅選、團員李俊美、秘書莊明洪、體炎川、會計

《华侨记者回国》

图片来源：《新华日报》，1938 年 1 月 12 日第 4 版。

（三）争取爱国侨领团结抗战

1940 年初，陈嘉庚以南侨总会主席的身份，发起组织了“南洋华侨回国慰劳视察团”，他们于 1940 年 3 月 25 日抵达重庆。陈嘉庚在率领“南洋华侨回国慰劳视察团”回国前，一直视国民党政府为中国唯一的合法政府，但在抵达重庆后，他看到国民党贪污腐化、消极抗日和专制统治引起了他对抗战前景和未来中国发展前途的极大忧虑。1940 年 5 月，受毛泽东邀请，陈嘉庚访问延安。访问期间，陈嘉庚和毛泽东进行多次亲切而坦诚的交谈，并共进晚餐。在延安期间，陈嘉庚等人深入到归侨青年中去座谈，参加联欢会，还到陕北农村去看了那里的民主选举。经过延安之行，陈嘉庚看到了中共领导人生活简朴、平易近人以及延安军民团结一致、上下同心、艰苦奋斗的景象，使他对于中共的认识从国民党的种种歪曲污蔑中摆脱出来，思想发生重大的变化。在对国共两党进行比较的基础上，陈嘉庚得出了结论：中国的希望在延安。

中国共产党高瞻远瞩的华侨统战政策和卓有成效的侨务统战活动，提高了广大海外华侨对中国共产党的认识，在争取团结抗战等方面让他们开始认同中国共产党的立场并主动和中共站在统一战线上。

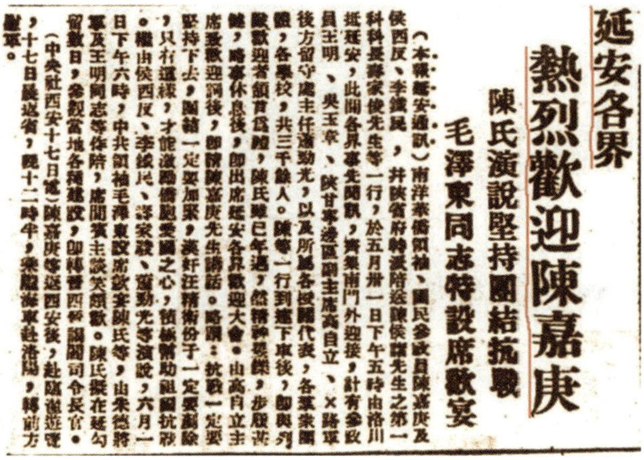

延安各界熱烈歡迎陳嘉庚

陳氏演說堅持團結抗戰

毛澤東同志特設席歡宴

《延安各界热烈欢迎陈嘉庚》

图片来源：《新华日报》，1940 年 6 月 19 日第 2 版。

陳嘉庚先生西北歸來

縱談團結抗戰

國內若不團結抗戰就無辦法

各黨派應負起挽救危亡責任

《陈嘉庚先生西北归来　纵谈团结抗战》

图片来源：《新华日报》，1940 年 7 月 26 日第 2 版。

四、加强归国华侨的教育与培训

为提高归侨的革命素养，更好地为抗战做出更大的贡献，党组织有计划地安排他们报名参加各种干部学校的学习。据统计，当时在鲁迅艺术学院学习的华侨青年有二十多人，马列学院、抗日军政大学（简称“抗大”）、中央党校、泽东青年干部学校也有几十名华侨学生。陕北公学最多，有二百余名。在中国女子大学学习的华侨女学生也有二十多名。安吴堡青训班也有大量华侨学生，每期华侨学员至少有三人，第 124 期学员中，华侨估计不下 400 人。学员多的时候还专门成立了“华侨排”。[①] 他们在这里学习革命的理论，学习抗日救国的道理，亲耳聆听了毛泽东、周恩来、朱德、刘少奇、张闻天、陈云、邓小平、邓发等领导的讲话、报告和授课，受益良多。

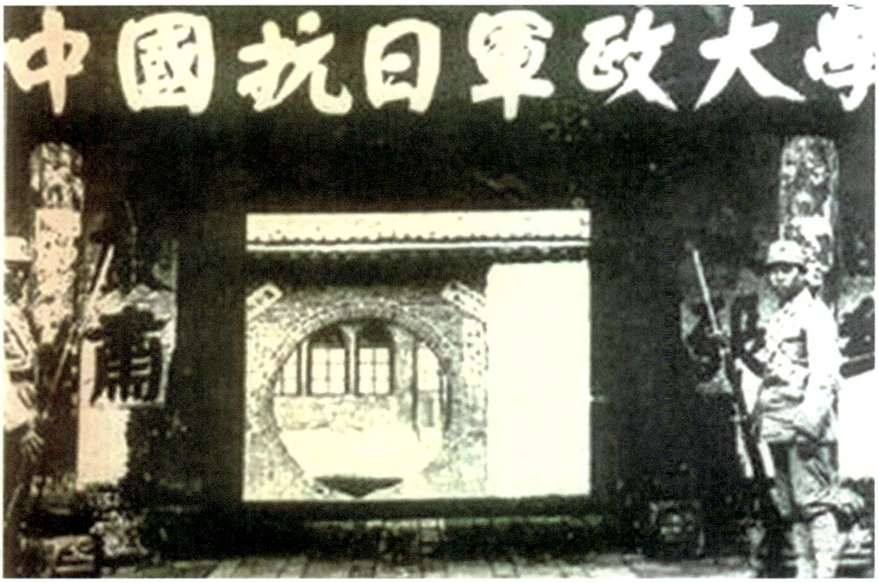

中国抗日军政大学旧址

图片来源：《延安时期侨务工作史略》，第 116 页。

① 中共延安市委统战部组编：《延安时期侨务工作史略》，香港：中国文化出版社，2012 年，第 116 页。

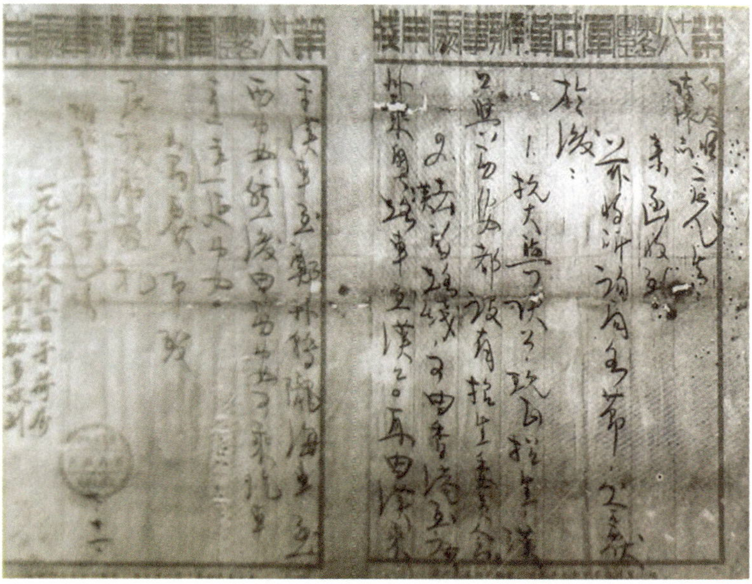

1938 年，第 18 集团军武汉办事处就“抗大”招生情况和去延安路线等事宜函复爪哇华侨

图片来源：《延安时期侨务工作史略》，第 123 页。

1937 年 10 月成立的陕北公学，也有一大批华侨在这里接受教育和培训。毛泽东曾为陕北公学题词：“陕北公学是属于中华民族的，因为他为着抗日救亡而设，因为他收纳了全国乃至海外华侨的优秀儿女。”

陕北公学旧址

图片来源：《旧址图片集》，中国人民大学，http：//news. ruc. edu. cn/archives/39931。

越南归侨符克（左一）与陕北公学的学员合影

图片来源：《侬从“番”回打日本》，网易新闻，http：//news.163.com/15/1026/08/B6RD 9KN8000 14Q4P.html。

安吴堡青训班部分教职工合影

图片来源：《延安时期侨务工作史略》，第 121 页。

接收培训华侨青年人数最多的学校——安吴堡青训班内部庭院

图片来源：《延安时期侨务工作史略》，第 121 页。

通过延安的学习与培训，许多华侨青年在政治思想上实现了从爱国主义到共产主义的过渡，目标更加明确，战胜日寇的信念更加坚定，不少人还光荣地加入了中国共产党，并走上了不同的工作岗位。[①]

泰国归侨张声良 1938 年 4 月到延安，5 月初中共中央组织部安排他到中国抗日军政大学（简称“抗大”）学习。当时毛泽东经常到抗大作报告。抗大第四期学员毕业时，毛泽东还在张声良的毕业证书上亲笔写下“勇敢、坚定、沉着，向斗争中学习，为民族解放事业随时准备牺牲自己的一切”的题词。[②]

1938 年，泰国华侨张声良、庄江生、苏青奔赴延安后在抗大学习

图片来源：《延安时期侨务工作史略》，第 122 页。

① 中共延安市委统战部组编：《延安时期侨务工作史略》，香港：中国文化出版社，2012 年，第120 页。

② 中共延安市委统战部组编：《延安时期侨务工作史略》，香港：中国文化出版社，2012 年，第119 页。

1937 年 10 月，李子芳（左一）在延安抗大三期五队学习

图片来源：《延安时期侨务时期史略》，第 122 页。

菲律宾归侨李子芳，1927 年初回国，参加土地革命和长征。1937 年秋，进入抗日军政大学学习。全面抗战爆发后，为充实新四军骨干力量，加强新四军组织建设，中共中央和中央军委从延安抽调了大批干部南下加入新四军。1937 年 10 月，李子芳被任命为新四军政治部组织部部长。11 月底，李子芳与多位党政军领导干部告别延安，经八路军西安办事处等地，迅速投入到新四军的创建工作中去。抗日战争中期，随着新四军的不断发展壮大，国民党顽固派对此十分仇视，第二次反共高潮开始。1941 年初皖南事变时，李子芳被俘，很快暴露了组织部部长的身份，1942 年 5 月被国民党顽固派秘密杀害。

李大华记者证及陕北公学毕业证（1937 年）

图片来源：《华侨博物院藏品精华》，第 282 页。

李大华，1924 年毕业于厦门中华中学，其后以教书作掩护进行革命斗争。1937 年冬，以新加坡《星洲日报》派驻中国华北战地记者的身份，辗转到延安，进入陕北公学学习。毕业后仍以《星洲日报》记者身份在华北敌后根据地从事采访工作。1943 年被捕，同年在福建建瓯监狱被折磨致死。

陈子谷

图片来源：《延安时期侨务工作史略》，287 页。

泰国归侨陈子谷，广东澄海人。1929 年从泰国回广东求学。1932 年考入中国大学经济系，1934 年去日本东京，参加东京“左联”，出版诗集《宇宙之歌》。1936 年初去香港，参加民族革命大同盟。1937 年，到延安陕北公学学习。1938 年参加新四军，1939 年加入中国共产党。参加新四军后，陈子谷将自己分得的遗产 20 万元和从泰国华侨中募到的 6 万元献给部队。这笔钱按当时的标准计算，可以解决新四军 2 个月的粮饷及当年的寒衣。为此，叶挺军长称赞他“富贵于我如浮云”。中华人民共和国成立后，陈子谷担任北京地质学院党委书记、院长，国家地质部教育司司长。1956 年，陈子谷第二次分得遗产 4 万元人民币，当时陈子谷育有三儿两女，家境并不富裕，但他还是将这笔巨款捐给了北京市政府。因为他深知，现在的生活来之不易，都是他的战友和无数先烈们用生命换来的，所以，即便倾其所有，他也在所不惜。“富贵于我如浮云”的精神，贯穿陈子谷的一生①。

五、号召归侨参与根据地经济建设

为发展革命根据地的经济，中国共产党多次号召华侨来根据地投资。早在 1935 年 12 月瓦窑堡会议的决议中就提出“欢迎华侨资本家到苏区发展工业”。1941 年 5 月，边区中央公布了《陕甘宁边区施政纲领》，其中第 18 条明文规定：“欢迎海外华侨来边区求学，参加抗日

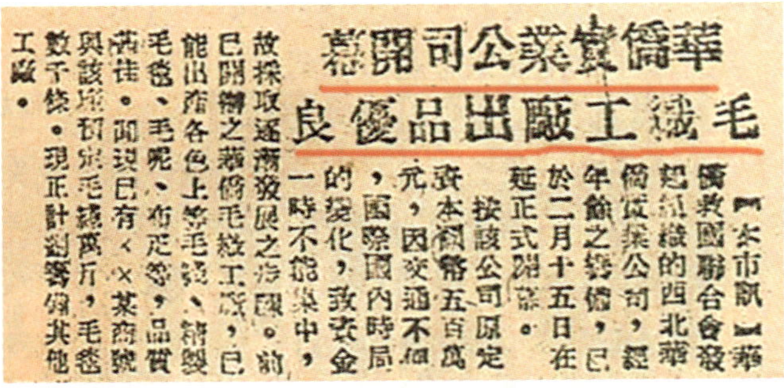
華僑實業公司開幕
毛織工廠出品優良

《华侨实业公司开幕　毛织工厂出品优良》

图片来源：《解放日报》，1942 年 2 月 18 日第 4 版。

① 李庆：《陈子谷的赤子情怀》，《汕头日报》，2017 年 7 月 19 日。

工作或兴办实业。”1942 年初公布的《陕甘宁边区三十一年度经济建设计划大纲》，要求边区各级政府积极欢迎海外华侨来边区投资，颁布优待华侨投资办法，帮助华侨在延安兴办工商实业。在中共和边区政府系列政策的鼓励引导下，延安侨联积极参加陕甘宁边区的经济建设。1942 年 2 月，延安侨联发起组织了“西北华侨实业公司”。陕甘宁边区政府为号召海外侨胞汇款到延安投资，特拨出在杜甫川的一个毛织厂作为华侨毛织厂，江涛（印度尼西亚）、张精锐（泰国）等几位华侨前去担任工厂的领导工作，不少华侨、侨眷也到毛织厂工作。很快，这个工厂的资金就达百余万元。抗日战争进入相持阶段后，陕甘宁边区和敌后各抗日根据地的财政经济日益困难。为战胜经济困难，毛泽东发出了“自己动手”的号召，1941 年，中共中央在此强调走生产自救的道路。归国华侨响应党和边区政府的号召，积极投入到边区的生产自救运动中，成为延安和陕甘宁边区经济建设的一支生力军。

延安华侨毛织厂工人在擀毡

图片来源：《延安时期侨务工作史略》，第 162 页。

边区军民开荒生产，其中不乏华侨的身影

图片来源：《延安时期侨务工作史略》，第 164 页。

中华人民共和国
成立初期的侨务工作

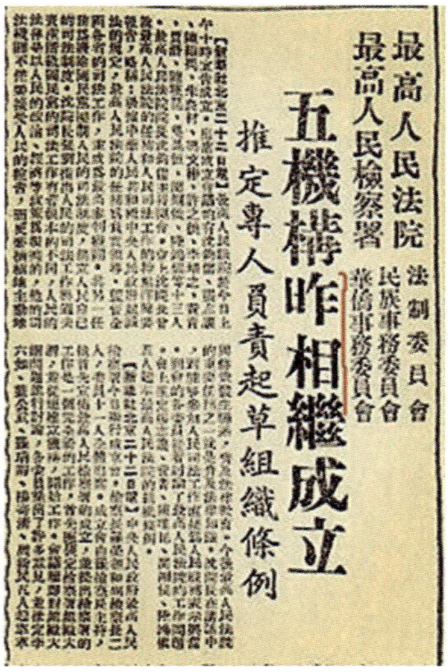

最高人民法院 最高人民檢察署 法制委員會 民族事務委員會 華僑事務委員會

五機構昨相繼成立

推定專人員責起草組織條例

《最高人民法院、最高人民检察署、法制委员会、民族事务委员会、华侨事务委员会五机构昨相继成立，推定专人负责起草组织条例》

图片来源：《人民日报》，1949 年 10 月 23 日第 1 版。

中华人民共和国成立后，中国共产党总体侨务工作的思路继承了抗日战争以来中国共产党逐步形成并不断成熟的侨务思想。中华人民共和国成立不久，中央就成立了专门机构管理华侨事务，侨务工作也明确分为国内和国外两个部分。国内侨务工作的对象是广大的归侨和侨眷；国外侨务工作的对象则是散布在世界各地的华侨。由于侨务工作对象不同，工作方针任务也不同。在中国共产党和新生的共和国的多次重要会议上，专门讨论制定了侨务工作的基本原则、指导方针和主要任务。伴随着国际环境和国内形势的不断发展变化，中国的侨务理论和侨务政策也在各个历史阶段呈现出不同的特色，并日渐得到丰富和完善。总结几十年来中国共产党和中国政府制定和贯彻侨务政策的核心思想就是：保护华侨和归侨、侨眷的正当、合法权益，根据他们的特点，发挥其优势，为国家发展、民族振兴发挥积极作用。尽管在不同的历史阶段，具体的侨务政策和侨务工作内容有所不同，但总离不开这个基本原则。

一、设置国家级侨务部门

（一）中华人民共和国华侨事务委员会成立

为了保障中国侨务工作的有效开展，1949 年 9 月通过的《中华人民共和国中央人民政府组织法》规定，中央人民政府政务院下设华侨事务委员会，主持保护华侨利益的国家行政工作。同年 10 月，华侨事务委员会成立。国民党左派领袖、在国外华侨中享有盛誉的何香凝为主任委员，李任仁、廖承志、李铁民、庄希泉为副主任委员，他们是中华人民共和国首届侨务机构委员。1954 年通过的《宪法》和《国务院组织法》规定，将中央人民政府华侨事务委员会改为中华人民共和国华侨事务委员会（简称“中侨委”），接替相关工作，成为国务院的组成部门。华侨事务委员会的任务，为调查研究国外华侨的情况，拟定保护国外华侨的正当权益及有关归侨福利事业的方案，团结各地华侨，联络华侨社团，协助侨胞回国投资，设法便利侨汇，照顾与改善侨眷的生活，救济难侨，协助侨生回国升学，以及指导国内外侨务工作。①

中国华侨事务委员会首任主任委员何香凝（1878—1972），中国妇女运动的先驱之一，中国国民党革命委员会（简称“民革”）主要创始人，国民党元老，“三大政策”的忠实执行者。中华人民共和国成立后，历任中央人民政府委员、中侨委主任委员、宪法起草委员会委员、民革主席、中华全国妇女联合会名誉主席、政协全国委员会副主席、全国人大常委会副委员长等职。

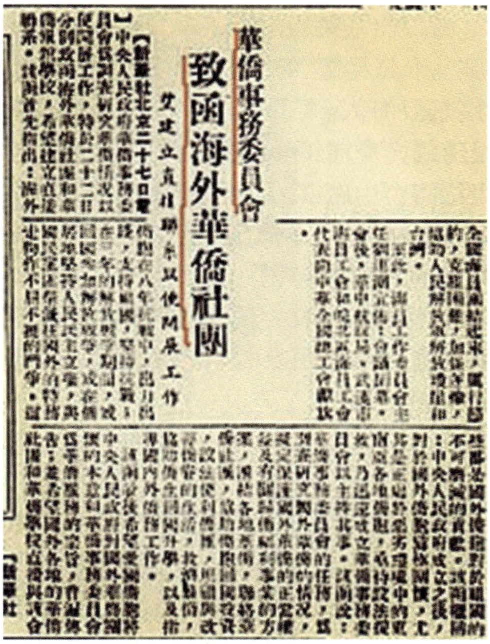
華僑事務委員會
致函海外華僑社團
望建立直接聯系以便開展工作

《华侨事务委员会致函海外华侨社团望建立直接联系以便开展工作》

图片来源：《人民日报》，1949年12月28日第1版。

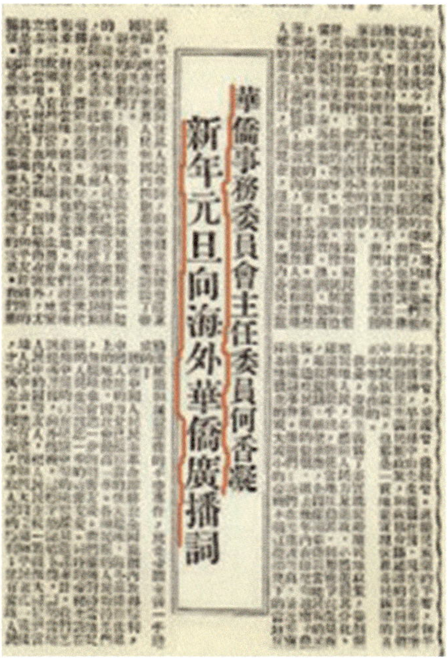
華僑事務委員會主任委員何香凝
新年元旦向海外華僑廣播詞

《华侨事务委员会主任委员何香凝新年元旦向海外华侨广播词》

图片来源：《人民日报》，1950年1月3日第4版。

华侨事务委员会主任委员何香凝新年元旦向海外华侨广播词

……亲爱的侨胞们：你们虽身在海外，与国内同胞还是休戚相关的，国内侨眷靠海外的接济，维持生活。华侨终岁勤劳，日夜所盼望的第一件事是家乡的安宁与进步。现在我们可以告诉你们：在侨眷集中地区，我们要用各种办法，保护地方秩序，保障侨眷生活。同时我们准备想办法把侨汇办好，使来自海外的侨眷

① 《华侨事务委员会致函海外华侨社团望建立直接联系以便开展工作》，《人民日报》，1949年12月28日第1版。

给养，便利迅速地送到侨眷手里。现在中国银行和人民银行，在粤闽解放以后，全力注意办好侨汇。在汕头、厦门、广州等市，也准备先后设立华侨服务站，把侨汇工作做好。中央人民政府华侨事务委员会正在研究有利于华侨的适合实际的侨汇条例。在基本上我们必须根据新民主主义的经济政策，和共同纲领中的规定，要达到公私兼顾，和便利侨汇的目的。我们要照顾到侨眷的利益，并由政府的银行机关很好地管理和指导华侨的民信局、汇兑批局和银信局等等的业务。所以我们希望海外华侨、国内侨眷和国内外的侨批局，都一致团结在人民政府的周围，通力合作，共同把侨汇办好，这是安定侨眷生活的必要措置……

蚁美厚（1909—1994），泰国归侨，广东澄海人。1922 年被旅泰侨领蚁光炎认领为义侄，跟随蚁光炎前往暹罗经商。1936 年蚁光炎出任暹罗中华总商会主席后，蚁美厚成为其重要助手。抗日战争期间参加暹罗华侨各界抗日联合总会。1949 年回国出席中国人民政治协商会议，当选为全国政协委员、中央人民政府华侨事务委员会委员。历任广东省华侨委员会主任、全国侨联副主席等职。

蚁美厚

图片来源：《蚁美厚画册》。

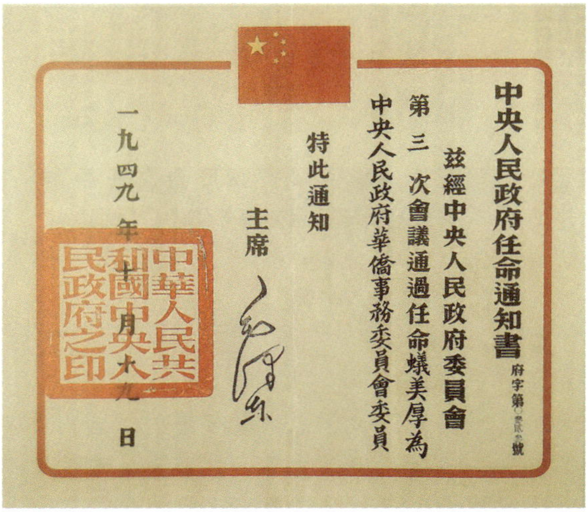

中央人民政府任命通知書

府字第　號

兹經中央人民政府委員會

第三次會議通過任命蟻美厚為

中央人民政府華僑事務委員會委員

特此通知

主席 毛澤東

一九四九年十月十九日

中華人民共和國中央人民政府之印

中央人民政府任命蚁美厚为华侨事务委员会委员通知书（1949 年）

图片来源：《中国华侨历史博物馆藏品图录》，第 122 页。

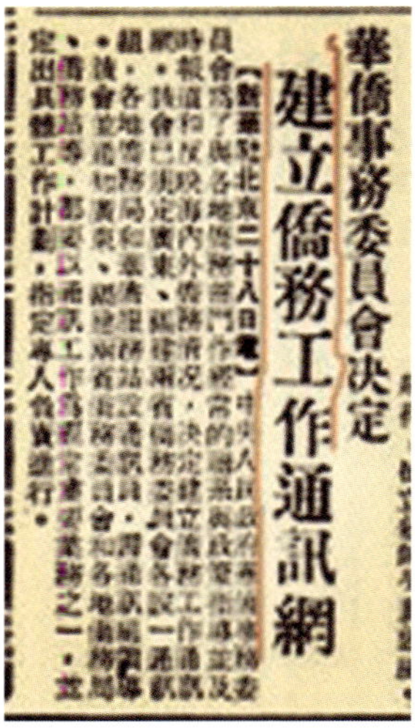

華僑事務委員會決定

建立僑務工作通訊網

《华侨事务委员会决定建立侨务工作通讯网》

图片来源：《人民日报》，1950 年 1 月 29 日第 1 版。

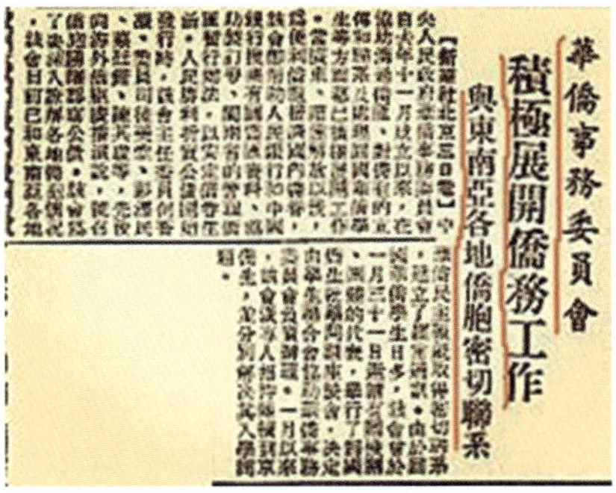

華僑事務委員會
積極展開僑務工作
與東南亞各地僑胞密切聯系

《华侨事务委员会积极展开侨务工作　与东南亚各地侨胞密切联系》

图片来源：《人民日报》，1950 年 3 月 4 日第 4 版。

华侨事务委员会举行三届二次全体会议
总结了四年来的侨务工作，确定了今年的工作任务

《华侨事务委员会举行三届二次全体会议　总结了四年来的侨务工作，确定了今年的工作任务》

图片来源：《人民日报》，1962 年 4 月 22 日第 1 版。

随着国家华侨事务委员会的成立，广东、福建等一些归侨、侨眷较多的地方分别设立了省级华侨事务委员会以及地方的侨务处、侨务局、侨务科等机构。据不完全统计，至“文化大革命”前夕，全国有 20 个省、自治区、直辖市的人民委员会成立了侨务处。除了建立和健全各级国家机构中的侨务机关外，各级政府还在归侨、侨眷较为集中的地区设立了侨属工作委员会。其作为侨务机构的基层组织，在紧密联系群众、贯彻侨务政策方面起了很大作用。

1956 年 9 月，广东封开县召开华侨干部代表大会，图为部分代表合影

图片来源：《肇庆侨联三十年》，第 176 页。

（二）中华全国归国华侨联合会成立

1950 年 10 月，在中国解放区归国华侨联合会的基础上，新中国第一个省级归侨、侨眷群众组织——北京归国华侨联谊会成立，彭泽民任主席。随后，在归侨、侨眷较集中的市、县都先后成立了归国华侨联谊会（现改称联合会），以广东、福建两省较为普遍。其会员人数少者两三百人，多者三四千人。它们在各项政治运动和当地各个时期的中心工作中，都响应了国家的号召，动员广大归侨、侨眷积极参加各项社会改革及社会主义建设，取得了不少的成绩。为了进一步推动归侨、侨眷更积极地参加祖国社会主义建设，更有力地促进国外华侨的爱国团结和国内外的紧密联系，加强对各地侨联工作的领导和组织交流经验，组织成立中华全国归国华侨联合会，是很适时而且是很必要的。[①] 1956 年 10 月，中华全国归国华侨联合会（简称“中国侨联”）成立，主席为陈嘉庚。作为归国华侨的人民团体，中国侨联在团结并教育广大归侨、侨眷，反映他们的意见和建议，监督侨务工作的开展，以及联络海外华侨等方面，做了大量的工作。

陈嘉庚在侨联成立大会上发言

图片来源：《中国侨联 50 年（1956—2006）》，第 39 页。

① 《全国归国华侨联合会的基本任务——庄希泉在全国归国华侨第一次代表大会上的报告》，《人民日报》，1956 年 10 月 9 日第 4 版。

中华全国归国华侨联合会成立大会现场

图片来源：《中国侨联 50 年（1956—2006）》，第 386 页。

中国侨联第一次代表大会代表合影

图片来源：《中国侨联 50 年（1956—2006）》，第 42 页。

福州市归国华侨联谊会会员证（1951 年）

图片来源：徐云收藏。

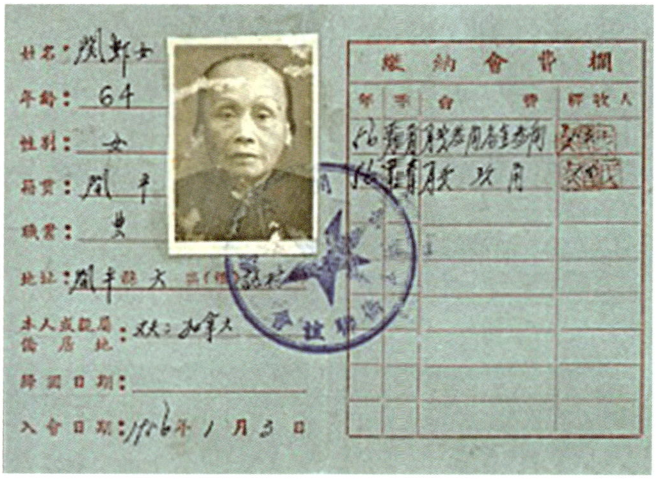

广东开平归国华侨联谊会会员证（1956 年）

图片来源：暨南大学图书馆馆藏。

二、尊重和保障华侨的政治权利和地位

（一）保障华侨、归侨的参政议政权

1. 华侨当选政协委员和中央人民政府委员会委员

中华人民共和国成立以来，党和政府秉承民国时期华侨、归侨参政的传统，尊重和保障华侨、归侨的参政议政权。华侨、归侨依照法律规定，被选举参加人大、政协组织，或者被聘请担任政府公职，参与有关政治管理、决策，或者讨论、制定有关政策。同时，他们遵照国家政策法令，在国家政治生活、社会生活和自己所从事的社会活动中，积极建言献策。

1949 年 9 月召开的第一届中国人民政治协商会议第一次会议，毛主席致开幕词。毛主席说："我们的会议包括六百多位代表，代表着全中国所有的民主党派、人民团体、人民解放军、各地区、各民族和国外华侨。这就指明，我们的会议是一个全国人民大团结的会议。"大会设立了华侨事务组，费振东为组长。同时，政协会议还邀请了 17 位华侨（正式代表 15 人，候补代表 2 人）参加会议。其中陈嘉庚、司徒美堂、戴子良、蚁美厚、庄明理、费振东等当选为政协第一届全国委员会委员。除海外华侨代表外，参加政协第一届会议的还有其他界别的归侨 23 人，具有华侨身份的代表合计 40 名，占全部会议代表的 5. 94%。[①] 1949 年 10 月 2 日，在中央人民政府委员会第一次会议上，陈嘉庚、司徒美堂、彭泽民等海外华侨和归侨代表，当选为中央人民政府委员会委员。

菲律宾归侨黄薇在中国人民政治协商会议第一届全体会议上代表国外华侨向会议致贺电

图片来源：《菲律宾华侨归侨爱国丹心录》。

司徒美堂在第一届中国人民政治协商会议第一次会议上发言

图片来源：中国侨网，http：//www. chinaqw. com/node2/node2796/node2883/node 3175/userobject6ai103274. html。

① 黄纪凯主编：《华侨华人与共和国》，北京：中华全国归国华侨联合会，2009 年，第 24 页。

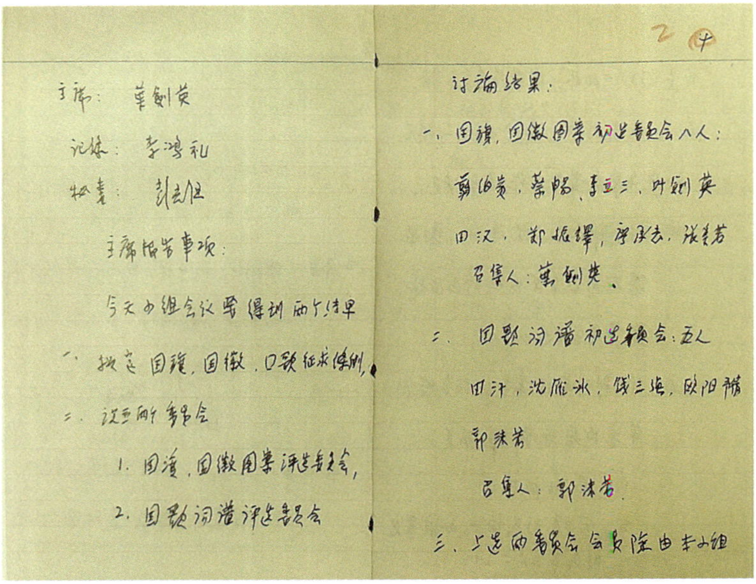
2（4）

主席：叶剑英

记录：李鸿礼

秘书：彭光涵

主席报告事项：

今天小组会议要得到两个结果

一、拟定国旗、国徽、口歌征求条例，

二、设立两个委员会

1. 国旗、国徽图案评选委员会，

2. 国歌词谱评选委员会

讨论结果：

一、国旗、国徽图案初选委员会八人：

翦伯赞、蔡畅、李立三、叶剑英

田汉、郑振铎、廖承志、张奚若

召集人：叶剑英、

二、国歌词谱初选委员会：五人

田汉、沈雁冰、钱三强、欧阳予倩

郭沫若

召集人：郭沫若

三、上述两委员会会员除由本小组

参加第一届全国政协会议的归侨代表彭光涵关于第一届全国政协草拟国旗、国徽、国歌、纪年工作的记录

图片来源：《中国华侨历史博物馆藏品图录》，第 121 页。

注：作为第一届政协国旗、国徽、国歌、国都、纪年方案审查委员会秘书，彭光涵见证了新中国国旗、国徽、国歌、国都和纪年的诞生。这份记录是彭光涵保存的 1949 年第一届政协草拟国旗、国徽、国歌等事宜时在第六小组会议记录的一部分。

2. 华侨当选人民代表大会代表

随着新中国各项制度的逐步建立，华侨的参政议政权有了法律保障。1953 年 11 月，华侨事务委员会召开侨务扩大会议。根据《中华人民共和国全国人民代表大会及地方各级人民代表大会选举法》所规定的全国人民代表大会三十名华侨代表名额，代表们以协商的方法，决定分配为：马来亚五名，泰国四名，印度尼西亚四名，越南（包括现老挝、高棉）两名，缅甸一名，北婆罗洲（包括沙捞越）一名，菲律宾一名，朝鲜、蒙古一名，日本一名，印度、巴基斯坦一名，欧洲一名，美洲两名，非洲一名，大洋洲一名。余四名保留，作为机动。[①] 1954 年，新中国第一部《宪法》明确规定："全国人民代表大会由省、直辖市、少数民族、军队和华侨选出的代表组成。"这在法律上确保了华侨的参政权。

① 《中央华侨事务委员会召开侨务扩大会议　就全国人民代表大会华侨代表名额的分配作出决定》，《人民日报》，1953 年 11 月 24 日第 3 版。

中央華僑事務委員會召開僑務擴大會議

就全國人民代表大會華僑代表名額的分配作出決定

《中央华侨事务委员会召开侨务扩大会议　就全国人民代表大会华侨代表名额的分配作出决定》

图片来源：《人民日报》，1953 年 11 月 24 日第 3 版。

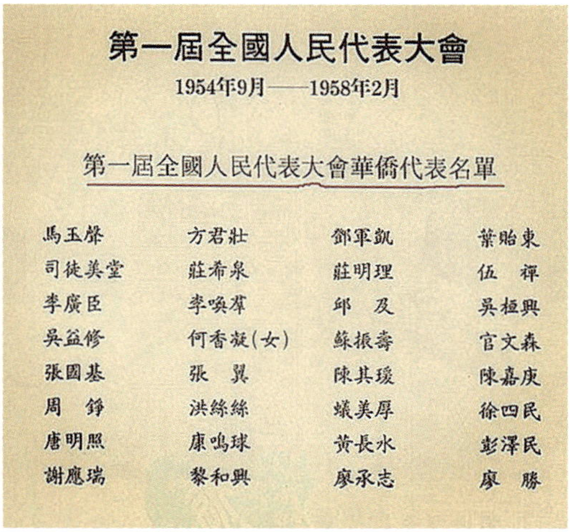

第一屆全國人民代表大會

1954年9月——1958年2月

第一屆全國人民代表大會華僑代表名單

馬玉槃	方君壯	鄧軍凱	葉貽東
司徒美堂	莊希泉	莊明理	伍　禪
李廣臣	李喚萃	邱　及	吳桓興
吳益修	何香凝(女)	蘇振壽	官文森
張國基	張　翼	陳其瑗	陳嘉庚
周　錚	洪絲絲	蟻美厚	徐四民
唐明照	康鳴球	黃長水	彭澤民
謝應瑞	黎和興	廖承志	廖　勝

第一届全国人民代表大会华侨代表名单

图片来源：《中华人民共和国全国人民代表大会华侨界代表画册》，第 52 页。

第一届人大一次会议举行前，华侨组的代表对《中华人民共和国宪法（草案）》和《中华人民共和国全国人民代表大会组织法（草案）》进行讨论

图片来源：《中华人民共和国全国人民代表大会华侨界代表画册》，第 59 页。

第一届全国人民代表大会第三次会议上，华侨组在审议关于1955年国家决算和1956年国家预算的报告

图片来源：《中华人民共和国全国人民代表大会华侨界代表画册》，第62页。

第一届全国人民代表大会第四次会议上，华侨组在讨论周恩来总理的政府工作报告

图片来源：《侨务报》1957年第8期。

廣東省著名僑鄉台山縣

大批歸國華僑和僑眷當選爲鄉人民代表

《广东省著名侨乡台山县大批归国华侨和侨眷当选为乡人民代表》

图片来源：《人民日报》，1954年4月14日第3版。

（二）凝聚华侨对新中国政府的向心力

中华人民共和国成立后，为争取侨心，凝聚侨力，新中国政府开始重视组织各种形式的海外华侨华人回国返乡参观活动，尤其是在“五一”劳动节与“十一”国庆节期间，组织海外华侨华人回国参观旅游，见证新中国社会主义建设的伟大成就与侨乡的巨大变化。由中国政府与东南亚进步华团组织的各类东南亚华侨华人回国观光团是华侨回国观光团的重点。归国观光活动不仅成为密切海外华侨华人与中国关系的机制，更是新中国打破西方舆论围剿，向东南亚华社开展宣传与外交的重要媒介。观光团成员主要由侨领、华社文人、华文报纸主编以及其他渴望了解新中国的各界华侨华人构成，成员来自印度尼西亚、缅甸、越南民主共和国、印度、巴基斯坦、朝鲜、马来亚、泰国、南越以及南非洲的一些国家。其中，印度尼西亚、缅甸华侨华人是归国观光团的主要成员。通过各级政府精心安排与组织的欢迎接待、参观访问以及政治宣传，海外华侨加深了对新中国与侨乡的了解，同时，新中国的建设与侨乡发展变化对激发海外华侨的爱国主义、巩固与扩大统一战线、引导华侨对新中国的认同与支持、促进华侨与侨乡的联系也产生了重要影响。① 归国观光活动受到中国政府高度重视，充分体现了海外侨胞政治地位的提高，凝聚了华侨对新中国政府的向心力。

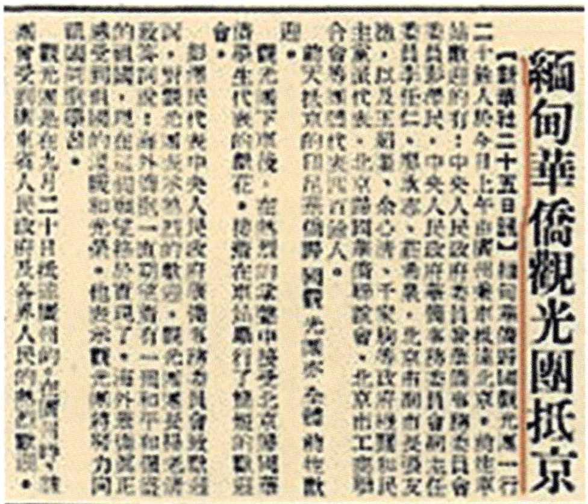

缅甸華僑觀光團抵京

《缅甸华侨观光团抵京》

图片来源：《人民日报》，1951 年 9 月 26 日第 1 版。

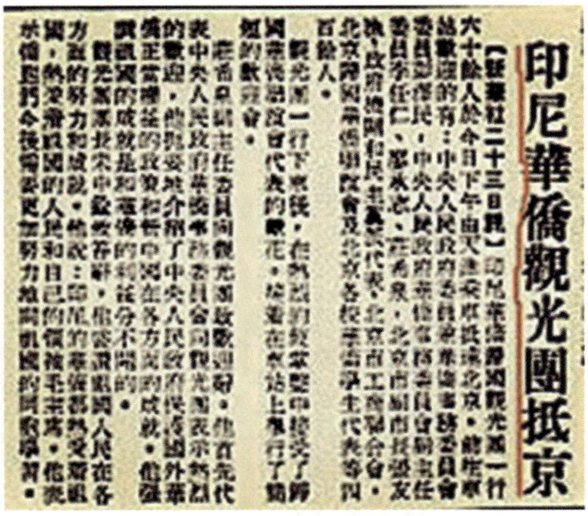

印尼華僑觀光團抵京

《印尼华侨观光团抵京》

图片来源：《人民日报》，1951 年 9 月 24 日第 1 版。

① 施雪琴、王刘波：《华侨回国观光团与新中国的侨务外交探析》，《南洋问题研究》2015 年第 3 期。

1952 年，缅华店联烹工分会第四届干事暨会友欢迎缅华回国观光团

图片来源：《缅甸华侨华人史》，第 123 页。

华侨事务委员会主任廖承志举行盛大宴会

招待来京观光华侨和港澳同胞

陈毅副总理代表毛主席、刘主席、中共中央和国务院表示欢迎

新华社三日讯　为庆祝中华人民共和国成立十五周年，华侨事务委员会主任廖承志今天中午在人民大会堂举行盛大宴会，招待来京参加国庆典礼和观光的华侨和港澳同胞。

中共中央政治局委员、国务院副总理陈毅、李先念，人大常委会副委员长、政协全国委员会副主席何香凝出席了宴会。

陈毅副总理在宴会上讲话。他代表毛主席、刘主席、朱委员长、周总理以及中共中央和国务院，向在座的侨胞和港澳同胞表示欢迎。

陈毅副总理在讲话中谈到了祖国在各方面的繁荣，展望和祖国未来的美好前景。他的讲话在全场激起了一阵又一阵的热烈掌声。在陈毅副总理的提议下，在座的侨胞和港澳同胞，一齐起立，为祖国的强大，为毛主席万寿无疆干杯。会场上呈现一片欢乐团结的景象。

廖承志在宴会开始的时候讲话。他高度地赞扬了华侨同胞的爱国主义精神，并且向生活在世界各地的华侨同胞致以节日的问候。廖承志说，这次有两千一百多名侨胞和港澳同胞从世界六大洲和香港、澳门来京观光和参加国庆典礼，这一事实显示了华侨同胞爱国团结的胜利，说明了美帝国[illegible]的破坏阴谋的失败，[illegible]的失败。

廖承志请大家举杯，[illegible]国社会主义建设事业的[illegible]利，为祖国国际地位的日[illegible]高，为中国人民伟大领袖[illegible]席的健康，干杯。

出席宴会同侨胞和港[illegible]胞欢聚的，还有[illegible]子、[illegible]、李[illegible]、方方[illegible]、[illegible]、黄长水、[illegible]理、[illegible]等各方面的负责[illegible]

下图：廖承志在宴会上[illegible]

[illegible]摄（新华社[illegible]

《华侨事务委员会主任廖承志举行盛大宴会　招待来京观光华侨和港澳同胞》

图片来源：《人民日报》，1964 年 10 月 4 日第 3 版。

1957 年国庆观礼台上的部分华侨代表

图片来源：《侨务报》1957 年第 10 期。

1960 年国庆节回国观光的华侨在北京天安门观礼台上和游行的群众一起欢呼“祖国万岁！”

图片来源：《侨务报》1960 年第 8 期。

新中国的发展与家乡的变化让观光团的侨胞们都深有感触。他们一致为祖国的日益强大而感到自豪：“祖国强大了，国际地位提高了，作为一个中国人值得骄傲，华侨在国外直起腰来”①，并表示“要把在祖国看到的一切新气象传达给海外的每一个侨胞，响应毛主席的号召，加强侨胞的团结，热爱伟大的祖国”②。历届观光团返回侨居地后，都以亲身体验的生动事例将祖国的真实情况介绍给海外的侨胞，使得海外侨胞能进一步认识和热爱祖国，对新中国的建设充满信心。

① 参见《印尼和缅甸华侨归国观光团昨日离北京赴东北参观》，《人民日报》，1951 年 10 月 11 日。

② 《政协全国委员会招待归国观光的华侨代表》，《人民日报》，1953 年 10 月 14 日。

华侨归国观光团参观广州市华侨小学

图片来源：《侨务报》1957 年第 8 期。

接待归国华侨观光祖国建设

北京华侨大厦建成

新华社4日讯　接待华侨回国观光的"华侨大厦"已经落成。

这座大厦中部高达八层，两翼各为七层，建筑面积有一万三千三百多平方米。大厦外墙是用预制花岗石砌成的，墙面贴有浅黄色的面砖，配上水刷石檐头，显得朴素、美观、大方。

大厦底层有一个椭圆形的中央大厅。从中央大厅可以乘坐电梯或者沿楼梯而上。三层至七层楼共有三种不同类型的客房一百七十套。室内阳光充足，水暖、电话等设备齐全。两翼上，八层楼设有会议厅。两翼屋顶上，一边是露天舞池，一边是屋顶花园。在这里，能眺望全城景色。

从中央大厅往南，大厦的一、二层设有餐厅。一层对外营业，可容三百人同时进餐；二层对住客服务，分中、西餐室，可容四百人同时进餐。华侨所喜爱的大同酒家将在这里开设分号。从中央大厅往东，一层设有照相部、理发部，擅长美术摄影的中国照相馆也将在这里开设分店。二层楼是中华全国归国华侨联合会和北京市归国华侨联合会的办公场所。

这个座落在北京王府大街北端的大厦，是北京市设计院设计的，由北京市房地产管理局房屋修建公司负责施工。这个公司过去主要是担任房屋修缮工作，建筑这样的大厦还是第一次。但是在党的社会主义建设总路线的照耀下，职工们以冲天干劲、力争上游的精神，顽强奋斗，又快又好地完成了这座建筑。有关部门联合验收时给它的评语是："速度快，工程质量优良。"

《接待归国华侨观光祖国建设　北京华侨大厦建成》

图片来源：《人民日报》，1959 年 9 月 5 日第 4 版。

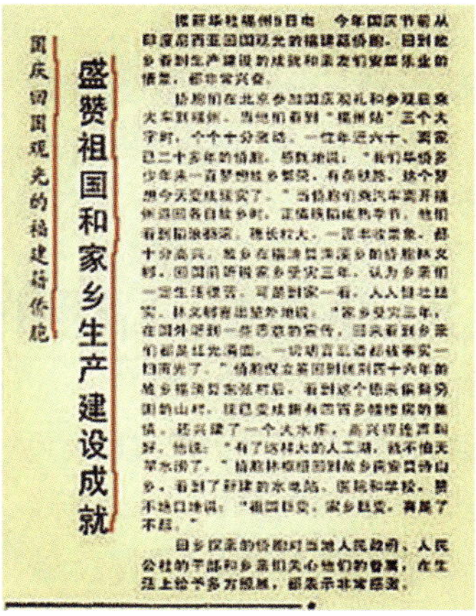

国庆回国观光的福建籍侨胞

盛赞祖国和家乡生产建设成就

据新华社福州5日电 今年国庆节前从印度尼西亚回国观光的福建籍侨胞，回到故乡看到生产建设的成就和亲友们安居乐业的情景，都非常兴奋。

侨胞们在北京参加国庆观礼和参观后乘火车到福州。当他们看到“福州站”三个大字时，个个十分激动。一位年近六十、离家已二十多年的侨胞，感慨地说：“我们华侨多少年来一直梦想故乡繁荣，有条铁路，这个梦想今天变成现实了。”当侨胞们乘汽车离开福州返回各自故乡时，正值晚稻成熟季节，他们看到稻浪翻滚，穗长粒大，一派丰收景象，都十分高兴。故乡在福清县渔溪乡的侨胞林义榔，回国前听说家乡受灾三年，认为乡亲们一定生活很苦。可是到家一看，人人健壮结实。林义榔喜出望外地说：“家乡受灾三年，在国外听到一些恶意的宣传，回来看到乡亲们都是红光满面，一切胡言乱语都被事实一扫而光了。”侨胞[illegible]回到阔别四十六年的故乡福清县[illegible]后，看到这个[illegible]的山村，现已变成拥有四百多幢楼房的集镇，还兴建了一个大水库，高兴得连声叫好。他说：“有了这样大的人工湖，就不怕天旱水涝了。”侨胞[illegible]回到故乡[illegible]乡，看到了新建的水电站、医院和学校，赞不绝口地说：“祖国巨变，家乡巨变，真是了不起。”

回乡探亲的侨胞对当地人民政府、人民公社的干部和乡亲们关心他们的眷属，在生活上给予多方照顾，都表示非常感激。

《国庆回国观光的福建籍侨胞　盛赞祖国和家乡生产建设成就》

图片来源：《人民日报》，1962 年 12 月 7 日第 2 版。

故乡在福清县渔溪乡的侨胞林义榔，回国前听说家乡受灾三年，认为乡亲们一定生活很苦。可是到家一看，人人健壮结实。林义榔喜出望外地说：“家乡受灾三年，在国外听到一些恶意的宣传，回来看到乡亲们都是红光满面，一切胡言乱语都被事实一扫而光了。”

三、实行海外侨务工作的重大转型

（一）鼓励海外华侨在侨居国长期生存与发展

1952 年 1 月中央发布了《中共中央关于海外侨民工作的指示》，标志着新中国的侨务政策有了较大的变化。该指示分析了中华人民共和国成立之初各侨居国的情况及华侨的反应，进而指明当前“我国侨民政策的中心点”是“保护华侨正当权益，为华侨服务，收容被迫回国难侨”；鼓励华侨回国投资；团结多数华侨，打击“蒋帮的反动势力”，“结成广泛的华侨爱国统一战线”；“对帝国主义和当地政府的迫害行为”进行斗争；全体海外侨胞要严格遵守《政协纲领》和我国的外交政策，“不应参加以直接推翻当地政府为目的的活动”。申明中共不在海外华侨中建立组织，原有的组织“应经过一定步骤做到最后宣布取消”；同时劝告国内各民主党派“不要建立其海外支部”。①

① 《中共中央关于海外侨民工作的指示》，国防大学党史党建政工教研室编：《中共党史教学参考资料》第 19 册，第 429 – 430 页。

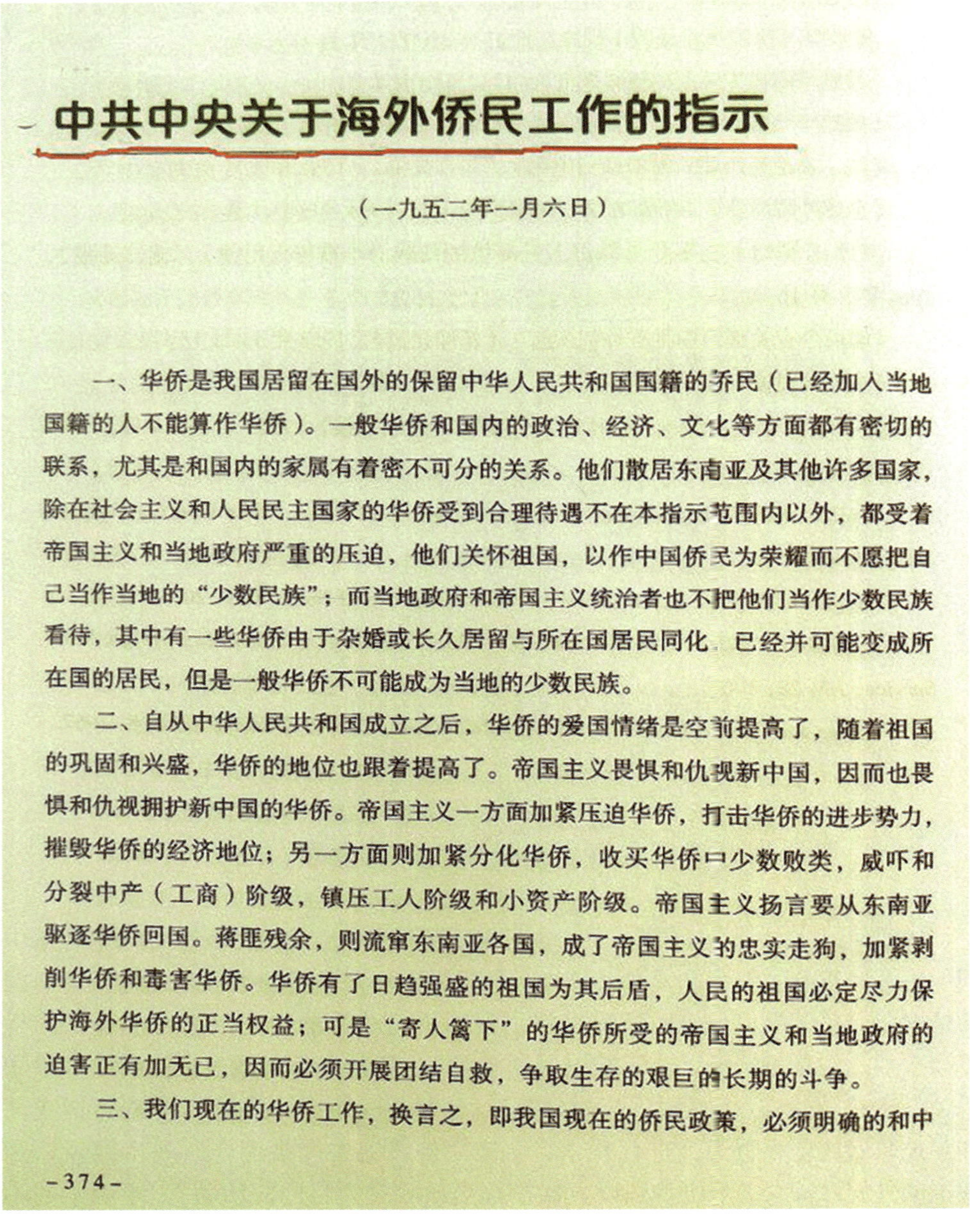

中共中央关于海外侨民工作的指示

（一九五二年一月六日）

一、华侨是我国居留在国外的保留中华人民共和国国籍的侨民（已经加入当地国籍的人不能算作华侨）。一般华侨和国内的政治、经济、文化等方面都有密切的联系，尤其是和国内的家属有着密不可分的关系。他们散居东南亚及其他许多国家，除在社会主义和人民民主国家的华侨受到合理待遇不在本指示范围内以外，都受着帝国主义和当地政府严重的压迫，他们关怀祖国，以作中国侨民为荣耀而不愿把自己当作当地的“少数民族”；而当地政府和帝国主义统治者也不把他们当作少数民族看待，其中有一些华侨由于杂婚或长久居留与所在国居民同化，已经并可能变成所在国的居民，但是一般华侨不可能成为当地的少数民族。

二、自从中华人民共和国成立之后，华侨的爱国情绪是空前提高了，随着祖国的巩固和兴盛，华侨的地位也跟着提高了。帝国主义畏惧和仇视新中国，因而也畏惧和仇视拥护新中国的华侨。帝国主义一方面加紧压迫华侨，打击华侨的进步势力，摧毁华侨的经济地位；另一方面则加紧分化华侨，收买华侨中少数败类，威吓和分裂中产（工商）阶级，镇压工人阶级和小资产阶级。帝国主义扬言要从东南亚驱逐华侨回国。蒋匪残余，则流窜东南亚各国，成了帝国主义的忠实走狗，加紧剥削华侨和毒害华侨。华侨有了日趋强盛的祖国为其后盾，人民的祖国必定尽力保护海外华侨的正当权益；可是“寄人篱下”的华侨所受的帝国主义和当地政府的迫害正有加无已，因而必须开展团结自救，争取生存的艰巨的长期的斗争。

三、我们现在的华侨工作，换言之，即我国现在的侨民政策，必须明确的和中

－374－

《中共中央关于海外侨民工作的指示》

图片来源：《缅甸华侨华人史》，第374页。

该指示还首次提出了华侨工作的方针是：团结、爱国（爱中国）、友好（与当地人民友好）。[①] 这一调整，既适应了我党从革命党向执政党的转变，也符合当地人民取得民族解放和国家独立后盼望发展经济、稳定社会的客观实际，为我国发展睦邻友好关系奠定了政策基础。

为了贯彻落实海外华侨工作的新方针，中央又于1952年6月发布了《关于国外华侨报刊编辑方针的指示》。这份文件明确了今后华侨报刊的编辑总方针，即海外侨报应以在当地长期生存为目标，不参与当地人民的革命运动，不成为反对当地政府的言论机关。侨报应当代表华侨为正当权益进行合法辩护，但不应号召和指挥当地华侨反迫害的非法斗争。一个“合法”，一个“非法”，清晰明确了政策调整的基本理念。[②] 而在侨校问题上，统战部和中侨委发布文件要求：“华侨学校为争取长期合法存在，不参加与当地有关联的社会政治活动，尤须禁止参加当地认为非法的政治活动。在校内，不搞秘密组织，不采用当地政府所禁止的课本并尽量避免采用刺激当地政府的课本。”[③]

（二）妥善解决“双重国籍”问题

1. 解决“双重国籍”问题的紧迫性

“双重国籍”是指个人同时具有两个国家的国籍。在通常的情况下，它是由于不同国家关于取得和丧失国籍的不同立法而产生的，主要有“血统制”和“出生地制”两种。“血统制”即出生子女以其父母国籍为取得国籍的决定因素；“出生地制”则以出生子女的出生地为取得国籍的准则。在晚清和民国期间，中国共颁布了三部国籍法。三部国籍法均以血统制为原则，这对维系海外华侨与中国的关系，促进各地华侨社会的团结曾发挥过重要作用。但同时，“血统制”原则，与外国以出生地为原则制定的国籍法相冲突。如17世纪初印度尼西亚殖民当局曾放开中国沿海各地人民移民印度尼西亚，并强迫他们定居。其后，荷兰殖民者为了巩固其在印度尼西亚的统治，在1910年颁行了一个“有关荷兰属民地位的法令”，规定凡属荷兰殖民地的原有居民和出生于当地的非原有居民都是荷籍属民，从而形成华侨的“双重国籍”问题。

---

① 参见程希：《试论中国放弃“双重国籍”的历史背景和国际环境》，“东南亚民族关系”学术研讨会会议论文，2003年9月。

② 刘雄：《国家安全与华侨利益的双重考量——论新中国对东南亚华侨政策的演变（1949—1960）》，《中共党史研究》2013年第6期。

③ 中共中央统一战线工作部编：《统战政策文件汇编》（第4册），1958年，第2219页。

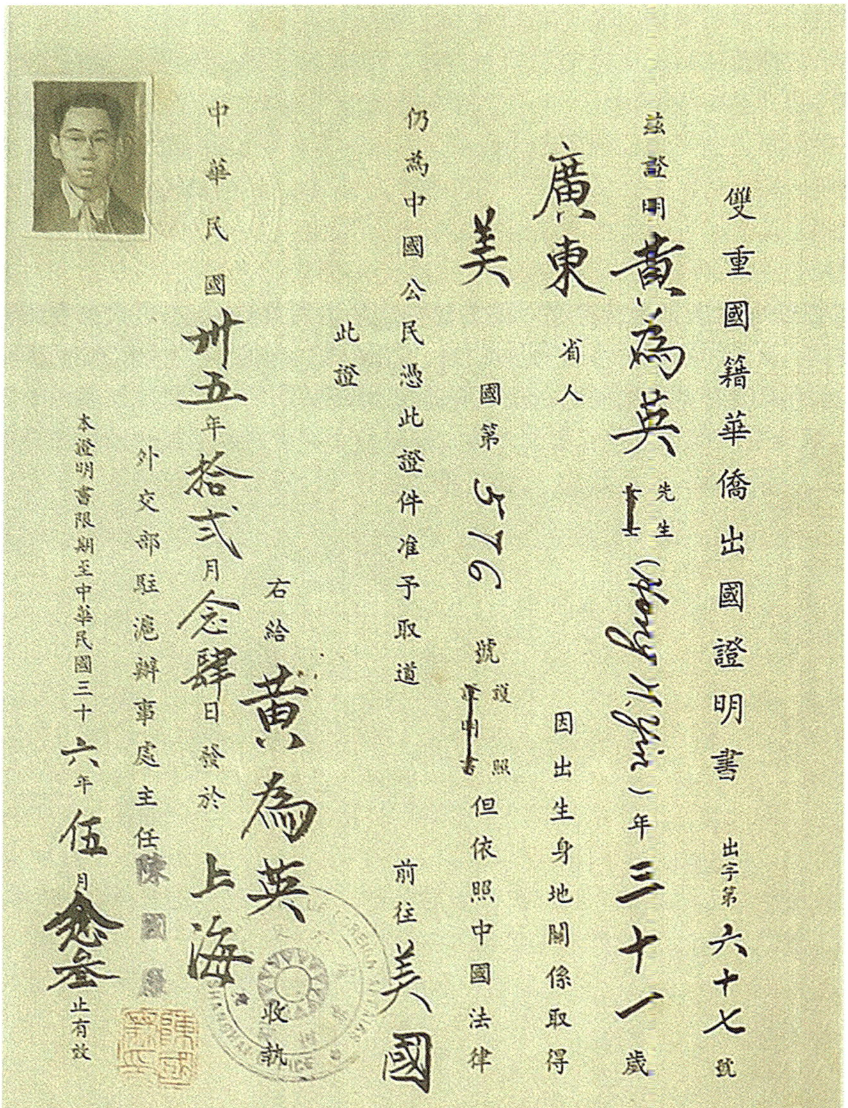

雙重國籍華僑出國證明書　出字第六十七號

茲證明黃為英先生（[illegible]）年三十一歲

廣東省人　因出生身地關係取得

美國第576號護照　但依照中國法律

仍為中國公民憑此證件准予取道　前往美國

此證

右給黃為英收執

中華民國卅五年拾弍月念肆日發於上海

外交部駐滬辦事處主任陳[illegible]

本證明書限期至中華民國三十六年伍月念叁止有效

1947 年双重国籍华侨出国证明书

图片来源：《中国华侨历史博物馆藏品图录》，第 132 页。

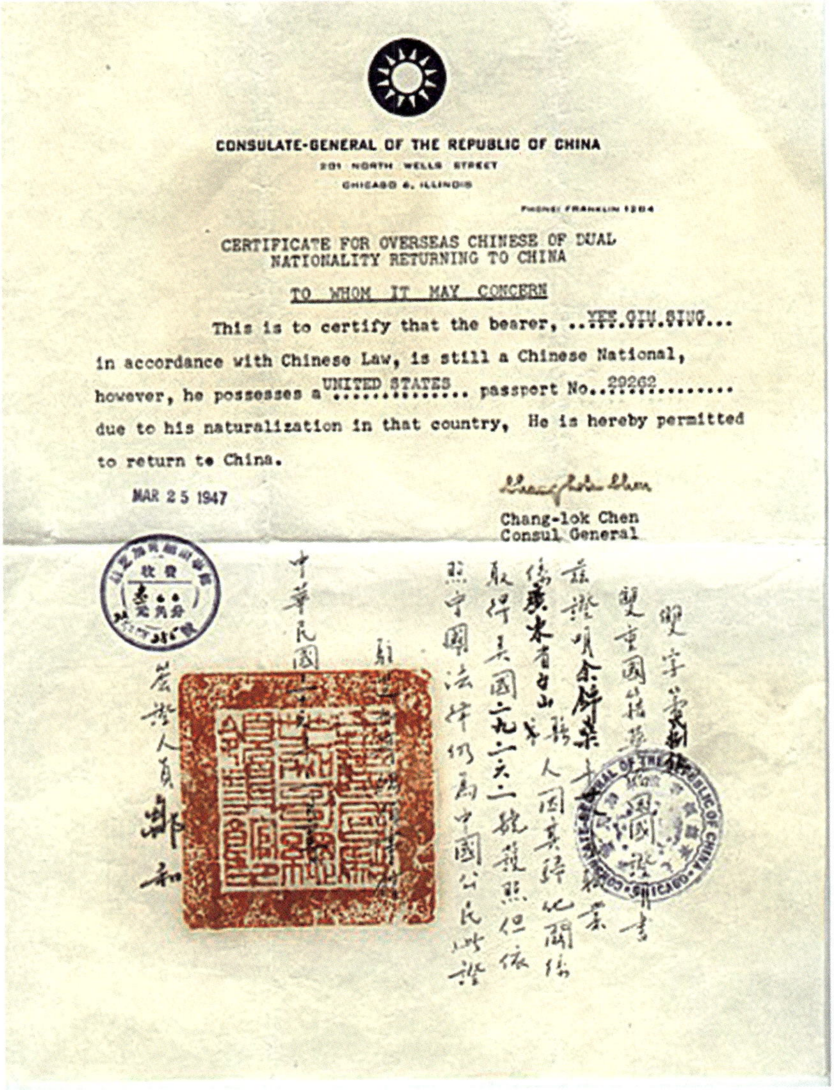

CONSULATE-GENERAL OF THE REPUBLIC OF CHINA
201 NORTH WELLS STREET
CHICAGO 6, ILLINOIS

PHONE: FRANKLIN 1264

CERTIFICATE FOR OVERSEAS CHINESE OF DUAL NATIONALITY RETURNING TO CHINA

TO WHOM IT MAY CONCERN

This is to certify that the bearer, ...YEE GIN SING... in accordance with Chinese Law, is still a Chinese National, however, he possesses a UNITED STATES passport No. 29262 due to his naturalization in that country, He is hereby permitted to return to China.

MAR 25 1947

Chang-lok Chen
Consul General

1947 年中华民国驻美国霍斯敦领事馆为广东台山人余某某签发的双重国籍证明书

图片来源：徐云收藏。

兹证明余某某，年廿八岁，系广东省台山县人。因其归化关系取得美国二九二六二号护照，但依照中国法律仍为中国公民，此证。

中华民国驻美国霍斯敦领事馆

中华人民共和国成立后，国际反华势力利用华侨国籍问题不断挑拨离间，造成有关国家，特别是有众多华侨的东南亚国家对中国产生了疑虑，担心中国借当地华侨“输出革命”，同时，也担心华侨操控其国家经济。一些国家对华侨进行各种限制，甚至掀起排华浪潮，使海外华侨的生存环境日益恶劣。1953 年，朝鲜战争结束后，国际形势相对趋于缓和，中国政府也将外交政策的重点转为改善中国周边的安全环境，以打乱美国的战争计划以及冲出对中国的战略包围；同时，扩大中国在国际上的活动空间，广交朋友，为国内建设创造和平的国际环境。在此背景下，解决“双重国籍”问题已势在必行。

2. “双重国籍”问题的妥善解决

1954 年 11 月，中国政府与印度尼西亚政府开始就“双重国籍”问题进行谈判。1955 年 4 月，在平等互利和互不干涉内政的原则下，经过友好的充分协商，两国签订了《中华人民共和国和印度尼西亚共和国关于双重国籍问题的条约》。此后，其他国家也纷纷按照该条约的精神，解决了有关国家华侨的“双重国籍”问题。华侨根据本身自愿的原则，可选择侨居国国籍，或保留中国国籍。中国解决华侨“双重国籍”问题的原则，标志着中国政府放弃了从清政府以来在国籍问题上长期坚持的血统主义原则，为以后的侨务工作奠定了基础。同时，也促使海外华侨社会向华人社会的本质的转化。①

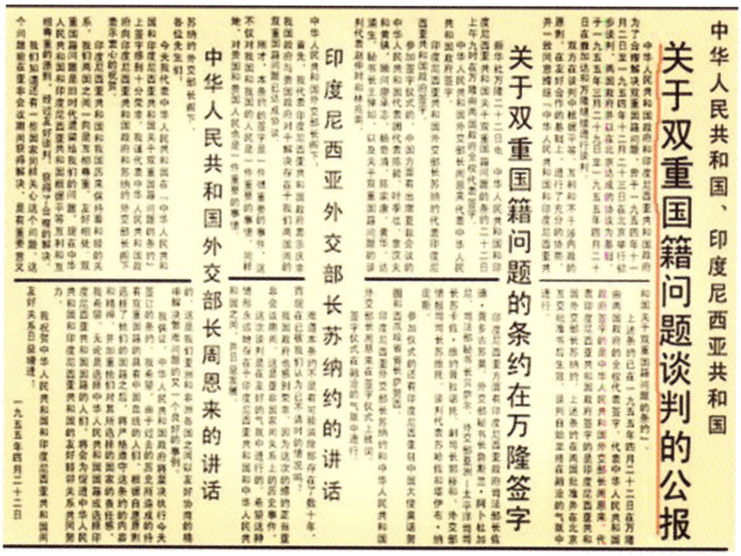
中华人民共和国、印度尼西亚共和国
关于双重国籍问题谈判的公报

关于双重国籍问题的条约在万隆签字

印度尼西亚外交部长苏纳约的讲话

中华人民共和国外交部长周恩来的讲话

《中华人民共和国、印度尼西亚共和国关于双重国籍问题谈判的公报》

图片来源：《人民日报》，1955 年 4 月 23 日第 1 版。

① 国务院侨务办公室政策法规司编：《新中国侨务政策六十年回顾与探析》，北京：国务院侨务办公室政策法规司，2010 年，第 14 页。

1957 年 11 月 4 日，许多新加坡华人到中华总商会当年的会所登记公民权。
登记后，他们的身份就从中国的“侨民”转变为新加坡的公民

图片来源：《新加坡华社研究》，第 14 页。

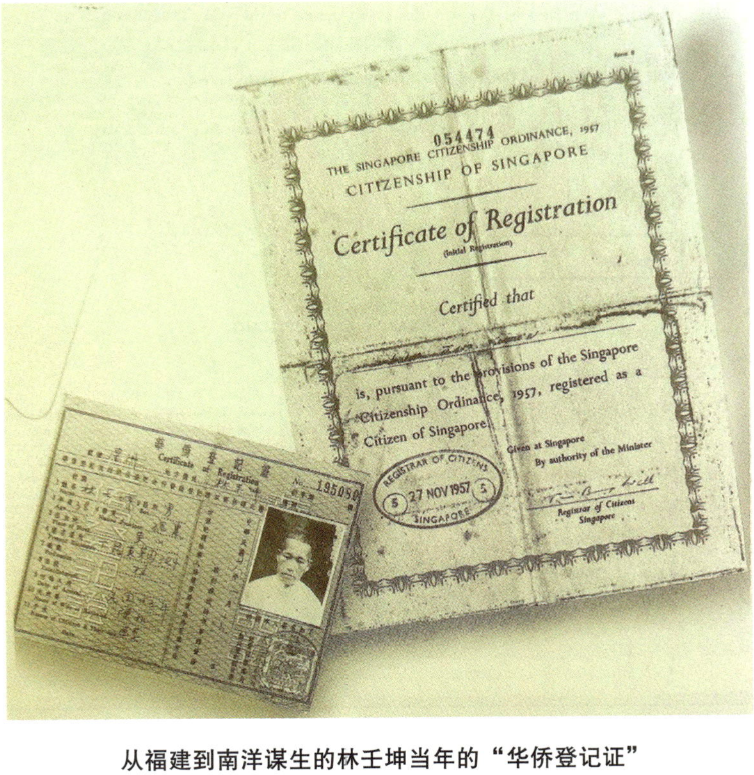

从福建到南洋谋生的林壬坤当年的“华侨登记证”
和 1957 年底正式登记成为新加坡公民的登记证

图片来源：《新加坡华社研究》，第 15 页。

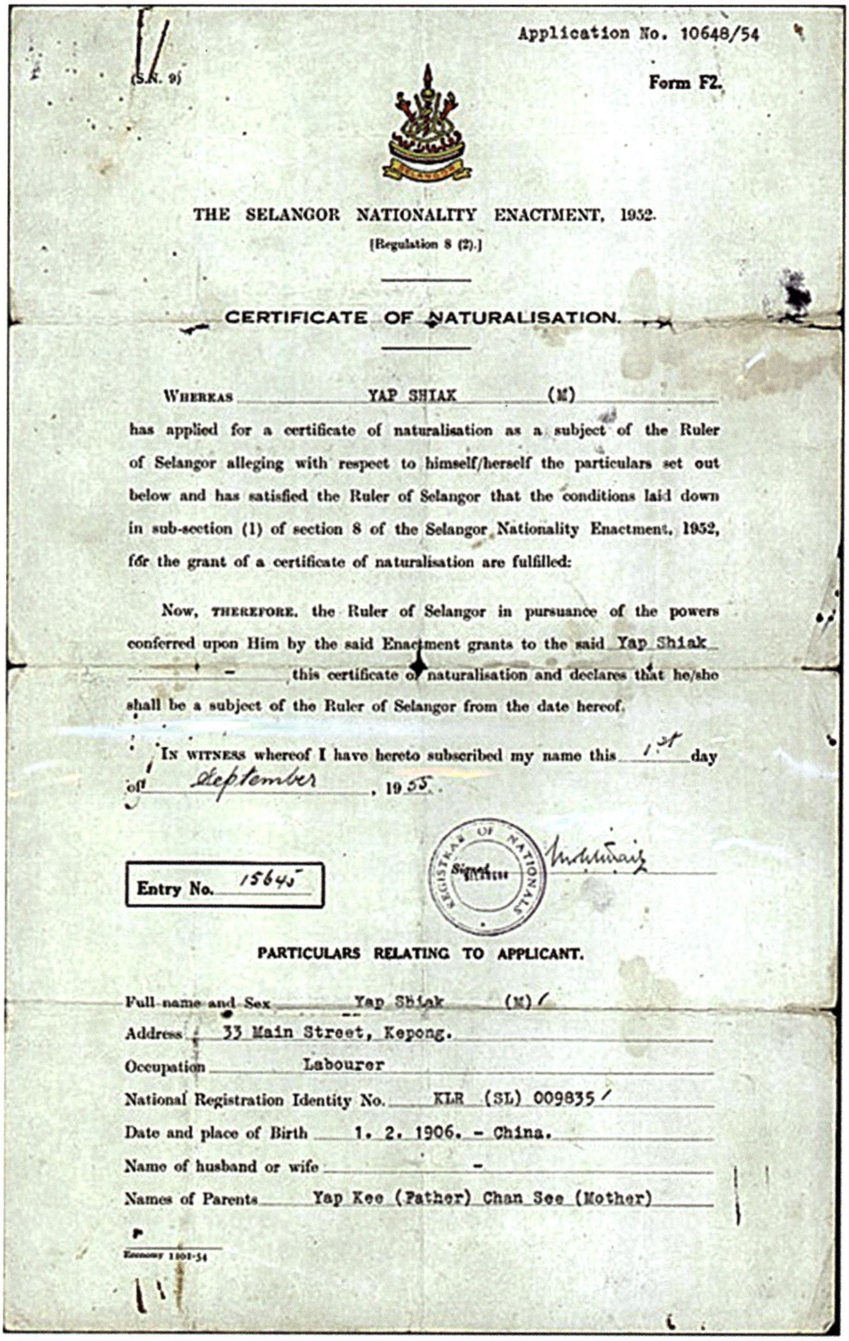

Application No. 10648/54

(S.N. 9)

Form F2.

THE SELANGOR NATIONALITY ENACTMENT, 1952.

[Regulation 8 (2).]

CERTIFICATE OF NATURALISATION.

WHEREAS YAP SHIAK (M) has applied for a certificate of naturalisation as a subject of the Ruler of Selangor alleging with respect to himself/herself the particulars set out below and has satisfied the Ruler of Selangor that the conditions laid down in sub-section (1) of section 8 of the Selangor Nationality Enactment, 1952, for the grant of a certificate of naturalisation are fulfilled:

Now, THEREFORE, the Ruler of Selangor in pursuance of the powers conferred upon Him by the said Enactment grants to the said Yap Shiak - this certificate of naturalisation and declares that he/she shall be a subject of the Ruler of Selangor from the date hereof.

IN WITNESS whereof I have hereto subscribed my name this 1st day of September, 1955.

Entry No. 15645

REGISTRAR OF NATIONALS

Signed

PARTICULARS RELATING TO APPLICANT.

Full name and Sex Yap Shiak (M)

Address 33 Main Street, Kepong.

Occupation Labourer

National Registration Identity No. KLR (SL) 009835

Date and place of Birth 1. 2. 1906. - China.

Name of husband or wife -

Names of Parents Yap Kee (Father) Chan See (Mother)

Economy 1101-54

1955 年 9 月马来亚华侨的州籍民证书。取得了这个证书，也就完成了从华侨到华人的身份转变

图片来源：暨南大学图书馆馆藏。

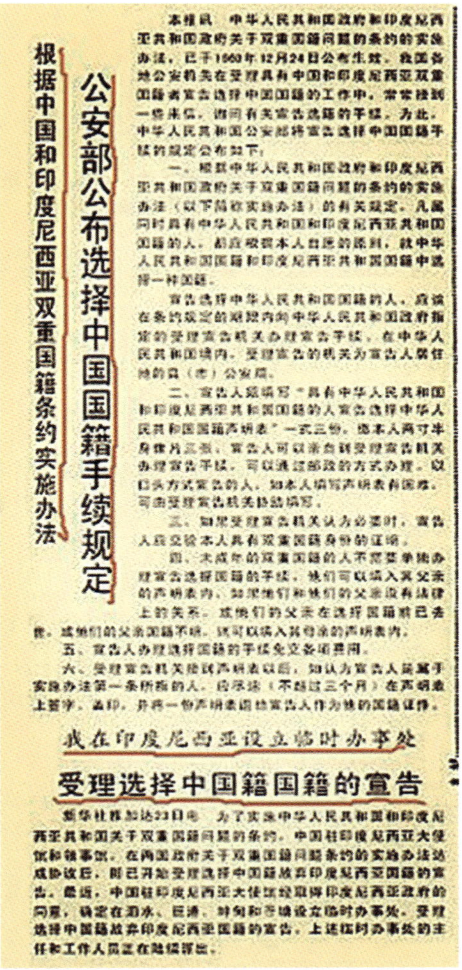

公安部公布选择中国国籍手续规定

根据中国和印度尼西亚双重国籍条约实施办法

本报讯 中华人民共和国政府和印度尼西亚共和国政府关于双重国籍问题的条约的实施办法，已于1960年12月24日公布生效。我国各地公安机关在受理具有中国和印度尼西亚双重国籍者宣告选择中国国籍的工作中，常常接到一些来信，询问有关宣告选籍的手续。为此，中华人民共和国公安部将宣告选择中国国籍手续的规定公布如下：

一、根据中华人民共和国政府和印度尼西亚共和国政府关于双重国籍问题的条约的实施办法（以下简称实施办法）的有关规定，凡属同时具有中华人民共和国和印度尼西亚共和国国籍的人，都应根据本人自愿的原则，就中华人民共和国国籍和印度尼西亚共和国国籍中选择一种国籍。

宣告选择中华人民共和国国籍的人，应该在条约规定的期限内向中华人民共和国政府指定的受理宣告机关办理宣告手续。在中华人民共和国境内，受理宣告的机关为宣告人居住地的县（市）公安局。

二、宣告人须填写“具有中华人民共和国和印度尼西亚共和国国籍的人宣告选择中华人民共和国国籍声明表”一式三份，缴本人两寸半身像片三张。宣告人可以亲自到受理宣告机关办理宣告手续，可以通过邮政的方式办理。以口头方式宣告的人，如本人填写声明表有困难，可由受理宣告机关协助填写。

三、如果受理宣告机关认为必要时，宣告人应交验本人具有双重国籍身份的证明。

四、未成年的双重国籍的人不需要单独办理宣告选择国籍的手续，他们可以填入其父亲的声明表内。如果他们和他们的父亲没有法律上的关系，或他们的父亲在选择国籍前已去世，或他们的父亲国籍不明，就可以填入其母亲的声明表内。

五、宣告人办理选择国籍的手续免交各项费用。

六、受理宣告机关接到声明表以后，如认为宣告人确属于实施办法第一条所指的人，应尽速（不超过三个月）在声明表上签字、盖印，并将一份声明表退给宣告人作为他的国籍证件。

我在印度尼西亚设立临时办事处

受理选择中国籍国籍的宣告

新华社雅加达23日电 为了实施中华人民共和国和印度尼西亚共和国关于双重国籍问题的条约，中国驻印度尼西亚大使馆和领事馆，在两国政府关于双重国籍问题条约的实施办法达成协议后，即已开始受理选择中国籍放弃印度尼西亚国籍的宣告。最近，中国驻印度尼西亚大使馆经取得印度尼西亚政府的同意，确定在泗水、巨港、坤甸和[illegible]设立临时办事处，受理选择中国籍放弃印度尼西亚国籍的宣告。上述临时办事处的主任和工作人员正在陆续派出。

《公安部公布选择中国国籍手续规定》及《受理选择中国籍国籍的宣告》

图片来源：《人民日报》，1961年4月23日第4版。

中华人民共和国公安部将宣告选择中国国籍手续的规定公布如下：

根据中华人民共和国政府和印度尼西亚共和国政府关于双重国籍问题的条约的实施办法的有关规定，凡属同时具有中华人民共和国和印度尼西亚共和国国籍的人，都应根据本人自愿的原则，就中华人民共和国国籍和印度尼西亚共和国国籍中选择一种国籍。

宣告选择中华人民共和国国籍的人，应该在条约规定的期限内向中华人民共和国政府指定的受理宣告机关办理宣告手续。在中华人民共和国境内，受理宣告的机关为宣告人居住地的县（市）公安局。

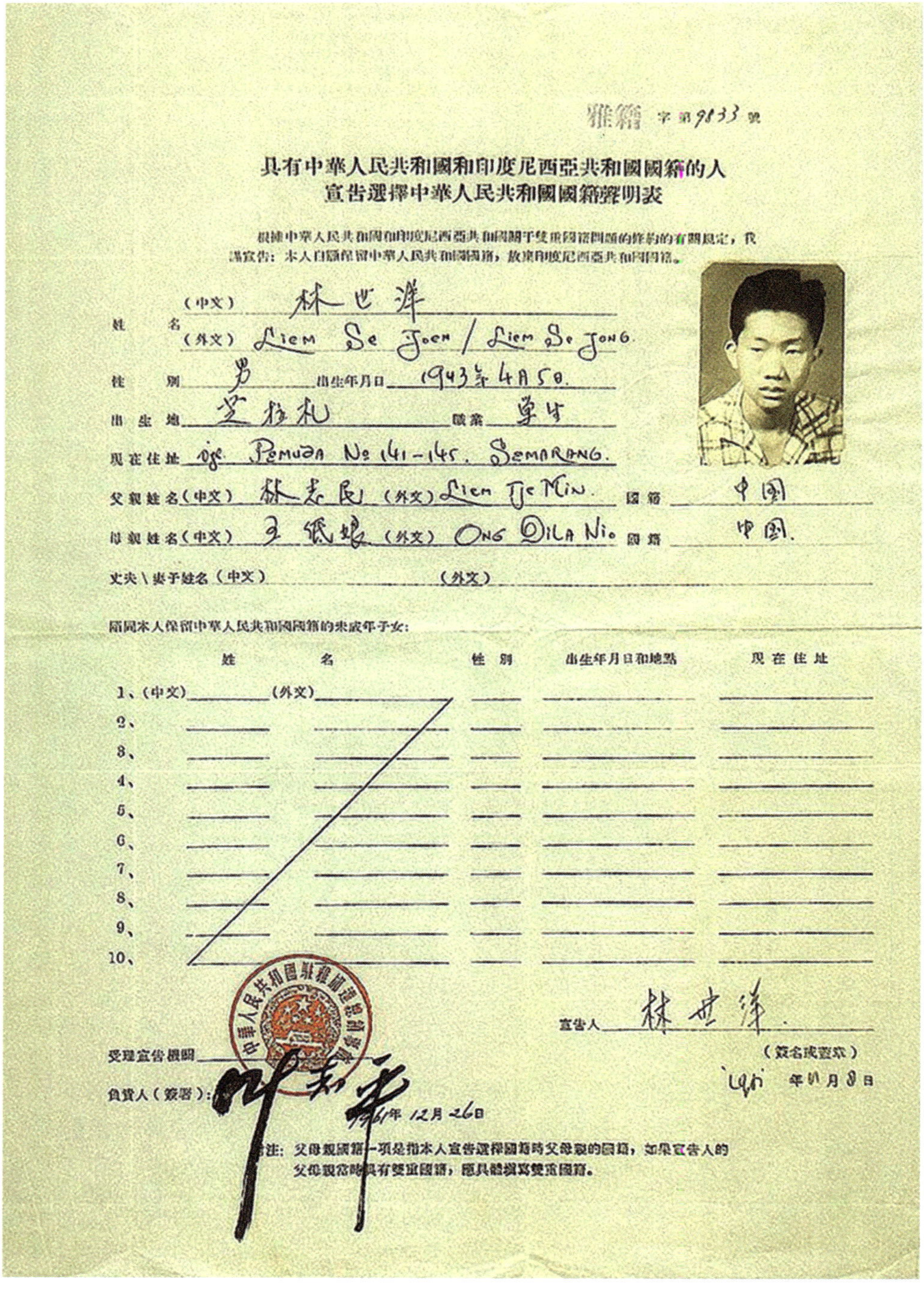

雅籍 字第9833號

具有中華人民共和國和印度尼西亞共和國國籍的人
宣告選擇中華人民共和國國籍聲明表

根據中華人民共和國和印度尼西亞共和國關于雙重國籍問題的條約的有關規定，我謹宣告：本人自願保留中華人民共和國國籍，放棄印度尼西亞共和國國籍。

姓名（中文）林世洋
（外文）Liem Se Joen / Liem Se Jong

性別 男 出生年月日 1943年4月5日

出生地 文拉礼 職業 学生

現在住址 Djl. Pemuda No 141-145. Semarang.

父親姓名（中文）林志民（外文）Liem Tje Min 國籍 中国

母親姓名（中文）王[illegible]娘（外文）Ong Dila Nio 國籍 中国.

丈夫＼妻子姓名（中文） （外文）

隨同本人保留中華人民共和國國籍的未成年子女：

姓名		性別	出生年月日和地點	現在住址
1、（中文）	（外文）			
2、				
3、				
4、				
5、				
6、				
7、				
8、				
9、				
10、				

宣告人 林世洋

（簽名或蓋章）

1961年11月8日

受理宣告機關

負責人（簽署）：[illegible]

1961年12月26日

附注：父母親國籍一項是指本人宣告選擇國籍時父母親的國籍，如果宣告人的父母親當時具有雙重國籍，應具體填寫雙重國籍。

1961 年具有中华人民共和国和印度尼西亚共和国国籍的人宣告选择中华人民共和国国籍声明表

图片来源：《中国华侨历史博物馆藏品图录》，第 133 页。

四、归国华侨和难侨的接待与安置

中华人民共和国成立初期，大批归侨、难侨的接待和安置，成为新中国侨务工作的重要任务。这些归侨、难侨投身祖国的主要因素有两点。一是新中国的诞生，使海外华侨深受鼓舞，他们有的希望叶落归根，在祖国安享晚年；有的则满怀对未来的期望，决心为新中国的建设贡献力量。二是 20 世纪 50 年代初，侨居地政治经济形势的动荡和中外关系的变化，迫使一些华侨回国定居。中华人民共和国成立初期回国的归侨主要有四种类型：①传统型，主要由告老还乡的华侨组成；②参政型，主要由侨领、民主人士、文化人、进步组织成员组成；③难民型，主要由马来亚、印度尼西亚、印度、缅甸、越南、朝鲜、蒙古等地的难侨组成；④专业型，主要由专家学者、留学生、回国就学学生、专业技能人员组成。除了一些年老体弱的归侨外，绝大部分的归侨们都奋战在各行各业的工作岗位上，为祖国建设贡献自己的力量。

（一）自愿归国华侨的接待与安置

1. 大批华侨回国参加新中国的建设

1953 年 8 月在日华侨乘“兴安丸”集体回国的情景

图片来源：《照片上的故事——热血华侨乘“兴安丸”回国》，http://www.rbzwdb.com/hrxw/2014/03－06/5455.shtml。

中华人民共和国的成立，使很多在海外的华侨华人兴奋不已，不少华侨纷纷回国参加中华人民共和国的建设。这批人主要以知识分子、青年学生和爱国人士为主。有关统计显示，中华人民共和国成立后的头五年，回国工作、学习的归侨及归国华侨学生有 17.8 万余人。到 1956 年总共有 20 多万华侨回国。[①] 不少爱国华侨和知识分子自愿放弃国外优越的生活，冲破重重障碍，回到祖国怀抱，投身于社会主义革命和建设事业，几十年来为中国的革命和建设、为促进海内外的经济文化交流做

① 熊志灵：《建国后中国安置归侨工作及特点》，《黑龙江史志》2015 年第 11 期。

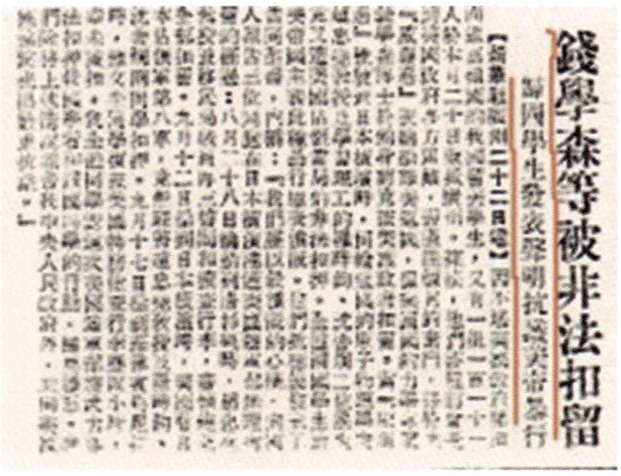
錢學森等被非法扣留

歸國學生發表聲明抗議美帝暴行

《美政府阻挠我留美教授学生归国 钱学森等被非法扣留 归国学生发表声明抗议美帝暴行》

图片来源：《人民日报》，1950 年 9 月 23 日第 3 版。

1955 年 10 月 8 日，钱学森全家 4 人由香港搭乘火车前往广州

图片来源：寇维勇编：《钱学森事件始末记》，第 13 页

出了积极的贡献。还有不少华侨结束在海外经营多年的企业，变卖家产物业，带着家眷回国定居；华侨青年学生满怀报国之志回国求学。所有这些汇聚成了一股强大的向心力，推动了中华人民共和国成立初期华侨回国的热潮。

在中华人民共和国成立初期华侨回国的热潮中，海外知识分子是一支重要的生力军。大批海外知识分子放弃国外优越的生活、工作条件投身于新中国的建设之中。他们受过良好的教育，很多都是其领域内的权威或者是专家。如钱学森、李四光、华罗庚、赵忠尧、谢冰心、吴文藻、谢希德等海外知识分子精英。新中国甫一成立，他们就归心似箭，迫不及待地踏上归国的路程。在他们当中，很多人冲破国内外敌对势力的破坏和阻挠，顶住重重压力，克服各种困难，毅然踏上了归国之路，展现出崇高的爱国主义情结。热爱祖国的优良传统、民族认同的价值取向、“以天下为己任”的责任心、发挥自己的特长为新中国建设贡献力量的使命感，构成了新中国成立初期海外知识分子爱国情结的基本元素。中国科学院建立后，曾对侨居国外的科学家做过估算，大约有5 000人。到 1956 年底，近2 000名科学家回到祖国。①

在海外知识分子归国的过程中，著名空气动力学家钱学森的回国之路充满坎坷。钱学森 1935 年去美国研究航空工程和空气动力学，得到加利福尼亚理工学院博士学位，历任这个学校的讲师、副教授、教授及超音速实验室主任等职务，自 1949 年起，他担任这个学校“古根罕喷气推进研究中心”的负责人。1950 年钱学森离美返国时，被美国当局留难并非法逮捕，拘禁了十五天以后才给予释放，此后钱学森便一直被禁止离开美国。在中国政府的

① 《钱学森以及 50 年前“回家”的科学家们》，新浪网，http://news sina. com. cn/c/2006 - 02 - 15/11309108564. shtml。

不懈努力下，1955 年 9 月 17 日，钱学森携带妻子蒋英和一双年幼的儿女，终于登上了“克利夫兰总统号”轮船，踏上返回祖国的旅程。

美帝非法拘捕我科學家錢學森等
中華全國自然科學專門學會發表宣言提出嚴重抗議

《美帝非法拘捕我科学家钱学森等　中华全国自然科学专门学会发表宣言提出严重抗议》

图片来源：《人民日报》，1950 年 9 月 26 日第 3 版。

回国后，中国政府在各方面给予钱学森亲切细致的关怀。钱学森不负祖国的重托，为新中国的建设与发展殚精竭虑，做出了重大贡献。1956 年初，钱学森向中共中央、国务院提出《建立我国国防航空工业的意见书》。同时，钱学森组建了中国第一个火箭、导弹研究所——国防部第五研究院并担任首任院长。他主持完成了“喷气和火箭技术的建立”规划，参与了近程导弹、中近程导弹和中国第一颗人造地球卫星的研制，参与制定并直接领导了用中国中近程导弹运载原子弹的“两弹结合”试验，参与制定了中国第一个星际航空的发展规划，发展建立了工程控制论和系统学等。在钱学森的努力带领下，1964 年 10 月 16 日中国第一颗原子弹爆炸成功，1967 年 6 月 17 日中国第一颗氢弹空爆试验成功，1970 年 4 月 24 日中国第一颗人造卫星发射成功。毛泽东评价：美国人把钱学森当成 5 个师，在我看来，对我们来说，钱学森比 5 个师的力量大多啦。

City Shelters Offer Dogs for Adoption

Highway Cras
Kills L.A. Man

Lurline to Arrive at 1 P.M. Tuesday

Two Trains Take 2000 From Church on Picnic

1955 年 9 月 18 日，《洛杉矶时报》以“中国火箭专家回归红色中国”为标题报道了钱学森回国一事

图片来源：《没有钱老，就没有中国航天工业》，新浪新闻，http：//news. sina. com. cn/o/2009－11－06/152616566475s. shtml。

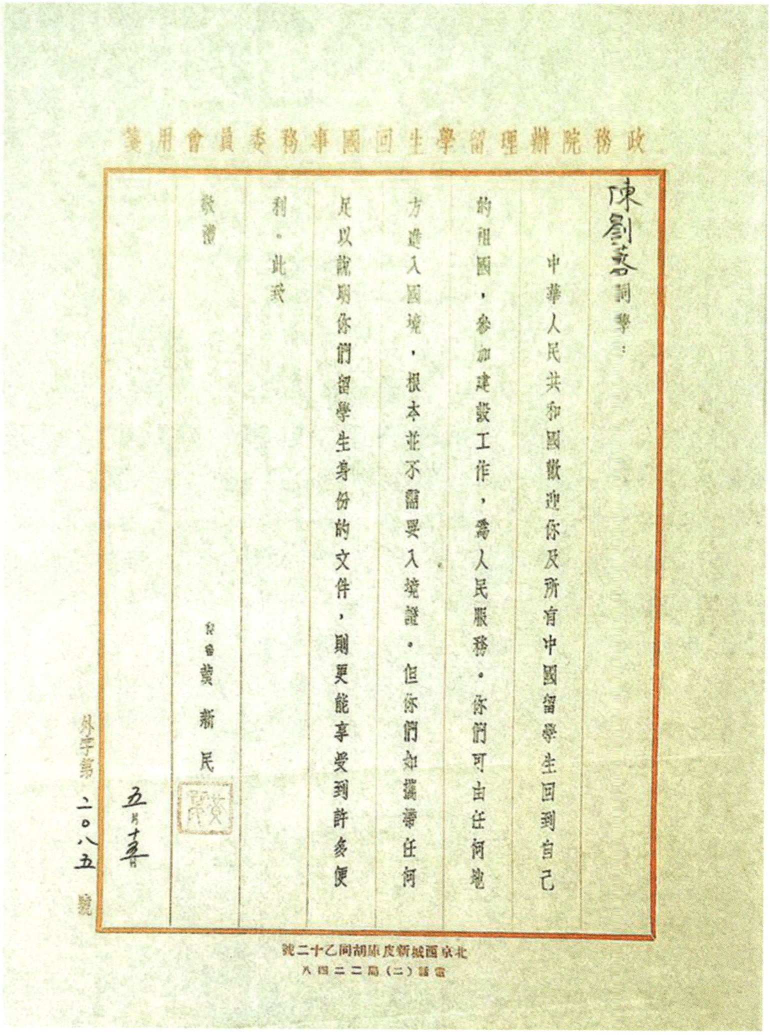

政務院辦理留學生回國事務委員會用箋

陳劉蓉同學：

中華人民共和國歡迎你及所有中國留學生回到自己的祖國，參加建設工作，為人民服務。你們可由任何地方進入國境，根本並不需要入境證。但你們如攜帶任何足以說明你們留學生身份的文件，則更能享受到許多便利。此致

敬禮

秘書 黃新民

五月十五日

外字第二〇八五號

北京西城新皮庫胡同乙十二號

電話（二）局二二四八

1951 年 5 月政务院办理留学生回国事务委员会写给陈刘蓉女士关于欢迎留学生回国的信（中文稿）

图片来源：《中国华侨历史博物馆藏品图录》，第 124 页。

这封信是化学工程学家陈家镛夫妇回国前询问留学生回国政策问题，国家政务院办理留学生回国事务委员会写给陈家镛夫人陈刘蓉女士的回信。这封信是此时期我国政府对留学生关心的回国问题的一个重要答复和保证，也是中华人民共和国成立初期美国华侨突破重重阻碍，积极回国参加建设的见证。

(1)　中国留日学生報　第105号

中国留日学生報

発行所
東京都神田区内西神田2—2
中国留日同学総会
振替東京132582番
Cable Address 1333 電話(33)2559
定価 1部 10円
毎月一日一回発行

歓迎京劇代表団

主張

祖國需要我們

社会主義建設に参加しよう!

《中国留日学生报》上刊登的留学生回国参加祖国建设的报道

图片来源：《中国华侨历史博物馆藏品图录》，第130页。

2. 对归侨采取区别对待妥善安置的政策

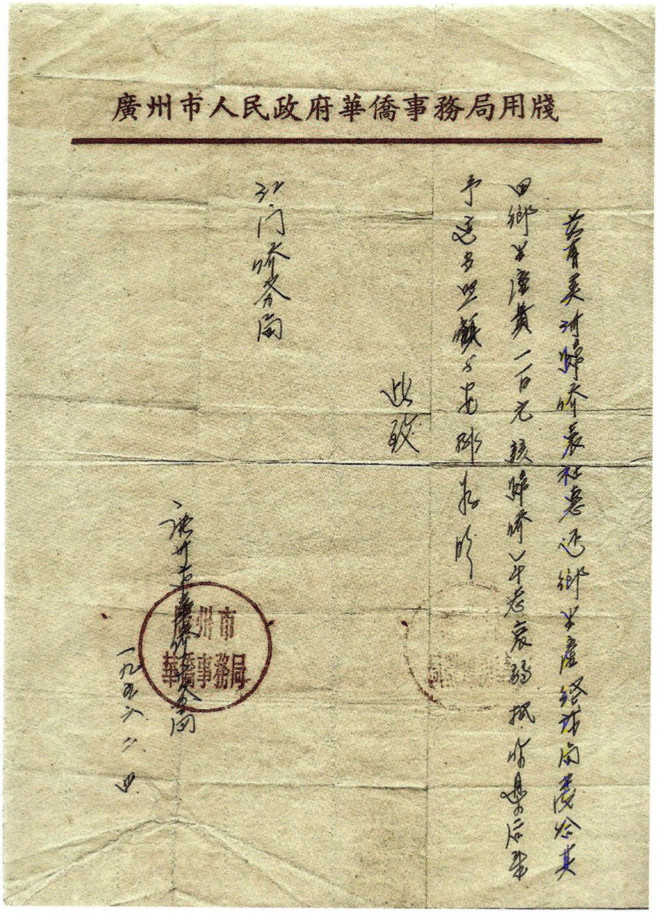
廣州市人民政府華僑事務局用箋

广州市人民政府华侨事务局关于美洲归侨袁社惠回乡生产的介绍信

图片来源：暨南大学图书馆馆藏。

兹有美洲归侨袁社惠还乡生产，经我局发给其回乡生产费一百元。该归侨年老衰弱，抵你县后望予适当照顾与安排为盼。

此致

江门侨务局

广州市华侨事务局

一九五六・二・四

中华人民共和国成立后，归侨日益增多。归侨的情况也各有不同：有些人在故乡有家有业；有些人在故乡无家无业，对家乡人地生疏，无所依靠；有的故乡虽有亲人，但直接回乡劳动和生活都有困难；还有些人有文化技术，回乡发挥不出来。除了有家有业者外，后几种情形的归侨都需由国家安置。1954年3月，中央发布了《关于处理回国华侨就业问题的指示》，对归侨的安置制定了“按籍安置，主要面向农村；对有技能的量才录用”的政策。对那些有文化、有技术的归侨，由机关、学校、工厂、企业量才录用，发挥其所长，使他们有为祖国效力的机会；对于一般归侨，则采取“按籍安置，面向农村，面向山区”的方针，安排他们在工厂、农场从事工农业生产，使他们安居乐业。而对于年龄大、无技术、文化低的一般归侨劳动力，要发给安家费，在侨乡“尽量动员其从事农业生产”，无技术又不愿参加农业生产者，“尽量安置国家商业（做店员）或合作社部门”；有文化的青年可送工厂当学徒或送技术训练班、学校；“对手工业者发适当的资金或贷款，辅助其生产合作”等。[①] 到1965年，全国共安置了归侨四十多万人。[②]

3. *发挥归侨侨眷积极参加祖国社会主义建设的积极性*

新中国政府发挥归侨、侨眷的桥梁作用，广泛地开展对归侨、侨眷的宣传教育工作，提高归侨、侨眷的社会主义和爱国主义的思想觉悟，团结和教育广大归侨、侨眷，积极参加祖国社会主义的各项建设。归侨和广大侨眷也亲身体会到党和人民政府对归侨、侨眷和华侨的热诚关怀和照顾，参加祖国社会主义建设和社会主义改造的爱国积极性大大提高，在社会主义建设的高潮中，涌现出很多归侨、侨眷先进工作积极分子，受到各级政府的表彰和广大群众的尊敬。

政治上当促进派　技术上作革新派

北京归国华侨开跃进大会

《政治上当促进派　技术上作革新派　北京归国华侨开跃进大会》

图片来源：《人民日报》，1958年5月4日第1版。

① 任贵祥：《略述建国初期的侨务政策》，《中共党史研究》1990年第3期。

② 郑应洽、卢宁、刘华等：《纪念中国共产党成立七十周年学术讨论会　关于建国以来党的侨务工作的初步探索》，广州：暨南大学出版社，1991年，第2页。

北京市城市规划局设计院技术员、柬埔寨归侨马少芳（中）因工作努力，多次受到表扬和表彰。图为她和同事一起研究设计问题

图片来源：《侨务报》1960 年第 2 期。

北京市磁器库小学教师、先进工作者、印度尼西亚归侨林云玖在认真备课

图片来源：《侨务报》1960 年第 2 期。

出席北京市文教界群英会的归侨

图片来源：《侨务报》1960 年第 3 期。

4. 建设华侨新村

20世纪50年代中期，越来越多的华侨冲破阻挠，从世界各地回到广州工作、学习和生活。1954年7月，广州召开第一届人民代表大会第一次会议，筹建华侨新村的方案被提交给大会并获得通过。广州市政府兴建了占地25公顷的广州华侨新村，吸引了很多华侨前来购房定居。据1964年的统计，华侨新村有侨户226户，其中归侨167户，归侨侨眷总人口1 000余人，多为美洲和东南亚等地区十多个国家的归侨和侨眷。到1965年，华侨新村建成独院177座、公寓291套。很多归侨是广东省华侨投资公司的股东，他们积极争取海外亲友投资，为支援国家建设，贡献和争取了大笔侨汇。[1]

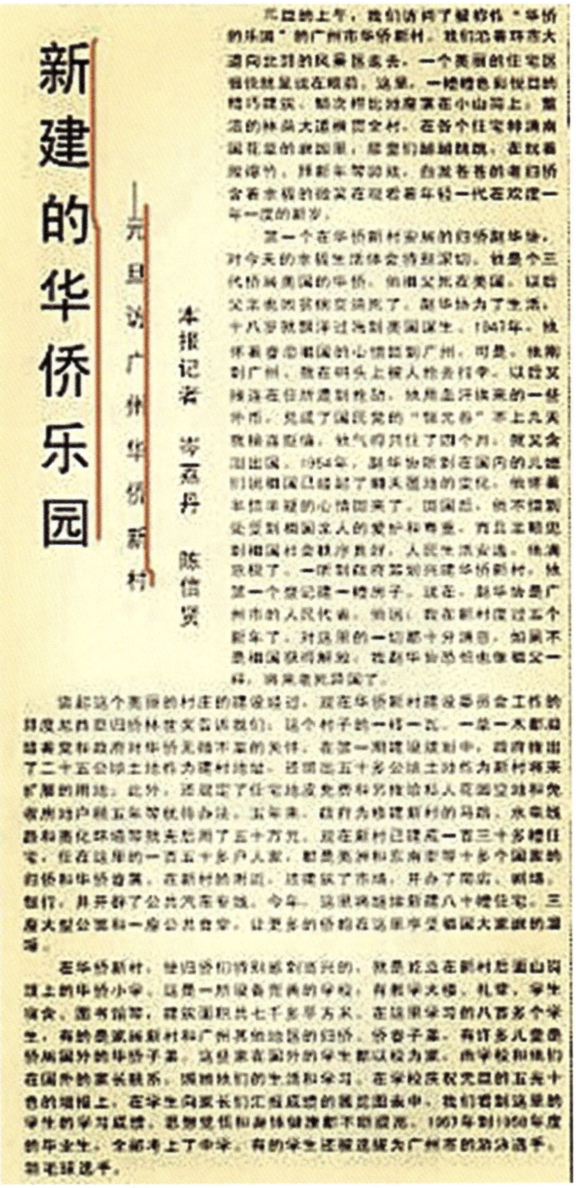

《新建的华侨乐园　元旦访广州华侨新村》

图片来源：《人民日报》，1960年1月4日第6版。

华侨新村的建成，引起了国内外人士的广泛关注。华侨事务委员会主任何香凝、副主任方方，全国侨联主席陈嘉庚，党和国家领导人朱德等先后到华侨新村探望。20世纪50年代末，广州、汕头、晋江、漳州、厦门、福州、江门、龙岩、梅县、普宁和上海等侨乡城市都建设了华侨新村或华侨公寓，得到广大归侨、侨眷的支持和赞扬。

---

① 东山区地方志编纂委员会编：《广州市东山区志》，广州：广东人民出版社，2007年，第76页。

广州华侨新村侨房

图片来源：《广州市东山区侨务志》（插图）。

广州华侨新村第一批居民畅叙乔迁之喜

图片来源：《华侨新村：昔日归侨的幸福乐园》，唐人街网，http：//www.tangrentown.com/read/16121。

（二）归国难侨的接待与安置

中华人民共和国成立之际，海外华侨主要聚居的东南亚地区也发生了深刻变化，不少国家纷纷独立建国，成为新兴的民族独立国家。一方面，他们希望努力摆脱殖民主义的压迫，另一方面，他们对共产党领导的新中国心存疑虑。海外侨胞对中华人民共和国成立的热烈反应，也引起了一些国家的警惕。一些国家先后出现了对中国侨民的迫害，大批关禁、驱逐和残杀华侨、强迫华侨迁移、限制华侨职业、限制侨汇、封闭华侨团体、封闭或压迫华侨学校及华侨报馆、禁止中国书籍报纸进口、限制华侨归国等迫害华侨事件层出不穷。“排华”事件不断发生，导致华侨在当地难以立足而回国发展。据统计，仅中华人民共和国成立初期的4年间，国内侨务部门便接待从马来亚回国的难侨17 013人，从泰国回国的难侨500余人，从缅甸回国的难侨700余人，从朝鲜回国的难侨13 000余人。[①] 本着保护海外华侨权益的精神，外交部拟定了《关于华侨受排斥及迫害问题的处理意见》和《关于在兄弟国家中华侨问题的初步意见》，提出中国政府应通过发表

① 黄小坚：《归国华侨的历史与现状》，香港：香港社会科学出版社有限公司，2005年，第49页。

严正声明或进行抗议的方式，还击迫害华侨的国家。[①] 同时启动撤侨行动，接回因为生活或环境所迫，不能或不愿继续在国外居留的华侨，让他们在祖国安置生活和参加建设。于是，接待和安置这些不能或不愿继续在国外居留的华侨回祖国生活和参加建设，是新中国重要的侨务工作之一。

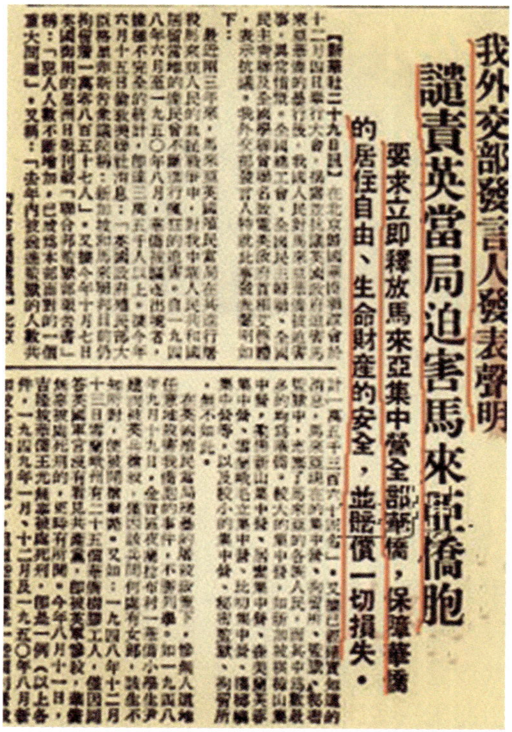

我外交部發言人發表聲明

譴責英當局迫害馬來亞僑胞

要求立即釋放馬來亞集中營全部華僑，保障華僑的居住自由、生命財產的安全，並賠償一切損失。

《我外交部发言人发表声明　谴责英当局迫害马来亚侨胞　要求立即释放马来亚集中营全部华侨，保障华侨的居住自由、生命财产的安全，并赔偿一切损失》

图片来源：《人民日报》，1950 年 12 月 30 日第 1 版。

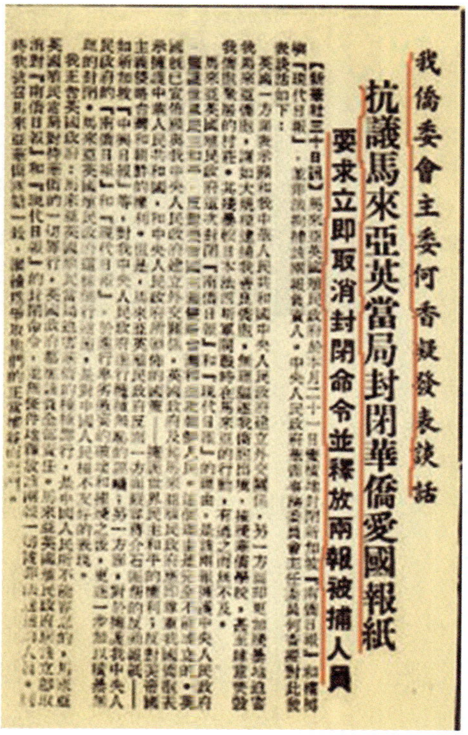

我僑委會主委何香凝發表談話

抗議馬來亞英當局封閉華僑愛國報紙

要求立即取消封閉命令並釋放兩報被捕人員

《我侨委会主委何香凝发表谈话　抗议马来亚英当局封闭华侨爱国报纸　要求立即取消封闭命令并释放两报被捕人员》

图片来源：《人民日报》，1950 年 10 月 3 日第 4 版。

① 国务院侨务办公室政策法规司编：《新中国侨务政策六十年回顾与探析》，北京：国务院侨务办公室政策法规司，2010 年，第 10 页。

1. 马来亚难侨

中华人民共和国成立初期对马来亚难侨的救济是新中国历史上大规模救济难侨的开端。1948 年 6 月以后，马来亚英国殖民当局出台了《紧急法令》等一系列迫害、驱逐华侨的政策，致使大批马来亚华侨被驱逐出境。我国政府一方面对马来亚英国殖民当局的罪恶行为提出严重抗议，一方面对被驱逐出境的华侨急谋处置办法。1950 年 6 月，政务院发出了《好好安置难侨，不使其流离失所》的通知，对安置难侨提出指导意见。虽然中华人民共和国成立初期中央财政非常困难，但还是拿出一大笔钱对华侨进行救助。1950 年中央拨出了 14 亿元，1951 年又拨出了 150 亿元，作为救济和安置难侨生产之用。①

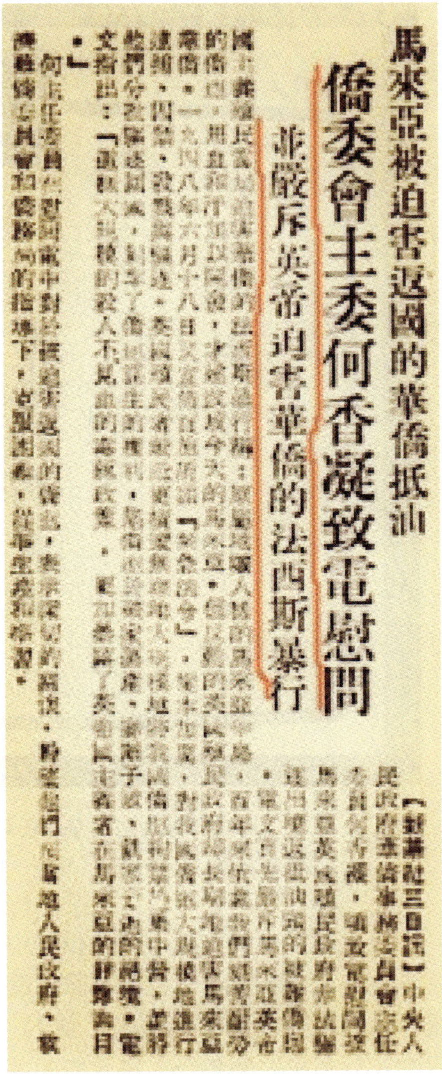
馬來亞被迫害返國的華僑抵汕
僑委會主委何香凝致電慰問
並嚴斥英帝迫害華僑的法西斯暴行

《马来亚被迫害返国的华侨抵汕　侨委会主委何香凝致电慰问　并严斥英帝迫害华侨的法西斯暴行》

图片来源：《人民日报》，1950 年 12 月 4 日第 4 版。

广东是接济与安置难侨的主要省份。在马来亚 200 多万华侨中，其中粤籍华侨有 180 万。在被驱逐回国的难侨中，粤籍也占据了多数。② 1950 年 11 月，归国难侨临时处理委员会成立，该机构由内务部、中侨委、救济总会、闽粤两省府、潮汕专区、汕头市等 7 个单位和当地工、农、商、学、妇、青、侨等团体组成，主要是为指导马来亚难侨归国安置工作。首任主任由中央人民政府内务部副部长陈其瑗兼任，后由著名侨领庄希泉接任。广东省还在广州设立归国难侨处理委员会办事处和归国难侨招待所，在汕头、海口市成立难侨处理分处，在深圳、拱北、湛江等口岸设立归国华侨接待站。③

---

① 《中央人民政府华侨事务委员会成立以来的工作总结与当前侨务工作的方针》，广东省档案馆馆藏，档案号 204 - 4 - 26。

② 黄利新：《新中国成立初期中国政府对马来亚难侨的救济》，《党史研究与教学》2016 年第 1 期。

③ 广东省地方史志编纂委员会编：《广东省志 · 华侨志》，广州：广东人民出版社，1996 年，第 223 页。

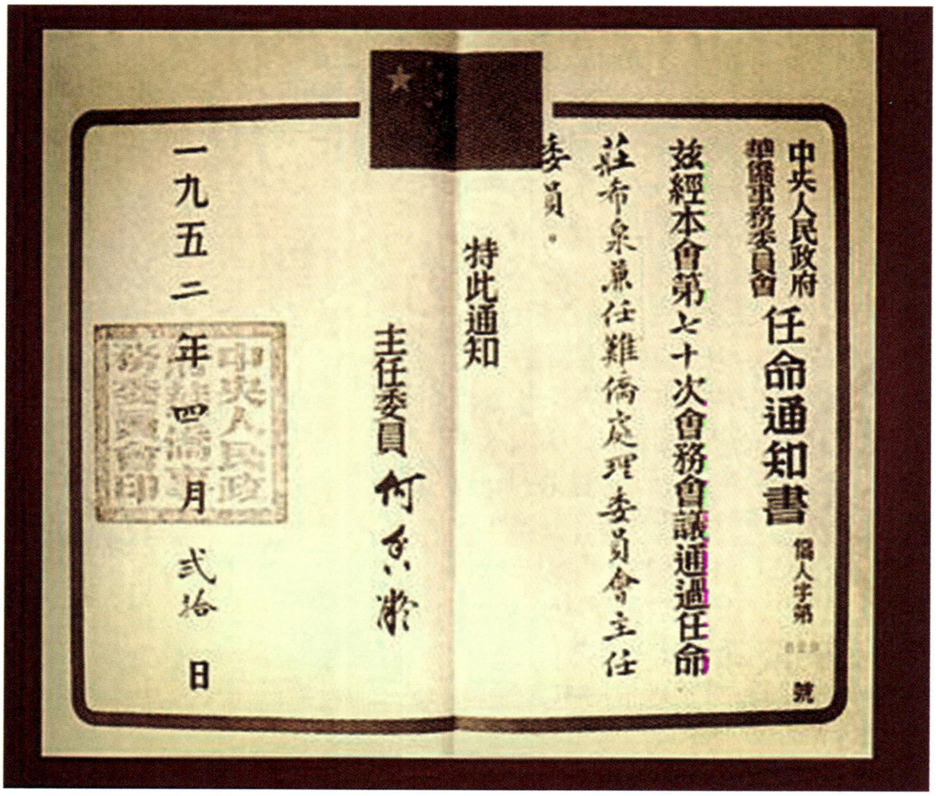
中央人民政府華僑事務委員會 任命通知書 僑人字第 號

茲經本會第七十次會務會議通過任命
莊希泉兼任難僑處理委員會主任
委員。

特此通知

主任委員 何香凝

一九五二年四月貳拾日

中央人民政府華僑事務委員會印

1952年任命庄希泉兼任难侨处理委员会主任委员的通知书

图片来源：《父子侨领画传——庄希泉庄炎林世纪传奇》，第51页。

组织难侨参加各项生产建设是中华人民共和国成立初期中国政府安置难侨的基本政策，介绍就业、指导与扶助其生产是安置难侨最关键的一步。据《人民日报》，1951年12月4日报道：前14批难侨一共9 052人，“他们返抵祖国后，都得到了侨务机关和各级人民政府的关怀和妥善安置，其中五千余人已资送回乡生产；一部分回到正在进行土地改革的地区，并已分得了土地；有二千三百多人被介绍到公营工厂、政府机关里工作，或进学校学习；还有一部分正由侨务机关筹建农场让他们进行生产；一些老弱残疾不能劳动的，被安置在救济所；伤病者都得到了治疗。归国难侨处理委员会在一年内，为治疗难侨的伤病所支付的医药费共达二亿一千多万元”①。归侨们对祖国政府和人民的爱护极表感激。他们都表示决心要努力参加国内的生产建设。

① 《马来亚华侨被无理驱逐　一年来近万人返国　返国后受到政府妥善安置》，《人民日报》，1951年12月4日第4版。

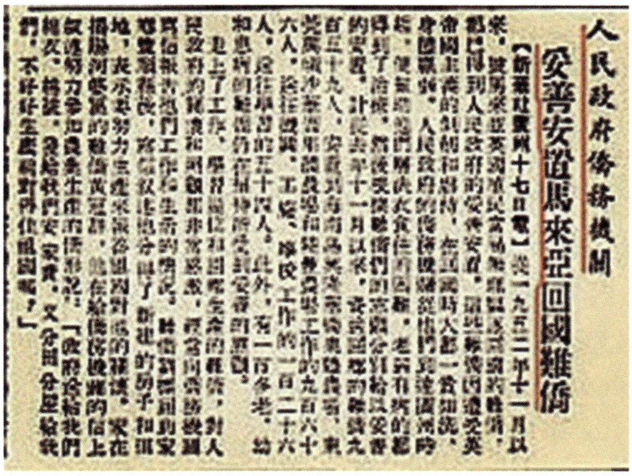
人民政府僑務機關
妥善安置馬來亞回國難僑

《人民政府侨务机关　妥善安置马来亚回国难侨》
图片来源：《人民日报》，1953 年 4 月 22 日第1 版。

馬來亞歸國華僑
均已妥善安置

《马来亚归国华侨　均已妥善安置》
图片来源：《人民日报》，1951 年 2 月 25 日第 4 版。

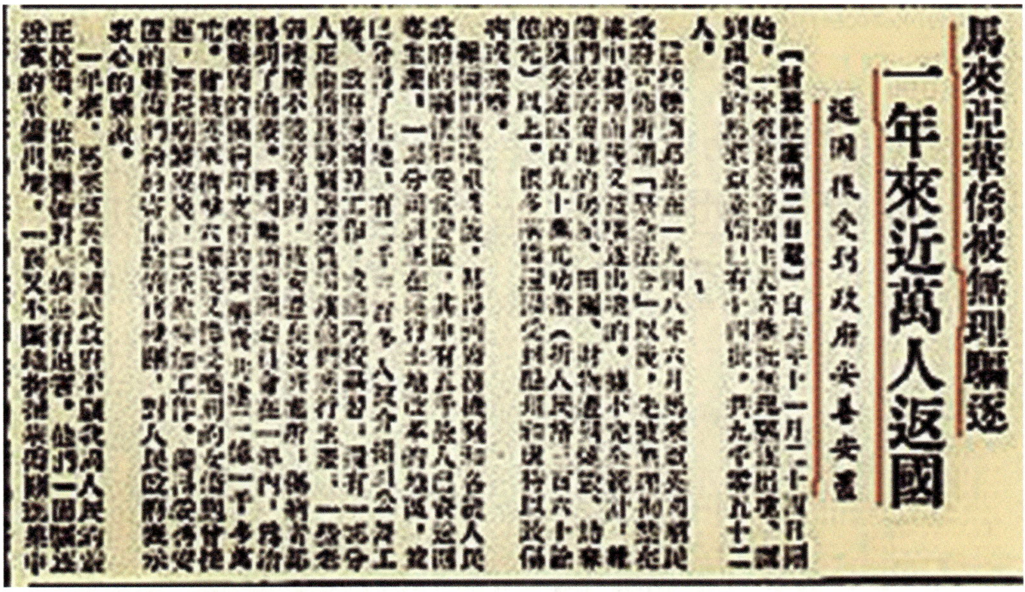
馬來亞華僑被無理驅逐
一年來近萬人返國
返國後受到政府妥善安置

《马来亚华侨被无理驱逐　一年来近万人返国　返国后受到政府妥善安置》
图片来源：《人民日报》，1951 年 12 月 4 日第 4 版。

2. 印度尼西亚难侨

1959年末，印尼政府颁布第10号总统法令，不准华侨商贩营业，强迫华侨搬迁，并发生暴力殴打侨胞的反华事件。在排华最激烈的西爪哇地区，因种种原因不能按期搬离的华侨华人，竟被扣上“抗拒迫迁”的罪名加以传讯、逮捕和判刑，造成数十万华侨流离失所，生活陷入绝境。印尼排华事件严重恶化了中国和印尼两国关系，中国政府多次提出严正抗议。1959年12月9日，外交部部长陈毅代表中国政府就全面解决在印尼的华侨问题向印尼外长苏班德里约进行交涉，要求印尼当局立即停止一切排华活动。但印尼方面仍一意孤行。鉴于印尼当局的态度，中共中央发出了《关于准备大批接待归国华侨的指示》，指出：为了有效地配合外交斗争，在印尼继续鼓励华侨坚持反迫迁的自卫行动，并确定在1960年内，接待安置60万归侨。① 1960年2月2日，中国国务院颁布《关于接待和安置归国华侨的指示》，决定成立“中华人民共和国接待和安置归国华侨委员会”，负责统筹归国华侨的接待和安置工作。1960年2月6日，第一批前往印尼接侨的轮船从广州黄埔港启程。这是一次史无前例的接侨行动，充分证明中华人民共和国是海外侨胞的坚强后盾，也充分展现了新中国政府保护华侨正当权益的决心。

反动势力在美帝国主义策划下煽风点火

印度尼西亚掀起严重排华活动

战时掌权者使用军队和暴力迫害华侨断绝华侨的生计

公众舆论呼吁珍视友谊和本国经济利益取消排华法令

《反动势力在美帝国主义策划下煽风点火　印度尼西亚掀起严重排华活动》

图片来源：《人民日报》，1959年12月12日第4版。

① 中共广东省委办公厅机要室：《中共关于准备大量接待归国华侨的指示》（1960年2月27日），广东省档案馆馆藏，编号215－1－118－054－05。

印尼西爪哇华侨被驱逐后集中管制

图片来源：《侨务报》1960 年第 2 期。

印尼西爪哇华侨在大批武装军警的逼迫下被迫搬迁

图片来源：《侨务报》1960 年第 2 期。

国务院发布接待和安置归侨的指示

热烈欢迎所有愿意回国的华侨回来参加祖国飞跃发展的社会主义建设

决定成立中华人民共和国接待和安置归国华侨委员会并规定安置原则

《国务院发布接待和安置归侨的指示　热烈欢迎所有愿意回国的华侨回来参加祖国飞跃发展的社会主义建设　决定成立中华人民共和国接待和安置归国华侨委员会并规定安置原则》

图片来源：《人民日报》，1960 年 2 月 3 日第 1 版。

全国侨联发言人和首都归侨拥护外交部照会

要求印度尼西亚政府停止迫害华侨

谴责印度尼西亚反动势力破坏中国印度尼西亚友好关系

《全国侨联发言人和首都归侨拥护外交部照会　要求印度尼西亚政府停止迫害华侨　谴责印度尼西亚反动势力破坏中国印度尼西亚友好关系》

图片来源：《人民日报》，1960 年 7 月 15 日第 6 版。

中华人民共和国接待和安置归国华侨委员会于 1960 年 2 月成立。图为该委员会主任委员廖承志（右四）在主持会议

图片来源：《侨务报》1960 年第 2 期。

1960 年 2 月 2 日，国务院公布了《关于接待和安置归国华侨的指示》，决定成立“中华人民共和国接待和安置归国华侨委员会”，负责统筹归国华侨的接待和安置工作。任命廖承志为主任委员；在广州、汕头、湛江、海口等归国华侨入境的港口，设立接待机构；安置原则为：①根据国家需要和个人志愿，妥善安排工作；②归国华侨学生和具有学习条件的职业青年，依据其学龄和文化程度安排就学；③愿意回原籍同亲属团聚者，应妥善安置。

陈嘉庚在全国侨联全体委员会扩大会议上致开幕词

欢迎侨居印度尼西亚的亲人返回祖国

全体归国侨胞热烈拥护并坚决支持陈毅外长提出的三项建议

希望印度尼西亚当局立即派遣代表同我国协商解决华侨问题

《陈嘉庚在全国侨联全体委员会扩大会议上致开幕词　欢迎侨居印度尼西亚的亲人返回祖国　全体归国侨胞热烈拥护并坚决支持陈毅外长提出的三项建议　希望印度尼西亚当局立即派遣代表同我国协商解决华侨问题》

图片来源：《人民日报》，1959 年 12 月 17 日第 4 版。

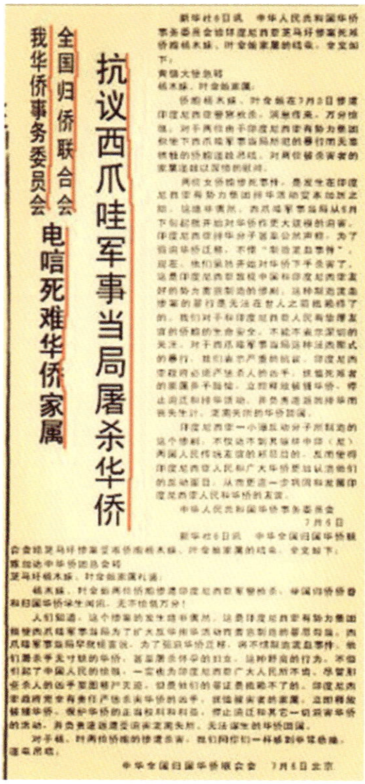
抗议西爪哇军事当局屠杀华侨

我华侨事务委员会 全国归侨联合会 电唁死难华侨家属

《我华侨事务委员会、全国归侨联合会电唁死难华侨家属　抗议西爪哇军事当局屠杀华侨》

图片来源：《人民日报》，1960 年 7 月 7 日第 4 版。

“我们愿努力参加祖国建设工作及报答祖国的恩情。”归侨在返国轮船上贴标语表决心

图片来源：《侨务报》1960 年第 3 期。

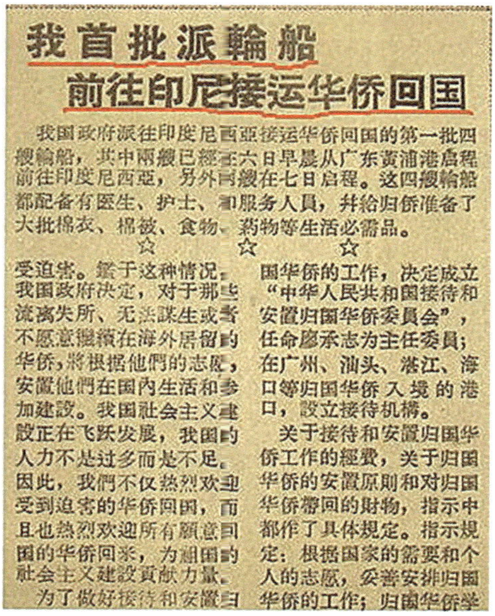
我首批派輪船
前往印尼接运华侨回国

我国政府派往印度尼西亚接运华侨回国的第一批四艘輪船，其中兩艘已經于六日早晨从广东黄浦港启程前往印度尼西亚，另外兩艘在七日启程。这四艘輪船都配备有医生、护士、和服务人員，并給归侨准备了大批棉衣、棉被、食物、药物等生活必需品。

☆　☆　☆

受迫害。鑒于这种情况，我国政府决定，对于那些流离失所、无法谋生或者不愿意繼續在海外居留的华侨，將根据他們的志愿，安置他們在国內生活和参加建設。我国社会主义建設正在飞跃发展，我国的人力不是过多而是不足。因此，我們不仅热烈欢迎受到迫害的华侨回国，而且也热烈欢迎所有願意回国的华侨回来，为祖国的社会主义建設貢献力量。

為了做好接待和安置归国华侨的工作，决定成立“中华人民共和国接待和安置归国华侨委員会”，任命廖承志为主任委員；在广州、汕头、湛江、海口等归国华侨入境的港口，設立接待机構。

关于接待和安置归国华侨工作的經費，关于归国华侨的安置原則和对归国华侨帶回的財物，指示中都作了具体規定。指示規定：根据国家的需要和个人的志愿，妥善安排归国华侨的工作；归國华侨学

《我首批派轮船前往印尼接运华侨回国》

图片来源：《福建青年报》，1960 年 2 月 10 日第 3 版。

1960 年 2 月 25 日，又一批归侨共1 200多人到达深圳，中国接待和安置归国华侨委员会委员兼办公室主任方方与归国华侨热烈拥抱

图片来源：《侨务报》1960 年第 2 期。

1960 年 2 月 29 日上午，我国历史上首次派往海外接运归国华侨的第一批轮船，满载着在印度尼西亚遭受迫害的2 100多名归国华侨抵达黄埔港。广州各界人民 4 000 多人在码头迎接海外归来的亲人

图片来源：《侨务报》1960 年第 3 期。

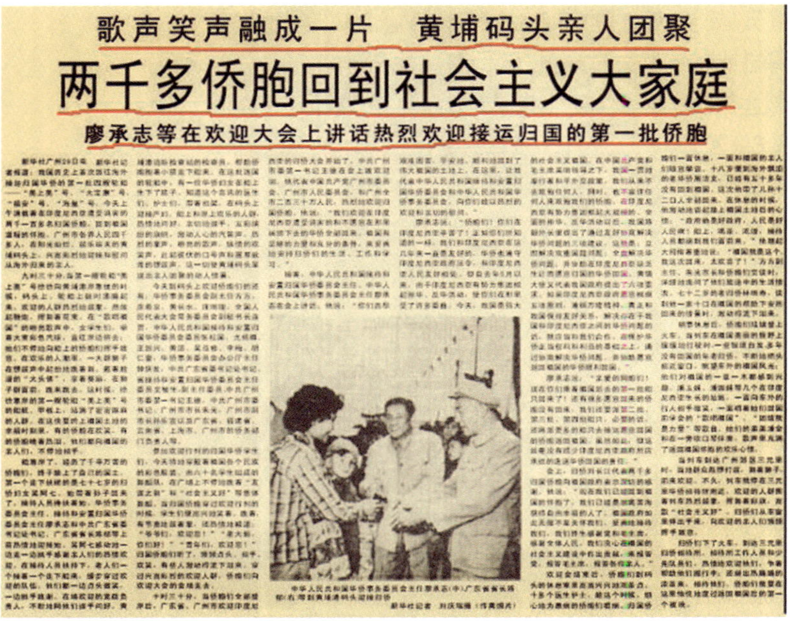

歌声笑声融成一片　黄埔码头亲人团聚

两千多侨胞回到社会主义大家庭

廖承志等在欢迎大会上讲话热烈欢迎接运归国的第一批侨胞

《歌声笑声融成一片　黄埔码头亲人团聚　两千多侨胞回到社会主义大家庭
廖承志等在欢迎大会上讲话热烈欢迎接运归国的第一批侨胞》

图片来源：《人民日报》，1960 年 3 月 1 日第 2 版。

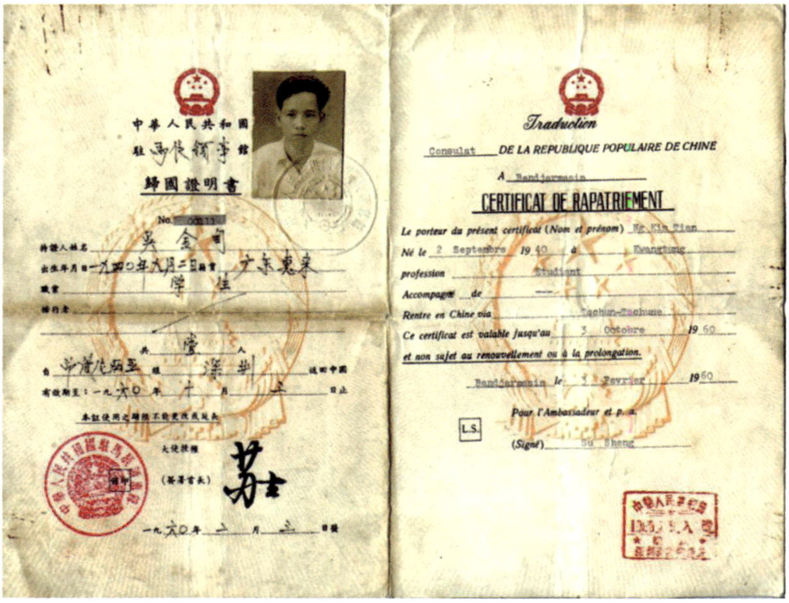

中華人民共和國
駐馬辰領事館
歸國證明書

持證人姓名　吳金田
出生年月日　一九四〇年九月二日　籍貫　广东惠来
職業　学生

有效期至：一九六〇年十月三日止

一九六〇年二月三日發

Traduction

Consulat DE LA REPUBLIQUE POPULAIRE DE CHINE

A Bandjarmasin

CERTIFICAT DE RAPATRIEMENT

Le porteur du présent certificat (Nom et prénom) Ng Kin Tian

Né le 2 Septembre 1940 à Kwangtung

profession Etudiant

Accompagné de

Rentre en Chine via

Ce certificat est valable jusqu'au 3 Octobre 1960

et non sujet au renouvellement ou à la prolongation.

Bandjarmasin le 3 Fevrier 1960

Pour l'Ambassadeur et p.o.

L.S.

(Signé) Su Sheng

1960 年印度尼西亚华侨归国证明书

图片来源：暨南大学图书馆馆藏。

中华人民共和国成立初期安置归侨主要根据“按籍安插，主要面向农村，对有技能者量才录用”的原则，但印尼归难侨不仅成批涌入，而且很多华侨是世代生于居留地，已无原籍可循，不能按照以往方法安置。再加之20世纪60年代，国内经济生活出现暂时困难，城市各部门精简机构，安置就业有困难者。因此，中央提出“以集中为主，分散为辅”的安置方针，大多数归侨被安置在广东、广西、福建、云南等地新建的国营华侨农场和扩建的国营农场，种植橡胶、茶叶等热带、亚热带经济作物。部分技术人员和工人，被安置在各省市厂矿、企业；一部分愿意回原籍与亲属团聚的可送返原籍安置，对归国华侨学生尽可能分送各地归国华侨中等补习学校和华侨工、农业技术学校学习，少数年老的归侨则安置到华侨敬老院养老。

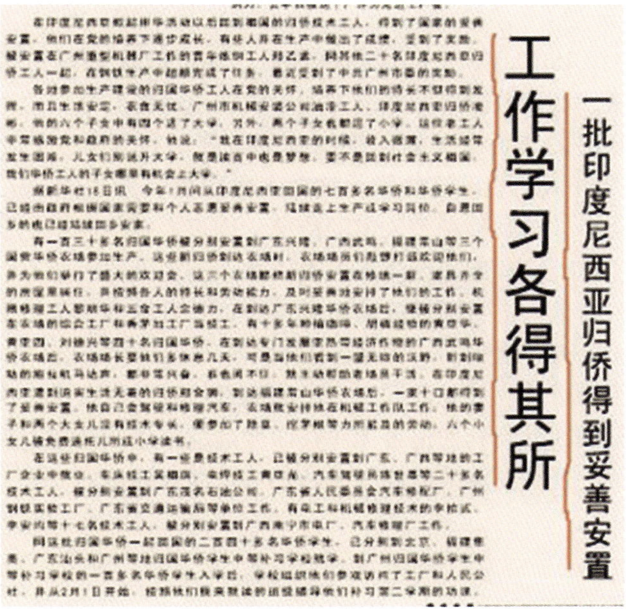
一批印度尼西亚归侨得到妥善安置

工作学习各得其所

《一批印度尼西亚归侨得到妥善安置　工作学习各得其所》

图片来源：《人民日报》，1960年2月19日第4版。

接待和安置归侨委员会办公室总结半年工作

归侨四万多人全部妥善安置

祖国关切印度尼西亚华侨的遭遇，热烈欢迎受迫害华侨回归祖国怀抱

《归侨四万多人全部妥善安置》

图片来源：《人民日报》，1960年7月7日第4版。

3. 印度难侨

1962年，中印边界事件后，印度政府加紧迫害旅印华侨。1962年11月以来，印度政府以突然袭击的手段，不问青红皂白，不分男女老幼，大批拘捕遵纪守法的华侨。仅据印度内政部长夏斯特里12月3日的公开宣布，被捕华侨达1 736人之多。这些华侨被关入集中营，失去同亲人的联系，被剥夺人身自由和财产，受到种种不人道的待遇，许多人被折磨得生病，甚至死亡。未被拘禁的华侨也处境危殆，许多人失去工作，商店无法营业，财产遭到冻结。印度当局还随时对他们进行无理的传讯和搜查，并且纵容暴徒施加各种暴行；旅印华侨已处于水深火热之中。① 中国政府曾两次照会印度政府，对印度当局恣意迫害华侨提出了严重抗议。与此同时，中国政府经过认真考虑，决定派船前往印度，接回被拘禁和因受到其他迫害无法在印度继续谋生而愿意返回祖国的华侨。返回国内的华侨，受到各级政府和人民的热情欢迎和妥善的安置。

1963年中国侨联召开座谈会抗议印度政府迫害华侨

图片来源：《中国侨联50年（1956—2006）》，第49页。

① 《我国再次最严重抗议印度迫害华侨》，《人民日报》，1962年12月19日第1版。

就印度当局在全国猖狂迫害华侨
我外交部向印度政府提出严重抗议
华侨事务委员会发表声明慰问受难侨胞，要求印度立即停止迫害活动，保证华侨生命财产安全，惩办行凶暴徒

《就印度当局在全国猖狂迫害华侨　我外交部向印度政府提出严重抗议　华侨事务委员会发表声明慰问受难侨胞，要求印度立即停止迫害活动，保证华侨生命财产安全，惩办行凶暴徒》

图片来源：《人民日报》，1962 年 11 月 9 日第 1 版。

湛江集会热烈欢迎第二批回国难侨

《湛江集会热烈欢迎第二批回国难侨》

图片来源：《人民日报》，1963 年 6 月 8 日第 3 版。

1963 年 4 月，广东省湛江市各界在码头迎接中国政府撤回的第一批印度难侨
图片来源：《念祖爱乡：海外广东人的情结》，第 16 页。

一踏上祖国土地，受尽苦难的侨胞一边拭着眼泪，一边激动地高呼“祖国万岁！”“毛主席万岁！”
图片来源：《人民日报》，1963 年 6 月 7 日第 2 版。

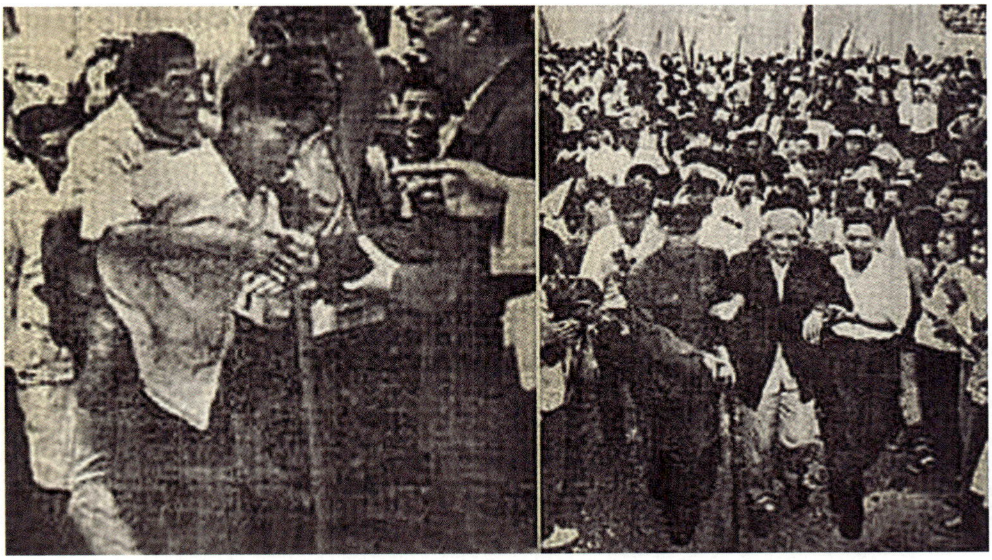

乘坐“新华轮”返国的印度难侨，下船后受到祖国人民的热烈欢迎

图片来源：《人民日报》，1963 年 4 月 28 日第 2 版。

（三）建立华侨农场

建立华侨农场，是安置归难侨的重要举措。1951 年，广东在珠江口蕉门水道西畔的万顷沙地区兴办了全国第一个华侨农场——广东省归国难侨处理委员会农场。随着排华浪潮的不断升高，回国人数日益增加，各地处理难侨、归侨和侨眷的工作也日益繁重。政府对归难侨的安置政策，也由分散安置向集中安置转变。为了紧急安置这些归难侨，二十世纪五六十年代国家在广东、广西、福建、云南、贵州等地扩建、新建和改建了 41 个国营华侨农场，安置了马来西亚、印度尼西亚、缅甸、印度、泰国等国的 8 万多归难侨。国营华侨农场虽然从 1952 年已经开始兴办，但其中绝大部分是 1960 年为了安置成批因为生活或环境所迫，不能或不愿继续在国外居留的归国华侨，在短促的时间内新建或扩建的。所以国营华侨农场虽具有一般国有农场的性质，但又肩负着安置归侨和引导他们参加生产的任务，并且要为继续安置成批归侨做好准备。①

海南兴隆华侨农场是全国安置归难侨人数最多的华侨农场。1951 年 10 月 11 日，广东省委派 3 名干部带领 700 多名受英帝国主义迫害的马来亚归难侨，分三批抵达海南兴隆，组织生产自救。1952 年 9 月 1 日，兴隆华侨农场的前身——兴

① 《国营华侨农场是安置归侨的基地》，《人民日报》，1961 年 2 月 15 日第 7 版。

隆华侨集体农庄成立。1955 年 9 月，中共广东省委做出“兴隆华侨集体农庄的性质是国有农场性质”的决定。1956 年 2 月 1 日，正式宣布改制为国营农场。经过多年的苦心经营，兴隆这块荒地已经变成了热带经济作物的大花园。出产香茅、咖啡、剑麻、胡椒等热带经济作物和上百种香料。农场还办了几十座小型工厂，建了宿舍医院学校、幼儿园、商店。自 1951 年成立以来，兴隆华侨农场先后安置了 21 个国家和地区的 13 000 多名归难侨。①

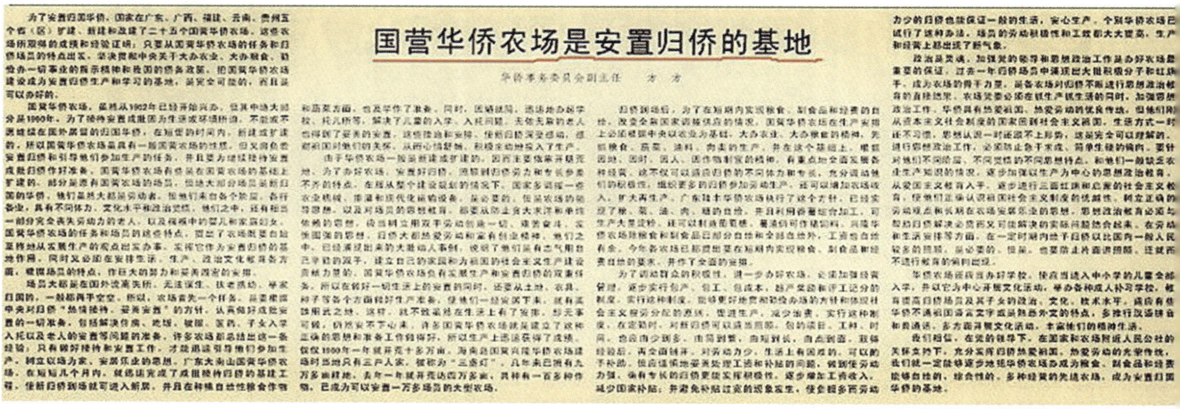
国营华侨农场是安置归侨的基地

华侨事务委员会副主任　方方

《国营华侨农场是安置归侨的基地》

图片来源：《人民日报》，1961 年 2 月 15 日第 7 版。

马来亚归侨黄安归国时政府发给的第一件棉衣

图片来源：《华侨农场话兴隆，打造华侨精神名片》，人民网，http：//politics. people. com. cn/n1/2016/0903/c1001 - 28688305. html。

① 《华侨农场话兴隆，打造华侨精神名片》，人民网，http：//politics. people. com. cn/n1/2016/0903/c1001 - 28688305. html。

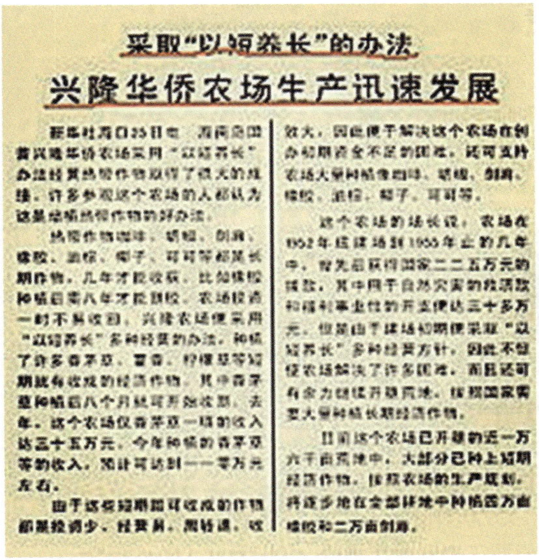

采取"以短养长"的办法

兴隆华侨农场生产迅速发展

新华社海口25日电 海南岛国营兴隆华侨农场采用"以短养长"办法经营热带作物取得了很大的成绩。许多参观这个农场的人都认为这是经营热带作物的好办法。

热带作物咖啡、胡椒、剑麻、橡胶、油棕、椰子、可可等都是长期作物，几年才能收获，比如橡胶种植后要八年才能割胶。农场投资一时不易收回。兴隆农场便采用"以短养长"多种经营的办法，种植了许多香茅草、香蕉、柠檬草等短期就有收成的经济作物。其中香茅草种植后八个月就可开始收割。去年，这个农场仅香茅草一项的收入达三十五万元。今年种植的香茅草等的收入，预计可达到一一〇万元左右。

由于这些短期能收成的作物都是投资少、经营易、周转快、收效大，因此便于解决这个农场在创办初期资金不足的困难，还可支持农场大量种植像咖啡、胡椒、剑麻、橡胶、油棕、椰子、可可等。

这个农场的场长说，农场在1952年底建场到1955年止的几年中，曾先后获得国家二二五万元的拨款，其中用于自然灾害的救济款和福利事业性的开支便达三十多万元。但是由于建场初期便采取"以短养长"多种经营方针，因此不但使农场解决了许多困难，而且还可有余力继续开垦荒地，按照国家需要大量种植长期经济作物。

目前这个农场已开垦的近一万六千亩荒地中，大部分已种上短期经济作物。按照农场的生产规划，将逐步地在全部耕地中种植四万亩橡胶和二万亩剑麻。

《采取"以短养长"的办法　兴隆华侨农场生产迅速发展》

图片来源：《人民日报》，1956 年 1 月 2 日第 3 版。

兴隆华侨农场的青年突击手们开荒辟地

图片来源：《兴隆华侨农场专辑》插图。

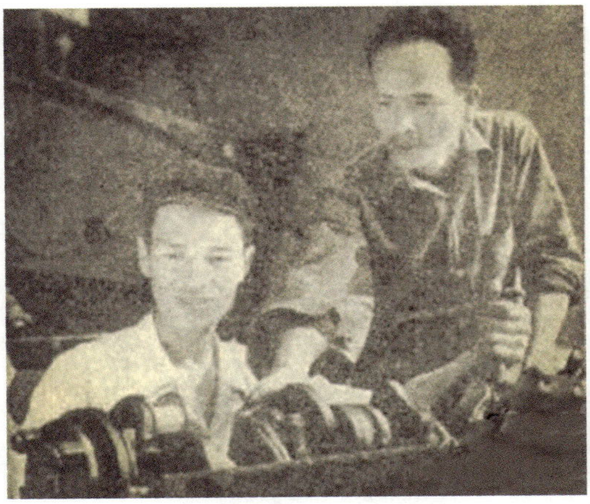

曾在印度尼西亚当机器修理工人的黎明华（右），回国后在广东海南兴隆华侨农场联合工厂当机器修理工

图片来源：《人民日报》，1961 年 2 月 15 日第 7 版。

兴隆华侨农场的新归侨在学习开拖拉机

图片来源：《侨务报》1960 年第 4 期。

福建云霄常山农场里的归侨职工农业生产场面

图片来源：《光辉历程　催人奋进》，http：//www. zzcs. gov. cn/cms/html/cshqjjkfq/2013 - 01 - 03/568342016. html。

一批新归侨到达广西武鸣华侨农场时，受到农场干部群众的热烈欢迎

图片来源：《侨务报》1960 年第 2 期。

一批安置在广东陆丰华侨农场的印度尼西亚归侨热情高涨地投入水利工程劳动

图片来源：《侨务报》1960年第7期。

国家拨款扩大建设　场员齐心抗御灾害

各地华侨农场粮油增产

畜牧业有新发展　场员收入普遍增加

新华社9日讯　分布在广东、福建、广西、云南、贵州的三十多个国营华侨农场，今年粮食和油料的生产都有不同程度的增长，只有少数农场因受到特别严重的自然灾害而减产。据二十八个国营华侨农场的统计，今年有收成的粮食总产量比去年增长5%，油料总产量比去年增长6%。

大部分国营华侨农场今年粮、油增产，是经过同旱、涝、台风等不利的自然条件进行顽强斗争以后取得的。广东兴隆华侨农场今年受到历时六个月的干旱，场员全力投入抗旱斗争，用几年来新增的机械排灌设备日夜抽水灌溉农田。这个农场今年早稻的单位面积产量虽然因旱减产，但因为种植面积比去年扩大了六百多亩，总产量仍比去年稍高。广东花县华侨农场、福建常山华侨农场、云南甘庄华侨农场和广西武鸣华侨农场等，也都战胜了自然灾害，使粮食和油料获得了增产。花县华侨农场今春受旱，由于水稻种植面积扩大了115%，今年上半年的粮食产量比去年同期增加40%左右。福建闽侯上街华侨农场和广东金鸡华侨农场，因分别受到洪水及十二级台风的袭击，今年早季粮食作物失收。

各地国营华侨农场饲养的猪、羊等家畜和家禽普遍比去年增加，某些经济作物也获得较好收成。以茶果生产为主的福建永春北硿茶果场，今年上半年水果粮收成比去年增长近两倍，茶、咖啡叶的产量和质量也都有所提高。

随着生产的发展，各地华侨农场和场员个人的收入有了显著增加。有的农场去年还需要国家补贴，今年已可以略有盈余。福建龙海双第华侨农场今年早稻生产超额完成计划，每个场员还分到一部分超产奖励。农场场员在搞好集体生产的同时，还经营少量的自留地和家庭副业，增加了收入。国家今年继续拨出一千一百多万元作为华侨农场的基本建设费用，用来开垦荒地，营植多年生的经济作物，购置拖拉机、汽车，修建加工厂、仓库、晒场、宿舍，改善场员的生活条件等。今年头八个月，各地华侨农场已经完成了全年基本建设计划近90%。

中华人民共和国华侨事务委员会不久前在北京召开了华侨农场工作会议，会议总结了几年来华侨农场经营管理工作的经验，并确定了华侨农场1963年的经济计划指标。

《国家拨款扩大建设　场员齐心抗御灾害　各地华侨农场粮油增产》

图片来源：《人民日报》，1962年10月10日第1版。

在兴隆华侨农场的敬老院里，年老归侨享受幸福的晚年生活

图片来源：《侨务报》1960年第1期。

广东省大槐华侨农场专用粮票

图片来源：暨南大学图书馆馆藏。

在华侨农场里，归侨可以通过农业生产和多种经营方式自给自足。农场还有工厂、邮电、医院、食堂、学校等生产、生活、文教机构。归侨可以按月拿到国家发给的工资，还可以按月领到数额不等的粮、油、白糖等生活用品。根据当时的国家政策，农场职工口粮由国家按照农工标准供应，实行固定工资制。

贵州望谟华侨农场的归侨保育员正在教幼儿班的孩子唱歌

图片来源：刘明收藏。

五、辅导归国侨生入学

中华人民共和国成立后，回国升学的华侨子女及随父母回国定居的归侨子女数量众多。对于回国升学的学生，国家采取了“有计划的大量收容的方针”，使他们回国之后，与国内学生一样受到国家的教育与培养，成为有用之才。到1956年，归国华侨学生多达26万人，全部被安排在各级各类学校进行学习。① 从1950年开始，广州就设有3个归国侨生服务所，负责接待和介绍侨生入学。1951年，广州、汕头、海口先后兴办华侨中学，招收部分考不上正规学校以及逾考期回国的侨生。20世纪50年代初期，中侨委在北京、广州、福建集美和广东汕头建立了四所归国华侨学生中等补习学校。这些学校根据“缺啥补啥，重点补习”的教学原则，使归国华侨学生在短期内赶上国内学习的水平，顺利地考入正规学校。仅在1955年至1958年的四年间，上述四所华侨补校便接待新回国入学的华侨学生1.8万人。这些侨生经补习后升入各类中等学校和高等院校，毕业后大部分留在国内工作，成为归国华侨的一支新生力量。② 入学后经济有困难者享受人民助学金和其他生活补助或申请小额贷款；对侨生进行课外辅导，开展各种有益活动等。据统计，到1955年底，共有3万多归侨学生进入国家各级学校学习，约有20%的人进入高等学校。③

---

① 郑应洽、卢宁、刘华等：《纪念中国共产党成立七十周年学术讨论会　关于建国以来党的侨务工作的初步探索》，广州：暨南大学出版社，1991年，第2页。

② 黄小坚：《归国华侨的历史与现状》，香港：香港社会科学出版社有限公司，2005年，第49页。

③ 任贵祥：《略述建国初期的侨务政策》，《中共党史研究》1990年第3期。

1950 年秋旅居美国的侨生回到祖国
图片来源：《华侨华人与共和国》，第 34 页。

1954 年 6 月，满载返国华侨学生的芝万宜（TJIWANGI）号海轮从印尼泗水港出发，经雅加达、新加坡到达香港
图片来源：《华侨华人与共和国》，第 32 页。

（一）北京归国华侨学生中等补习学校

北京归国华侨学生中等补习学校是新中国第一所专门招收归侨的华文学校，由中侨委主任何香凝兼任名誉校长。学校于 1951 年 9 月正式招生，招生对象主要是华侨和港澳台的青年以及外籍华人学生。根据侨生的特点，学校开设了大学文、理、农、医科先修班，中等技术班，初高中各年级班　并增设了两个语文班，专门接收在东欧、苏联、日本等国出生的不懂汉语的侨生。

北京归国华侨学生中等补习学校校长张国基（中）向新近从印尼回国就学的华侨学生致欢迎词

图片来源：《侨务报》1960 年第 2 期。

“我们个个都胖了！”归国华侨学生准备给国外朋友回信

图片来源：《人民日报》，1961 年 1 月 25 日第 4 版。

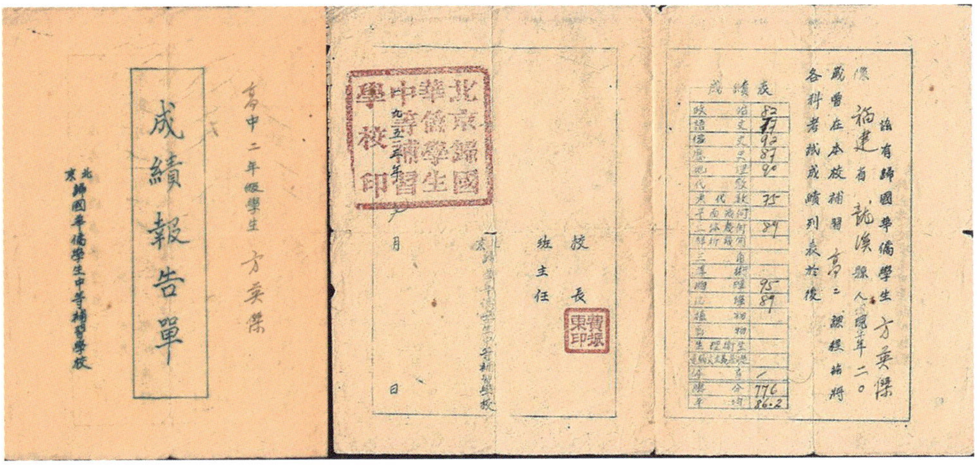

1953 年北京归国华侨学生中等补习学校成绩报告单

图片来源：徐云收藏。

从该成绩表可以看出，北京归国华侨学生中等补习学校为华侨学生开设的补习科目有政治、语文、历史、地理、代数、平面几何、立体几何、解析几何、三角、美术、物理、化学、植物、动物、生理卫生、体育等。

北京归国华侨学生中等补习学校学生参观河北徐水县人民公社，与社员一起在田里劳动

图片来源：《侨务报》1958 年第 9 期。

北京归国华侨学生中等补习学校学生围着“新年老人”尽情欢歌，互贺新年

图片来源：《人民日报》，1962 年 1 月 1 日第 3 版。

（二）集美归国华侨学生中等补习学校

由爱国华侨陈嘉庚倡办的福建省集美归国华侨学生中等补习学校，1953 年经国务院批准创办，校址设于集美学村。1954 年 1 月 4 日正式开学。设有初、高中预备班；初、高中各年级补习班；理工、医农、文科三大类大学先修班（即升大学补习班），还有高一、二、三年级正规班，安排不同年龄、知识层次的侨生入班短期学习。

来自印尼的归侨学生，一下火车就受到集美归国华侨学生中等补习学校同学们的热烈欢迎

图片来源：《侨务报》1960 年第 2 期。

新回国的华侨学生在集美归国华侨学生中等补习学校的凉亭里愉快地歌唱

图片来源：《侨务报》1960 年第 1 期。

（三）广州归国华侨学生中等补习学校

1954 年，在周恩来总理的关怀下，中央华侨事务委员会拨款 420 万元在广州市天河区石牌创办广州归国华侨学生中等补习学校。该校在“文化大革命”前设初中预备班、初中班、高中班、大学先修班以及中技班。针对来校学生的文化程度、年龄和升学、深造的不同要求，按照国家规定的课程，结合学生的实际进行教学，贯彻“缺啥补啥，重点补习”的教学原则，使学生经过短时间的补习后赶上国内学生水平，为高等院校及普通中学输送合格的新生。1954—1968 年共招收华侨学生 3 万多人。学生来自印度尼西亚、新加坡、马来（西）亚、泰国、缅甸、柬埔寨、毛里求斯等 60 多个国家和地区。[①]

广州华侨补习学校接待回国学生

广州归国华侨学生中等补习学校自1954年成立以来，规模不断扩大。基本建设工程从1954年秋天开始到现在，建成的有学生宿舍、课室大楼、办公大楼、礼堂、健身房以及浴室等，占地二万七千多平方公尺。今年还准备建一座科学馆和一座图书馆。

今年全校正式编班上课的学生有一千四百四十多人。暑期里又接待了一千多名刚归国的华侨学生。为了能够更好地接待和处理归国华侨学生的升学工作，该校成立了“归国华侨学生投考中等学校招生委员会”，负责统一招生考试和分送侨生入学的工作。考试后被录取的学生都分配在各大、中城市中等学校学习，未录取的则留校继续补习。回国投考高等学校的华侨学生，也由招生委员会接待，并代办投考手续。今年该校投考中等专业学校的学生有一百三十七人，其中一百一十人已经录取，分配在上海、广州、武汉等地学习。投考普通中学第一次统一考试的一千七百六十名学生，有一千二百五十六人被录取，即将分配在北京、天津、青岛、上海、杭州以及重庆等地的中学学习。

《广州华侨补习学校接待回国学生》

图片来源：《人民日报》，1956 年 8 月 15 日第 4 版。

① 《广东省志 · 华侨志》编委会编：《广东省志 · 华侨志》（报审稿），1994 年，第 216 页。

广州归国华侨学生中等补习学校学习的印度尼西亚归侨学生在歌唱《我们亲爱的祖国》
图片来源：《人民日报》，1960 年 2 月 18 日第 4 版。

广州归国华侨学生中等补习学校新校舍的一部分（左方是办公大楼，右方是课室大楼）
图片来源：《广州华侨补习学校接待回国学生》，《人民日报》，1956 年 8 月 15 日第 4 版。

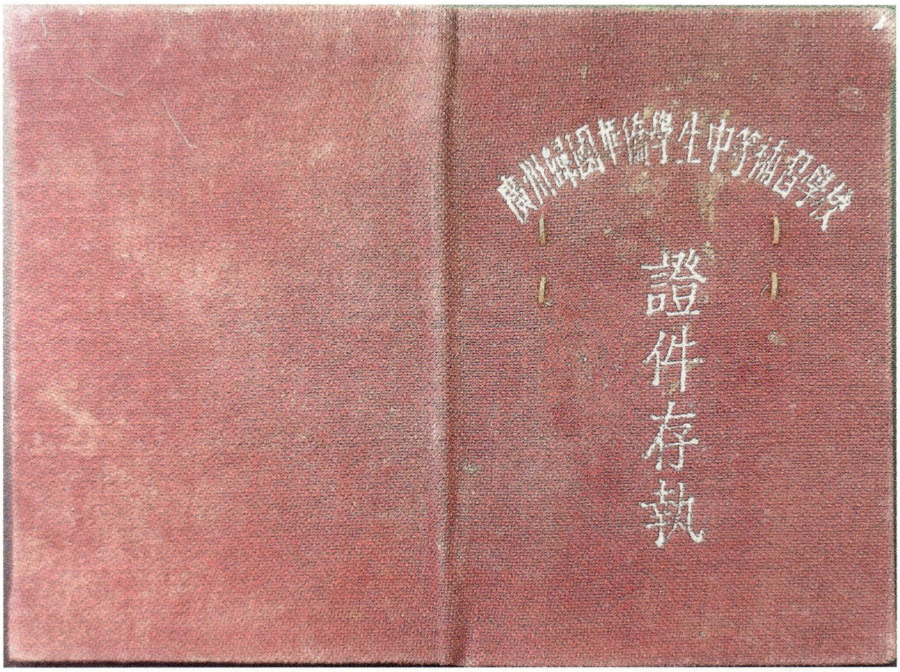

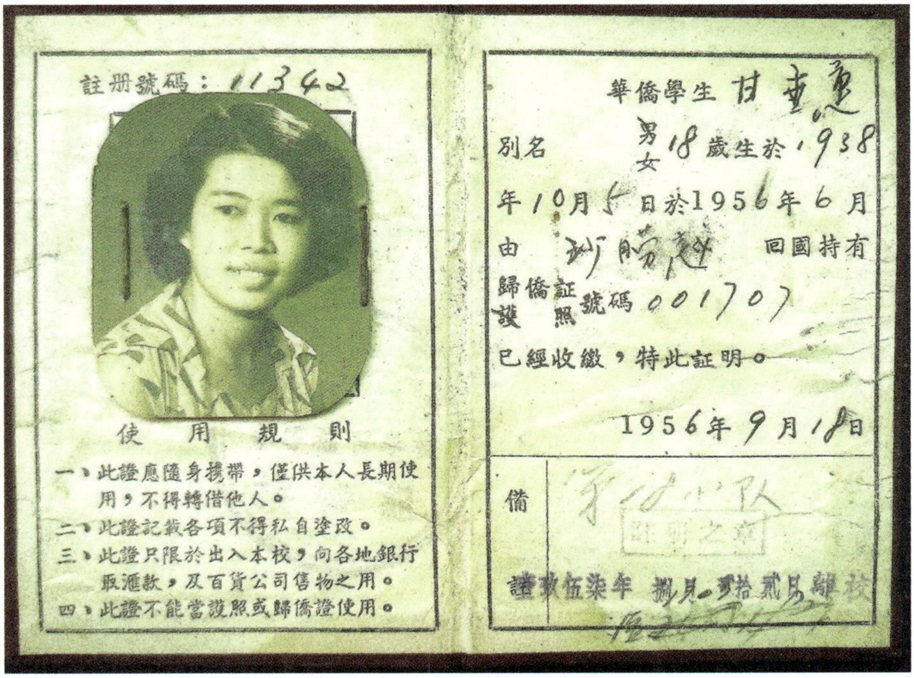
註册號碼：11342

使 用 規 則

一、此證應隨身携帶，僅供本人長期使用，不得轉借他人。
二、此證記載各項不得私自塗改。
三、此證只限於出入本校，向各地銀行取滙款，及百貨公司售物之用。
四、此證不能當護照或歸僑證使用。

華僑學生

別名　男女 18 歲生於 1938 年 10 月 5 日於 1956 年 6 月由　回國持有歸僑証護照號碼 001707 已經收繳，特此証明。

1956 年 9 月 18 日

備

1956 年广州归国华侨学生中等补习学校学生证件

图片来源：徐云收藏。

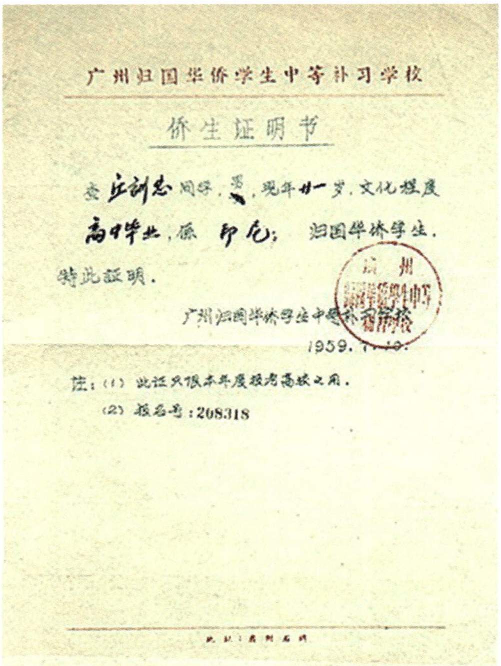

广州归国华侨学生中等补习学校

侨生证明书

兹丘训忠同学，男，现年廿一岁，文化程度高中毕业，系印尼归国华侨学生。

特此证明。

广州归国华侨学生中等补习学校

1959.7.10

注：(1) 此证只限本年度报考高校之用。

(2) 报名号：208318

广州归国华侨学生中等补习学校侨生证明书

图片来源：徐云收藏。

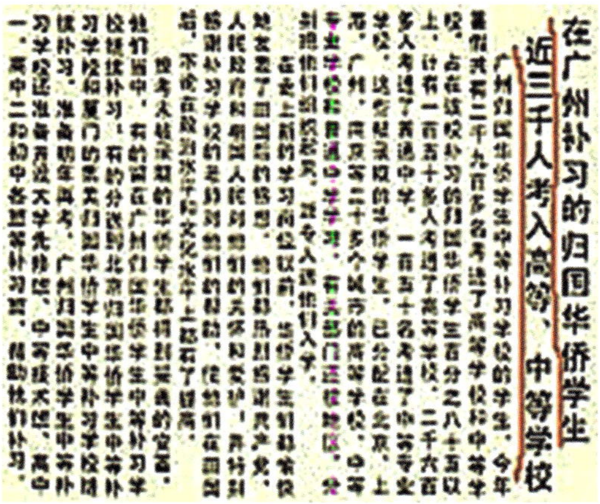

在广州补习的归国华侨学生
近三千人考入高等、中等学校

广州归国华侨学生中等补习学校的学生，今年暑假共有二千九百多名考进了高等学校和中等学校，占在该校补习的归国华侨学生百分之八十五以上。计有一百五十多人考进了高等学校，二千六百多人考进了普通中学，一百五十名考进了中等专业学校。这些被录取的华侨学生，已分配在北京、上海、广州、南京等二十多个城市的高等学校、中等专业学校和普通中学学习。有关部门还按地区，分别把他们组织起来，派专人送他们入学。

《在广州补习的归国华侨学生近三千人考入高等、中等学校》

图片来源：《人民日报》，1955年9月10日第3版。

广州归国华侨学生中等补习学校的学生，今年暑假共有二千九百多名考进了高等学校和中等学校，占在该校补习的归国华侨学生百分之八十五以上。计有一百五十多人考进了高等学校，二千六百多人考进了普通中学，一百五十名考进了中等专业学校。这些被录取的华侨学生，已分配在北京、上海、广州、南京等二十多个城市的高等学校、中等专业学校和普通中学学习。有关部门还按地区，分别把他们组织起来，派专人送他们入学。

六、保护和争取侨汇

所谓侨汇，就是海外侨胞给国内眷属的汇款、赡家费。中华人民共和国成立初期，我国外汇收入主要就是外贸出口、旅游和侨汇三项。侨汇作为重要的外汇收入来源之一，为国家实施“进口替代”战略、提升工业品的技术水平及产品升级换代提供了必要的条件，也为建设侨乡、改善侨眷生活提供了物质支持。中国政府十分重视侨汇工作，及时纠正在侨汇问题上出现的偏差，发布保护侨汇的法规文件，保护和推动侨汇工作的良性发展。1949 年至 1979 年，我国侨汇总收入为 60 亿美元。[①]

（一）纠正影响侨汇收入的错误做法

1950 年 6 月，中央人民政府颁布了《中华人民共和国土地改革法》，废除封建土地所有制，实行农民阶级的土地所有制。由于华侨土地性质的特殊性，在侨乡的土地改革中，一方面要服从于土地改革的总方针路线，同时又要从实际出发，具体情况具体分析，照顾华侨的利益。中国政府在制定土地改革中的华侨政策时，进行了充分的调查研究，也倾听了各方意见。《中华人民共和国土地改革法》明确把华侨土地作为一个特殊土地问题来处理。其中第二十四条规定：“华侨所有的土地和房屋，应本照顾侨胞利益的原则，由大行政区人民政府（军政委员会）或省人民政府依照本法的一般原则，另定适当办法处理之。”据此，中侨委参考《福建华侨土地房屋问题处理办法草案》和《广东省土地改革中华侨土地处理办法》，制定了《关于土地改革中对华侨土地财产的处理办法》，于 1950 年 11 月 6 日经政务院通过。该办法对在中华人民共和国成立初期的土地改革中如何处理华侨、归侨及侨眷的土地财产做了明确的规定。该办法是中华人民共和国成立后正式颁布的最早的侨务法令之一，其思想同土地改革法一样，主要是废除封建土地所有制，并对侨胞、侨眷作了适当照顾。

---

① 黄纪凯主编：《华侨华人与共和国》，北京：中华全国归国华侨联合会，2009 年，第 43 页。

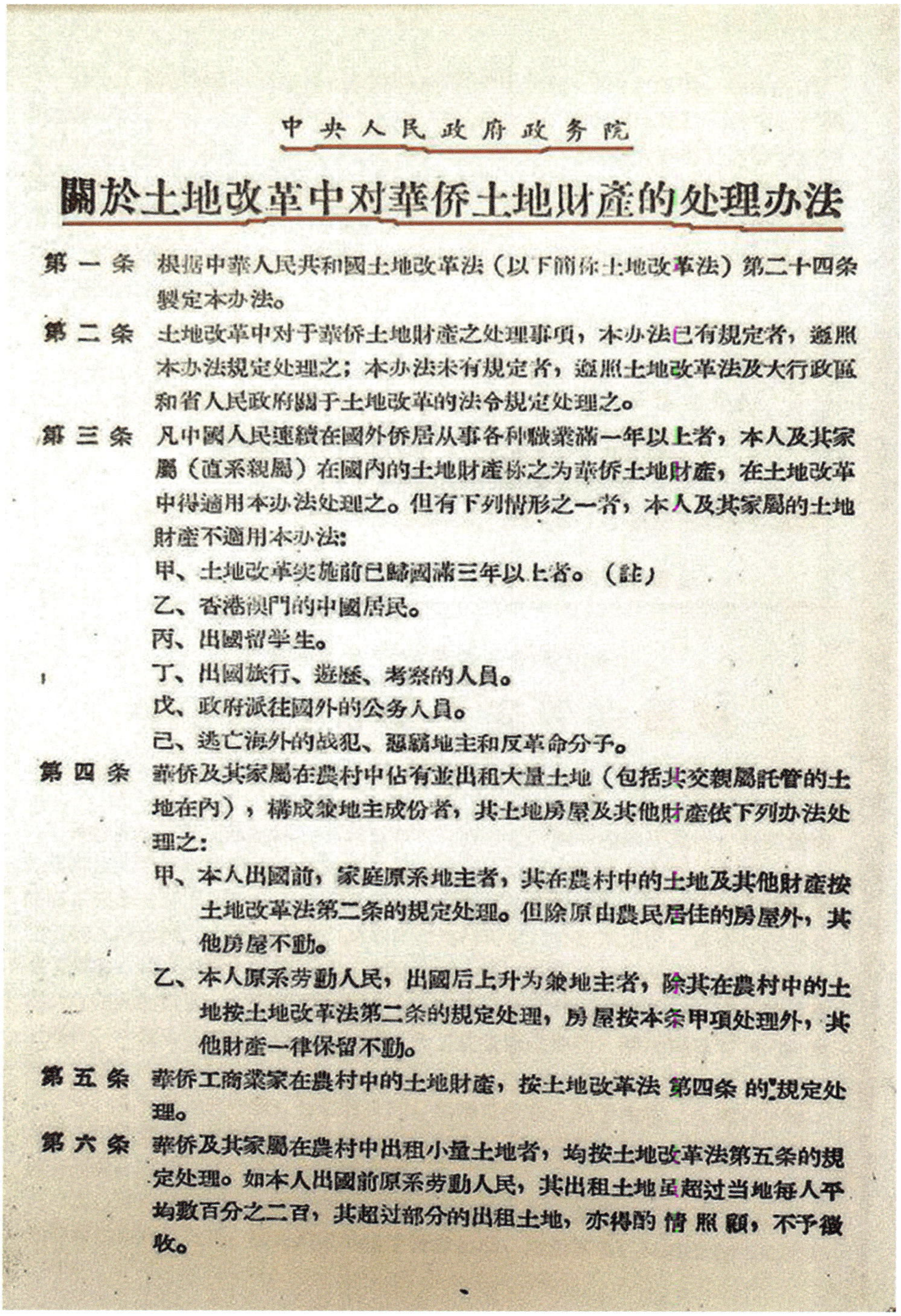

中央人民政府政务院

關於土地改革中对華侨土地財產的处理办法

第一条 根据中華人民共和國土地改革法（以下簡称土地改革法）第二十四条製定本办法。

第二条 土地改革中对于華侨土地財產之处理事項，本办法已有規定者，遵照本办法規定处理之；本办法未有規定者，遵照土地改革法及大行政區和省人民政府關于土地改革的法令規定处理之。

第三条 凡中國人民連續在國外侨居从事各种職業滿一年以上者，本人及其家屬（直系親屬）在國内的土地財產称之为華侨土地財產，在土地改革中得適用本办法处理之。但有下列情形之一者，本人及其家屬的土地財產不適用本办法：

甲、土地改革实施前已歸國滿三年以上者。（註）

乙、香港澳門的中國居民。

丙、出國留学生。

丁、出國旅行、遊歷、考察的人員。

戊、政府派往國外的公务人員。

己、逃亡海外的战犯、惡霸地主和反革命分子。

第四条 華侨及其家屬在農村中佔有並出租大量土地（包括其交親屬託管的土地在內），構成兼地主成份者，其土地房屋及其他財產依下列办法处理之：

甲、本人出國前，家庭原系地主者，其在農村中的土地及其他財產按土地改革法第二条的規定处理。但除原由農民居住的房屋外，其他房屋不動。

乙、本人原系劳動人民，出國后上升为兼地主者，除其在農村中的土地按土地改革法第二条的規定处理，房屋按本条甲項处理外，其他財產一律保留不動。

第五条 華侨工商業家在農村中的土地財產，按土地改革法第四条的規定处理。

第六条 華侨及其家屬在農村中出租小量土地者，均按土地改革法第五条的規定处理。如本人出國前原系劳動人民，其出租土地虽超过当地每人平均數百分之二百，其超过部分的出租土地，亦得酌情照顧，不予徵收。

中央人民政府政务院《关于土地改革中对华侨土地财产的处理办法》

图片来源：《侨务政策汇编》，第 58 页。

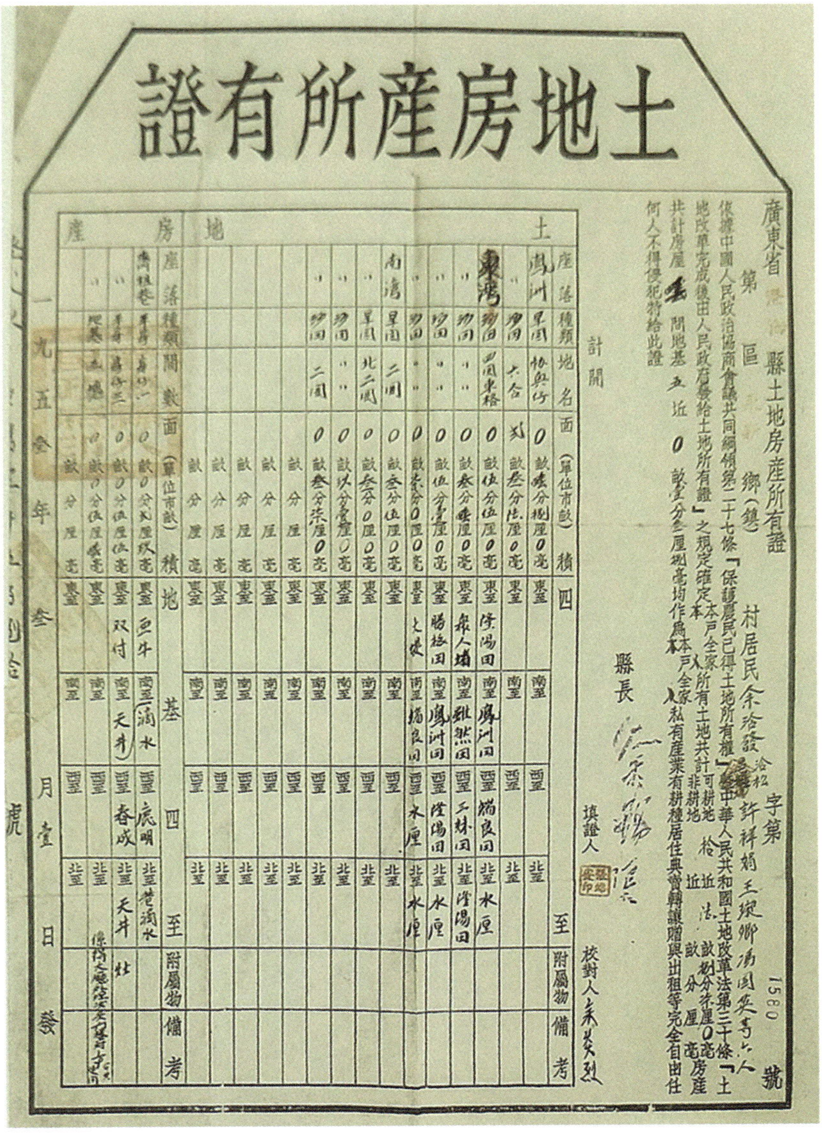

土地房產所有證

廣東省澄海縣土地房產所有證 字第1580號

依據中國人民政治協商會議共同綱領第二十七條「保護農民已得土地所有權」及中華人民共和國土地改革法第三十條「土地改革完成後由人民政府發給土地所有證」之規定確定本戶全家所有土地共計可耕地 畝 分 厘 毫 非耕地 畝 分 厘 毫 房產共計房屋 間 地基 畝 分 厘 毫均作為本戶全家私有產業有耕種居住典賣轉讓贈與出租等完全自由任何人不得侵犯特給此證

縣長

填證人

校對人

一九五叁年叁月壹日發

1953 年广东省澄海县人民政府为归侨余洽发一家签发的土地房产所有证

图片来源：《中国华侨历史博物馆藏品图录》，第 135 页。

在土地改革过程中，党和政府对土地改革中的华侨问题高度重视，在坚持土地改革大的政治原则下，充分考虑华侨的特殊性并尽可能保护华侨利益，争取了广大华侨对新中国的向心力。这张土地房产所有证是广东省澄海县（今澄海区）人民政府在土地改革后对刚刚归国的泰国华侨执行华侨政策，对其一家的土地房产给予确认，保护了华侨利益。

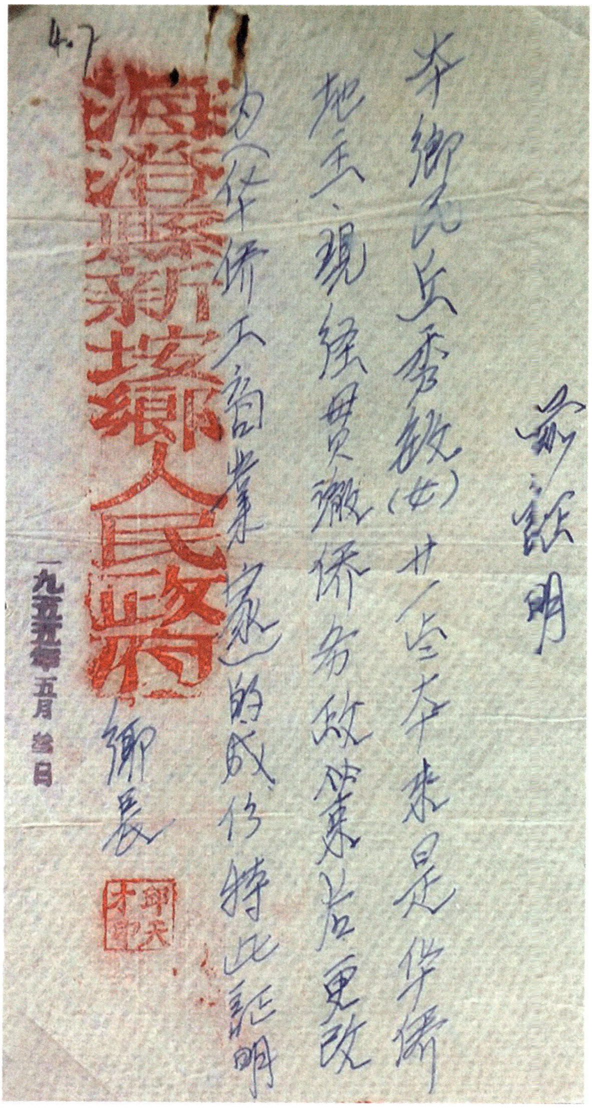
4.7

證明

本鄉民丘秀敏(女)廿一岁本来是华侨地主、現経贯澈侨务政策后更改为华侨工商業家的成份特此證明

海澄縣新垵鄉人民政府

鄉長

一九五五年五月三日

1955 年 5 月福建省海澄县新垵乡关于更改归国华侨成分的证明书

图片来源：徐云收藏。

本乡民丘秀敏（女），廿一岁，本来是华侨地主，现经贯彻侨务政策后更改为华侨工商业家的成分，特此证明。

海澄县新垵乡人民政府

一九五五年五月三日

虽然从中央到地方都制定了土地改革中有关华侨土地、房产的处理办法，但在执行过程中，有些地方出现了严重的偏差。一些地方出现了以侨汇多少为标准来定阶级成分的现象和侵吞、积压、诈骗侨汇的事件。广东省一些侨区在土改初期甚至把一些有侨汇而没有一亩土地的侨眷划为地主。有的地区将侨眷作为人质，要求他们写信向海外要钱；一些地区强迫侨眷以侨汇作为合作社资金，强迫侨眷将侨汇存入信用社或强迫侨眷认购公债、捐赠。① 侨区土地改革出现的偏差不仅减少了侨汇的收入，而且在一定程度上打击和挫伤了华侨和归侨、侨眷的爱国爱乡、拥护土地改革的积极性与热情，同时也严重地影响了中华人民共和国成立初期国外侨务工作的顺利开展。② 这种现象引起了有关方面的高度重视。1951年12月，中共中央批准转发了中侨委党组起草的《坚决纠正侨区土地改革中“左”的偏差》的报告，要求各地党委坚决执行。1955年2月和3月，中共中央华南分局又发布《关于提早改变华侨地主成分的指示》，要求尽快解决和纠正土改中遗留的华侨成分问题。据统计，广东、福建两省改变华侨地主、富农成分的侨户占土改时被划为华侨地主、富农成分的95%以上。中共中央于1956年9月发出了《关于提早改变华侨港澳地主成分问题的指示》，国务院也转发了中侨委、内政部《关于在选举中改变华侨户地主成分的意见》，至此，土改遗留的华侨成分问题基本得到解决，侨眷和侨汇业争取侨汇的积极性有所提高。

广东省华侨事务委员会副主任蚁美厚（右）与提前改变华侨地主成分的侨户亲切谈话

图片来源：《侨务报》1957年第2期。

① 杨世红：《新中国侨汇工作的历史考察（1949—1966年）》，《当代中国史研究》2002年第2期。

② 毛起雄、林晓东：《中国侨务政策概述》，北京：中国华侨出版社，1993年，第69页。

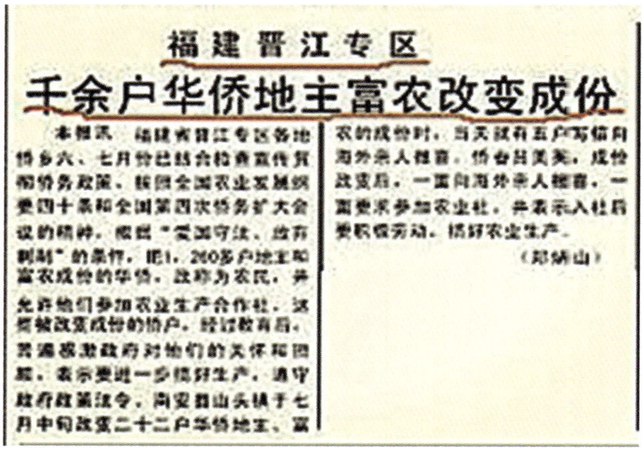

福建晋江专区

千余户华侨地主富农改变成份

本报讯 福建省晋江专区各地侨乡六、七月份已结合检查宣传贯彻侨务政策，按照全国农业发展纲要四十条和全国第四次侨务扩大会议的精神，根据“爱国守法、放弃剥削”的条件，把1,260多户地主和富农成份的华侨，改称为农民，并允许他们参加农业生产合作社。这些被改变成份的侨户，经过教育后，普遍感激政府对他们的关怀和照顾，表示要进一步搞好生产，遵守政府政策法令。南安县山头镇于七月中旬改变二十二户华侨地主、富农的成份时，当天就有五户写信向海外亲人报喜。侨眷吕美英，成份改变后，一面向海外亲人报喜，一面要求参加农业社，并表示入社后要积极劳动，搞好农业生产。

（郑炳山）

《福建晋江专区　千余户华侨地主富农改变成份》

图片来源：《人民日报》，1956年8月9日第4版。

福建省晋江专区各地侨乡六七月份已结合检查宣传贯彻侨务政策，按照全国农业发展纲要四十条和全国第四次侨务扩大会议的精神，根据“爱国守法、放弃剥削”的条件，把1 260多户地主和富农成份的华侨改称为农民，并允许他们参加农业生产合作社。这些被改变成份的侨户，经过教育后，普遍感激政府对他们的关怀和照顾，表示要进一步搞好生产，遵守政府政策法令。南安县山头镇于七月中旬改变二十二户华侨地主、富农的成份时，当天就有五户写信向海外亲人报喜。侨眷吕美英，成份改变后，一面向海外亲人报喜，一面要求参加农业社，并表示入社后要积极劳动，搞好农业生产。

（二）贯彻执行保护侨汇政策

作为近代以来中国非贸易外汇收入的主要来源，侨汇一直发挥着维持中国国际收支平衡、保障侨眷生产生活、推动侨乡社会发展的重要作用。在中华人民共和国成立之初制定的《共同纲领》第三十七条，就明确规定“便利侨汇”。1950年，中央人民政府颁布了《侨汇业管理暂行条例》，提出了“便利侨汇，服务侨胞”的政策，并制定了一系列具体措施。同时，从1950年开始，中国政府在相关银行成立了专为侨胞、侨眷服务的华侨服务部。正确的侨汇政策和措施，对保护和争取侨汇发挥了积极作用。从1950年初到1954年底，全国的侨汇收入总数为6 846亿美元，等同于我国同期对资本主义国家出口外汇收入的50%左右。[①]

---

① 国务院侨务办公室政策法规司编：《新中国侨务政策六十年回顾与探析》，北京：国务院侨务办公室政策法规司，2010年，第27页。

1955年2月，国务院发布了《关于贯彻保护侨汇政策的命令》，指出侨汇是“我国外华侨的切身利益和广大侨眷的生活依靠，是侨胞、侨眷的正当权益之一。同时侨汇对国家建设有积极的作用”。因此，“保护侨汇不仅是国家当前的政策，而且是国家长远的政策”。该命令规定：在动员侨眷参加各种合作社、进行爱国储蓄、购买公债时必须贯彻完全自愿的原则；侨眷有使用侨汇的自由，任何人对侨眷把侨汇用于生活方面，包括用于举办婚、丧、喜、庆等事，不得干涉。① 廖承志在为《人民日报》撰写的社论中表示，这个命令是根据五年来保护国外华侨正当权益、便利侨汇、适当照顾国内约一千万华侨眷属的实际经验而提出的，又一次证明我国政府对海外侨胞及国内眷属热切的关怀。

中华人民共和国国务院
关于贯彻保护侨汇政策的命令

总理　周恩来

《中华人民共和国国务院关于贯彻保护侨汇政策的命令》

图片来源：《人民日报》，1955年3月3日第1版。

第四次侨务扩大会议在京开幕
将讨论贯彻执行保护侨汇政策、指导侨眷和归侨参加建设等问题

新华社8日讯　中华人民共和国华侨事务委员会召开的第四次侨务扩大会议八日在政协大礼堂开幕。

华侨事务委员会主任何香凝在会上致开幕词说：在目前国际局势趋向缓和及国内社会主义建设高涨的情况下，这次的侨务扩大会议具有重要的意义。这次会议将要讨论如何贯彻执行保护侨汇政策，指导侨眷和归侨积极参加社会主义的建设，辅导华侨在自愿的基础上回国投资，贯彻国内的华侨私营工商业的社会主义改造，在祖国社会主义建设中发挥归国华侨的积极作用，以及指导归国华侨学生升学等问题。何香凝希望大家集思广益对这些问题进行热烈讨论。

何香凝在讲话中希望华侨把他们经营热带经济作物的丰富经验贡献给伟大祖国的建设事业，希望有关方面给回国经营热带作物的华侨以支持和辅导。对于大多数在农村的侨眷和归侨，何香凝希望侨乡的农业生产合作社应当多创办适合侨眷、归侨劳动情况的副业，根据归侨和侨眷的具体情况安排他们力所能及的劳动，而不应该漠视家庭劳动，片面地强调出勤率。

在谈到解放台湾问题的时候，何香凝指出，中国人民在积极准备在必要时用武力解放台湾外，还努力争取用和平方式解放台湾。周恩来总理在中国人民政治协商会议第二届全国委员会第二次全体会议上所作的政治报告中，明确地指出了在台湾的国民党军政人员应该站到爱国主义的旗帜下，为台湾统一到祖国怀抱来的大业而努力。不但在台湾的国民党军政人员应该这样做，在国外各地的蒋帮分子也应该这样做。对做过一些坏事甚至有血债的台湾和海外国民党军政人员，我们都不究既往；国外华侨中少数的受过蒋帮欺骗而做了一些坏事的人，也就更不必有什么顾虑了。国外华侨对于当地受过蒋帮欺骗，做了一些坏事的人们，也要争取他们回到人民的队伍中来，和祖国人民一起过幸福的生活。

华侨事务委员会副主任方方在会上作了关于目前国内侨务工作若干政策问题的报告。方方在报告中首先指出了目前国内侨务工作中的成绩和缺点，接着对动员侨眷、归侨积极参加农村社会主义建设，关于辅导华侨回国投资和对在国内的华侨私营工商业的社会主义改造问题，关于贯彻执行保护侨汇政策问题，发挥归国华侨建设祖国的积极作用和关于辅导归国华侨学生升学等问题的政策，作了详细和透彻的说明。方方在他的报告的最后一部分中，提出了作好各项侨务工作的三项具体措施：第一，健全和建立各级国家机构中的侨务机关，第二，建立与健全侨属工作委员会，第三，建议加强归国华侨联谊会，以充分发挥它的作用。

这次侨务扩大会议将从八日举行到十三日。参加会议的有华侨事务委员会委员，全国人民代表大会中的华侨代表，中国人民政治协商会议全国委员会的华侨委员，全国各地区的归侨、侨眷和侨务工作者代表，特邀代表，中央有关机关、团体的代表363人，列席的代表八十八人。

《第四次侨务扩大会议在京开幕　将讨论贯彻执行保护侨汇政策、指导侨眷和归侨参加建设等问题》

图片来源：《人民日报》，1956年6月9日第1版。

① 《中华人民共和国国务院关于贯彻保护侨汇政策的命令》，《人民日报》，1955年3月3日第1版。

（三）探索恢复和争取侨汇新举措

1. 成立华侨服务部

中国人民银行和中国银行按照中央人民政府的“便利侨汇、服务侨胞”的方针，从 1950 年起建立了专为侨胞、侨眷服务的华侨服务部。华侨服务部首先由中国银行广州分行于 1949 年 11 月创办。随后，福建省的厦门、福州、泉州的中国银行机构于 1950 年 5 月成立华侨服务部，上海分行于 1950 年 9 月成立华侨服务部。各地华侨服务部从协助解决各种具体事务入手，诸如接待归国侨胞、代办旅行证件、代理认购折实公债并代为保管及按期收息、代理房产登记及租务、代收租金等等。[①] 成立几年来，在有关机关的协助和广大侨胞、侨眷的支持和爱护下，各地华侨服务部开展了一系列的工作，体现了党和政府关怀与照顾侨胞和侨眷的政策，并密切了侨胞和祖国的联系。随着祖国经济建设事业的发展，中国人民银行、中国银行的华侨服务部的机构也在不断发展。到 1954 年为止，国内各地的主要侨区，如广东的广州、汕头、江门、海口、梅县、台山、文昌、深圳，福建的福州、厦门、泉州、漳州、龙岩、石狮、南安、福清以及北京、上海等地的银行，共设立华侨服务部 35 个。有的地方的银行虽然没有设立华侨服务部，但也有专人负责为华侨服务的工作。[②]

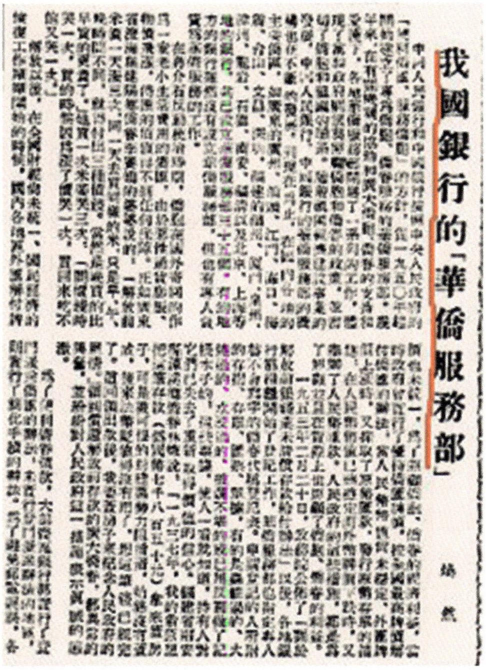
我國銀行的「華僑服務部」

《我国银行的“华侨服务部”》

图片来源：《人民日报》，1954 年 10 月 6 日第 3 版。

据不完全统计，国内各地中国银行华侨服务部成立两年中，深入侨乡访问、座谈、联系侨眷 1.53 万人次；登门派送侨汇并代写回批 21 万笔；接待出入境侨胞 3.6 万人次；答复侨胞函询近 1.7 万件；代查亲属下落、代办侨生入学、代管房地产等 2 358 件。[③]

① 张小欣：《建国初期侨汇政策的制定与发展（1949—1956）》，《党史研究与教学》2015 年第 2 期。

② 《我国银行的“华侨服务部”》，《人民日报》，1954 年 10 月 6 日第 3 版。

③ 中国银行行史编辑委员会编著：《中国银行行史（1949—1992 年）》（上卷），北京：中国金融出版社，2001 年，第 131 页。

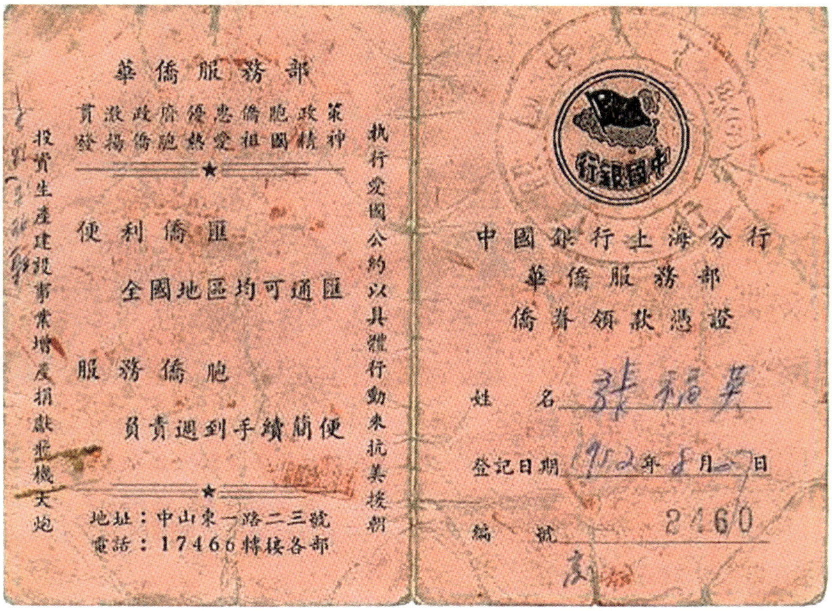

華僑服務部
貫澈政府優惠僑胞政策
發揚僑胞熱愛祖國精神

執行愛國公約以具體行動來抗美援朝

便利僑匯
全國地區均可通匯

服務僑胞
負責週到手續簡便

投資生產建設事業增產捐獻飛機大炮

地址：中山東一路二三號
電話：17466轉接各部

中國銀行上海分行
華僑服務部
僑眷領款憑證

姓名 張福英
登記日期 1952年8月　日
編號 2460

1952 年中国银行上海分行华侨服务部侨眷领款凭证

图片来源：暨南大学图书馆馆藏。

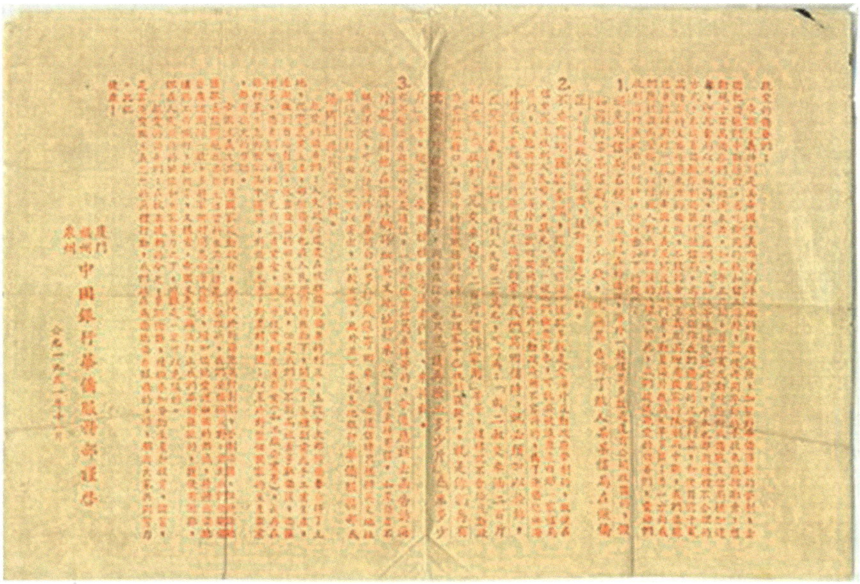

厦门
福州
泉州
中國銀行華僑服務部謹啓

1951 年厦门、福州、泉州中国人民银行华侨服务部宣传单

图片来源：徐云收藏。

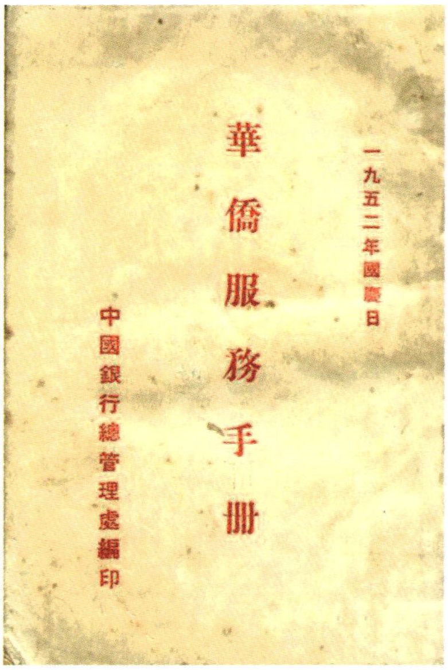

1952 年中国银行的华侨服务手册

图片来源：暨南大学图书馆馆藏。

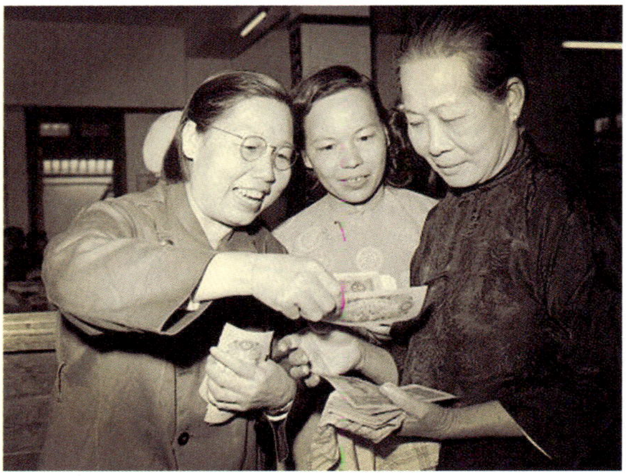

1955 年 3 月 1 日，根据国务院 2 月 21 日的命令，中国人民银行第一次发行新的人民币，同时回收旧的人民币。图为新币发行的第一天，广州市的华侨眷属在中国银行华侨服务部新旧人民币兑换处换到了新币

图片来源：《中国人民银行发行新人民币》，中国国史网，http：//www.hprc.org.cn/gsgl/dsnb/ghgjt/3_1/201002/t20100222_43956.html/2010－02－22。

2. 实行凭侨汇收入购买统购统销物资

毋庸讳言，在中华人民共和国成立初期的土改运动、反右派运动和“大跃进”运动以及人民公社化运动初期，各地出现了不少“左”的做法，使归侨、侨眷对经济政策有所怀疑，侨汇数量大幅度下降。加上当时物资供应紧张，有些华侨便把侨汇留在香港，托亲友邮寄粮油及副食品回来，出现了“以物代汇”现象。在此种状况下，中侨委及时重申党的侨务政策，并针对运动中出现的具体问题，制定相应的政策措施。凭侨汇收入购买统购统销物资，就是这一时期实行的一项重要政策措施。1957 年 3 月，国务院批转的中侨委、外贸部、中国人民银行关于争取侨汇问题的报告中就提出，“为争取更多的侨汇以支援社会主义建设，从根本上解决有侨汇收入的侨眷的物资供应，应在尽可能的范围内满足有侨汇户的生活资料的需要”，各地应“根据统购统销政策实行一种适合争取侨汇的供应制度，即凭侨汇收入按一定比例供应的制度”。① 根据上述政策精神，1957 年在广东、福建两省开始实施凭侨汇证增加侨汇物资供应的办法。根据这一办法，侨眷、归侨或港澳同胞的眷属在收到侨汇时，银行同

① 《国务院批转中侨委、外贸部、中国人民银行“关于争取侨汇问题的报告”的指示》（1957 年 3 月 30 日），江苏省档案馆藏江苏省华侨事务处档案，全宗号 3091，第 14 卷。

时发给侨汇证明书，凭侨汇证明书到指定地点领取供应证券，然后凭供应证券购买一定数量的物资，包括五类统销物资（粮食、食油、棉布、肉类、食糖）和建筑材料。于是，一种俗称“侨汇券”的票证推而广之，华侨商店、友谊商店等侨汇物资供应机构相继建立。这在一定程度上解决了有侨汇户的物资供应问题，提高了归侨、侨眷争取侨汇的积极性。

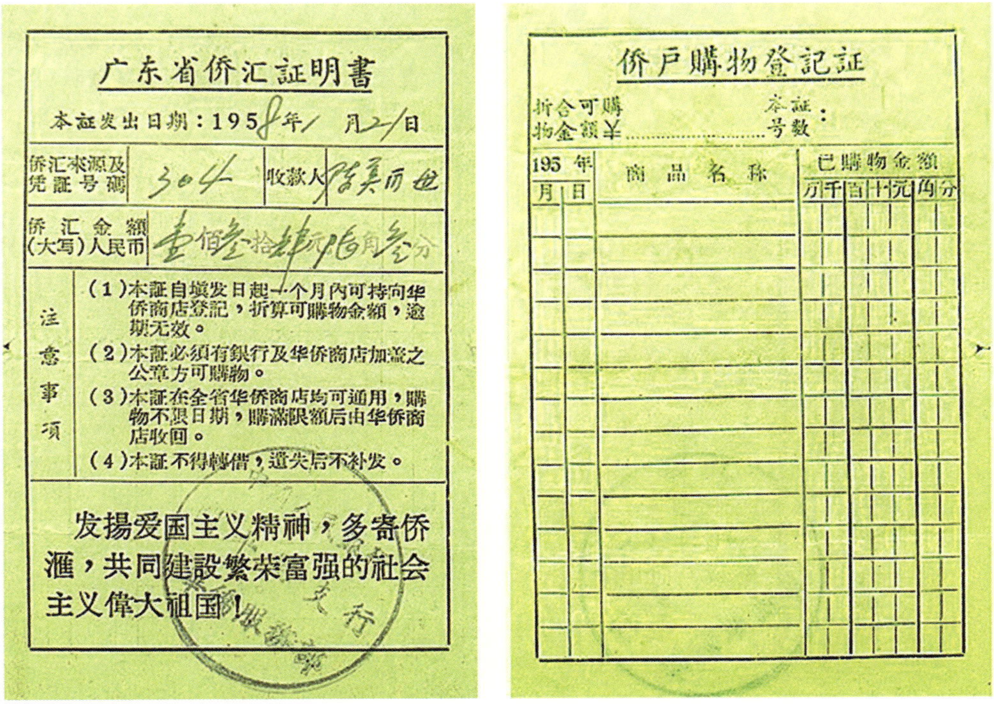
广东省侨汇証明書

本証发出日期：1958年1月21日

侨汇来源及凭証号碼 304 收款人

侨汇金額（大写）人民币

注意事项

（1）本証自填发日起一个月内可持向华侨商店登記，折算可購物金額，逾期无效。

（2）本証必須有銀行及华侨商店加盖之公章方可購物。

（3）本証在全省华侨商店均可通用，購物不限日期，購滿限額后由华侨商店收回。

（4）本証不得轉借，遺失后不补发。

发揚爱国主义精神，多寄侨滙，共同建設繁荣富强的社会主义偉大祖国！

侨戶購物登記証

折合可購物金額¥…………　本証号数：

195 年 月	日	商品名称	已購物金額 万	千	百	十	元	角	分

1958 年中国人民银行开平县支行发出的广东省侨汇证明书

图片来源：徐云收藏。

20 世纪 50 年代后期侨汇券开始实施时，不同地方、不同时期的侨汇券有不同的券面名称、不同的物资配给比例和不同的实施方法。以广东省为例，1957 年规定侨户凭银行“侨汇证明书”到华侨商店领取购物证，按侨汇总额 15% 购买统销和紧俏商品，可跨月购买，全省通用。[①]

① 雷强、黎熙元：《侨汇券和外汇兑换券的社会经济意义——兼论 1958—1995 年的粤港关系》，《广东社会科学》2008 年第 2 期。

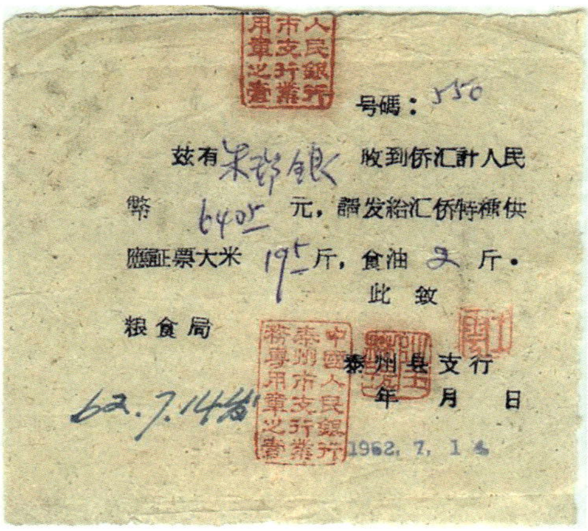
号碼：550

兹有宋郭银 收到侨汇計人民幣 6405 元，請发給汇侨特種供應証票大米 195 斤，食油 5 斤。

此致

粮食局

泰州县支行

年 月 日

62.7.14日

1962.7.14

1962 年中国人民银行泰州支行致粮食局请发侨汇特种供应证票的证明

图片来源：暨南大学图书馆馆藏。

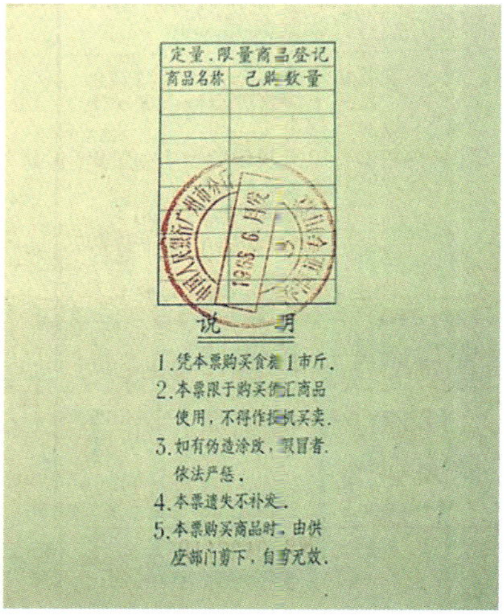

1966 年广东省华侨特种商品供应证

图片来源：暨南大学图书馆馆藏。

各省对侨汇券称谓不同，有的称“侨汇商品供应证”，有的称“侨汇统购物资供应证”，还有的称“华侨特种供应票”等，但约定俗成的名称统一为“侨汇券”。侨汇券实行了四十余年，到 20 世纪 90 年代初废止。

侨汇券分正券和副券两部分。标有侨汇人民币面值图案的是正券；标有物资（商品）供应名称和数量的是副券。如粮食、食油、食糖、肉类、棉布、购物券等。使用时既凭正券，又凭副券，要把副券剪下才能购买专供商品，副券使用完毕后，正券就没有了使用价值。侨汇人民币面值不同，配给的商品和购物券就不同，这是国家鼓励华侨向国内汇款的一个手段。

（四）扶持侨批业业务发展

侨汇在寄递和派解方式上，除国有银行外，主要依靠侨批业。侨批业又称侨汇业，是专门经营、传递华人移民侨批（书信、钱物）的私营商业性服务行业，真正形成大概要追溯至19世纪上半期，20世纪逐步进入鼎盛时期，曾遍布中国闽粤桂等省以及东南亚等国家和地区，平均每年有数千万美元经侨批业者汇入中国，维系和改善了数以百万计侨眷的生活，对中国民主革命和经济建设也做出了巨大贡献。[①] 1949年后，政府积极改善侨批业业务管理，提高侨批业经营积极性。在1956年1月中共中央统一战线工作部召开的国内侨务工作会议上，中侨委党组在会议上提出了《关于国内侨务工作的方针任务及若干政策问题的意见（草案）》。该草案认为，国内侨批业多是国外侨批业的分支机构，或是与国外侨批业有密切联系。在侨居国对侨汇的限制封锁日益加紧的形势下，侨批业在反限制斗争、争取侨汇、汇路沟通方面所起的桥梁作用是极其重要的。为长期争取侨汇，对侨批业仍必须加以利用，国家银行是不可能代替它的作用的。就是在社会主义建成后，也仍然需要扩大侨批业队伍。[②]

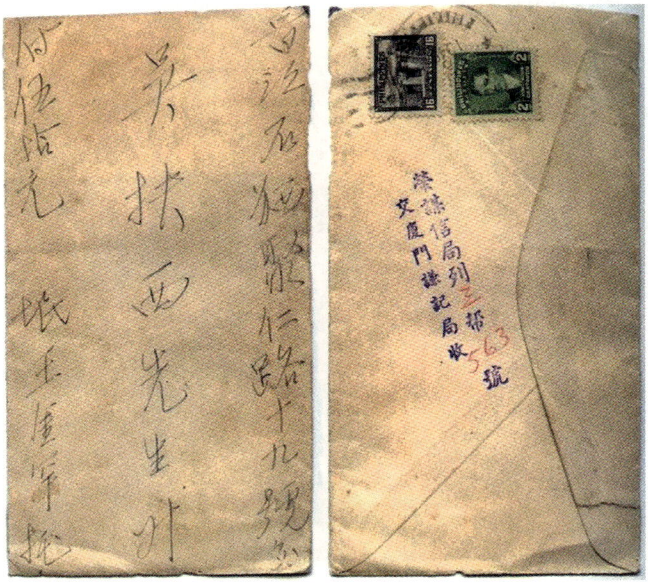

解放初期的侨批

图片来源：《百年跨国两地书：福建侨批档案图志》，第32页。

① 焦建华：《近百年来中国侨批业研究综述》，《华侨华人历史研究》2006年第2期。

② 张小欣：《新中国初期广东侨批业的改造与发展》，《红广角》2017年第Z2期。

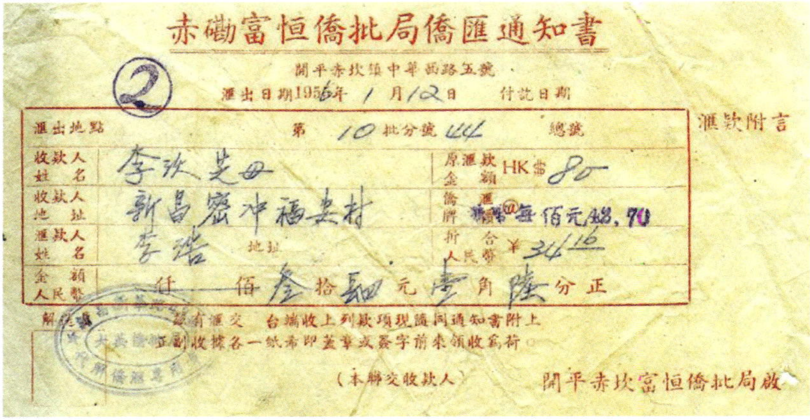
赤磡富恒僑批局僑匯通知書
開平赤坎鎮中華西路五號
滙出日期1956年 1月12日 付訖日期
滙出地點 第 10 批分號 44 總號
滙款附言
收款人姓名 李汝芝母
原滙款金額 HK$ 80
收款人地址
僑滙牌價
滙款人姓名 李瑞 地址
折合人民幣 ¥ 34.16
金額人民幣 仟 佰 叁拾肆元壹角陸分正
茲有滙交 台端收上列款項現隨同通知書附上
正副收據各一紙希即蓋章或簽字前來領收爲荷。
（本聯交收款人）
開平赤坎富恒僑批局啟

1956 年赤坎富恒侨批局侨汇通知书

图片来源：暨南大学图书馆馆藏。

1952 年福建省第一届侨汇业代表座谈会部分代表合影

图片来源：《百年跨国两地书：福建侨批档案图志》，第 96 页。

为恢复和争取侨汇，新中国一方面对侨批业加强管理，整顿、取缔侨汇黑市交易，规定侨汇必须向银行结汇；另一方面，采取多种安抚、优待、奖励措施。1950 年 10 月，全国归侨侨眷福利会议在北京召开时，侨批业派代表出席。会议提出对侨批业实施“外汇归公，利润归己”的政策。与此同时，发给侨批局经营执照。1953 年 5 月，中央人民政府政务院发出《关于“侨批员”身份及待遇问题的处理意见》，肯定了侨批员对于争取侨汇，沟通与加强华侨、侨眷和祖国的联系起到“相当大”的作用，明确指出对于侨批员应给予华侨身份，享受与华侨同等的地位和待遇。[①] 在政府的大力支持下，全国侨批业的积极性大大提高，出现了有序发展的良好局面。一些主要侨乡的侨批局

① 程希：《华侨华人与中国的关系：侨批业之视角》，《东南亚研究》2016 年第 4 期。

根据实际情况对业务进行改进和调整，受到归侨、侨眷的欢迎。如福建泉州、厦门、龙溪等地的侨批业，先后成立侨汇派送机构，把过去长途专跑、分散解付，改为短途接力派送，侨汇的派送效率大大提高。

侨汇派送员来啦（木刻画）

图片来源：《侨务报》1957 年第 7 期。

侨匯当天可送到

泉州、厦門、龙溪等地的侨批業，于今年元旦先后成立了"泉州、晋江、惠安联合派送处"、"厦門联合派送处"和"漳州、龙溪、海澄联合派送处"等侨匯派送机構，并分别在晋江的石獅、金井、安海，南安的詩山、梅山、洪瀨，厦門的禾山、集美、漳州、海澄、角尾等侨匯地区，共設了12个派送站和派送小組。經过这次調整后，把过去那种長途專跑分散解付办法，改为短途接力派送，侨匯派送效率大大提高。过去需要四天以上才能送到的偏远侨乡如晋北山頂彭、詩山的吕洋、古坑等地，现在只要一天时間便可送到了。

《侨汇当天可送到》

图片来源：《侨务报》1957 年第 2 期。

七、促进华侨回国投资和办学

（一）辅导华侨回国投资兴业

在 1951 年 6 月中侨委召开的第一次侨务扩大会议上，何香凝充分强调了吸引华侨回国投资的重要性，指出："招致国外华侨资本，回国投资于各方面的经济生产事业，参加人民祖国的建设，是关系到国内外华侨，特别是国内侨眷、归侨生活的大事，是侨务政策的基本而又长远的方针。"这次会议还制定了"对于华侨回国投资的私营经济，凡是有利于国计民生者，国家都采取积极的帮助，使他们做出成绩，用以示范"的方针，对华侨的投资方式、经营范围、优惠政策做了规定。会后，成立了由中侨委和中财委组织的华侨回国投资辅导委员会，对华侨回国投资给予积极协助和辅导。1955 年 8 月，全国人大常委会第 21 次会议通过并公布《华侨申请使用国有的荒山荒地条例》，宗旨是发挥华侨爱国爱乡的热情和参加祖国建设的积极性，为华侨兴办农、林、牧场提供便利。该条例规定，华侨为从事农、林、牧业生产，可以向县、市以上地方政府机关申请使用国有的

中华人民共和国主席令

华侨申请使用国有的荒山荒地条例已由中华人民共和国第一届全国人民代表大会常务委员会于一九五五年八月六日第二十次会议通过，现予公布。

中华人民共和国主席 毛泽东

一九五五年八月六日

华侨申请使用国有的荒山荒地条例

（一九五五年八月六日全国人民代表大会常务委员会第二十次会议通过）

《华侨申请使用国有的荒山荒地条例》

图片来源：《人民日报》，1955 年 8 月 7 日第2 版。

荒山、荒地；允许采用“私资经营”“公私合营”“个体经营”“合作社经营”等方式。[①] 该条例对华侨回国从事农、林、牧业投资起了促进作用。1956 年 6 月，中央转发统战部《关于国内侨务工作的方针任务及若干政策问题的意见》，规定辅导华侨投资的方针为：根据国家经济计划的需要，照顾投资人的愿望，以国家经营的投资公司为主，采用合作经营或公私合营的形式，并可允许个别的私资经营，主动引导他们有计划地逐步改造为社会主义企业。

（二）华侨投资公司的建立与成效

在政府投资政策的指导下，1952 年和 1955 年，福建和广东分别成立了华侨投资公司。随后广西、云南、山东、辽宁、上海、武汉和南京等省市分别成立了华侨投资公司。至 1963 年，各地华侨投资公司兴建和扩建的工厂、企业、宾馆和农场有 100 多家；截至“文革”时期暂停经营，全国各华侨投资公司共吸收了大约 11 亿美元的资金。这些工厂和企业对于充裕物资供应、改善人民生活和促进侨乡生产发展、繁荣侨乡经济，都发挥了一定的作用。[②] 1955 年，全国华侨投资总公司成立，将各地现有的和准备设立的华侨投资公司作为地方机构，受总公司统一领导。1957 年 8 月，“为了适应华侨投资参加祖国建设的愿望和保障华侨投资的利益”，国务院颁布了中华人民共和国成立后第一部具体的吸引华侨投资的法规《关于华侨投资于国营华侨投资公司的优待办法》，大大激发了华侨投资国营华侨投资公司的热情。

① 《中华人民共和国国务院关于贯彻保护侨汇政策的命令》，侨务报社辑：《侨务政策文集》，北京：人民出版社，1957 年，第 94 – 95 页。

② 张应龙主编：《华侨华人与新中国》，广州：暨南大学出版社，2009 年，第 53 页。

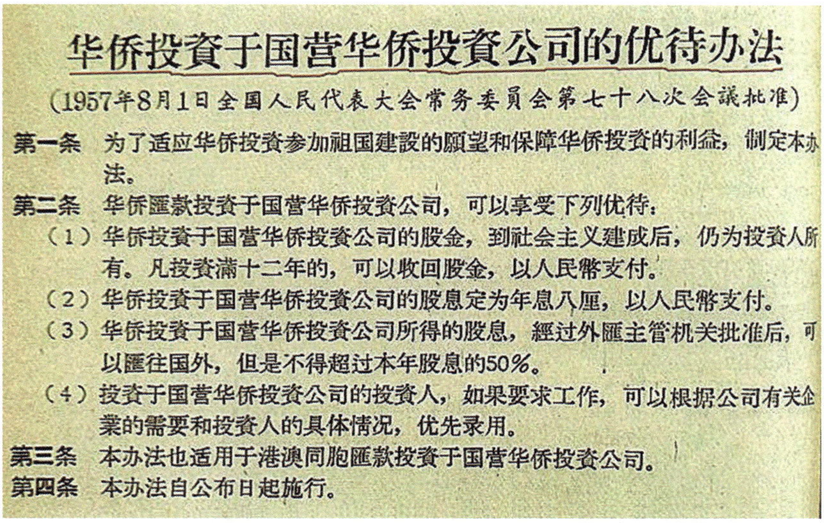

华侨投資于国营华侨投資公司的优待办法

（1957年8月1日全国人民代表大会常务委員会第七十八次会議批准）

第一条 为了适应华侨投資参加祖国建設的願望和保障华侨投資的利益，制定本办法。

第二条 华侨匯款投資于国营华侨投資公司，可以享受下列优待：

（1）华侨投資于国营华侨投資公司的股金，到社会主义建成后，仍为投資人所有。凡投資满十二年的，可以收回股金，以人民幣支付。

（2）华侨投資于国营华侨投資公司的股息定为年息八厘，以人民幣支付。

（3）华侨投資于国营华侨投資公司所得的股息，經过外匯主管机关批准后，可以匯往国外，但是不得超过本年股息的50%。

（4）投資于国营华侨投資公司的投資人，如果要求工作，可以根据公司有关企業的需要和投資人的具体情况，优先录用。

第三条 本办法也适用于港澳同胞匯款投資于国营华侨投資公司。

第四条 本办法自公布日起施行。

《华侨投资于国营华侨投资公司的优待办法》

图片来源：《侨务报》1957年第8期。

1. 福建华侨投资公司

1952年7月，福建华侨投资公司成立。公司系公私合营性质，主要是将华侨、侨眷及港澳同胞所投资金按照国家经济建设的方针，用于福建地方工业和其他生产建设事业的发展，并以此满足侨胞投资桑梓、兴办工业和繁荣侨乡的经济要求。到1957年7月，福建华侨投资公司的投资入股户数已有8 000多户，累计投资额有2 000多万元人民币，并在泉州、福清、同安、龙岩、莆田、永春等地兴建了糖厂、油厂、电厂、松香厂、煤矿等10个工矿企业，同时还投资扩建了福州造纸厂、厦门罐头

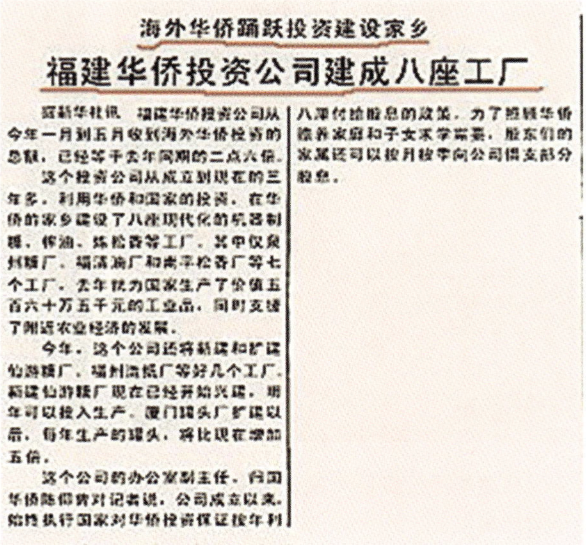

海外华侨踊跃投资建设家乡

福建华侨投资公司建成八座工厂

据新华社讯 福建华侨投资公司从今年一月到五月收到海外华侨投资的总额，已经等于去年同期的二点六倍。

这个投资公司从成立到现在的三年多，利用华侨和国家的投资，在华侨的家乡建设了八座现代化的机器制糖、榨油、炼松香等工厂。其中仅泉州糖厂、福清油厂和南平松香厂等七个工厂，去年就为国家生产了价值五百六十万五千元的工业品，同时支援了附近农业经济的发展。

今年，这个公司还将新建和扩建仙游糖厂、福州造纸厂等好几个工厂。新建仙游糖厂现在已经开始兴建，明年可以投入生产。厦门罐头厂扩建以后，每年生产的罐头，将比现在增加五倍。

这个公司的办公室副主任、归国华侨陈[illegible]对记者说，公司成立以来，始终执行国家对华侨投资保证按年利八厘付给股息的政策。为了照顾华侨赡养家庭和子女求学需要，股东们的家属还可以按月按季向公司借支部分股息。

《海外华侨踊跃投资建设家乡　福建华侨投资公司建成八座工厂》

图片来源：《人民日报》，1956年6月5日第2版。

厂、泉州源和堂食品厂等。[①] 1952—1956 年，福建华侨投资公司四年间共发放股息 104 万元。这些股息绝大多数用于国内侨眷生活或子女的教育费，帮助侨眷解决了很多实际困难。截至 1967 年 6 月福建华侨投资公司停止募股时，公司累计吸收侨资等 7 250 余万元人民币，投资总户数 1.2 万余户，在福建社会经济发展中发挥了积极作用。[②]

福建省华侨投资公司成立

图片来源：《福建省志·华侨志》插图。

福建华侨投资公司投资的厦门罐头厂车间一角

图片来源：《侨务报》1957 年第 8 期。

20 世纪 50 年代福建华侨投资公司股东们工作时的情景

图片来源：《侨务工作研究》1986 年第5 期。

① 福建省地方志编纂委员会编：《福建省志·华侨志》，福州：福建人民出版社，1992 年，第 206 页。

② 张应龙主编：《华侨华人与新中国》，广州：暨南大学出版社，2009 年，第 188－189 页。

新加坡华侨妇女南海晋香团参观福建华侨投资公司投资的福州造纸厂

图片来源：《侨务报》1957 年第 8 期。

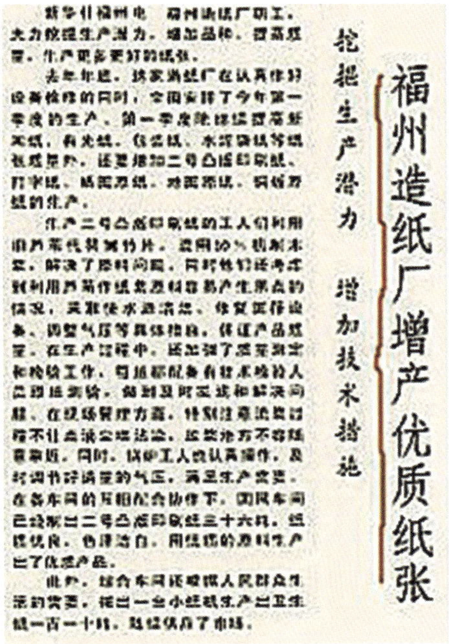

福州造纸厂增产优质纸张

挖掘生产潜力 增加技术措施

新华社福州电 福州造纸厂职工，大力挖掘生产潜力，增加品种，提高质量，生产更多更好的纸张。

《福州造纸厂增产优质纸张》

图片来源：《人民日报》，1961 年 3 月 9 日第 3 版。

2. 广东华侨投资公司

1955 年，广东华侨投资公司正式成立。公司资本总额为 1 亿元人民币，主要向海外华侨华人、港澳同胞等募集或由政府投资。1957 年国务院公布了《华侨投资于国营华侨投资公司的优待办法》，加速了侨资的吸收和引进。从 1955 年 3 月到 1969 年 1 月，广东华侨投资公司共吸收华侨华人及港澳同胞资金 71 577 140 元人民币。截至 1969 年，公司从资金总额中拨出 60 507 326 元兴办企业项目 82 项，其中投放在工业领域的资金占总额的 79%，旅游服务领域占 8%。[①] 1955—1969 年，广东华侨投资公司投资额在 200 万元以上的项目有 8 项，占全部工业投资的 55%。[②] 1956 年 5 月，公司投资 2 000 余万元新建广州苎麻纺织厂，产值 290 余万元人民币，该纺织厂是中国当时最大的苎麻纺织厂。除苎麻纺织厂外，1956 年广东华侨投资公司还投资 170 余万元人民币建立了广州华侨糖厂，年产高级白糖43 000多吨，是当时全国规模最大的糖厂，也是最早采用机械化、自动化生产的机制糖厂，也是广东省第一个五年计划中的重大项目。[③] 在旅游服务业方

① 张应龙主编：《华侨华人与新中国》，广州：暨南大学出版社，2009 年，第 190 页。

② 广州市地方志编纂委员会编：《广州市志》（卷十八），广州：广州出版社，1996 年，第 185 页。

③ 广州市地方志编纂委员会编：《广州市志》（卷十八），广州：广州出版社，1996 年，第 185 页。

面，公司于 1955 年投资创办了广州华侨宾馆，专门办理旅行服务事务。1956 年投资兴建华侨大厦，专门接待海外侨胞和港澳同胞，是广东省内最大的接待基地。此外，该公司还投资兴建了开平华侨大厦、北京新侨饭店、广州南方大厦，并在江门建立了华侨戏院。①

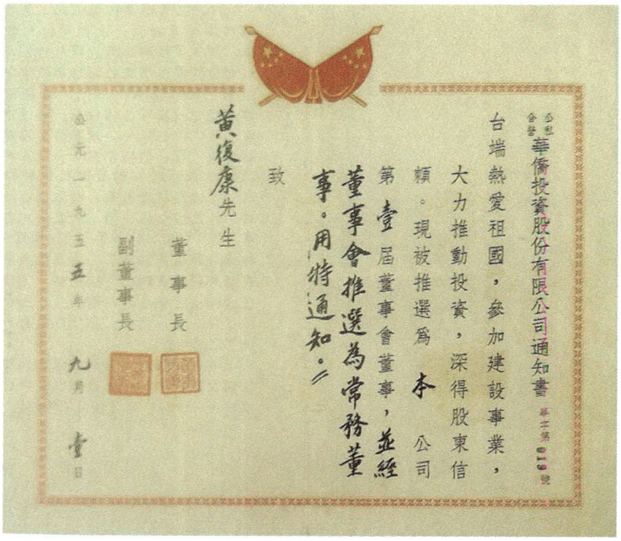

公私合營 華僑投資股份有限公司通知書 華字第 [illegible] 號

台端熱愛祖國，參加建設事業，大力推動投資，深得股東信賴。現被推選為本公司第壹屆董事會董事，並經董事會推選為常務董事。用特通知。

致

黃復康先生

董事長

副董事長

公元一九五五年九月壹日

1955 年，公私合营华侨投资股份有限公司任命归国华侨黄复康为常务董事的通知书

图片来源：《中国华侨历史博物馆藏品图录》，第 148 页。

日榨甘蔗两千吨的广州华侨糖厂开工生产

图片来源：《人民日报》，1958 年 4 月 7 日第 3 版。

① 广东省地方史志编纂委员会编：《广东省志 · 华侨志》，广州：广东人民出版社，1996 年，第318 页。

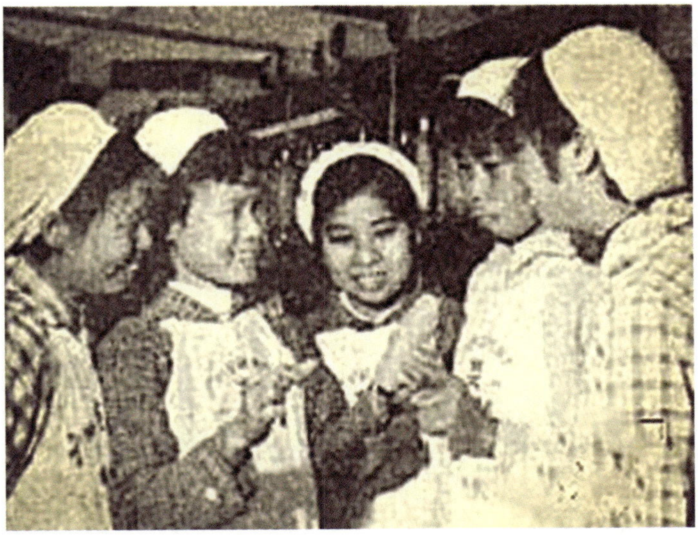

广州苎麻纺织厂纺纱工人在交流用短纤维和野杂纤维纺纱接头的经验

图片来源：《人民日报》，1962 年 2 月 20 日第 1 版。

侨务委员会负责人发表谈话

欢迎侨胞投资和办学

新华社12日讯　中华人民共和国华侨事务委员会发言人，今天就华侨在国内投资和兴办学校问题，向中国新闻社记者发表谈话如下：发言人说，华侨在东南亚各国投资有悠久的历史。华侨对开发东南亚和繁荣当地经济是有贡献的，在华侨众多的地方，华侨经济已成为当地国民经济的一部分。但是，由于帝国主义控制了东南亚的经济命脉，进行大规模的经济侵略，限制发展当地的民族工业，因而华侨投资在商业方面的多一些，特别在零售商方面。东南亚各国在独立以后，都要发展本民族经济。有的国家正在研究华侨经济的发展方向，有的国家决定鼓励华侨剩余资金投入当地工业建设。我们认为，华侨游资或者一部分商业资金，在当地政府赞同下，逐步转入工业，参加当地的民族工业建设，这不仅符合华侨的长远利益，而且也有助于东南亚各国发展工业和繁荣经济，并且符合于亚非会议关于实行经济合作的普遍愿望。

发言人说：华侨一向关怀和支持祖国的建设事业。在晚清和蒋介石统治时代，华侨曾在侨乡修筑了两条铁路（厦门到漳州，汕头到潮州），办了一些工厂，但是都失败了，铁路被拆走了，工厂蚀了本。解放前夕，华侨在国内投资的企业，所剩已寥寥无几。全国解放后，华侨热爱祖国，支持和参加祖国的社会主义建设事业。1956年，广东、福建两省的华侨投资公司吸收的股金，各占两省地方工业投资的十分之一；到1956年底，两省华侨投资公司创建的工厂和企业已达四十四个。建国以来，华侨回国投资的数字逐年增加。广东、福建两省的华侨投资公司吸收资金如以1952年为一百；到1955年就为305%，1956年加上上海华侨投资公司吸收的资金后就为487%。国家对华侨回国投资的政策，是根据国家经济计划的需要，照顾华侨投资人的愿望，以投资公司为主，也允许合资经营或公私合营，并且允许独资经营，以便华侨选择适合他们意愿的方式。现在国务院又在8月2日公布了“华侨投资于国营华侨投资公司的优待办法”，无疑这将获得广大华侨的热烈拥护。

发言人说：我们鼓励华侨游资或者商业资本，在所在国政府赞同下，逐步地转入工业建设，因为这是符合华侨和侨居国人民利益的；但是，有些华侨在当地遭遇经营方面的困难，或者缺乏技术，或者有家属在国内需要赡养等等原因而愿意把一部分资金寄回国内，投资于祖国建设事业，对于这种华侨投资，我们也是欢迎的，并且予以辅导。

关于华侨捐资兴办学校的问题，发言人说：捐资兴办学校，是华侨的优良传统。华侨子弟在国外的数量很多，回国升学有困难，国家积极鼓励华侨在侨居国集资办学，就地解决子女教育问题，希望华侨多办中、小学和华侨业余教育，在有条件的地方也可以办大学，在这些学校里，不仅要学习中国语文、史地，并且要学习当地语文、史地，这样可以使华侨子弟更好地为华侨群众服务，为侨居国人民服务，这样做是符合亚非会议对于文化合作的真挚愿望的。

发言人指出：华侨不仅在国外办了许多学校教育子女，而且在国内捐资办了许多学校，其中著名的如陈嘉庚先生所创办的厦门大学、集美学校，其他侨领兴办的国光中学等等。广东梅县数十所中学中，华侨兴办的占多数。福建省原有四十四所侨办中学，在校学生有三万七千多人，约占全省中学生人数23%，比解放前增加了五倍多，现在全省侨办中学已由四十四所增加到六十七所。至于侨办小学的数量更多。华侨积极捐资兴学，不仅对解决华侨子弟教育问题有帮助，而且对发展侨乡文化建设事业也有贡献。国务院8月2日公布的“华侨捐资兴办学校办法”，必将大大鼓舞华侨捐资办学的热情。

《侨务委员会负责人发表谈话　欢迎侨胞投资和办学》

图片来源：《人民日报》，1957 年 8 月 13 日第 1 版。

由广东华侨投资公司所属的汕头华侨电机制造厂新建的电动机织车间一角
图片来源：《侨务报》1957 年第 8 期。

广东华侨投资公司投资的广州南方针织厂
图片来源：《侨务报》1960 年第 4 期。

广东华侨投资公司投资兴建的广州南方大厦

图片来源：《老广州记忆：城市》，http：//2010.163.com/photoview/0BNL0086/512.html/2009－08－24。

侨资兴办的广东梅县松口华侨水电站

图片来源：《侨务报》1959年12月。

华侨和港澳同胞投资建设祖国

《华侨和港澳同胞投资建设祖国》

图片来源：《人民日报》，1956 年 5 月 22 日第 2 版。

……华侨投资公司经营上的成就，充分说明了华侨和港澳同胞投资建设祖国，不但对国家有功，而且对自己也有利。许多华侨和港澳的工商业者，在资本主义经济危机的威胁下，都希望为自己的资金找一条最有保障的出路。出路在哪里呢？华侨投资公司的一位股东肯定地回答了这个问题，他说："我在国外曾经想：把我的资金购买外资公司的股票吧？但是根据今天的情况看，必须估计到 1926 年那种不景气局面的重临；用来购买黄金吧？但是眼看金价每两由港币六百多元跌到二百多元，……想来想去，最后还是选定投回祖国来。祖国欣欣向荣，对华侨又是那么优待，回国投资，对国家建设也算尽了自己的一分力量，而自己的资金也得到保障，家人子弟生活都有着落，这实在是最可靠也最有前途的一条出路了。"

…………

（三）鼓励华侨回国捐资兴学

华侨、港澳同胞素有在祖籍故乡捐资兴办教育事业的传统。为了鼓励华侨在国内兴办学校，发展文化教育事业，满足广大华侨子女回国求学的需求，1956 年 8 月 2 日国务院颁布《华侨捐资兴办学校办法》，该办法主要在地基、建筑材料、华侨子女上学等方面给予侨校一定的照顾，在教职员任用、学费征收等方面给予侨校一定的自主权，同时要求各级人民政府鼓励和支持华侨捐资兴办学校，并且予以指导和协助，对于侨校，不得任意停办、接办或者更改校名。随后，福建、广东两省先后颁布了《华侨兴办公益事业奖励与优待办法》，规定了鼓励华侨捐资兴学的具体办法。在上述政策的支持下，侨乡又掀起了华侨捐资办学的高潮。1958 年，福建全省学校的华侨捐资额已超过 1 000 万元。[①] 1958 年福建省侨办中学比 1957 年增加了 37 所，达到 61 所；同期侨办小学也由 419 所增至 1 295 所。[②] 1958 年，广东汕头普宁县（今普宁市）海外侨胞和国内归侨侨眷兴办中学的捐款就达 28 万元，全县侨乡都有侨办中学。[③]

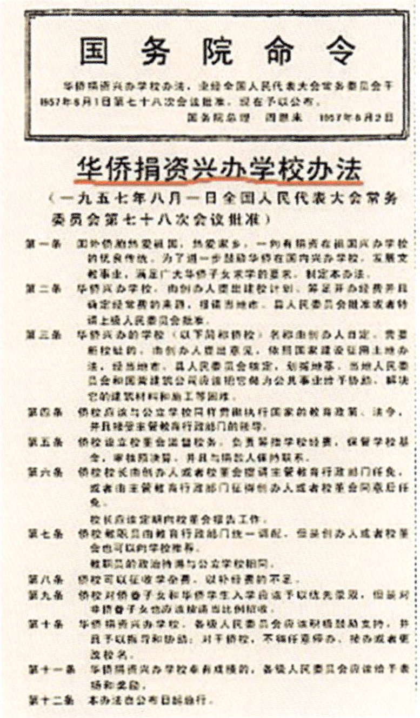

国务院命令

华侨捐资兴办学校办法，业经全国人民代表大会常务委员会于1957年8月1日第七十八次会议批准，现在予以公布。

国务院总理 周恩来 1957年8月2日

华侨捐资兴办学校办法

（一九五七年八月一日全国人民代表大会常务委员会第七十八次会议批准）

第一条 国外华侨热爱祖国，热爱家乡，一向有捐资在祖国兴办学校的优良传统。为了进一步鼓励华侨在国内兴办学校，发展文教事业，满足广大华侨子女求学的要求，制定本办法。

第二条 华侨兴办学校，由创办人提出建校计划，筹足开办经费并且确定经常费的来源，经当地市、县人民委员会批准或者转请上级人民委员会批准。

第三条 华侨兴办的学校（以下简称侨校）名称由创办人自定。需要新校址的，由创办人提出意见，依照国家建设征用土地办法，经当地市、县人民委员会核定，划拨地基。当地人民委员会和国营建筑公司应该把它们作为公共事业给予协助，解决它的建筑材料和施工等困难。

第四条 侨校应该与公立学校同样贯彻执行国家的教育政策、法令，并且接受主管教育行政部门的领导。

第五条 侨校设立校董会监督校务，负责筹措学校经费，保管学校基金，审核预决算，并且与捐款人保持联系。

第六条 侨校校长由创办人或者校董会提请主管教育行政部门任免，或者由主管教育行政部门征得创办人或者校董会同意后任免。

校长应该定期向校董会报告工作。

第七条 侨校教职员由教育行政部门统一调配，但是创办人或者校董会也可以向学校推荐。

教职员的政治待遇与公立学校相同。

第八条 侨校可以征收学杂费，以补经费的不足。

第九条 侨校对侨眷子女和华侨学生入学应该予以优先录取，但是对非侨眷子女也应该按适当比例招收。

第十条 华侨捐资兴办学校，各级人民委员会应该积极鼓励支持，并且予以指导和协助；对于侨校，不得任意停办、接办或者更改校名。

第十一条 华侨捐资兴办学校卓有成绩的，各级人民委员会应该给予表扬和奖励。

第十二条 本办法自公布日起施行。

《华侨捐资兴办学校办法》

图片来源：《人民日报》，1957 年 8 月 3 日第 3 版。

华侨捐建的福建省永春县第六中学大礼堂

图片来源：《侨务报》1959 年第 5 期。

① 福建省教育科学研究所课题组编：《福建华侨华人捐资办学史》，福州：福建教育出版社，2007 年，第 96 页。

② 林金枝编著：《华侨华人与中国革命和建设》，福州：福建人民出版社，1993 年，第 675 页。

③ 张应龙主编：《华侨华人与新中国》，广州：暨南大学出版社，2009 年，第 116 页。

遍布侨乡的“华侨中学”，是海外侨胞捐资兴学的缩影。中华人民共和国初期，各级人民政府采取民办公助的办法，接受华侨和港澳同胞的捐款资助，创办归侨学生文化补习学校（班）或华侨中学。华侨中学一般都是从各地侨联主办的归侨学生文化补习学校，或在中华人民共和国前侨办学校的基础上发展起来的。例如，梅县华侨中学的前身是梅县侨联在华侨、港澳同胞资助创办的侨联文化补习学校，1955 年 11 月 7 日改称梅县华侨中学，1956 年迁溪口与梅新中学合并，逐步发展成为一所完全中学。广州市广东华侨中学原是 1946 年由祖籍四邑等地的华侨和港澳同胞捐资创办的私立四邑华侨中学，1961 年校董会建议改名“广东华侨中学”，并由广东省人民政府接管，1959 年改隶广州市。全省华侨中学，除广东、汕头、海口三所为公办学校外，均为侨办公助性质，一般都设立校董会，归侨学生和侨户子女一般占在校学生总数 60% ~80% 。①

廣東省汕頭市私立華僑中學畢業證明書
學生丘亮欽男性現年二十一歲廣東省潮安縣人於一九四九年二月日入本校普通科高中壹年級經呈奉廣東省人民政府文教廳一九五〇年七月廿一日中字第一二二二號令核准有案現修業期滿成績及格准予畢業因畢業證書尚未呈奉驗發合發給臨時證明書以資証明此証
校長吳剛
一九五一年

1951 年汕头市私立华侨中学毕业证明书

图片来源：997788 收藏网，http：//www.997788.com/pr/detail_584_14383147.html。

① 《广东省志·华侨志》编委会编：《广东省志·华侨志》（报审稿），1994 年，第213 页。

由海外华侨筹资建设的福清华侨中学正在扩建新校舍

图片来源：《侨务报》1957 年第 7 期。

广东华侨中学校舍一景

图片来源：广东华侨中学网站，http：//www. gdqz. com/Category_l/Index. aspx。

改革开放以来的侨务工作

社论

必须重视侨务工作

《必须重视侨务工作》

图片来源：《人民日报》，1978 年 1 月 4 日第 1 版。

改革开放后，通过拨乱反正，确立正确的侨务工作路线，中华人民共和国迎来了侨务工作的春天。1978 年 12 月，十一届三中全会召开，中国实现了工作重心从“以阶级斗争为纲”到“以经济建设为中心”的转变，从而揭开了中国改革开放的序幕。此时中国国内各项事业百废待兴，但是党和政府敏锐地关注到了侨务工作的重要性，致力于清除侨务工作中“左”的影响，使侨务领域的拨乱反正成为“文化大革命”之后全面拨乱反正的重要一环。改革开放后的侨务工作，坚持以人为本，为侨服务的宗旨；坚持以国内侨务工作为基础，以国外侨务工作为主导；坚持为国家大局服务和为侨服务的统一。各级侨务部门在党和政府的领导下，在海外华侨华人、归侨侨眷的大力支持下，不忘初心，牢记使命，开创了侨务工作新局面。20 世纪以来，侨务工作改革创新的重点落实在加强基础性、长效性组织系统、平台载体和网络机制建设上，形成以侨团组织体系、华文教育体系、文化传播体系、侨务外宣体系、引智引资体系、为侨服务体系、法规规划体系为支撑的国家侨务事业和侨务资源可持续发展新格局，在波澜壮阔的改革开放进程中，侨务工作作为党和国家一条重要战线，始终与时代发展的脉搏同频共振，发挥了重要而独特的作用。

一、清除侨务工作中“左”的影响

（一）全国性的侨务工作会议召开

1. 全国侨务会议预备会议

中华人民共和国成立后，中共确立了正确的侨务方针，侨务工作取得了很大的成绩。但不可否认的是，具体实践过程中，也因为种种原因而出现偏差，到“文革”十年，这种偏差最终演变成为极“左”灾难。进入新时期，随着党和国家工作重心发生重大转变，被严重扭曲的侨务方针亟待恢复。1978 年 1 月 3 日，全国侨务会议预备会议在北京召开，会后形成了《关于全国侨务会议预备会议的情况报告》上报中央。1978 年 1 月 11 日，中央同意这一报告，以中央文件形式下发，并加了批示。批示首次提出了侨务工作的“十六字”政策原则，强调继续贯彻执行毛泽东关于“保护华侨利益，扶助回国的华侨”的指示，对归侨、侨眷采取“一视同仁，不得歧视，根据特点，适当照顾”的政策，团结广大华侨，充分调动归侨、侨眷的社会主义积极性，为实现我国四个现代化做出贡献。这次会议揭开侨务工作拨乱反正的序幕。

在英明领袖华主席、党中央的亲切关怀下

全国侨务会议预备会在京举行

李先念副主席亲切接见到会同志并作重要讲话

新华社一九七八年一月三日讯 全国侨务会议预备会议最近在北京举行。京、津、沪、广东、福建、广西、云南等省、市、自治区的侨务干部代表和中央十八个有关单位的同志出席了会议。会议重新学习了毛主席、周总理和党中央制定的侨务工作的方针政策，揭发批判了刘少奇，特别是林彪、“四人帮”对侨务工作的严重干扰、破坏，讨论了今后如何加强侨务工作，团结广大华侨，调动广大侨眷和归侨的社会主义积极性，为实现祖国的四个现代化做出贡献。

华主席、党中央和国务院很重视侨务工作，对这次会议给予了亲切关怀。邓小平副主席一九七七年九月二十九日接见来京参加国庆的华侨、外籍人、台湾同胞和港澳同胞旅行团正副团长和部分知名人士时就指出：侨务工作，要提到日程上来。十二月十八日，李先念副主席和耿飚同志、陈慕华同志又亲切接见了到会同志，李副主席并作了重要讲话。

这次会议指出：侨务工作是党的一项重要工作。做好侨务工作，对调动内外积极性，扩大爱国统一战线和国际反霸统一战线，巩固无产阶级专政，为在本世纪末实现我国四个现代化，都有积极意义。建国以来，遵照毛主席“保护华侨利益，扶助回国的华侨”的指示，在毛主席亲自关怀和周总理直接领导下，侨务工作取得了很大成绩。广大归侨、侨眷的社会主义觉悟日益提高，在社会主义革命和社会主义建设中发挥了积极作用。广大海外侨胞关心祖国，热爱祖国，对扩大爱国统一战线和国际统一战线，支援祖国社会主义建设事业，作出了应有的贡献。二十八年来的实践证明，毛主席、周总理和党中央制定、批准的侨务工作方针和政策是完全正确的。尽管有刘少奇、林彪和“四人帮”的干扰和破坏，毛主席的革命路线在侨务工作中始终占主导地位。

会议指出，林彪、“四人帮”不作任何阶级分析，蓄意混淆敌我关系，把华侨都说成是“资产阶级”，把海外关系都说成是反动的政治关系。他们给侨眷和归侨扣上“反动的社会基础”的大帽子，进行歧视甚至打击和迫害，并且诬陷打击一批侨务工作干部。他们把建国后十七年的侨务工作，说成是执行了一条又右又黑的反革命修正主义路线，简直没干一件好事。同志们愤慨地说，林彪、“四人帮”全盘否定侨务工作的成绩，其罪恶的矛头是直接指向伟大领袖毛主席，指向敬爱的周总理的。他们颠倒敌我关系，搅乱阶级阵线，就是蓄意挑拨侨胞和祖国的关系，破坏侨胞与祖国人民的团结。林彪、“四人帮”的罪恶行径，完全适应了帝修反的需要，干了帝修反想干而干不到的事情。

会议认为，华侨大部分是劳动人民，包括工人、农民、知识分子、小商小贩等。他们是华侨爱国统一战线的基本群众，是我们的依靠力量。 （下转第四版）

《全国侨务会议预备会在京举行》

图片来源：《人民日报》，1978 年 1 月 4 日第 1 版。

2. 全国侨务会议、第二次全国归侨代表大会

1978 年 12 月 22 日，也就是党的十一届三中全会结束的当天，在北京召开了全国侨务会议和第二次全国归侨代表大会。这次会议在三中全会精神的指引下，认真总结了中华人民共和国成立二十九年来侨务工作正反两方面的经验教训，重申了中华人民共和国成立以来党的一系列侨务政策是正确的，要求各地区各部门认真落实和贯彻。会议根据三中全会党的工作重点已转移到社会主义现代化建设轨道上来的精神，决定党的侨务工作也要果断地把工作重点转移到社会主义现代化建设上来，并且指出，在社会主义现代化建设事业中，广大华侨、归侨、侨眷在国内外有许多亲戚朋友，他们遍布世界各国，这是一个十分宝贵的条件。

全国侨务会议、第二次全国归侨代表大会在京举行
发展侨务工作建设现代化祖国
李先念同志代表党中央、国务院向大会致词
大会修改了侨联章程，推举廖承志为侨联名誉主席，庄希泉当选为侨联主席

新华社北京十二月二十八日电 全国侨务会议、第二次全国归侨代表大会于十二月二十二日至二十八日在北京举行。

中共中央主席华国锋、副主席叶剑英为大会题词。

华国锋同志的题词是：认真落实党的侨务政策，调动广大华侨、归侨、侨眷的积极性，为建设伟大的社会主义祖国贡献力量。

叶剑英同志的题词是：为实现祖国社会主义现代化，要解放思想，大力发展侨务工作。

出席这次大会的，有全国华侨农场、华侨工厂、重点侨乡的归侨、侨眷代表，有科技、工交、文教、卫生、体育等战线和人民解放军、国家机关的归侨代表，有各地的侨务工作者代表，有居住在港澳地区的归侨代表、台湾省籍的归侨代表，有被越南当局驱赶回国的难侨代表近一千人。

党和国家领导人李先念、耿飚、陈慕华、廖承志、谷牧，国务院侨务办公室和全国侨联的负责人林修德、连贯、庄希泉、庄明理、蚁美厚，以及中央和国家机关、中国人民解放军各部门的负责人，出席了大会的开幕式。

李先念同志代表党中央、国务院向大会致词。他说，建国以来，毛主席革命路线在侨务工作中始终占主导地位。对于归国华侨和国内侨眷，我们一贯遵照“一视同仁，不得歧视，根据特点，适当照顾”的原则，制定了一系列的侨务政策。实践是检验真理的唯一标准。二十多年来的历史证明，我们的侨务政策有利于调动归侨、侨眷的社会主义积极性，有利于扩大爱国统一战线，巩固无产阶级专政，加速我国的社会主义建设。但是，林彪、“四人帮”破坏党的侨务政策，颠倒敌我关系，歧视、打击和迫害归侨、侨眷。我们要认真落实党的

《全国侨务会议、第二次全国归侨代表大会在京举行 发展侨务工作建设现代化祖国》

图片来源：《人民日报》，1978 年 12 月 29 日第 1 版。

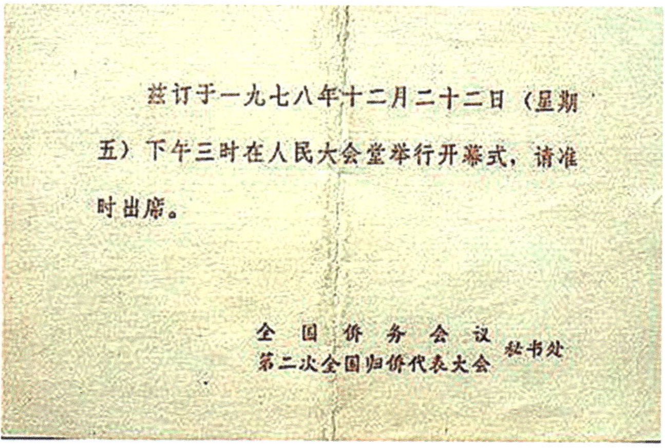
兹订于一九七八年十二月二十二日（星期五）下午三时在人民大会堂举行开幕式，请准时出席。

全国侨务会议
第二次全国归侨代表大会 秘书处

全国侨务会议、第二次全国归侨代表大会出席证（1978 年）

图片来源：徐云收藏。

在此次会议上，李先念代表党中央、国务院向大会致辞。他指出，我国的国外侨务政策是毛泽东同志和周恩来同志生前亲自制定的，是符合和平共处五项原则的，今后我们还将继续贯彻执行这个政策。廖承志在大会上作了题为“认真落实党的侨务政策，为建设现代化的社会主义强国而奋斗！”的报告。他在谈到新时期侨务战线的各项任务时说：“从 1979 年起，全党工作的着重点转移到社会主义现代化建设上来，我们侨务战线也要

实行工作着重点的转移，要把主要注意力集中到狠抓社会主义现代化建设上来。我们的主要工作是：认真落实党的侨务政策，充分调动归侨、侨眷的社会主义积极性；认真学习、提高政治思想水平和科学文化水平；解放思想，鼓足干劲，办好华侨事业、企业；欢迎华侨支援祖国社会主义建设；密切党和归侨的联系，积极开展侨联活动；加强党对侨务工作的领导，健全侨务机构。”会议传达了党中央关于“从九个方面落实涉侨历史遗留问题”的重要指示，同时确立了新时期侨务工作“一视同仁，不得歧视，根据特点，适当照顾”的十六字方针。在党和政府的关怀重视下，我国的侨务工作进入了一个崭新的阶段。

（二）落实各项侨务政策

1. 为“海外关系”正名

在特殊的年代里，尤其是“文革”时期，“海外关系”遭到曲解，有“海外关系”的人受到歧视、排挤甚至打击迫害，制造了大量冤假错案，归侨、侨眷的合法权益受到严重侵犯。由于地处海防前线，又是华侨大省，广东在“文革”期间执行了比其他省份更为严苛的侨务政策。1970 年 4 月，广东省在《处理有港澳海外关系干部的六条意见》中明确：“凡是有港澳、海外关系的干部，不管亲属从事什么职业，如果经过教育仍然保持政治、经济上的联系，要从严处理。”“要进行必要的批判斗争”，“要进行组织处理”（严重的要清除出队），并规定“今后一律不吸收有海外、港澳关系的人当干部，对干部婚姻要把好关”。① 该规定制定后，大批有“海外关系”的干部被当作清理、打击对象，在归侨、侨眷中造成大批冤假错案。据全国 19 个省区的不完全统计，“文化大革命”时期归侨、侨眷和侨务干部因“海外关系”而遭诬陷迫害的有 1.3 万多人。②

① 赵红英：《“海外关系”与改革开放》，人民网，http：//theory. people. com. cn/GB/109598 59. html/2010 - 02 - 09。

② 任贵祥、赵红英：《华侨华人与国共关系》，武汉：武汉出版社，1999 年，第 285 页。

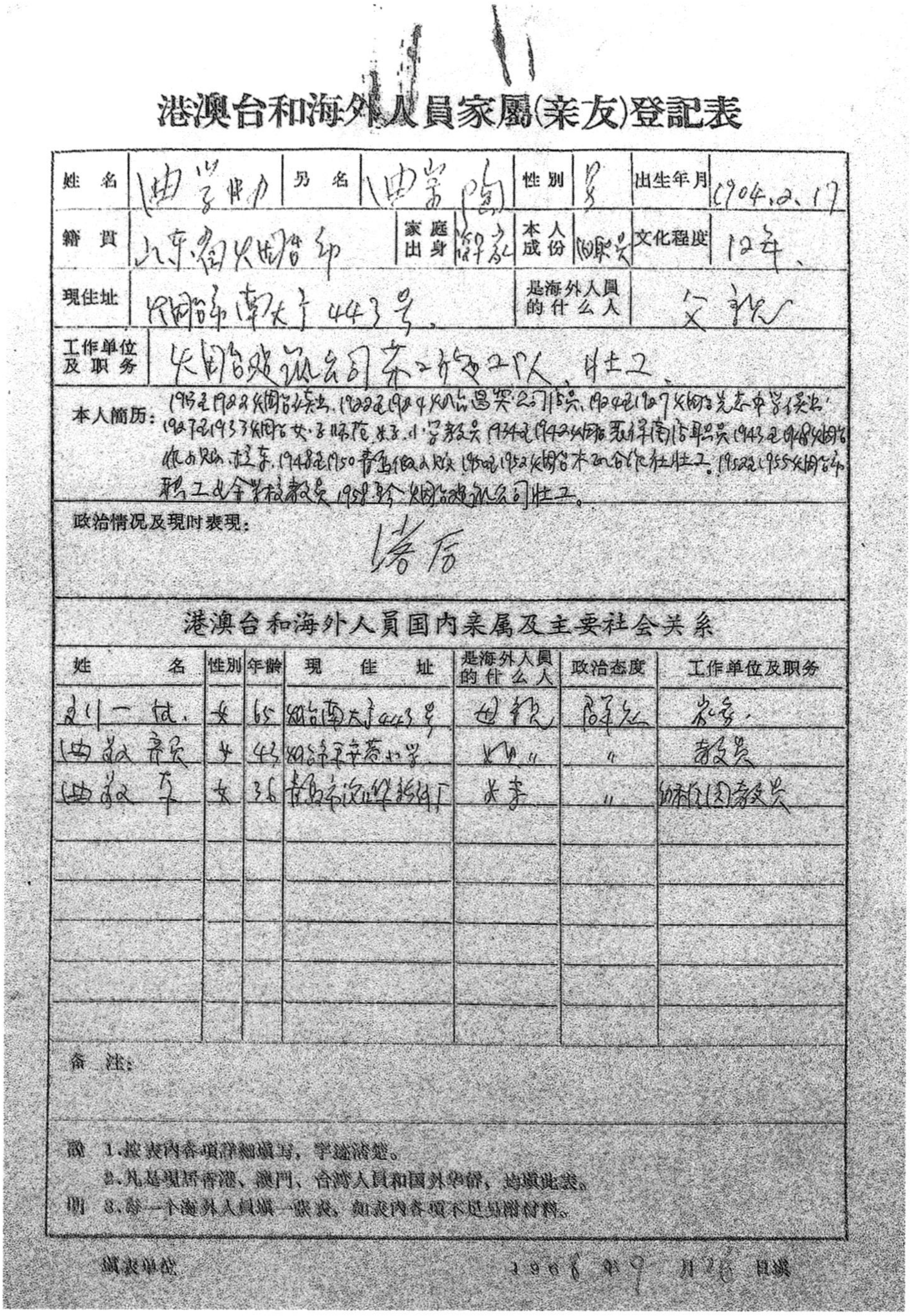

港澳台和海外人員家屬(亲友)登記表

姓名	曲学[illegible]	另名	曲学陶	性别	男	出生年月	1904.2.17
籍貫	山东省烟台市	家庭出身	贫农	本人成份	职员	文化程度	12年
現住址	烟台市南大街443号			是海外人員的什么人	父亲		
工作单位及职务	烟台建筑公司第二施工队，壮工						

本人簡历：1913至1922烟台读书，1922至1924烟台[illegible]公司店员，1924至1927烟台先志中学读书，1927至1933烟台女子师范附属小学教员，1934至1942烟台[illegible]商店职员，1943至1948烟台[illegible]，1948至1950青岛[illegible]，1950至1952烟台木工合作社壮工，1952至1955烟台市职工业余学校教员，1958至今烟台建筑公司壮工。

政治情况及現时表現：[illegible]

港澳台和海外人員国内亲属及主要社会关系

姓名	性别	年龄	現住址	是海外人員的什么人	政治态度	工作单位及职务
刘一[illegible]	女	65	烟台南大街443号	母亲	贫农	家务
曲淑[illegible]	女	43	烟台市[illegible]小学	姐姐	〃	教员
曲淑[illegible]	女	36	青岛市[illegible]	长女	〃	幼稚园教员

备注：

說明 1.按表内各項詳細填写，字迹清楚。
2.凡是現居香港、澳門、台灣人員和国外华僑，均填此表。
3.每一个海外人員填一張表，如表内各項不足另附材料。

填表单位　　　　1966年9月2[illegible]日填

1966 年某人的“港澳台和海外人员家属（亲友）登记表”

图片来源：徐云收藏。

对“海外关系”的定性，是我国侨务工作的一个重大原则问题，不推翻“海外关系复杂论”，就无法完成侨务战线的拨乱反正。1977年10月2日，邓小平在接见港澳同胞国庆代表团和香港知名人士利铭泽夫妇时，明确提出“海外关系是个好东西”的崭新论断。他说：“说什么‘海外关系’复杂不能信任，这种说法是反动的。我们现在不是海外关系太多，而是太少。海外关系是个好东西，可以打开各方面的关系。”①

批判“四人帮”所谓“海外关系”问题的反动谬论

《批判“四人帮”所谓“海外关系”问题的反动谬论》

图片来源：《人民日报》，1978年1月4日第3版。

廖承志作为在中国侨界有着重要影响、长期主管侨务工作的领导人，对批判“海外关系复杂论”、恢复和发展新时期侨务工作做出了不可磨灭的历史贡献。1978年1月4日，廖承志在《人民日报》上发表了《批判“四人帮”所谓“海外关系”问题的反动谬论》一文，有力地批驳了海外关系是“反动的政治关系”“有海外关系的人是反动的社会基础”等谬论，批判了否认侨务工作特点的唯心主义、形而上学的错误，鲜明指出华侨和归侨、侨眷绝大多数是劳动人民，是革命的动力，是爱国主义统一战线的重要组成部分，指出“我们鼓励国内人民同华侨、国际朋友加强友好联系，这是完全符合毛泽东思想的。因此，应该说这种关系是越多越好”。

“海外关系黑六条”的反动实质

《“海外关系黑六条”的反动实质》

图片来源：《人民日报》，1978年2月16日第2版。

① 国务院侨务办公室、中共中央文献研究室编：《邓小平论侨务》，北京：中央文献出版社，2001年，第6页。

邓小平、廖承志对“海外关系”的正面评价，冲破了“海外关系复杂论”极“左”思想禁锢，成为此后制定和实施侨务政策的出发点。

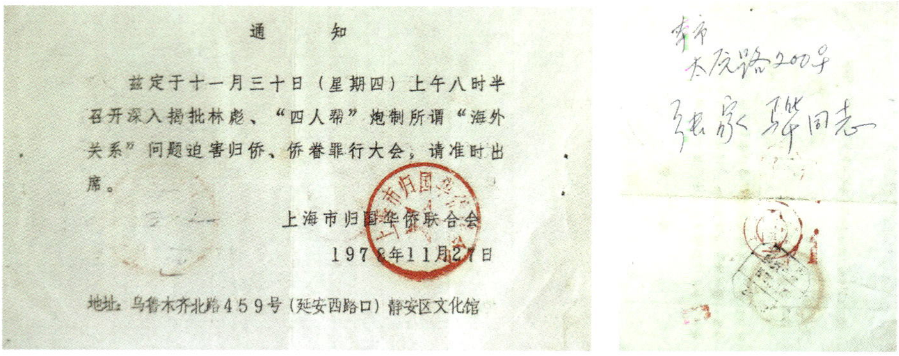
通　知

兹定于十一月三十日（星期四）上午八时半召开深入揭批林彪、“四人帮”炮制所谓“海外关系”问题迫害归侨、侨眷罪行大会，请准时出席。

上海市归国华侨联合会
1978年11月27日

地址：乌鲁木齐北路459号（延安西路口）静安区文化馆

1978 **年上海市归国华侨联合会关于“揭批林彪、‘四人帮’炮制所谓‘海外关系’问题迫害归侨、侨眷罪行大会”给原子核物理学家张家骅的通知**

图片来源：徐云收藏。

2. 平反各类冤假错案

“文革”期间，受“海外关系”影响，许多归侨、侨眷被错误地立案审查，造成大量冤假错案。1978 年，中共中央转发外交部党组《关于全国侨务会议预备会议的情况报告》，要求对“海外关系”问题的案件进行复查平反。1981 年 5 月，国务院侨办、中央组织部、公安部联合下发了《关于善始善终地复查纠正归侨侨眷中冤假错案工作的通知》，全国侨务系统平反冤假错案的工作继续深入，摘掉了长期戴在归侨、侨眷头上的“右派分子”“地主分子”“资产阶级分子”“特务”“特嫌”“里通外国”等各式政治帽子。同时认真做好归侨、侨眷档案的清理工作。对于因“海外关系”而填写了“海外关系调查表”“反革命社会基础登记表”等的应取出销毁；对人事档案中写有不实之词的，也要进行处理；对于归侨、侨眷、港澳同胞眷属职工因接受从海外亲友寄来的金钱、物品等被当作问题写了检查并装入人事档案的应退还本人。凡由公安部门审理的案件材料，应由公安部门负责妥善处理，有关照片、信件等，除个别外均应退还本人。① 据不完全统计，“文革”时期共发生涉侨冤假错案 34 539 件，到 1987 年中共十三大召开之前，已经平反纠正 33 056 件，占总数的 96%。对“文革”前的历史遗留问题，共复查了 10 155 件，占应复查案件的 96%。经过政法部门审理的案件，复查改判的近 2 000 件。从 648 161 宗归侨、侨眷的档案中，剔除各种歧视性材料共322 987件。②

① 李黎明、石增业：《侨务领域拨乱反正述略》，《当代中国史研究》2009 年第 2 期。

② 毛起雄、林晓东：《中国侨务政策概述》，北京：中国华侨出版社，1993 年，第 138 页。

全国落实侨务政策有新进展

在许多地方已大部分完成

平反纠正归侨侨眷中的冤假错案工作

本报讯 自今年2月国务院侨办在浙江省宁波市召开全国落实侨务政策工作会议以来，在有关部门的大力支持下，全国落实侨务政策工作取得了新的进展。

目前，平反、纠正归侨、侨眷中的冤假错案工作，在许多地方已经大部分完成。清理归侨、侨眷档案工作，在多数地方也已基本结束。在落实华侨私房政策方面，截至上半年，全国已发还将近一半的产权；应归还使用权的私房，已腾退了三分之一以上。福建省应落实政策的农村华侨私房，已发还产权的占90.8%，已归还使用权的占85.4%。在落实私房改造中错改造的华侨私房政策方面，不少地方也有了一定的进展。山东省已退回的农村侨房，占应退数的70%以上。烟台市已将91%的错改造的华侨私房的产权发还，应退使用权的也已退了61%。归侨、侨眷知识分子政策得到了进一步落实，大批归侨、侨眷知识分子得到重用。

落实侨务政策工作除了侨务部门的努力外，各有关部门也给予了有力支持。中央和国家机关以及许多地方党委和政府进一步加强了落实侨务政策工作的领导，召开专门会议，进一步统一思想认识，组织各部门共同做好落实侨务政策工作。国家财政部和不少地方的财政部门，在目前财政较为困难的情况下，尽可能地挤出一定的经费，用于落实侨务政策。内蒙古、黑龙江、青海、辽宁、湖北、山西、河南等地的司法部门，积极配合侨务部门调查劳改就业人员中归侨、侨眷的情况。各地城建、房管部门也尽力协助做好落实华侨私房政策工作。（乔夫）

《全国落实侨务政策有新进展　平反纠正归侨侨眷中的冤假错案工作在许多地方已大部分完成》

图片来源：《人民日报》，1986年11月18日第4版。

重视来信来访工作　认真落实侨务政策

国务院侨办抓紧平反冤假错案

本报讯 国务院侨务办公室重视信访工作，抓紧平反冤假错案，推动了党的侨务政策的贯彻执行和侨务工作的顺利开展。1978年4月，侨办信访机构成立后，到1980年5月，在有关部门的积极配合下，已处理将近13，000起冤假错案。

侨务办公室一成立，就把信访工作看作是密切联系广大归侨、侨眷，国外华侨和港澳同胞的一条重要渠道，是落实党的侨务政策的第一线。因此，除成立专门的信访机构外，从领导同志到有关的工作人员，都认真地处理来访来信。侨办主要负责同志看到一期“信访摘报”中反映：原北京外国语专科学校归侨、某教研室副主任、副教授王[illegible]，在十年动乱中，因为一些没落不实的材料被打成“国际特务”，受到迫害，爱人和儿女也受到株连。他立即责成信访部门派出专人，配合北京市有关部门，经过认真调查，推翻了对王[illegible]强加的罪名，平反了这一冤案，重新为他安排了工作。侨办主任和几位副主任，对于直接寄给他们的信，要求做到件件有登记，事事有着落，并尽可能地利用各种机会处理群众的来信来访。今年初，两位副主任到福建侨乡泉州后，收到群众要求落实政策的各种来信七十多封，都一一作了妥善处理，使一些问题很快得到解决，推动了当地侨务政策的落实。

为了更好地为侨胞、侨眷和归侨服务，加快处理群众信访中提出的问题，侨办领导注意发挥办公室的力量搞好信访工作。平时，各业务司都直接处理一些与本司业务直接有关的来信来访。在信访部门任务比较紧的时候，各业务司都临时帮助处理。在处理案件过程中，侨办还特别注意依靠各地侨务部门和有关组织，使问题解决在基层。

侨办信访部门在处理来信来访时，把重点放在纠正由于所谓“海外关系”问题所造成的冤假错案上。原辽宁大学已故教工张[illegible]，是一位美国归侨，历史上曾任过伪处长、科长等职，但解放前就已脱离伪政府，并于1945年到美国哥伦比亚大学学习。1951年自愿回国参加社会主义建设。1957年他被错划为右派，不久又被定为“历史反革命分子”。前不久，侨办信访部门接到张[illegible]的两个儿子的申诉，对张的问题做了历史的、全面的分析，认为张[illegible]是解放初期在党的“爱国一家”、“既往不咎”的政策感召下，主动回国参加建设的，不但不应作为“历史反革命”，而且应该被看作是爱国华侨知识分子。他的历史问题早已向组织作过交代，不应再追究。经过认真复查，对错划张[illegible]的右派问题予以改正，对定为“历史反革命分子”的决定宣布撤销，张[illegible]的成份改为革命干部，对其家属，在政治、经济和工作安排方面都做了妥善处理。辽宁大学召开了全校大会，公开为张[illegible]平反昭雪，恢复名誉。

通过平反大量由所谓“海外关系”造成的冤假错案，使党的侨务政策逐步得到落实，侨务工作顺利开展起来。海内外亲友的信件成倍增加；海外侨胞回国旅游、探亲、讲学、洽谈贸易的人数不断上升；政府关于华侨在国内房产权，归侨和侨眷出境，子女入党、入团、升学、就业、参军等各项政策正在逐步落实，进一步调动了广大归侨、侨眷和海外侨胞参加四化建设的积极性。上海制笔零件厂归侨杨文治，因有所谓“海外关系”，曾被看作“特嫌”，家属也受到株连，本来准备出国。他的问题得到解决，他表示，全家四口人不再申请出国，决心留在国内为四化贡献力量。

继续解放思想　落实侨务政策

短评

[illegible]

《重视来信来访工作　认真落实侨务政策　国务院侨办抓紧平反冤假错案》

图片来源：《人民日报》，1980年7月16日第3版。

古宣辉，印尼归国华侨，1955年毕业于天津大学土木工程系，高级工程师，教授。全国人大华侨委员会委员、第九届全国人民代表大会代表、中国侨联常务委员。“文革”期间，古宣辉莫名其妙地被说成是美蒋、苏修双料特务，被关押一年多。“文革”结束后，他自费跑了十多个省市，调查“文革”期间归侨遭迫害情况，撰写了《“四人帮”破坏侨务政策的调查报告》，并提出“恢复侨务部门，重视和启用老干部，关心滞港澳归侨，发动华侨为国奉献”等八点建议，受到有关部门的高度重视。

古宣辉

图片来源：中国新闻网，http：//www.chinanews.com/kong/2011/01-19/2798620.shtml。

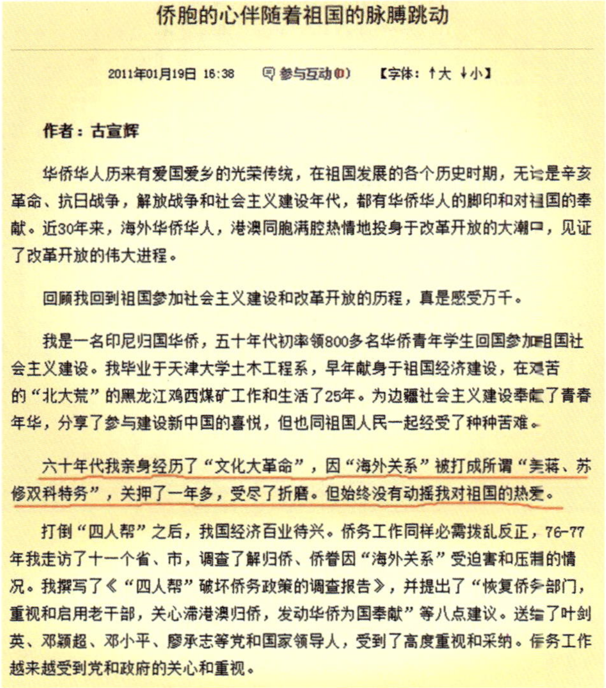

侨胞的心伴随着祖国的脉膊跳动

2011年01月19日 16:38　参与互动(0)　【字体：↑大 ↓小】

作者：古宣辉

华侨华人历来有爱国爱乡的光荣传统，在祖国发展的各个历史时期，无论是辛亥革命、抗日战争，解放战争和社会主义建设年代，都有华侨华人的脚印和对祖国的奉献。近30年来，海外华侨华人，港澳同胞满腔热情地投身于改革开放的大潮中，见证了改革开放的伟大进程。

回顾我回到祖国参加社会主义建设和改革开放的历程，真是感受万千。

我是一名印尼归国华侨，五十年代初率领800多名华侨青年学生回国参加祖国社会主义建设。我毕业于天津大学土木工程系，早年献身于祖国经济建设，在艰苦的"北大荒"的黑龙江鸡西煤矿工作和生活了25年。为边疆社会主义建设奉献了青春年华，分享了参与建设新中国的喜悦，但也同祖国人民一起经受了种种苦难。

六十年代我亲身经历了"文化大革命"，因"海外关系"被打成所谓"美蒋、苏修双料特务"，关押了一年多，受尽了折磨。但始终没有动摇我对祖国的热爱。

打倒"四人帮"之后，我国经济百业待兴。侨务工作同样必需拨乱反正，76-77年我走访了十一个省、市，调查了解归侨、侨眷因"海外关系"受迫害和压制的情况。我撰写了《"四人帮"破坏侨务政策的调查报告》，并提出了"恢复侨务部门，重视和启用老干部，关心滞港澳归侨，发动华侨为国奉献"等八点建议。送给了叶剑英、邓颖超、邓小平、廖承志等党和国家领导人，受到了高度重视和采纳。侨务工作越来越受到党和政府的关心和重视。

《侨胞的心伴随着祖国的脉膊（搏）跳动》

图片来源：中国新闻网，http：//www. chinanews. com/kong/2011/01 – 19/2798620. shtml。

3. 彻底解决"侨改户"问题

从中华人民共和国成立初期的土地改革运动开始，全国主要侨乡的华侨、侨眷便遭受到"左"的冲击，大量华侨户的阶级成分被错划。在划分阶级成分上的错误做法主要包括：以侨汇多少来定阶级的标准，简单地将地主等同于有土地出租者或者不参加劳动生活又过得好的人，等等。结果，不少华侨、侨眷被错误地划为剥削阶级。从1953年起，中央就认识到这一错误的严峻性，并进行纠错，指示要提前改变被错划华侨、侨眷的阶级成分，于

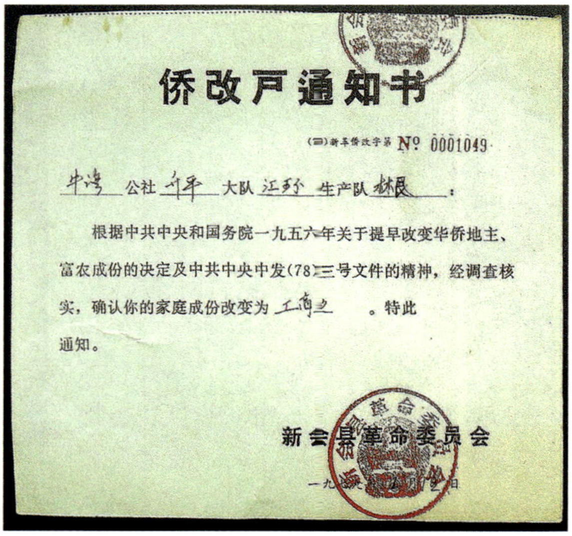

侨改户通知书

（二）新革侨改字第 №0001049

　　公社　　大队　　生产队　　：

根据中共中央和国务院一九五六年关于提早改变华侨地主、富农成份的决定及中共中央中发（78）三号文件的精神，经调查核实，确认你的家庭成份改变为　　。特此通知。

新会县革命委员会

1979年广东省新会县革命委员会侨改户通知书

图片来源：徐云收藏。

是就有了所谓“侨改户”的出现。然而，基于1950年中期以后越来越向“左”的社会环境，这一纠错举措并未得到彻底贯彻。此后20年中，仍有不少“侨改户”因为其曾被错划的阶级成分而被重新戴上“地”“富”帽子，受到政治歧视。1978年，中央提出要彻底解决“侨改户”问题，重申过去不论以什么名义戴上“地”“富”帽子的华侨户，一律按1956年中央纠错时的政策予以改正。①

在这一轮纠错工作中，广东执行政策的力度很大，不仅完全改正了20世纪50年代纠错时已经确认的“侨改户”，而且对一些无档案可查的“侨改户”也仔细进行了甄别，均予以确认，同时还补改了一批之前没有被纠正的华侨户。据1984年统计，广东在短短几年内以各级人民政府名义发出47 752份确认改变华侨户“地”“富”成分的证明书。②

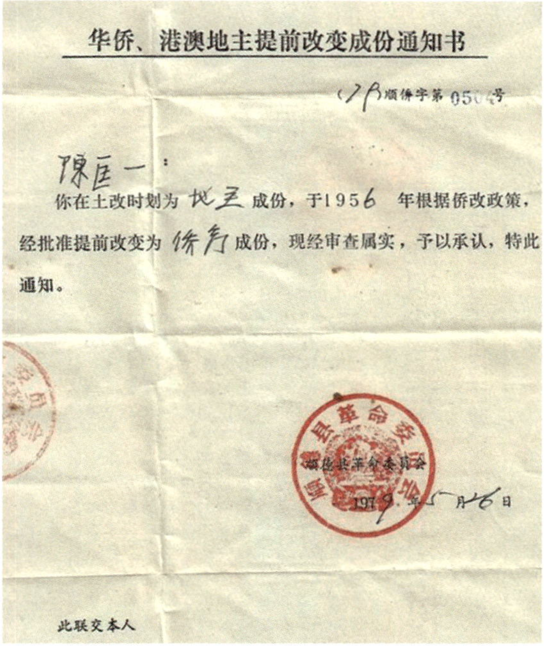
华侨、港澳地主提前改变成份通知书

(78)顺侨字第050…号

你在土改时划为地主成份，于1956年根据侨改政策，经批准提前改变为侨户成份，现经审查属实，予以承认，特此通知。

顺德县革命委员会

1979年…月…日

此联交本人

1979年广东省顺德县革命委员会发出的华侨、港澳地主提前改变成份（分）通知书

图片来源：徐云收藏。

梅县市人民政府

阶级成份通知书

梅府成字第0091号

松源区宝坑乡宝二村

户主黄泰松，其家庭成份经查证在一九五五年……成份。现根据国务院(78)3号及省委(79)76号文件规定，特发给阶级成份通知书。

梅县市人民政府

一九八五年十月…日

一式四联

1985年10月，广东省梅县市人民政府发出的阶级成份（分）通知书

图片来源：《广东省志：1979—2000（30）侨务卷·外事与港澳事务卷》，第12页。

① 谢涛：《改革开放初期广东落实侨务政策的历史考察》，《五邑大学学报》（社会科学版）2014年第3期。

② 广东省地方史志编纂委员会编：《广东省志·华侨志》，广州：广东人民出版社，1996年，第300页。

4. 清退被挤占的华侨私房

落实保障归侨、侨眷的合法经济权益，也是这时期侨务领域拨乱反正的一个重要内容。这方面工作除大规模地清理退赔“文革”时期查抄的涉侨私人存款和金银珠宝等贵重物品及其他私人财物外，落实华侨私房政策，退还被挤占、没收的侨房，是其中一项主要工作。

侨房问题是历史遗留问题。在中华人民共和国成立以来的历次运动中，受“左”的错误思想干扰，侨房不断受到侵犯。土改时期有不少侨房被错收、错征，社会主义改造运动中，又出现了不少华侨因私房社会主义改造而丧失对其房产占有使用权的现象；随后而来的“共产风”和“大跃进’运动，很多华侨房屋被错误没收、拆除或占有；“四清”运动中又把一些华侨重划、错划成分且没收其房屋；特别是“文化大革命”期间，以“海外关系”为由，将错划成分的华侨扫地出门或压缩其自住房，占用或没收华侨房屋的情况，更是数不胜数。

抓紧清退被挤占的华侨私房

廖承志副委员长强调团结侨胞是我们的国策

新华社北京4月26日电　全国人大常委会副委员长廖承志今天在由国务院侨务办公室和国家城建总局联合召开的落实华侨私房政策座谈会上说，团结广大侨胞，扩大和巩固爱国统一战线，是我们的国策。落实党的侨务政策，当前主要是落实华侨私房政策。这是关系到发展爱国统一战线，促进四化建设和祖国统一大业的大事，意义重大，任务繁重。他希望各级党委高度重视这一工作，切实加强领导，把这项工作做好。

座谈会于4月20日至26日在北京举行。参加座谈会的有广东、福建两省和北京、上海、天津、南京等20个城市房管、侨务以及落实私房政策办公室的负责人。

来自各地的人员在会上汇报了本地区落实华侨私房政策的情况，交流了经验，并对有关政策进行了座谈。国务院侨务办公室副主任彭光涵、国家城建总局副局长曹洪涛在会上讲了话。他们回顾了近几年落实华侨私房政策工作所取得的进展。他们谈到，尽管国家经济困难，许多城市住房紧张，落实华侨私房政策的工作仍取得了较大进展。但是，目前这项工作的进展很不平衡。要使这一政策进一步得到落实，还需要做艰苦的工作。

会议认为，当前的工作重点是要抓紧清退十年内乱期间被挤占的华侨私房。对于历史遗留下来的华侨房屋问题，各地应当从本地区的实际情况出发，积极主动地订出规划，有步骤有计划地进行处理。对那些不属于落实政策范围和虽属于落实政策范围但目前尚不能解决的问题，应当切实地做好有关人员的思想工作，以利于安定人心。

《抓紧清退被挤占的华侨私房》

图片来源：《人民日报》，1982年4月27日第4版。

福建、广东落实华侨房产政策工作会议提出

年底全部退还『文革』中被占华侨房产

本报讯　张兆生报道：福建省人民政府和广东省侨务办公室最近分别召开了落实华侨房产政策工作会议。两省会议总结交流了落实华侨房产政策工作的经验，要求在今年内全部退还“文革”中被占华侨私房，并制定了完成这项任务的具体措施。

两省的会议指出，近年来两省落实华侨房产政策工作取得了显著成绩。广东省十年内乱中被挤占、没收的34万平方米华侨私房，已退还79%，被接管的华侨出租房216万平方米，已有71.8%退还业主。福建省据福州、厦门、漳州、泉州四市统计，已退还被挤占房屋面积的85.9%。

福建省的会议决定，今年内全部退还“文革”中被占的华侨私房。各有关部门要加强对占住户的思想动员工作，对那些无理拒迁者，应采取有力措施，必要时给予党纪、政纪处分；是领导干部的要从严处理。法院应积极受理业主的申诉，按照法律进行处理。广东省的会议为落实省委和省人民政府关于力争今年内全部退还“文革”中被占华侨私房的指示，向各地侨办提出三项要求：一、制定落实华侨房产政策的切实有效的具体措施；二、对拒不退还挤占侨房的单位，要追究其单位领导的责任；三、要组织力量检查省拨落实华侨房产政策补助款的使用情况。

目前，福建、广东两省正在抓紧落实会议精神。

《福建、广东落实华侨房产政策工作会议提出　年底全部退还“文革”中被占华侨房产》

图片来源：《人民日报》，1982年11月19日第3版。

在归还的祖屋前共享天伦之乐的侨眷

图片来源：《侨联三十年》，第73页。

党的十一届三中全会以后，党和国家将落实侨房政策作为拨乱反正的一项重要任务，要求“包干负责”“限期完成”。如果说打破“海外关系”的禁锢、平反冤假错案、全面解决“侨改户”问题，这些都是从政治上为华侨、侨眷平反，那么，集中力量处理侨房问题则是从经济上彻底落实党和政府保护华侨正当权益的承诺。1978年初，中共中央在转发外交部党组《关于全国侨务会议预备会议的情况报告》中强调：“保护华侨、归侨、侨眷和有外籍亲属的中国公民房屋的所有权。任何单位和个人，不得以任何借口占住他们房屋；已占住的，应予退还。”

此后，党和国家有关部门多次强调落实侨房政策。如1982年国务院侨务办公室（简称“国侨办”“国务院侨办”）、城乡建设环境保护部联合制定了《关于落实“文革”期间被挤占的华侨私房政策的若干规定》；1984年，中共中央办公厅、国务院办公厅转发了国务院侨办《关于加快落实华侨私房政策的意见》；1987年，中共中央办公厅和国务院办公厅又转发了国务院侨办、城乡建设环境保护部、财政部《关于落实华侨私房政策的补充意见》。在各地有关部门的努力下，落实侨房政策取得了突出成绩。到1991年底，各地在“文革”期间被侵占的310万平方米的侨房已全部清退；土改和历次运动中被错收、错征的农村侨房，已落实2 200万平方米，占要落实总面积的95.6%。私房社会主义改造时期被错改的侨房，已落实应退还产权124.1万平方米，占应退还产权总面积的40%左右；应退还使用权的已落实44.7万平方米，占应退还使用面积的20%。[①]

改革开放初期，广东落实华侨私房改造政策的实践，为全国范围内实施该项政策进行了大胆的探索。1981年9月，广东省委批转省侨办党组《关于处理土地改革中华侨房屋遗留问题的请示报告》，1983年6月，广东省委批转省侨办党组《关于处理土地改革中华侨房屋遗留问题的情况报告》，1984年4月，广东省委、省政府下发《关于进一步全面落实侨房政策的通知》，为落实侨房问题提供了政策保障。全省大规模的落实侨房政策工作在改革开放初期正式启动，到20世纪90年代末基本结束。据统计，至1990年底，广东全省累计退还农村土改错

① 毛起雄、林晓东：《中国侨务政策概述》，北京：中国华侨出版社，1993年，第150页。

20世纪80年代中期，广东省中山市侨务部门为侨胞办理退回侨房手续

图片来源：《广东省志：1979—2000(30) 侨务卷·外事与港澳事务卷》，第12页。

改、征收，“大跃进”挤占、拆毁的侨房1 612万平方米，基本完成落实农村侨房政策工作任务。[①] 1981年11月，广东省全面开展清退“文革”期间被挤占、接管的城镇侨房工作，按照“谁占谁退”的原则，限期退还，要求在两年内全部完成该项任务。至1984年年底，全省共退还“文革”期间被挤占侨房34万平方米、接管侨房176万平方米，基本完成了清退任务。[②]

广东省澄海县依照政策归还侨眷的一栋侨房

图片来源：《中国侨联50年（1956—2006）》，第87页。

① 《广东省志》编纂委员会编：《广东省志：1979—2000（30）侨务卷·外事与港澳事务卷》，北京：方志出版社，2014年，第110页。

② 《广东省志》编纂委员会编：《广东省志：1979—2000（30）侨务卷·外事与港澳事务卷》，北京：方志出版社，2014年，第110页。

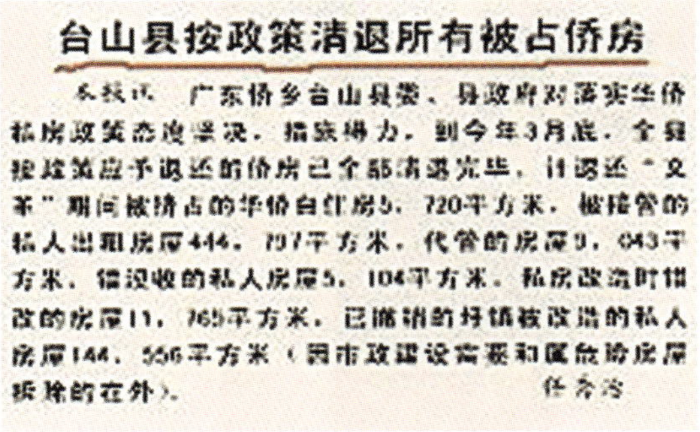

台山县按政策清退所有被占侨房

本报讯 广东侨乡台山县委、县政府对落实华侨私房政策态度坚决，措施得力。到今年3月底，全县按政策应予退还的侨房已全部清退完毕。计退还"文革"期间被挤占的华侨自住房5，720平方米，被接管的私人出租房屋444，797平方米，代管的房屋9，043平方米，错没收的私人房屋5，104平方米，私房改造时错改的房屋11，765平方米，已撤销的对错被改造的私人房屋144，556平方米（因市政建设需要和危险房屋拆除的在外）。 任齐治

《台山县按政策清退所有被占侨房》

图片来源：《人民日报》，1983年8月12日第4版。

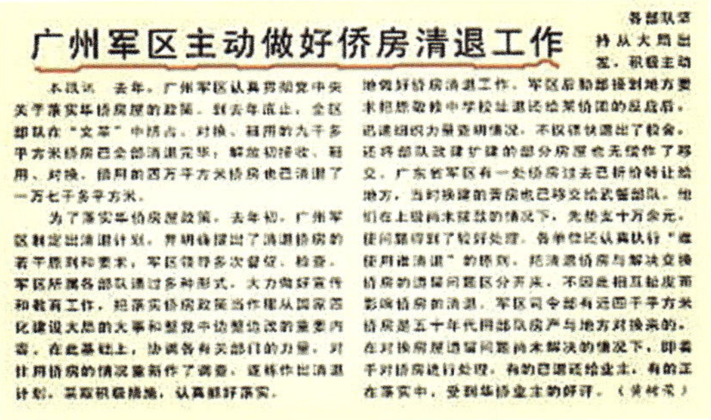

广州军区主动做好侨房清退工作

本报讯 去年，广州军区认真贯彻党中央关于落实华侨房屋的政策。到去年底止，全区部队在"文革"中挤占、对换、租用的九千多平方米侨房已全部清退完毕；解放初接收、租用、对换、借用的四万平方米侨房也已清退了一万七千多平方米。

为了落实华侨房屋政策，去年初，广州军区制定出清退计划，并明确提出了清退侨房的若干原则和要求，军区领导多次督促、检查。军区所属各部队通过多种形式，大力做好宣传和教育工作，把落实侨房政策当作服从国家四化建设大局的大事和整党中纠正不正之风的重要内容。在此基础上，协调各有关部门的力量，对使用侨房的情况重新作了调查，逐栋作出清退计划，采取积极措施，认真抓好落实。

各部队坚持从大局出发，积极主动地做好侨房清退工作。军区后勤部接到地方要求把原敬修中学校址退还给某侨团的报告后，迅速组织力量查明情况，不仅很快退出了校舍，还将部队改建扩建的部分房屋也无偿作了移交。广东省军区有一处侨房过去已折价转让给地方，当时换建的营房也已移交给武警部队。他们在上级尚未拨款的情况下，先垫支十万余元，使问题得到了较好处理。各单位还认真执行"谁使用谁清退"的原则，把清退侨房与解决交换侨房的遗留问题区分开来，不因此相互扯皮而影响侨房的清退。军区司令部有近四千平方米侨房是五十年代用部队房产与地方对换来的，在对换房屋遗留问题尚未解决的情况下，即着手对侨房进行处理，有的已退还给业主，有的正在落实中，受到华侨业主的好评。（黄树森）

《广州军区主动做好侨房清退工作》

图片来源：《人民日报》，1985年2月23日第4版。

20世纪80年代广东湛江市遂溪县华侨王威博在祖屋大门贴上门联"谢党恩政通人和屋还原主，暖乾坤百废俱兴重建家园"，感谢党和政府落实侨房政策

图片来源：《广东省志：1979—2000（30）侨务卷·外事与港澳事务卷》，第12页。

位于广州沙河的“云公从龙墓园”是旅居泰国云氏宗亲的祖墓，在“文革”中被占用。在有关部门的共同努力下，该墓园得以归还并按原样修葺一新。云氏后裔每年都要组团回穗拜祖

图片来源：《华侨华人与共和国》，第 72 页。

5. 落实归侨、侨眷知识分子政策

20 世纪 50 年代，不少归侨知识分子放弃国外优厚的待遇，毅然回国贡献才智。然而 50 年代末，以及“文革”期间，他们中的多数人遭到打击迫害。为了落实知识分子政策，1982 年中共中央发出通知，要求对知识分子真正做到“政治上一视同仁，工作上放手使用，生活上关心照顾”。1983 年 4 月，中央在北京专门召开了归侨、侨眷知识分子工作座谈会。党和国家领导人在会上讲话强调，归侨、侨眷知识分子工作应当得到更多的尊重和照顾。1985 年有关部门又提出了《关于抓紧落实归侨、侨眷知识分子政策工作的意见》，明确提出大力加强归侨、侨眷知识分子工作，是新时期侨务工作的一项重要任务。在党中央的部署下，各地积极落实归侨、侨眷知识分子政策，解决一批归

1983 年元月，国务院侨办、中国侨联在京举行全国归侨侨眷、侨务工作者先进个人、先进集体表彰大会。图为与会领导向受表彰的归侨、侨眷授奖

图片来源：《侨联三十年》，第 94 页。

侨、侨眷知识分子入党、提拔、晋升职称、用非所学、住房困难、夫妻两地分居及子女升学就业等问题。各地还较普遍地重视、表彰归侨、侨眷知识分子在我国社会主义现代化建设中的积极作用和贡献，不少归侨、侨眷知识分子被评选和授予各级先进工作者、劳动模范、新长征突击手、三八红旗手等荣誉称号。一大批归侨、侨眷知识分子加入了中国共产党。一批用非所学的人调整了工作，许多人晋升了职称，一批优秀归侨、侨眷人才被提拔到各级领导岗位上来。截至中共十三大，全国共有17 781名优秀的归侨、侨眷被提拔到县级以上的领导岗位。①

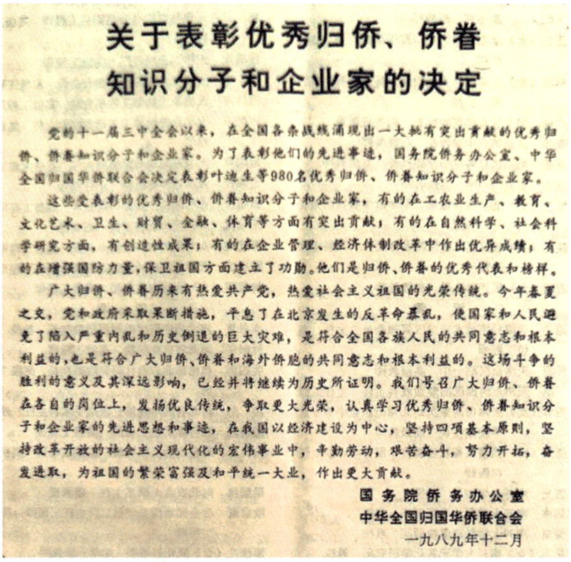

关于表彰优秀归侨、侨眷知识分子和企业家的决定

党的十一届三中全会以来，在全国各条战线涌现出一大批有突出贡献的优秀归侨、侨眷知识分子和企业家。为了表彰他们的先进事迹，国务院侨务办公室、中华全国归国华侨联合会决定表彰叶迪生等980名优秀归侨、侨眷知识分子和企业家。

这些受表彰的优秀归侨、侨眷知识分子和企业家，有的在工农业生产、教育、文化艺术、卫生、财贸、金融、体育等方面有突出贡献；有的在自然科学、社会科学研究方面，有创造性成果；有的在企业管理、经济体制改革中作出优异成绩；有的在增强国防力量，保卫祖国方面建立了功勋。他们是归侨、侨眷的优秀代表和榜样。

广大归侨、侨眷历来有热爱共产党，热爱社会主义祖国的光荣传统。今年春夏之交，党和政府采取果断措施，平息了在北京发生的反革命暴乱，使国家和人民避免了陷入严重内乱和历史倒退的巨大灾难，是符合全国各族人民的共同意志和根本利益的，也是符合广大归侨、侨眷和海外侨胞的共同意志和根本利益的。这场斗争的胜利的意义及其深远影响，已经并将继续为历史所证明。我们号召广大归侨、侨眷在各自的岗位上，发扬优良传统，争取更大光荣，认真学习优秀归侨、侨眷知识分子和企业家的先进思想和事迹，在我国以经济建设为中心，坚持四项基本原则，坚持改革开放的社会主义现代化的宏伟事业中，辛勤劳动，艰苦奋斗，努力开拓，奋发进取，为祖国的繁荣富强及和平统一大业，作出更大贡献。

国务院侨务办公室
中华全国归国华侨联合会
一九八九年十二月

《关于表彰优秀归侨、侨眷知识分子和企业家的决定》

图片来源：《侨务工作研究》1990 年第 1 期。

社论

认真做好归侨、侨眷知识分子工作

国务院侨务办公室召开的归侨、侨眷知识分子工作座谈会，是一次很重要的会议。会议认真学习了党中央关于知识和知识分子问题的一系列指示，明确提出大力加强归侨、侨眷知识分子工作，是新时期侨务工作的一项重要任务。认真贯彻这次会议精神，做好归侨、侨眷知识分子工作，对加快我国四化建设进程，具有重要的意义。

我国有40万归侨、侨眷知识分子，这是一支人才辈出的队伍。在这支队伍中，拥有国内外享有盛名的老一代归侨知识分子，有一大批新中国自己培养的归侨、侨眷知识分子，还有近几年回国的数百名专家、学者。他们具有现代科学知识和管理才能，对促进祖国的四化建设有重要作用。这些归侨、侨眷知识分子具有强烈的爱国热情，有的在国外已是卓有成就的专家、学者，为了祖国的富强，为了中华民族的繁荣昌盛，他们毅然回到祖国，把自己的知识才能献给祖国，在四化建设中做出重要贡献。他们不愧是中华民族的优秀儿女。

广大归侨、侨眷知识分子，同工人、农民及其他知识分子一样，是社会主义现代化建设的依靠力量。他们同国外的亲属朋友以及外国专家、学者还有密切的联系。为了加快我国社会主义现代化事业的发展，我们要很好地使用他们，并且通过他们加强同世界各国的联系，以利于更多更快更好地引进国外的先进科学技术，用天下之长补我们之短；以利于促进祖国统一大业，增进同各国人民的友好团结。在新的历史时期，正确利用"海外关系"，是实现党的总任务的有利条件之一，应当充分发挥广大归侨、侨眷知识分子在这方面的作用。中央领导同志曾经说过，我们现在海外关系不是太多而是太少，这是个好东西，可以打开各方面的关系。我们要进一步肃清对待"海外关系"上存在的"左"的影响，端正对这一问题的马克思主义观点，为做好归侨、侨眷知识分子工作扫清思想障碍。

党的十一届三中全会以来，党和政府充分肯定侨务工作在新时期的重要地位和作用，并根据"一视同仁，不得歧视，根据特点，适当照顾"的原则，制定了正确的侨务政策。侨务部门针对归侨、侨眷知识分子的特点做了大量工作，保护和发扬了归侨、侨眷知识分子的爱国热情和在四化建设中的积极性主动性。但是，也要看到，由于"左"的影响尚未彻底肃清，在信任、培养和使用归侨、侨眷知识分子方面，仍然遇到不少阻力，湖南省衡阳柴油汽车修配厂归侨知识分子江长寅受排斥打击的事件，就是一个突出的例子。在一些地方和单位，仍有一些担任领导职务的人，另眼看待归侨、侨眷知识分子，在使用、提拔、入党等问题上歧视、刁难他们，在工作、生活等条件上没有给予应有的支持和照顾。这些问题必须引起各有关方面注意，切实加以克服。

归侨、侨眷知识分子工作，是党的知识分子工作的一个重要组成部分。做好这项工作，是各级党政领导和有关部门共同的任务，侨务部门更要多负责任。在使用归侨、侨眷知识分子方面，侨务部门特别是基层主管侨务工作的部门，应该当好党委和行政领导的参谋和助手，做归侨、侨眷知识分子的知心人，要善于发现，积极推荐人才，对不信任、不培养或不正确使用归侨、侨眷知识分子的现象，要敢于坚持原则，积极提出意见；要协助党组织认真做好在归侨、侨眷知识分子中发展党员的工作。对他们生活中的困难，侨务部门和有关部门要密切配合，给予优先照顾。侨务部门要定期向党委和政府反映落实侨务政策和知识分子政策的情况和问题，反映归侨、侨眷知识分子的意见和要求。各地党委要重视侨务工作，给予侨务部门有力的支持和指导，注意总结和推广做好归侨、侨眷知识分子工作的好经验好办法，努力开创归侨、侨眷知识分子工作的新局面。

《认真做好归侨、侨眷知识分子工作》

图片来源：《人民日报》，1983 年 4 月 29 日第 4 版。

① 毛起雄、林晓东：《中国侨务政策概述》，北京：中国华侨出版社，1993 年，第 138 页。

归侨知识分子政策落实后，美国归侨方文均实现了自己多年的心愿，加入了中国共产党

图片来源：《侨联三十年》，第 74 页。

江苏省人大代表、瑞士归侨孙仁奇教授（中）与同事共同研制的“数字微波通讯设备”，荣获 1983 年江苏省科学技术成果奖

图片来源：《侨务工作研究》1986 年第 1 期。

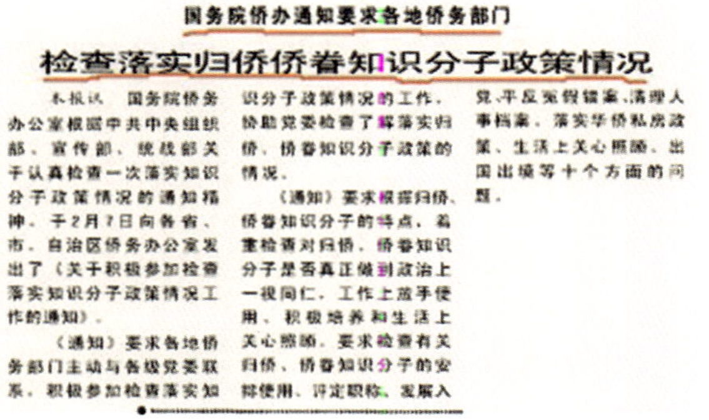

国务院侨办通知要求各地侨务部门

检查落实归侨侨眷知识分子政策情况

本报讯 国务院侨务办公室根据中共中央组织部、宣传部、统战部关于认真检查一次落实知识分子政策情况的通知精神，于2月7日向各省、市、自治区侨务办公室发出了《关于积极参加检查落实知识分子政策情况工作的通知》。

《通知》要求各地侨务部门主动与各级党委联系，积极参加检查落实知识分子政策情况的工作，协助党委检查了解落实归侨、侨眷知识分子政策的情况。

《通知》要求根据归侨、侨眷知识分子的特点，着重检查对归侨、侨眷知识分子是否真正做到政治上一视同仁，工作上放手使用，积极培养和生活上关心照顾。要求检查有关归侨、侨眷知识分子的安排使用、评定职称、发展入党、平反冤假错案、清理人事档案、落实华侨私房政策、生活上关心照顾、出国出境等十个方面的问题。

《国务院侨办通知要求各地侨务部门　检查落实归侨侨眷知识分子政策情况》

图片来源：《人民日报》，1984 年 2 月 12 日第 4 版。

以广东省为例，1979—1988 年，全省有 9 564 名优秀归侨知识分子加入中国共产党，1 649 人担任县处级以上党政领导职务。有 1 340 人担任各级政治协商会议委员，其中 175 人为历届省或全国政协委员，有 274 人当选为历届省或全国人民代表大会代表。①

---

① 《广东省志》编纂委员会编：《广东省志：1979—2000（30）侨务卷·外事与港澳事务卷》，北京：方志出版社，2014 年，第 100 页。

6．妥善处理精减归侨职工问题

20 世纪 60 年代初期，由于我国遭受三年经济困难，国家大量压缩城市人口，精减机关干部和企事业职工。虽然 1962 年 6 月中央批准的中侨委党组《关于当前压缩城镇人口、精兵简政中妥善处理侨眷、归国华侨的就业和精简问题的请示报告》明确规定："对建国以来安置在国家机关、学校和厂矿企业的归国华侨工人、干部一般不作为精简对象"，但这一规定并未得到贯彻执行，一部分中华人民共和国成立后回国的归侨职工也被下放到农村。1983 年 9 月，国务院侨办、劳动人事部发出《关于处理六十年代初期精简的归侨职工问题的意见》，规定 60 年代初期被精减的归侨职工，可以在全民或集体所有制单位安排适当工作。1985 年 4 月又就合理解决被精减归侨职工的连续工龄计算等问题做出《关于处理六十年代初期精简的归侨职工问题的补充规定》，改变了原规定关于归侨被精减期间不算工龄的做法，而且对原来不执行招收精减职工子女参加工作的规定作了调整，规定可以按有关政策给予优先照顾。根据这些政策精神，各地对部分归侨职工及其家属重新安排了工作。如广东省对 60 年代被精减压缩到农村的归侨、侨眷职工进行了复查，恢复工作的有 4 295 名。①

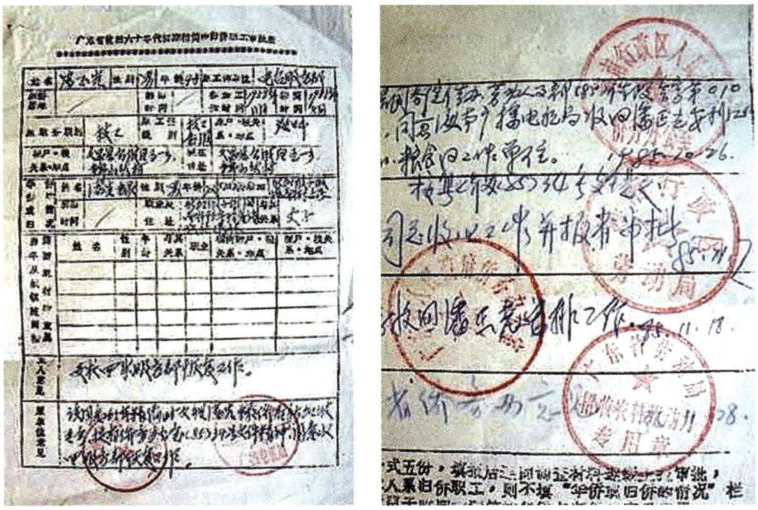

广东省收回六十年代初期精简的归侨职工审批表

图片来源：中国收藏热线，http：//www.997788.com/8899/search_634_24151127.html#。

注：英国招工方将华工大部分工资发给在国外的华工本人，小部分由华工指定的受领人在国内领取。

① 李黎明、石增业：《侨务领域拨乱反正述略》，《当代中国史研究》2009 年第 2 期。

二、建立健全侨务工作系统

中华人民共和国成立之初，在中央人民政府机构中就成立了专门的侨务工作机构——华侨事务委员会，1954 年改为中华人民共和国华侨事务委员会（简称“中侨委”）。“文革”时期，在“左”倾思想指导下，“造反有理”的狂风也冲击了各级侨务机构，连全国最高侨务部门中侨委也不能幸免。1970 年，中侨委被正式撤销。接着，各级侨务部门也都被相继撤销。由此导致侨务工作的政策性无法得到有效的保证，侨务干部也不能得到应有的理解和保护，有的遭到批斗，有的被下放劳动。侨务机构被撤销后，二十世纪五六十年代相继建立起来的北京、集美、广州、汕头、南宁、昆明、武汉七所华侨补习学校和福建厦门大学、泉州华侨大学、广州暨南大学相继停办。“文革”结束后，党和政府从思想上为侨务工作正本清源的同时，还在组织上着手恢复各级侨务机构，以贯彻和执行党和政府的侨务方针和政策。

（一）国务院侨务办公室

国务院侨务办公室负责人

就我国侨务政策问题答记者问

新华社北京四月五日电　国务院侨务办公室负责人最近就我国的侨务政策，回答了本社记者提出的问题。

问：当前世界各国朋友都很关注我国的侨务政策，有的朋友表示欢迎，有的朋友有所议论，你对此怎样看法？

答：我国的侨务政策是毛主席和周总理亲自主持制定的。二十多年来，我们一直坚持贯彻执行，得到了世界各国朋友的欢迎。华国锋主席在今年二月二十六日举行的第五届全国人民代表大会第一次会议上作的题为《团结起来，为建设社会主义的现代化强国而奋斗》的政府工作报告中，完整地阐述了毛主席和周总理生前制定的我国侨务政策。

华主席对国外华侨回国后所作的贡献作了如下估价：“从国外归来的侨胞，对祖国建设发挥了积极作用。”华主席接着对关于归国华侨和华侨在国内的眷属的工作和政策，作了如下指示：“我们要继续认真执行国家的政策，从政治上、工作上、生活上关怀归国侨胞和侨眷，并且给予适当照顾，进一步调动他们建设社会主义的积极性。”华主席对华侨和中国血统的外国人表示深切的关怀，说：“华侨和中国血统的外国人回到故乡探亲访友，要为他们提供方便条件。对中国血统的外国人在我国的亲属，要给予对待侨眷一样的关怀和照顾。”

华主席在同一报告中说：“解放前，我国有不少人到国外谋生，对居住国的经济和文化发展做出了贡献，同居住国人民建立了深厚的友谊。”华主席针对历史上遗留下来的华侨国籍问题强调指出：“我国政府的一贯政策是，赞成和鼓励华侨根据自愿原则选择居住国的国籍，反对采取强迫他们改变国籍的做法。凡是已经自愿加入或者已经取得居住国国籍的，就自动失去了中国国籍，但和中国人民仍然存在着亲戚关系。”

华主席对保留中国国籍的华侨明确提出：“我们要求他们遵守居住国的法律，尊重当地人民的风俗习惯，和当地人民友好相处。他们的正当权利和利益，我国政府有责任加以保护，也希望得到有关国家的保障。我们希望国外侨胞成为增进我国人民和有关国家人民友谊的桥梁。”

问：请告今年一月召开全国侨务会议预备会议后落实侨务政策的情况。

答：全国侨务会议预备会议是在华主席、党中央、国务院的直接领导和关怀下召开的。会议坚决执行毛主席、周总理、华主席关于侨务政策的指示，再次重申我们党的侨务政策。几年来，林彪特别是王洪文、张春桥、江青、姚文元“四人帮”严重干扰和破坏我们党的侨务政策，制造“海外关系”的种种谬论，歧视、迫害归侨和侨眷。预备会议揭发批判了林彪、“四人帮”的种种谬论，肃清他们的流毒和影响，坚决贯彻执行我们党的侨务政策，使国外侨胞们、亲戚们感到放心，不必再为故乡亲人担忧了。

几个月来，全国各地都在揭发批判“四人帮”在侨务政策问题上散布的各种谬论，肃清其流毒和影响，采取各种措施落实我们党的侨务政策，现在已经初见成效。今后在华主席、党中央的领导下，揭批“四人帮”的斗争更加深入，社会主义建设蒸蒸日上，贯彻执行我们党的侨务政策更会大见成效。

《国务院侨务办公室负责人就我国侨务政策问题答记者问》

图片来源：《人民日报》，1978 年 4 月 6 日第 2 版。

1978 年 1 月初召开的全国侨务会议预备会议建议设立国务院侨务办公室。归侨、侨眷较多的省、市、自治区和地、县也相应建立和健全侨务机构，统称侨务办公室，直属同级党委和革委会领导。随后不久，作为中国政府专门面向海外侨胞和归侨、侨眷设立的侨务机构——中华人民共和国国务院侨务办公室正式成立，取代了原来的华侨事务委员会。国务院侨办的首任主任为廖承志。20 世纪 70 年代末，邓小平复出后，在一次会上说，“侨务工作要恢复，要有庙，还要有菩萨，现在菩萨我给你们请来了，他就是廖公”。在廖承志的领导下，国务院侨办做了大量的侨务工作，取得了显著的成效。

国务院侨办成立后，全国 29 个省、市、自治区也相应成立了侨务办公室，作为主管各省、市、自治区侨务工作的行政机关。

廖承志（1908—1983），祖籍广东惠阳，生于日本东京。青少年时期在孙中山、宋庆龄和父母廖仲恺、何香凝的教育、影响下，积极投身民主革命运动，1925 年加入中国国民党。在革命实践中，他接受了马克思主义，走上了为无产阶级革命事业而奋斗的道路。1928 年加入中国共产党，从此，为中国人民的解放事业奉献了毕生精力。他长期负责侨务工作，1949 年 10 月任政务院华侨事务委员会副主任委员，1959 年任国务院华侨事务委员会主任，1960 年任华侨大学首任校长及党委书记，1978 年起任国务院侨办主任、党组书记，港澳办主任。是历届全国人大代表，第一届和第四届全国人大常委会委员，第五届全国人大常委会副委员长。中央七届候补中央委员，八届、十届、十一届、十二届中央委员，十二届中央政治局委员。暨南大学复办后任第一届董事会董事长。在任期间坚决贯彻执行各项侨务政策，关心和维护归侨、侨眷和海外侨胞的合法与正当权益，为巩固和发展爱国统一战线，促进祖国的团结统一，做出了卓越的贡献，赢得了归侨、侨眷、华侨、港澳同胞的普遍爱戴和尊敬。

（二）中华全国归国华侨联合会

1966 年初，中国侨联被迫解散，相关的工作也陷于停顿。中国侨联的大部分干部被下放到“五七干校”劳动。各级侨联骨干受到莫须有罪名的迫害。1978 年 1 月，中国侨联在北京全国政协礼堂召开归国华侨座谈会，全国侨联开始恢复工作。[①] 1978 年 12 月 22 日至 28 日，全国侨务会议、第二次全国归侨代表大会在北京举行。这是侨联停止活动 12 年之后，各界归侨代表的第一次全国性聚会。大会修改了侨联章程，推举廖承志为侨联名誉主席。庄希泉当选为侨联主席。

继全国侨联恢复工作后，全国各级侨联组织也相继恢复和新建。截至 1984 年 4 月，除“文化大革命”前原有的 14 个省、市、自治区的侨联组织相继恢复外，还先后成立了许多新的侨联组织。全国除台湾、西藏外，已有 28 个省、自治区、直辖市和 400 多个地、市、县成立了侨联组织。[②]

① 林明江主编：《中国侨联 50 年（1956—2006）》，北京：中国华侨出版社，2006 年，第 60 页。
② 林明江主编：《中国侨联 50 年（1956—2006）》，北京：中国华侨出版社，2006 年，第 83 页。

1978 年 12 月，中国侨联第二届委员会部分委员合影

图片来源：《中国侨联 50 年（1956—2006）》，第 73 页。

1979 年 3 月 30 日广州市归国华侨联合会第六届委员会委员合影

图片来源：《侨苑春秋　广州市归国华侨联合会成立四十周年纪念特刊》（插图）。

庄希泉（1888—1988），福建省厦门市人。1911 年在海外加入孙中山领导的中国同盟会。1925 年加入中国国民党。1947 年加入中国民主同盟。1950 年任中央人民政府华侨事务委员会副主任委员。1951 年兼任中侨委生产救济司司长、难侨处理委员会主任、国务院华侨事务办公室副主任。1956 年被选为中华全国归国华侨联合会委员会副主席、代理主席，第三、四、五届全国人民代表大会常委会委员，1978 年后历任中国人民政治协商会议第五、六届全国委员会副主席，第二届中国侨联主席、第三届中国侨联名誉主席。在安置归国华侨，发展侨乡生产，维护侨胞、归侨合法权益，加强侨胞团结和增进各国人民友谊等方面做了大量工作，在海内外华侨华人界享有崇高声誉。1982 年经中共中央直接批准，以 95 岁高龄加入中国共产党，成为中共正式党员。为此，立下了终生的诺言："永爱中华，此志不渝！"

（三）中国致公党

中国致公党是 1925 年由海外华侨洪门人士建立起来的组织。抗日战争胜利后，致公党接受中国共产党的领导，走上了新民主主义革命的道路。中华人民共和国成立后，中国致公党作为中国民主党派之一，成为中国共产党领导下为社会主义服务的参政党。中国致公党是以归侨、侨眷中的中上层人士和其他有海外关系的代表性人士为主组成的、具有政治联盟特点的、致力于发展中国特色社会主义的政党。中华人民共和国成立后，根据形势的变化，致公党的组织和活动，从海外转移到国内。"文化大革命"期间，致公党被迫停止活动。1978 年中国共产党第十一届三中全会以后，致公党恢复了活动。其充分发挥与海外联系广泛的优势，积极、主动地开展多层次、多渠道、多领域的对外联谊工作。通过互访及其他形式的交流，广交朋友，增进友谊。致公党还协助引进海外资金和捐款，支持国内公益事业，其中包括建医院、办学校、扶贫及赈灾等活动，同时积极为海外华侨华人、国际友人及机构来华投资、创办公益事业提供协助。目前，中国致公党与五大洲 60 多个国家和地区包括洪门社团在内的海外社团及人士建立了广泛的联系。①

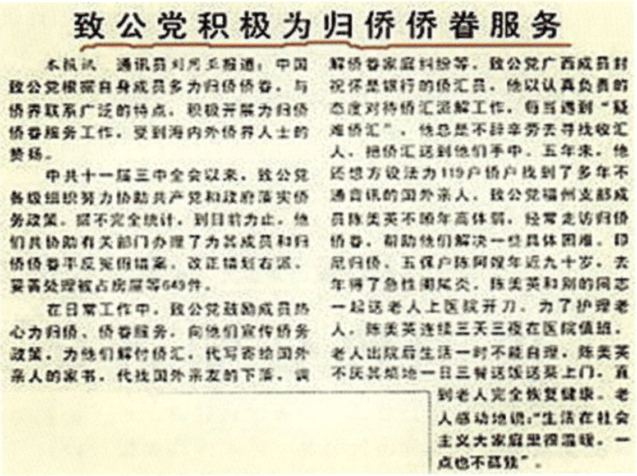
致公党积极为归侨侨眷服务

本报讯 通讯员刘秀乐报道：中国致公党根据自身成员多为归侨侨眷、与侨界联系广泛的特点，积极开展为归侨侨眷服务工作，受到海内外侨界人士的赞扬。

中共十一届三中全会以来，致公党各级组织努力协助共产党和政府落实侨务政策。据不完全统计，到目前为止，他们共协助有关部门办理了为其成员和归侨侨眷平反冤假错案、改正错划右派、要求处理被占房屋等649件。

在日常工作中，致公党鼓励成员热心为归侨、侨眷服务，向他们宣传侨务政策，为他们解付侨汇，代写寄给国外亲人的家书，代找国外亲友的下落，调解侨眷家庭纠纷等。致公党广西成员封祝怀是银行的侨汇员，他以认真负责的态度对待侨汇派解工作，每当遇到"疑难侨汇"，他总是不辞辛劳去寻找收汇人，把侨汇送到他们手中。五年来，他还想方设法为119户侨户找到了多年不通音讯的国外亲人。致公党福州支部成员陈美英不顾年高体弱，经常走访归侨侨眷，帮助他们解决一些具体困难。印尼归侨、五保户陈阿嫂年近九十岁，去年得了急性阑尾炎，陈美英和别的同志一起送老人上医院开刀。为了护理老人，陈美英连续三天三夜在医院值班。老人出院后生活一时不能自理，陈美英不厌其烦地一日三餐送饭送菜上门，直到老人完全恢复健康。老人感动地说："生活在社会主义大家庭里很温暖，一点也不孤独"。

《致公党积极为归侨侨眷服务》

图片来源：《人民日报》，1983 年 12 月 3 日第 4 版。

---

① 中国致公党网站，http：//www. zg. org. cn/zgdjj/。

1950 年致公党第四次全国代表大会代表合影

图片来源：《重返历史现场，再现致力为公》，中国致公党网站，http：//www. zg. org. cn/dfxw/gd/201611/t20161114_34805. htm。

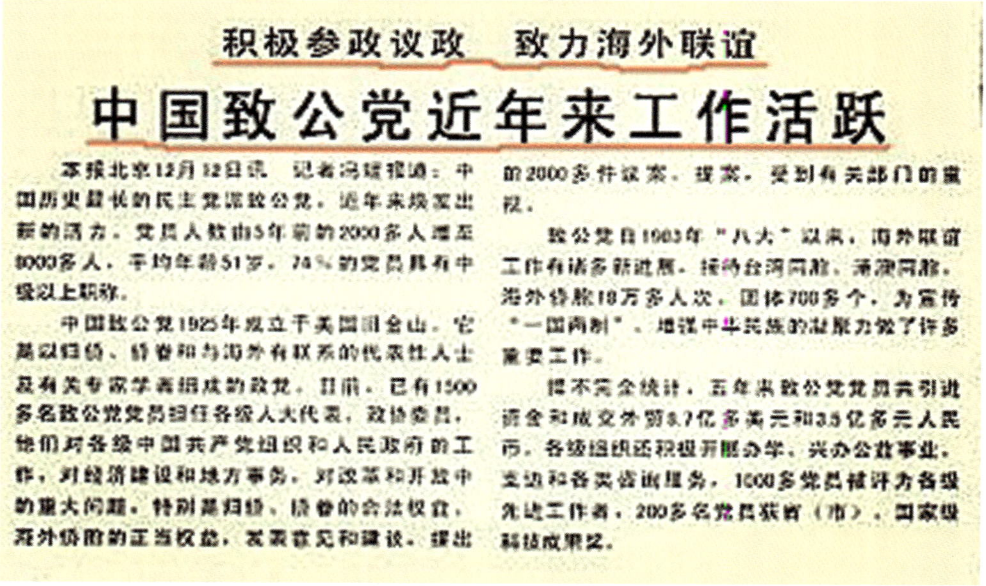

积极参政议政　致力海外联谊

中国致公党近年来工作活跃

本报北京12月12日讯　记者冯瑛报道：中国历史最长的民主党派致公党，近年来焕发出新的活力。党员人数由5年前的2000多人增至8000多人，平均年龄51岁，74%的党员具有中级以上职称。

中国致公党1925年成立于美国旧金山。它是以归侨、侨眷和与海外有联系的代表性人士及有关专家学者组成的政党。目前，已有1500多名致公党党员担任各级人大代表，政协委员。他们对各级中国共产党组织和人民政府的工作，对经济建设和地方事务，对改革和开放中的重大问题，特别是归侨、侨眷的合法权益，海外侨胞的正当权益，发表意见和建议，提出的2000多件议案、提案，受到有关部门的重视。

致公党自1983年“八大”以来，海外联谊工作有诸多新进展，接待台湾同胞、港澳同胞、海外侨胞18万多人次，团体700多个，为宣传“一国两制”，增强中华民族的凝聚力做了许多重要工作。

据不完全统计，五年来致公党党员共引进资金和成交外贸8.7亿多美元和3.5亿多元人民币。各级组织还积极开展办学、兴办公益事业，支边和各类咨询服务，1000多党员被评为各级先进工作者，200多名党员获省（市）、国家级科技成果奖。

《积极参政议政　致力海外联谊　中国致公党近年来工作活跃》

图片来源：《人民日报》，1988 年 12 月 13 日第 4 版。

（四）全国人民代表大会华侨委员会

全国人民代表大会华侨委员会（简称“全国人大华侨委员会”）的前身，是全国人大的华侨组。1983 年 6 月，第六届全国人民代表大会第一次会议决定设立全国人大华侨委员会，受全国人民代表大会领导，是全国人民代表大会的专门委员会之一。全国人大华侨委员会主要行使以下权利：审议全国人民代表大会主席团或全国人大常委会交付审议的有关侨务方面的议案，并提出审议结果的报告；对涉及侨务方面的法律、法规的执行情况进行监督检查，并向全国人大常委会提出报告；调查研究有关侨务方面的新情况和重大问题，向有关部门特别是涉侨部门提出建议；开展与全国人大华侨委员会有关的侨务外事活动。全国人大华侨委员会由主任委员 1 人，副主任委员若干人和委员若干人组成，叶飞为首任主任委员。全国人大华侨委员会主要职责是在全国人大及其常委会的领导下，研究、审议和拟订有关议案，围绕华侨权益保护情况进行专题调研，重点调研华侨在回国投资置业、创新创业以及他们在出入境、居住、医疗、子女教育等方面正当权益的保护情况，进一步掌握各地方华侨权益保护立法进展情况，提出尽早启动推动国家层面华侨权益保护立法意见和建议。

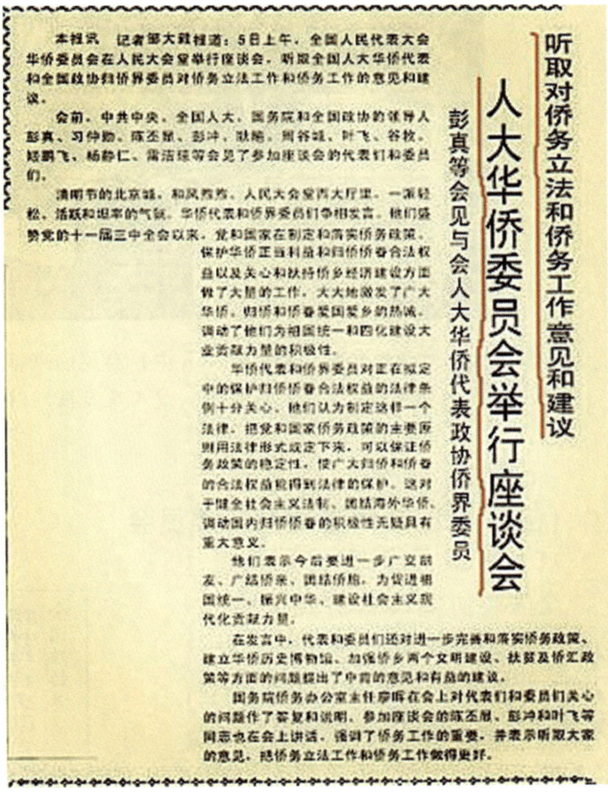
听取对侨务立法和侨务工作意见和建议
人大华侨委员会举行座谈会
彭真等会见与会人大华侨代表政协侨界委员

本报讯 记者邹大毅报道：5日上午，全国人民代表大会华侨委员会在人民大会堂举行座谈会，听取全国人大华侨代表和全国政协归侨侨界委员对侨务立法工作和侨务工作的意见和建议。

会前，中共中央、全国人大、国务院和全国政协的领导人彭真、习仲勋、陈丕显、彭冲、耿飚、周谷城、叶飞、谷牧、姬鹏飞、杨静仁、雷洁琼等会见了参加座谈会的代表们和委员们。

清明节的北京城，和风煦煦。人民大会堂西大厅里，一派轻松、活跃和坦率的气氛。华侨代表和侨界委员们争相发言。他们盛赞党的十一届三中全会以来，党和国家在制定和落实侨务政策，保护华侨正当利益和归侨侨眷合法权益以及关心和扶持侨乡经济建设方面做了大量的工作，大大地激发了广大华侨、归侨和侨眷爱国爱乡的热诚，调动了他们为祖国统一和四化建设大业贡献力量的积极性。

华侨代表和侨界委员对正在拟定中的保护归侨侨眷合法权益的法律条例十分关心。他们认为制定这样一个法律，把党和国家侨务政策的主要原则用法律形式规定下来，可以保证侨务政策的稳定性，使广大归侨和侨眷的合法权益能得到法律的保护。这对于健全社会主义法制、团结海外华侨、调动国内归侨侨眷的积极性无疑具有重大意义。

他们表示今后要进一步广交朋友、广结侨亲、团结侨胞，为促进祖国统一、振兴中华、建设社会主义现代化贡献力量。

在发言中，代表和委员们还对进一步完善和落实侨务政策、建立华侨历史博物馆、加强侨乡两个文明建设、扶贫及侨汇政策等方面的问题提出了中肯的意见和有益的建议。

国务院侨务办公室主任廖晖在会上对代表们和委员们关心的问题作了答复和说明。参加座谈会的陈丕显、彭冲和叶飞等同志也在会上讲话，强调了侨务工作的重要，并表示听取大家的意见，把侨务立法工作和侨务工作做得更好。

《听取对侨务立法和侨务工作意见和建议　人大华侨委员会举行座谈会》

图片来源：《人民日报》，1987 年 4 月 6 日第 1 版。

全国人大华侨委员会主任委员叶飞（中）会见前来参加国庆活动的华侨华人观光团

图片来源：《叶飞会见观光团》，《人民日报》，1983年9月30日第4版。

（五）全国政协港澳台侨委员会

全国政协港澳台侨委员会的前身，是人民政协的华侨事务组。1982年12月全国政协五届五次会议通过的《中国人民政治协商会议章程》第十五条明确规定：中国人民政治协商会议全国委员会和地方委员会宣传和协助贯彻执行国家的侨务政策。加强同海外侨胞的联系和团结，鼓励他们为祖国的建设事业和统一祖国的大业做出贡献。因此，人民政协的侨务工作是人民政协工作中的一项重要内容，是党和国家侨务工作的一个重要组成部分。政协第一届全国委员会设有华侨事务组，第二届至第六届称为华侨组，第七届、第八届称为华侨委员会。1995年3月政协第八届全国委员会常务委员会第十二次会议将华

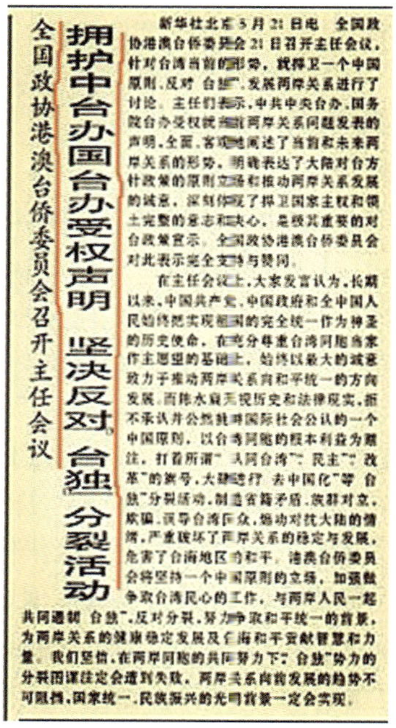

全国政协港澳台侨委员会召开主任会议

拥护中台办国台办受权声明　坚决反对“台独”分裂活动

新华社北京5月21日电　全国政协港澳台侨委员会21日召开主任会议，针对台湾当前的形势，就捍卫一个中国原则、反对“台独”、发展两岸关系进行了讨论。主任们表示，中共中央台办、国务院台办受权就当前两岸关系问题发表的声明，全面、客观地阐述了当前和未来两岸关系的形势，明确表达了大陆对台方针政策的原则立场和推动两岸关系发展的诚意，深刻体现了捍卫国家主权和领土完整的意志和决心，是极其重要的对台政策宣示。全国政协港澳台侨委员会对此表示完全支持与赞同。

在主任会议上，大家发言认为，长期以来，中国共产党、中国政府和全中国人民始终把实现祖国的完全统一作为神圣的历史使命，在充分尊重台湾同胞当家作主愿望的基础上，始终以最大的诚意致力于推动两岸关系向和平统一的方向发展。而陈水扁无视历史和法律现实，拒不承认并公然挑衅国际社会公认的一个中国原则，以台湾同胞的根本利益为赌注，打着所谓“[illegible]台湾”、“民主”、“改革”的旗号，大肆进行“去中国化”等“台独”分裂活动，制造省籍矛盾、族群对立，欺骗、误导台湾民众，煽动对抗大陆的情绪，严重破坏了两岸关系的稳定与发展，危害了台海地区的和平。港澳台侨委员会将坚持一个中国原则的立场，加强做争取台湾民心的工作，与两岸人民一起共同遏制“台独”，反对分裂，努力争取和平统一的前景，为两岸关系的健康稳定发展及台海和平贡献智慧和力量。我们坚信，在两岸同胞的共同努力下，“台独”势力的分裂图谋注定会遭到失败，两岸关系向前发展的趋势不可阻挡，国家统一、民族振兴的光明前景一定会实现。

《全国政协港澳台侨委员会召开主任会议　拥护中台办国台办受权声明　坚决反对“台独”分裂活动》

图片来源：《人民日报》，2004年5月22日第4版。

侨委员会和祖国统一联谊委员会合并为台港澳侨联络委员会，1998 年 3 月政协第九届全国委员会常务委员会第一次会议将其定名为港澳台侨委员会。全国政协港澳台侨委员会的主要任务是：根据政协章程的要求，以及全国委员会全体会议和常务委员会议提出的与本委员会工作有关的任务，团结和联系委员学习、宣传国家有关港澳台侨方面的方针政策，积极反映社情民意；对港澳台侨方面的重要问题进行调查研究，提出意见、建议和提案；加强同港澳台侨委员和有关人士的联络；组织各种活动，积极为委员知情明政、履行职责创造条件。

全国政协侨委举行迎春茶话会

卢嘉锡高度评价归侨、侨眷为祖国建设作出的贡献

新华社北京1月17日电 （记者张承志）全国政协华侨委员会今天在政协礼堂举行迎春茶话会。全国政协副主席卢嘉锡在茶话会上代表全国政协华侨委员会祝愿全国的归侨、侨眷和海外侨胞，亲友在新的一年里身体健康、阖家幸福！

吴学谦、丁关根、谷牧、程思远以及全国人大侨委、全国侨联负责人、在京的华侨、港澳台同胞、海外华人企业家共200余人出席了今天的迎春茶话会。

全国政协华侨委员会主任卢嘉锡在茶话会上致词说，在过去的一年里，广大归侨、侨眷和全国人民一起，团结奋斗，克服困难，不但在各自的岗位上竭尽心力，献计献策，充分显示了自己的聪明才智，而且积极发挥与海外侨胞、亲友有广泛联系的优势，为祖国的经济建设和改革开放事业作出了巨大贡献。广大港澳同胞和海外侨胞为祖国的改革、开放事业献计献策，多方支援祖国的建设事业，为发展中国与其它国家的友好合作关系尽心竭力。这一切都使我们深受感动。

卢嘉锡说，今年是“八五”计划的第一年，在新的一年里，全国政协华侨委员会将充分发挥政协作为政治协商、民主监督机构的特点和优势，加强同广大归侨、侨眷、港澳同胞和海外侨胞、亲友的接触和联系，及时向政府和有关部门反映他们的意见、建议和要求，协助政府落实各项侨务政策，和广大归侨、侨眷一起，为祖国的社会主义物质文明和精神文明建设，为祖国的和平统一大业贡献力量。

在今天的茶话会上，著名京剧表演艺术家齐啸云、杨春霞，著名歌唱家吴国松、田玉斌、孙丽萍，著名舞蹈家阿依吐拉等表演了精彩的文艺节目。

《全国政协侨委举行迎春茶话会　卢嘉锡高度评价归侨、侨眷为祖国建设作出的贡献》

图片来源：《人民日报》，1991 年 1 月 18 日第 4 版。

三、探索华侨参政议政新路径

（一）华侨参政权向归侨参政权转变

自 1959 年第二届全国人大开始，华侨代表名额不变，但其来源已由从国外华侨中选举产生改为“由归国华侨中选举”产生。这一做法在 1963 年全国人大二届四次会议上得以明确。而自 1983 年全国人大六届一次会议起，“华侨人民代表”正式改为“归侨人民代表”。[①] 与此相对应，第二届至第四届全国政协会议

① 《关于归侨侨眷权益保护法及其实施办法的几个原则问题》，http：//www. npc. gov. cn/npc/bmzz/huaqiao/2007 – 03/29/content – 1383615. htm。

中的华侨委员，实际上也为归侨代表，1978 年第五届全国政协会议开始正式改为“归国华侨”。上述调整是顺应当时国内外政治形势和侨情变化的。自 20 世纪 50 年代中期开始，我国政府通过外交谈判的途径，逐步解决了华侨的“双重国籍”问题，大量海外华侨选择了所在国的国籍，海外华侨社会事实上已变成了华人社会。与此同时，大量海外华侨回国定居，成为归侨。到 20 世纪 60 年代初期，据不完全统计，已有 80 多万华侨回国定居。[①] 因此，将华侨代表改为“由归国华侨中选举”产生，有利于代表广大归侨、侨眷的利益，也有利于适应新的侨情变化。

侨界人大代表在 2017 年的“两会”上呼吁要进一步推进涉侨立法工作，维护海外侨胞和归侨侨眷合法权益

图片来源：《侨界人大代表寸茂鸿：当好“桥梁”发好“侨”声》，中国侨网，http：//www.chinaqw. com/gqqj/2017/03 – 15/131279. shtml。

1979 年 7 月 4 日《中华人民共和国全国人民代表大会和地方各级人民代表大会选举法》颁布，1980 年 1 月 1 日起实施，其后经过 6 次修改。1982 年修改选举法时，将归侨代表的产生由“单独选举”，改为“全国人民代表大会和归侨人数较多的地区的地方人民代表大会，应有适当名额的归侨代表”。关于华侨参政权，《中华人民共和国全国人民代表大会和地方各级人民代表大会选举法》总则第六条规定：“旅居国外的中华人民共和国公民在县级以下人民代表大会代表选举期间在国内的，可以参加原籍地或出国前居住地的选举。”华侨的参政权利在法律上仍得到确立。

① 毛起雄、林晓东：《中国侨务法律法规概述》，北京：中国华侨出版社，1994 年，第 129 页。

（二）搭建华侨参政新平台

1. 全国“两会”特邀海外侨胞列席

每年的全国“两会”（全国人民代表大会、全国政治协商会议）上都会有一个特殊群体：他们不是正式代表和委员，却与正式代表和委员一起开会，虽不能提提案，但能够建言献策。他们，就是列席“两会”的海外侨胞代表。他们当中既有在当地侨界德高望重的老侨领，又有新一代华侨华人的优秀代表，具有广泛的代表性和参政议政能力。

从 2001 年全国政协九届四次会议开始，每年 3 月举行的全国政协大会都会邀请海外华侨华人列席。至 2009 年，十一届全国人大二次会议又首次邀请了当年列席全国政协第十一届二次会议的 33 位海外华侨华人代表旁听全国人大会议的开幕会。从此，邀请海外华侨华人代表列席“两会”延续至今。自 2001 年至 2018 年，连续 18 年，已邀请来自 79 个国家的 500 多位海外侨胞列席“两会”。这些列席代表都有一个共同的特点，就是都长期活跃于所在国家的侨社，关心祖（籍）国发展，具有很强的建言献策能力。对于列席“两会”的海外华侨华人代表而言，机会可能一生只有一次，他们自然格外珍惜，充分发挥桥梁纽带作用，收集华侨华人民意，建言献策，用行动为祖（籍）国的建设发展贡献力量。

2018 年 3 月列席全国政协十三届一次会议的海外侨胞代表

图片来源：《两会海外列席侨胞的心声：发挥桥梁纽带作用　服务中国建设》，人民网，http：//lianghui. people. com. cn/2018npc/n1/2018/0307/c417507 – 29854352. html。

2. 广东省首次邀请华侨列席省人民代表大会

继全国“两会”邀请海外侨胞列席会议外，2014 年，广东省第十二届人民代表大会第二次会议首次邀请了 10 位在粤投资、工作、居住或祖籍在粤的华侨列席省人民代表大会。这不仅是广东的首次，在全国也是首创。这 10 位华侨来自全球五大洲、9 个不同国家，他们当中有成功企业家、知名学者、杰出侨领、知名文化人士等。从年龄梯次上看，包含“50 后”“60 后”和“70 后”，形成一定梯队的年龄层次，男性和女性均有。他们平时非常关心社会公共事务，具有一定的议事和参与公共管理能力。广东是全国第一大侨乡，邀请华侨列席省十二届人大二次会议，充分听取华侨对本省经济社会建设的意见和建议，对更好地团结广大华侨，发挥华侨在广东经济社会建设中不可替代的作用，具有重要意义。

广东省第十二届人民代表大会第二次会议的两位海外华侨列席代表——爱尔兰皇家科学院、欧洲科学院院士教授孙大文，澳大利亚澳华侨晖文化促进会会长陈静愉共同作客南方报业传媒集团和广东人大网联合直播的嘉宾访谈，分享列席人民代表大会的感受

图片来源：《2014 年两会嘉宾访谈：列席华侨看人代会》，南方网，http：//online. southcn. com/i/486c5cb7034d5c234291e0966f715e6a. jpg。

首次列席广东十二届人大二次会议的海外华侨在座谈会上

图片来源：《海外华侨首次列席广东人大》，中国新闻网，http：//www. chinanews. com/tp/hd2011/2014/01 －17/292948. shtml。

3. 开创华侨参政新形式——参与村级基层组织管理

多年来，华侨回国参政议政的形式主要表现为在各级人大、政协、侨联等组织中担任职务，以此履行参政议政的职责。从 2008 年起，浙江省青田县华侨纷纷回国参与村两委干部竞选，有一批华侨担任了村支部书记和村委会主任、委员职务，出现了一批华侨“村官”，开创了华侨参政议政的新形式。2009 年 7 月 7 日，《人民日报》（海外版）着力报道了浙江省丽水市青田县几位华侨“村官”的典型事迹，评价他们利用视野广、理念新及资金雄厚等方面的优势，为当地农村发展注入了新的活力。“这些华侨村官结合本村实际，发挥各自优势，成为新农村建设的带头人。”①

华侨“村官”的海外创业经历和生活经历使其在潜移默化中学习了国外先进的经营理念与管理模式，也积累了较为丰富的社会人脉，具有本土年轻人不可比拟的优势。他们将这种先进理念带到家乡治理中，使其任职村的经济规模、基础设施、村容村貌等发生了巨大变化，华侨“村官”群体中出现了“环保村官”“公益村官”“文化村官”“农业开发村官”等先进典型。

6 华侨华人

走近青田的华侨“村官”

《走近青田的华侨“村官”》

图片来源：《人民日报》（海外版），2009 年 7 月 7 日第 6 版。

① 《走近青田的华侨“村官”》，《人民日报》（海外版），2009 年 7 月 7 日第 6 版。

在柬埔寨做外贸生意的洪树林回国后当选浙江省青田县船寮镇矢店前村委会主任。当选之后，他帮助村里建起水泥路、办公楼，村容村貌也得到改善

图片来源：《脱下洋装当村官》，《浙江日报》，2011年11月5日第7版。

（三）定期召开归侨侨眷代表大会

归侨侨眷代表大会是我国侨界政治生活中的一件大事。广大归侨、侨眷和海外侨胞以爱国爱乡的赤子情怀，积极发挥独特优势，为推动祖国现代化建设，促进祖国和平统一，传播中华文化、增进中国人民同世界各国人民的友谊，做出了重要贡献。特别是在祖国遇到大事难事时倾心倾力相助，表现出中华儿女血浓于水的同胞深情。事实充分证明，广大归侨、侨眷和海外侨胞不仅为挽救民族危亡、建设独立民主的新中国做出了历史性贡献，而且是建设中国特色社会主义的宝贵资源和实现中华民族伟大复兴的重要力量。中国政府十分重视归侨侨眷的政治生活，定期举行归侨侨眷代表大会。1956年10月5日至12日，第一次全国归侨代表大会在北京举行。第二次全国归侨代表大会于1978年12月17日至28日在北京举行。此后，全国归侨代表大会每五年召开一次。每次大会均有党和国家领导人出席会议并与代表们合影留念。1994年，第五次全国归侨代表大会将“全国归侨代表大会”更名为“全国归侨侨眷代表大会”。与全国归侨侨眷代表大会相呼应，全国各省、市、区都定期举行归侨侨眷代表大会，表彰归侨、侨眷先进个人，充分体现中国政府对归侨、侨眷的重视和关爱。

2018年8月29日，第十次全国归侨侨眷代表大会在北京人民大会堂开幕。习近平、李克强、栗战书、汪洋、王沪宁、赵乐际、韩正、王岐山等党和国家领导人到会祝贺。共有来自全国各地的近1 300名归侨侨眷代表和来自110多个国家的近700名海外侨胞特邀嘉宾出席。

第十次全国归侨侨眷代表大会开幕

图片来源：《第十次全国归侨侨眷代表大会开幕　习近平等到会祝贺》，新华网，http：//www. xinhuanet. com/politics/2018－08/29/c_1123348569. htm。

中央政治局常委赵乐际代表党中央发表了题为“为新时代凝聚侨的力量　谱写民族复兴的新篇章”的致辞。赵乐际在致辞中对广大归侨侨眷和海外侨胞提出四个希望：一是传播好中国声音，让世界深入了解中国；二是助力祖国发展，同圆共享中国梦；三是维护中华民族大义，做祖国统一、民族团结的促进派；四是弘扬中华文化，推动中外文明交流互鉴。

（四）授予“中国侨界杰出人物”荣誉称号

“中国侨界杰出人物”是由中国侨联和国务院侨办联合开展的侨界重要奖项，从各省、市、区、中直机关、中央企业等推荐的上百名先进典型中，优中选优筛选出的侨界楷模，每 5 年评选一次。中国侨界杰出人物要求符合全国归侨侨眷先进个人评选条件，并在全面建成小康社会、推进祖国和平统一、实现中华民族伟大复兴的实践中锐意进取、奋发有为，做出重大贡献或取得杰出成就，曾获得省、部级授予的荣誉称号或表彰。在 2018 年 8 月第十次全国归侨侨眷代表大会上，丁列明等 10 人被授予“中国侨界杰出人物”荣誉称号。

深圳侨联传达学习第十次全国归侨侨眷代表大会精神

图片来源：深圳政府在线，http：//www.sz.gov.cn/swtzb/xwzx/gzdt/tzsx/qlgz/qldt/201809/t20180921_14108199.htm。

中国侨界杰出人物：丁列明

图片来源：中华全国归国华侨联合会网站，http：//www.chinaql.org/n1/2018/0828/c421045－302563 44.html。

丁列明博士早年留学美国，长期从事肿瘤分子生物学和临床肿瘤病理学研究，在抗肿瘤靶向药物研究开发，尤其是小分子靶向药物研发等方面有很深的学术造诣。2002 年，他回国创办贝达药业股份有限公司，经过近十年的艰苦攻关，自主研发了中国第一个小分子靶向抗癌药“盐酸埃克替尼”。2016 年，他所在的药企成功在创业板上市，成为中国医药创新企业的标杆。同时，他积极引进优秀海归人才，搭建平台帮助他们在国内创新创业，为我国医药科技创新、科技惠民、产业发展和政策推动等做出了杰出的贡献。丁列明博士为第十二届、十三届全国人大代表、国家“重大新药创制”专项总体组专家，并担任农工党中央经济金融工作委员会主任、中国药促会副会长等职务。由于丁列明博士在民生改善和政策推动方面的贡献，他先后获得中国侨联特聘专家委员会建言献策特等奖、农工党反映社情民意信息工作先进个人（2 次）、杭州市“最美人大代表”等荣誉。

第十次全国归侨侨眷代表大会对先进集体和先进个人进行表彰

图片来源：中华全国归国华侨联合会网站，http：//www. chinaql. org/n1/2018/0829/c421026－30259543. html。

四、加强侨务法治建设

（一）出台一批中国特色的侨务法规和政策

加强侨务法治建设，为保护华侨华人和归侨侨眷的合法权益提供符合时代发展要求的法律和制度体系，并有效推动法律和制度的执行和实施，是推进国家治理体系和治理能力建设的重要组成部分。改革开放以来，中国政府的侨务部门以为侨服务、维护侨益为宗旨，积极协调相关部门，制定和推动出台了涵盖华侨国内权益、外籍华人入出境及居留、归侨侨眷合法权益保护等一系列政策法规，初步形成以《归侨侨眷权益保护法》及其实施办法、华侨投资和捐赠权益保护的地方性法规等侨务法律法规为主体，以《国籍法》《出境入境管理法》《外国人入境出境管理条例》《公益事业捐赠法》等涉侨法律法规为补充，以其他涉侨规范性政策文件为基础的涉侨政策法规体系的基本构架。[①]

① 《何亚非就开展侨务法治建设理论研究提四点方向》，中国侨网，http：//www. chinaqw. com/sqfg/2014/07－19/10691. shtml。

1. 颁布《中华人民共和国归侨侨眷权益保护法》及其实施办法

在中华人民共和国成立后的一段时期内，我国侨务工作主要依照政策办事，缺乏法律层面的规范和指导。党的十一届三中全会后，顺应加强社会主义民主和法制建设的要求，侨务立法工作不断加强。1990 年制定和颁布的《中华人民共和国归侨侨眷权益保护法》成为我国的侨务基本法，把对于归侨侨眷合法权益的保护问题提升到了一个前所未有的高度。1993 年，国务院制定了《中华人民共和国归侨侨眷权益保护法实施办法》。《归侨侨眷权益保护法》及其实施办法还随着中国改革开放的深入和国内外形势的变化不断加以完善。2000 年 10 月 31 日，第九届全国人大常委会第十八次会议通过了《关于修改〈中华人民共和国归侨侨眷权益保护法〉的决定》。实施办法相应进行了修订，修订后的实施办法自 2004 年 7 月 1 日起施行。《中华人民共和国归侨侨眷权益保护法》是中华人民共和国成立以来第一部保护归侨侨眷合法权益的专门法律，全面贯彻了党对归侨侨眷实行的“一视同仁，不得歧视，根据特点，适当照顾”的原则，把我国长期以来经过实践检验是正确的侨务政策予以规范，实现了侨务工作有法可依，标志着我国侨务工作开始走上法制化的轨道。

1990 年 9 月 7 日第七届全国人大常委会第十五次会议通过《中华人民共和国归侨侨眷权益保护法》

图片来源：中国侨网，http://www.chinaqw.com/node2/node116/node1165/node1184/userobject6ai205385.html。

2. 关于华侨权益保护的地方性法规陆续问世

近年来，海外华侨回国投资、创业渐成风潮，其在国内的政治、社会、经济等方面权益保护需求日益突出，制定华侨权益保护法的呼声也越来越高。2017年，全国人大华侨委员会组织开展了华侨权益保护专题调研。国务院侨办也积极准备，先后四次草拟了华侨权益保护法的草稿。①

国家予以关注，地方先行先试。2015 年 7 月，《广东省华侨权益保护条例》由广东省第十二届人民代表大会常务委员会第十九次会议通过，2015 年 10 月 1 日起施行。该条例的出台，弥补了国家法律体系在华侨保护方面的短板。《广东省华侨权益保护条例》分别对华侨政治、人身、社保、生育、教育、财产、投资、捐赠八个方面权益的保护做了具体规定。②《广东省华侨权益保护条例》的起草制定是侨务工作的重要立法实践，对于推进其他省区市的侨务立法工作具有重要的示范和带动作用。继广东省后，江苏、福建、上海、湖北等省市的华侨权益保护条例陆续出台。

《广东省华侨权益保护条例》宣讲会

图片来源：广东省侨联网，http：//www. gdql. org/spdb/ShowArticle. asp? ArticleID = 34646/2015 -09 -25。

① 《华侨权益保护需求日益突出　代表委员再论国家立法》，国务院侨办网站，http：//www. gqb. gov. cn/news/2018/0313/44506. shtml。

② 《〈广东省华侨权益保护条例〉将于10 月1 日起正式实施》，人民网，http：//legal. people. com. cn/n/2015/0928/c42510 -27642906. html/2015 -09 -28。

2019 年 1 月十三届全国人大一次会议上，近 3 000 名全国人大代表中，有 208 名代表提出的 6 件议案，都提出了同一个立法建议——制定华侨权益保护法。全国人大华侨委员会向十三届全国人大常委会第七次会议报告了这些议案的办理结果。报告显示，议案提出的将华侨权益保护法列入十三届全国人大常委会立法规划的建议已得到采纳，华侨委将进一步开展好华侨权益保护问题调查研究。[①]

广东省“五侨”联合举办《广东省华侨权益保护条例》宣传及涉侨政策咨询活动

图片来源：广东省侨联网，http：//www. gdql. org/sqldt/ShowArticle. asp？ ArticleID =35335/2015 －12 －11。

《福建省华侨权益保护条例》专家论证会召开

图片来源：http：//usa. fjsen. com/2015 －06/19/content_16258726. htm。

① 《华侨权益保护法已列入立法规划》，中国人大网，http：//www. npc. gov. cn/npc/bmzz/huaqiao/2019 －01/08/content_2070330. htm。

3. 改革出入境和回国定居政策

（1）修订和完善出入境政策法规。

1951年8月经政务院批准、公安部颁布的《华侨出入国境暂行办法》，是中华人民共和国成立之后第一个关于出入境管理的单行法规。该法规对于归侨和侨眷实行宽松的出入境管理方针，从而吸引了大量华侨回国参加社会主义建设。但在20世纪60年代，尤其在"文革"期间，法律被废止，政策上则基本禁止华侨大规模出入境；当时，即使有少数华侨回祖国大陆，一般也都绕道港澳台。[①] 改革开放后，中国的出入境政策发生了深刻变化。1978年6月国务院批转了公安部、外交部、国务院侨务办公室《关于放宽和改进归侨、侨眷出境审批的意见》，放宽和改进了归侨侨眷出境审批手续。1980年2月25日，公安部、外交部、国务院侨务办公室又发布了《关于进一步做好出境审批工作通知》。1985年11月22日，第六届全国人民代表大会常务委员会第十三次会议通过《中华人民共和国公民出境入境管理法》《中华人民共和国外国人入境出境管理法》（俗称"两法"），自1986年2月1日起施行。20世纪90年代以来，中国出入境法律制度得到逐步完善，初步形成了由《中华人民共和国公民出境入境管理法》和《中华人民共和国外国人入境出境管理法》及相关行政法规、部门规章等各个层次的出入境法律规范所构成的出入境法规体系。[②] 2013年，修订后的《中华人民共和国出境入境管理法》施行，原"两法"废止，为华侨华人出入境提供了更多便利。对于华侨而言，一是规定华侨可以凭护照证明其身份，在国内办理各种事务；二是华侨回国定居手续从公安部门转由侨务部门办理。对外籍华人而言，一是增设了探亲类、人才类和私人事务类签证，以便签发有效期、停留期较长的签证，允许外籍华人在华居留最长达5年；二是增设了团聚类居留证件，因家庭团聚需要在中国停留超过180天的可申请办理居留；三是因紧急事由需要入境的可申请办理口岸签证等。2016年8月，公安部同意广东省推出16项创新驱动发展的出入境政策，为外籍高层次人才和创新创业人才提供出入境和停居留便利，原籍广东的华人可以给5年的往返居留签证。

（2）进一步规范华侨回国定居审批工作。

海外华侨具有中国国籍，是中国公民，回国定居是其基本权利。我国相关法律明确了保障华侨回国定居权的基本原则。1990年《中华人民共和国归侨侨眷权益保护法》施行，其2009年修正本第五条规定，"国家对回国定居的华侨给予安置"。2004年，《中华人民共和国归侨侨眷权益保护法实施办法》第

---

① 翁里、江美艳：《论华侨人出境管理与中国新出入境法》，"21世纪出入境（移民）管理研讨会"论文，2008年。

② 张秀明：《改革开放三十年中国出入境政策及出入境活动分析》，"互动与创新多维视野下的华侨华人研究"国际会议论文，2009年。

五条规定，“华侨要求回国定居的，按照国家有关出入境管理的规定核发回国定居证明”。2012 年通过并于 2013 年 7 月施行的《中华人民共和国出境入境管理法》第十三条规定：“定居国外的中国公民要求回国定居的，应当在入境前向中华人民共和国驻外使馆、领馆或者外交部委托的其他驻外机构提出申请，也可以由本人或者经由国内亲属向拟定居地的县级以上地方人民政府侨务部门提出申请。”2013 年，国务院侨办等联合公布《华侨回国定居办理工作规定》，全国有 29 个省市相继出台了实施办法。这些法律法规进一步规范了华侨回国定居审批工作，对保障和行使华侨回国定居权提供了具体指引。

叶嘉莹九十岁回国定居

图片来源：《叶嘉莹回国定居　九十岁后再出发》，《中国青年报》，2014 年 11 月 23 日第 3 版。

广州华侨拿到回国定居证

图片来源：《保护华侨权益八大方面立法》，《星岛日报》，2016 年 11 月 26 日第 1 版。

83 岁老华侨春节回国办证定居：广州的变化令人振奋

图片来源：南方网，http：//kb. southcn. com/content/2017－02/04/content_164647128. htm。

（3）中国“绿卡”制度正式实施。

2004 年 8 月 15 日，《外国人在中国永久居留审批管理办法》的正式颁布，标志着中国“绿卡”制度的正式实施。2012 年 12 月，中组部、人社部、公安部等 25 个部门联合发布《外国人在中国永久居留享有相关待遇的办法》。该办法第一条规定：持有中国“绿卡”的外籍人员除政治权利和法律法规规定不可享有的特定权利和义务外，原则上和中国公民享有相同权利，承担相同义务。此外，持有中国“外国人永久居留证”的外籍人员可在出入境、在华工作、子女上学、参加社保、买房、办理金融业务等待遇方面获得便利。2016 年 3 月 1 日，公安部支持北京创新发展的 20 项出入境政策措施正式实施。20 项政策中，10 项在中关村进行试点。根据这些政策，在北京中关村，只要回来的华人是博士学历，或符合中关村人才标准的，就可以拿到中国“绿卡”。2017 年 3 月公安部宣布，在国家有关自贸区及全面创新改革示范区推出 7 项出入境政策措施，主要服务外籍高层次人才、外籍华人、外籍留学生和长期在华工作人员等群体，包括：授权自贸区管委会等单位推荐外籍人才及家属直接申请在华永久居留，以工资和税收为标准建立人才申请永久居留的市场化渠道，为外籍华人在华居留和永久居留提供更大便利，吸引外国留学生来华创新创业，为长期在华工作人员提供居留便利，为外籍人才提供入境便利等。① 从 2017 年 6 月 16 日起，公安部签发新版中国“绿卡”，将原有的“外国人永久居留证”更名为“外国人永久居留身份证”。新版中国“绿卡”的最大变化是，它同中国公民的身份证一样，可以单独出示和使用。

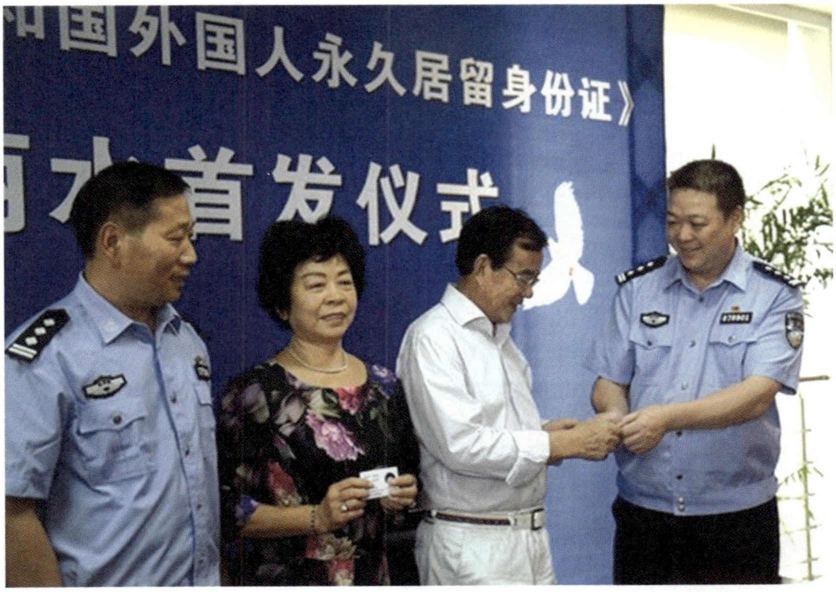

浙江省丽水市公安局领导为首批获得“外国人永久居留身份证”的 5 位外籍华人颁发新证

图片来源：《丁文伟出席出入境管理局“外国人永久居留身份证”首发仪式》，中国丽水网，http：//www. lishui. gov. cn/zwgk/bmdt/201709/t20170925_2221419. html。

① 《公安部推出 7 项出入境政策措施支持国家有关区域创新发展》，新华网，http：//news. xinhuanet. com/2017 -03/09/c_129505885. htm。

（二）建立涉侨法律顾问机制

1. 中国侨联成立法律顾问委员会

为了更好地贯彻执行我国宪法中保护归侨、侨眷和华侨权益的有关规定和其他法律条令，1982 年 5 月 6 日，中国侨联成立了法律顾问委员会（简称“法顾委”），全国人大常委会法制委员会副主任、著名法学家张友渔任主任。法顾委的主要任务是：为严重侵犯归侨、侨眷正当权益的重大案件提供法律依据和法律帮助；解答归侨、侨眷的法律咨询；承办中国侨联交办的诉讼仲裁等法律事宜；对有关侨务法令条例提供意见。法顾委聘请法学界知名人士及律师担任委员会主任、副主任及顾问。受聘请的委员会 13 名成员中有 9 名是归侨、侨眷。[①] 三十多年来，法顾委在为经济建设服务，促进和发展社会主义民主和法制建设，参与侨务立法，维护华侨、归侨、侨眷的合法权益等方面做了许多工作，赢得了社会各界和国内外侨界的赞誉。法顾委由成立之初的 13 位委员，发展到现在的 89 位国内委员、33 位海外委员，并在全国 30 个省级侨联、180 个地市县侨联成立法律咨询服务机构。[②]

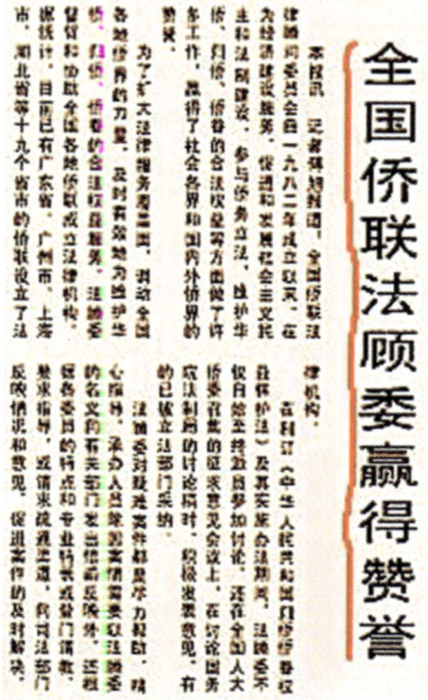
全国侨联法顾委赢得赞誉

本报讯 记者符如月报道：全国侨联法律顾问委员会自一九八二年成立以来，在为经济建设服务，促进和发展社会主义民主和法制建设，参与侨务立法，维护华侨、归侨、侨眷的合法权益等方面做了许多工作，赢得了社会各界和国内外侨界的赞誉。

为了扩大法律服务范围，调动全国各地侨界的力量，及时有效地为维护华侨、归侨、侨眷的合法权益服务，法顾委促进和协助全国各地侨联成立法律机构。据统计，目前已有广东省、广州市、上海市、湖北省等十九个省市的侨联设立了法律机构。

在制订《中华人民共和国归侨侨眷权益保护法》及其实施办法期间，法顾委不仅自始至终派员参加讨论，还在全国人大侨委召集的征求意见会议上，在讨论国务院法制局的讨论稿时，积极发表意见，有的已被立法部门采纳。

法顾委对疑难案件都是尽力相助，精心指导。承办人员常因案情需要以法顾委的名义向有关部门发出信函反映外，还根据各委员的特点和专业特长或登门请教，恳求指导，或请来疏通渠道，向司法部门反映情况和意见，促进案件的及时解决。

《全国侨联法顾委赢得赞誉》

图片来源：《人民日报》，1994 年 4 月 21 日第 3 版。

著名法学家张友渔（左一）应聘为中国侨联法律顾问委员会主任

图片来源：《侨联三十年》，第 69 页。

---

① 林明江主编：《中国侨联 50 年（1956—2006）》，北京：中国华侨出版社，2006 年，第 88 页。

② 《侨联法顾委成立 30 周年纪念大会举行》，网易新闻，http：//news. 163. com/12/0509/03/811IVKN800014AED. html。

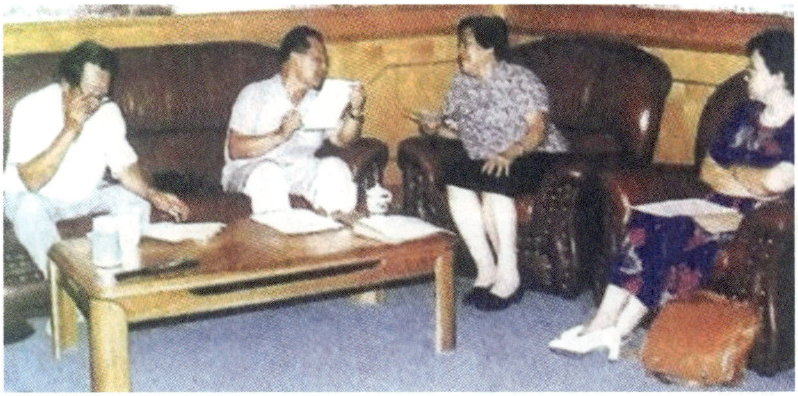

中国侨联领导与法律顾问委员会委员研讨案件

图片来源：《中国侨联 50 年（1956—2006）》，第 208 页。

中国侨联成立法顾委海外华侨华人律师团大会在北京召开

图片来源：中华全国归国华侨联合会网站，http：//www. chinaql. org/c/2008 – 11 – 27/491068. shtml542s2340836. htm。

中国侨联法顾委成立后，充分发挥自己的特点和优势，在协助政府落实各项侨务政策、促进侨务法治建设、协调解决疑难涉侨案件等方面做了大量的工作，发挥了积极的作用。为适应新形势、新任务、新侨情，中国侨联决定成立法律顾问委员会海外华侨华人律师团并聘请法顾委海外委员。2008 年 11 月，中国侨联法律顾问委员会海外华侨华人律师团在北京成立。来自美国、加拿大等 8 个国家和地区的 23 位海外华人律师在会上被聘为中国侨联法律顾问委员会海外委员。海外华侨华人律师团的成立，对进一步为海外侨胞提供法律咨询服务、维护海外侨胞正当权利、促进海内外律师界的交流与合作、团结动员海外侨胞投身中国改革开放和现代化建设具有十分重要的意义。

中国侨联法顾委 2017 年年会暨专业委员会会议在北京召开

图片来源：中华全国归国华侨联合会网站，http：//www. chinaql. org/c/2017 －12 －08/538324. shtml。

中国侨联法律顾问委员会海外华侨华人律师团赴浙江宁波考察

图片来源：《海外律师团赴浙江宁波考察》，中国日报网，http：//www. chinadaily. com. cn/hqpl/zggc/2012 - 05 - 15/content_5915645. html。

2. 国侨办成立为侨服务法律顾问团

党的十八大以来，国侨办认真贯彻中央关于全面依法治国的战略部署，坚持以人为本、为侨服务，坚持依法行政、依法护侨。建立法律顾问制和成立法律顾问团，是国务院侨办发挥法律专业服务力量、建立完善为侨服务体系、健全维护侨益工作机制的重要举措，对于进一步加强侨务法治建设、依法维护海外侨胞和归侨侨眷权益具有积极的推动和保障作用。

2017 年 12 月 8 日，国务院侨务办公室在北京召开为侨服务法律顾问团成立大会，正式建立国侨办法律顾问制，并成立国侨办为侨服务法律顾问团，旨在为国侨办依法行政提供法律咨询和服务。法律顾问的职责是为国侨办依法履职、为涉侨法律政策拟定以及重大行政决策提出意见和建议，参与处理行政复议、诉讼、仲裁等法律事务。经海内外广泛遴选，15 位具有丰富法律实务经验、热心为侨服务的律师受聘担任首届顾问团成员。他们作为法律顾问，针对侨界权益诉求，以法律知识给予解答、以法律方式进行引导、以法律途径加以解决，有助于提供更加优质、全面、高效的法律服务。

国侨办为侨服务法律顾问团参观考察北京“侨梦苑”

图片来源：中国新闻网，http：//www. chinanews. com/tp/hd2011/2017/12－08/787582. shtml。

（三）加强涉侨法律法规的宣传与涉侨信访工作

1. 营造“知侨懂法”的社会氛围

推进侨务法治建设需要在全社会加强涉侨政策法规的宣传，建立有效的普法机制和平台，让更多的相关部门、广大侨胞和社会公众知侨法、懂侨法。2006年，国务院侨办积极争取将《中华人民共和国归侨侨眷权益保护法》纳入国家“五五”普法规划。同年，国务院侨办会同司法部、全国普法办联合发出了关于在“五五”普法期间切实加强侨法宣传教育的通知，首次将侨法宣传纳入全国普法规划总体安排，广泛向社会宣传侨法。

2007年全国侨务系统“五五”普法“侨法宣传角”在连云港市举行授牌启动仪式，为2007年首次由国侨办批准组建的全省6家侨办举办集体授牌。这标志着全国侨务系统“五五”普法“侨法宣传角”的建设工作已全面启动。自2007年以来，侨法宣传已成为侨务部门的常态化工作。各地启动了多种宣传手段，结合本地特点，开展生动活泼的宣传学习活动。如组织侨法宣传月（日）活动，建立侨法宣传角，编辑侨法宣传专刊，组织侨法培训班，借助各种媒体报道侨法学习情况，等等，从而推动侨务法治建设和依法护侨工作。

2007 年 3 月，首次由国侨办批准组建“侨法宣传角”的 6 家侨办获集体授牌

图片来源：《全国侨务系统“侨法宣传角”首次在连授牌》，中共连云港市委市级机关工作委员会网站，http：//www.jgjy.gov.cn/newss/newsreport.asp？NewsID＝18529。

云南侨办赴侨乡开展侨法宣传及法律咨询服务活动

图片来源：中国侨网，http：//www.chinaqw.com/gqqj/2017/03－20/132262.shtml。

上海侨界开展 2017 年侨法宣传月活动

图片来源：中国侨网，http：//www.chinaqw.com/gqqj/2017/03－06/129779.shtml。

2. 做好信访工作维护侨益

涉侨信访工作是党和政府体察侨情、听取侨意、为侨解忧、为侨服务的“窗口”。各级侨务部门十分重视涉侨信访工作，严格按照有关法规政策的要求办理涉侨信访问题。由于涉侨事务太庞杂，信访内容也包括工作纠纷、住房、医疗、就业、子女上学、生活救助、侨房、投资权益、寻亲以及华侨农林场经济发展等问题，涉及劳动、房改、卫生、教育、民政、经贸等众多部门。对事实清楚、合法合理的信访事项，各侨务部门不推不拖，尽快协调相关责任部门办理。对于尚无明确法律政策依据，但事关侨胞、侨眷切身利益的问题，采取政策范围内灵活处理的办法，确保侨胞、侨眷切身利益不受损害。由于各级侨务部门不断建立完善维权制度、积极深入基层开展排查解决矛盾纠纷，涉侨信访案件数量出现了明显下降，较好地维护了社会和谐稳定。

中央“五侨”单位共商涉侨信访工作

图片来源：中国新闻网，http：//www.chinanews.com/zgqj/2011/04－25/2996565.shtml。

五、做好归侨侨眷工作

（一）落实对归侨侨眷权益的保护工作

1. 加大对困难归侨侨眷的帮扶力度

汕头市向首批低保归侨发放扶持贫困归侨救助资金

图片来源：中国新闻网，http://www.chinanews.com/zgqj/2012/05-04/3865686.shtml。

由于历史因素和自然条件的制约，我国还有100多万散居归侨、侨眷的生活比较困难。进一步做好这部分特殊群体的扶贫救助工作，是贯彻落实《中华人民共和国归侨侨眷权益保护法》及其实施办法的重要任务。2010年，国务院侨办下发了《关于做好散居困难归侨侨眷扶贫救助工作的意见》，要求重点做好困难归侨、侨眷的社会保障和生活救济工作、医疗保障和医疗救助工作、就业培训和扶贫开发工作、住房保障和危房改造工作、教育救助和侨务助学工作。各地侨务部门加大慰问、救助贫困归侨侨眷力度，积极协调当地民政、扶贫等部门，将贫困的归侨、侨眷纳入民政救助范围和当地扶贫规划。全国二十多个省（市、区）出台政策，对早期回国的归侨、侨眷或散居农村的困难归侨、侨眷发放生活补助。2016年7月，国务院侨办专门召开全国侨务扶贫工作会议，就贫困归侨侨眷脱贫攻坚工作做出全面部署，印发了《贫困归侨侨眷五年脱贫攻坚计划》，在国家和地方脱贫攻坚计划的基础上，从侨务工作的角度提出了六个方面的扶贫救助措施，要求各地进一步完善贫困归侨、侨眷帮扶工作机制，采取有效措施，确保贫困归侨、侨眷与全国人民一道摆脱贫困、共同步入全面小康。①

① 《关于政协十二届全国委员会第五次会议第0174号（经济发展类015号）提案答复的函》，国务院扶贫开发领导小组办公室网站，http://www.cpad.gov.cn/art/2017/12/1/art_2203_74344.html。

2. 帮助城镇贫困归侨侨眷职工实现就业和再就业

“授人以鱼不如授人以渔”，为解决归侨侨眷的就业创业问题，各地侨务部门与当地的劳动、扶贫等部门联合，多举措帮助贫困归侨侨眷就业创业。①加大对贫困和下岗归侨侨眷的就业培训力度，提高他们的就业能力。②鼓励各地侨资、侨属企业优先吸纳当地归侨侨眷就业，推荐条件合适的归侨侨眷优先上岗。③争取优惠政策，出台扶持措施，鼓励、引导和帮助有条件的归侨侨眷就业创业。④建立就业创业基地，搭建就业创业平台，帮扶归侨侨眷就业创业。在各级政府和侨务部门的关怀下，贫困归侨侨眷就业创业工作深入开展，受到广大归侨侨眷的欢迎和好评。

云南德宏州归侨侨眷职业技能培训班的学员参观褚橙种植基地

图片来源：《2017 年德宏州归侨侨眷职业技能培训班顺利举行》，搜狐网，http：//www. sohu. com/a/210580627_ 100014049。

柳州市柳南街道举办归侨侨眷职业技能（烘焙）培训班

图片来源：《柳南街道开展归侨侨眷职业技能培训班》，柳州市外事侨务办公室网站，http：//lzfao. liuzhou. gov. cn/qwdt/201711/t20171130_1052977. html。

3. 落实“三侨生”回国就读、升学的照顾政策

“三侨生”，是指归侨青年、归侨子女、华侨在国内的子女。国家对“三侨生”在国内就读、升学有照顾政策。《中华人民共和国归侨侨眷权益保护法实施办法》第十七条规定：“华侨子女回国就读实施义务教育的学校，应当视同当地居民子女办理入学手续；归侨学生、归侨子女和华侨在国内的子女报考国家举办的非义务教育的学校，教育部等有关部门应当按照国家有关规定结合本地区实际情况给予照顾。”根据《中华人民共和国归侨侨眷权益保护法实施办法》，各省市自治区政府相关部门均出台了关于“三侨生”回国就读、升学的照顾政策。如高等院校招生考试录取时，对取得“三侨生”证明的考生，按有关政策规定在高考总分基础上加分投档，由各高校择优录取。

温州瓯海区侨办认真做好“三侨生”的认定工作

图片来源：《瓯海区侨办圆满完成“三侨生”认定工作》，温州统战网，http://wztz.66wz.com/system/2014/05/29/104116746.shtml。

深圳市侨办举行“三侨生”考生家长情况说明会

图片来源：《深圳侨报》，2017年11月13日第11版。

作为华侨大省，广东省侨办、省招生办公室首先制定了有关“三侨生”在国内升学的照顾政策。从 1983 年开始，在录取新生的有关政策中，明确了报考暨南大学、华侨大学等侨校的“三侨生”，凡达到学生所在招生批次录取分数线和资格线，且第一志愿报考这些学校的，可一次性投档给第一志愿学校；高考分数在上述高校各批次录取最低控制分数线下 10 ~ 20 分内。[①] 2014 年 8 月中共中央政治局召开会议，审议通过了《关于深化考试招生制度改革的实施意见》，其中要求“大幅减少、严格控制考试加分项目，2015 年起取消体育、艺术等特长生加分项目”。2014 年 12 月印发的《教育部、国家民委、公安部、国家体育总局、中国科学技术协会关于进一步减少和规范高考加分项目和分值的意见》指出，归侨、华侨子女、归侨子女将继续享受高考加分。[②] 根据上述政策，从 2015 年起，广东省取消所有原地方性加分项目和体育特长生加分项目，但“三侨生”和台湾考生加分项目仍然保留。

广东省人民政府侨务办公室
广东省招生委员会办公室 文件
广　东　省　公　安　厅

粤侨规〔2017〕1 号

关于印发《广东省人民政府侨务办公室　广东省招生委员会办公室　广东省公安厅关于报考普通高校入学考试的“三侨生”证明办理规定》的通知

各地级以上市人民政府侨务办公室（外事侨务局）、招生委员会办公室、公安局，顺德区外事侨务局、招生委员会办公室、公安局：

现将新修订的《广东省人民政府侨务办公室　广东省招生委员会办公室　广东省公安厅关于报考普通高校入学考试的“三侨生”证明办理规定》印发给你们，请认真贯彻执行。

2017 年 7 月 13 日

— 1 —

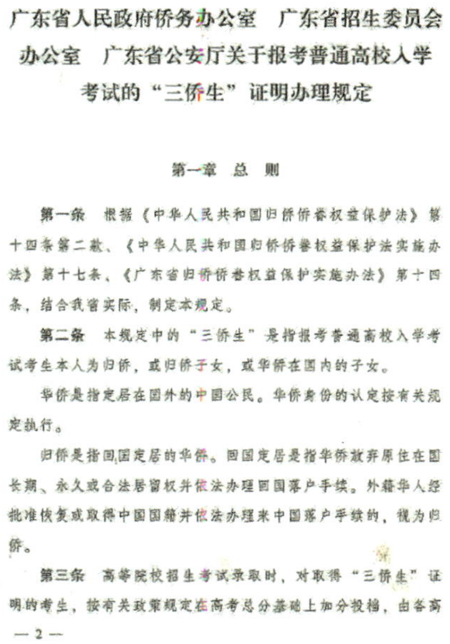

广东省人民政府侨务办公室　广东省招生委员会办公室　广东省公安厅关于报考普通高校入学考试的“三侨生”证明办理规定

第一章　总　则

第一条　根据《中华人民共和国归侨侨眷权益保护法》第十四条第二款、《中华人民共和国归侨侨眷权益保护法实施办法》第十七条、《广东省归侨侨眷权益保护实施办法》第十四条，结合我省实际，制定本规定。

第二条　本规定中的“三侨生”是指报考普通高校入学考试考生本人为归侨，或归侨子女，或华侨在国内的子女。

华侨是指定居在国外的中国公民。华侨身份的认定按有关规定执行。

归侨是指回国定居的华侨。回国定居是指华侨放弃原住在国长期、永久或合法居留权并依法办理回国落户手续。外籍华人经批准恢复或取得中国国籍并依法办理来中国落户手续的，视为归侨。

第三条　高等院校招生考试录取时，对取得“三侨生”证明的考生，按有关政策规定在高考总分基础上加分投档，由各高

— 2 —

广东省人民政府侨务办公室、广东省招生委员会办公室、广东省公安厅关于报考普通高校入学考试的“三侨生”证明办理规定（2017 年）

图片来源：惠州市政府网，http：//xxgk. huizhou. gov. cn/0023/0800/201707/7879f96a02d047b097a3f6fb4a9a0423. shtml。

① 参见《广东省志》编纂委员会编：《广东省志：1979—2000（30）侨务卷·外事与港澳事务卷》，北京：方志出版社，2014 年，第 123 页。

② 《对“三侨生”的高考加分政策有何规定》，中国侨网，http：//www. chinaqw. com/hdfw/2016/01 - 22/77687. shtml。

（二）推进侨务工作社会化

1. 促进社区侨务的开展

在世情、国情、侨情都随着改革开放不断变化的同时，社区在表达利益诉求、协调利益关系，调处矛盾、保障权益等方面作用突出，成为社会稳定的重要关口。自 1998 年国务院侨办在全国推广社区侨务工作以来，各地侨办从贯彻落实科学发展观、构建和谐社会的高度来认识社区侨务工作的重要性，充分发挥社区侨务一个桥梁（党和政府联系广大归侨侨眷，了解他们所思、所需、所急的桥梁）、两个阵地（宣传《归侨侨眷权益保护法》及其实施办法的阵地和归侨侨眷思想教育的阵地）、三个工作平台（为侨服务、保护归侨侨眷合法权益和开展侨务信访工作的平台）的作用，为归侨侨眷开展政策咨询、劳动保障、计划生育、法律咨询等手续办理，以及其他生活类便民服务，方便归侨侨眷生活。在侨务工作日趋社会化的新形势下，多做得侨心、暖侨心的工作，把党和政府的温暖送到归侨侨眷的心坎上。“社区为侨，侨为社区，在幸福侨家里，我们成了一家人。”社区侨务的开展，实现了社区归侨侨眷交流有去处、诉求有说处、困难有帮助，受到广大归侨侨眷的欢迎。

上海浦东新区上钢新村街道为归侨侨眷老人义诊

图片来源：上海侨务网，http：//qwb. sh. gov. cn/shqb/node826/node877/node 878/node883/u1a738 92. html。

黑龙江哈尔滨首家“归侨侨眷敬老之家”揭牌

图片来源：中国侨网，http：//www. chinaqw. com/gqqj/2014/06－12/6275. shtml。

2. 建立国内为侨公共服务体系

为贯彻落实2015年国内侨政工作会议精神，指导推动国内为侨公共服务体系建设，提升全国侨办系统为侨公共服务能力和水平，2016年4月，国务院侨办下发了《国内为侨公共服务体系建设指导意见》，推动各地政府侨务部门将部分涉侨行政事务纳入行政服务中心，开设侨务工作窗口，方便海外侨胞和归侨侨眷办事。要求以“建设一个涉侨行政服务平台、打造一个为侨服务综合平台、建立一个为侨服务网络平台、完善一套统筹协调工作机制”为工作重点，2017年，国务院侨办正式启动“全国为侨公共服务体系示范单位”创建工作，以进一步激发各基层单位工作积极性、主动性和创造性。到2020年，在国内归侨侨眷和华侨华人聚集度较高的区域构建起布局合理、功能完善的基层为侨服务工作网络，形成政府主导协调、社会各界广泛参与的工作机制，初步建立广覆盖、多层次、系统化、长效能的国内为侨公共服务体系，确保国内涉侨群体切实享有便利、高效、贴心的公共服务。当年，全国各级政府侨务部门设立办事窗口2 750个，共办理涉侨事项4.3万余件。北京市侨办建设涉侨网上服务大厅，实行涉侨行政事务全球通办；天津市侨办在市行政许可服务中心设立涉侨服务窗口，同时将涉侨服务热线一并纳入天津市8890便民服务专线平台。[①] 福建省建立“一侨一号”平台服务侨胞，办理涉侨业务更便利。为全面推进“互联网＋侨务”的政务服务，各省、自治区、直辖市政府侨务部门普遍建立了政府网站，北京、辽宁、湖北、广东等省市政府侨务部门还创建App、微信公众号、微博等公共平台，加强政务信息服务。

天津市为侨公共服务体系建设推动会暨涉侨服务窗口启动仪式举行

图片来源：中国发展网，http://www.chinadevelopment.com.cn/news/cj/2016/09/1081549.shtml。

① 郑法：《2016年侨务法治建设工作盘点》，《侨务工作研究》2017年第2期。

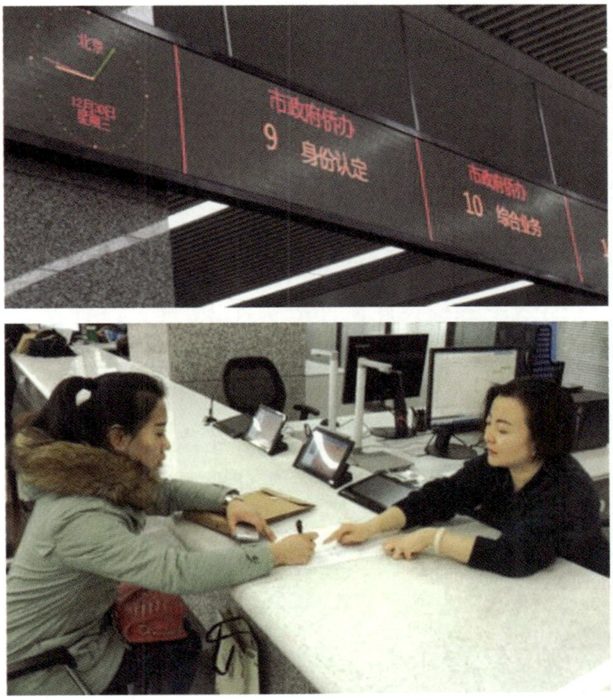

北京市政府侨办在市政务服务中心专设涉侨服务窗口，负责受理归侨侨眷身份认定、华侨回国定居两项行政审批事项和“三侨生”高考加分、华侨身份证明、中关村创新创业外籍华人身份界定、涉侨政策咨询四项行政服务事项

图片来源：《侨办窗口介绍》，北京市侨办网站，http：//www. bjqb. gov. cn/web/static/catalogs/catalog_ff80808158b2a8680158b32089 e30001/ff80808158b2a8680158b3 2089e30001. html。

六、深化华侨农场的改革与发展

（一）新建华侨农场安置越南难侨

继二十世纪五六十年代建立 41 个华侨农场后，70 年代末为安置大批越南难侨，国家又新建了一批华侨农场。

1977 年，越南当局在与中国毗邻的省份推行“净化”边境的方针，把华侨华人成批赶回中国境内。1978 年 3 月，又以对资本主义工商业进行“社会主义改造”为名，对华侨小商贩乃至华侨工人家庭进行掠夺和迫害。同年 4 月，越共四届四中全会宣称中国是“最直接和危险的敌人”。随后，逐步发展到大批驱赶旅居越南各地的华侨。中国方面本着维护中越友好、争取妥善解决

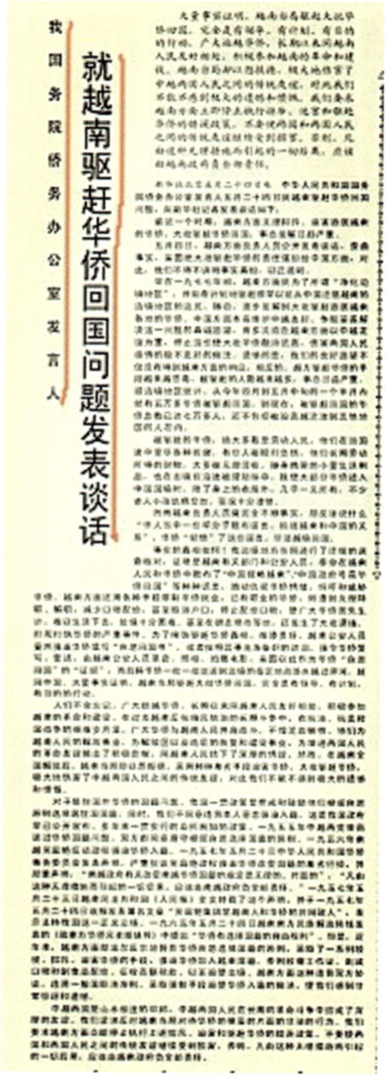
我国务院侨务办公室发言人

就越南驱赶华侨回国问题发表谈话

《我国务院侨务办公室发言人就越南驱赶华侨回国问题发表谈话》

图片来源：《人民日报》，1979年5月25日第2版。

这一问题的真诚愿望，曾多次劝告越南方面以中越友谊为重，停止伤害两国人民感情的极不友好的做法。越方却置之不理，驱赶华侨的手段越来越恶毒，被驱赶的人数越来越多，事态日益严重。在此情况下，中国政府不得不通知越方，准备派船接回滞留在越南当地生活已陷入绝境和老弱病残的贫苦华侨难民。1978 年 8 月 8 日至 9 月 26 日，以外交部副部长仲曦东为首的中国政府代表团前往越南，同越方举行关于越南华侨问题的副外长级谈判。然而在整个谈判期间，越南方面在边境口岸和首都河内制造了一系列驱赶、劫持、逮捕以至于杀害华侨的严重暴力事件，致使大批难侨涌入中国境内。在此严峻形势下，中国政府启动了越南难侨的接待和安置工作。为了解决大量难侨的接待问题，中央和有关地方政府全民动员来开展接待归国难侨工作，动用了一切资源为归国难侨免费提供饮食、住宿、医疗等方面的条件。

1978 年 5 月，国务院在昆明召开“接待安置被越南驱赶回国难侨工作会议”。会议讨论决定对越南难侨的安置方针是集中为主，分散为辅。广东、广西、福建、海南、江西、云南六个省和自治区根据国务院指示，成立省（自治区）接待安置印支难民领导小组办公室。广东安置 10.7 万越南难侨，云南也先后接待了印支难侨 6.2 万人，有 36 790 人被安置在云南。海南省则安置了 23 000 名印支难侨。为了安置这些难侨，各省区在原有的基础上又新建了一批华侨农场，华侨农场的数量由原有的 41 个增加到 86 个（现存 84 个），其中广东 23 个、广西 22 个、福建 17 个、云南 13 个、海南 5 个、江西 3 个、吉林 1 个。①

① 周南京主编：《华侨华人百科全书（侨乡卷）》，北京：中国华侨出版社，2001 年。

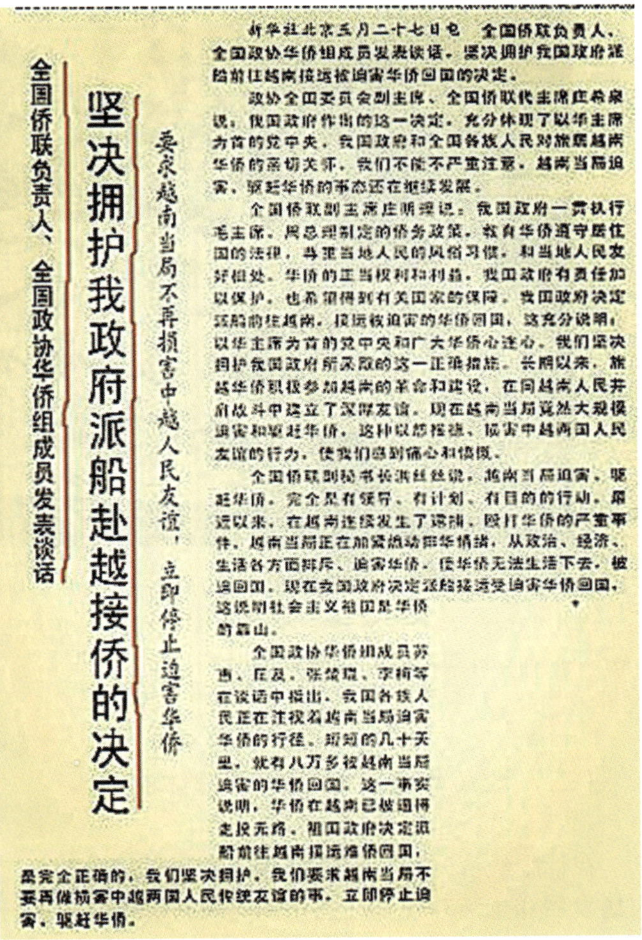

坚决拥护我政府派船赴越接侨的决定

全国侨联负责人、全国政协华侨组成员发表谈话

要求越南当局不再损害中越人民友谊！立即停止迫害华侨

新华社北京五月二十七日电 全国侨联负责人、全国政协华侨组成员发表谈话，坚决拥护我国政府派船前往越南接运被迫害华侨回国的决定。

政协全国委员会副主席、全国侨联代主席庄希泉说，我国政府作出的这一决定，充分体现了以华主席为首的党中央、我国政府和全国各族人民对旅居越南华侨的亲切关怀。我们不能不严重注意，越南当局迫害、驱赶华侨的事态还在继续发展。

全国侨联副主席庄明理说：我国政府一贯执行毛主席、周总理制定的侨务政策，教育华侨遵守居住国的法律，尊重当地人民的风俗习惯，和当地人民友好相处。华侨的正当权利和利益，我国政府有责任加以保护，也希望得到有关国家的保障。我国政府决定派船前往越南，接运被迫害的华侨回国，这充分说明，以华主席为首的党中央和广大华侨心连心。我们坚决拥护我国政府所采取的这一正确措施。长期以来，旅越华侨积极参加越南的革命和建设，在同越南人民并肩战斗中建立了深厚友谊。现在越南当局竟然大规模迫害和驱赶华侨，这种以怨报德、损害中越两国人民友谊的行为，使我们感到痛心和愤慨。

全国侨联副秘书长洪丝丝说，越南当局迫害、驱赶华侨，完全是有领导、有计划、有目的的行动。最近以来，在越南连续发生了逮捕、殴打华侨的严重事件。越南当局正在加紧煽动排华情绪，从政治、经济、生活各方面排斥、迫害华侨，使华侨无法生活下去，被迫回国。现在我国政府决定派船接运受迫害华侨回国，这说明社会主义祖国是华侨的靠山。

全国政协华侨组成员苏惠、庄炎、张楚琨、李楠等在谈话中指出，我国各族人民正在注视着越南当局迫害华侨的行径。短短的几十天里，就有八万多被越南当局迫害的华侨回国。这一事实说明，华侨在越南已被逼得走投无路。祖国政府决定派船前往越南接运难侨回国，是完全正确的，我们坚决拥护。我们要求越南当局不要再做损害中越两国人民传统友谊的事，立即停止迫害、驱赶华侨。

《全国侨联负责人、全国政协华侨组成员发表谈话 坚决拥护我政府派船赴越接侨的决定》

图片来源：《人民日报》，1978年5月28日第2版。

1979年7月进入我国边境口岸的越南难侨

图片来源：中国网，http：//military. china. com/ zh _ cn/history4/62/2014051 4/18501808_3. html。

广西北海市地方政府向难侨分发油料和猪肉

图片来源：《北海侨港镇："世界安置难民的光辉典范和橱窗"》，珍藏网，http：//www.zhencang.org/march 10/ngo/BeiHai.htm。

（二）改革华侨农场旧的管理体制

在计划经济时代，整个社会都在政府的政策规定下运行，这个时期的华侨农场发展和生活环境都要强于周边农村。但是改革开放之后，随着我国进行经济体制改革，周边农村都发展起来了，而这时华侨农场却因为各种原因无法适应这种经济体制改革，发展陷入困境。国家秉着对归侨、侨眷一贯的"适当照顾"原则，及时出台了很多政策，扶持华侨农场的发展。1985 年，中共中央、国务院下发了《关于国营华侨农场经济体制改革的决定》，制定了土地承包政策，解决了长期以来华侨农场职工吃大锅饭的问题，吹响了华侨农场改革的进军号。2007 年，国务院发布了《关于推进华侨农场改革和发展的意见》，对华侨农场人员就业培训、劳动关系处理、解决相关历史遗留问题、参加基本养老保险和医疗保障等工作提出了要求。2012 年，国务院侨办、国家发改委、民政部等十部门联合发布《进一步推进华侨农场改革和发展工作意见的通知》，从实现"三融入"（体制融入地方、管理融入社会、经济融入市场）、理顺华侨农场领导体制、深化经营体制改革等方面，对华侨农场的改革提出了指导意见，华侨农场的改革走上了快车道。

华侨农场迎来发展新机遇

《华侨农场迎来发展新机遇》

图片来源：《人民日报》（海外版），2015年8月3日第6版。

福建福清东阁华侨农场农田承包户纷纷为新插下的水稻施药杀虫，呈现一派繁忙景象

图片来源：《福清侨乡报》，2009年5月27日。

截至2017年，中国九成以上华侨农场实现了属地管理。华侨农场下放到地方管理后，有的由地级市管理，设立华侨管理区，赋予部分县级管理职能；有的由县管理，华侨农场设立镇；有的把华侨农场改制为企业集团公司，基本不再负担行政管理职能，成为县属企业。在国家和地方政府的大力支持下，各华侨农场结合本场的实际，深化华侨农场内部改革，完善土地承包责任制，实行以“两费自理，四到户”（生产、生活费自理，土地作物到户、盈亏到户、核算到户、风险到户）为中心的企业内部改革。以土地为依托，全面实施15～30年不变的土地长期承包经营责任制，实现生产要素与劳动力的有效结合，调动了广大归难侨和职工的生产积极性，职工依法使用土地，放心投入，自主经营，提高效益，减轻负担，增加了收入。

（三）关心和解决华侨农场的民生问题

1. 解决华侨农场职工老有所养问题

在养老保障方面，很长一段时间里，华侨农场和其他国有企业的职工并无二致，费用上也是全部由国家财政预算提供，个人不需要缴纳任何费用。但自20世纪末期各地华侨农场相继改制后，职工的各项社会保障成为急需解决的问题，华侨农场职工的养老保险改革随即也被提上议事日程。1998年，福建省出台了《福建省华侨农场职工养老保险实施方案》，出资2 400万元，率先在全国范围内将华侨农场职工基本养老保险纳入省级统筹。随后，广东也有了重要举措。在广东省23个华侨农场中，原有近半数华侨农场社保没有纳入地方统筹，其退休率达到45%，远远高于地方20%。2002年，广东省华侨农场职工社会养老保险全面纳入当地统筹开始启动。对华侨农场职工养老保险纳入地方统筹的一次性补缴统筹金，省政府决定由省财政负担80%，所在地级市财政负担20%，加大资金支持力度，重点解决华侨农场职工纳入社会养老保险等问题。[①] 2003年6月，劳动社会保障部发出《关于农垦企业参加企业职工基本养老保险有关问题的通知》，规定从2003年7月1日

唐家璇在广西调研时强调

要关心归侨侨眷的生产生活 推进华侨农场的改革和发展

据新华社南宁8月7日电 日前，国务委员唐家璇率领调研组，赴广西考察华侨农场工作。他强调，各级政府要认真贯彻落实《归侨侨眷权益保护法》，切实关心归侨侨眷的生产生活，大力推进华侨农场的改革和发展。

8月1日至5日，唐家璇赴广西对地处偏僻、条件较为艰苦的华侨农（林）场调研，并慰问困难职工。

唐家璇在南宁召开了华侨农场工作座谈会。他指出，进一步解决好华侨农场的改革和发展问题，是全面贯彻科学发展观、落实以人为本、执政为民宗旨的需要，是贯彻落实《归侨侨眷权益保护法》和侨务政策的需要，是建设社会主义新农村和构建和谐社会的需要。必须认清形势，找准办法，标本兼治，争取走出一条华侨农场真正融入地方、归难侨与当地群众共同富裕的发展之路。

唐家璇强调，解决好华侨农场问题，必须讲政治、带感情、办实事。在实际工作中，必须坚持三个“不动摇”，即坚持华侨农场由地方政府领导的体制不动摇；坚持对归侨侨眷“一视同仁，不得歧视，根据特点，适当照顾”的原则不动摇；坚持依靠华侨农场广大干部职工的努力奋斗不动摇。他强调，当前要着力解决好两个方面的问题。一是进一步解决华侨农场历史遗留问题，包括清还拖欠归难侨职工的工资、退休金、医药费，危房改造、饮水安全和维护农场职工土地权益等。二是理顺体制，转换机制，切实做到“体制融入地方、管理融入社会、经济融入市场”。

在广西期间，唐家璇还详细察看了预定今年10月下旬召开的中国—东盟纪念峰会的活动场所，听取了自治区领导关于筹备工作的汇报。

《唐家璇在广西调研时强调　要关心归侨侨眷的生产生活　推进华侨农场的改革和发展》

图片来源：《人民日报》，2006年8月8日第4版。

① 《广东省华侨农场基础养老金纳入当地统筹》，中国侨网，http：//www. chinaqw. com/node2/node116/node1165/ node1177/node1299/node1313/userobject6ai 76566. html/2002－12－24。

起，全国农垦企业及其职工纳入当地基本养老保险范围，并规定华侨农（林）场参加基本养老保险依照该通知精神执行。

2. 改善华侨农场基础设施建设

为了全面落实《进一步推进华侨农场改革和发展工作意见的通知》，各地加大农场的基础设施建设，在饮水安全、道路硬化、污水处理、电网改造、电信网络等与农场职工生产生活息息相关的领域取得了突破性进展。特别是"侨居工程"的建设，让农场职工得到了实实在在的好处。2012年，广东省出台《广东省人民政府办公厅关于进一步推进华侨农场地区改革发展的若干意见》（简称《意见》），对华侨农场危房改造，由各级政府合计按每户不少于15 000元的标准给予补助。《意见》称，从2012年至2015年，对全省华侨农场38 392户危房户，包括非归难侨危房户和新增归难侨危房户实施危房改造。[①] 华侨农场危房改造还被列为2015年广东省十件民生实事之一。广东省和各有关市、县（区）政府、各有关部门和华侨农场高度重视，采取切实有力措施，克服解决各种困难和问题，通过拆旧建新、异地重建、购买新房、维修加固等方式，全力推进华侨农场危房改造工作，确保按计划在2015年12月底完成华侨农场危房改造任务。

"感谢党！感谢人民政府！"越南归侨退休职工冯振娟（左）拿到基础养老金存折后，喜不自禁地说

图片来源：《广东省华侨农场基础养老金纳入当地统筹》，中国侨网，http：//www.chinaqw.com/node2/node116/node1165/node1177/node1299/node1313/userobject6ai76566.html/2002－12－24。

广东清远华侨农场危旧房改造后的侨居房

图片来源：《清远华侨农场危房已改造完成540户》，清远市政府网，http：//www.gdqy.gov.cn/gdqy/400zwyw/201508/4e2e6e2fccdc4bd9bad2be40afcecdae.shtml。

① 《广东华侨农场危房改造每户补助不低于15 000元》，网易新闻，http：//news.163.com/13/0223/14/8ODFD9D700014AED.html/2013－02－23。

广东珠海红旗华侨农场的危旧房改造工程正在进行

图片来源：《金湾红旗华侨农场危旧房将竣工　“住房难”将告别》，《珠海特区报》，2011年6月8日。

广西桃城华侨农场侨居工程江滨住宅小区落成剪彩

图片来源：《实施侨居工程　改善居住环境》，《八桂侨刊》2006年第1期。

从2000年开始，福建泉州市委、市政府连续6年把华侨农场侨居造福工程列入为民办实事项目，市财政拨出188万元专款，所在县（区、市）相应拨款支持，在洛江双阳、永春北硿、南安雪峰三个华侨农场兴建侨居楼。截至2005年底，新建侨房51 678平方米，维修旧房 11 446 平方米，已经解决了2 300多名归侨侨眷的住房问题。[①] 广西大力推进危旧房改造工程，帮助 2. 5 万户，超过 80% 的职工搬进了新居，居住条件得到极大改善。[②] 从 1999 年开始，桂林七星区华侨农场自筹资金，分期分批为 646 户归侨实施“侨居工程”建设，归难侨职工只需几万元即可买一套三房一厅新住房，创造了华侨农场“侨居工程”的新模式。如今，一幢幢楼房取代了老旧泥砖平房，大部分侨民已搬进前三期陆续完工的新居。随着“侨居工程”第四期工程的结束，将彻底解决华侨农场全部职工的住房问题。[③] 云南省在华侨农场危房改造工程中也加大马力，决定用一年时间完成华侨农林场危房改造工作，确保不让一户归难侨住危房。为顺利推进此项工作，云南省一次性将归难侨危房改造三年省级配套资金 4 028. 9 万元全部下发。与此同时，云南省发改委、省建设厅、省侨办等部门将密切配合，加大对侨场危房改造工作的支持力度，将侨场未能纳入归难侨危房改造工程的 6 131 户其他危房户纳入云南省棚户区（廉租房）改造项目。[④]

桂林华侨农场“侨居工程”完工　最后一批 240 户职工陆续喜迁新居

图片来源：桂林市人民政府网站，http：//www. guilin. gov. cn/xwgz/201802/t20180201_739137. htm。

① 《侨居工程造福归侨》，《泉州晚报》，2006 年 2 月 23 日。

② 《广西完成华侨农林场体制改革　侨场实现“三融入”》，中国侨网，http：//www. chinaqw. com/gqqj/2016/02 -26/80902. shtml。

③ 《桂林华侨农场“侨居工程”完工　最后一批职工迁新居》，中国侨网，http：//www. chinaqw. com/gqqi/2018/02 -02/1777677. shtml。

④ 《云南省确保不让华侨农场一户归难侨住危房》，网易新闻，http：//news. 163. com/09/0227/14/535SK4CQ000120GU. html/2009 -02 -27。

云南双江勐库华侨管理区召开危房改造土地使用证发放现场大会，并为居民颁发“国有土地使用证”和“房产证”

图片来源：《云南双江勐库华侨农场为居民办理颁发“两证”》，中国侨网，http://www.chinaqw.com/gqqj/2015/01-16/34221.shtml。

（四）促进华侨农场转型发展

1. 因地制宜，打造特色品牌

改革发展进程中的华侨农场，加强自身的造血功能，大力发展具有区域特色的农业支柱产业，形成了一大批具有一定市场影响力的特色品牌。如广东省大南山侨场万亩优质水果和茶叶种植基地、普宁侨场万亩名贵中草药材种植示范园、陆丰侨场优质亚热带水果种植示范园、潼湖侨场供港无公害蔬菜基地等现代农业基地，培育了如“英红九号”“普宁降香茶”“大南山乌龙茶”“陆丰优质水果”“潼湖无公害蔬菜”等特色品牌，加快了华侨农场经济增长的步伐，增加了侨场职工的经济收入，推动了华侨农场的可持续发展。同时，各华侨农场鼓励职工因地制宜，依托山水风光、风土人情和农业生态等发展旅游观光业，积极培育旅游休闲度假项目，带动酒店、餐饮、商贸等第三产业发展。兴隆华侨农场大力打造高端旅游平台，完成兴隆热带花园创建国家5A级景区工作，整合提升兴隆核心区域规划建设和加快兴隆侨乡国家森林公园建设，推动传统旅游产业转型升级。通过一系列改革，夯实了华侨农场发展基础，一批优质侨资、侨企落户农场，使曾经萎靡不振的华侨农场恢复了勃勃生机。

惠州潼侨茶场让老品牌焕生机　拟打造茶文化基地

图片来源：中国侨网，http：//www. chinaqw. com/gqqj/2017/03－30/134189. shtml。

德国侨商、广西双立仁科技有限公司董事长李立峰与广西华侨企业协会代表签署电子商务战略合作框架协议。根据协议，广西22个华侨农林场将引入电子商务营销模式，在“互联网＋”时代通过新经济模式把产品销往中心城市

图片来源：《广西侨办副主任：利用侨商智慧促华侨农场发展》，中国侨网，http：//www. chinaqw. com/gqqj/2015/04－24/46911．shtml。

2. 设立华侨经济产业区（投资区、开发区）

广东省是全国华侨农场最多的省份，有 23 个华侨农场，总人口 58.3 万。2005 年，广东省政府出台了《关于进一步加快华侨农场改革发展的意见》，要求各地、各有关部门进一步提高认识，按照科学发展观和构建和谐广东的要求，不断深化华侨农场体制改革。2008 年，广东省出台《印发广东省推进华侨农场改革和发展实施方案的通知》，明确要建立起全省统一的、较为完善的侨镇办区（华侨农场）城乡经济社会管理体制和发展机制，以“三融入”为主线，以推进“三化”（农业产业化、现代工业化、新型城镇化）为重点，推进华侨农场改革发展。2008 年以来，广东 23 个侨场完成升级改制，与地方区镇进行同地同城同步可持续的发展。同时，23 个侨场全部改制为经济管理区、镇或街道办事处，以及发展公司。①

广东省以清远华侨工业园为平台，在促进华侨农场区域工业化、城镇化发展方面取得了显著的成绩。清远华侨工业园（广东省华侨经济产业区）是清远市委、市政府于 2008 年 6 月在原英德市英东工业园基础上创办的一个新园区。园区总面积约 118 平方千米，规划建设面积 40 平方千米，覆盖了英华、黄陂原有的两个华侨茶场。2008 年 12 月，经广东省侨办同意冠名为“广东省华侨经济产业区”，是目前全省最大、国有土地最多的一个华侨产业区。

清远华侨工业园举行现场推介暨签约仪式

图片来源：中国新闻网，http：//www.chinanews.com/zgqj/news/2009/08－31/1842806.shtml/2009－08－31。

① 《广东 23 个华侨农场完成升级改制》，《南方日报》，2016 年 12 月 9 日第 4 版。

2013年7月10日下午，广东省首次境外大型华侨农场土地招商推介会在香港会议展览中心成功举行。推介会推出华侨农场60个招商项目参加洽谈，涉及生物医药、机械装备、信息技术、环保材料、现代农业、特色旅游、现代物流等多个领域。现场达成投资项目协议28个，逾80亿元人民币，其中现场签约17个外商投资项目，44.6亿元人民币，最大项目投资额超10亿元人民币。①

在广东的带领下，其他省份也纷纷推出华侨农场改革新举措。福建有15个华侨农场成为“华侨经济开发区”，广西有18个华侨农场成为“华侨投资区”，其中武鸣华侨农场还被确定为“广西—东盟经济技术开发区”。②

广东省华侨农场土地招商推介会在港举行

图片来源：广东省人民政府网，http://zwgk.gd.gov.cn/006940212/201307/t2013071 1_380604.html/2017-07-12。

① 《广东华侨农场土地招商推介会在港举办　签约超44亿》，中国新闻网，http://www.chinanews.com/zgqj/2013/07-11/5028397.shtml/2013-07-11。

② 《李海峰在全国华侨农场改革与发展经验交流会上的讲话》，中国侨网，http://www.chinaqw.com/news/2005/0920/68/285.shtml。

前身为武鸣华侨农场的广西—东盟经济经开区基础设施日趋完善

图片来源：《广西—东盟技术开发区：四大举措发力冲刺全年目标》，人民网，http：//gx. people. com. cn/BIG5/n2/2016/1124/c371363 - 29360186. html。

广西—东盟经济技术开发区于 2004 年 3 月成立，实行三块牌子（南宁东盟经济开发区、南宁华侨投资区、武鸣华侨农场）、一套人员管理模式，独立行使市级经济社会管理职能。广西—东盟经济技术开发区是南宁市人民政府直属、国务院侨办重点联系单位；是国家发展和改革委 2005 年 12 月第一批通过审核公告的省级开发区。2013 年 3 月经国务院正式批准，广西—东盟经济技术开发区升级为国家级经济技术开发区。2017 年，实现固定资产投资 177 亿元，财政收入达 11. 6 亿元，增长 10. 1%，成为南宁市乃至广西工业增长速度最快、发展潜力最大的开发区之一。[①] 2017 年 9 月，第十四届中国—东盟博览会、中国—东盟商务与投资峰会在广西南宁举行，多国政要出席。与会各国领导人高度评价中国—东盟友好合作成果及东博会在其中发挥的重要作用，表明了深化全面友好合作的强烈愿望和决心。展会在经贸对接、产能合作、有机对接等方面均取得新突破。

① 《总投资逾 12 亿元项目在广西—东盟经开区集中签约》，中国新闻网，http：//www. gx. chinanews. com/news/2018/0202/20794. html。

七、鼓励海外侨胞、港澳同胞投资

（一）侨资成为中国历史变革的重要推动力

1. 建立经济特区

1979 年，中央决定在广东、福建两省创办深圳、珠海、汕头、厦门四个经济特区。这是我国对外开放的重大决策和突破口。

党的十一届三中全会闭幕后不久的 1979 年 4 月，中共中央在北京召开工作会议，专门讨论经济建设问题。会上，时任广东省委主要领导的习仲勋、杨尚昆同志在汇报工作时向中央建议：可以利用广东毗邻香港、澳门，商品经济较为发达，海外粤籍华侨众多的有利条件，在对外开放上做点文章。这个提议，引起了中央领导高度重视。1979 年 6 月 6 日和 6 月 9 日，中共广东省委《关于发挥广东优越条件、扩大对外贸易、加速经济发展的报告》和中共福建省委《关于利用侨资、外资，发展对外贸易，加速福建社会主义建设的请示报告》分别呈送中央，提出实行新体制和试办出口特区的要求。1979 年 7 月 20 日，中共中央以中发〔1979〕50 号文发出《中共中央、国务院批转广东省委、福建省委关于对外经济活动实行特殊政策和灵活措施的两个报告》，决定在深圳、珠海、汕头、厦门创办出口特区。1980 年 8 月 26 日，全国人大常委会通过决议，批准《广东省经济特区条例》《福建省厦门经济特区经济条例》。中国的经济特区由此正式诞生。①

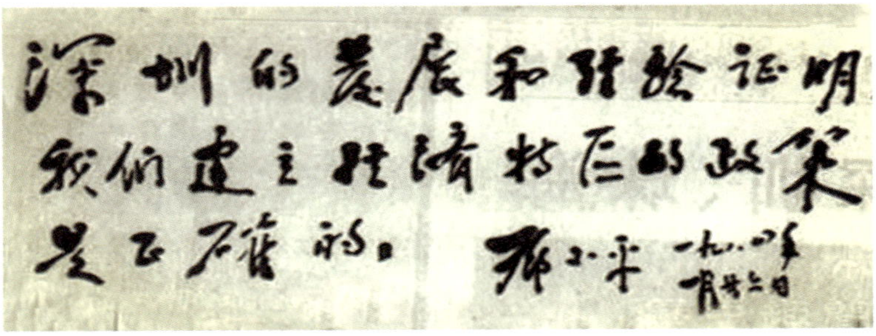

邓小平视察深圳特区的题词

图片来源：《邓小平视察深圳等特区并题词》，历史趣闻网，http：//www.lishiquwen. com/news/9127. html。

---

① 《经济特区的诞生》，商务历史网，http：//history. mofcom. gov. cn/？ newchina = 经济特区的诞生。

1984 年 1 月 24 日至 26 日，邓小平视察深圳。1 月 26 日至 29 日，邓小平视察珠海。2 月 7 日至 10 日，邓小平视察福建厦门和正在建设中的厦门经济特区。视察期间，邓小平为深圳特区题词："深圳的发展和经验证明，我们建立经济特区的政策是正确的。"为珠海特区题词："珠海经济特区好。"为厦门特区题词："把经济特区办得更快些更好些。"

深圳、珠海、厦门和汕头经济特区的建立，其初衷主要是吸引华侨华人前来投资。正如 1991 年邓小平回忆所说："那一年确定四个经济特区，主要是从地理条件考虑的。深圳毗邻香港，珠海靠近澳门，汕头是因为东南亚国家潮州人多，厦门是因为闽南人在外国经商的很多。"① 由此可见，当年经济特区的建立，主要是立足于引进华侨华人和港澳同胞资金的战略思想的。随着经济特区的建立，中国改革开放的大门首先从广东和福建开启，丰厚侨资成为这场历史变革的重要推动力。据深圳特区有关部门统计，到 1982 年 3 月为止，来到该区参观访问和洽谈业务的有来自 30 多个国家和地区的 2 500 多人次，其中绝大多数是港澳同胞和海外华侨。② 厦门特区的"三资"企业中，属于侨资的约占 80%。③

珠海引进的第一家"三来一补"工业企业、内地第一家补偿贸易港资企业——香洲毛纺厂

图片来源：《1980 年：经济特区诞生　杀出一条血路》，南方网，http：//zh. southcn. com/content/2015 －06/25/content_1270 23094. htm。

① 邓小平：《邓小平文选》（第三卷），北京：人民出版社，1993 年，第 366 页。

② 陈乔之：《港资、侨资与经济特区的建设》，《世界经济研究》1984 年第 6 期。

③ 杨美景、刘晓斌：《厦门经济特区利用侨资外资十年回顾》，《国际经济合作》1992 年第 4 期。

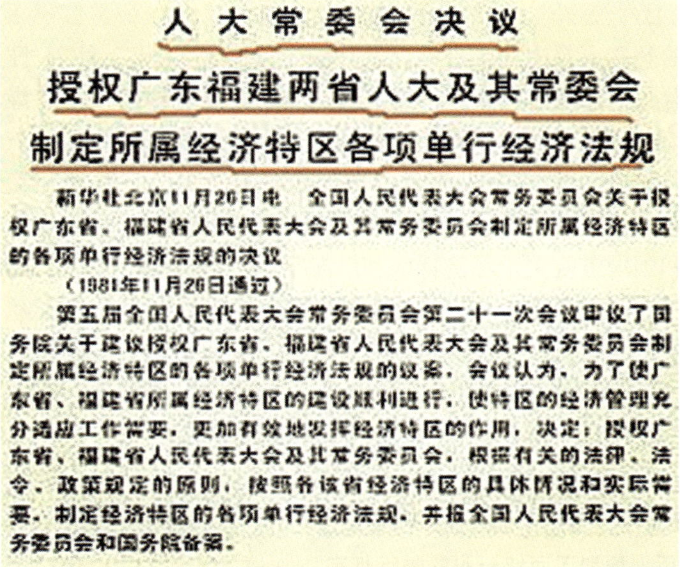

人大常委会决议

授权广东福建两省人大及其常委会
制定所属经济特区各项单行经济法规

新华社北京11月26日电　全国人民代表大会常务委员会关于授权广东省、福建省人民代表大会及其常务委员会制定所属经济特区的各项单行经济法规的决议

（1981年11月26日通过）

第五届全国人民代表大会常务委员会第二十一次会议审议了国务院关于建议授权广东省、福建省人民代表大会及其常务委员会制定所属经济特区的各项单行经济法规的议案，会议认为，为了使广东省、福建省所属经济特区的建设顺利进行，使特区的经济管理充分适应工作需要，更加有效地发挥经济特区的作用，决定：授权广东省、福建省人民代表大会及其常务委员会，根据有关的法律、法令、政策规定的原则，按照各该省经济特区的具体情况和实际需要，制定经济特区的各项单行经济法规，并报全国人民代表大会常务委员会和国务院备案。

《人大常委会决议　授权广东福建两省人大及其常委会制定所属经济特区各项单行经济法规》

图片来源：《人民日报》，1981 年 11 月 27 日第 1 版。

深圳经济特区进入大规模建设

广东深圳经济特区进入大规模的全面建设，6万多名建筑工人活跃在特区260多个工程项目的工地上，施工总面积达150多万平方米。早期动工兴建的蛇口、上步、沙河工业区和罗湖商业区已初具规模。一批高层楼宇和工厂，以及高级商场、宾馆等先后建成，开始呈现出现代城市的雏型。

本报记者　李长永摄影报道

△　建设中的深圳上步工业区。

▷　深圳印刷制品厂外景一角。

《深圳经济特区进入大规模建设》

图片来源：《人民日报》，1982 年 7 月 5 日第 4 版。

2. 建立经济技术开发区

在总结经济特区经验的基础上，中共中央书记处和国务院于1984年3月26日至4月6日在北京召开了沿海部分城市座谈会，决定进一步办好现有的四个经济特区，并进一步开放大连、秦皇岛、天津、烟台、青岛、连云港、南通、上海、宁波、温州、福州、广州、湛江、北海14个沿海港口城市和海南岛为经济技术开发区，以引进技术为主的原则，着重兴办知识技术密集型的新兴产业。1984年11月，国务院发布《中华人民共和国国务院关于经济特区和沿海十四个港口城市减征、免征企业所得税和工商统一税的暂行规定》，在上述特区和城市投资兴办中外合资经营企业、中外合作经营企业、客商独立经营企业，给予减征、免征企业所得税和工商统一税的优惠。自20世纪90年代以后，中国的对外开放速度向纵深推进，逐步由沿海向沿江及内陆和沿边城市延伸，全方位的区域开放格局基本形成。

中华人民共和国国务院关于经济特区和沿海十四个港口城市减征、免征企业所得税和工商统一税的暂行规定

国务院发布《中华人民共和国国务院关于经济特区和沿海十四个港口城市减征、免征企业所得税和工商统一税的暂行规定》的通知

一、经济特区

二、沿海十四个港口城市的经济技术开发区

三、沿海十四个港口城市的老市区和汕头、珠海、厦门市市区

四、施行日期

《中华人民共和国国务院关于经济特区和沿海十四个港口城市减征、免征企业所得税和工商统一税的暂行规定》

图片来源：《人民日报》，1984年11月18日第2版。

良好的投资环境，激发了外商投资的积极性。广州经济技术开发区的经济效益在全国14个开发区中领先。据统计，自1984年建区以来，累计批准合同306个，其中生产性项目占半数以上；项目投资总额超16.7亿元人民币，其中外商投资额超1.25亿美元。1989年上半年筹建的60家企业中，42家是外商投资企业。[①] 截至2017年10

① 《广州经济技术开发区吸引外商，经济效益在全国14个开发区中领先》，《人民日报》，1989年7月24日第2版。

月，297 家世界 500 强企业已在广州设立 921 个项目。[①] 世界 500 强的到来，也为千年古城带来新脉动：一个个支柱产业浮出水面，城市格局和张力也为之一变。

广州经济技术开发区鸟瞰

图片来源：《投资强劲　广州开发区今年新增 14 家世界 500 强》，南方网，http：//news. southcn. com/gdnews/hotspot/gzjjxdl/tzdl/200212220363. htm。

3. 制定和完善一批来华投资的政策法规

吸引投资，政策先行。1985 年 4 月 2 日颁布的《国务院关于华侨投资优惠的暂行规定》，是新时期最早的有关华侨投资的规定。随之有《关于鼓励华侨和香港澳门同胞投资的规定》（1990 年制定）[②]、《中华人民共和国外资企业法实施细则》（1990 年制定）、《中华人民共和国中外合作经营企业法实施细则》（1995 年制定）等等。这些政策的实施，吸引了大批海外华商踊跃来华投资。特别是 1990 年国务院《关于鼓励华侨和香港澳门同胞投资的规定》的颁布实施，激发了广大海外华侨华人和港澳台同胞投资祖（籍）国的热情，全国所有的省、市、区都有了海外华侨华人和港澳台同胞投资建设的工厂、企业，全国各地都呈现一片欣欣向荣的繁荣景象。为进一步推动海外华侨华人来华投资创业，1999 年侨务系统在全国开展“为侨资企业服务行动年”活动，主要内容是：依法查处侵害华侨华人和港澳同胞

① 《297 家世界 500 强企业在广州设立 921 个项目》，搜狐网，http：//www. sohu. com/a/208471816_120702/ 2017 - 12 - 05。

② 此规定颁布后，1985 年的《暂行规定》废止。

投资者合法权益的案件；妥善协调解决各类经济纠纷；积极为侨资企业排忧解难，提供优质服务。21 世纪伊始的 2001 年，我国成功加入了世界贸易组织，标志着中国已经真正从计划经济转型为市场经济，并且在国际上得到了广泛的认可。同时，中国国内的各种软硬件环境也日趋完善：北京申奥成功、上海申请世博会成功，使中国逐渐成为一个蒸蒸日上的国家并充满无限的商机。随着国家政策的大力支持和投资环境的不断优化，海外侨胞投资祖（籍）国建设的热情空前高涨。

国务院关于鼓励华侨和香港澳门同胞投资的规定

中华人民共和国国务院令

第64号

现发布《国务院关于鼓励华侨和香港澳门同胞投资的规定》，自发布之日起施行。

总理 李鹏

1990年8月19日

新华社北京8月27日电 国务院关于鼓励华侨和香港澳门同胞投资的规定

第一条 为促进我国经济发展，鼓励华侨和香港澳门同胞（以下统称华侨、港澳投资者）在境内投资，制定本规定。

第二条 华侨、港澳投资者可以在境内各省、自治区、直辖市、经济特区投资。

鼓励华侨、港澳投资者依照国家有关规定从事土地开发经营。

第三条 华侨、港澳投资者在境内可以下列形式进行投资：

（一）举办华侨、港澳投资者拥有全部资本的企业；

（二）举办合资经营企业、合作经营企业；

（三）开展补偿贸易、来料加工装配、合作生产；

（四）购买企业的股票和债券；

（五）购置房产；

（六）依法取得土地使用权，开发经营；

（七）法律、法规允许的其他投资形式。

第四条 华侨、港澳投资者可以在境内的工业、农业、服务业以及其他符合社会和经济发展方向的行业投资。华侨、港澳投资者可以从各地方人民政府有关部门公布的项目中选择投资项目，也可以自行提出投资项目意向，向拟投资地区对外经济贸易部门或者地方人民政府指定的审批机关申请。

国家鼓励华侨、港澳投资者投资举办产品出口企业和先进技术企业，并给予相应的优惠待遇。

第五条 华侨、港澳投资者在境内投资举办拥有全部资本的企业、合资经营企业和合作经营企业（以下统称华侨、港澳同胞投资企业），除适用本规定外，参照执行国家有关涉外经济法律、法规的规定，享受相应的外商投资企业待遇。

华侨、港澳投资者在境内进行其他形式的投资，以及在境内没有设立营业机构而有来源于境内的股息、利息、租金、特许权使用费和其他所得，除适用本规定外，也可以参照执行国家有关涉外经济法律、法规的规定。

第六条 华侨、港澳投资者可以用可自由兑换货币、机器设备或者其他实物、工业产权、专有技术等作为投资。

第七条 华侨、港澳投资者在境内的投资、购置的资产、工业产权、投资所得利润和其他合法权益受国家法律保护，并可以依法转让和继承。

华侨、港澳投资者在境内的活动应当遵守国家的法律、法规。

第八条 国家对华侨、港澳投资者的投资和其他资产不实行国有化。

第九条 国家根据社会公共利益的需要，对华侨、港澳同胞投资企业实行征收时，依照法律程序进行并给予相应的补偿。

第十条 华侨、港澳投资者投资获得的合法利润，其他合法收入和清算后的资金，可以依法汇往境外。

第十一条 华侨、港澳同胞投资企业在其投资总额内进口本企业所需的机器设备、生产用车辆和办公设备，以及华侨、港澳同胞个人在企业工作期间运进自用的、合理数量的生活用品和交通工具，免缴进口关税、工商统一税，免领进口许可证。

华侨、港澳同胞投资企业进口用于生产出口产品的原材料、燃料、散件、零部件、元器件、配套件，免缴进口关税、工商统一税，免领进口许可证，由海关实行监管。上述进口料件，如用于在境内销售的产品，应当按照国家规定补办进口手续，并照章补税。

华侨、港澳同胞投资企业生产的出口产品，除国家限制出口的外，免缴出口关税和工商统一税。

第十二条 华侨、港澳同胞投资企业可以向境内的金融机构借款，也可以向境外的金融机构借款，并可以本企业资产和权益抵押、担保。

第十三条 华侨、港澳投资者拥有全部资本的企业，经营期限由投资者自行确定；合资经营企业和合作经营企业，经营期限由合资或者合作各方协商确定，也可以不规定经营期限。

第十四条 合资经营企业董事会的组成和董事长的委派、合作经营企业董事会或者联合管理机构的组成和董事长或者联合管理机构主任的委派，可以参照出资比例或者合作条件，由合资或者合作各方协商决定。

第十五条 华侨、港澳同胞投资企业依照经批准的合同、章程进行经营管理活动，企业的经营管理自主权不受干涉。

第十六条 在境内投资的华侨、港澳同胞个人以及华侨、港澳同胞投资企业从境外聘请的技术和管理人员，可以申请办理多次入出境的证件。

第十七条 华侨、港澳投资者在境内投资可以委托境内的亲友为其代理人。代理人应当持有具有法律效力的委托书。

第十八条 在华侨、港澳同胞投资企业集中的地区，华侨、港澳投资者可以向当地人民政府申请成立华侨、港澳投资者协会。

第十九条 华侨、港澳投资者在境内投资举办合资经营企业、合作经营企业，由境内的合资、合作方负责申请；举办华侨、港澳投资者拥有全部资本的企业，由华侨、港澳投资者直接申请或者委托在境内的亲友、咨询服务机构等代为申请。华侨、港澳投资者投资举办企业的申请，由当地对外经济贸易部门或者地方人民政府指定的审批机关统一受理。

华侨、港澳同胞投资企业的审批，按照国务院规定的权限办理。各级对外经济贸易部门或者地方人民政府指定的审批机关应当在收到全部申请文件之日起四十五天内决定批准或者不批准。

申请人应当在收到批准证书之日起三十天内，按照有关登记管理办法，向工商行政管理机关申请登记，领取营业执照。

第二十条 华侨、港澳投资者在境内投资因履行合同发生的或者与合同有关的争议，当事人应当尽可能通过协商或者调解解决。

当事人不愿协商、调解的，或者协商、调解不成的，可以依据合同中的仲裁条款或者事后达成的书面仲裁协议，提交境内或者其他仲裁机构仲裁。

当事人没有在合同中订立仲裁条款，事后又没有达成书面仲裁协议的，可以向人民法院起诉。

第二十一条 本规定由对外经济贸易部负责解释。

第二十二条 本规定自发布之日起施行。

《国务院关于鼓励华侨和香港澳门同胞投资的规定》

图片来源：《人民日报》，1990 年 8 月 28 日第 2 版。

4. 成立中国侨商投资企业协会

为适应为侨服务和为国家发展大局服务的新形势，推动侨资企业更好更快地发展，经国务院同意和国家民政部批准，2008 年 1 月 16 日，中国侨商投资企业协会在北京成立，主管部门为国务院侨务办公室。中国侨商投资企业协会的主要职能是：反映侨资企业要求，沟通侨资企业与政府的联系，促进侨资企业之间的合作，维护侨资企业的合法权益，引导企业规范经营、行业自律等。首任会长是正大（中国）投资有限公司董事长谢国民。协会常务副会长包括陈永栽、李文正、许荣茂、张晓卿、陈有庆、陈江和、陈丽华、周泽荣、林文光、郭孔丞、黄如论、黄志源、曹德旺、林树哲、张茵、陈经纬、陈卓林、古润金、施恭旗等一批在中国国内投资较大、成就突出，在海内外有相当影响的知名侨资企业家，协会三百余家企业会员大多是行业内有一定影响和规模的侨资企业。全国各地九十余家侨办主管的侨商组织是本协会的团体会员，它们联系着在中国投资成功的一万多家侨资企业。[①] 协会自成立以来，在国务院侨办和民政部的指导下，秉持“联谊、服务、合作、发展”的宗旨，积极开展各项会务活动。在各方面的共同努力下，协会的凝聚力和影响力不断提升，已成为中国政府与广大侨商沟通的重要桥梁和侨商之间联谊与合作共赢的平台。

为响应国家“大众创业、万众创新”号召，2015 年 11 月 30 日，中国侨商投资企业协会在北京成立科技创新委员会，旨在广泛团结回国（来华）成功创业的重点华侨华人专业人士及团队，通过开展服务、交流、联谊、引导等活动，推动会员间互利合作，促进华侨华人专业人士及其企业事业发展。首届会员共 243 位，均为回国成功创新创业的华侨华人专业人士，其企业均为高新技术企业，主要涉及国家重点关注和扶持的节能环保、新一代信息技术、生物医药、高端装备制造、新能源以及新材料等战略性新兴产业。[②]

广东省侨商投资企业协会第四届理监事会就职典礼

图片来源：广东省侨商投资企业协会网站，http：//www. gocea. net/about. aspx。

① 《中国侨商投资企业协会简介》，中国侨商投资企业协会网站，http：//www. cocea. org. cn/about/xhjj. html。

② 《中国侨商会成立科技创新委员会　首届会员 243 位》，中国新闻网，http：//finance. chinancws. com/hr/2015/11 -30/7648004. shtml。

与中国侨商投资企业活动相呼应，活跃在全国各省市自治区的当地侨商投资企业协会，也积极开展相应的活动，如引导会员守法经营，促进侨资企业交流合作，提供政策法规咨询，维护会员合法权益，配合协助政府引进資金、技术、人才，促进侨资企业和社会事业的和谐发展，关心和支持社会公益事业和慈善事业，等等，各侨商投资企业协会成为侨资企业联谊、互动、合作、发展的有效平台。

广西侨商投资企业协会正式成立

图片来源：《王琳达当选广西侨商会会长　捐资30万助学》，搜狐网，http：//roll. sohu. com/20120329/n339255841. shtml。

辽宁省侨商投资企业协会第二届会员代表大会上，新一届会长、监事长、常务副会长、副会长获颁聘书

图片来源：《万侨创新经贸洽谈暨辽宁省侨商投资企业协会第二届会员代表大会在沈阳召开》，东北新闻网，http：//dyxc. nen. com. cn/system/2017/09/28/020115103. shtml。

（二）海外华商与中国经济共赢发展

华侨华人对内地的投资起到了探路者、先锋队和领路人的作用。改革开放以来，许多华商纷纷在中国投资办厂、兴办实业，既支援了家乡建设，为中国经济发展注入了生机和活力，又使自身事业得到长足发展。新加坡丰隆集团，马来西亚“糖王”郭鹤年集团和“钢铁大王”钟廷森集团，泰国正大卜蜂集团，菲律宾陈永栽集团，印度尼西亚三林集团、金光集团、力宝集团等就是来华比较早的侨资企业。从 1978 年底至 2005 年底，中国累计吸收外资约 6 224 亿美元，其中华商或华商主导的投资约 4 170 亿美元，约占投资总额的 67%。此间中国累计批准设立外商投资企业 55 万余家，其中华商（包括港澳台商）企业约占 70%。[①]改革开放 30 多年来，广东累计吸收外资 1 700 亿美元，而侨资就占了 1 200 亿美元；累计外资企业近 7 万家，而侨资企业就占了近 4 万家。[②]

1992 年 1 月，北京市侨办为五十二家侨资企业颁发“北京市侨资企业确认证书”

图片来源：《颁发侨资企业确认证书》，《侨务工作研究》1992 年第 2 期。

① 沈丹阳：《华商企业对中国大陆的投资现状及发展趋势》，《中国外资》2006 年第 9 期。

② 马至融、姜清波、裴艳等：《海潮回流：海外华侨与广东改革开放》，广州：暨南大学出版社，2008 年，第 2 页。

相对于改革开放前，海外华商对中国的投资具有投资规模、数额不断扩大，投资地区广泛，投资领域拓宽，投资形式多种多样，起点和科技含量高、效益好等特点，有力地推动了中国的对外开放事业，促进了中国经济的发展尤其是侨乡的发展，获得了双赢和共赢的效果。

120 名为开发海南有突出贡献的华侨华人、港澳台同胞受到省政府表彰
图片来源：《侨务工作研究》1992 年第 4 期。

1. 泰国正大集团

正大集团是泰国华人谢易初创办的知名跨国企业，现任董事长是谢国民。该集团是以农牧食品、零售、电信三大事业为核心，同时涉足金融、地产、制药、机械加工等 10 多个行业领域的多元化跨国集团公司，投资和服务分布到 100 多个国家和地区，员工超 30 万人，2016 年集团销售额为 500 亿美元。

泰国正大集团创始人谢易初
图片来源：《纪念谢易初》

泰国正大集团是中国改革开放后第一家在华投资的外商企业。1978 年，正大集团即获得了广东深圳市“001 号”中外合资企业营业执照，并与世界著名农牧企业美国大陆谷物公司合资，在深圳投资 1 500 万美元，建成了当时全国最大的现代化饲料生产企业——年产 8 万吨的正大康地有限公司，成为深圳特区最早和投资规模最大的外商投资项目。之后，正大集团又相继在珠海、汕头领取了“001 号”在华投资企业营业执照。[1] 40 多年来，正大集团秉承“利国、利民、利企业”的经营宗旨，积极投身中国改革开放事业，并不断加大在华投资力度。

正大集团在中国设立企业 400 多家，下属企业遍及除西藏、青海以外的所有省份，员工超 8 万人，总投资超 1 200 亿元，年销售额近 1 500 亿元，拥有正大饲料、正大食品、正大鸡蛋、正大种子、卜蜂莲花、大阳摩托、正大广场、正大制药、《正大综艺》等具有广泛知名度的企业、品牌和产品。正大集团已成为在华投资规模最大、投资项目最多的外商投资企业之一。[2]

改革开放伊始中国第一家外资企业——正大康地有限公司

图片来源：《正大康地——中国农牧企业领袖的摇篮》，正大康地集团官网，http：//ctc-group. cn/2015/03/27/729/。

① 谢国民：《正大中国心》，华商韬略网，http：//www. huashangtaolue. com/xieguomin/2021. html。

② 《正大集团简介》，正大集团网站，http：//www. cpgroup. cn/About. aspx？ catID = 2/正大集团简介，2018 - 12 - 28。

1990 年 4 月 7 日，邓小平在中南海接见了谢国民。会谈中邓小平说，正大集团到中国投资，而且投资额很大，主要集中在农牧业，难能可贵，希望能成为外商投资的典范。邓小平还高度赞扬了华人企业家为改革开放做出的贡献，提出“我们还有几千万爱国同胞在海外，他们希望中国兴旺发达，这在世界上是独一无二的”。这番话在海外华人中间引起了很大反响，坚定了海外侨胞到中国投资的决心和信心。谢国民说：“正是因为我们坚信邓小平的英明决策，看到中国基本政策不动摇，才搭上了中国这班经济快车，使在中国的事业得到了不断发展。”

2018 年 5 月 3 日，福布斯公布 2018 年泰国 TOP50 富豪榜，正大集团谢国民家族以总资产 9 377 亿泰铢，约合人民币 1 875 亿元蝉联泰国首富，六度问鼎这一王座。①

谢国民视察卜蜂莲花（原易初莲花）超市

图片来源：《正大中国心》，华商韬略网，http：//www.huashangtaolue.com/xieguomin/2021.html。

① 《谢氏兄弟再度蝉联泰国首富　华商在世界舞台实力够强》，中国侨商投资企业协会网站，http：//www.cocea.org.cn/news/2018/0507/4275.html。

2. 马来西亚郭氏集团

马来西亚郭氏集团的创始人郭鹤年

图片来源：《2015 马来富豪榜“亚洲糖王”郭鹤年连续 10 年蝉联榜首》，《印度尼西亚商报》，2015 年 2 月 27 日。

郭氏集团是马来西亚华人郭鹤年创办的以房地产开发产业为主，集商业、住宅、酒店、能源、化工科技、物业、国际贸易及文化产业等多元化领域于一体的国际化综合性集团，创建于 1949 年。从最初的“初露锋芒”到后来的“亚洲糖王”“酒店大王”“传媒大亨”，直至现在的多冕之王；从 20 世纪 60 年代的立足大马，到如今遍布世界多个国家的业务网络，控制着超过 100 家公司，拥有数十亿美元的资产，郭鹤年在几十年的时间里，凭着坚韧与智慧，打造了一座足以让众人仰望的产业帝国。

郭氏集团是较早投资中国的华商之一。1983 年，郭鹤年与北京四季青公社、外经贸部五矿进出口总公司签约，兴建他在中国内地的第一家酒店——北京香格里拉酒店。1984 年，郭鹤年斥资 5 亿美元，在北京长安街兴建了中国国际贸易中心，这是当时外资在中国的最大笔投资。项目一建成，便成为北京的地标式建筑。20 世纪 80 年代末 90 年代初期，当国际企业投资在中国举步不前的时候，郭鹤年更是反其道而行，大举投资中国，投下数以十亿计的巨资，成为东南亚华商进军中国的开路先锋。① 在房地产开发方面，历经几十年发展，郭氏集团已经发展成为中国房地产开发百强企业，集团旗下三迪地产先后进入中国内地核心区域，形成了高端、中高端、精品三线产品并进的战略格局，并获国家地产开发一级资质。郭氏集团下属各企业多次被评为全国外商投资“双优”企业、侨资“明星”企业、纳税大户、“重合同、守信用”先进企业。企业通过 ISO 9002 质量体系认证和 ISO 14000 环境管理体系认证等。

郭鹤年更是公益事业的积极倡导者。他曾通过其嘉里粮油（中国）公司向主持“希望工程”的中国青少年基金会捐赠 5 000 万元，为经济困难的农民工子女提供助学金，帮助他们完成学业。2008 年春天，中国南方发生冰冻灾害与四川汶川 8 级地震，郭鹤年和他旗下的公司也慷慨捐款，向灾区人民施以援手。

① 汤琳、吴丹：《郭鹤年：我的心分两瓣，一半在马来西亚，一半在中国》，《华人世界》2008 年第 12 期。

郭鹤年在投资工地现场考察

图片来源：《郭鹤年：我的心分两瓣，一半在马来西亚，一半在中国》，《华人世界》2008年第12期。

郭鹤年在中国内地投资的第一个项目——北京香格里拉酒店

图片来源：《郭鹤年：我的心分两瓣，一半在马来西亚，一半在中国》，《华人世界》2008年第12期。

3. 菲律宾陈氏集团

菲律宾陈氏集团创始人陈永栽，1934 年出生于福建晋江。4 岁时随父亲赴菲律宾。1964 年，创建了福川卷烟厂。短短几年，他开发出五六个名牌，其中与美商合作生产的“云丝顿”“万宝路”等高档烟打破国际香烟市场的冷门。至 1970 年，福川卷烟厂已发展成菲律宾最大的香烟生产企业，其产品垄断了全国六成以上的市场，并辐射到中国香港和东南亚各国。陈永栽本人也因此成为东南亚赫赫有名的“烟草大王”。20 世纪 70 年代后期，陈永栽开始涉足金融业，收购了“通用银行”，更名为“菲律宾联盟银行”，并亲自担任董事长，在半年内资产便由 8 000 万美元增至 2.55 亿美元。1982 年，陈永栽创建了“亚洲啤酒厂”和一系列与之配套的工厂，使亚洲啤酒厂成为一个大型综合生产集团。1986 年，陈永栽收购了设有 500 间客房的五星级世纪公园酒店；1995 年创办了菲律宾上市公司——大亚公司。与此同时，他还完成了两大惊世的并购之举——收购菲律宾航空公司和菲律宾国家银行。至此，陈永栽所创立的陈氏集团所拥有的实业已增至涉及 40 多个行业的上百家公司，并在农业、航空、金融、证券、烟草、饮料、食品、酿酒、化工、建筑、酒店、地产和旅游等行业建树卓越。

菲律宾陈氏集团创始人陈永栽

图片来源：《东盟巨商　菲华巨擘》，华商韬略网，http：//www. hsmrt. com/chenyongzai/828. html。

陈永栽名下的菲律宾航空

图片来源：《东盟巨商　菲华巨擘》，华商韬略网，http：//www. hsmrt. com/chenyongzai/828. html。

1993 年，陈永栽在中国内地的第一个投资项目——厦门商业银行正式开业，成为中国内地的第二家外资银行。1996 年，他又与中国企业合资创建了亚洲啤酒（中国）有限公司。自 20 世纪 90 年代以来，陈永栽开始大举投资中国的房地产业，房地产业超过其旗下企业对中国内地投资的70%，其次是银行业。陈永栽集团先后在厦门、上海、北京、大连市区开发房地产业，加上投资金融和啤酒业，总投资在百亿元人民币以上。2005 年 11 月，陈永栽在中国再次取得两大进展：一是所属菲律宾航空公司实现对北京的首飞；二是宣布成立新的裕景地产集团，重新布局中国内地的房地产业务。

“当年投资中国大陆时想，如果能赚钱双赢更好。倘若失败了，就当为祖（籍）国作贡献了。”2017 年 5 月，在“一带一路”国际合作高峰论坛期间，陈永栽接受访问时表态，无论经济环境怎样，将继续加大对中国内地的投资。

陈永栽在事业上不断取得成功的同时，念念不忘回馈华人社会。多年来，陈永栽热心公益，将自己的财富回馈于民，回馈祖（籍）国。据不完全统计，他近年捐资超过亿元。陈永栽曾担任菲华商联总会副理事长 18 年，为推动菲律宾与中国的友好关系做了很多卓有成效的努力。他也因此成为最受中国重视和尊重的海外华商领袖之一，几乎应邀出席了中国最近三十年来的每一次重大节庆盛典。

自 2001 年以来，陈永栽每年资助菲律宾华裔青少年到中国参加“中国寻根之旅”夏令营活动，学习体验中国文化，至 2017 年，有 1.3 万多名学生受到资助，17 年来，陈永栽为此投入的资金达两亿多元人民币。因对海外华文教育这项“留根工程”的卓越贡献，陈永栽获颁 2016 年第五届“中华之光——传播中华文化年度人物”大奖。

2017 年“中国寻根之旅”菲律宾华裔学生学中文夏令营举行开营仪式

图片来源：《晋江籍旅菲侨领陈永栽连续 17 年资助这个活动》，搜狐网，http://www.sohu.com/a/131841432_267895。

陈永栽获颁“中华之光——传播中华文化年度人物”大奖

图片来源：《菲律宾侨领陈永栽获评中华之光》，泉州网，http：//www. qzwb. com/qy/content/2017 -01/12/content_5510210. htm。

4. 新加坡金鹰集团

陈江和创立的金鹰集团是全球性大型跨国集团，业务主要分布在东南亚、中国、印度和巴西，资产超过150亿美元，拥有5万余名员工，在中国的投资超过60亿美元。1995年金鹰集团进入中国市场，在江苏省重点投资纸业项目。此后，金鹰集团愈来愈看重中国市场，频频出手，在纸浆、造纸、粘胶纤维和能源行业投资巨大。金鹰集团已在江苏、山东、福建、江西、广东等地有多项投资，涉及多个领域。其中之一的核心项目是亚太资源集团所控股的亚太森博浆纸有限公司。该项目三期扩建工程投资达300亿元人民币，其中用于环保的投入不低于30亿元。陈江和要把它建成世界上最环保的制浆生产线。①

新加坡金鹰集团主席陈江和

图片来源：《金鹰集团：在中国力行可持续发展》，今日中国网，http：//www. chinatoday. com. cn/chinese/economy/fxb/201605/t20160531_800058163. html。

2015年11月，新加坡金鹰集团旗下太平洋油气有限公司与北京燃气集团有限公司在北京签署《战略合作框架协议》，金鹰集团将与北京燃气在上游清洁能源天然气资源、天然气液

① 《金鹰集团：在中国力行可持续发展》，今日中国网，http：//www. chinatoday. com. cn/chinese/economy/fxb/201605/t20160531_800058163. html。

化厂投资建设，以及下游市场等领域开展全面合作。

2016 年 8 月，新加坡金鹰集团与中国恒天集团签署战略合作协议，在莱赛尔、聚乳酸等新型纤维项目及粘胶纤维等方面开展更广阔的合作。

数十年来，金鹰集团主席陈江和恪守“利民、利国、利业”的经营理念，促进社会和谐发展。同时，积极参与中国各项公益事业：2003 年“非典”期间，陈江和是捐款最多的一位企业家，捐款总额达 3 000 万元；2008 年北京奥运会场馆“水立方”建设，他是第一位大额捐资人，累计捐资 500 万美元；他还为边远贫穷地区建设学校、提供先进教学设备和设施、建造图书馆。为发展环保事业，促进生态文明建设，2017 年 11 月 20 日，陈江和基金会向中华环境保护基金会捐赠 1 000 万元，用于资助开展环保扶贫、相关行业环保技术规范研究和实施、和谐社区共建、环境保护宣传教育等方面的公益活动。截至 2016 年 5 月底，陈江和已经为中国的公益事业累计捐资逾 4 亿元人民币。[①]

2014 年 5 月，陈江和因其对北京市发展的重要贡献荣获北京市华侨华人“京华奖”“特别荣誉奖”。

2016 年 8 月，中国恒天集团与新加坡金鹰集团签署战略合作协议

图片来源：《中国恒天集团与新加坡金鹰集团签署战略合作协议》，经纬纺织机械股份有限公司网站，http：//www. ahyjhk. com/index. php – g = &m = index&a = index. htm。

① 《金鹰集团：在中国力行可持续发展》，今日中国网，http：//www. chinatoday. com. cn/chinese/economy/fxb/201605/t20160531_800058163. html。

5. 美国新世纪成功集团

美国新世纪成功集团董事长李玉玲，是20世纪80年代中期去美国创业的新移民。经过锲而不舍的追求，她创办的美国成功集团已成为美国的“3A”企业之一，在美国以及中国内地、香港拥有多个上市公司，其经营额超过50亿美元。她还被推举为美国女企业家协会副会长、美国国际文化基金会常务副会长。

美国新世纪成功集团董事长李玉玲

图片来源：《玉质人生——记美国新世纪成功集团董事长李玉玲女士》，《经贸世界》2002年第4期。

作为一名成功的跨国公司企业家，李玉玲不忘中国民族工业的发展，在国内创办了30多家合资或独资企业，横跨环保、高科技、航空、房地产、旅游、服装等多个行业。

1991年，李玉玲投资5 500万元，在她的故乡、孔子的家乡山东曲阜建设了占地约13公顷的孔子六艺城。六艺城是以中国古代伟大思想家孔子的礼、乐、射、御、书、数六艺为主导思想设计而成的，是一座集思想性、娱乐性、参与性为一体的文化旅游景观。

海外华商投资逐步向中国内地特别是中西部地区延伸，也进一步推动、加速了这些地区的开发与发展。为了响应西部大开发战略，2000年8月，李玉玲在新疆乌鲁木齐投资5亿元人民币改造“成功广场”项目，该项目集购物、住宅、餐饮、娱乐、办公于一体。这是海外华人投资者首次大规模参与新疆开发。

与其他爱国爱乡的海外侨胞一样，创业成功的李玉玲不忘热心公益，回馈社会。1998年长江、松花江、嫩江流域遭受特大洪灾，李玉玲向灾区捐赠了价值3 000万元人民币的医药物资，并冒着生命危险来到抗洪前线，慰问官兵。她还先后为甘肃、西藏、新疆、四川、重庆、山东、山西、辽宁、河南、河北、北京等地的社会福利事业捐款，积极参与“希望工程”“幸福工程”“扶贫工程”等重大福利事业。她说：“慈善是我一生的追求。”

李玉玲投资建成的孔子六艺城

图片来源：《孔子六艺城欣赏舞剧〈杏坛古韵〉，吃“六艺饼”》，东方圣城网，http：//www.jn001.com/travel/2014－09/26/content_46083.htm。

八、鼓励海外侨胞和港澳同胞捐赠

（一）保障海外侨胞和港澳同胞的捐赠权利

受国内外政治经济环境的影响，新中国华侨捐赠政策一波三折。随着改革开放的不断深入，中国政府充分认识到华侨捐赠的重要性，指出华侨捐赠是广大侨胞参与祖（籍）国发展建设的重要途径，华侨捐赠工作是侨务部门为侨服务的重要平台，也是侨务工作服务大局的重要抓手。① 各地方政府在制定专门的华侨捐赠法规方面颇为踊跃。具体如 1990 年福建省《华侨捐赠兴办公益事业管理条例》，1995 年浙江省《华侨捐赠条例》，1997 年广东省《华侨捐赠兴办公益事业管理条例》，等等，这些条例法规主要对捐赠人的权利、受赠人的义务、监管部

① 《华侨捐赠是侨务部门为侨服务的重要平台》，中国新闻网，http：//www.chinanews.com/zgqj/2014/05－27/6218689.shtml。

门及其职责、责任追究等进行了规范。[①] 在此基础上，《中华人民共和国公益事业捐赠法》由中华人民共和国第九届全国人民代表大会常务委员会第十次会议于 1999 年 6 月 28 日通过。其中第十五条专门对华侨捐款做出规定：“华侨向境内捐赠的，县级以上人民政府侨务部门可以协助办理有关入境手续，为捐赠人实施捐赠项目提供帮助。”

在国家和地方关于华侨捐赠政策法规的指导下，华侨在国内捐赠的热情高涨，回国捐赠的项目和金额逐年增高。改革开放以来，海外侨胞和港澳同胞捐赠超过 1 000 亿元人民币，为我国经济社会发展做出了重要贡献。[②]

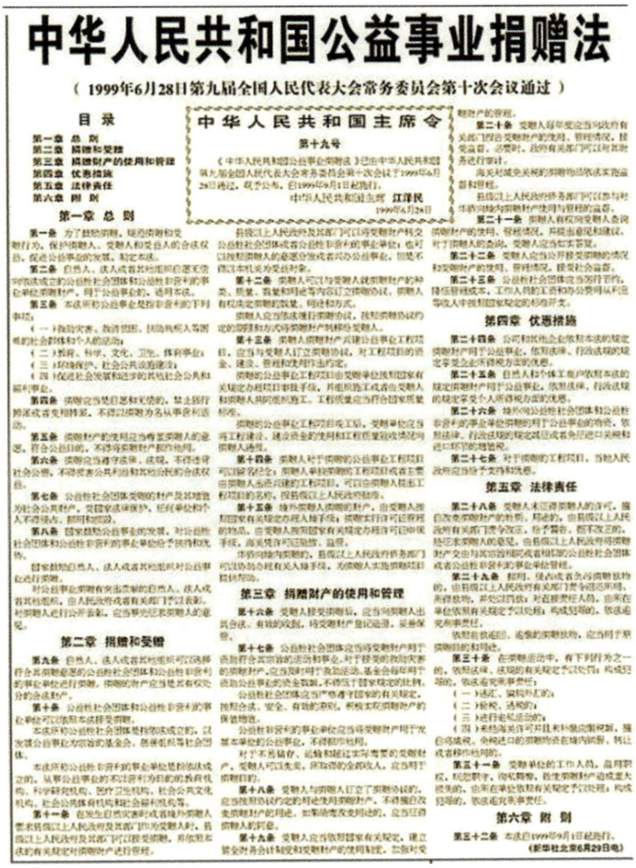
中华人民共和国公益事业捐赠法

（1999年6月28日第九届全国人民代表大会常务委员会第十次会议通过）

目录

第一章 总则
第二章 捐赠和受赠
第三章 捐赠财产的使用和管理
第四章 优惠措施
第五章 法律责任
第六章 附则

中华人民共和国主席令

第十九号

《中华人民共和国公益事业捐赠法》已由中华人民共和国第九届全国人民代表大会常务委员会第十次会议于1999年6月28日通过，现予公布，自1999年9月1日起施行。

中华人民共和国主席 江泽民

1999年6月28日

第一章 总则

第二章 捐赠和受赠

第三章 捐赠财产的使用和管理

第四章 优惠措施

第五章 法律责任

第六章 附则

《中华人民共和国公益事业捐赠法》

图片来源：《人民日报》，1999 年 6 月 30 日第 3 版。

为提高海外侨胞捐赠积极性，侨办等部门印发加强海外侨胞捐赠管理工作的意见、涉侨基金会管理办法等，财政部、税务总局等部门对企业以股权形式进行公益捐赠出台了税收优惠政策，为鼓励海外侨胞捐赠实施优惠待遇。[③] 广东、福建等侨乡大省，海外侨胞和港澳同胞的捐赠更是积极踊跃。据悉，2015 年，广东省接受侨捐 10.3 亿元；[④] 2016 年，福建省接受侨捐 10.31 亿元。[⑤]

① 张赛群：《新中国华侨捐赠政策演变及其特征分析》，《广东社会科学》2013 年第 2 期。

② 《国务院关于华侨权益保护工作情况的报告》，国务院侨务办公室网站，http://www.gqb.gov.cn/news/2018/0426/44797.shtml。

③ 《国务院关于华侨权益保护工作情况的报告》，中国侨网，http://www.chinaqw.com/sqfg/2018/04-26/187402.shtml。

④ 《去年全省接受侨捐 10.3 亿》，《南方日报》，2016 年 9 月 22 日第 11 版。

⑤ 《去年全省接受侨捐 10.31 亿元》，《福建日报》，2017 年 2 月 10 日第 2 版。

全国华侨捐赠工作会议召开

图片来源：《马儒沛表示，华侨捐赠项目是海外侨胞在国内的根》，中国新闻网，http://www.gd.chinanews.com/2008/2008－05－13/8/71627.shtml/2008－05－13。

（二）海外侨胞和港澳同胞对公益事业的捐赠

华侨华人与港澳台同胞对祖（籍）国和家乡捐赠款物，造福桑梓，建设家乡的义举有着长久的历史。近百年来，举凡家乡的教育、文化、卫生、医疗、体育、修桥、造路、兴修水利、赈灾、济贫等各种公益福利事业和慈善事业，他们无不关心和济助，充分表达海外乡亲对桑梓的热爱。中华人民共和国成立后，尤其是1978年中国实行对外开放政策以来，海外华侨华人与港澳台同胞建设家乡、兴办公益事业的各种捐赠活动得到空前的发展。其捐赠款物数量之大、人数之多、地区之广、范围之杂、影响之深，是历史上任何时期所不能比拟的。许多老华侨把在国内的捐赠项目当成一生的重要事业，作为子孙后代传承中华文化、维系与家乡情谊的纽带，倾尽心力来经营。许多华裔二三代经常要回祖籍国看看上一辈捐建的项目，缅怀先辈的业绩和精神。近年来，华侨捐助出现了资金数额增大、参与人数增多、捐赠方向相对集中、受益面逐步扩大的特点，华侨捐赠工作面临新机遇。

1. 教育事业

海外侨胞和港澳同胞捐赠内地公益事业，其中教育事业一直是捐赠的重点。海外侨胞和港澳同胞捐资办学活动几乎涉及教育领域的各个层次和各种类型。这其中既有高等教育，也有基础教育；既有幼儿教育，也有职业教育；捐资办学的范围也相当广泛。正是有了他们的慷慨解囊，使得侨资办学的教育体系不断完善，教育投入不断加大，教育质量和办学水平不断提高。

香港同胞李嘉诚，倾力支持内地及香港的教育、医疗、文化及公益事业。1980 年成立的“李嘉诚基金会”，已经捐出超过 150 亿港元。这 150 亿港元中有 87% 用于大中华地区，其中的大部分又用于内地。李嘉诚基金会的慈善捐助 45% 用于教育，38% 用于医疗，11% 用于文化教育与宗教，剩余 6% 则用于公益。在李嘉诚基金会捐资的一个个项目中，最著名的是汕头大学和长江商学院。至 2015 年，李嘉诚基金会在这两个项目的捐资已逾 60 亿港元。①

李嘉诚捐资兴建的汕头大学

图片来源：《2014 广东二本大学排名　深圳大学遥遥领先》，教育联展网，http：//www. thea. cn/news/terminal/60/8558 －4. html。

① 《李嘉诚第三次斥巨资内地办学：将投 1/3 财产做慈善》，凤凰网，http：//news. ifeng. com/a/20151013/44826525_0. shtml。

田家炳

图片来源：《田家炳：我只是人世间一粒小小的尘土》，今日看点网，http：//www. todayfocus. cn/p/3348. html。

香港同胞田家炳，数十年来一直都在强调："中国的希望在教育。"他在全国范围内累计捐助了大学93所、中学166所、小学41所、专业学校及幼儿园19所、乡村学校图书室1 700余间。全国34省、市、区，都有田家炳学院或田家炳中学。而他个人生活节俭，晚年还卖掉别墅，自己租房住，把全部的款项投向了内地的几十所学校。多年来，田家炳向内地捐款共计十多亿元人民币。①

广东省肇庆市田家炳中学

图片来源：学科网，http：//www. zxxk. com/article/353991. html/2014－07－10。

① 《捐款把自己捐成穷人的亿万富豪：田家炳》，搜狐网，http：//www. sohu. com/a/161797899_721659/2017－08－02。

香港同胞邵逸夫，从1985年起，他平均每年向内地捐赠1亿多港元，用于支持各项社会公益事业。20年间，邵逸夫支持捐赠内地项目超过3 000个，其中80%以上为教育项目。如今以“逸夫”两字命名的教学楼、图书馆、科技馆及其他文化艺术、医疗设施遍布全国各地。1990年，中科院为了表彰他为中国教育事业做出的贡献，将发现的2899号行星命名为“邵逸夫星”。①

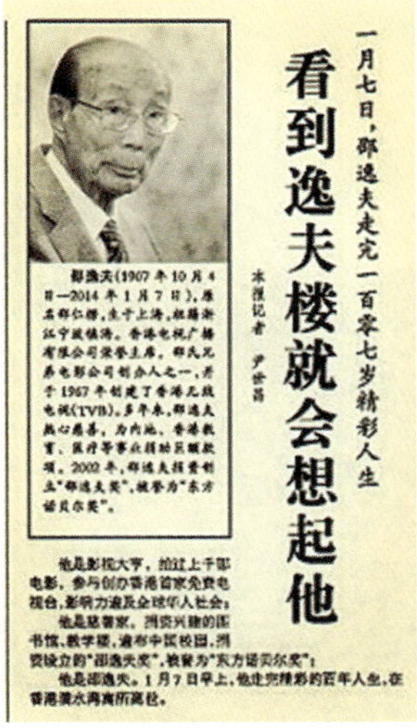

一月七日，邵逸夫走完一百零七岁精彩人生

看到逸夫楼就会想起他

本报记者 尹世昌

邵逸夫（1907年10月4日—2014年1月7日），原名邵仁楞，生于上海，祖籍浙江宁波镇海。香港电视广播有限公司荣誉主席，邵氏兄弟电影公司创办人之一，并于1967年创建了香港无线电视（TVB）。多年来，邵逸夫热心慈善，为内地、香港教育、医疗等事业捐赠巨额款项。2002年，邵逸夫独资创立“邵逸夫奖”，被誉为“东方诺贝尔奖”。

他是影视大亨，拍过上千部电影，参与创办香港首家免费电视台，影响力波及全球华人社会；

他是慈善家，捐资兴建的图书馆、教学楼，遍布中国校园，捐资设立的“邵逸夫奖”，被誉为“东方诺贝尔奖”；

他是邵逸夫。1月7日早上，他走完精彩的百年人生，在香港清水湾寓所离世。

邵逸夫

图片来源：《看到逸夫楼就会想起他》，《人民日报》，2014年1月8日第12版。

清华大学逸夫楼

图片来源：《纪念邵逸夫：盘点各地逸夫楼》，贵阳网，http://www.gywb.cn/content/2014-01/07/content_385719_all.htm?prolongation=1。

① 《慈善：1985年起每年向内地捐1亿》，网易新闻，http://ent.163.com/09/0904/17/5ICP0UV600033MP4.html。

北京大学逸夫楼

图片来源：《纪念邵逸夫：盘点各地逸夫楼》，贵阳网，http：//www. gywb. cn/content/2014 - 01/07/content_385719_all. htm? prolongation = 1。

复旦大学逸夫楼

图片来源：《纪念邵逸夫：盘点各地逸夫楼》，贵阳网，http：//www. gywb. cn/content/2014 - 01/07/content_385719_all. htm? prolongation = 1。

日本横滨广东同乡会会长吴桂显，出于报答故土的情怀，从1979年开始捐资助学的路程，先后捐助了祖籍广东中山的中山学院、中山师范、中山中专、市一中、市侨中、北区中学、员峰小学等10多所学校兴建校舍，对中山市教育的捐款达4 000万元，累计共捐3 700万港元。更难能可贵的是，为了捐款，他不仅节衣缩食，甚至不惜变卖店铺，倾其所有，不改初心。为了表彰吴桂显捐资办学的贡献，1991年中山市人民政府授予他“中山市荣誉市民”称号。

吴桂显

图片来源：《吴桂显校友简介》，中山市第一中学网站，http：// www. zsyz. org/yz. do？ action = viewMessageInfo &message Id = 1302。

吴桂显捐资兴建的中山电子科技大学图书馆，为纪念其父吴文陆，特命名为吴文陆图书馆

图片来源：《毕业前必须做的十件事，你都做了吗?》，搜狐网，http：//www. sohu. com/a/141245311_682857。

2. 道路交通

修路架桥也是海外华侨华人和港澳台同胞热爱桑梓、建设家乡经常性、广泛性的一项善举。改革开放以来，海外华侨华人和港澳台同胞在家乡更为踊跃捐资修桥筑路、捐赠汽车，支持交通运输事业的发展。

1989 年世界船王包玉刚捐款 100 万元在宁波家乡庄市捐建的包兆龙路

图片来源：海天的博客，http：//blog.sina.com.cn/s/blog_6294aeea0102x9py.html。

海外华侨华人和港澳台同胞捐资修建道路和桥梁主要有两个方面：一是捐资大型项目，大大改善交通和投资环境；二是捐资侨乡村镇道路，为村镇的经济发展创造良好条件。

从 1982 年至 1992 年，福建省福清华侨华人捐资修建了 108 条村路、4 条街道及 6 条公路。[①] 自 1979 年至 1993 年，安溪海外乡亲捐资家乡修建公路 80 多条，其中捐资 10 万元以上的有 15 条。[②] 据广东省侨务办公室的统计，广东从 1978 年至 1989 年 9 月，接受华侨、港澳同胞和外籍华人捐资修筑的桥梁有 2 663 座、公路 7 793 千米。[③]

由海外乡亲捐资兴建的广东潮州韩江大侨，捐资额超过 1 000 万

图片来源：中国桥，http：//www.china－qiao.com/ql20/czql/czql009.htm。

① 王付兵：《改革开放以来华人华侨对福清的捐赠及其作用》，《华侨华人历史研究》2000 年第 3 期。

② 任贵祥：《海外华侨华人与中国改革开放》，北京：中共党史出版社，2009 年，第 441 页。

③ 参见林金枝主编：《华侨华人与中国革命和建设》，福州：福建人民出版社，1993 年。

港澳知名人士何贤、何添和霍英东合捐 1 700 万元兴建的广州洛溪大桥

图片来源：《千万同系故园情结　广东侨胞廿年捐款 309 亿》，南方网，http：//www. south-cn. com/ news/ gdnews/ gdtodayimportant/ 200211230466. htm。

3. 医药卫生

海外华侨华人与港澳台同胞对家乡人民的疾病痛苦也至为关心。他们热心捐资兴办医疗卫生慈善事业，对侨乡人民的卫生保健事业发挥很大作用。改革开放以来，海外乡亲对医疗卫生事业的捐资热情进一步高涨，捐资数量、规模及捐资项目远远超过以往任何历史时期。他们或捐资在家乡新建、扩建一大批医院，或捐赠大量医疗器械设备，对家乡的医疗卫生事业做出重大贡献。

由旅泰华侨张光利捐资 10 万美元建起的海南文昌锦山华侨医院“张光利门诊综合大楼”

图片来源：《张光利门诊综合大楼》，海外在线，http：//news. hainan. net/。

阿根廷华侨华人联合总会顾问李文忠（中）为北京市门头沟区捐赠价值200万元人民币的医疗巡诊车，图为捐赠仪式现场

图片来源：《阿根廷华侨向北京市门头沟区捐赠医疗巡诊车》，凤凰网，http：//news. ifeng. com/gundong/detail_2012_06/25/15542531_0. shtml。

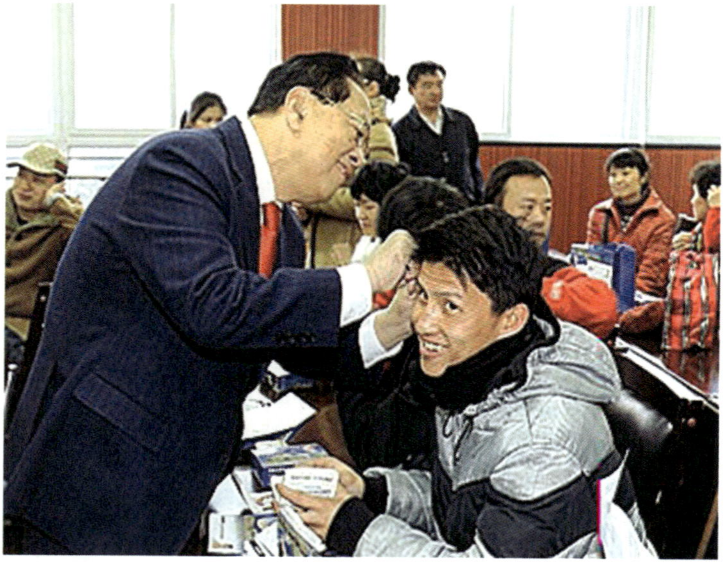

澳大利亚华侨慈善家魏基成于2009年创立了慈善机构“天籁列车”，旨在向贫困听障者和聋哑者提供免费的助听器，帮助他们走出无声的世界。近年来，“天籁列车”已先后在我国多个省份为听障患者无偿捐赠助听器40多万台，帮助很多听障患者重回有声世界。图为魏基成为患者作听力检查

图片来源：《“天籁列车”驶入云南昆明》，搜狐网，http：//roll. sohu. com/20131212/n39169454 4. shtml。

4. 体育场馆

历史上，海外侨胞和港澳台同胞通过捐资助学，支持祖（籍）国学校体育发展；或归国效力，推动新中国竞技体育事业发展；或投资侨乡，推动地方体育产业发展；或致力体育公益，形成体育慈善之风，推动国家体育事业发展；而体育场馆的捐建，特别是北京奥运会筹备期间，华侨华人和港澳台同胞捐建的国家游泳馆，是他们为新中国体育发展做出的重要贡献。

1996 年，由香港恒生银行董事长利国伟、易海伦伉俪捐赠 4 500 多万元兴建的体校被命名为广州市伟伦体育运动学校

图片来源：《广东省志：1979—2000（30）侨务卷·外事与港澳事务卷》（插图）。

泰国正大集团谢国民及其家族捐赠 4 530 万元在汕头兴建的正大体育馆

图片来源：《正大集团：捐建正大体育馆》，广东新闻网，http：//www.gd.chinanews.com/2013/2013-11-07/2/282045.shtml。

作为华侨华人和港澳台同胞对祖（籍）国公益事业捐赠的代表性建筑——“水立方”，因其彰显了他们对祖（籍）国的热爱，在中国捐赠史上留下浓墨重彩的一笔。

6 华侨华人 人民日报
水立方：历史见证与华丽转身

《水立方：历史见证与华丽转身》

图片来源：《人民日报》（海外版），2009 年 2 月 17 日第 6 版。

2008 年，北京奥运会像一个巨大的磁场，吸引了众多海外华侨华人和港澳台同胞的眼球。越来越多的华侨华人、港澳台同胞将对故乡的关注凝聚到奥运会的筹备中，积极为建设奥运场馆献计献策。在港澳台同胞和海外华侨华人的强烈要求下，2002 年，北京市政府正式确定接受港澳台侨同胞的捐赠。北京市港澳台侨同胞共建北京奥运场馆委员会成立，海外同胞以自愿捐资为原则，出资兴建“水立方”，以满足他们为北京奥运会做贡献的愿望。这次捐赠活动有 107 个国家和地区的 35 万多位港澳台侨同胞参与，捐款数额近 9.4 亿元人民币。“水立方”成为全世界涉及参与捐赠国家和地区数目最多、捐赠人数最多、捐赠钱数最多的一座单体建筑。①

海外华裔青少年在“水立方”前自拍

图片来源：《2015“水立方杯”海外华裔青少年中文歌赛圆满落幕》，中国侨网，http://www.chinaqw.com/hwjy/2015/08－07/59812.shtml。

① 《水立方：历史见证与华丽转身》，《人民日报》（海外版），2009 年 2 月 17 日第 6 版。

5. 其他公益事业

海外乡亲除捐资兴办教育、赈济灾民、修桥铺路、医疗卫生等公益事业外，还在许多地方修葺名胜古迹（寺庙），兴建敬老院、养老院、幼儿园、托儿所、青年宫、少年宫、电影院、剧院、俱乐部、文化活动中心、文化馆、图书馆、博物馆、科学馆、体育馆（场）、体育活动中心、公园、游乐园、侨联会、侨胞之家、侨联大厦、饮水工程以及水利照明等公共设施。他们有的给家乡捐赠发展工农业生产的物资，如机器设备、农业用具、汽车、化肥以及优良品种等。所有这一切，说明了海外乡亲无私的奉献精神，充分表达了海外赤子与港澳台同胞对祖（籍）国的一片赤诚之心和深切的爱。这些捐款赠物有力地推动了各地侨乡物质文明和精神文明的建设。

在广东省台山市台城街道办事处有个“东城文化区”，它是最值得台山人自豪的。在这个完全由海外侨胞捐建的“文化区”里，台山少年宫、台山图书馆、台山中等专业学校、台山市博物馆、台山科技馆、台山磐石电视大学等形成了文化建筑群，还有马兰芳幼儿园、伍曾伟志书画院……这样的文化区在广东乃至全国都是十分罕见的。

由海外侨胞捐建的广东台山市博物馆

图片来源：CBI 建筑网，http：//www.cbi360.net/hyjd/20170705/80042.html。

香港同胞黎汉光捐资 100 多万元在广东高要建立的“黎汉光图书馆”

图片来源：《肇庆侨联三十年》，第 151 页。

由华侨、港澳同胞、归侨侨眷支持兴建的广州市东山区侨胞之家大楼

图片来源：《广州市东山区侨务志》（插图）。

加拿大华侨游毓文热心向广州市东山区华侨福利院捐款（1995 年）

图片来源：《广州市东山区侨务志》（插图）。

由南非华侨刘君捐资 114 万元兴建的西充县鸣龙侨爱敬老院是四川省由海外侨胞捐资兴建的第一所敬老院

图片来源：《南非华侨捐建鸣龙侨爱敬老院》，麻辣社区网，https：//www.mala.cn/thread－538 7055－1－1.html/2012－09－02。

旅美华侨，美国华文文艺界协会副会长、美国华文报专栏作家招思虹在海外积极发动和带领侨胞收集中国文物并捐赠回国。近年来，招思虹及其读者团队已向中国首都博物馆、中国华侨历史博物馆、中山博物馆等中国十几家博物馆、纪念馆捐赠华侨文物史料 2 500 余件（套）

图片来源：《招思虹女士向中国华侨历史博物馆捐赠馆藏品》，网易新闻，http：//news. 163. com/09/1030/20/5MT AD0U8000120GU. html。

2011 年，英国华侨单声将自己收藏的中国古董中顶级的 300 多件珍品捐赠给自己的家乡江苏泰州，这批古董总估价超过 14 亿元人民币。图为单声正在介绍自己捐赠的一件鸦片战争期间被英军从故宫中夺走的古董

图片来源：《数百件流失海外文物归乡　单声珍藏文物馆落成》，新浪网，http：//collection. sina. com. cn/wwzx/ 20111018/165442042. shtml。

（三）海外侨胞和港澳同胞的赈灾义举

中华民族历来有扶危济困、回馈社会的传统美德。每当祖（籍）国遇到重大灾害，海外侨胞总是积极伸出援手，以大爱无疆的情怀积极支持祖（籍）国的抗灾救助工作。不管是1991年中国华东地区的特大水灾，1998年嫩江、松花江和长江流域特大洪灾，2003年非典型肺炎疫情，2008年春中国南方冰雪灾害、四川汶川地震灾害，2010年青海玉树地震灾害，海外侨胞都闻讯而动，积极捐款捐物，其中众多事迹可歌可泣。

2008年初，中国南方普降大雪，发生了严重的大面积冰雪灾害。全国人民在中国共产党和中国政府的坚强领导下，团结一心，众志成城，英勇奋战，抢险救灾。与此同时，来自海外侨胞的关爱源源不断地从四面八方汇聚祖（籍）国。国侨办紧急启动了“侨爱工程——抗雪救灾温暖行动”，海外侨胞、港澳同胞纷纷捐款捐物，通过多种形式表达至诚爱心。自1月31日启动侨爱工程以来，通过这个平台和桥梁，海内外侨胞踊跃捐款赠物，捐善款1.3亿元、捐赠救灾物资价值4 000多万元，合计1.7亿元。①

2008年2月27日，日本新华侨华人会吴智深会长（左）等专程来到驻日使馆，向孔铉佑公使转交了该会会员为中国遭受冰雪灾害地区捐赠的116万日元

图片来源：中华人民共和国驻日本大使馆网站，http://www.china - embassy.or.jp/chn/sgxxs/t412096.htm。

① 参见《海内外侨胞已为灾区捐助1.7亿元》，《人民日报》，2008年2月28日第7版。

2008 年 5 月 18 日，纽约华侨华人为汶川地震举办赈灾义演，现场捐款踊跃

图片来源：《海外侨胞吹响赈灾“集结号”》，《人民日报》（海外版），2008 年 6 月 3 日第 1 版。

瑞士纳沙泰尔华侨华人为汶川地震赈灾捐款

图片来源：《瑞士纳沙泰尔华侨华人献爱心赈灾捐款活动》，swisschinese 的博客，http://blog.sina.com.cn/s/blog_4985d6de01009rms.html/2008－05－19。

加拿大蒙特利尔《华侨新报》的门市点枫华书店，前来捐款的华人络绎不绝。书店内全日播放国内救灾新闻，并当日统计募捐总金额，于显眼位置公示捐款总额

图片来源：《蒙特利尔华人为四川灾区捐款纪实》，黄海懿的博客，http：//blog. sina. com. cn/s/blog_53c11b5501009u4a. html/2008 -05 -30。

中国发生的冰雪灾害牵动着旅日侨胞的心，日本新华侨华人会向所属各团体会员发出捐款倡议，得到热烈响应。日本中华总商会、中部日本新华侨华人会、日本山西人会、在日华人女性交流会、留日华侨华人温州同乡会、北海道新华侨华人联合会、日本华人教授会、全日本中国人博士协会、吉林同乡会、在日中国律师联合会、在日中国科学技术者联盟、天津同乡会、中国留日同学会、北京同乡会、四川同乡会和留日博士专家团等积极组织会员募捐，表达旅日侨胞对灾区人民的一片心意和亲切问候。

2008 年 5 月 12 日，四川省汶川县发生了里氏 8.0 级特大地震灾害，造成大量房屋倒塌、人员伤亡和财产损失。噩耗传来，从美国、加拿大到巴西、乌拉圭，从英国、法国到塞尔维亚、俄罗斯，从南非到赞比亚，从科威特到巴基斯坦，从日本到马来西亚、菲律宾，从澳大利亚到新西兰……旅居异国他乡的广大海外侨胞与国内同胞一同承受着巨大的悲伤，同时又将创痛化作温暖的春风，以各种形式捐资赈灾，帮助灾区同胞渡过难关。面对海外侨胞们如涌而至的爱心洪流，“侨爱工程——抗震救灾温暖行动”紧急启动，为海外侨胞和中国国内地震灾区之间搭建起一座输送爱心的桥梁。截至 2008 年 6 月 1 日，全球华侨华人通过“侨爱工程——抗震救灾温暖行动”、驻外机构、中国红十字会、慈善总会及涉侨部门等各种途径为中国抗震救灾捐赠款物已达 11.22 亿元。[①]

---

① 《海内外侨胞为四川汶川地震捐赠款物已逾 11 亿元》，中国新闻网，http：//www. chinanews. com/hr/kong/news/2008/06 -02/1270083. shtml。

2008 年 5 月 20 日，一位华人带着孩子前来中国驻澳大利亚大使馆捐款

图片来源：《抗震救灾牵动海外千万游子》，国际在线，http：//news. cri. cn/gb/18504/2008/05/23/3525@2068981_3. htm。

新北川中学一角

图片来源：《新北川中学竣工》，中国网，http：//www. china. com. cn/city/2010 - 08/18/content_20734702. htm。

在四川，北川中学成为海外华侨华人、港澳台同胞和归侨侨眷抗震救灾、支持灾后重建的爱的丰碑。援建新北川中学的 2 亿元资金，来自全球 73 个国家的华侨华人、共数十万人参与的捐款，这也创下国内单个慈善项目捐款人数的新纪录。①

海外华裔小朋友在自己制作的爱心墙前为玉树捐款

图片来源：《海外侨胞倾力捐助款物支援青海玉树抗震救灾》，华夏联通，http：//www.hxuc.com/info/2010/04/31378.shtml。

（四）侨捐的监督与管理工作日趋完善

侨捐数量的增多，对侨捐的监督管理也被提上议事日程。从国家层面到地方政府，对侨捐项目的监督管理非常重视，相关管理工作不断完善。中国政府为此制定了一批相关的政策法规。如 1982 年 8 月国务院《关于加强华侨和港澳同胞捐赠进口物资管理的通知》，1983 年 7 月国侨办、海关总署、中国银行、国家外汇管理局《关于贯彻执行加强华侨和港澳同胞捐赠进口物资管理的补充通知》，1984 年国侨办、海关总署《关于加强捐赠进口物资管理意见的通知》，1989 年 2 月《国务院关于加强华侨、港澳台同胞捐赠进口物资管理的若干规定》，1989 年 12 月海关总署《中华人民共和国海关对华侨、港澳台同胞捐赠进口物资监管办

① 《“海外经年频作苦，家乡一掷万金轻” 侨胞捐赠：深情化雨洒神州》，网易新闻，http：//news.163.com/12/0723/05/872UMCSQ00014AED.html。

法》等。为完善保护华侨捐赠权益的法规体系，2008 年 10 月，国务院侨办联合外交部、民政部制定下发加强华侨华人捐赠管理工作的规定，重申严格执行对华侨华人捐赠者实行“自觉自愿”的原则，严禁向华侨华人捐赠者劝募，并要求尊重华侨华人捐赠者的意愿，加强对华侨华人捐赠款物的监督。① 2010 年 7 月，《广东省华侨捐赠公益事业项目监督管理办法》出台，该办法对受赠单位责任与义务、捐赠人权利以及华侨捐赠公益事业项目的管理与监督，做出了明确规定。2013 年，国务院侨办出台了《国务院侨办华侨捐赠工作管理办法》，各级侨办也积极协调各有关部门制定、完善了一系列华侨捐赠管理的地方性政策法规。目前，全国已有半数以上省份出台了侨捐工作政策法规，明确了职责，为规范侨捐工作提供了制度保障。② 2016 年 9 月 1 日起，《中华人民共和国慈善法》正式实施，这部法律在信息公开、监督管理等方面做出了详细的规定，为“侨捐工作”保驾护航。

江门市新会区总结侨捐项目监管经验

图片来源：《我区总结侨捐项目监管经验》，新会新闻，http：//news. xhcatv. com. cn/onews. asp？ id =2719/2006 -11 -02。

① 《华侨在国内权益保护逐步形成政策体系》，中国新闻网，http：//www. chinanews. com/zgqj/2012/03 -16/3750878. shtml。

② 《国侨办副主任任启亮：侨捐工作是为侨服务重要平台》，中国新闻网，http：//www. chinanews. com/zgqj/2014/05 -27/6218689. shtml。

（五）开展授予“荣誉市民”称号活动

为鼓励和表彰对本地区经济建设、社会公益福利事业和促进本地区与外国的友好关系做出重大贡献的港澳台同胞、华侨和外国人士，1979 年，广州市率先举行授予“广州市荣誉市民”称号活动，为广州市发展现代化养鸡事业做出贡献的美籍华人许志俭成为首位“广州市荣誉市民”。由于当时未制定相关文件，故未举行“授荣”仪式。1986 年 7 月，广州市政府根据市人大常委会的决定，为第一批共三人举行授予“广州市荣誉市民”称号大会，向许志俭（补办）、陈德薰（新加坡籍华人）、卜格（德国人）颁发“广州市荣誉市民”证书和证章。为规范授予“广州市荣誉市民”称号活动，1993 年，广州市政府公布了《广州市授予荣誉市民称号办法》，对授予“广州市荣誉市民”称号的条件、程序和给予荣誉市民的礼遇作了明确规定。自 1986 年至 2016 年，广州市分 15 批共授予 437 位华侨华人、港澳台同胞、外国友好人士“广州市荣誉市民”称号。历届荣誉市民共向广州投资 1 300 多亿元人民币，捐赠款物超过 20 亿元人民币，为广州的社会经济发展做出了巨大贡献。[①] 在广州市的带领和推动下，授予“荣誉市民”称号活动在全国开展起来。一大批在本地区对外交往和经济建设、社会发展等方面做出突出贡献的外籍人士、海外侨胞和港澳同胞，获得了此项殊荣。

广州市荣誉市民证书

图片来源：《广州市荣誉市民传》（第 8 卷）（插图）。

首位获得“荣誉市民”称号的美籍华人许志俭

图片来源：《广州市荣誉市民传》（第 1 卷）（插图）。

① 《广州市授予荣誉市民工作 30 周年活动》，广州市人民政府侨务办公室网站，http：//www. gzqw. gov. cn/site6/zfxxgk/qwdt/xwzx/12/79276. shtml/2016 - 12 - 14。

广州市荣誉市民乘敞篷汽车巡游广州

图片来源：《广州市荣誉市民传》（第1卷）（插图）。

广州市荣誉市民在市政府门前合影

图片来源：《广州市荣誉市民传》（第1卷）（插图）。

2018 年 1 月，广州市荣誉市民和华侨代表受邀列席市人大十五届三次会议

图片来源：广州市人民政府网站，http：//www. gz. gov. cn/gzgov/s5861/201801/a0f6fc6e0b5e489 cbb2308ae2345db 54. shtml。

南方日报 广州观察

15人获授荣誉市民 2人是诺奖评委

专家和高级管理人员占比大幅攀升

二十米商都画卷 穿越羊城两千年

广州国家级孵化器结盟

《15 人获授荣誉市民　2 人是诺奖评委》

图片来源：《南方日报》，2015 年 12 月 2 日第 1 版。

霍家三代出了7位广州荣誉市民，霍震霆接受本报专访时表示

代代相传为广州作贡献

《霍家三代出了 7 位广州荣誉市民，霍震霆接受本报专访时表示代代相传为广州作贡献》

图片来源：《南方日报》，2016 年 2 月 15 日第 2 版。

九、推动海外人才引进、智力引进工作

（一）实施“海外高层次人才引进计划”

珠江人才团队——光启理工研究院团队

图片来源：广东省科学技术厅网站，http：//www.gdstc.gov.cn/HTML/kjdt/gdkjdt/1488 96096610343134967317333740 52.html。

随着改革开放的深入推进，我国各项事业蓬勃发展，为各方面优秀人才提供了前所未有的发展空间和广阔舞台，吸引大批海外高层次人才的时机已经到来。自中国科学院1994年启动“百人计划”，教育部1996年设立“春晖计划”、1998年实施“长江学者奖励计划”后，2008年12月23日，中共中央办公厅转发《中央人才工作协调小组关于实施海外高层次人才引进计划的意见》，“千人计划”正式启动。“千人计划”主要是围绕国家发展战略目标，有针对性地引进一批海外高层次人才。这是实施人才强国战略、建设创新型国家的一项重大战略决策。在中央的高度重视和直接关心下，我国陆续引进了一批国际一流人才。实施“千人计划”以来，越来越多的华侨华人专业人士选择回国发展，占中国引进高端科技人才的90%以上。他们创办的高新技术企业数量越来越多，发展规模越来越大，经济效益越来越好，技术含量越来越高。① 继国家“千人计划”后，北京“海聚工程”、广东“珠江人才计划”、南京江宁“千人计划”、天津“千人计划”、浙江海外高层次人才引进计划、山东省引进海外高层次人才“万人计划”、四川“百人计划”、无锡“千人计划”……陆续出台。这些招才项目聚合起的大批杰出人才成为中国创新创业的主力军。

① 《“万侨创新”正当时　促海外华侨归国投身“双创潮”》，欧洲时报网，http：//www.oushinet.com/news/qs/qsnews/20160325/225566.html。

北京市“海聚工程”引才推介团到访美国芝加哥

图片来源：中国新闻网，http：//www. chinanews. com/lxsh/news/2010/05 - 24/2300422. shtml。

十八大以来，中国坚持以“创新是引领发展的第一动力”为首要原则，在科技研发与人才引进、利用与培养上，加大政策重点扶持与投入。中国 2017 年拥有 8 100万科技工作者，1. 7 亿多受过高等教育或拥有专业技能的人才，海归人才超过 110 万，是前 30 年回国人数的 3 倍，为中国科技创新与发展注入强大动力。①

1. 时代楷模黄大年

黄大年，1958 年出生于广西南宁，1975 年 10 月参加工作。1977 年考取长春地质学院，先后完成了本科与硕士研究生的学业，并留校任教，破格晋升为副教授。1992 年，黄大年得到了全国仅有的 30 个公派出国名额，在“中英友好奖学金项目”的全额资助下，被选送至英国利兹大学攻读博士学位。1996 年，他以排名第一的成绩获得英国利兹大学地球物理学博士学位。2008 年，中国开始实施“海外高层次人才引进计划”。他毅然用最短的时间辞职、卖掉房子和诊所、办好了回国手续。2009 年归国，担任吉林大学地球探测科学与技术学院教授、博士生导师，并被选为国家“深部探测关键仪器装备研制与实验项目”首席科学家。7 年间，黄大年带领团队夙兴夜寐，在航空地球物理领域取得一系列卓越成就，以拼命三郎精神叩开“地球之门”，抢占国际前沿科技制高点，取得了一系列重大科技成果，填补了多项国内技术空白。2017 年 1

① 《五年创新发展　中国科技备受世界瞩目》，搜狐网，http：//www. sohu. com/a/190799838_418892。

黄大年

图片来源：《习近平总书记为这些好老师点赞》，共产党员网，http://news.12371.cn/2017/05/25/ARTI1495705863429902.shtml。

月8日，黄大年因病医治无效，在长春逝世，享年58岁。

黄大年用短暂的一生书写了新时期知识分子的爱国情怀，是新时期归侨知识分子的楷模。为此，中共中央追授黄大年“全国优秀共产党员”称号；中宣部追授黄大年“时代楷模”荣誉称号；教育部追授黄大年“全国优秀教师”荣誉称号；国务院侨办追授黄大年“至诚报国　归侨楷模”荣誉称号。

中共中央总书记、国家主席、中央军委主席习近平对黄大年先进事迹作出重要指示，强调我们要以黄大年为榜样，学习他心有大我、至诚报国的爱国情怀，学习他教书育人、敢为人先的敬业精神，学习他淡泊名利、甘于奉献的高尚情操，把爱国之情、报国之志融入祖国改革发展的伟大事业之中、融入人民创造历史的伟大奋斗之中，从自己做起，从本职岗位做起，为实现“两个一百年”奋斗目标、实现中华民族伟大复兴的中国梦贡献智慧和力量。①

习近平对黄大年同志先进事迹作出重要指示

强调心有大我、至诚报国，把爱国之情、报国之志融入祖国改革发展的伟大事业之中、融入人民创造历史的伟大奋斗之中

新华社北京5月25日电　中共中央总书记、国家主席、中央军委主席习近平近日对黄大年同志先进事迹作出重要指示指出，黄大年同志秉持科技报国理想，把为祖国富强、民族振兴、人民幸福贡献力量作为毕生追求，为我国教育科研事业作出了突出贡献，他的先进事迹感人肺腑。

习近平强调，我们要以黄大年同志为榜样，学习他心有大我、至诚报国的爱国情怀，学习他教书育人、敢为人先的敬业精神，学习他淡泊名利、甘于奉献的高尚情操，把爱国之情、报国之志融入祖国改革发展的伟大事业之中、融入人民创造历史的伟大奋斗之中，从自己做起，从本职岗位做起，为实现“两个一百年”奋斗目标、实现中华民族伟大复兴的中国梦贡献智慧和力量。

黄大年同志是著名地球物理学家，生前担任吉林大学地球探测科学与技术学院教授、博士生导师。2009年，黄大年同志毅然放弃国外优越条件回到祖国，刻苦钻研、勇于创新，取得了一系列重大科技成果，填补了多项国内技术空白，今年1月8日不幸因病去世，年仅58岁。

《习近平对黄大年同志先进事迹作出重要指示》

图片来源：《人民日报》，2017年5月26日第1版。

---

① 《习近平对黄大年同志先进事迹作出重要指示》，《人民日报》，2017年5月26日第1版。

国侨办追授黄大年

"至诚报国 归侨楷模"荣誉称号

本报北京5月28日电 （记者王尧）国务院侨务办公室27日决定，追授黄大年同志"至诚报国 归侨楷模"荣誉称号，号召广大归侨侨眷和侨务工作者以黄大年同志为榜样，为实现中华民族伟大复兴的中国梦作出新的更大的贡献。

国侨办27日印发《关于追授黄大年同志"至诚报国 归侨楷模"荣誉称号的决定》指出，黄大年同志是新时期归侨知识分子的楷模，他用毕生的努力实现了爱国之情、强国之志、报国之行的统一，是新时期归侨知识分子和归国创业人员的杰出代表。《决定》号召广大归侨侨眷和侨务工作者以黄大年同志为榜样，把爱国之情、报国之志融入祖国改革发展的伟大事业之中、融入人民创造历史的伟大奋斗之中，撸起袖子加油干，立足岗位做贡献，为实现中华民族伟大复兴的中国梦作出新的更大的贡献。

《国侨办追授黄大年“至诚报国归侨楷模”荣誉称号》

图片来源：《人民日报》，2017 年 5 月 29 日。

中共中央关于追授黄大年同志

"全国优秀共产党员"称号的决定

（2017年7月23日）

2017年5月24日，习近平总书记对吉林大学地球探测科学与技术学院原教授黄大年同志先进事迹作出重要指示强调，黄大年同志秉持科技报国理想，把为祖国富强、民族振兴、人民幸福贡献力量作为毕生追求，为我国教育科研事业作出了突出贡献，他的先进事迹感人肺腑。我们要以黄大年同志为榜样，学习他心有大我、至诚报国的爱国情怀，学习他教书育人、敢为人先的敬业精神，学习他淡泊名利、甘于奉献的高尚情操，把爱国之情、报国之志融入祖国改革发展的伟大事业之中、融入人民创造历史的伟大奋斗之中，从自己做起，从本职岗位做起，为实现"两个一百年"奋斗目标、实现中华民族伟大复兴的中国梦贡献智慧和力量。

黄大年，男，广西南宁人，1958年8月出生，1975年10月参加工作，中共党员，著名地球物理学家、国家"千人计划"专家。生前担任吉林大学新兴交叉学科学部学部长、地球探测科学与技术学院教授、博士生导师。2017年1月8日因病去世，年仅58岁。

黄大年同志对党、对祖国无限热爱，矢志不渝实践科技报国理想，把毕生精力奉献给祖国的教育科研事业，是"两学一做"学习教育中涌现出的先进典型，是新时期归国留学人员心系祖国、报效人民的杰出楷模，是广大知识分子把爱国之情、报国之志自觉融入中华民族伟大复兴宏伟事业的优秀代表。黄大年同志青年时期就立下"振兴中华，乃我辈之责"的宏大志向，他常说"我是国家培养出来的，我的归宿在中国"，自觉把个人理想和国家发展融为一体，毅然放弃国外优越条件回到祖国。归国7年多，他作为国家多个技术攻关项目的首席专家，带领科技团队只争朝夕、顽强拼搏，取得一系列重大科技成果，填补多项国内技术空白，部分成果达到国际领先水平。他秉持"祖国的需要就是最高需要"的人生信条，为实现科技强国梦殚精竭虑，经常工作到凌晨，几乎没有休过寒暑假和节假日，多次累倒在工作岗位上，直到生命最后一刻。他倾尽心血为国育才，主动担任本科层次"李四光实验班"的班主任，言传身教、诲人不倦，可谓学生"出去了要回来，出息了要报国"，激励学生树立远大理想和家国情怀，支持资助学生参加国际学术交流，为国家培养出一批"出得去、回得来"的优秀科技人才。他以深厚的爱国情怀、强烈的敬业精神、深厚的学术造诣和高洁的道德品行，赢得学校师生、科研同事和社会各方面广泛赞誉。

为深入学习贯彻习近平总书记重要指示精神，表彰先进、弘扬正气，引导广大党员、干部铭记理想、坚定信念，开拓进取、敬业奉献，在改革开放和社会主义现代化建设各项事业中发挥先锋模范作用，党中央决定，追授黄大年同志"全国优秀共产党员"称号。

党中央号召，广大党员、干部向黄大年同志学习。要像黄大年同志那样坚定信仰信念，对党忠诚、心系祖国，把为党和人民事业不懈奋斗作为毕生追求。要像黄大年同志那样刻苦学习钻研，牢记使命、勇担重任，用知识和本领回报祖国、服务人民。要像黄大年同志那样发扬拼搏精神，勇于创新、攻坚克难，努力创造一流业绩。要像黄大年同志那样砥砺高尚情操，不忘初心、淡泊名利，自觉践行共产党人价值观，用模范行动展示共产党员的人格力量。

各级党组织要把学习黄大年同志先进事迹纳入推进"两学一做"学习教育常态化制度化重要内容，与学党章党规、学系列讲话结合起来，与做好改革发展稳定各项工作结合起来，采取多种形式广泛开展学习宣传。要引导党员、干部以先进典型为榜样，牢固树立"四个意识"，自觉践行"三严三实"要求，努力做到"四个合格"，更加紧密地团结在以习近平同志为核心的党中央周围，立足岗位履职尽责，奋发有为再创佳绩，把爱国之情、报国之志融入祖国改革发展的伟大事业之中、融入人民创造历史的伟大奋斗之中，为统筹推进"五位一体"总体布局和协调推进"四个全面"战略布局，实现"两个一百年"奋斗目标、实现中华民族伟大复兴的中国梦作出新的更大贡献。

（新华社北京7月23日电）

《中共中央关于追授黄大年同志“全国优秀共产党员”称号的决定》

图片来源：《人民日报》，2017 年 7 月 24 日第 1 版。

2. 中国科学院院士施一公

施一公，1967 年出生于河南郑州。1989 年，以清华大学生物科学与技术系第一名的成绩提前一年毕业；1990 年赴美留学，1995 年获得约翰·霍普金斯大学的博士学位，同时获得保罗鄂立信基础科学研究奖；1998 年开始，任教于美国普林斯顿大学；仅用 3 年时间就拿到了终身教职；2003 年，36 岁的他被聘为正教授，是普林斯顿大学分子生物学系历史上最年轻的教授。2007 年，被聘为普林斯顿大学终身讲席教授；次年入选霍华德·休斯医学研究所研究员。

施一公在实验室

图片来源：《施一公：关键蛋白酶结构生物学研究进展》，科学网，http：//news. sciencenet. cn/htmlnews/2014/11/3074 29. shtm？ id = 307429。

施一公在实验室指导团队成员

图片来源：《学术“大牛”施一公的两个“黄金十年”》，网易新闻，http：//news.163.com/17/0222/22/CDTO9RSA000187V5.html。

2006年5月，已是世界著名结构生物学家、普林斯顿大学分子生物学系最年轻的教授的施一公，决心回归母校清华大学。2007年3月，施一公在清华大学创建了第一个实验室。2008年，40岁的施一公回绝了千万美元的研究经费，辞去了普林斯顿大学的职务，全职回到中国，受聘为清华大学终身教授，并出任清华大学生命科学与医学研究院副院长。

如果仅仅因为科研，施一公不会回来。“在别人眼里，我在美国有光明的前景，但我认为我在美国的前途不如在中国光明。为什么呢？这是我内心的感觉，我觉得美国是一个发展得很稳定的国家，有没有我关系不大，如果我在职位上或科学上做得更好，对这个国家进步的贡献也就是从100到100.1或101，不过如此。但回国就不一样了，因为中国还有很多东西亟待改进，从科技体制和基金评审到大学教学和科研水平，相对于美国一流大学还有相当差距，我觉得我回来以后可以有更大的作为，这种成就感对我来说很重要。”

在清华，施一公每天都工作16个小时以上，不知疲倦地忙碌。超常付出，换来丰厚成果。作为国家首批“千人计划”的一员，至2017年，已经累计以清华大学为第一单位发表顶级论文近60篇。2013年4月，施一公先后当选为美国艺术与科学学院院士、美国国家科学院外籍院士；2013年12月，当选中国科学院院士。2014年4月获得瑞典皇家科学院颁发的2014年爱明诺夫奖，并成为首位获得该奖的中国科学家。

2015年8月21日，《科学》发表了施一公研究组两篇题为“酵母剪接体激活状态3.5埃的结构”“第一步催化反应后的酵母剪接体3.4埃的结构”的长文，被认为是RNA剪接研究领域的又一突破性进展。继2015年率先解析剪接体的结构之后，施一公团队在2016年又相继解析了3个关键工作状态下剪接体以及组装过程中一个剪接体复合物的原子级高分辨率结构，这极大地推动了RNA剪接这一基础研究领域的发展。

2017年2月20日，科技部发布2016年度中国科学十大进展，清华大学生命科学学院施一公实验室的成果赫然在列。①

① 《学术“大牛”施一公的两个“黄金十年”》，网易新闻，http：//news.163.com/17/0222/22/CDTO9RSA000187V5.html。

3. 美国国家科学院院士王晓东

王晓东，1963 年出生于湖北武汉，1980 年考入北京师范大学生物系。1984 年考取北师大生物系硕士研究生。1985 年，“中美生化考试和申请”（CUSBEA）第二次组织中国学生留美学习生物。王晓东成为当年北师大唯一通过该项考试的学生，在全国也是少数几个人之一。1991 年，王晓东获得博士学位。

美国国家科学院院士王晓东

图片来源：中国科学院生物物理研究所网站，http：//www. ibp. cas. cn/zhxw/2013zhxw/2013 05/t20130520 _ 3841996. html。

1995 年至 1996 年，王晓东在美国佐治亚州的埃默里大学任助理教授，独立领导实验室，开始研究细胞凋亡的生化途径。1996 年，到美国得克萨斯大学西南医学中心，历任生化系助理教授、副教授和正教授，后成为终身教授。1997 年起，他成为美国霍华德·休斯医学研究所研究员。

短短几年，王晓东就获得了多项国际一流研究成果。自 1996 年建起自己的研究室后，王晓东的论文成果在 8 年间被其他科学家引用超过了 15 000 次，成为过去 10 年中被引用率最高的科学家之一。

王晓东在美期间每年都回国讲学。他和十几个在美国有教职的中国内地留美学者组成一个团队，为北大和清华等高校组织了名叫“BIO2000”的研究生课程项目。此外，他在复旦大学和母校北师大也有频繁的讲学活动。

王晓东（左二）正在和学生讨论实验

图片来源：《记北京生命科学研究所所长王晓东：种好中国科改“试验田”》，网易新闻，http：//news. 163. com/15/0527/07/AQJU1GFP000 14JB5. html。

2003 年，王晓东被聘为北京生命科学研究所所长。他希望能把北京生命科学研究所建成世界一流的生命科学研究机构。目前，由他带领的北京生命科学研究所在《自然》《科学》《美国科学院院报》等国际权威学术期刊上发表论文的数量已稳居全国同类研究机构首位，论文平均影响因子也位居第一，站到全球生命科学研究的最前沿，为我国在前沿科学领域赶超世界先进水平、引进海外高层次人才、推动科技自主创新探索出了一条新路。2009 年 7 月，王晓东正式就任第二任所长，作为引进海外高层次人才“千人计划”入选专家回国工作。

2004 年 4 月 21 日，美国科学院宣布，美籍华人学者王晓东被选为该院院士。在当时的美国科学院院士中，41 岁的王晓东是最年轻的一位。他同时也成为改革开放以来中国内地 20 多万留美人员中当选美国国家科学院院士的第一人。2013 年，王晓东当选中国科学院外籍院士。

4. 哈佛博士后“集体归国”

合肥蜀山湖畔的“科学岛”，是中科院合肥物质科学研究院所在地。王俊峰、刘青松、刘静、王文超、张欣、张钠、林文楚、任涛 8 位哈佛博士后先后共聚于此。他们 8 人都曾在美国打拼十几年，并因为在哈佛大学“同一个楼道”里共事，而有了命运轨迹的第一次交集，这也让他们彼此熟悉，磨合出做重大选择时的信任和默契。之后，王俊峰率先离职回国，触发连锁效应，另外 7 人接连离职回到中国，命运轨迹再次交织。这一次，他们找到“共同事业”，因为他们 8 人曾经的共同身份——哈佛大学博士后，以及现在工作单位中国科学院合肥物质科学研究院（强磁场科学中心）的所在地——合肥科学岛。外人在形容他们的经历时，有了一个颇具武侠色彩的说法：八剑下哈佛，共聚科学岛。在他们的默契合作下，“科学岛”强磁场科学中心的“稳态强磁场实验装置”于 2017 年 9 月通过国家验收，使中国成为继美国、法国、荷兰、日本之后第五个拥有稳态强磁场的国家。目前，团队已经建立起世界上最大的肿瘤细胞库，研制出治疗糖尿病的新型药物，希望通过科研成果转化，帮助更多人，同时促进国家的经济发展。他们用“强磁场”来解释回国原因。这不仅指“科学岛”上的强磁场实验装置，还包括中国发展给他们的信心。“祖国就是一个强磁场，对这个国家没信心的人，是不会选择主动回国的。”王俊峰如是说。①

2018 年新春伊始，由中国新闻社主办、中国侨网承办的“2017 全球华侨华人年度评选”颁奖典礼落下帷幕，“2017 全球华侨华人十大新闻”“2017 全球华侨华人新闻人物”评选结果同步揭晓。“集体归国”的 8 位哈佛博士后入选“2017 全球华侨华人新闻人物”。作别哈佛，他们回归故土。他们用个人所学，诠释出家国担当。

---

① 《2018 中国两会：侨务新部署有何新期待?》，欧洲时报，http：//ad. oushinet. com/china/chinanews/20180302/285537. html。

“集体归国”的八位哈佛博士后：王文超、张欣、张钠、王俊峰、刘青松、刘静、林文楚、任涛（从左至右）在中科院合肥物质科学研究院强磁场科学中心

图片来源：《2017全球华侨华人新闻人物：“集体归国”的哈佛博士后：怀“赤子之心”做极致科研》，搜狐网，http：//www. sohu. com/a/216430894_230347。

“集体归国”的8位哈佛博士后入选“2017全球华侨华人新闻人物”，王俊峰（左）为代表上台领奖

图片来源：《2017全球华侨华人新闻人物：“集体归国”的哈佛博士后：怀“赤子之心”做极致科研》，搜狐网，http：//www. sohu. com/a/216430894_230347。

（二）重视海外华侨华人的智力资源

1. 成立海外专家咨询委员会和专家咨询委员会

为充分发挥海外专家智囊作用，2005年7月，国务院侨办成立了国务院侨办海外专家咨询委员会，其主要职责包括：为中国科技、经济发展建言献策，提供咨询；为国务院侨办实施“海外人才为国服务计划”推荐人才、提出建议等。每届委员任期三年。国务院侨办海外专家咨询委员会首批委员来自美国、英国、加拿大、德国、澳大利亚、新西兰、日本和新加坡等国，专业涉及农业、医学、计算机、基因工程、经济、法律、金融、能源等领域，均为在专业领域享有良好声誉和较大影响的专家学者，有的还是国际知名的科学家和工程师。2005年7月25日，中共中央政治局常委、全国政协主席贾庆林亲切会见了首批国务院侨办海外专家咨询委员会全体委员。贾庆林指出，海外专家咨询委员会的成立是一件很有意义的事情。作为专家委员会的成员，既是一种荣誉，也是一种责任。希望大家充分发挥智囊作用，围绕中国现代化建设的重大问题，积极献计出力。

美国哈佛大学讲座教授、中国科学院外籍院士丘成桐受聘为国务院侨办海外专家咨询委员会首批委员

图片来源：《好的科学家首先要坐得住》，《人民日报》，2006年6月15日第14版。

继国务院侨办成立了海外专家咨询委员会后，2017年，国务院侨办整合组建了国务院侨办专家咨询委员会，旨在紧密联系华侨华人高层次专业人士和涉侨相关领域专家学者，为促进国家创新发展和侨务工作科学发展提供智力支撑。280位在经济、科技、教育、文化、法律、移民等领域有建树、有贡献的海内外华侨华人杰出专家和知名涉侨研究学者受聘为首届委员，为我国创新发展和侨务事业建言献策。专家咨询委员会下设政策法规、经济科技、文化传媒、华文教育四个分委员会，任期4年。2017年8月22日，中共中央政治局常委、全国政协主席俞正声会见了出席国务院侨办专家咨询委员会大会的全体代表。俞正声充分肯定了海内外的专家学者长期以来积极投身中国改革开放和现代化建设所发挥的重要作用。俞正声表示，国务院侨办整合组建专家咨询委员会很有意义，为海内外的专家学者参与中国经济社会发展、贡献智慧和力量提供了一个很好的平台。①

① 《俞正声会见国务院侨办专家咨询委员会大会代表》，中央人民政府门户网站，http：//www. gov. cn/xinwen/2017－08/22/content. 5219631. htm。

国务院侨办海外专家咨询委员会在京成立

图片来源：中央人民政府门户网站，http：//www.gov.cn/misc/2005－07/26/content_17319.htm。

国务院侨办专家咨询委员会大会为海外院士专家北京工作站举行了授牌仪式

图片来源：《延揽280位各界专家　国侨办首届专家咨询委员会大会开幕》，中国新闻网，http：//www.chinanews.com/hr/2017/08－22/8311256.shtml。

2. 定期举办海外人才交流会

（1）中国海外人才交流大会暨中国留学人员广州科技交流会。

中国留学人员广州科技交流会（简称“留交会”）始创于1998年，由中央海外高层次人才引进工作小组指导，教育部、科技部、人力资源和社会保障部、中国科学院、国务院侨务办公室、欧美同学会·中国留学人员联谊会、中共广州市委、广州市人民政府共同主办，每年 12 月，在广州举行，是中国规模最大、层次最高、最具影响力的海外人才项目交流平台，被誉为“中国海外留学人员交流第一品牌”。从 2016 年第 18 届起，留交会正式创新升级为“中国海外人才交流大会暨中国留学人员广州科技交流会”（简称“海交会”）。留交会升级更名成海交会后，参会人才由往届只面向中国内地留学人员，扩大为面向包括外籍高层次人才、港澳台人才、杰出华侨华人代表在内的全球各类人才，成为中国首次面向全球举办的规格最高、规模最大的海外人才交流会。党的十八大以来，我国形成中华人民共和国成立以来最大规模留学人才“归国潮”。从 1978 年到 2016 年底，我国各类出国留学人员累计达 458.66 万人，其中 265.11 万人在完成学业后选择回国发展，占已完成学业群体比例逾八成，留学回国与出国留学人数“逆差”逐渐缩小。根据 2017 年海交会上的不完全统计，有意回国创业发展的外国留学生已近 70%。①

2017 中国海外人才交流大会暨第 19 届中国留学人员广州科技交流会开幕

图片来源：中国网·生活，http://life.china.com.cn/2017－12/20/content_39376.html。

① 《“海归”专家齐聚广州 共探留学生服务“一带一路”新举措》，南方网，http://news.southcn.com/gd/content/2017－12/22/content_179819016.htm。

（2）举办西部海外高新科技人才洽谈会。

西部海外高新科技人才洽谈会（简称“海科会”），由国务院侨办、四川省委省政府、九三学社中央共同主办，是中国西部规格最高、规模最大、国际化程度最高的科技与人才盛会。海科会着眼于服务国家、服务海外华侨华人回国发展的迫切愿望，努力打造四个平台（国家“双创”战略与“万侨创新行动”在中国西部的实践平台；海外人才科技项目与各省区市合作的示范平台；高端国际学术交流与前沿产业发展的促进平台；四川创新创业环境展示的引领平台），在中国西部与海外人才之间搭建了一座交流合作、互利共赢、服务发展的创新之桥。自 1995 年创办以来，迄今已经走过了 23 年不平凡的历程。截至 2017 年 9 月，累计吸引全球发达国家和地区的 6 000 余名海外专业人士来川考察洽谈，引进海外高端人才 1 000 余人，科技项目 1 000 多个，投资金额 1 462亿元。[①] 2017 年 9 月，第十六届海科会开幕式在成都举行。本届海科会云集了海内外众多重量级嘉宾和学术大咖，包括 6 名诺贝尔奖获得者、13 名海外院士、16 名国内院士、4 名海外知名高校校长和副校长等。这些来自全球的“最强大脑”齐聚四川，为四川发展献智献策。

第十六届海科会开幕，聚焦“万侨创新”

图片来源：网易新闻，http：//news. 163. com/17/0912/15/CU52UFB200018AOQ. html/2017 －09 －12。

① 《万侨创新　汇智西部》，四川省人民政府网站，http：//www. sc. gov. cn/10462/10464/11716/11718/2017/9/12/10433406. shtml。

诺贝尔物理学奖获得者、中国科学院外籍院士、斯坦福大学物理学教授朱棣文在第十六届海科会上演讲

图片来源：《聚焦海科会　抢滩新能源汽车市场　四川应一马当先》，攀枝花人民政府网站，http：//www. pzh. gov. cn/a/2017/0912/539699. html。

3. 创办留学人员创业园

20 世纪 90 年代以来，中国经济迅速发展，国内对各种人才的需求大增，而在海外的广大留学生群体是一个有待开发的人才资源宝库。1994 年全国首家留学人员创业园——金陵海外学子科技工业园在南京成立。中国政府及时出台优惠政策，鼓励在海外的留学生回国发展。国家人事部在《人事工作 1996—2000 年规划纲要》中制订了“‘九五’期间人事系统留学人员工作计划”，提出支持建立和发展高科技留学人员创业园区。2000 年 6 月，人事部、教育部、科技部、国家外国专家局又联合发布《关于组织开展国家留学人员创业园示范建设试点工作的通知》，并在 2001 年 6 月公布了北京市留学人员海淀创业园等 19 个国家示范区。在国家政策的引导下，全国各地方政府也纷纷制定政策，创建各个层级的留学生创业园，鼓励留学生回国创业，留学人员创业园在各地迅速发展起来。到 2013 年底，全国已建成各级各类留学人员创业园超过 260 家，在园企业超过 1. 6 万家，累计孵化企业超过 3. 5 万家，有近 4 万名留学人员在园创业和工作，实现了跨越式发展。[①]

① 《我国 20 年建留学创业园 260 家　吸引 4 万“海龟”》，人民网，http：//edu. people. com. cn/n/2014/1210/c367001 - 26180881. html。

“2017（第七届）中国留学人员创业园百家最具成长性创业企业”评选结果揭晓，共有9家企业被评为“最具成长性企业”

图片来源：《成都先导入选中国留学人员创业园“最具成长性企业”》，四川在线，http：//sichuan. scol. com. cn/ggxw/201710/56017147. html/2017－10－26。

自2010年起，在科技部、教育部、人社部、国家外国专家局以及致公党中央的共同指导下，由中国留学人员创业园联盟发起举办了“中国留学人员创业园百家最具成长性创业企业”评选活动。自首次举办以来，先后已有全国20多个省市的300多家单位推荐数千家企业参评，发掘和表彰了一批具有高成长性和发展潜力的留学人员和企业。截至2017年10月，共有441家企业和29名归国创业者最终入选。[①]

4. 组织海外侨界高层次人才为国服务活动

（1）启动海外侨界高层次人才“为国服务”活动。

中国侨联于2001年启动实施了海外侨界高层次人才“为国服务”活动，旨在积极搭建平台，加大吸引海外侨界高层次人才的力度，吸引他们积极投身到繁荣发展事业中来。自启动实施以来，该活动吸引了来自几十个国家的600多位海外侨界高层次人才参加，促成近百个高科技项目在北京、浙江、河北、重庆等省市落地，吸纳50多位海外高层次人才携60多个高科技项目在北京落户，总投资额几十亿元。[②] 2017年9月3日，由中国侨联和京、津、冀三地侨联共同举办的“创业中华·牵手京津冀　第十七届海外侨界高层次人才为国服

① 《成都先导入选中国留学人员创业园“最具成长性企业”》，四川在线，http：//sichuan. scol. com. cn/ggxw/201710/56017147. html/2017－10－26。

② 《第17届海外侨界高层次人才为国服务活动在京启动》，海外网，http：//huaren. huaiwainet. cn/n/2017/0903/c232657－31101017. html。

务活动”在北京启动。此次活动涉及信息技术、生物医药、资源环境等多个领域，吸引了来自美国、澳大利亚、日本等16个国家和地区的78位海外人才参加。在为期6天的时间里，“为国服务团”到京、津、冀三地交流，并走进通州、雄安新区等地，考察高科技企业，参加项目洽谈推介会、科技精英发展论坛等活动。

第17届海外侨界高层次人才为国服务活动在京启动

图片来源：海外网，http：//huaren. haiwainet. cn/n/2017/0903/c232657－31101017. html。

海外侨界高层次人才为国服务团考察北京通州区

图片来源：中国侨网，http：//www. chinaqw. com/jjkj/2015/08－05/59520. shtml。

（2）启动实施“海外人才为国服务计划”。

为了吸引更多的海外人才为国服务，国务院侨办印发了《关于在全国侨办系统实施“海外人才为国服务计划”的通知》，决定自2005年起，国务院侨办将会同地方侨办在全国范围内实施“海外人才为国服务计划”，旨在围绕国家科教兴国、人才强国战略和地方政府科技、经济发展战略，根据国家对高层次人才、紧缺人才的需求和华侨华人专业人士实现抱负、成就事业的需要，发挥侨务部门资源优势，积极引进人才，多形式推动海外专业人才为国服务。该计划内容包括：邀请有关领域的杰出专家来华讲学，围绕国家和地方发展战略献计献策，帮助解决技术难题；引进海外高层次人才、紧缺人才回国工作；搭建平台，吸引海外侨胞专业人士来华创办高新技术企业等。

“海外人才为国服务博士团”回国考察，是“海外人才为国服务计划”的重要内容。该活动2006年启动，旨在为中国中西部地区的大开发和海外学者归国创业服务。报名参加“海外人才为国服务博士团”的条件是：博士毕业海外工作3年以上，或硕士毕业海外工作5年以上，携带至少一项拥有自主知识产权的实用项目或能代表海外大企业寻求国内合作伙伴，特别是海外高层次人才和紧缺人才。自该活动实施以来，国侨办已组织“海外人才为国服务博士团”赴广西、山东、江苏、宁夏、湖北、福建、新疆、陕西等省市考察访问，了解当地的发展情况，寻找合作机会。

海外人才为国服务博士团到陕西考察

图片来源：陕西外事，http：//www.sxfao.gov.cn/info/59/1039 89.htm。

“重点华侨华人创业团队”是国务院侨办实施“海外人才为国服务计划”的又一项创新性举措，旨在加大对优秀华侨华人创业团队的支持力度，鼓励和促进华侨华人团队回国创业，促进国家和地区科技、经济发展。2009 年启动，每两年评选一次。创业团队的创业项目应符合国家产业发展布局和国家科技发展规划，具有自主知识产权，并有明显创新潜力和良好创业前景，能产生显著的经济和社会效益。创业团队的带头人应具有华侨或华人身份，并具有硕士（含）以上学历。国侨办对重点华侨华人创业团队开展与创业相关的考察交流、对接洽谈等活动予以大力支持。

第四批国务院侨办重点华侨华人创业团队授牌仪式在武汉举行

图片来源：中央人民政府门户网站，http：//www. gov. cn/xinwen/2015 – 07/01/content_2888 261. htm。

十、开创侨务工作新局面

（一）精心打造侨务品牌

1. 世界华侨华人社团联谊大会

世界华侨华人社团联谊大会于 2001 年由国务院侨办和中国海外交流协会在北京创办，该大会是以海外华侨华人主要社团负责人为对象的全球侨团联谊交流的平台，每两年举办一次。其宗旨是增进友谊与团结、促进合作与发展，共同构建和谐相处、合作共赢、团结友爱、充满活力的华侨华人社会。历届大会的主题均紧紧围绕国家大局、服务侨社发展。

2014年6月6日，中共中央总书记、国家主席习近平在北京会见第七届世界华侨华人社团联谊大会代表，并发表讲话。他强调，团结统一的中华民族是海内外中华儿女共同的根，博大精深的中华文化是海内外中华儿女共同的魂，实现中华民族伟大复兴是海内外中华儿女共同的梦。共同的根让我们情深意长，共同的魂让我们心心相印，共同的梦让我们同心同德，我们一定能够共同书写中华民族发展的时代新篇章。① 实现中国梦，是当代中国高昂的主旋律，也是包括海外华侨华人在内的中华儿女共同的愿景与追求。

海外侨领参加第七届世界华侨华人社团联谊大会

图片来源：《巴西四侨领出席全球华侨华人侨团联谊大会》，巴西侨网，http：//www. bx-qw. com/userlist/hbpd/newshow－32025. html。

据不完全统计，目前旅居海外的6 000多万华侨华人，组织了25 000多个有影响力的社团，在世界各地的华侨华人社会中发挥着重要作用。而国侨办与中国海外交流协会每两年召开一次世界华侨华人社团联谊大会，已成为华侨华人交流经验、共商海外侨社建设的重要平台。②

2016年6月2日，第八届世界华侨华人社团联谊大会在北京开幕。来自136个国家和地区的华侨华人社团及华人社区服务机构负责人650余人与会。大会以“中国梦、侨胞梦——团结合作造福侨社”为主题，国务院侨办主任裘援平做主题报告。她指出，海外侨社蓬勃发展，内生动力不断增强。侨社建设深入推进，

① 《习近平会见第七届世界华侨华人社团联谊大会代表》，新华网，http：//www. xinhuanet. com/photo/2014－06/06/c. 126588952. htm。

② 《做中外友好合作的“金丝带”（侨连四海）——第八届世界华侨华人社团联谊大会侧记》，《人民日报》，2016年6月16日第19版。

惠侨工程稳步实施。和谐侨社建设是广大侨胞中国梦、民族梦、个人梦和世界梦最佳的结合点，是汇聚侨胞力量的牢固纽带，谋求侨胞福祉的可靠途径，实现侨胞梦想的坚实根基。建设海外和谐侨社，需要华社形成共识，需要侨团正确引领，需要侨领率先垂范，需要侨胞团结一心，共促海外华社团结和谐、发展进步，为每一位侨胞实现人生梦想、为中华民族实现复兴伟业勠力同心、不懈奋斗。①

第八届世界华侨华人社团联谊大会举行和谐侨社论坛

图片来源：《侨领共话和谐侨社建设：好事共享　难事同担》，中国新闻网，http：//finance. chinanews. com/hr/2016/06 -03/7893722. shtml。

中国梦连着侨胞梦，走向复兴的民族梦想，必将造福包括海外侨胞在内的全体中华儿女；在实现中国梦的伟大进程中，海外侨胞一定能够发挥不可替代的重要作用。国务院总理李克强在接见与会侨领时提出，希望海外侨胞做中外友好合作的“金丝带”，做中国创新发展的“参与者”，做祖国和平统一的“连心桥”。国家领导人的殷切期望为海外侨胞“讲好中国故事”指明了方向。从祖（籍）国的沃土中汲取养分，海外侨社这棵参天大树必将更加枝繁叶茂。②

① 《第八届世界华侨华人社团联谊大会在北京召开》，新浪网，http：//news. sina. com. cn/c/2016 -06 -02/doc - ifxsvexw8293957. shtml。

② 《做中外友好合作的“金丝带”（侨连四海）——第八届世界华侨华人社团联谊大会侧记》，《人民日报》，2016 年 6 月 16 日第 19 版。

2. 世界华裔杰出青年华夏行

出席“第十一届世界华裔杰出青年华夏行”活动开幕式的海外华裔青年

图片来源：中国新闻网，http：//www. chinanews. com/ tp/hd2011/2017/07 –12/755345. shtml。

“华夏行”是国务院侨务办公室、中国海外交流协会近年来专门为海外华裔新生代特别是在海外各领域崭露头角的华裔青年策划举办的一项活动。截至2017年，“世界华裔杰出青年华夏行”活动成功举办了十一届，已成为华裔青年感知中国历史、了解中国发展的重要窗口和华裔青年加强联系交流、增进团结友谊、共谋事业发展的重要舞台。2017年7月12日，“第十一届世界华裔杰出青年华夏行”在北京开幕，来自五大洲79个国家和地区的360余位华裔杰出青年代表应邀出席，他们都是在海外和港澳地区生长并且事业有成、热心公益的华裔青年俊彦。国务委员杨洁篪接见全体代表并致辞。他指出，广大华侨华人心系故土、情牵桑梓，在中国革命、建设、改革各个历史时期都做出了重要贡献。希望华裔青年发挥知识多元、视野开阔等独特优势，传承弘扬中华优秀文化，自觉维护华侨华人社会团结和良好族裔形象，踊跃投身“一带一路”建设，积极参与中国创新发展，让青春年华迸发炫目光彩。①

世界华裔杰出青年前往山东曲阜拜谒孔子

图片来源：中国孔子网，http：//www. chinakongzi. org/qfly/whsd/201707/t20170712_13 8434. htm。

① 《“第十一届世界华裔杰出青年华夏行”在京开幕，杨洁篪出席并致辞》，中央人民政府门户网站，http：//www. gov. cn/guowuyuan/2017 –07/12/content_5209939. htm。

3. 华侨华人创业发展洽谈会

华侨华人创业发展洽谈会（简称“华创会”）是由国务院侨办、湖北省人民政府和武汉市人民政府共同主办的一项立足中部、辐射全国的侨务引智引资的品牌活动。华创会创办于2001年，每年举办一届，始终秉持为海外侨胞事业发展服务、为地方经济社会服务的宗旨。经过不懈努力，华创会已成为全国侨务系统引智引资知名品牌活动。一大批海外高层次人才通过华创会平台被引进，为中西部地区乃至全国的经济转型、科技创新起到了促进作用，在海内外产生了广泛而深远的影响。截至2017年，华创会已累计引进海外高层次人才2万余人，签约项目4 000多个，总投资额2 800多亿元人民币。[①] 2017年7月8日，第十七届华创会在武汉开幕，来自海内外共计4 000余名代表参会，共对接洽谈项目2 185个，其中海外项目777个。已有134个项目达成合同协议，协议总投资额累计632.559亿元，引进外资162.76亿元，总投资过千万元项目51个，其中过亿元项目41个，过十亿元项目19个，引进人才91人，创办高新企业25家，累计创造就业岗位14 584个。[②] 这些签约项目中，外方来自美国、德国、泰国、挪威、澳大利亚、加拿大、以色列、新西兰等国家和地区，海外项目主要集中在投资贸易、生物医药、IT光电子、文化传媒、现代制造、节能环保六大类。

2017年华创会开幕式现场

图片来源：《2017华创会武汉开幕　全球72个国家和地区嘉宾出席》，中央人民政府门户网站，http://www.gov.cn/xinwen/2017－07/09/content_5209060.htm。

① 《2017华创会武汉开幕　全球72个国家和地区嘉宾出席》，中央人民政府门户网站，http://www.gov.cn/xinwen/2019－07/09/content_5209060.htm。

② 《华创会昨签632亿元大单》，《湖北日报》，2017年7月9日。

2017 年华创会推介会在多伦多成功举行

图片来源：华创会网站，http：//www.hch.org.cn/admin.php/index/view/aid/456.html/2016－11－01。

4. 世界华文传媒论坛

自 2001 年开始举办的世界华文传媒论坛是侨务外宣和国家外宣工作的重要品牌活动，经国务院侨办、中新社及历届举办城市的精心打造，两年一届的世界华文传媒论坛对团结凝聚世界五大洲华文媒体，提升华文媒体国际“话语权”有着重要意义。它以“研讨、交流、联谊、发展”为宗旨，是一个开放性、国际性的华文媒体高层会议，被誉为“海外华文媒体峰会”。世界华文传媒论坛还催生了“世界华文媒体合作联盟”。2009 年 9 月 20 日，在上海第五届世界华文传媒论坛举行期间，这个由中国新闻社发起，海外各类华文媒体自愿组成的全球性合作组织宣布正式成立，旨在促进海外华文媒体之间的相互联络和资源互动、与中国传媒界的协作、改善海外华文媒体的生存发展条件、提升海外华文媒体的整体水平和影响力。目前，世界华文传媒论坛已成为一个知名品牌，在港澳台、海外华文媒体和中国大陆（内地）的外宣领域中享有很高的知名度和美誉度，已成为全球诸多华文媒体交流合作的盛大聚会和表达心声的平台。2017 年 9 月 10 日，第九届世界华文传媒论坛在福州市开幕，来自五大洲 60 余个国家和地区的 600 余位嘉宾齐聚一堂，围绕“‘一带一路’与华文媒体新发展”的主题展开高层对话，探讨华文媒体的生存发展之道，并发表《世界华文传媒论坛福州宣言》。该宣言提出，“一带一路”建设是全球华文媒体发展的大机遇；融合创新是全球华文媒体发展变革的大方向；中华民族情怀是全球华文媒体的共同坚守。

第九届世界华文传媒论坛——华文媒体与中华文化分论坛在福州举行

图片来源：中国新闻网，http：//www.chinanews.com/tp/hd2011/2017/09－11/770324.shtml。

5. 中国寻根之旅

中国改革开放以来，国务院侨办每年都会同地方侨办通过中国驻外使领馆、海外侨团、华教组织邀请一定数量的华裔青少年来华参加夏（冬）令营活动。活动过程中，各级侨务部门坚持“游教结合、寓教于游、加强协调、热情服务”的工作方针，让广大海外华裔青少年亲眼看见、亲身感受中华文化的博大精深和中国改革开放的巨大成就。根据2000年的数据，1997年以来，平均每年有2 000名到3 000名海外华裔青少年参加这一活动，其中祖籍地为我国台湾地区的学生占30%左右。通过参加夏令营，海外华裔青少年加深了对中国的了解和对中华文化的认同感。①

在内蒙古大草原上，来自美国、加拿大、日本的华侨、华裔青年夏令营的营员们，跟随热情的牧民跳起欢快的安代舞

图片来源：《侨务工作研究》1987年第5期。

① 索研、赵川东：《海外华裔青少年夏令营开营》，《人民日报》，2000年7月30日。

20 世纪 80 年代，参加中国文化夏令营的华裔青年在老家寻根问祖

图片来源：《侨联三十年》，第 63 页。

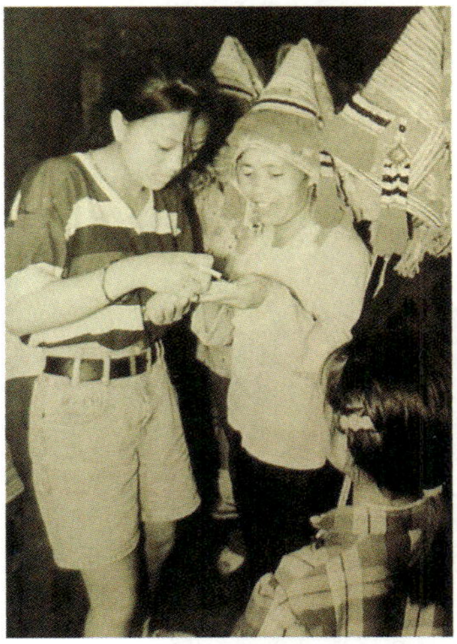

1992 年 7 月，在广东省侨办牵头下，首届美国华裔瑶族青年夏令营隆重开幕。图为华裔瑶族青年回故乡续族谱

图片来源：《侨务工作研究》1992 年第 5 期。

1999 年，国务院侨办正式推出了以“中国寻根之旅”为品牌的系列夏（冬）令营活动。该活动通过与地方有关单位合作，利用海外华裔青少年的放假时间，挖掘特色文化资源，统筹安排春、夏、秋、冬四季办营计划，共同邀请海外华裔和港澳台地区青少年来中国大陆游览参观、学习交流、寻根问祖，通过多姿多彩的游教活动，使广大营员了解中国的悠久历史和灿烂文化，感受当今中国蓬勃发展的良好态势，增强同为中华儿女的民族认同感和自豪感。这一活动经过多年的发展，受到海外侨胞尤其是华裔青少年的热烈欢迎，已经成为开展侨务工作的一个重要品牌。“中国寻根之旅”夏令营营员来源地遍布五个大洲，主要类型有常规营（汉语文化营）和专题特色营。常规营的课程内容是以汉语课程的学习为主，辅以手工、书法、绘画、武术等中华文化课程，与国内同龄人联谊交流，参观历史文化名胜等，其目的主要是提高营员们的汉语水平，让营员们感知祖（籍）国的语言和文化；专题特色营是以某个主题为亮点，如传媒、国学、书画、功夫、舞蹈等，来吸引营员们参加夏令营，这类夏令营的目的主要是迎合营员们对祖（籍）国某种文化的兴趣，从而深入了解和学习祖（籍）国文化。[①]

① 王伟伟：《“中国寻根之旅”夏令营现状研究——基于官方网上平台的分析》，《八桂侨刊》2017 年第 3 期。

"中国寻根之旅"夏令营青少年在四川学太极

图片来源：中国新闻网，http：//www. chinanews. com/tp/2010/07 -29/2434947. shtml。

"中国寻根之旅"夏令营青少年展示剪纸课成果

图片来源：《2015 年海外华裔青少年"中国寻根之旅"》，陕西外事，http：//www. sx-foa. gov. cn/ywbd/282139. shtml。

6. 世界华文教育大会

世界华文教育大会的前身为国际华文教育研讨会。从 1990 年起到 2007 年，国务院侨办等单位共举办了 5 届国际华文教育研讨会。随着华文教育在海外的影响力日趋增强，国际华文教育研讨会的规模、层次也逐届扩大、提高。为提升华文教育在世界范围内的影响，成都市在 2009 年承办第六届国际华文教育研讨会时，按国务院侨务办公室的要求，将国际华文教育研讨会更名为"世界华文教育大会”。第一届至第三届世界华文教育大会分别于2009年、2011年、2014年举办。2017年12月18日至12月21日，国务院侨务办公室和中国海外交流协会在北京召开了第四届世界华文教育大会，中共中央政治局委员、国务委员杨洁篪出席并致辞。来自世界55个国家和地区的近600位华文教育界代表参会，并以“深化华文教育‘三化’建设，大力弘扬中华优秀文化”为主题展开探讨交流。开幕式上，国务院侨办表彰了1 599名长期从事华文教育的海外优秀华文教师和128名为华文教育慷慨解囊的热心华文教育人士。

2009年成都召开的首届世界华文教育大会上，来自海内外的华文教育工作者共商华文教育大计

图片来源：《海外华文教育如何走出困境》，《人民日报》（海外版），2010年5月6日第6版。

第四届世界华文教育大会上，共表彰了1 599名海外优秀华文教师和128名热心华教人士。图为获奖代表领奖

图片来源：《致敬，1 599位华文教师捧起荣誉！》，新浪网，http：//news. sina. com. cn/o/2017－12－19/doc－ifypwzxq4084486. shtml。

7. 世界华文文学大会

伴随着华侨华人移居海外步伐的加快，华文文学也在异乡的土地上生根发芽，成为中华文化与世界各民族文化相遇、交汇、交融而开出的文学奇葩。为提升华文文学国际影响力、让世界听到中国更加响亮的声音，首届世界华文文学大会于2014年11月19日在广州举行。会议期间举办了十大专题论坛，这些议题既有时代意义，更具现实意义，提高了对华文文学文化担当与时代使命的认识，更为华文文学学科今后的建设发展绘就了美好蓝图。这届大会倡议成立了“世界华文文学联盟”，旨在打造出世界上领域代表最广泛、参与华文文学团体最多的全球性华文文学组织，促进华文文学的发展与繁荣。2016年11月7日，第二届世界华文文学大会在北京举行。大会以“华文寻根、文学铸魂”为宗旨，以“中华情、民族梦”为主题，邀请海外、两岸及港澳从事华文文学创作、传播、研究的文学界人士、影视剧编剧、网络创作人员等约300人与会。本届大会有四个特点：有对华文文学和中华民族伟大复兴的思考；有充满文化情怀的思维方式；有面向历史深度的挖掘；有学科领域的拓展。

在第二届世界华文文学大会上，加拿大漂木艺术家协会会长洛夫作专题演讲

图片来源：《第二届世界华文文学大会在北京开幕》，中国新闻网，http://www.chinanews.com/tp/hd2011/2016/11－07/691986.shtml。

第二届世界华文文学大会上欧华部分文友合影

图片来源：高关中的博客，http://blog.sina.com.cn/s/blog_a065430e0102xe0o.html。

8. “文化中国”系列活动

为满足海外华侨华人对中华文化的精神需求，增进世界人民对中华文化的了解和认知，中国国务院侨务办公室与中国海外交流协会自2006年起，精心打造出“文化中国”系列活动，其中包括“文化中国：四海同春”“文化中国·海外文化社团负责人观摩团”“文化中国·名家讲坛”“文化中国·海外华文媒体高级研修班”“文化中国·海外华人文化社团中华才艺培训班”“文化中国·中华美食”“文化中国·华星艺术团”等等。通过具有中国特色的高水准文化活动的推广和传播，满足了海外侨胞对中华传统文化的精神需求，展现了中华文化的魅力，扩大了中华文化的国际影响力。“四海同春”是“文化中国”系列活动的重头戏，于2009年启动，每年春节组派高水平艺术团到海外侨胞聚居国家开展慰侨演出等活动，与海外侨胞共庆中国传统农历新年。“文化中国·四海同春”以响亮的名号、强大的阵容、高超的水准蜚声海外，成为春节期间五大洲同庆中国佳节的亮丽风景线，被誉为“海外春晚”。

2018年“文化中国·四海同春”艺术团在泰国清迈的慰侨演出

图片来源：《2018“文化中国·四海同春”慰侨访演圆满收官》，中国新闻网，http：//www.chinanews.com/hr/2018/03－07/8462290.shtml。

2017 年“文化中国·四海同春”艺术团在加拿大温哥华的慰侨演出

图片来源：《2017“文化中国·四海同春”慰侨访演圆满收官》，中国侨网，http：//www.chinaqw.com/zhwh/2017/02－22/127917.shtml。

2016 年“文化中国·四海同春”艺术团在英国伦敦的慰侨演出

图片来源：《“文化中国·四海同春”艺术团在伦敦举行慰侨演出》，国际在线，http：//ent.cri.cn/2016216/3716bae3－6eb1－2978－c004－a520e8934e97.html。

9. 侨爱工程

“侨爱工程”是国务院侨办为广大海外侨胞、港澳同胞关注国内公益事业、扶危济困、奉献爱心提供服务搭建的平台和桥梁。2008年初，中国南方大部分地区和西北地区东部遭遇五十年不遇的低温、雨雪和冰冻灾害，海外侨胞又一次伸出援手，为灾区捐款的意愿十分强烈。为顺应海外侨胞的至诚爱心，帮助他们表达善愿，国侨办组织“侨爱工程——抗雪救灾温暖行动”，以便通过多种形式，让侨胞对社会的爱心和责任心得以充分表达，帮助灾区人民的生产生活尽快恢复正常。截至2018年2月底，海内外侨胞已捐善款1.3亿元人民币，捐赠救灾物资价值4 000多万元人民币，总计达1.7亿元人民币。①

2008年2月，国侨办举行“侨爱工程——抗雪救灾温暖行动”捐赠仪式

图片来源：《侨办举行“侨爱工程——抗雪救灾温暖行动”捐赠仪式》，中央人民政府门户网站，http://www.gov.cn/gzdt/2008-02/01/content_877424.htm。

“侨爱工程”以统筹城乡发展、推进新农村建设为目标，坚持政府建设为主、侨界自愿捐助为辅的原则，坚持为侨服务和为大局服务相统一，积极搭建侨界支持和参与新农村建设的平台，促进侨力资源合理配置和互补共享，在新农村建设中凝聚侨心、汇集侨智、发挥侨力、维护侨益，实现社会主义新农村建设目标。“侨爱工程”在全国开展了抗雪救灾温暖行动、万侨助万村、送温

① 《国侨办举行“侨爱工程”第二次捐赠活动》，网易新闻，http://news.163.com/08/0225/17/45IJ0GOR000120GU.html。

暖医疗队、侨爱助学计划、点亮藏区牧民新生活、情系延安等系列活动。越来越多的海外侨胞心怀回馈社会的理念投身公益慈善，成为促进中国慈善事业发展和改善民生的重要力量。“侨爱工程”捐赠总额已超过30亿元人民币。①

中国侨商投资企业协会常务副会长、印尼金光集团董事长的代表（左）向国侨办转交追加捐款

图片来源：《国侨办“侨爱工程——抗雪救灾温暖行动”获捐1.7亿》，人民网·图片，http：//pic. people. com. cn/GB/31655/69 22181. html。

作为由国务院侨办和农业部发起实施的“侨爱工程——万侨助万村活动”之一，旅澳侨胞董配永向家乡两村——河北省唐山市古冶区卑家店镇刘庄村和滦县九百户镇小河湾村60岁以上老人捐赠养老金活动启动，每位在册的60周岁（含）以上老人按照年龄不等每人每月可领取300～1 600元，100周岁以上者每人每月可领取2 000元，为农村老人安享晚年增添了保障

图片来源：《唐山：侨爱工程　关爱老人》，中国青年网，http：//picture. youth. cn/shbt/201112/t20111230_1897486. htm。

① 《国侨办副主任郭军：“侨爱工程”捐赠总额已逾30亿元》，中国新闻网，http：//www. chinanews. com/hr/2017/05－04/8215585. shtml。

广东省侨办组织“侨爱工程——送温暖医疗队”为新丰贫困群众义诊

图片来源：《“侨爱工程——送温暖医疗队”为新丰贫困群众义诊》，广东侨网，http：//www. qb. gd. gov. cn/ztzl2010/zxzt2010/2010fpr/tplh/201307/t20130705_398 952. htm。

“侨爱工程——点亮藏区牧民新生活计划”的 14 家华侨企业带着对藏区人民的深情厚谊，联合捐赠若尔盖县的 1 000 台便携式电视机分发到各乡镇

图片来源：《便携式电视机点亮藏区牧民新生活》，阿坝藏族羌族自治州人民政府网站，http：//www. abazhou. gov. cn/ztjs/mmdj/mmdj_tptb/201209/t2012091 1_494453. html。

（二）推动实施“海外惠侨工程”

2014 年 6 月，国务院侨办在第七届世界华侨华人社团联谊大会上推出“海外惠侨工程”八大计划，其中包括：加强侨团建设；建立华助中心；加快华教发展；促进中餐繁荣；体现中医关怀；扩大文化交流；扶助侨胞事业；提供信息服务。这些计划是惠侨民、暖侨心、聚侨力、强侨社的重要举措，推行至今，已在各地区及领域取得了可喜成绩和切实成果。

1. 加强侨团建设

侨团建设的关键在侨领。侨领作为广大华侨华人的重要组成部分，是侨团中的精英群体，是海外中华儿女支持中国革命和建设事业的先锋与中坚。他们在长期侨务实践中凝聚成的以爱国爱乡为基础，以侨社互助为重点，以创业发展为目标，以坚定爱国观、明确服务观以及艰苦创业观和互助社会观为核心内容的价值观体系，在华侨华人中产生了强大吸引力、公信力和感召力。① 和谐侨社是海外侨胞长期生存发展的共同需要，关系到中华民族的形象。侨领们应不断提高自身素质，提升当地侨社的凝聚力和影响力，真正担当起引领海外侨社繁荣发展的使命和责任。为此，2012 年起，国侨办与清华大学合作，针对海外侨团负责人展开系列研习活动；2013 年中国侨联“首届海外侨领国情研修班”开班；这些研习（修）班的成功举办，进一步促进了海外侨社的健康和可持续发展。

出席 2017 海外侨领中国国情研修班的海外侨领

图片来源：《万立骏主席出席 2017 海外侨领中国国情研修班开班式》，中华全国归国华侨联合会网站，http://www.chinaql.org/c/2017-07-03/527195.shtml。

① 徐华炳：《论侨领角色扮演、类型及其价值观》，《浙江学刊》2012 年第 3 期。

国侨办第 48 期侨领研习班学员在粤学习考察

图片来源：广东侨网，http：//www. qb. gd. gov. cn/news2010/201703/t20170330_830155. htm。

2. 建立华助中心

在海外，人生地不熟，侨胞有了急事或难事，该找谁帮忙？为了帮助侨胞更好地解决这个问题，国务院侨办在 2014 年 6 月启动实施“海外惠侨工程”时，将建立海外华侨华人互助中心（简称“华助中心”）列为惠侨工程的其中一项计划，在世界各地华侨华人比较集中的城市，选择具有为侨服务功能以及一定公信力和影响力的华侨华人社团，成立华助中心，为当地侨胞提供关爱帮扶，帮助他们处理突发事件，解决实际困难。

国侨办领导为第四批“华助中心”揭牌

图片来源：新浪网，http：//news. sina. com. cn/o/2017 - 09 - 29/doc - ifymksyw4856224. shtml。

2014 年 9 月，首批 18 家华助中心在北京揭牌。此后几个月，这些“华助中心”相继在加拿大、美国、日本、菲律宾、意大利等国挂牌，在海外华侨华人聚集地落地开花。截至 2017 年 9 月底，海外华助中心总数已达到 60 个，基本覆盖全球五大洲。[①] 通过华助中心及时传递和反映海外侨胞的诉求，帮助侨胞解决工作生活中所遇到的实际困难，协助侨胞依法保护自身合法权益，助力侨胞融入主流社会，推动侨胞驻在国和中国友好关系的发展。

米兰华助中心代表看望生病侨胞，为其排忧解难

图片来源：中国侨网，http：//www.chinaqw.com/huazhu/2017/05－15/141680.shtml。

3. 加快华教发展

进入 21 世纪之后，海外华文教育迎来了历史上最好的发展时期。随着中国成为世界第二大经济体，国际影响力不断攀升，各国政府对华文教育的政策已经有所转变。海外华侨华人的华文学校依靠祖（籍）国和侨胞的支持，发展也极为迅速，他们传承中华文化的成绩也令人瞩目。中国政府十分重视新时期的华文教育工作，华文教育工作的主管部门国务院侨办做了很多工作，如组织编写了适合不同国家和地区华裔青少年的中文教材和读物，以及配套的多媒体教材；培训了大批海外中文教师，同时选派中国优秀中文教师到国外中文学校任教；每年举办华裔青少年中华文化知识竞赛和中文作文比赛等活动，从各层面推动海外华文教育的发展，收效甚佳。2017 年 12 月，国侨办主任裘援平在第四届世界华文教育大会发表重要讲话，她指出，未来华文教育发展具有四大特征：一是中文推广的重要意义不断彰显，华文教育发展前景更加光明；二是海外华社发生结构性变

① 《裘援平、许又声为第四批“华助中心”揭牌》，新浪网，http：//news.sina.com.cn/0/2017－09－29/doc－ifymksym4856224.shtml。

化，华文教育需求更为广泛；三是信息技术创新日新月异，华文教育方式深刻变革；四是海外中文教育市场更加多元，传统华文教育发展面临竞争。

中国华文教育基金会荣获第七届中国公益节“公益组织奖”

图片来源：中国华文教育基金会网站，http：//www.clef.org.cn/news/2018/0131/5/2058.shtml。

（1）成立中国华文教育基金会。

2004 年 3 月，时任中共中央总书记、国家主席胡锦涛在出席全国政协会议时讲话指出：“博大精深的中华文化，是海外侨胞联系祖国的情感纽带，无论是从我们民族优秀传统文化的传承角度考虑，还是从对我们骨肉同胞的亲情考虑，支持海外华人社会开展华文教育都是我们义不容辞的责任。有必要成立华文教育基金会，以动员海内外社会各方面的力量关心、支持华文教育事业的发展。”翌日，时任全国政协主席贾庆林主持召开了有党中央、全国政协有关负责同志参加的专门会议，研究发展海外华文教育问题，确定成立中国华文教育基金会。2004 年 9 月 30 日，中国华文教育基金会正式在民政部登记成立，这是一家专门为海外华文教育事业服务的全国性公募基金会。其宗旨是：弘扬中华文化，发展华文教育事业，促进中外文化交流。中国华文教育基金会在国务院侨办和各级侨务系统的支持下，先后形成了华文师资培养工程、华文教师暖心工程、华裔青少年中华文化传承工程、传统节庆文化活动拓展工程、华文教辅材料开发工程、华文教育现状调研工程等系列华文教育项目。在此基础上形成了华文教师大专学历、本科学历到研究生学历的培养资助体系；海外华裔青少年高（职）中、大专到本科的奖助体系；海外华文学校发展资助体系；海外华裔青少年中国文化（海外）行及远程网络教育等品牌活动，惠及全球众多国家和地区的华文教育组织、华文学校、华文教师和华裔青少年。[1]

---

[1] 《中国华文教育基金会简介》，中国华文教育基金会网站，http：//www.clef.org.cn/news/2013/0823/5/1349.shtml。

（2）编辑华文教材。

为了向海外华文学校提供专业化、标准化的华文教材，中国政府相关部门全力组织编辑工作。中国内地出版的华文教材，主要有供欧美地区周末制中文学校使用的华文教材《中文》和供亚洲地区全日制华文学校使用的华文教材《汉语》。

《中文》（试用版）是1996年由国务院侨办委托暨南大学华文学院为欧美地区周末制中文学校的华裔小学生学习中文而编写的。全套教材共48册，其中《中文》主课本12册，家庭练习册24册（分为A、B册），教师教学参考书12册。《中文》（修订版）是国务院侨办委托暨南大学华文学院在《中文》（试用版）的基础上，总结自1997年以来的试用情况，结合海外华文教育的实际需要和特点，广泛听取各方面意见和建议，以教材研究为依据进行修订。《中文》（修订版）全套共52册，除原有的48册外，另增编了配套的《学拼音》课本1册、《学拼音练习册》2册及《学拼音教学参考》1册。

供欧美地区周末制中文学校使用的华文教材《中文》

图片来源：暨南大学出版社提供。

《汉语》系列教材是中国海外交流协会委托北京华文学院为海外华侨华人学生学习汉语而编写的，供亚洲地区的全日制华文学校使用。该教材1998年发行第一版。为使教材臻于完善，更好地适应海外的教学需要，北京华文学院历时两年，对第一版教材进行了全面修订。《汉语》（修订版）包括三个系列，其中《汉语》是主课本，《汉语·练习册》是主教材的配套练习，《汉语·教师手册》是供教师备课的参考书。《幼儿汉语》是国务院侨办、中国海外交流协会委托北京华文学院编写的一套幼儿汉语教材。作为《汉语》系列教材的学前部分，该教材可作为海外4～6岁学前班、幼儿园华裔少儿的课堂教学用书。①

① 《教材推介》，中国华文教育网，http：//www.hwjyw.com/textbooks/。

供亚洲地区全日制华文学校使用的华文教材《汉语》

图片来源：暨南大学出版社提供。

（3）加强师资培训。

在汉语国际化进程加快的背景下，华文教育的复兴催生了海外华文师资的巨大需求，华文教师继续教育走专业化、科学化、规范化的职业能力发展道路势在必行。研究华文教师标准，建立华文教学能力认证体系，科学、有效地开展职业能力认证，亦即按着“培训—考核—认证”的思路开展“华文教师证书”颁证工作，对提高华文教师的专业能力具有重要意义。

2016 年“华文教育·华文教师证书”四川培训班结业

图片来源：中国侨网，http：//www. chinaqw. com/hwjy/2016/08 －26/100581. shtml。

“华文教师完美远程培训”加拿大多伦多启迪教育开课仪式

图片来源：中国侨网，http：//www.chinaqw.com/hwjy/2017/07－19/153509.shtml。

“华文教师证书”培训旨在提升华校教师教学水平和中国语言文化综合素养，促进海外华文教育及师资队伍标准化、正规化和专业化建设。学员们将会学到华文知识与能力、华文教学法、中国文化专题等方面的知识。培训结业，由中国海外交流协会颁发相应等级的“华文教师证书”。近年来，华文师资远程培训这个新生事物在海外引起了积极的反响。随着汉语学习人数的增加，汉语教学点的逐渐增多，远程教育的重要性逐渐突显，它缓解了师资力量不足的现状，为华文教师的培训带来了新的机遇。

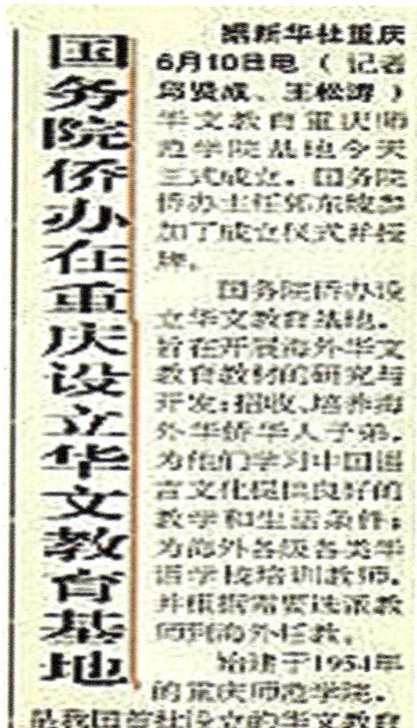

国务院侨办在重庆设立华文教育基地

新华社重庆6月10日电（记者乌贤成、王松涛）华文教育重庆师范学院基地今天正式成立。国务院侨办主任郭东坡参加了成立仪式并授牌。

国务院侨办设立华文教育基地，旨在开展海外华文教育教材的研究与开发；招收、培养海外华侨华人子弟，为他们学习中国语言文化提供良好的教学和生活条件；为海外各级各类华语学校培训教师，并根据需要选派教师到海外任教。

始建于1954年的重庆师范学院，是我国首批设立的华文教育基地中唯一一所地处西部地区的高等院校。

《国务院侨办在重庆设立华文教育基地》

图片来源：《人民日报》，2000年6月11日第2版。

2017年7月17日，由中国华文教育基金会主办、北京四中网校承办、完美（中国）有限公司资助的“华文教师完美远程培训”加拿大多伦多启迪教育开课仪式在中国北京与加拿大多伦多两地同时举行。至此，共有来自全球五大洲29个国家的1 078所华校参加并定制了中国华文教育基金会“华文教师完美远程培训”项目培训课程。

（4）建立华教基地。

随着海外华侨华人学习中文的热潮持续升温，国务院侨务办公室及各省、市侨务部门根据海外需求，陆续在全国各地建立了一批华文教育基地。2000年6月，国务院侨办全国首批二十二个华文教育基地正式挂牌。华教基地主要承担海外华文教育教材的研究、开发，接待海外华裔青少年夏（冬）令营活动，为海外各类华校培训教师，开展海外华文教育的理论研究等。这些华教基地已成为开展海外华文教育工作的重要依托和有力补充。至 2017 年，国侨办华文教育基地已增至 49 个，为做好新时期海外华文教育工作发挥了重要作用。[①] 在国务院侨办的推动下，一些省市侨办，如广东、福建、上海、山东、江苏、贵州、江西等，也根据各自需求建立了省级华文教育基地。

2017 年 4 月 14 日，第 49 个国务院侨务办公室华文教育基地——广西师范大学正式揭牌

图片来源：《国务院侨办华文教育基地增至 49 个》，中国新闻网，http：//www. chinanews. com/hr/2017/04－14/8199765. shtml。

在津海外华裔留学生和天津大学留学生在国务院侨办天津华文教育基地天津民俗文化艺术观赏节上观看现场剪纸

图片来源：《国侨办天津华文教育基地天津民俗文化艺术节召开》，中国侨网，http：//www. chinaqw. com/zgqj/qjdt/200810/20/134506. shtml。

① 《国务院侨办华文教育基地增至 49 个》，中国新闻网，http：//www. chinanews. com/hr/2017/04－14/8199765. shtml。

4. 促进中餐繁荣

海外中餐业发展历经 200 多年，现有 55 万家之多，产值超过 2 500 亿美元。海外 70% 的华侨从事餐饮上下游业务。[①] 中餐业已成为海外华侨华人生存发展、安身立命的重要手段和支柱性行业。即使是在今天这样一个科技发达的时代，中餐业仍是海外华侨华人经济的重要支柱和领域，也是世界各国人民认识中国人、认识中国、认识中华文化的一个非常重要的渠道。然而当前“热闹”的海外中餐市场也面临着很多尴尬：缺乏招牌企业；发展规模小、碎片化；专业人才短缺；等等。

“中餐繁荣计划”旨在推动海外中餐业水平的提升，推动海外中餐业协会更好地发展，以食为媒，弘扬中华优秀文化，拓展侨务公共外交，在世界讲好中国故事。计划实施以来，通过举办海外中餐业协会负责人研习班、组织“中餐繁荣团”等多种形式支持海外中餐业的发展，取得了较好效果，在海外中餐业界受到广泛欢迎。2016 年 1 月，中国第一家中餐繁荣基地设在扬州大学；2017 年 9 月，全国第二家中餐繁荣基地落户福建商学院；2018 年 3 月，四川旅游学院、广州华商职业学院和顺德职业技术学院同时获“中餐繁荣基地”授牌。

2018 年 3 月，同时设立两家“中餐繁荣基地”的授牌仪式在广东省侨办举行

图片来源：国务院侨办网站，http：//www. gqb. gov. cn/news/2018/0328/44634. shtml。

① 《中餐繁荣，利在当代，功在千秋——国侨办 2017 中餐繁荣计划座谈会在京召开》，搜狐网，http：//www. sohu. com/a/161982606_609262。

国务院侨办中餐繁荣团技惊日本

图片来源：江苏省人民政府侨务办公室网站，http：//www.jsqb.gov.cn/web/docview.aspx?docid=453236139。

5. 体现中医关怀

中医关怀计划的宗旨是服务侨胞、惠及大众、推广中医药。2015年3月6日，国家中医药管理局和国务院侨务办公室在京签署《关于推进中医药海外惠侨计划的战略合作协议》。据悉，双方将以签署战略协议为契机，进一步密切合作，制定年度合作计划，在“海外惠侨工程——中医关怀计划”框架下组织中医海外义诊活动，开展海外中医师培训，推动海外华人医院与国内中医院开展合作，加大中医关怀宣慰侨胞力度，充分发挥海外侨胞作用，提升海外中医行业水平和形象，扩大中医药在世界范围的影响力。中医关怀计划的另一个举措是通过中医关怀团到各地的活动，让侨胞感受到祖籍国和亲人的关怀。中医关怀团本着服务侨胞、惠及大众、推广中医药的宗旨，在服务海外侨胞、弘扬中华文化、推动中外友好合作方面发挥了重要作用。

国务院侨办中医关怀团为旅日侨胞提供健康咨询

图片来源：中国经济网，http：//intl.ce.cn/specials/zxgjz h/201708/21/t20170821_25148554.shtml。

中国国务院侨办中医关怀团访问科特迪瓦

图片来源：中华人民共和国外交部网站，http：//www. fmprc. gov. cn/web/zwbd_673032/nbhd_673044/t1414184. shtml。

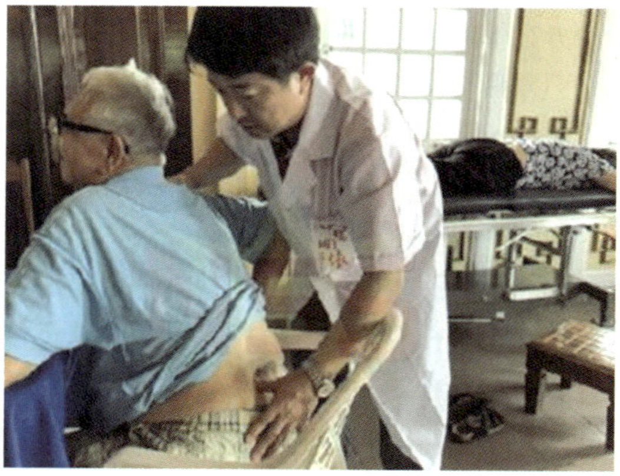

中国国务院侨办中医关怀团走进苏里南

图片来源：《国侨办中医关怀团在广义堂举行义诊活动》，苏里南中华日报网，http：//www. chungfadaily. com/info. asp? id = 13142。

6. 扩大文化交流

（1）建立孔子学院/孔子课堂。

儒家文化作为中华文化精髓最典型的代表，对中华文化的世界传播和汉语的国际推广做出了巨大贡献。当前，世界各国出现学习汉语热、了解中国文化热，国外教育机构对开设孔子学院热情很高。于是，从 2004 年起，中国教育机构本着平等协商和自愿参与的原则开始与国外合作开办孔子学院，这是对各国汉语热的回应，目的是通过学习中国语言和文化，了解中国，促进两国人民的友谊与合作。2004 年 11 月 21 日，中国国家对外汉语教学领导小组办公室与国外合作建立的第一家孔子学院在韩国首尔大学成立。孔子学院创办十四年特别是 2013—2018 年，在中外双方努力下，坚持共建共享，为增进中国与各国人民友谊，促进中外文明交流互鉴做出了积极贡献。

2004 年 11 月 21 日中国首家孔子学院在首尔挂牌

图片来源：《民族的，也是世界的》，中国共产党历史网，http：//www. zgdsw. org. cn/GB/218994/219017/222982/231102/15778988. html。

第十二届孔子学院大会圆满落幕

图片来源：汉办官网，http：//www. hanban. edu. cn/article/2017 - 12/13/content_711520. htm。

2018年12月4日，第十三届孔子学院大会在成都开幕。来自150多个国家和地区的大学校长、孔子学院代表近1 500人参加大会。① 目前全球151个国家设立了531所孔子学院和1 130所孔子课堂，学员目前超过了200万人，而且孔子学院带动和推动了67个国家将汉语纳入国民教育体系。孔子学院目前是全球最大的国际化语言教育网络，也是全球最多样化的国际交流平台。②

第十三届孔子学院大会在成都开幕

图来源：新华网，http：//www. xinhuanet. com//expo/2018－12/05/c_1123809545. htm。

（2）建立海外中国文化中心。

中国文化中心是中国政府在海外设立的官方文化交流机构，承担着开展文化活动、教学培训、思想交流和信息服务这四大职能，是中国文化海外传播与交流的重要窗口。1988年，首批海外中国文化中心在非洲的毛里求斯和贝宁建成。中共十八大后，中心建设速度加快，总数达35个：欧洲、亚洲各13个，非洲5个，美洲、大洋洲共4个，全球布局初成。③

各国的海外中国文化中心常年不间断地开展着丰富的文化活动，除演出、展览、影视等广受欢迎的项目外，还通过讲座、座谈、研讨会等形式进行思想对话。此外，中心根据当地需求设置语言、书画、舞蹈、武术等中国文化培训课

① 《第十三届孔子学院大会在成都举行》，新华网，http：//www. xinhuanet. com//expo/2018－12/05/c_1123809545. htm。

② 《第十三届国际汉语教学研讨会在北京大学举行》，中国青年网，http：//news. youth. cn/gn/201811/t20181109_11780559. htm。

③ 《探访海外中国文化中心：布局初成　润物无声》，中国侨网，http：//www. chinaqw. com/zhwh/2018/02－08/178279. shtml。

程，还与当地文化、艺术、学术等机构共同举办文化活动，互为平台，交流互鉴。根据相关规划，到2020年，海外中国文化中心将达到50个，它们将在具有民间色彩的文化交流中进行日常外交，让各国人民与中国相知、相亲，让走出国门的中国人看到更多真诚的微笑。

由上海民族乐团带来的“风雅中国”小型音乐会在布鲁塞尔中国文化中心举行

图片来源：《中国共建海外文化中心30个 2020年将达50个以上》，中国侨网，http://www.chinaqw.com/zhwh/2016/12-16/117685.shtml。

在开罗中国文化中心举办的“大使杯”说汉语讲故事大赛上的啦啦队

图片来源：《“一带一路”建设背景下海外中国文化中心发展调研报告》，中国文明网，http://www.wenming.cn/ll_pd/whjs/201610/t20161005_3772221.shtml。

7. 扶助侨胞事业

扶助侨胞事业计划，即为侨商参与中国现代化建设搭建平台，协助他们参与国内建设、投资兴业；为海外华侨华人专业人士以各种方式回国创新创业创造更有利条件。

国务院侨办为服务国家创新发展、调动侨胞参与民族复兴大业、推动“万侨创新行动”，推出“侨梦苑”（侨商产业聚集区、华侨华人创新创业聚集区）示范品牌。秉承“万侨汇聚、万侨创新”的发展理念，着力服务京津冀协同发展重大国家战略，2014 年 11 月，全国首家“侨梦苑”在天津正式揭牌。随后，“侨梦苑”分别在河北、福建、江西、江苏、湖南、湖北、河南、四川、北京、浙江、安徽、山东、广东等地建立。2017 年 10 月，国务院侨办批复同意在广东省汕头市设立“侨梦苑”，这是全国第 17 个“侨梦苑”，也是中国最大的“侨梦苑”。“侨梦苑”的设立，既是推动自身创新发展的契机，又为创业投资提供了保障。挂牌 3 年来，入园的侨资企业达 1.4 万家，引入数万名海外科技专业人士，成为侨商产业聚集区和海外侨胞创新创业示范基地，打造综合性、全流程为侨服务体系。[1]

海外侨商代表参观天津“侨梦苑”

图片来源：搜狐网，http：//roll.sohu.com/20160829/n466532776.shtml。

① 《国务院关于华侨权益保护工作情况的报告》，中国侨网，http：//www.chinaqw.com/sqfg/2018/04－26/187402.shtml。

长沙“侨梦苑”牵手海外华侨华人专业协会，双方约定搭建多元化、多层次、多服务的合作平台

图片来源：长沙高新区网站，http：//www. cshtz. gov. cn/art/2016/9/18/art_3312_7844. html。

8. 提供信息服务

“侨宝”移动客户端于2016年1月1日上线试运行

图片来源：《国务院侨办“侨宝”客户端上线　打造为侨服务掌上平台》，中国新闻网，http：//www. chinanews. com/hr/2016/06－02/7892639. shtml。

随着信息技术的发展和应用，信息服务的网络化环境逐渐形成，网络化信息服务已成为获得信息增值服务的主要方式。中国侨网作为中国最具权威的大型侨务网站，致力打造丰富权威的“涉侨资讯中心”，共设置七大板块展示涉侨资讯，包括“华侨华人”“中华文化”“华文教育”“经济科技”“归侨侨眷”“涉侨法规”“涉侨机构”。“服务”是中国侨网全新版最突出的特色，网站致力打造便捷亲和的“为侨服务平台”，包括涉侨法规分类查询、回国定居办理指南、出境入境贴心提示、华文教育资源共享、网友咨询在线问答、侨务活动网上报名等服务内容。该网站不仅与国内的侨务部门实现了联网，也与海外500个侨团实现联网，成功建设成为全球华侨华人网上家园。

为更加优质、便捷、高效地服务广大侨胞，实现为侨服务的全天候、全覆盖，国务院侨办“侨宝”移动客户端于2016年1月1日上线试运行。“侨宝”取“侨胞”之谐音，其客户端围绕“资讯、服务、互动”三大中心功能，通过视频、图文、推送、短信等多种信息传播方式，使广大侨胞能随时随地获取最新涉侨资讯，并享受贴心、周到的为侨服务，同时可通过活动、侨友圈等功能促进侨胞间的交流与沟通。

十一、促进中国和平统一大业

（一）支持并推动反“独”促统活动

党和国家历来十分重视侨胞在解决台湾问题、推进祖国统一大业中的特殊作用。早在1979年，全国侨务会议就提出：广大海外侨胞，国内归侨、侨眷要本着爱国爱家的精神，广交朋友，多做工作，为两岸统一、实现祖国统一大业做出贡献。

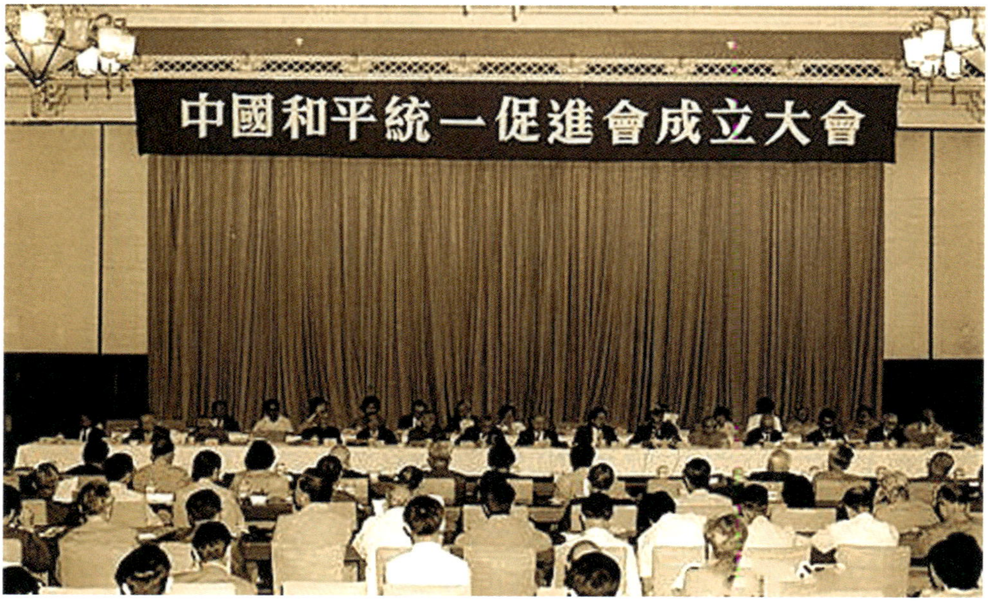

1988年9月22日，中国和平统一促进会在北京成立

图片来源：80空间网，http：//www.80kongjian.com/js/2014/1126/2347.html。

全英华人华侨中国统一促进会在伦敦发起反“独”促统百万华侨华人签名活动

图片来源：《英国华人拟举办反“独”促统论坛，发动百万人签名》，中国网，http：//big5.china.com.cn/international/txt/2007－03/19/content_7980639.htm。

1988年，为发展海峡两岸关系，打破两岸长期隔绝的僵局，在邓小平的倡议下，由各民主党派有关人士、团体及无党派代表人士共同发起，成立了中国和平统一促进会。其宗旨是：高举爱国主义旗帜，团结一切拥护中国和平统一的海内外同胞，推动台湾海峡两岸的民间交流与往来，反对制造“台湾独立”“两个中国”“一中一台”等分裂中国的活动，促进早日实现中国和平统一。中国政府反“独”促统的立场得到了海外侨胞的热烈支持和积极响应。广大港澳台同胞和海外侨胞始终心系祖国统一，在五大洲100多个国家和地区成立了200多个统促会及类似组织，推进了全球反“独”促统运动的深入发展，向世界展示了中华民族爱好和平、维护国家主权、捍卫领土完整的决心和意志，巩固了国际社会支持一个中国的格局。①

全球华侨华人促进中国和平统一大会是海外反“独”促统运动的重要平台，自首次在柏林召开“全球华侨华人推动中国和平统一大会”以来，全球性的华侨华人促进中国和平统一大会不断召开。这些大会规模大、人数多、呼声高，反映了海外华侨华人对和平统一的共同意志。自2000年以来大会共举办了17次，地点分别为：柏林、华盛顿、东京、悉尼、莫斯科、曼谷、维也纳、澳门、布达佩斯、洛杉矶、香港、华盛顿、马德里、里约热内卢、约翰内斯堡、曼谷、佛罗伦萨。

① 《2017全球华侨华人促进中国和平统一大会在佛罗伦萨隆重举行》，环球网，http：//world.huanqiu.com/GT_European/2017－07/11022013.html。

2000 年在柏林举行的首次“全球华侨华人推动中国和平统一大会”现场

图片来源：中国和平统一促进会网站，http：//www. zhongguotongcuhui. org. cn/zt/cjh5/aiguo/201211/t20121107_3356007. html。

中国政府十分重视大会的召开，历届会议都有全国人大常委会、中国政协、中共中央统战部、中国和平统一促进会、中国驻当地使领馆、国务院台湾事务办公室、中国海外交流协会、国务院侨务办公室、中国侨联等机构的领导同志出席会议。2017 年 7 月 23 日，“2017 年全球华侨华人促进中国和平统一大会”在意大利佛罗伦萨会展中心隆重开幕。大会分会场举办了以“反‘独’促统”“维护领土完整”为主旨的论坛，倡导和呼吁全球华侨华人共同携手参与“一带一路”建设，推动两岸经济发展，早日实现中国和平统一和中华民族伟大复兴之理想。①

出席“2004 曼谷全球华侨华人反‘台独’促统一大会”的华侨华人在“反‘台独’促统一”横幅上签名

图片来源：《全球华侨华人反独促统大会通过曼谷宣言》，搜狐网，http：//news. sohu. com/2004/03/03/51/news219285182. shtml。

① 《全球华侨华人促进中国和平统一大会在佛罗伦萨隆重举行》，搜狐网，http：//www. sohu. com/a/159694820_210532/2017 - 07 - 25。

（二）支持《反分裂国家法》

广大华侨华人对于祖（籍）国统一极为关心，长期以来积极地为祖（籍）国的统一大业献计献策，其中就有关于中国立法反对“台独”的倡议。中国政府十分重视海外侨胞的倡议，鼓励海外侨胞就中国立法反对“台独”建言献策，并邀请有关侨胞专程到北京参与讨论《反分裂国家法》问题。在海外的台湾侨胞关于法律草案的一些建议也得到了采纳和体现。在海外侨胞的倡议和参与下，2005 年 3 月 14 日，中华人民共和国第十届全国人民代表大会第三次会议通过了《反分裂国家法》，主要内容是鼓励两岸继续交流合作，但同时也首次明确提出了在三种情况下中国大陆可用“非和平手段”处理台湾问题的底线。广大华侨华人热烈拥护《反分裂国家法》的颁行，在较短时间内就开展了形式多样的活动，以表达对中国政府出台《反分裂国家法》的拥护和支持，遏制了“台独”等各种分裂势力在海外的影响，让居住国政府和人民了解他们拥护中国统一的心愿。该法自公布实施以来，在反对和遏制“台独”分裂行径、维护台海和平稳定、促进两岸关系和平发展等方面，发挥了十分重要的作用。

全国人大通过《反分裂国家法》

图片来源：国际在线，http://news.cri.cn/gb/3821/2005/03/14/Zt146@480355.htm。

一些国家政府或领导人及国际组织发表声明或讲话

支持中国通过《反分裂国家法》

海外华侨华人坚决拥护《反分裂国家法》

我驻美使馆临时代办对美国众院通过所谓决议案表示坚决反对

《海外华侨华人坚决拥护〈反分裂国家法〉》

图片来源：《人民日报》，2005 年 3 月 18 日第 13 版。

2005 年 3 月 14 日，美国纽约和费城一些侨团组织纷纷举行座谈会，表示坚决支持中国全国人大刚刚通过的《反分裂国家法》，呼吁广大海外华侨华人为反独促统做出更大贡献

图片来源：《海外华侨华人支持〈反分裂国家法〉》，中国网，http：//www. china. com. cn/chinese/news/812292. htm。

（三）开展侨务对台工作

侨务对台工作是在 1999 年，中共中央基于“五缘”文化的相融性和特殊性，从统一祖国大业的角度出发，把侨务工作和对台工作结合起来开辟的侨务工作新领域。① 侨务对台工作的对象，就包括广大华侨华人以及台湾岛内外的所有社团和人士，包括支持中国统一事业的所有力量。

“五缘”文化包括亲缘（血缘）、地缘、神缘、业缘（商缘）、物缘（文缘），它像五条无形的精神纽带，牢固地维系着广大中华儿女的民族感情。利用“五缘”文化，开展侨务对台工作，是顺应时代变化、促进祖国和平统一的有效途径。在“大侨务观”的指导下，我国各级政府部门、涉侨机构，通过“五缘”文化的渠道和途径，发挥海外侨胞“侨中有台”“台中有侨”的特点，广泛联系台湾籍侨团和人士，大力开展团结争取工作，鼓励海外侨胞利用各种渠道，向住在国主流社会介绍我国对台湾问题的方针、政策和主张，坚决遏制“台独”分裂势力在海外的影响。在遏制海外“台独”势力的同时，加强侨务对台的宣传工作力度，与华文媒体合作互动，向住在国政要、友人和主流媒体介绍我国对台方针和主张，争取国际社会的认同，营造有利于解决台湾问题的国际环境。

---

① 冯玉洁：《关于侨务对台工作的思考与建议》，暨南大学硕士学位论文，2010 年，第 1 页。

中国统促会接待台湾“大陆新娘‘娘家行’”访问团

图片来源：中国和平统一促进会网站，http：//www. zhongguotongcuhui. org. cn/hnyw/201703/t20170322_11728918. html。

旅美台籍侨胞在 2017 年 10 月 25 日发布《反独救台联盟宣言》，成立“反独救台联盟”。该宣言强调，台湾最好的出路就是珍惜中华民族纽带，“台独”理论和主张是台湾人民福祉的最大威胁，必须坚决反对

图片来源：《旅美台籍侨胞发宣言成立“反独救台联盟”》，中国评论通讯社网，http：//bj. crntt. com/crn - webapp/touch/detail. jsp? coluid = 92&kindid = 0&docid = 104856673。

十二、保护海外公民合法权益

（一）实施领事保护

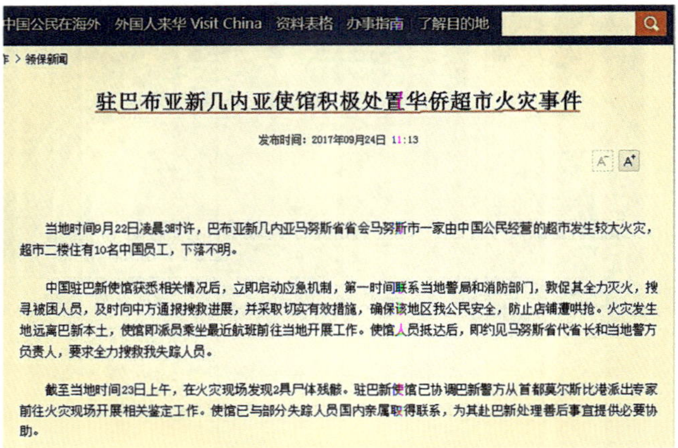
中国公民在海外 外国人来华 Visit China 资料表格 办事指南 了解目的地

> 领保新闻

驻巴布亚新几内亚使馆积极处置华侨超市火灾事件

发布时间：2017年09月24日 11:13

当地时间9月22日凌晨3时许，巴布亚新几内亚马努斯省省会马努斯市一家由中国公民经营的超市发生较大火灾，超市二楼住有10名中国员工，下落不明。

中国驻巴新使馆获悉相关情况后，立即启动应急机制，第一时间联系当地警局和消防部门，敦促其全力灭火，搜寻被困人员，及时向中方通报搜救进展，并采取切实有效措施，确保该地区我公民安全，防止店铺遭哄抢。火灾发生地远离巴新本土，使馆即派员乘坐最近航班前往当地开展工作。使馆人员抵达后，即约见马努斯省代省长和当地警方负责人，要求全力搜救我失踪人员。

截至当地时间23日上午，在火灾现场发现2具尸体残骸。驻巴新使馆已协调巴新警方从首都莫尔斯比港派出专家前往火灾现场开展相关鉴定工作。使馆已与部分失踪人员国内亲属取得联系，为其赴巴新处理善后事宜提供必要协助。

驻巴布亚新几内亚使馆积极处置华侨超市火灾事件

图片来源：中国领事服务网，http：//cs. mfa. gov. cn/gyls/lsgz/lsxw/t1496265. shtml/2017－09－24。

改革开放后，我国出国人数每年净增。除了中国在海外公民的迅速增加以外，大批中国公司也跨出国门。中国公民与公司发展到世界的某个地区，中国在海外的利益也就延伸到这一地区。为了更好地维护海外中国公民和机构的安全与合法权益，2006 年外交部在领事司设立了领事保护处，这是外交部首次设立专门领事保护机构，一年后升格为外交部领事保护中心。领事保护中心是领事保护工作的“指挥中枢”和“协调平台”，负责指导全球 200 多个使领馆处置领事保护和协助案件，同时协调其他部委、地方政府和企事业单位共同做好境外中国公民和机构安全保护工作。只要是中国公民，无论是定居国外的华侨，还是临时出国的游客；无论是大陆居民，还是香港、澳门和台湾同胞，都是领事保护工作的对象。实施领事保护，提供相应的服务与协助，体现了执政为民的理念，同时也是在维护国家利益与国家形象。截至 2008 年 11 月底，中国在外国共设立了 86 个领事保护专门机构，包括总领事馆、领事馆和领事办公室。[1] 领事保护中心的组建，既是进一步整合资源，提升预警、处置、宣传和立法等方面的协调行动能力，也是深入贯彻“以人为本”“执政为民”理念的又一重要举措。

---

① 《中国在全球共设 86 个领事保护机构保护 5 000 万侨民》，中国新闻网，http：//www. chinanews. com/hr/lsbh/news/2008/11－27/1465382. shtml。

中国驻多米尼克使馆、驻安提瓜和巴布达使馆紧急协助在多米尼克中国公民转移

图片来源：中国领事服务网，http：//cs. mfa. gov. cn/gyls/lsgz/lsxw/t1496276. shtml/2017 -09 -24。

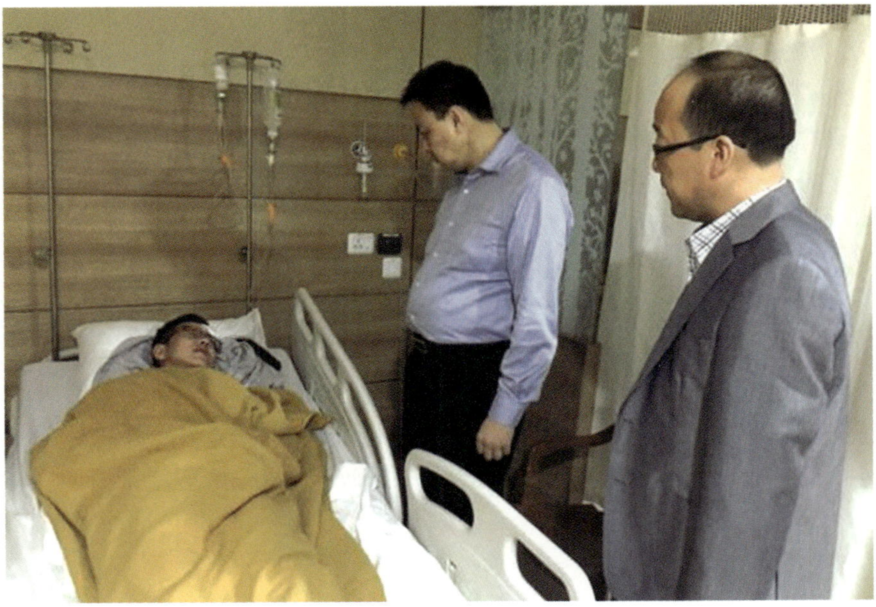

驻孟买总领馆派员看望遭遇车祸的中资企业员工

图片来源：《驻孟买总领馆派员看望中资企业员工》，中国领事服务网，http：//cs. mfa. gov. cn/gyls/lsgz/lsxw/t1515882. shtml/2017 -12 -01。

（二）果断海外撤侨

海外撤侨作为领事保护的重要措施之一，对于海外侨民的保护具有重要意义。当今国际社会，使用撤侨这一领事保护的方式，保护海外侨民权益的事件也越来越多。纵观近十年来，世界各主要侨务大国，如美国、中国、英国、日本，以及西方主要发达国家，均在国际危机的应对过程中采取过不同手段和措施撤离本国的侨民。中国政府在这方面的特点在于地方政府的侨务机构会配合中央政府，帮助安置撤离归国的海外华侨华人。[①] 随着中国对外开放政策的不断深入，中国国家利益在海外的范围越来越广。在中国的海外利益中，绝大部分涉及普通民众在国外的切身利益，维护他们的生命财产安全是中国外交的重要任务。从改革开放之后至进入21世纪，凡是国外有重大灾难或是重大骚乱、战乱情况，中国政府都会及时安排撤侨行动。大大小小的撤侨行动，向海内外充分展示了中国政府正日益成熟的外交与侨务政策、中国强大的综合实力以及中国政府对华侨华人的高度重视。

1. 2006年4月所罗门撤侨

2006年4月18日，由于对刚刚结束的总理选举结果不满，所罗门群岛数百名示威者18日在议会大厦、总理府和市中心商业区等地举行抗议活动。随后，抗议活动转变为骚乱，首都霍尼亚拉的“唐人街”受到严重冲击，60多家华人经营的店铺顿时变成了瓦砾和灰烬。获悉骚乱事件后，胡锦涛主席、温家宝总理立刻指示外交部密切关注事态发展，确保我国侨民安全。4月19日凌晨，我国外交部启动应急机制。4月22日，我国政府用包机从所罗门群岛撤侨。由于所罗门群岛未与我国建交，在所罗门群岛的侨民事务由最近的中国驻巴布亚新几内亚大使馆代管。4月23日至24日，中国驻巴新使馆克服困难，全力以赴，在24小时内分四批租用商业包机赴所罗门，将避难侨胞撤至巴新。4月24日，中国政府派出的包机赶赴巴新，把310名侨胞接回祖籍国。25日凌晨，包机抵达广州白云国际机场。至此，撤侨工作基本结束。这次中国政府的撤侨行动，不仅引起了内地媒体的关注，也吸引了港澳和海外媒体的关注，许多外国媒体在报道这次事件时都提到了中国政府所做的努力和高效工作。

---

① 尹昱：《论海外撤侨——从危机管理的视角》，暨南大学硕士学位论文，2015年，第47页。

中国政府派包机赴巴新接中国在所罗门群岛侨民回国

中国旅居所罗门侨胞乘包机抵达广州

新华社广州4月24日电 中国政府24日派南方航空公司包机前往巴布亚新几内亚接中国在所罗门群岛侨民回国。

中国政府高度重视保护包括港澳台同胞在内的中国公民和法人在海外的合法权益。获悉所罗门群岛骚乱殃及中国侨民一事后，国家主席胡锦涛和国务院总理温家宝等党和国家领导人立即指示外交部，密切关注事态发展，采取措施切实维护中国在所罗门群岛侨民的安全，并请有关部门转达对侨民的亲切慰问。

外交部和驻外使领馆及时启动应急机制，同有关部门和地方一起正采取措施，尽一切可能向中国在所罗门群岛侨民提供帮助。

鉴于目前所罗门群岛局势，为确保中国侨民安全，中国政府采取了紧急措施。近日，中国驻巴布亚新几内亚使馆已租用商业包机将中国在所罗门群岛的侨民撤至巴新。

广东省高度重视接侨的相关准备工作。由外交部、公安部、国务院侨务办公室、国务院港澳事务办公室等单位组成的工作组已抵达广州协助工作。

本报广州4月25日电 记者翁淑贤报道：4月25日凌晨0时29分，在经历了所罗门群岛首都爆发骚乱后的动荡不安以及长途劳顿后，包括21名香港同胞在内的310名旅居所罗门群岛的中国侨胞，从巴布亚新几内亚乘坐中国政府派出的中国南方航空公司包机CZ556平安抵达广州白云国际机场。

由外交部、公安部、国务院侨办和国务院港澳办等有关部门组成的联合工作组、广东省人民政府常务副省长汤炳权和广东省有关部门负责人以及香港特区政府官员前往机场迎接。

联合工作组组长、外交部领事司副司长朱桃英在致欢迎辞时说，中国政府一贯高度重视保护包括港澳台同胞在内的中国公民和法人在海外的合法权益。获悉所罗门群岛首都发生骚乱后，国家领导人十分关心我侨胞的生命和财产安全。正在国外进行国事访问的国家主席胡锦涛以及国务院总理温家宝，均对维护我在所罗门群岛侨胞的安全做出了重要指示。遵照中央和国务院领导的要求，外交部启动了应急机制，通过我驻巴新等国使领馆向受困侨民提供了及时和大量的救助。鉴于所罗门当前局势及侨胞要求，中央政府决定先租用外国商业飞机将侨胞分批撤至巴新，然后派出南航包机飞赴巴新接回侨胞。

汤炳权代表中共广东省委和省人民政府向平安抵达的侨胞表示亲切慰问。他说，所罗门群岛首都爆发的骚乱给广大旅居所罗门侨胞造成了巨大的财产损失，侨胞人身安全遭受严重威胁。骚乱发生后，广东省政府和人民一直密切关注事态的发展，惦记着侨胞的安危，对旅居所罗门侨胞的遭遇十分同情，心急如焚。各位侨胞现在终于平安抵达广州，我们深感安慰。广东省政府及有关部门将按中央的要求，积极、妥善地做好侨胞的安置工作。

在广东省政府高度重视和周密安排下，回国的侨胞均已得到妥善安置。根据香港特区政府的安排，同机返回的香港同胞将在广州作短暂停留后乘车返港。侨胞们一再感谢中国政府和家乡人民对他们的关爱。

4月25日凌晨，包括21名香港同胞在内的310名旅居所罗门群岛的中国侨胞，从巴布亚新几内亚乘坐中国政府派出的中国南方航空公司包机平安抵达广州白云国际机场。图为乘客们在飞抵广州白云机场的包机上挥动国旗。 本报记者 杜 江摄

《中国政府派包机赴巴新接中国在所罗门群岛侨民回国》

图片来源：《人民日报》，2006年4月25日第4版。

所罗门群岛骚乱殃及我侨民 中国政府紧急救助

本报北京4月21日讯 4月18日，所罗门群岛当地时间下午3时，由于对总理选举不满，所首都霍尼亚拉市数百名民众在国议会最近的唐人街滋事，焚烧20多家华侨华人店铺。骚乱殃及数百名华人华侨，多数人不得不前往医院、教堂、警察局等地避难。

据外电报道，华人社区在此次骚乱中受冲击的主要原因是所部分群众对里尼当选总理不满，其政治对手指责里尼接受华裔商人资助贿赂选民，要求重新选举，并组织示威，进而演变为骚乱。

中国政府高度重视保护包括港澳台同胞在内的中国公民和法人在海外的合法权益。获悉上述事件后，中国领导人立即指示外交部密切关注事态发展，确保我侨民安全。外交部即启动应急机制处理此事，并采取以下措施：由于中国同所没有外交关系，通过有关渠道敦促所当局立即采取措施切实保障中国公民安全；紧急商请澳大利亚、新西兰、巴布亚新几内亚等国政府，请其在需要时为我公民提供协助；指示中国驻巴布亚新几内亚使馆即派外交官赴所，与我在所侨民直接取得联系，了解局势发展，并与所当局取得联系，要求所方确保中国公民的安全；请红十字会与红新月会国际联合会驻所机构为华侨华人提供生活必需品。

事发后，中国驻巴新使馆立即向所警察总监交涉，要求对方采取措施，制止针对华侨华人的抢劫和纵火行为，保护他们的人身和财产安全；与澳大利亚驻所高专署联系，请其向以澳、新为首的"驻所罗门群岛援助团"表示中方关注，并采取一切可能的措施保护中国公民的生命财产安全；与所侨胞保持电话联系，转达中国政府的关切和慰问，了解损失情况并动员其转移至安全地区。

4月19日，外交部领事司负责人紧急约见巴新、澳、新驻华使馆官员，通报有关情况，请其在必要时提供协助。同时，接到外交部指示后，中国驻澳大利亚大使傅莹、驻新西兰大使张援远分别紧急约见澳、新外交贸易部官员，向其了解所罗门群岛局势的最新情况和澳、新政府采取的措施，商请澳、新方面并通过"驻所罗门群岛援助团"敦促所方采取有效措施，保护中国公民人身和财产安全，必要时为我公民撤离提供协助。

同日，中国驻巴新使馆将包括5名香港同胞在内的约500名侨胞集中安置到所警察总部避难，红十字会等机构为我侨民提供了生活必需品。所警察总署负责人向我使馆表示，华侨华人在警察总部避难，安全得到保障。当日晚，所警察总署和"南太地区驻所罗门群岛援助团"在霍市实行宵禁，局势暂趋平静，被安置在霍市警察总局的部分华侨华人自行离开，但仍有400余人留下。

4月20日，所当选总理斯奈德·里尼宣誓就职。继澳大利亚向所派遣110名军人和70名警察后，新西兰、巴新分别用军机向所派遣55名和25名军警协助所维持治安，霍市骚乱局势基本得到控制，但气氛仍然紧张。当日晚，经中国驻新西兰使馆协调，新政府允许部分持有效证件的华侨华人搭乘其军机撤离。中国驻巴新使馆已优先安排部分老、幼、病侨民搭乘新军机离所赴新。另有部分我侨民搭乘澳军机或商业航班离所抵澳。据中国驻布里斯班领馆和驻奥克兰总领馆核实，分别各有5名中国公民乘澳、新军机抵澳、新，其中抵奥克兰人员，新方为其签发了居留期为3个月的访问签证，并预备了安置地点。两馆已分别派人前往探望并予协助。

4月21日上午，中国驻巴新使馆苟峥参赞和王海领事携生活必需品乘最近航班抵达霍市，看望和慰问侨胞，并现场提供协助。21日晚，将又有10名侨民搭乘新军机前往奥克兰，驻奥克兰总领馆已准备了安置场所，购置了棉被、衣物、食品等，从各方面做好迎接和安置准备。

目前，中国外交部和驻巴新、澳大利亚、新西兰等国使领馆正密切关注所局势发展，将采取一切措施全力保护包括港澳台同胞在内的在所中国公民的安全。

《所罗门群岛骚乱殃及我侨民　中国政府紧急救助》

图片来源：《人民日报》，2006年4月22日第4版。

广东侨务部门领导赴机场迎接首批所罗门华侨

图片来源:《广东侨联赴机场迎接首批所罗门华侨》,广东省侨联网,http://www.gdql.org/hdzt/ShowArticle.asp?ArticleID=1526。

所罗门群岛华侨华人主要祖籍广东,据统计,在所国的华侨华人总数在800~1 000人,其中有600多人原籍是广东江门。骚乱发生后,广东省委、省政府主要领导高度关注。广东省侨务部门中国驻外使领馆和在所华侨华人密切联系,并启动有关应急预案,连同广州、江门等市侨务部门做好回国侨胞的接待准备工作。所罗门撤侨成功后,外交部也来函向广东省政府致谢。

2. 2011年2月利比亚撤侨

2011年1月,利比亚内战爆发。2月下旬,利比亚持续发生群众游行活动,局势失控,特别是东部班加西、贝达等城市相继爆发大规模示威活动,已造成人员伤亡。在利比亚的3万多华侨华人和中资机构人员处于极度危险之中。鉴于利比亚安全形势发生重大变化,胡锦涛总书记、温家宝总理做出重要指示和批示,要求有关方面迅速采取切实有效措施,全力保障我驻利人员生命财产安全,并启动"国家一级响应"。国务院决定成立应急指挥部,负责组织协调我驻利人员撤离及有关安全保障工作。经中央军委批准,空军派出4架伊尔-76飞机,于2月27日飞赴利比亚执行接运中国在利人员任务。正在亚丁湾索马里海域执行护航任务的中国海军第七批护航编队"徐州"号导弹护卫舰启程赶赴利比亚附近海域,为撤离中国在利比亚被困人员的船舶提供支持和保护。2月22日至3月5日,从利比亚成功撤离中国公民35 860名。国际社会普遍认为中国此次大规模的撤侨行动展示了大国实力。旅居国外的华侨华人也从中越来越多地感受到祖(籍)国的强大和温暖,体会到中国外交理念发生的重大变化。

在撤侨行动最紧张时，经中央军委批准，空军派出 4 架伊尔－76 飞机，于 2011 年 2 月 27 日飞赴利比亚执行接运中国在利比亚人员的任务。这是空军首次派运输机赴海外执行撤离我人员回国任务

图片来源：《乘包机撤回国内的利比亚中国公民》，搜狐网，http：//m. sohu. com/n/37018 0570/。

首批从利比亚撤离的 83 名中国公民启程回国

图片来源：《人民日报》，2011 年 2 月 24 日第 1 版。

2011 年 3 月 1 日下午 2 时，我国政府派遣南方航空公司赴利比亚执行撤侨任务的包机 CZ2016 航班抵达广州白云国际机场

图片来源：《广州海关快速验放利比亚撤侨包机》，广州海关网，http：//guang zhou. customs. gov. cn/publish/portal31/tab38246/module90267/info292298. htm。

3. 2015 年 3 月也门撤侨

2015 年 1 月，也门安全局势急剧恶化。3 月 25 日，也门什叶派胡塞武装组织大举进攻亚丁市。26 日凌晨开始，沙特等国对也门首都萨那等地的胡塞武装目标发动空袭，当地局势骤然紧张。为保护中国公民的人身安全及财产利益不受威胁，习近平主席果断下令护航编队执行撤侨任务，李克强总理也做出重要批示，要求采取行动确保在也门中国公民生命财产安全。中国政府根据国家主席习近平的指示和中央军委命令，决定派遣中国海军舰艇编队赴也门执行撤离中国公民任务。2015 年 3 月 27 日，中国海军舰队暂停亚丁湾护航任务，参与撤离在该地区中国公民的海外救援行动，这是中国首次动用军舰撤侨。2015 年 3 月 29 日，一艘中国海军护卫舰停靠也门港口亚丁，撤离中国公民。3 月 30 日，中国海军护航编队护卫舰潍坊舰载着 449 名中国公民平安撤离也门西部荷台达港。至此，需要撤出的 571 名中国公民已全部安全撤离也门。中国政府在此次行动中不但向世界展示了中国政府的大国实力，也体现了中国政府积极倡导的国际主义、人道主义精神，受到了国际社会广泛的称赞。“中国护照的含金量不仅仅在于它能帮你免签去多少个国家和地区，更在于危急时刻来临时，祖国能带你回家！”这句话曾在也门撤侨期间被广大网友迅速转发和纷纷点赞。

也门撤侨，见证大国能力与担当

国家行动　火速撤侨

大爱无疆　大国担当

以人为本　传递感动

《也门撤侨，见证大国能力与担当》

图片来源：《人民日报》，2015 年 4 月 10 日第 3 版。

571 名中国公民安全撤离也门

图片来源：《人民日报》，2015 年 3 月 31 日第 3 版。

2015 年 3 月 29 日中午，中国海军第十九批护航编队临沂舰抵达也门亚丁港，中国同胞看到祖国的军舰激动不已

图片来源：《人民日报》，2015 年 4 月 1 日第 3 版。

十三、推进华侨华人研究事业深入开展

（一）学术机构和学术团体纷纷建立

1. 研究力量不断壮大

我国的华侨华人研究从侨史研究起步，比较系统的侨史研究则始于二十世纪初。早期的暨南大学南洋文化事业部编辑出版过一批侨史资料，还有一些侨史学者也给后人留下了一些有价值的著述。中华人民共和国成立后很长一段时间里，侨史研究虽也做了一些工作，但由于受“左”的思想禁锢，成果不多，进展缓慢。“文革”中，侨史研究遭到破坏，中断了十年之久。20 世纪 70 年代末以来，中国改革开放大大促进了对华侨华人的研究，一批专门的研究机构应运而生。这些研究机构大致有以下三类：高等院校中的华侨华人研究机构、社会科学院系统的研究机构、全国各地的华侨历史学会和国家及地方侨办的研究组织。继厦门大学的南洋研究所、中山大学的东南亚研究所、暨南大学的东南亚研究所等较早成立的研究机构迅速恢复工作后，1981 年，国内第一家以研究华侨为目标的机构——暨南大学华侨研究所成立（2006 年 11 月成立华侨华人研究院）；1983 年福建省社会科学院华侨华人研究所成立；1994 年，浙江师范大学的华侨华人研究中心成立；1999 年，北京大学华侨华人研究中心、中国社会科学院海外华人研究中心成立。进入 21 世纪后，华侨华人研究的热潮更加高涨，相关研究机构陆续成立和整合。2005 年，华中师范大学国际移民与海外华人研究中心成立；2009 年，广西华侨华人研究所成立；同年华侨大学在整合华侨华人研究所、华侨华人资料中心和四端文物馆的基础上，成立华侨华人研究院；2010 年中山大学华侨华人研究中心揭牌；2011 年，徐州师范大学华侨华人研究中心揭牌；2012 年，中原华侨华人研究中心成立；2014 年，广东惠州学院海外惠州人研究中心成立；2016 年，浙江省丽水学院华侨学院成立。这些学术机构的成立，为华侨华人研究提供了传承、创新和协作的学术平台。

1992 年暨南大学华侨研究所研究人员调研广东顺德华侨、港澳台同胞投资情况

图片来源：张应龙提供。

1998 年广东华侨历史学会、暨南大学华侨华人研究所联合举办“东南亚金融危机与华侨华人”学术研讨会，图为部分与会人员合影

图片来源：张应龙提供。

除了高校和地方科研机构的学术机构外，侨务系统的华侨华人研究的学术团体也十分活跃。1981 年 12 月 20 日，全国 17 个省、市、自治区的 83 个单位的 120 余名侨务和侨史工作者在京召开华侨历史研究座谈会，并成立了第一个全国性的群众学术团体——华侨历史学会（1986 年 7 月改名为“中国华侨历史学会”），会议聘请了廖承志为名誉会长，推选庄希泉为会长。华侨历史学会的宗旨是：广泛团结侨史研究工作者和热心此道的同仁，积极开展学术研究和交流。

这次会议是中华人民共和国成立以来华侨历史研究工作者的一次盛会。它为我国华侨历史研究工作者提供了切磋学术、交流经验、协调合作的机会，促进了华侨历史研究工作的广泛开展。国内侨史研究在几起几落之后，又迎来耕耘播种的春天。

在中国华侨历史学会成立之前，广东华侨历史学会于 1981 年 6 月成立，是中国内地第一个成立的地方侨史学术团体。中国华侨历史学会成立后，上海华侨历史学会、福建华侨历史学会、吉林华侨历史学会、海南华侨历史学会、云南华侨历史学会、广西华侨历史学会等纷纷成立。这些华侨历史学会大部分有自己的会刊，在为各地的会员提供发表研究成果的园地，同时对组织科研力量、开展各种形式的相互合作与协调本地区各单位的研究工作起了十分重要的作用。

1981 年 12 月 20 日，华侨历史研究座谈会暨华侨历史学会成立大会合影留念

图片来源：《中国侨联 50 年（1956—2006）》，第 105 页。

1981 年 6 月，广东华侨历史学会在广州举行成立大会

图片来源：《广东省志：1979—2000（30）侨务卷·外事与港澳事务卷》，第 9 页。

1983 年 12 月广州华侨研究会成立，图为 1989 年年会现场

图片来源：《侨务工作研究》1989 年第 3 期。

1987 年 12 月，广东华侨研究会成立，图为广东华侨研究会换届产生第二届理事会

图片来源：《侨务工作研究》1992 年第 1 期

云南华侨历史学会成立大会现场

图片来源：《侨联三十年》，第 111 页。

2. 中国华侨华人研究所成立

1984年2月，经中央有关部门同意，决定在全国侨联内成立“华侨历史研究所”。1991年9月，该所改名为“中国华侨华人历史研究所”。该所是国家级、开放式的华侨华人研究中心、国际移民研究基地，同时也是侨务工作的智库，为党和国家侨务工作大局及深化侨联改革提供对策咨询，为海外侨胞长期生存发展提供智力服务，为华侨华人研究学科建设提供有效帮助。该所在从事研究工作的同时，也在协调全国各地方学会和研究机构方面起了重要作用。该所编辑出版的《华侨华人历史研究》是我国第一份公开发行的研究华侨华人问题的学术刊物，也是唯一进入CSSCI的华侨华人研究专业期刊。2017年9月，中国华侨华人历史研究所正式更名为“中国华侨华人研究所”。

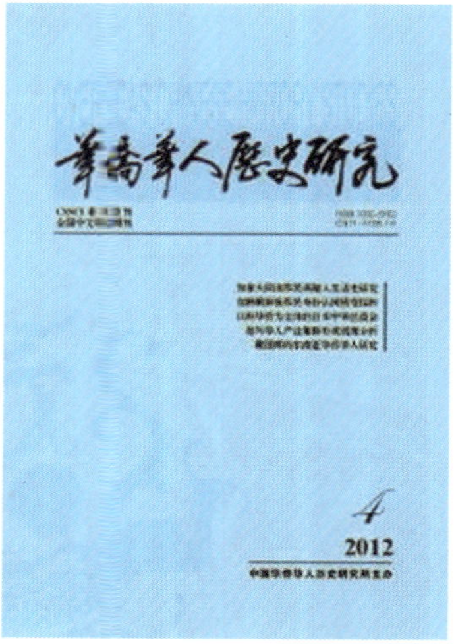

我国第一份公开发行的华侨华人研究学术刊物《华侨华人历史研究》

2017年9月，中国华侨华人历史研究所正式更名为“中国华侨华人研究所”

图片来源：《万立骏主席、康晓萍副主席出席中国华侨华人研究所揭牌仪式》，中华全国归国华侨联合会网站，http://www.chinaql.org/c/2017-09-15/532442.shtml。

2019 年 8 月，中国华侨华人研究所研究人员在内蒙古额尔古纳调研侨情

图片来源：密素敏提供。

中国华侨华人研究所调研组赴吉尔吉斯斯坦进行侨情调研

图片来源：中华全国归国华侨联合会网站，http：//www. chinaql. org/n1/2018/0815/c419644 – 30 229901. html。

（二）学术影响力不断增强

1. 学术成果的数量和质量不断提高

《华侨华人百科全书》

改革开放后的中国华侨华人研究不断向纵方向深发展的重要标志，是跳出了单一历史学研究的局限而向多学科研究拓展。华侨华人研究学术成果的数量和质量不断提高，每年出版的学术著作有一二百种；发表期刊论文有五六百篇；发表的博硕士论文有两百余篇；各级各类的科研项目有一百余个。周南京教授主编的《华侨华人百科全书》（共 12 卷，1 800万字）于 2002 年全部出版，在华侨华人研究史上无疑是空前的。该书首发式由中央电视台播出，完成后的庆功会也在人民大会堂举行，充分证明了其出版发行的重要意义。从学术成果的认可度来看，以前一直被边缘化的华侨华人研究论著，逐渐被学界瞩目。如《广西通志·侨务志》荣获全国地方志奖一等奖；庄国土的《华侨华人与中国的关系》获教育部优秀社科成果三等奖；庄国土、刘文正合著的《东亚华人社会的形成和发展：华商网络、移民与一体化趋势》获第二届中国出版政府奖；《华侨华人蓝皮书·华侨华人研究报告》荣获第六届“优秀皮书报告奖”二等奖；等等。在国家、教育部、各省（部）市的科研项目中，有关华侨华人研究的项目，立项数量不断增加。以国家社科基金项目为例，有关华侨华人的立项课题，从 2000 年的 1 个，到 2009 年的 11 个，再到 2017 年的 40 个，其中《华侨华人在中国大国外交建设中的作用与对策研究》《“华二代”祖语保持研究》《中国海外华文文学学术史研究》等还被列为重点项目。①

① 本页内有关华侨华人学术成果和立项情况的统计参见暨南大学华侨华人文献信息中心编辑的年度连续出版物《侨情综览》。

周南京（1933—2016），出生于印度尼西亚东爪哇省，1953 年放弃印尼家中富裕的生活，回国考入北京大学并留校任教。1993 年组建北京大学华侨华人研究中心，并任主任职务十年，之后又任顾问，且长期担任中国华侨历史学会副会长、顾问，中国东南亚研究会副理事长。周南京穷其毕生精力与学识致力于中国的华侨华人史研究，主持编撰了《世界华侨华人词典》《华侨华人百科全书》等著作。

侨史专家周南京

图片来源：百度百科，https：// baike. baidu. com/item/周南京/1375854？ fr = aladdin。

2. 国际化程度大大提升

与改革开放前相比，中国华侨华人研究国际化程度大大提升。这主要表现在以下几个方面。第一，大量翻译或出版了国外的研究著作；第二，积极与国外同行一起进行项目研究；第三，参与或主办国际会议；第四，中国学者的论著以外文发表或在国外引起反响。1992 年世界海外华人研究学会（ISSCO）成立以来，在各大洲举办的全球或区域性国际学术会议，都有数量不等的中国学者参加。1996 年和 2007 年，厦门大学和北京大学分别代表世界海外华人研究学会举办国际学术大会，中国学者成为主力军。2009 年，第四届海外华人研究与文献收藏机构国际会议在暨南大学举行，来自世界各地二十多个国家和地区的学者与嘉宾二百余人参加了会议。从参会代表人数、提交论文摘要数量、讨论组场次均创历届之最。近年来，涌现一批可以用英文、日文写作的中国内地学者，他们基本上能在国际学术平台上与国际同行平等对话。相当多中国学者的研究项目获得诸如美国国家科学基金、福特基金、丰田基金、日本文部省基金、德国学术基金等各类国际著名学术基金会的支持，表明中国华侨华人研究的学术水准得到一定程度的国际认可。[①] 越来越多的研究人员以访问学者的身份到国外的高校和研究机构考察和学习，其中的佼佼者还担任国外研究机构和高校的研究员和外聘教授。在学术合作方面，突破了以前同一单位同一部门的同事、师生之间近亲合作的形式，出现了很多跨国合作的研究成果。

① 庄国土：《回顾与展望：中国大陆华侨华人研究述评》，《世界民族》2009 年第 1 期。

第四届海外华人研究与文献收藏机构国际会议在暨南大学举行

图片来源：暨南大学图书馆网站，https：//libgp. jnu. edu. cn/news/NewsInfo. action？ id = 1039&expandable = 0。

庄国土的译著《巴达维亚华人与中荷贸易》

李明欢的译著《契约华工与种植园制》

（三）学理性研究与侨务实践相结合

在改革开放时代背景下形成和发展起来的中国侨务理论，是在中国特色社会主义事业进程中，党和国家对中国社会主义初级阶段侨务实践经验的总结和理论升华。中国特色社会主义侨务理论，其发轫和发展具有深刻的时代背景、实践基础和理论渊源，是以邓小平、江泽民、胡锦涛、习近平为代表的中国领导人，在紧密结合时代主题、时代特征和时代精神的基础上，在全面继承毛泽东侨务思想及科学总结侨务工作经验教训基础上形成和发展起来的。改革开放以来，每一届党中央领导集体都高度重视中国特色社会主义侨务理论的发展，由于所处具体环境、时代背景及面临的形势、任务不尽相同，他们的侨务思想各具特色，既一脉相承，又与时俱进。在新时期党和国家领导人侨务思想的指导下，中国侨务工作的理论和实践都有了深入的发展。特别是进入21世纪以后，国家有关侨务部门对华侨华人的学理性研究非常重视，并尝试学理性研究与国家侨务政策咨询结合的侨务研究新路，取得显著成效。

1. 侨务部门发布和资助研究课题

为推动华侨华人研究、促进侨务理论创新、为党和国家的侨务工作发展提供科学的理论依据，2008年，国务院侨务办公室公布了《国务院侨务办公室课题管理办法（试行）》；2011年，全国侨联发布《中华全国归国华侨联合会课题管理办法》，发布和资助研究课题，每两年一次。这些项目既有基础性侨情研究项目，又有对策性的热点研究项目，吸引众多学者申请；定期举办政策与学术探讨相结合的研讨会或咨询会议，学者与官员直接对话。政府侨务部门借助学理性研究拓展侨务政策研究的举措，不但使侨务政策研究更具科学性和前瞻性，也为中国华侨华人的学理性研究注入新的活力，使中国的华侨华人研究更具现实意义。①

这些侨务课题研究吸引了海内外各学科众多知名学者关注，其中包括社会学、经济学、人类学、人口学、历史学、教育学、文学、哲学、法学等学科的著名专家或学科带头人。许多课题内容涉及侨情和侨务领域的新趋势、新发展、新问题，为侨务工作提出了许多前瞻性的数据和信息，也有直接的政策建议，为有关部门决策提供了重要的参考性资料。

① 庄国土：《回顾与展望：中国大陆华侨华人研究述评》，《世界民族》2009年第1期。

中国侨联新侨课题研究成果新闻发布会（2012 年）

图片来源：《中国侨联课题研究成果新闻发布会在温召开》，温州日报瓯网，http：//www.wzrb.com.cn/article437853show.html/2012－12－29。

2. 建立侨务理论研究基地

为推动侨务工作在理论创新和实践创新方面向纵深方向发展，从 2007 年开始，国务院侨办先后在上海、湖北、浙江、广东、福建、江苏成立了 6 个侨务理论研究基地。这些基地服务国家经济社会发展大局和侨务工作科学发展，作为基地理论研究的重点，依托国务院侨务办公室在侨务理论和政策研究方面的全局把握能力，依托当地高校和研究机构专家学者在理论研究方面的人才资源，搭建了一个起点高、基础实的侨务理论研究平台，在理论研究、成果转化、研讨交流、侨史编修、海丝建设、基层建设等方面，做出了很大成绩。

2013 年 5 月 12 日，国务院侨办侨务理论研究经验交流会在徐州召开

图片来源：《国侨办第六个侨务理论研究基地在江苏徐州成立》，中国新闻网，http：//www. chinanews. com/zgqj/2013/05 -13/4811601. shtml。

2011 年 8 月 22 日上午，由广东省侨办与中山大学、暨南大学联合设立的“国务院侨办侨务理论研究广东基地”正式成立，同时加挂“广东侨务理论研究中心”牌子

图片来源：《国务院侨务办公室侨务理论研究广东基地在广州成立》，广东新闻网，http：//www. gd. chinanews. com/2011/2011 - 08 - 22/2/136471. shtmlhttp：//www. qb. gd. gov. cn/news2010/2011 08/t20110822_ 186786. htm。

（四）启动主要侨乡的“侨史编修工程”

1. 广东华侨史工程启动

改革开放后特别是进入21世纪后，中国的华侨华人研究脱离了从前的“单打独斗”，出现了团结合作、协同创新的大格局。2012年6月，广东省委、省政府做出编修《广东华侨史》的重要决策，组织力量编修一部权威科学的《广东华侨史》。作为广东省文化强省重点建设工程，《广东华侨史》系统梳理总结广东华侨移民海外、谋生、发展、融入、贡献的历史和规律，为实施“走出去”战略、人才培养和加快转型升级、建设幸福广东服务。时任中共中央政治局委员、省委书记汪洋要求修史工作做到“资料翔实、观点全面、定性准确、结论权威”，力争把《广东华侨史》编成在全国乃至世界侨史学界具有权威性、标志性的著作。在省委、省政府的大力支持下，根据编修工程总体要求，将用8年左右的时间完成《广东华侨史》的编写。根据编修计划，广东华侨史编修委员会组织专家深入广东三大侨乡及北京、南京、福建、上海等地，调查收集华侨历史和侨乡文化资料；派工作组分赴美国、加拿大、东南亚、南美洲、大洋洲、非洲、欧洲等广东华侨华人集中的国家和地区进行史料收集，并在当地选择重点华侨人物及华侨家族做口述历史访问。几年来，项目组成员全力以赴，开展了海外史料抢救收集、专项课题研究、数据库建设、研究成果出版及专题宣传等方面的工作。

《广东华侨史》编委会举行2014年首次工作会议

图片来源：中国新闻网，http：//www.chinanews.com/zgqj/2014/03－27/5998920.shtml。

《广东华侨史》调研团成员在美国旧金山收集圣荷西早期华侨史料

图片来源：《收集圣荷西早期华侨史料》，广东侨网，http：//www.qb.gd.gov.cn/ztzl2010/qw-zl20 10/gdhqs/tp/201304/t20130416_376 768.htm。

《广东华侨史》专家学者在秘鲁深入百年侨团调研

图片来源：广东侨网，http：//www.qb.gd.gov.cn/news2010/201 612/t20161214_810250.htm。

2. 福建华侨史工程启动

继《广东华侨史》编撰工作启动之后，2014 年 7 月，《福建华侨史》的编撰工作全面启动。《福建华侨史》编修工作同样受到福建省委、省政府的高度重视，成立了《福建华侨史》学术委员会，聘请《福建华侨史》编委会海外顾问，广泛汇聚海内外知名人士、企业家、科学家等各方智慧，对侨史质量进行把关，推动编修工作。在编委会成员单位的大力支持和有关专家的共同努力下，各项工作按计划有序推进，他们先后组织了侨史调研团赴海外收集史料，举办海外侨胞编修工作座谈会和阶段性成果展示活动，推动侨史编修项目列入省社科规划立项。

《福建华侨史》编修学术调研团赴澳大利亚珀斯收集华侨华人历史资料

图片来源：福建侨网，http：//www. fjqw. gov. cn/xxgk/qwdt/sjdt/201509/t20150906_167201. htm。

2015 年 1 月，海外侨胞《福建华侨史》编修工作座谈会在福州召开，倡议广大海外侨胞为编修《福建华侨史》出谋划策，共同编好这部讲述福建华侨华人自己历史的作品

图片来源：《海外侨胞〈福建华侨史〉编修工作座谈会召开》，福建侨网，http：//www. fjqw. gov. cn/xxgk/qwdt/sjdt/201501/t20150128_159932. htm。

（五）侨乡文化特色资源的涵养和研究

1. 支持办好侨刊乡讯

侨刊乡讯是我国侨乡特有的民办刊物，在传递乡情、联络乡谊以及开展对外宣传工作方面起着重要作用，被称为“集体家书”。1978 年起，在“文革”中被迫停办的侨刊乡讯相继复刊。1986 年 5 月，全国侨联在福建省漳州市召开了“全国乡刊工作经验交流会”。这是乡刊工作者第一次全国性聚会，有来自广东、福建、山东、浙江等省的 140 多名乡刊工作者参加了会议。此后，全国的侨刊乡讯呈现出一派迅速发展的势头。到 1987 年，全国批准复办和创办的侨刊乡讯已达 140 种。

侨刊乡讯的代表在互相交流成果

图片来源：《中国侨联 50 年（1956—2006）》，第 331 页。

作为全国最大的侨乡以及侨刊乡讯的发源地，广东省的侨刊乡讯不仅历史悠久，而且数量众多。截至 2016 年 6 月，广东全省许可登记有 150 家侨刊（报），2013 年参加年检的 147 家中，报型有 9 家，刊型有 138 家。2013 年度核验的 138 种侨刊，年发行量 2 348 万册（份），其中海外发行量达 65 万册（份）。[①] 广东省政府十分重视侨刊乡讯工作，2010 年，把“支持办好侨刊乡讯”写进了《广东省建设文化强省规划纲要》，确立了侨刊乡讯在建设文化强省中的地位。2011 年 7 月，广东省期刊协会侨刊乡讯专业委员会在广州成立。2013 年 9 月，广东省侨刊乡讯首次参加全国期刊博览会，甫一亮相，就以其浓郁的“粤味”“侨味”受到了读者的青睐。21 世纪后，利用侨刊乡讯中的史料信息进行相关研究或对侨刊乡讯本身进行研究的成果不断涌现。

广东省侨刊乡讯首次参加全国期刊博览会

图片来源：唐人街网，http：//www. tangrentown. com/text/4032. html。

① 《2016 年全省侨刊乡讯工作会议在广州召开　传递乡音培育乡情》，广东侨网，http：//www. qb. gd. gov. cn/dfqw2010/hy/201606/t20160622_776962. htm。

2. 推动全国的侨乡文化研究

21 世纪初，侨乡文化研究异军突起，成为华侨华人研究的重要组成部分。从 2001 年推动开平碉楼申遗开始，五邑大学立足五邑侨乡的丰富资源和独特优势，将侨乡研究作为重点领域。2006 年，广东侨乡文化研究中心成立，以侨乡遗产、侨乡文书、侨乡历史文化、侨乡艺术设计和侨乡武术为主要研究方向。该中心重视科研团队的培养和学科建设，搭建了“国际移民与侨乡研究”国际学术交流平台、“中国侨乡比较研究”国内学术交流平台，推出了《侨乡研究丛书》，创办了学术辑刊《中国侨乡研究》。在五邑大学的推动下，侨乡文化研究在主要侨乡迅速兴起。2015 年 10 月，由中国华侨华人历史研究所和五邑大学共建的“中国侨乡文化研究中心”在五邑大学揭牌成立。该中心为开放式的中国侨乡研究学术联盟，通过加强与各地研究机构和单位的交流合作，共同推动全国的侨乡文化研究。中国侨乡文化研究中心自建立以来，先后策划推动广西、云南、福建、浙江、黑龙江、海南成立了省域侨乡文化研究中心，在汇聚侨乡资源，讲好中国故事、传播中国声音，推动侨乡文化的传承、保护中起到了引领作用。

2017 年 11 月，侨乡侨文化保护理论与实践现场会在广东江门召开。与会专家学者共同发布了《侨乡侨文化保护与传承（江门）倡议书》。该倡议书呼吁社会各界加强对侨乡侨文化的保护与重视，呼吁学界加强对侨乡侨文化的关注与研究，呼吁海内外各方力量共同推动对侨乡侨文化的传播与传承。

2017 年 11 月，侨乡侨文化保护理论与实践现场会

图片来源：《侨乡侨文化保护理论与实践现场会在广东江门召开》，中华全国归国华侨联合会网站，http：//www. chinaql. org/c/2017 - 11 - 22/536606. shtml。

参考文献

［1］寄丹：《报业豪门：胡文虎、胡仙传》，广州：广州出版社，1995 年。

［2］陈敦德编：《八路军驻香港办事处纪实》，北京：解放军出版社，2012 年。

［3］梁碧莹：《陈兰彬与晚清外交》，广州：广东人民出版社，2011 年。

［4］王增炳、余纲：《陈嘉庚兴学记》，福州：福建教育出版社，1981 年。

［5］林畅编著：《传奇陈嘉庚》，北京：新世界出版社，2014 年。

［6］曾昭铎：《陈嘉庚：华侨旗帜，民族光辉》，北京：中央文献出版社，1999 年。

［7］赵春晨、陈历明编：《潮汕百年履痕　近代潮汕文化与社会变迁图录》，广州：花城出版社，2001 年。

［8］中华全国归国华侨联合会：《二十世纪的华侨华人图片集》，北京：中华全国归国华侨联合会，2004 年。

［9］冯自由：《冯自由回忆录：革命逸史》（上册），北京：东方出版社，2011 年。

［10］马珂主编：《父子侨领画传——庄希泉庄炎林世纪传奇》，北京：人民出版社，2007 年。

［11］陈兰彬：《古巴华工调查录》，上海：上海书店出版社，2014 年。

［12］郭嵩焘：《郭嵩焘日记》（第 3 卷），长沙：湖南人民出版社，1982 年。

［13］江二芳、程慧主编，广州市人民政府侨务办公室、广州市地方志办公室编：《广州华侨人文景观》，广州：广州出版社，2005 年。

［14］郑奕钧：《归侨彭光涵的往事·今事》，香港：香港社会科学出版社有限公司，2005 年。

［15］马德彬主编，广州市东山区人民政府侨务办公室编撰：《广州市东山区侨务志》，广州：广州市东山区人民政府侨务办公室，1999 年。

［16］《广东省志》编纂委员会编：《广东省志：1979—2000（30）侨务卷·外事与港澳事务卷》，北京：方志出版社，2014 年。

［17］黎子流、黄伟宁：《广州市荣誉市民传》（第 1 卷），广州：广东人民出版社，1994 年。

［18］朱小丹、张广宁、朱振中主编：《广州市荣誉市民传》（第 8 卷），广

州：广东人民出版社，2007 年。

［19］陈翰笙主编：《华工出国史料汇编·第 1 辑·中国官文书选辑》，北京：中华书局，1985 年。

［20］陈翰笙主编：《华工出国史料汇编·第 2 辑·英国议会文件选译》，北京：中华书局，1985 年。

［21］董丛林：《华工史话》，北京：社会科学文献出版社，2000 年。

［22］华侨博物院：《华侨博物院藏品精华》，北京：文物出版社，2009 年。

［23］潘翎主编：《海外华人百科全书》，北京：中国华侨出版社，1998 年。

［24］刘士木编：《华侨参政权全案》，上海：上海华侨联合会，1913 年。

［25］广东省档案馆、广州华侨志编委办、广州华侨研究会等编：《华侨与侨务史料选编（广东）2》，广州：广东人民出版社，1991 年。

［26］詹冠群：《黄乃裳传：维新志士·拓荒者·革命党人》，福州：福建人民出版社，1992 年。

［27］谢长法：《黄炎培画传》，成都：四川教育出版社，2013 年。

［28］［日］吉原久仁夫主编，周南京译：《黄仲涵财团：东南亚第一个企业帝国》，北京：中国华侨出版社，1993 年。

［29］李永、温乐群等：《何香凝传》，北京：中国华侨出版社，1993 年。

［30］黄纪凯主编：《华侨华人与共和国》，北京：中华全国归国华侨联合会，2009 年。

［31］刘崇汉：《吉隆坡甲必丹叶亚来》，马来西亚中华大会堂总会，1998 年。

［32］吴明罡：《近代南洋华侨教育研究　以新加坡、马来西亚、印度尼西亚为中心》，长春：吉林大学出版社，2014 年。

［33］晋江市归国华侨联合会编，叶水应主编：《晋江侨联六十年》，晋江：晋江市归国华侨联合会，2011 年。

［34］暨南大学历史系、广东省文物管理委员会等编：《纪念廖仲恺何香凝（图册）》，北京：文物出版社，1987 年。

［35］中共中央文献研究室中央档案馆编：《建党以来重要文献选编（一九二一——一九四九）》（第 12 册），北京：中央文献出版社，2011 年。

［36］吕伟雄主编：《龙腾四海：侨团百年》，香港：香港社会科学出版社有限公司，2007 年。

［37］李元瑾：《林文庆的思想：中西文化的汇流与矛盾》，新加坡：新加坡亚洲研究学会，1991 年。

［38］余德富、方文良：《廖仲恺故事》，广州：广东人民出版社，2012 年。

［39］郑万里、苏小红、陈恒才编：《梦回东方》，广州：广东人民出版社，2011 年。
［40］胡垣坤、曾露凌、谭雅伦合编：《美国早期漫画中的华人》，香港：三联书店（香港），1994 年。
［41］郑良树：《马来西亚华文教育发展史》（第 1 分册），马来西亚华校教师会总会（教总），1998 年。
［42］范宏伟：《缅甸华侨华人史》，北京：中国华侨出版社，2016 年。
［43］苏克勤、余洁宇：《南洋劝业会图说》，上海：上海交通大学出版社，2010 年。
［44］程存洁：《南洋筹饷：广州博物馆藏孙中山及其同志有关筹饷手札集》，北京：文物出版社，2011 年。
［45］华侨博物院编：《南侨机工》，北京：文物出版社，2005 年。
［46］刘权：《念祖爱乡：海外广东人的情结》，广州：广东人民出版社，2005 年。
［47］陈三井、吕芳上、杨翠华：《欧战华工史料：1912—1921》，台北："中央研究院"近代史研究所，1997 年。
［48］侨务委员会编：《侨乐村》，侨务委员会侨务月报社，1935 年。
［49］福建省华侨事务委员会编辑：《侨务政策汇编》，福州：福建省华侨事务委员会，1955 年。
［50］邓颖超：《侨联三十年》，北京：中华全国归国华侨联合会，1986 年。
［51］广州市归国华侨联合会：《侨苑春秋：广州市归国华侨联合会成立四十周年纪念特刊》。
［52］［秘鲁］费尔南多·德特拉塞格涅斯·格兰达著，竹碧、腊梅译：《沙国之梦：契约华工在秘鲁的命运》，北京：世界知识出版社，1999 年。
［53］梁庆桂：《式洪室诗文遗稿》（影印版），台北：文海出版社，1979 年。
［54］张礼恒：《"三世"外交家伍廷芳》，福州：福建教育出版社，2015 年。
［55］任贵祥：《孙中山与华侨》，哈尔滨：黑龙江人民出版社，1998 年。
［56］谭国渠、胡百龙、黄伟红主编：《台山历史文化集·第三编·台山银信》，北京：中国华侨出版社，2007 年。
［57］谭国渠、胡百龙、黄伟红主编：《台山历史文化集·第八编·台城古镇》，北京：中国华侨出版社，2007 年。
［58］李业霖主编：《太平洋战争史料汇编》，吉隆坡：雪隆海南会馆青年团，1996 年。
［59］［美］多米尼克·士风·李著，李士风译：《晚清华洋录：美国传教

士、满大人和李家的故事》，上海：上海人民出版社，2004 年。

［60］闵杰编著：《晚清七百名人图鉴》，上海：上海书店出版社，2007 年。

［61］张建国、张军勇编：《万里赴戎机：第一次世界大战参战华工纪实》，济南：山东画报出版社，2009 年。

［62］刘进、李文照著，田在原、赵寒松译：《银信与五邑侨乡社会》，广州：广东人民出版社，2011 年。

［63］黄昆章：《印尼华侨华人史　1950 至 2004 年》，广州：广东高等教育出版社，2005

［64］徐国琦：《一战中的华工》，上海：上海人民出版社，2014 年。

［65］中共延安市委统战部组编：《延安时期侨务工作史略》，香港：中国文化出版社，2012 年。

［66］广东省侨联编：《蚁美厚画册》，广州：岭南美术出版社，1995 年。

［67］香港历史博物馆编制：《学海无涯：近代中国留学生展》，2003 年。

［68］葛月赞：《新加坡图片史（1819—2000）》，新加坡：群岛出版社，2000 年。

［69］庄永康：《新加坡华社研究》，新加坡：BPL（新加坡）教育出版社，2002 年。

［70］陈国华：《先驱者的脚印：海外华人教育三百年　1690—1990》，North York：Royal Kingsway Inc.，1992 年。

［71］《新加坡历史图片集　1819—1945》编辑委员会：《新加坡历史图片集　1819—1945》，新加坡：星洲日报与文化部联合，1981 年。

［72］王铁崖编：《中外旧约章汇编》（第 1 册），北京：生活·读书·新知三联书店，1982 年。

［73］广州市海珠区人民政府、广州市政府侨务办公室编：《走进黄埔村》，广州：广东教育出版社，2011 年。

［74］徐松荣：《张弼士》，广州：广东人民出版社，2011 年。

［75］周汉光：《张之洞与广雅书院》，台北：中国文化大学出版部，1983 年。

［76］夏泉编：《忠信笃敬，声教四海：暨南大学校长何炳松》，济南：山东教育出版社，2012 年。

［77］陈达娅、陈勇编：《再会吧南洋——海南南洋华侨机工回国抗战回忆》，北京：中国华侨出版社，2007 年。

［78］中国华侨历史博物馆：《中国华侨历史博物馆藏品图录》，北京：文物出版社，2014 年。

［79］黄月霞主编：《肇庆侨联三十年》。

[80] 林明江主编:《中国侨联 50 年 (1956—2006)》, 北京: 中国华侨出版社, 2006 年。

[81] 全国人民代表大会华侨界代表画册编委会:《中华人民共和国全国人民代表大会华侨界代表画册》, 香港: 香港祖国出版社, 1992 年。

[82] Melanie Yap, Dianne Leong Man. *Colour, Confusion and Concessions: The History of the Chinese in South Africa*, 香港: 香港大学出版社, 1996 年。